BIBLIOGRAPHIE ANNUELLE

DES

TRAVAUX HISTORIQUES ET ARCHÉOLOGIQUES

PUBLIÉS

PAR LES SOCIÉTÉS SAVANTES DE LA FRANCE

BIBLIOGRAPHIE ANNUELLE

DES

TRAVAUX HISTORIQUES ET ARCHÉOLOGIQUES

PUBLIÉS

PAR LES SOCIÉTÉS SAVANTES DE LA FRANCE

DRESSÉE SOUS LES AUSPICES

DU MINISTÈRE DE L'INSTRUCTION PUBLIQUE

PAR

ROBERT DE LASTEYRIE

MEMBRE DE L'INSTITUT

AVEC LA COLLABORATION

D'ALEXANDRE VIDIER

INSPECTEUR GÉNÉRAL DES BIBLIOTHÈQUES ET DES ARCHIVES

1909-1910

PARIS

IMPRIMERIE NATIONALE

MDCCCCXIV

AIN. — BELLEY.

LE BUGEY.

La première partie du tome I du Bulletin de cette Société, correspondant à l'année 1909, est analysée dans notre *Bibliographie annuelle*, t. III, fasc. ii, p. 1. Nous donnons ci-dessous l'analyse des fascicules publiés en 1910 qui complètent le tome Ier du recueil.

I. — **Le Bugey. Société scientifique, historique et littéraire.** Bulletin trimestriel, 2e année, 1910. (Belley, 1910, in-8°, p. 215 à 566.)

36720. R. P. [Pic (René).] — Une promenade archéologique en Bugey, 2 *pl.*, p. 215 à 228.

[Saint-Benoist, Groslée, *pl.*, Vareppe, Lhuis, Beaurelour, *pl.*]

36721. Seyssel (Cte Marc de). — Le Bugey, esquisse historique, p. 229 à 244, et 457 à 470. — Suite de I, p. 6, et 136.

36722. Joly (L'abbé Léon). — Ordonnaz, la paroisse et le prieuré, p. 245 à 262, et 441 à 456.

36723. Tournier (J.). — Les premiers habitants du Bugey, 2 *pl.*, p. 263 à 276. — Suite de I, p. 6.

36724. [Seyssel (Cte Marc de).] — Fouilles archéologiques de Saint-Champ en 1909, 2 *pl.*, p. 277 à 283.

36725. Dementhon (L'abbé). — Principales sources des études sur le Bugey, p. 284 à 314, et 471 à 511. — Suite de I, p. 43, et 157.

36726. Augé de Lassus (L.). — Une vieille maison d'Ameyzieu, p. 315 à 319.

36727. Callet (Albert). — Honoré Fabri, de Virieu-le-Grand (1607 † 1688), un des inventeurs de la circulation du sang, *portr.*, p. 320 à 328.

36728. Pic (René). — Les États du Bugey, les trois Ordres, l'Hôtel de province (1761-1790), p. 329 à 337. — Suite de I, p. 113.

36729. Dubois (E.). — La cloche d'Echallon, épisode de l'histoire de la Révolution dans le Haut-Bugey, p. 338 à 341.

36730. Callet (A.). — Les inondations en Bugey dans le cours des siècles, p. 355 à 358.

36731. Chagny (André). — Légendes du Bugey. La cloche du lac de Bar, p. 359 à 367.

36732. Seyssel (Cte de). — Belley le 17 mars 1789, p. 385 à 388.

36733. Chagny (André). — Le Bugey, son esprit et son cœur, 3 *pl.*, p. 389 à 432.

36734. Brachet (Eugène). — Fouilles d'Izernore (1784-1908), p. 433 à 440.

36735. Callet (A.). — Mandrin dans le Bugey, *pl.*, p. 512 à 520.

36736. Létanche (Jean). — Le vin des Altesses [à Lucey], ancienne vigne des princes de Savoie, notes historiques, p. 521 à 525.

36737. Callet (A.). — Les anciens registres d'état civil des deux paroisses de Virieu-le-Grand, p. 535 à 540.

36738. Chevallier (Louis). — Inventaire des archives Genin-Definod [collections de la Société], p. 545 à 552.

36739. Seyssel-Sothonod (Vte de).]. — Médaillier d'Anglefort [collections de la Société], p. 553 à 555.

AIN. — BOURG.

SOCIÉTÉ D'ÉMULATION ET D'AGRICULTURE DE L'AIN.

Voir, pour les publications de cette Société antérieures à 1901, la table récapitulative de notre *Bibliographie générale;* et pour ses publications postérieures, la table placée à la fin du présent fascicule.

XLIII. — **Annales de la Société d'émulation et d'agriculture (lettres, sciences et arts) de l'Ain,** t. XLIII, 1910. (Bourg, 1910, in-8°, 422 p.)

36740. BALLAND (A. et F.). — Saint-Julien sur Reyssouze, résumé des principaux événements survenus dans cette commune de 1800 à 1852, p. 5, 250, et 347.

36741. CORNET (Aug.). — Varennes-Saint-Sauveur à travers les siècles, *fig.*, p. 45 à 82, et 155 à 207. — Suite de XLII, p. 143.

36742. PHILIPON (J.-E.). — *La Piedmontoize* en vers bressans par Bernardin Uchard, sieur de Moncepey, dédiée à monseigneur Lesdiguières (1619), p. 83 à 112.

36743. NODET (Victor). — Les cloîtres de Brou, 2 *pl.*, p. 113 à 134.

36744. FLISSATER (Henri). — Souvenirs de la Bresse et du Bugey, p. 135 à 154.

36745. CHAPOY (Edmond). — Honoré d'Urfé dans ses rapports avec la Bresse et le Bugey, 5 *pl.*, p. 227 à 249.

36746. GUÉDEL (Jean). — L'architecture romane en Dombes, *pl.*, p. 293 à 343, et 391 à 416.

36747. ANONYME. — M. Aimé Hudellet [† 1910], p. 344 à 346.

AIN. — BOURG.

SOCIÉTÉ GORINI.

Voir, pour les six premiers volumes du *Bulletin* de cette Société, la table placée à la fin du présent fascicule.

VII. — **Bulletin de la Société Gorini.** Revue d'histoire ecclésiastique et d'archéologie religieuse du diocèse de Belley, t. VII, 1910. (Bourg, s. d., in-8°, 424 p.)

36748. PAGE (F.). — Le prieuré et le chapitre de Méximieux, p. 16, 127, 272, et 408. — Suite de VI, p. 142, 287, et 420.

36749. CHAGNY (L'abbé André). — Honoré d'Urfé, p. 48, et 307. — Suite de V, p. 144, 301, 408; et VI, p. 225, et 406.

36750. DUBON (Paul). — Le Faréinisme, p. 67 à 83. — Suite de V, p. 117, 316, 345; et VI, p. 66.

36751. FUZ (Cl.). — Un éducateur modèle. Le chanoine Joseph Théloz, supérieur du petit séminaire de Méximieux (1888-1896), p. 84 à 93. — Suite de VI, p. 357.

36752. LEDON (L'abbé B.). — Le Bourg-Saint-Christophe, *pl.*, p. 113 à 126, et 368 à 386.

36753. CORDENOD (L'abbé Ph.). — Saint François de Sales et le diocèse de Belley, p. 162 à 192. — Suite de VI, p. 347.

36754. ROCHET (S.). — Le clergé de l'Ain pendant la Révolution. Gex, p. 193, 249, et 387. — Suite de V, p. 192, 380; et VI, p. 193, et 394.

36755. JOLY (L'abbé L.). — Les commencements de la Chartreuse de Portes, p. 233 à 248.

36756. CAILLET (Louis). — Signature en cour de Rome concernant le diocèse de Belley (1506), p. 324 à 330.

36757. PÉPIN (L'abbé Cl.). — La paroisse de Thil et les inondations du Rhône, 2 *pl.*, p. 345 à 367.

AIN. — BOURG.

SOCIÉTÉ DES SCIENCES NATURELLES ET D'ARCHÉOLOGIE DE L'AIN.

Voir, pour les publications de cette Société antérieures à 1901, la table récapitulative de notre *Bibliographie générale*; et pour ses publications postérieures, la table placée à la fin du présent fascicule.

XVII. — Bulletin de la Société des sciences naturelles et d'archéologie de l'Ain, n° 58 [-61]. (Bourg, 1910, in-8°, 128 p.)

36758. Chagny (André). — Marguerite d'Autriche et les hérétiques des pays de l'Ain, p. 28, 40 et 66.

36759. Chapoy (Edmond). — Belley en 1830. Impressions d'un habitant [Marin Delestra, officier de santé] sur l'administration et les mœurs de l'époque, p. 101 à 112.

AISNE. — CHÂTEAU-THIERRY.

SOCIÉTÉ HISTORIQUE ET ARCHÉOLOGIQUE DE CHÂTEAU-THIERRY.

Voir, pour les publications de cette Société antérieures à 1901, la table récapitulative de notre *Bibliographie générale*; et pour ses publications postérieures, la table placée à la fin du présent fascicule.

XLIV. — Annales de la Société historique et archéologique de Château-Thierry, année 1909. (Chateau-Thierry, 1910, in-8°, x-264 p.)

36760. Henriet (Fr.). — La rue du Château, *fig.*, 3 *pl.*, p. 1 à 73.

36761. Deraine (E.). — Un conflit d'attributions entre le corps de ville et le lieutenant général au bailliage de Château-Thierry en 1755, p. 74 à 88.

36762. Dupont (M.). — L'homme dans les temps paléolithique et néolithique, *fig.*, p. 89 à 112.

36763. Poisson (A.). — Un maire rural au début du dernier siècle, p. 113 à 168.

[La municipalité de Verailly, de 1790 à 1820.]

36764. Henriet (Jules). — Le château et la tour de Nesles-en-Tardenois. Le guet au xiv° siècle dans la prévôté de Château-Thierry, p. 169 à 187.

36765. Guidonet de Vall er. — Excursion à Saint-Germain-en-Laye, p. 188 à 196.

36766. Pommier (G.). — Nos vieux murs. Le château de Thierry. Essai de reconstitution, *fig.*, p. 197 à 258. — Suite et fin de XLIII, p. 239.

AISNE. — LAON.

SOCIÉTÉ ACADÉMIQUE DE LAON.

Voir, pour les publications de cette Société antérieures à 1901, la table récapitulative de notre *Bibliographie générale*; et pour ses publications postérieures, la table placée à la fin du présent fascicule.

Une table générale des *Bulletins* de la Société de 1843 à 1909 a paru en 1912 (voir notre n° 36767).

36767. Anonyme. — Société académique de Laon et Société archéologique de l'Aisne. Table générale des Bulletins, années 1843 à 1909. (Laon, 1912, in-8°, 75 p.)

XXXIII. — **Bulletin de la Société académique de Laon**, t. XXXIII. (Saint-Quentin, 1910, in-8°, viii-203 p.)

36768. A. E. — Autour d'une vieille maison [à Presles], p. 3 à 66, et 190 à 191.

36769. Hennezel d'Ormois (Vte de). — Note sur une pierre gnostique trouvée à Corbeny, *fig.*, p. 69 à 71.

36770. Sars (Cte Maurice de). — Un confesseur de la foi, Étienne-Joseph de La Fare, évêque-duc de Laon (1691 † 1741), p. 73 à 121.

36771. Hennezel d'Ormois (Vte de). — Quelques bibliophiles du pays laonnois et leurs ex-libris, *fig.*, p. 123 à 160.

36772. Cherrier (H.). — Pièces inédites relatives à l'histoire de Laon au moyen âge, p. 160 à 175.

[Amende honorable faite en l'église de Laon par Anselme de Montaigu (1280); lettres de confraternité entre la cathédrale de Laon et l'église Saint-Remi de Reims (1287); contribution de l'évêque pour l'abolition de la commune de Laon (1328); différend de préséance entre l'archidiacre de Laon et l'abbé de Saint-Vincent de Laon (1333); mandements de Philippe VI à Robert de Picquigny et Pierre d'Auxerre pour informer contre les hommes du chapitre de Laon (1338); mainmise du roi sur le temporel du chapitre de Laon (1383); mandement de Louis XI pour la remise en état des immeubles appartenant à l'évêché de Laon (1467).]

36773. Broche (Lucien) et Hennezel d'Ormois (Vte de). — Inventaire du mobilier d'un évêque de Laon au xive siècle [Geofroy Le Meingre, 1371], p. 177 à 189.

AISNE. — SAINT-QUENTIN.

SOCIÉTÉ ACADÉMIQUE DE SAINT-QUENTIN.

Voir, pour les publications de cette Société antérieures à 1901, la table récapitulative de notre *Bibliographie générale*; et pour ses publications postérieures, la table placée à la fin du présent fascicule.

36774. Chatelain (Henri). — Le mistère de sainct Quentin, suivi des invencions du corps de saint Quentin par Eusèbe et par Éloi, édition critique publiée avec introduction glossaire et notes. (Saint-Quentin, 1908, gr. in-4°, lxxv-453 p.)

36775. Lemaire (Emmanuel). — Archives anciennes de la ville de Saint-Quentin. Essai sur l'histoire de la ville de Saint-Quentin au xive siècle. T. II, 1328-1400. (Saint-Quentin, 1910, in-4°, clxii-456 p.)

[Le tome I a paru en 1888.]

AISNE. — SOISSONS.

SOCIÉTÉ ARCHÉOLOGIQUE, HISTORIQUE ET SCIENTIFIQUE DE SOISSONS.

Voir, pour les publications de cette Société antérieures à 1901, la table récapitulative de notre *Bibliographie générale*; et pour ses publications postérieures, la table placée à la fin du présent fascicule.

LVI. — **Bulletin de la Société archéologique, historique et scientifique de Soissons,** t. XVI, 3ᵉ série, 1909. (Soissons, 1912, in-8°, 194-33 p.)

36776. Firino. — Le fief de la Barre et le fief Champêtre [paroisse de Fontenoy], p. 11 à 21.

36777. Firino. — Adrien de Warel [† 1695], p. 21 à 37.

36778. Lerondeau. — L'Arquebuse soissonnaise, p. 38 à 41.

36779. Firino. — Lettres de Jehan Lespaullart [1559], p. 42.

36780. Blanchard (Fernand). — Le cimetière de Longues-Raies, p. 46 à 48.

36781. Blanchard (F.). — Lettre d'un chanoine soissonnais du xvᵉ siècle [Jean Picquart], p. 52 à 54.

36782. Binet (Le chanoine). — Note sur la restauration récente du puits de Saint-Gaudin [à Soissons], p. 55 à 56.

36783. Blanchard (Fernand). — Les sépultures de Barbonval, p. 60 à 63.

36784. Vauvillé. — Monnaies [gauloise et romaine] trouvées aux Longues-Raies, p. 64.

36785. Firino (R.). — Un officier retraité à Vailly en 1772, p. 70 à 75.

36786. Brun (Félix). — Lettre de rémission accordée à un Soissonnais en 1359, p. 76 à 81.

36787. Blanchard (Fernand). — Inscription romaine trouvée à Soissons, p. 81.

36788. Firino (R.). — Denis de Warel de Beauvoir [1714 † 1797], *portr.*, p. 86 à 105.

36789. Vauvillé. — L'enceinte de Saint-Pierre-en-Chastres, oppidum des Suessiones, p. 107 à 109.

36790. Firino (R.). — Un épisode de l'histoire de Fontenoy en 1652, p. 113 à 115.

36791. Blanchard. — Pierres tombales de l'église de Jouaignes [xvıᵉ-xvııᵉ s.], p. 116.

36792. Vauvillé. — Monnaies gauloises de l'oppidum de Pommiers, p. 120.

36793. Brun (Félix). — Sébastien Mamerot, écrivain du xvᵉ siècle, *facs.*, p. 122 à 136.

36794. Lecer (Le colonel). — Discours aux obsèques de M. Judas [† 1909], p. 141.

36795. Lecer. — La rue de la Collette [à Soissons], p. 143.

36796. Lecer. — Deux manuscrits soissonnais datant des premières années qui suivirent la Révolution de 1830, p. 143 à 151.

36797. Bouchel. — Recherches historiques sur la navigation de la Vesle, p. 155 à 165.

36798. Firino. — Notes pour servir à l'histoire des receveurs généraux de la généralité de Soissons, p. 166 à 194.

LVII. — **Bulletin de la Société archéologique, historique et scientifique de Soissons,** t. XVII, 3ᵉ série, 1910. (Soissons, 1912, in-8°, xlv-237 p.)

36799. Binet (L'abbé). — Colonnes de la Renaissance dans la maison n° 25, rue de la Buerie, p. xvı à xvııı.

36800. Hennequin. — L'élection de Saint-Just à la Convention, p. xxı à xxıv.

36801. Firino (R.). — Le général Vinot [Gibert-Julien, 1772 † 1838].

36802. Plateau. — Le curé de Cugny-les-Crouttes [xvıııᵉ s.], p. 15 à 20.

36803. Buttet (De). — *Le Jeu de la Constitution* [*Unigenitus*, estampe], p. 21 à 30.

36804. Brun (Félix). — Notes biographiques sur Renaud de Fontaines, évêque de Soissons (1423-1442), p. 31 à 61.

36805. Brun (Félix). — Trois pièces concernant la municipalité de Soissons, p. 62 à 65.

36806. Vauvillé (O.). — Le prieuré et la ferme des Blancs-Manteaux à Pommiers, p. 66 à 81.

36807. Larminat (P. de). — Note sur deux inscriptions lapidaires intéressant la région du Soissonnais et relevées dans deux églises de Rome, p. 82 à 86.

[Construction d'une aile de la Trinité-des-Monts, par Henri de Guise; épitaphe de Jean Milet (1485) à Sainte-Marie-du-Peuple.]

36808. Firino (R.). — Soissons en 1815, 4 *pl.*, p. 87 à 227.

ALLIER. — MOULINS.

SOCIÉTÉ D'ÉMULATION DU BOURBONNAIS.

Voir, pour les publications de cette Société antérieures à 1901, la table récapitulative de notre *Bibliographie générale;* et pour ses publications postérieures, la table placée à la fin du présent fascicule.

XVIII. — **Bulletin de la Société d'émulation du Bourbonnais...,** t. XVIII. (Moulins, 1910, in-8°, 416 p.)

36809. Bertrand. — Inscriptions tumulaires du Musée, p. 1.

36810. Grégoire (C.). — Le Bureau des finances de Moulins (1587-1790), notes et documents, p. 8, 39, 74, 103, 149, et 188.

36811. Denier (M.). — Inventaire sommaire des manuscrits de la bibliothèque de la Société d'émulation, p. 22 à 29.

36812. Tiersonnier (Philippe). — Contribution à l'héraldique bourbonnaise, p. 54, 90, et 321.

36813. Brinon (Dr H. de). — Encore les d'Aquin, p. 57.

36814. Gédel (L.). — Philippe Thomas, vétérinaire principal de l'armée [1843 † 1910], p. 71 à 73.

36815. Tiersonnier. — Inscriptions sur une maison du faubourg de Bourgogne, p. 99.

36816. Reure (O.-C.). — Document relatif au château de Pouzeux-lès-Moulins, p. 113.

36817. J. C. — M. Jean-Jacques Frobert [1841 † 1910], p. 115.

36818. Berthoumieu (L'abbé V.). — Anciens habitants de Moulins, p. 116, 137, et 174.

36819. Frémont (R. de). — Notes complémentaires sur les fiefs de la Motte et de Fontviolant, p. 147.

36820. Tiersonnier (Philippe). — Quelques ex-libris intéressant le Bourbonnais, *fig.,* p. 197, 256, 369, et 398.

36821. Lamaugarny (A. de). — Découverte archéologique d'un mors franc ou mérovingien faite à Magnette, *pl.,* p. 207 à 209.

36822. Milcent (G.). — Biens communaux, leur utilité et leur rôle social. Quelques documents relatifs au Bourbonnais, p. 210 à 226.

36823. Quirielle (Roger de). — Une charte de 1528 scellée du sceau de Louise de Savoie, duchesse de Bourbonnais, *facs.,* p. 227 à 230.

36824. Dessoix (L'abbé Pierre). — Le prieuré de Saint-Léopardin. Deux épitaphes, p. 231.

36825. Bréhier (Louis). — La Bible de Souvigny et la Bible de Clermont, 3 *pl.,* p. 241 à 255.

36826. Brinon (H. de). — Feu Mgr le duc Pierre II de Bourbon, le poète Jean Le Maire, son *Temple d'honneur,* p. 258.

36827. Viple (Joseph). — Le prix du blé à Ébreuil au xviiie siècle, p. 260 à 265.

36828. Quirielle (Roger de). — Deux jours dans le Forez de l'Astrée. 12e excursion, 3 *pl.,* p. 266 à 317.

[Feurs, Cleppé, Montverdun, Chalain-d'Uzore, Chandieu, Montbrison, 3 *pl.,* Sury-le-Comtal.]

36829. Tiersonnier (Philippe). — Deux écus d'or du xve siècle trouvés au lieu Preslier, cne d'Agonges, p. 318 à 320.

36830. Brugière de Lamotte. — La confrérie de Madame sainte Anne, fondée en l'église Saint-Pierre de Montluçon, *fig.,* p. 356 à 368.

36831. Denier (M.). — Sosthène Patissier [1827 † 1910], p. 373.

36832. Clément (Le chanoine Joseph). — Le Dr Pierre-Louis Petit [1821 † 1910], p. 373 à 375.

36833. Bodard (Georges). — Cahier de la ville et paroisse de Cerilly pour les États généraux de 1789, p. 388 à 397.

ALPES (BASSES-). — DIGNE.

SOCIÉTÉ SCIENTIFIQUE ET LITTÉRAIRE DES BASSES-ALPES.

Voir, pour les publications de cette Société antérieures à 1901, la table récapitulative de notre *Bibliographie générale*; et pour ses publications postérieures, la table placée à la fin du présent fascicule.

XIV. — Annales des Basses-Alpes. Série nouvelle. Bulletin de la Société scientifique et littéraire des Basses-Alpes, t. XIV, 1909-1910. (Digne, s. d., in-8°, 459 p.)

36834. Isnard (E.). — Les cartulaires bas-alpins. Le cartulaire du chapitre de Digne, p. 1 à 8.

36835. Aubin (G.). — Hippolyte Fortoul et Alfred de Musset, p. 30 à 32.

36836. Gaffarel (P.). — Lettres de Peiresc à Jacques Gaffarel (1627-1637), publiées d'après le manuscrit de la bibliothèque de Carpentras, p. 33, 103, 161, et 180. — Suite de XIII, p. 356, et 370.

36837. Braconnier (P.). — Causerie grammaticale, 53, 169, 265, et 350.

36838. Anonyme. — Poètes bas-alpins d'antan, Jean-Nicolas Garnier de Montfuron, abbé de Valsainte (1632) p. 58.

36839. Brun (H.). — Manosque révolutionnaire (1789-1805), p. 59, 147, 211, 286, 315, 369, et 414.

36840. Bernard (Cyprien). — Notice historique sur Ganagobie, p. 76 à 83, et 132 à 146.

36841. Arnaud (Damase). — Suite de l'histoire de Manosque, p. 84 à 102.

[Fragments des *Études historiques sur la ville de Manosque*, ouvrage inachevé.]

36842. Cauvin et Barthélemy. — La garde nationale des Basses-Alpes en 1790. La levée du 5 décembre, p. 117 à 131.

36843. Anonyme. — Le pourvoyeur de Tanaron (1694), p. 167.

36844. Honnorat-Bastide (Ed.-F.). — Musée de Digne. Quelques mots sur la partie archéologique, p. 187 à 210.

36845. Richaud (A.). — Eugène Plauchud [1831 †1909], *portr.*, p. 233 à 264.

36846. Doste (J.). — Les faïences de Moustiers, p. 297 à 310.

36847. Caillet (Louis). — Exemption de l'impôt comtal en faveur des habitants de Noyers-de-la-Tour, de Saint-Vincent, de Jausiac, de Châteauneuf et du Val-Saint-Vincent, par le sénéchal des comtés de Provence et de Forcalquier (27 juillet 1312), p. 311 à 314.

36848. Isnard (Z.-M.). — Notice historique sur la sénéchaussée de Forcalquier, p. 331, 385, et 431.

36849. Lieutaud (V.). — J.-J. Salva, de Mison, ambassadeur au Maroc (1765?), p. 343.

36850. Aubin (G.). — Nouvelles lettres sur Digne, p. 345 à 349, et 408 à 413.

36851. Lieutaud (V.). — Faux témoins de Manosque (9 novembre 1616) et les sobriquets topographiques bas-alpins, p. 397 à 407.

ALPES (HAUTES-). — GAP.

SOCIÉTÉ D'ÉTUDES DES HAUTES-ALPES

Voir, pour les publications de cette Société antérieures à 1901, la table récapitulative de notre *Bibliographie générale*; et pour ses publications postérieures, la table placée à la fin du présent fascicule.

XXIX. — Bulletin de la Société d'études des Hautes-Alpes..., 29° année, 3° série, n°° 33[-36]. (Gap, 1910, in-8°, xxxii-262 p.)

36852. Roman (J.). — Les familles ethniques de la seigneurie de Veynes, *fig.*, p. 1 à 41.

36853. Roman (J.-Ch.). — Georges de Scudéry, gentilhomme gapençais, p. 44 à 47.

36854. Martin (David). — Épée en bronze des Santons [trouvée près de la Bâtie-Vieille], *pl.*, p. 48 à 51.

36855. Roman (J.) — Nécrologie. p. 52 à 56.

[J.-A. Mangarel (1826 † 1909); F. Reynaud (1843 † 1909); H. Disdier de Roussel.]

36856. Manteyer (Georges de). — La pierre de Gap dédiée à la terre et au ciel (Deua Andarta, Deuos Loukos), 3 *pl.*, p. 61 à 122.

36857. Moulin (Stéphane). — Contes et légendes du Valgaudemar, du Champsaur et du Gapençais, p. 126, 167, et 229.

36858. Manteyer (G. de). — Une dédicace nimoise au Mars de La Nauque (197-222?) et l'incursion des Alamans (262), *pl.*, p. 145 à 161.

36859. Plat (Paul). — Une trouvaille de bracelets en bronze à L'Épine (Hautes-Alpes), *fig.*, p. 162 à 166.

36860. Anonyme. — Léopold Delisle (1826 † 1910); André Lacroix († 1910), p. 176.

36861. Achard (L'abbé). — Histoire seigneuriale de Trescléoux, p. 190 à 220.

36862. Plat (Paul). — Le préhistorique dans la vallée du Céans, p. 221 à 228.

36863. Anonyme. — Flavien Brachet (1869 † 1910); C.t Jean Piosin († 1910), p. 247 à 249.

ALPES-MARITIMES. — NICE.

ACADEMIA NISSARDA.

Voir, pour les publications antérieures de cette Académie, la table placée à la fin du présent fascicule. Une table générale des tomes I à X de *Nice historique* a paru en 1908 (voir notre n° 36864).

36864. Fighiéra (Eugène). — Table alphabétique, par noms d'auteurs, des matières contenues dans Nice historique pendant les onze premières années de sa publication, 1898 à 1908. (Nice, 1908, gr. in-8°, 30 p.)

XI. — **Nice historique**, revue bi-mensuelle, organe officiel de l'Academia Nissarda, Henri Sappia, fondateur, année 1909, vol. XI°. (Nice, 1909, gr. in-8°, 396 p.)

36865. Orestis di Castelnuovo (Jules de). — La Noblesse niçoise, notes historiques sur les principales familles de l'ancien comté de Nice, p. 9, 22, 50, 70, 84, 93, 109, 133, 155, 198, 292, 312, 325, 348, 370, 388; XII, p. 19, 37, 53, 72, 91, et 105.

36866. Emanuel (Victor). — Le déménagement furtif du château de Toudon en 1614. Procès-verbal d'une enquête judiciaire faite en 1621 par Antoine Calchiero, bayle de Toudon, p. 13, 31, 90, 254, et 268. — Suite de X, p. 337.

36867. Raynaud (Edmond). — Notice historique sur le passage du Var [ponts], p. 16, et 27. — Suite de X, 3 *pl.*, p. 9, 20, 39, 57, 74, 92, 107, 123, 146, 169, 201, 228, 245, 252, 280, 294, 307, et 346.

36868. [Emanuel (Victor)]. — Mémoires du premier monastère de la Visitation-Sainte-Marie de Nice, rangés par la religieuse *** en cette année 1709, p. 35, 55, 75, 106, 124, 145, 210, 229, 257, 279, 300, 319, 333, 354, 374. — Suite de X, p. 29, 43, 61, 77, 94, 115, 130, 230, et 248.

36869. Baréty (A.). — Un groupe de commensaux amis. Ziem, Victorien Sardou, Nadaud, Cordier, Charles Deslys, Paul Saunière, C.te d'Osmond, etc., p. 41 à 43.

36870. Martiny (L.). — L'*Album de Nice* de Ziem, p. 43.

36871. Rance-Bourey (A.-J.). — Incunables provenant de la bibliothèque de Louis de Grimaldi, évêque de Vence, abbé de Saint-Pons, p. 45, 64, 79, 98, 117, 140, 162, et 185. — Cf. X, p. 142.

36872. Baréty (A.). — Réminiscences païennes, p. 57 à 63.

[La fête des Rogations à Ascros; Jeune faune dansant à Puget-Rostang; Bal champêtre à Auvare.]

36873. Martiny (L.). — Une poésie inédite de Théodore de Banville [dédicace autographe d'un exemplaire de la *Mer de Nice* à Don Bernardo Calderon y Sarmiento], p. 69.

36874. Baréty (A.). — La première victoire d'André Masséna, récit d'un vieux marin d'Antibes, p. 102.

36875. Baréty (A.). — Les fouilles récentes autour du monument de la Turbie, p. 152.

36876. Martiny (Louis). — La statue de Masséna [à Nice, son inauguration le 15 août 1869], p. 170 à 172.

36877. Levrot (Joseph). — Le siège de Nice en 1691, par le père Adreccio, *pl.*, p. 173 à 177, et 193 à 197.

36878. Baréty (Dr A.). — Inventaire des richesses archéologiques des couvents de Saint-Pons, de Cimiez et de Saint-Barthélemy, à Nice, précédé d'un résumé historique de ces trois établissements, 2 *pl.*, p. 178, 205, 219, et 248.

36879. Levrot (Joseph). — L'armée française à Nice en 1859, p. 213 à 217.

36880. Orestis (J. de). — Le général Garin de Cocconato (1826 † 1881), *fig.*, p. 239 à 245, et 261 à 267.

36881. Magnan (Dr A.). — Villars. Ordonnances communales du xvie et du xviie siècle, *pl.*, p. 245, 296, 308, 321, 343, 365, 383; XII, p. 59, 87, et 111.

36882. Baréty (Dr A.). — Un autel romain du iiie siècle à Nice (quartier du Ray), perdu puis retrouvé, *pl.*, p. 285 à 291.

36883. Emanuel (A.-N.). — *La folle entreprise du duc de Savoie Victor-Amédée II* [chanson composée en 1787], p. 305 à 308.

36884. Toselli (Général Ernest). — Le peintre Raphaël Pontremoli (1831 † 1905), *portr.*, p. 338 à 343, et 357 à 365.

____

XII. — Nice historique,... année 1910, vol. XIIe. (Nice, 1910, gr. in-8°, 420 p.)

36885. Baréty (Dr A.). — Les voies romaines depuis Vintimille, ou soit la Roya, jusqu'au Var, et leurs bornes milliaires, *carte, pl.*, p. 7, 26, 46, 65, et 82.

36886. Isnard (Pierre). — Jean-Baptiste Vérany (1800 † 1865). Le musée municipal d'histoire naturelle de Nice, *portr.*, p. 14 à 18, et 30 à 36.

[36865.] Orestis (J. de). — La noblesse niçoise, p. 19, 37, 53, 72, 91 et 105.

[36881.] Magnan (Dr A.). — Villars. Ordonnances communales du xvie et du xviie siècle, *facs.*, p. 59, 87, et 111.

36887. Sappia (H.) et Rance-Bourrey (A.-J.). — Nicaea civitas, par l'abbé Pierre Gioffredo, p. 77, 97, 115, 136, 178, 204, 252, 267, 287, 305, 330, 341, 362, et 385. — Suite de VI, p. 9, 28, 49, 82, 97, 113, 131, 145, 167, 177, 199, 209, 225, 241, 273, 291, 305; VIII, p. 10, 19, 82, 97, 137, 154, 179, 189, et 209.

36888. Buffon (Émile). — Du rôle de Villefranche dans l'histoire, p. 101, 125, 156, 175, 229, 249, 273, 303, 351, 376, et 398.

36889. Suppo (J.). — Les Niçeis célèbres. Le vicomte Eugène-Melchior de Vogüé, membre de l'Académie française (1848 † 1910), *portr.*, p. 121 à 124, et 148 à 150.

36890. Rance-Bourrey (A.-J.). — L'imprimerie de Hugolin Martelli, évêque de Glandèves (1572-1573), *fig.* et *facs.*, p. 131, 151, 168, 235, et 242.

39891. Cablat (Jules). — Le quartier maritime de Nice en 1800, p. 142, 164, 199, et 225.

36892. Raynaud (E.). — Le vieux Nice qui disparaît, p. 162.

36893. Emanuel (Victor). — Une lettre inédite de Garibaldi [au roi Victor-Emmanuel II, 1860], p. 187 à 189.

36894. Arène (Édouard). — Les anciens festins de la banlieue de Nice, p. 190 à 193.

36895. Levrot (Joseph). — L'annexion de Nice à la France en 1860, *fig.*, 2 *pl.*, p. 211 à 224.

36896. Magnan (Dr A.). — Désiré Niel (1314 † 1873), p. 257 à 266.

36897. Levrot (Joseph). — Fresques à Saint-Dalmas-de-Valdeblore, 3 *pl.*, p. 293 à 302, et 321 à 329.

36898. Canestrier (Paul). — Monographie de Tourrette-Levens, *tableau*, p. 314, 336, 355, 371, et 411.

36899. Baréty (Dr A.). — Un artiste niçois, Jacques Pin [1826 † 1910], 2 *pl.*, p. 669.

____

ALPES-MARITIMES. — NICE.

____

SOCIÉTÉ DES LETTRES, SCIENCES ET ARTS DES ALPES-MARITIMES.

Voir, pour les publications de cette Société antérieures à 1901, la table récapitulative de notre *Bibliographie générale;* et pour ses publications postérieures, la table placée à la fin du présent fascicule.

XXII. — Annales de la Société des lettres, sciences et arts des Alpes-Maritimes..., t. XXII. (Nice, 1910, in-8°, 383 p.)

36900. Moris (Henri). — L'abbaye de Lérins, son histoire, ses possessions, ses monuments anciens, 3 *pl.*, p. 1 à 66. — Suite et fin de XIX, p. 299; XX, p. 225; et XXI, p. 155. — Cf. n° 14136.

[Archives, bibliothèque et trésor.]

36901. Doublet (Georges). — L'ancienne cathédrale de Grasse, p. 67 à 167. — Suite de XXI, p. 71.

36902. Combet (Joseph). — La Société populaire de Nice (2 octobre 1792-18 fructidor an III), p. 169 à 254. — Suite et fin de XXI, p. 371.

36903. Gaffarel (Paul). — Le général Guidal [1764 † 1812], p. 307 à 329.

36904. Moris (Henri). — Le complot Guidal à Grasse en 1811, p. 331 à 339.

36905. Thierry de Ville d'Avray (Colonel H.). — Les fours à boulets rouges de l'île Saint-Honorat, *fig.*, p. 341 à 354.

36906. Moris (Henri). — La réunion de Nice à la France en 1860, p. 365 à 370.

ARDENNES. — SEDAN.

SOCIÉTÉ D'ÉTUDES ARDENNAISES.

Voir, pour les publications de cette Société antérieures à 1901, la table récapitulative de notre *Bibliographie générale;* et pour ses publications postérieures, la table placée à la fin du présent fascicule.

XVII. — **Revue d'Ardenne et d'Argonne,** publiée par la Société d'études ardennaises, 17ᵉ année, 1909-1910. (Sedan, 1910, in-8°, 216 p.)

36907. Collinet (Paul). — L'avocat Benissein et les Jésuites de Charleville (1758-1759), p. 1 à 9, et 42 à 51.

36908. Houin (Charles). — La cartographie du département des Ardennes et des régions voisines d'après quelques ouvrages récents, p. 10 à 23. — Suite et fin de XVI, p. 177.

36909. Collinet (Paul). — Revue des découvertes archéologiques faites dans les Ardennes, en 1908, p. 24 à 26.

36910. Henry (E.). — L'origine sedanaise de Thomas Des Hayons, p. 27 à 30.

36911. Jadart (Henri). — La maison natale de dom Mabillon à Saint-Pierremont (Ardennes), son état actuel, sa conservation dans l'avenir, *fig.*, p. 33 à 41.

36912. Fage (André). — Un poète sedanais, Eugène Beauchot (1862 † 1890), sa vie et son œuvre, *fig.*, *portr.*, p. 65, 117, et 141.

36913. Séchenet (A.). — Les divisions administratives ayant formé les circonscriptions électorales en 1789 dans le département des Ardennes, p. 77 à 87.

36914. Al. B. — Une cloche de Rocroi (1751) à Watigny (Ardennes), p. 90.

36915. Anonyme. — Une lettre sur les victoires de Dumouriez (sept-oct. 1792), p. 91.

36916. Lapierre (A.). — Campagne des émigrés dans l'Argonne en 1792, p. 101, 162, et 182.

36917. Anonyme. — Un tableau de Jacques Wilbault, de Château-Porcien, à Rouceux (Vosges), p. 128.

36918. Collinet (Paul). — Jean Bodin dans les Ardennes, p. 130. — Suite de XVI, p. 106.

36919. Collinet (P.). — M. Henri Menu [1842 † 1910], p. 171.

36920. Bruneau (Ch.). — Une *flave* en patois de Sécheval, p. 177 à 181.

36921. Henry (E.). — Aveux et dénombrements intéressant les Ardennes déposés aux Archives départementales à Metz, p. 205 à 208. — Cf. XIII, p. 181.

36922. Guelliot (Dʳ O.). — A propos d'une croix de clocher. Le musée ethnographique de la Champagne [à Reims], p. 209.

36923. Henry (E.). — Notes biographiques sur le linguiste Daniel Martin [XVIᵉ s.], p. 211.

36924. Henry (E.). — L'origine du nom de Holly [cᵐᵉ d'Illy], p. 212 à 214.

AUBE. — TROYES.

SOCIÉTÉ ACADÉMIQUE DE L'AUBE.

Voir, pour les publications de cette Société antérieures à 1901, la table récapitulative de notre *Bibliographie générale;* et pour ses publications postérieures, la table placée à la fin du présent fascicule.

LXXIV. — **Mémoires de la Société académique d'agriculture, des sciences, arts et belles-lettres du département de l'Aube,** t. LXXIV de la collection (t. XLVII, 3° série), année 1910. (Troyes, s. d., in-8°, 474 p.)

36925. Pétel (L'abbé Auguste). — Le Temple de Bonlieu, p. 11 à 350. — Suite de LXX, p. 253; LXXI, p. 207, 283, et LXXIII, p, 257.

36926. Lagoguey (A.). — Notice sur Horace et Érasme, peintres de la folie, p. 351 à 336.

36927. La Bouillaye (M. de). — Notice nécrologique sur M. Camille Journe, p. 395.

36928. Leclert (Louis). — Liste des dons faits au musée de Troyes pendant l'année 1910, p. 409 à 417.

LXXV. — **Annuaire administratif, statistique et commercial du département de l'Aube pour 1910,** publié pour la deuxième partie sous les auspices et sous la direction de la Société académique du département de l'Aube, 84° année. (Troyes, s. d., in-8°, 456 et 175 p.)

36929. Babeau (Albert). — L'aérostation à Troyes en 1784, p. 3 à 6.

36930. Prévost (L'abbé A.). — Une commune sous la Terreur. Le Comité de surveillance de Pont-Sainte-Marie, p. 7 à 42.

36931. Det (A.-S.). — La bibliothèque de la cathédrale de Troyes, *pl.*, p. 43 à 50.

36932. Le Clert (Louis). — Étude historique et archéologique sur les éperons. Les éperonniers troyens et les statuts de leur corporation, *fig.* et *pl.*, p. 51 à 83.

36933. Prévost (L'abbé). — Le cadran solaire de l'hôtel-Dieu, p. 85 à 96.

36934. Det (A.-S.). — Historique des inondations à Troyes jusqu'en 1910. Travaux divers exécutés aux digues de la Seine, p. 97 à 113.

36935. Leclert (Louis). — Liste des dons faits au musée de Troyes pendant l'année 1909, p. 147 à 160. — Cf. id., n° 32482.

AUBE. — TROYES.

SOCIÉTÉ D'HISTOIRE DÉPARTEMENTALE DE LA RÉVOLUTION.

Voir, pour les publications antérieures de cette Société, la table placée à la fin du présent fascicule.

III. — **La Révolution dans l'Aube. Bulletin d'histoire moderne et contemporaine,** publié par la Société d'histoire départementale de la Révolution, sous la direction de A. Boutillier Du Retail.... Octave Beuve.... 3° année. (Arcis-sur-Aube, 1910, in-8°, 183 p.)

36936. Jacob (M.). — L'arrestation du baron de Besenval à Villenauxe (1789), p. 1 à 21.

36937. Ray (L.). — La Société des Amis de la Constitution établie aux Riceys, p. 22 à 41.

36938. Morin. — Meunier, capitaine de la garde soldée de Troyes, *portr.*, p. 42.

36939. Cuoullier (E.). — Élections à l'Assemblée législative de 1791; lettre du constituant Baillot, p. 44.

36940. Det (A.-S.). — Les revenus de M⁹ᵉ de Barral, évêque de Troyes en 1789, p. 51 à 65.

36941. Godefroy (J.-E.). — Les derniers jours de Montier-la-Celle, p. 66 à 101.

36942. Chandellier (G.). — La Révolution à Saint-Phal (1787-1795), p. 103 à 182.

AUDE. — CARCASSONNE.

SOCIÉTÉ DES ARTS ET DES SCIENCES DE CARCASSONNE.

Voir, pour les publications de cette Société antérieures à 1901, la table récapitulative de notre *Bibliographie générale*; et pour ses publications postérieures, la table placée à la fin du présent fascicule.

XVI. — **Mémoires de la Société des arts et des sciences de Carcassonne, t. VI, 2ᵉ série.** (Carcassonne, 1910, in-8°, XIV-206 p.)

[En même temps que ce volume, ont été distribuées les pages 49 à 72 des *Procès-verbaux des séances* correspondant à 1888.]

36943. CROS-MAYREVIEILLE. — Eperon du XIVᵉ siècle, p. 34 à 36.

36944. BAICHÈRE (Edmond). — Inventaires de titres et documents historiques relatifs à quelques communes de la région de l'Aude, p. 46 à 82.

[Évêché d'Alet (1792); château de Bram (au II); abbaye de Camon (1790-1791); communauté de Ginestas (XVIIᵉ s.); communauté de Mazerolles (1698 et 1790).]

36945. MULLOT (Henry) et SIVADE (Henry). — Armorial des évêques de Carcassonne, *fig.*, p. 83 à 135.

36946. BAICHÈRE (L'abbé Edmond). — État des églises de l'Aude et de leur mobilier de culte du XVᵉ au XIXᵉ siècle, Procès-verbaux de visites épiscopales, p. I à X, et 147 à 206.

AUDE. — CARCASSONNE.

SOCIÉTÉ D'ÉTUDES SCIENTIFIQUES DE L'AUDE.

Voir, pour les publications de cette Société antérieures à 1901, la table récapitulative de notre *Bibliographie générale*; et pour ses publications postérieures, la table placée à la fin du présent fascicule.

XX. — **Bulletin de la Société d'études scientifiques de l'Aude, 20ᵉ année, t. XX.** (Carcassonne, 1909, in-8°, LXV-200 p.)

36947. COURRENT (Dʳ). — Sceau de Notre-Dame de Camon, p. LV à LVII.

36948. GAVOY (L.) et FAGES (A.). — Excursion à Antugnac, Croux, La Serpent, Fa, p. 3 à 19.

36949. MADRENNES (J.) et SICARD (G.). — Excursion à Rieux-Minervois, Peyriac-Minervois Trausse, Notre-Dame du Cros et Caunes, p. 20 à 29.

36950. BRU (Fernand). — Excursion à Collioure, Notre-Dame de Consolation, Pic Taillefer, p. 30 à 33.

36951. SICARD (Germain). — Excursion à Castanviels et à Rieussec, p. 34 à 42.

36952. LEPARGNEUR (Jules). — Les châteaux de Fenouillet, *pl.*, p. 63 à 71.

36953. FAGES (A.). — De Campagne-les-Bains à Rennes-le-Château, p. 128 à 133.

XXI. — **Bulletin de la Société d'études scientifiques de l'Aude, t. XXI.** (Carcassonne, 1910, in-8°, LXIV-229 p.)

36954. FAGES (A.). — Hache en phyllade trouvée à Cavanac, p. XXXIX.

36955. SICARD. — Découverte de sépultures à Laure, p. XLIII.

36956. FAGES (A.). — Caderonne au XVIIᵉ siècle, p. LIV.

36957. FAGES (A.). — La Motte de Pech de Nadieu à Payra (Aude), *fig.*, p. LIX à LXI.

36958. COURRENT (Dʳ P.). — Excursion à Lagrasse, Durfort, Termes, Vignevieille, Lanet et Mouthoumet, *fig.*, et *pl.*, p. 26 à 63.

36959. Madrennes (J.). — Excursion à Tourouzelle, Escales et Montbrun, *pl.*, p. 64 à 71.

36960. Méric (J.). — Excursion au château de Villemartin et à Gaja, p. 72 à 83.

36961. Fages (A.). — Les pierres de jet ou de fronde aux époques préhistoriques, *pl.*, p. 87 à 91.

36962. Embry (Pierre). — Les vallées d'Andorre, d'Ax-les-Thermes à la Séo d'Urgel, p. 177 à 218.

AVEYRON. — RODEZ.

SOCIÉTÉ DES LETTRES, SCIENCES ET ARTS DE L'AVEYRON.

Voir, pour les publications de cette Société antérieures à 1901, la table récapitulative de notre *Bibliographie générale;* et pour ses publications postérieures, la table placée à la fin du présent fascicule.

XXII. — Procès-verbaux des séances de la Société des lettres, sciences et arts de l'Aveyron, XXII, du 23 février 1908 au 30 décembre 1909. (Rodez, 1909, in-8°, xviii-218 p.)

36963. Combes de Patris (B.). — Lettres de M. de La Croix de Castries, dernier évêque de Vabres (1764-1786), p. 7 à 10.

36964. Andrieu. — Découvertes archéologiques à la Tricherie, c°° d'Onet-le-Château, p. 96.

36965. Maisonabe (N.). — L'abbé Alazard († 1909), p. 123.

36966. Andrieu. — Découverte d'une mosaïque romaine à Rodez, p. 141.

36967. Maisonabe (N.). — Henri Pons († 1909), p. 145 à 148.

36968. Jaudon. — Vierge de marbre par Gayrard à Notre-Dame de Besançon, p. 149.

36969. Austry. — Fouilles de Roussennac, p. 150 à 152.

36970. Benoit. — Antiquités gallo-romaines découvertes à Rodez, p. 173 à 175.

36971. Artières (J.). — Une lettre de Claude Peyrot [1782], p. 195 à 197.

BOUCHES-DU-RHÔNE. — AIX.

SOCIÉTÉ D'ÉTUDES PROVENÇALES.

Voir, pour les publications antérieures de cette Société, les tables placées à la fin du présent fascicule.

VII. — Société d'études provençales. Annales provençales..., 7° année. (Aix, 1910, in-8°, 432 p.)

36972. Combet (J.). — Les districts des Alpes-Maritimes (1er mai 1793/8 brumaire an IV), p. 1 à 16, et 81 à 118.

36973. Davin (P.-M.). — Pacte d'union entre Martigues et Manosque au sujet d'une concession de reliques du B. Gérard Tenque (15 avril-6 mai 1728), p. 17 à 47.

36974. Nicollet (F.-N.). — Mélanges de linguistique provençale, p. 47 à 64. — Suite et fin de VI, p. 191, 233, 319, et 395.

36975. Busquet (R.). — Les cadastres et les «Unités cadastrales» en Provence du xv° au xviii° siècle, *tableaux*, p. 119 à 134, et 161 à 183.

36976. Chénerilles (Cyprien de). — Les familles parlementaires de Provence. Les Olivari, un dominicain célèbre et un correspondant de Peiresc, p. 135 à 141, et 185 à 206.

36977. Duranti La Calade (J. de). — Notes sur les rues d'Aix aux xiv°-xv° siècles, p. 207, 287, et 399.

36978. Mabilly (Ph.). — Valeur de la monnaie de Marseille. Monnaie de royaux ou menus marseillais (1268-1406), p. 233 à 271.

36979. Robert (Paul-Albert). — L'administration de la Comédie d'Aix (1756-1758), p. 273 à 285.

36980. Poupé (E.). — Documents sur la croisière de l'*Aréthuse* et de la *Topaze* [1793], p. 315 à 339.

36981. Ocrobon (Ernest). — Note sur les grottes et abris préhistoriques du vallon de Malauric ou Malavalasse, commune de Saint-Julien (Var), p. 341 à 345.

36982. Combet (Joseph). — Un village des Maures pendant la Révolution : Cogolin (1789-1799), p. 361 à 398.

36983. Gensollen (O.). — Étymologie du nom de lieu *Al Manarre*, p. 419 à 421.

BOUCHES-DU-RHÔNE. — ARLES.

CONGRÈS DES SOCIÉTÉS SAVANTES DE PROVENCE.

Le compte rendu des travaux du premier Congrès des Sociétés savantes de Provence, tenu en 1906 à Marseille, est analysé dans notre *Bibliographie annuelle*, t. II, fasc. iii, p. 16. En 1909, les Sociétés savantes de Provence se sont réunies de nouveau : le compte rendu de ces assises, tenues à Arles, forme un volume dont on trouvera l'analyse ci-dessous.

II. — Congrès des Sociétés savantes de Provence. Arles, mai-juin 1909. Comptes rendus et Mémoires. (Bergerac, 1910, in-8°, xxxi-580 p.)

36984. Bertrand (M.). — L'homme préhistorique dans la vallée du Cannet (Alpes-Maritimes), p. 1 à 4.

36985. Guébhard (D° A.). — Sur quelques pièces à remarquer de la céramique néolithique de Provence, *fig.*, p. 5 à 17.

36986. Vabaldi (F.-R.). — Découverte d'un coup-de-poing paléolithique dans l'Esterel, *fig.*, p. 18 à 20.

36987. Clastrier. — Rapport sur une découverte faite en 1905 sur les origines de Marseille, p. 21 à 26.

36988. Gérin-Ricard (Henry de). — Stèle grecque d'Égypte découverte à Marseille, *fig.*, p. 27 à 32.

36989. Anonyme. — Remarques sur la meule gallo-romaine, p. 33 à 35.

36990. Valérian (Isidore). — Deuxième notice sur *Pisavis* de la Table de Peutinger, *fig.*, p. 36 à 51. — Cf. I, p. 64.

36991. Féraud (E.). — Les voies romaines et *Forum Voconii*, p. 52 à 56.

36992. Ville d'Avray (Colonel H. de). — Céramique antique en Provence, et découvertes à la grotte Lombard (Saint-Vallier-de-Thiey), 1907, et à la Cabre, près Agay, Esterel, 1909, p. 57 à 68.

36993. Gourbin (J.). — Les privilèges de Marseille sous l'ancien régime. L'exemption du logement des gens de guerre, p. 69 à 84.

36994. Audouard (Jean). — Le siège de Barcelone en 1714 raconté par un Arlésien à un Arlésien ; dix lettres inédites du chevalier de Viguier, officier des vaisseaux du Roi, à son oncle M°° de Quiqueran-Beaujeu, évêque de Castres, p. 85 à 110.

36995. Duranty (M¹³ de). — Relations entre Marseille et Arles au moyen âge, p. 111 à 127.

36996. Arnaud d'Agnel (L'abbé G.). — Un soulèvement populaire à Cadenet à l'occasion des obsèques d'un ermite [1683], p. 128 à 134.

36997. Teissère (V.). — Comité de surveillance de Trets (1793-1794), p. 135 à 144.

36998. Dauphin (L.-C.). — L'instruction publique à Carcès de 1537 à 1909, p. 145 à 152.

36999. Anonyme. — Le Grand-Prieuré de Saint-Gilles et deux commanderies de la Côte d'Azur [Nice et Beaulieu], p. 153 à 176.

37000. Chaillan (L'abbé). — Les barques de Marseille à la foire de Beaucaire au xvii° siècle, *pl.*, p. 177 à 186.

37001. Raimbault (Maurice). — Acte de mariage d'une Mireille du xv° siècle, p. 187 à 192.

[Mariage de Mireille de Cumbret dame d'Aps avec Guyot Adhémar de Monteil, baron de Grignan (6 octobre 1400).]

37002. Bochot (L.). — Règlement de police rurale d'Antibes en 1500, p. 193 à 203.

37003. Gortez (Fernand). — Nos traditions. A propos de *la Provence, du 1°° au xii° siècle*, de M. de Manteyer, p. 204 à 230.

37004. Joigné de Lassigny (E. de). — Généalogie des vicomtes de Marseille, p. 231 à 282.

37005. Anonyme. — Les habitants de Signes et le siège de Toulon en 1707, p. 283 à 291.

37006. Nicollet (F.-N.). — Traité d'alliance entre la ville d'Arles et Raymond Geoffroy, marquis de Fos, en 1226, p. 292 à 295.

37007. Nicollet (F.-N.). — Limites des terrains d'Arles et des Baux au xiii° siècle, p. 296 à 302.

37008. Gaffarel (Paul). — L'affaire de Bédouin [1794], p. 303 à 323.

37009. Du Roure (Bᵒⁿ). — Les recherches de noblesse en Provence sous Louis XIV et Louis XV considérées au point de vue de leur valeur documentaire et historique, p. 324 à 378.

37010. Destandau (Pasteur). — État parcellaire de la ville des Baux en 1584 et 1598, fig., p. 379 à 470.

37011. Duprat (E.) et Nicollet (F.-N.). — Origine et étymologie du nom de ville Avennionem, p. 471 à 473.

37012. Martin (Ch.). — Les crèches et santons, crèches parlantes et mécanisées d'Aix-en-Provence, p. 474 à 491.

37013. Jouveau (Elzéar). — Quelques mimologismes populaires, p. 492 à 496.

37014. Auvergne (J.). — La vie économique d'une paroisse rurale au xviii° siècle [Fontvieille], p. 497 à 505.

37015. Rance-Bourrey (A.-J.). — Les manuscrits de Bonnemant [documents sur Arles], p. 506 à 515.

37016. Yrondelle (A.). — Géraud Boissié, professeur au collège et notaire à Orange (1669-1687), d'après son journal inédit, p. 516 à 519.

37017. Bigot (P.-H.). — Jules Canonge (1812-1870), p. 520 à 555.

[Lettres de Vincent Cordouan à Canonge (1849-1862); notice sur Cordouan (1810 † 1893); lettres de J. Roumanille à Canonge (1852-1865).]

37018. Bigot (P.-H.). — Li Soubreto de Teodor Aubanel, p. 556 à 573.

BOUCHES-DU-RHÔNE. — ARLES.

SOCIÉTÉ DES AMIS DU VIEIL ARLES.

Voir, pour les publications de cette Société antérieures à 1901, la table récapitulative de notre *Bibliographie générale*; et pour ses publications postérieures, les tables placées à la fin du présent fascicule.

VII. — Bulletin de la Société des Amis du vieil Arles, 7° année. (Arles, 1910, in-8°, 327 p.)

37019. Paulet (L'abbé L.). — La primatiale ou monographie historique et description de la basilique Saint-Trophime d'Arles, p. 2 à 46. — Suite de VI, p. 137 et 230. — Cf. n° 37023.

37020. Chailan (L'abbé M.). — Un grand vicaire de Mᵍʳ de Belloy, Jean-Baptiste Giraud, prêtre d'Arles (1722 † 1798), portr., p. 47, 82, 162, et 242. — Suite de VI, p. 266.

37021. Fassin (Émile). — Un oublié. Jean Taxil [médecin, vers 1570 † vers 1640], p. 55 à 71.

37022. Lieutaud (A.). — Arrivée à Arles du chevalier de Guise, lieutenant général du Roi en Provence. Sa mort, ses funérailles [† 1614], p. 116 à 126.

37023. Anonyme. — La primatiale ou monographie historique et descriptive de la basilique Saint-Trophime d'Arles [rectifications à la notice de M. l'abbé L. Paulet], p. 127 à 133. — Cf. n° 37019.

37024. Nicollet (F.-N.). — Limites des terroirs d'Arles et des Baux au xiii° siècle, p. 134 à 141.

37025. Vaquières (Général de). — Les rues d'Arles. La rue de Chartrouse, p. 142 à 149. — Cf. n° 32550.

37026. Véran (Auguste). — Inscriptions découvertes dans les fouilles du monument antique de l'ancien collège, aujourd'hui le Museon arlaten, fig., et pl., p. 207 à 211.

37027. Arnaud d'Agnel. — Bridaine en Provence. Ses prédications à Saint-Martin d'Arles en 1734, p. 212 à 231.

37028. Anonyme. — Le vieil Arles. Le club des femmes [1792], p. 232 à 237.

37029. Anonyme. — Notes brèves sur la Chiffone d'Arles [club royaliste, 1791], p. 238 à 240.

37030. Aubert (Louis). — Sépultures gallo-romaines du Bas-Mouleyrès à Arles, fig., pl., p. 314 à 319.

37031. Véran (Auguste). — Arles antique. Le cirque romain, 3 pl., p. 320 à 327.

BOUCHES-DU-RHÔNE. — MARSEILLE.

SOCIÉTÉ ARCHÉOLOGIQUE DE PROVENCE.

Les dix premiers fascicules du *Bulletin* de cette Société ont été analysés dans notre *Bibliographie annuelle*, t. II, fasc. ii, p. 13 et fasc. iii, p. 18. Bien que ces fascicules, si on les rapproche les uns des autres, présentent trois paginations successives et que le dernier d'entre eux date de 1907, un titre distribué seulement en 1910 et une table de huit pages les groupe en un volume portant la mention t. I, n°° 1 à 10. De 1908 à 1910, il a paru cinq nouveaux fascicules dont la pagination jusqu'à ce jour est continue : les n°° 11 et 12 sont analysés dans notre tome III, fasc. 1, p. 14 ; on trouvera ci-dessous le sommaire des n°° 13 à 15.

II. — Bulletin de la Société archéologique de Provence, n° 13 [-15]. (Marseille, 1909-1910, in-8°, p. 67 à 167.)

37032. Fournier (E.) et Deschamps. — Nouvelle station néolithique en plein air dans la Haute-Provence [à Condaminasse], *pl.*, p. 73 à 75.

37033. Gérin-Ricard (H. de). — Découverte d'un groupe de tumuli de la fin de l'âge de bronze à la Sérignane (Bouches-du-Rhône), *fig.* et *pl.*, p. 80 à 100.

37034. Ville d'Avray (De). — Trouvailles à la grotte Lombard, station de la Cabre, près Agay (Esterel), p. 101.

37035. Vasseur (G.). — Réponse à une note de M. Clerc relative aux fouilles exécutées dans l'oppidum de la Teste-Negre, près les Pennes (Bouches-du-Rhône), p. 103 à 112.

[La Note de M. Clerc a paru dans la *Revue des études anciennes*, t. XI, 1909, n° 1.]

37036. Marin-Tabouret. — Les fouilles à la station du plateau de Laure, p. 113.

37037. Clastrier (S.). — Moule à bagues de l'âge de bronze découvert au *Pain de sucre*, *fig.*, p. 116.

37038. Clastrier (S.). — Une station néolithique au Grand-Vallat de Rognac, p. 118.

37039. Clastrier (S.). — Un mégalithe à Vitrolles, p. 119.

37040. Repelin (J.). — Silex néolithiques des plateaux de la vallée du Buech, près Serres (Hautes-Alpes), *fig.*, p. 121.

37041. Clastrier (Stan.). — Découverte d'une troisième statue, du type dit de Velaux, à Rognac (Bouches-du-Rhône), p. 122 à 124.

37042. Vasseur (G.). — Découverte d'une station de l'âge de bronze à Puyloubier (Bouches-du-Rhône), *pl.*, p. 126 à 131.

37043. Repelin (J.). — Les tombeaux romains de Vernègues (Bouches-du-Rhône), p. 131.

37044. Clastrier (Stan.). — Stèle gallo-romaine de Cornerate à Vitrolles, p. 132.

37045. Clastrier (Stan.). — Une pierre à rainures du Grand-Arbois, *fig.*, p. 134 à 136.

37046. Gérin-Ricard (H. de). — Les stèles énigmatiques d'Orgon et de Trets (Bouches-du-Rhône), p. 157.

37047. Bout de Charlemont. — Découverte de tombeaux romains à Saint-Giniez (Marseille), p. 159 à 162.

37048. Ville d'Avray (De). — Inscription romaine à Villeneuve-Loubet, *fig.*, p. 162 à 164.

37049. Ville d'Avray (De). — Inscription romaine à Notre-Dame-de-Vie, près Mougins, *fig.*, p. 164 à 167.

BOUCHES-DU-RHÔNE. — MARSEILLE.

SOCIÉTÉ DE GÉOGRAPHIE DE MARSEILLE.

Voir, pour les publications de cette Société antérieures à 1901, la table récapitulative de notre *Bibliographie générale*; et pour ses publications postérieures, la table placée à la fin du présent fascicule.

XXXIV. — Bulletin de la Société de géographie et d'études coloniales de Marseille, t. XXXIV, 1910. (Marseille, 1910, in-8°, 459.)

37050. Bardon. — Notre croisière au Maroc. Tanger, Casablanca, la Chaouia, *carte*, p. 5 à 38.

37051. Ollone (Commandant d'). — La mission d'Ollone (1906-1909), Chine occidentale, Tibet, Mongolie, *carte*, p. 39 à 52.

37052. J. F. [Fournier (J.).] — Les voyages de Pierre Blancard, navigateur marseillais, importateur du chrysanthème (1741-1826), p. 72 à 88, et 205 à 225.

37053. Gaffarel (Paul). — Premiers voyages des Français dans l'Extrême-Orient, p. 165 à 196.

37054. Martin (A.-G.-P.). — La Chaouia marocaine, notice physique, politique et économique, p. 293 à 305.

37055. Barré (H.). — Impressions allemandes sur Marseille (1803-1851), p. 322 à 336.

37056. Bortoli (Louis). — La Roumanie, ses habitants, son activité économique, p. 337 à 353.

37057. Jolly (Stéphane). — La Bulgarie, le pays, son peuple, son roi, p. 354 à 372.

37058. Mabilleau (Léopold). — Coup d'œil sur la civilisation aux États-Unis d'Amérique, p. 373 à 386.

BOUCHES-DU-RHÔNE. — MARSEILLE.

SOCIÉTÉ DE STATISTIQUE DE MARSEILLE.

Voir, pour les publications de cette Société antérieures à 1901, la table récapitulative de notre *Bibliographie générale;* et pour ses publications postérieures, la table placée à la fin du présent fascicule.

XLVII. — Répertoire des travaux de la Société de statistique de Marseille..., 1906-1907 [et 1908-1910], t. XLVII. (Valence, 1908[-1911], in-8°, 479 p.)

37059. Anonyme. — M. Jules Roussin, p. 35 à 37.

37060. Perrier (Émile). — Paul de Faucher (1840 † 1907), p. 38 à 46.

37061. Barré (H.). — Table des articles contenus dans l'Almanach Grosson (1770-1790), p. 55 à 65.

37062. Arnaud d'Agnel (L'abbé) et Beauchet-Filleau (P.). — Le pèlerinage de Jean Boisselly en Terre-Sainte en 1643-1645. Extrait du récit de ce pèlerin marseillais, p. 67 à 94.

37063. Perrier (Émile). — Scudéry et sa sœur à Marseille (1644-1647), p. 95 à 201.

37064. Génin-Ricard (H. de). — Mines et mineurs autrefois et aujourd'hui, étude économique sur les charbonnages de Provence du xve au xixe siècle, p. 203 à 323.

37065. Perrier (Émile). — Stephen d'Arve [Eugène-Edmond de Catelin, 1820 † 1909] et ses œuvres, p. 335 à 404.

37066. Génin-Ricard (H. de). — Une thèse de licence en droit devant l'Université d'Aix en 1747, p. 405 à 407.

37067. Gensollen (Octave). — La famille de Boutiny d'Hyères, autrefois Boutin, Botin, Botini, p. 413 à 457.

37068. Barré (H.). — Un Allemand en Provence sous le Consulat. Fischer (Christian-Auguste), p. 458 à 473.

CALVADOS. — BAYEUX.

SOCIÉTÉ DES SCIENCES, ARTS ET BELLES-LETTRES DE BAYEUX.

Voir, pour les publications de cette Société antérieures à 1901, la table récapitulative de notre *Bibliographie générale;* et pour ses publications postérieures, là table placée à la fin du présent fascicule.

XI. — Société des sciences, arts et belles-lettres de Bayeux, 11e vol. (Bayeux, 1910, in-8°, 297 p.)

37069. Lefébure (E.). — Histoire de la dentelle à Bayeux, p. 1 à 27.

37070. Anonyme. — Refus des grands chapeaux par le corps de ville [1731], p. 31.

37071. Anquetil (E.). — Cloches et carillons de la cathédrale de Bayeux, p. 33 à 124.

37072. Anquetil (E.). — Sépultures des églises paroissiales de Bayeux, p. 125 à 286.

37073. Divers. — Nécrologie, p. 290 à 295.

[Dr L.-E. Gallier (1863 † 1909); P.-L.-C. Guéret-Desnoyers (1815 † 1909); Dr A.-J. Basley (1828 † 1909), etc.]

CALVADOS. — CAEN.

ACADÉMIE DES SCIENCES, ARTS ET BELLES-LETTRES DE CAEN.

Voir, pour les publications de cette Académie antérieures à 1901, la table récapitulative de notre *Bibliographie générale;* et pour ses publications postérieures, la table placée à la fin du présent fascicule.

LXIV. — Mémoires de l'Académie nationale des sciences, arts et belles-lettres de Caen. (Caen, 1910, in-8°, 205 et 188 p.)

Première partie.

37074. VANEL (G). — Une restitution littéraire : *Le curé de Cucugnan* et son véritable auteur [B. de Brenas], p. 1 à 22.

37075. CHARENCEY (Cte DE). — Les noms des points de l'espace chez les Aryens de l'Europe orientale et de l'Asie, p. 23 à 40.

37076. CHAUVET (Emmanuel). — La quatre-vingt-dixième année, ou comment la vie finit [souvenirs], p. 41 à 77.

37077. LESAGE (G.). — Les vignobles d'Argences, p. 79 à 127.

37078. POUTHAS (G.). — Les collèges de Caen au XVIII° siècle, p. 129 à 205.

Deuxième partie.

37079. SÉVESTRE (L'abbé Em.). — L'organisation du clergé paroissial à la veille de la Révolution. Correspondance du curé de Saint-Nicolas de Coutances à l'occasion de son procès avec les chanoines prébendés, p. 1 à 136.

37080. SAUVAGE (R.-N.). — Une procédure devant la sénéchaussée de Normandie en 1423, p. 137 à 157.

CALVADOS. — CAEN.

ASSOCIATION NORMANDE.

Voir, pour les publications de cette Association antérieures à 1901, la table récapitulative de notre *Bibliographie générale;* et, pour ses publications postérieures, la table placée à la fin du présent fascicule.

LXXVI. — Annuaire des cinq départements de la Normandie, publié par l'Association normande, 77° année, 1910 [Congrès de Mortagne]. (Caen, s. d., in-8°, LXIV-295 p.)

37081. ANONYME. — Excursion. Autheuil, Bellegarde, la Grande Trappe, p. 21 à 33:

37082. PHILIPPE. — Mortagne et ses relations avec l'histoire de France, p. 48 à 60.

37083. ANONYME. — Excursion. Loisail, Courgeon, la Chapelle-Montligeon, Monceaux, Longny, Notre-Dame de Pitié, Brochard, le Val-Dieu, forêt de Réno, Saint-Mard de Réno, p. 61 à 68.

37084. COUTIL. — Les monuments mégalithiques de l'arrondissement de Mortagne, p. 75 à 77.

37085. LEVASSORT (D^r). — L'hôpital de Mortagne, depuis 1843 jusqu'à nos jours, p. 78 à 85.

37086. GUERCHAIS (L'abbé). — Histoire religieuse de Mortagne, p. 92 à 98.

37087. LONGUEMARE (DE). — L'agriculture à Mauves il y a cent ans, p. 99 à 102.

37088. DUVAL (Louis). — Lallement de Levignen, intendant d'Alençon, son Mémoire sur la généralité d'Alençon en 1727, p. 133 à 236.

37089. SAUVAGE (Hippolyte). — M. Lanfranc de Panthou, ancien procureur général [1831 † 1909], p. 271 à 275.

37090. SAUVAGE (Hippolyte). — M. Félix Moulin [1824 † 1909], p. 276 à 281.

37091. SAUVAGE (Hippolyte). — Le général Le Tellier de Blanchard [1814 † 1909], p. 282 à 289.

CALVADOS. — CAEN.

SOCIÉTÉ FRANÇAISE D'ARCHÉOLOGIE.

Voir, pour les publications de cette Société antérieures à 1901, la table récapitulative de notre *Bibliographie générale* ; et, pour ses publications postérieures, la table placée à la fin du présent fascicule.

LXXIV. — **Bulletin monumental,** dirigé par Eugène Lefèvre-Pontalis, sous les auspices de la Société française d'archéologie, 74ᵉ vol. de la collection. (Paris et Caen, 1910, in-8°, 554 p.)

37092. Pilloy et Socard (Edmond). — Le vitrail carolingien de la châsse de Séry-lès-Mézières, *fig.*, 4 *pl.*, p. 5 à 23.

37093. Anglès (A.). — Les églises à berceaux transversaux dans le Rouergue, 3 *pl.*, p. 24 à 35.

[Bonneval, 2 *pl.*, Saint-Dalmazi, *pl.*, Saint-Sauveur de Liaucous.]

37094. Des Forts (Philippe). — Le château de Lucheux (Somme), *fig.*, et 5 *pl.*, p. 36 à 68.

37095. Lefèvre-Pontalis (E.). — Le donjon quadrilobé d'Ambleny, *fig.*, et 2 *pl.*, p. 69 à 74.

37096. Fage (René). — L'église de Solignac (Haute-Vienne), *fig.* et 5 *pl.*, p. 75 à 106.

37097. Serbat (Louis). — L'âge de quelques statues du grand portail de la cathédrale de Reims, *fig.* et 3 *pl.*, p. 107 à 124.

37098. Enlart (C.). — Origine anglaise du style flamboyant, réponse à M. Anthyme Saint-Paul, 2 *pl.*, p. 125 à 147. — Cf. n° 32639.

37099. Serbat (Louis). — Chronique [archéologique], p. 148, 328, et 494.

37100. Dervieu (Lieutenant-colonel). — Les chaises et les sièges au moyen âge, *fig.*, p. 207 à 241.

37101. Du Ranquet (H.). — Les églises de Saint-Saturnin (Puy-de-Dôme), *fig.*, et 4 *pl.*, p. 242 à 264.

37102. Banchereau (J.). — Les prétendues charpentes de châtaignier, p. 265 à 271.

37103. Lefèvre-Pontalis (E.). — L'église de La Celle-Bruère (Cher), *fig.*, et 18 *pl.*, p. 272 à 284.

37104. Contenson (L. de). — L'église de Mont-Saint-Vincent (Saône-et-Loire), 4 *pl.*, p. 285 à 290.

37105. Roger (Robert). — Églises à plan tréflé de la vallée de l'Ariège, *fig.*, p. 304 à 311.

37106. Deshoulières (F.). — Le plan primitif de l'église de Déols, *fig.*, p. 312 à 317.

37107. Sauvage (R.-N.). — Un sarcophage roman découvert à Troarn, *fig.*, et *pl.*, p. 318 à 322.

37108. Allemagne (Henry-René d'). — Une lanterne de l'abbaye de Vézelay, *pl.*, p. 323 à 325.

37109. Rhein (André). — La cathédrale de Dol, *fig.* et 15 *pl.*, p. 369 à 433.

37110. Serbat (L.). — L'architecture des Cisterciens dans leurs plus anciennes églises en Angleterre, d'après l'étude de M. J. Bilson, 5 *pl.*, p. 434 à 445.

37111. Lefèvre-Pontalis (E.). — L'église de Cerny en Laonnois, *fig.* et 16 *pl.*, p. 446 à 455.

37112. Montremy (F. de). — La vierge de Blécourt et la sculpture dans la région de Joinville aux xiiiᵉ et xivᵉ siècles, *fig.*, et 3 *pl.*, p. 453 à 469.

37113. Parmentier (Dʳ René). — L'église d'Agnetz (Oise), *fig.* et 4 *pl.*, p. 470 à 488.

37114. Chappée (Julien) et Aubert (Marcel). — La date de la façade septentrionale du château de Josselin, p. 489 à 493.

LXXVI et LXXVI *bis.* — **Congrès archéologique de France,** 76ᵉ session, tenue à Avignon en 1909 par la Société française d'archéologie. (Caen, 1910, 2 vol. in-8°, lxxxii-314 et 413 p.)

Tome I.

37115. Labande (L.-H.). — Guide archéologique du Congrès d'Avignon, 94 *pl.*, p. 1 à 314.

Avignon : cathédrale Notre-Dame des Doms, 3 *pl.* ; églises Saint-Agricol, Saint-Didier, *pl.*, Saint-Pierre, *pl.*, Notre-Dame la Principale ; couvents de Saint-Ruf, 2 *pl.*, Templiers, Dominicains, Cordeliers, Augustins et Carmes, Sainte-Catherine, Saint-Martial, Célestins, *pl.* ; pont Saint-Benezet et chapelle Saint-Nicolas ; remparts ; Palais des papes, *fig.* et 11 *pl.* ; Musée Calvet, 3 *pl.*, p. 6 à 93.

Orange : Théâtre et antiquités romaines, *pl.* ; cathédrale ; château, p. 94 à 101. — Vaison : cathédrale, 3 *pl.* ; église Saint-Quinin, 2 *pl.* ; château, p. 101 à 111.

Saint-Paul-Trois-Châteaux : cathédrale, *fig.*, 3 *pl.*, p. 112 à 121. — Saint-Restitut, 3 *pl.*, p. 121 à 128.

Villeneuve-lez-Avignon : monastère et fort Saint-André, 3 *pl.*, chapelle de Notre-Dame de Belvézet, tour de Philippe le Bel, collégiale de Notre-Dame, *pl.*, Chartreuse, *fig.* et *pl.*, p. 129 à 153.

37116. Abbaye de Montmajour, 5 *pl.*, p. 154 à 168. — Saint-Gilles, 8 *pl.*, p. 168 à 182. — Aigues-Mortes, 5 *pl.*, p. 183 à 189.

Arles : Amphithéâtre et monuments antiques, *fig.* et 2 *pl.*; musée, 2 *pl.*; Saint-Trophime, 13 *pl.*; Saint-Jean de Moustier et la Madeleine; Saint-Blaise; la Major; Trinitaires, Cordeliers, Dominicains, Carmes, Augustins; ancien palais de la Commune, grand-prieuré de Malte, hôtel de Laval; les Aliscamps et Saint-Honorat, *pl.*, p. 190 à 242.

Cavaillon : cathédrale, *pl.*, p. 243 à 251. — Saint-Rémy, 2 *pl.*, p. 251 à 258. — Saint-Gabriel, *pl.*, p. 259 à 262. — Tarascon : église Sainte-Marthe, *pl.*; château, 4 *pl.*, p. 262 à 281.

Venasque, *fig.* et 4 *pl.*, p. 282 à 288. — Carpentras, *fig.*, *pl.*, p. 288 à 298. — Pernes, *pl.*, p. 298 à 303. — Le Thor, p. 304 à 311.

Tome II.

37117. Duprat (E). — Les fonds de cabane de Malaucène et les foyers de Sorgues, p. 49 à 55.

37118. Formigé (Jules). — Les arcs de la Narbonnaise, *fig.* et 8 *pl.*, p. 56 à 97.

37119. Saute. — Découvertes gallo-romaines à Apt, *pl.*, p. 98 à 110.

37120. Vallentin Du Cheylard (R.). — Antiquités découvertes à Vaison et à Orange, *fig.* et 2 *pl.*, p. 111 à 145.

37121. Héron de Villefosse (A.). — Deux enfants de Vaison, Sex. Afranius Burrus et L. Duvius Avitus, p. 146 à 161.

37122. Sautel (L'abbé Joseph). — Les thermes de Vaison, *fig.*, p. 162 à 176.

37123. Maurice (Jules). — Comment la ville d'Arles reçut le nom de Constantina, p. 177 à 184.

37124. Véran (A.). — La basilique d'Arles, *fig.* et 4 *pl.*, p. 185 à 190.

37125. Bondurand (Édouard). — L'inscription de la Maison carrée à Nîmes, p. 191 à 203.

37126. Truchis (Vte Pierre de). — L'architecture lombarde, ses origines dans le centre, l'est et le midi de l'Europe, *fig.* et 12 *pl.*, p. 204 à 242.

37127. Nodet (H.). — Notes sur quelques églises de la Drôme, *fig.* et 8 *pl.*, p. 243 à 250.

[La Baume de Transit, *pl.*; Solérieux. *fig.* et *pl.*; chapelle Barbara à Allan, *fig.*; Chantemerle, *pl.*; Aileyrac, *pl.*; Étoile. 3 *pl.*; Léoncel, *pl.*]

37128. Bonnet (Émile). — Les bas-reliefs de la tour de Saint-Restitut, *fig.*, p. 251 à 274.

37129. Lefèvre-Pontalis (E.). — L'église Notre-Dame du Thor, *fig.* et 12 *pl.*, p. 275 à 298.

37130. Girard (Joseph) et Requin (Le chanoine H.). — L'ancien couvent des Dominicaines d'Avignon, *fig.* et 2 *pl.*, p. 299 à 331.

37131. Colombe (D^r). — Les grandes cuisines du palais des papes, *pl.*, p. 332 à 340.

37132. Michel (Robert). — La construction des remparts d'Avignon au xive siècle, 4 *pl.*, p. 341 à 360.

37133. Michel (R.). — La tour Anglica de Barbentane, *fig.*, p. 361 à 369.

37134. Cochin (Claude). — Carpentras en 1694, *pl.*, p. 370 à 379.

37135. Boinet (A.). — Un lectionnaire exécuté à l'abbaye de Montmajour au xiie siècle, *fig.* et 2 *pl.*, p. 380 à 389.

37136. Bond (Francis). — Le tombeau du pape Jean XXII, *pl.*, p. 390 à 392.

37137. Formigé (Jules). — Les fontaines du Comtat, *fig.* et 2 *pl.*, p. 393 à 401.

CALVADOS. — CAEN.

SOCIÉTÉ DES BEAUX-ARTS DE CAEN.

Voir, pour les publications de cette Société antérieures à 1901, la table récapitulative de notre *Bibliographie générale;* et pour ses publications postérieures, le tome II, fasc. ii, p. 18, de notre *Bibliographie annuelle.* Le tome XI du *Bulletin* analysé ci-dessous contient une table des dix premiers volumes (voir notre n° 37138).

XI. — Bulletin de la Société des Beaux-Arts de Caen, 11e volume. (Caen, 1906-1910, gr. in-8°, 412 p.)

37138. Le Vard (G.). — La Société des Beaux-Arts de Caen (1855-1905), p. 119 à 197.

[Suivi d'une table des 10 premiers volumes du *Bulletin* de la Société.]

37139. Prentout (J.). — Les Le Prestre, maçons caennais, et les monuments de la Renaissance, p. 199 à 217, et 381 à 410.

37140. Lavallev (Gaston). — La censure théâtrale à Caen en l'an vii, *pl.*, p. 345 à 372.

37141. Ravenel (Jules). — Rivey, artiste peintre (1838 † 1903), *pl.*, p. 373 à 379.

CALVADOS. — CAEN.

SOCIÉTÉ D'HISTOIRE DU DROIT NORMAND.

Cette Société s'est fondée en 1910. Elle se propose de publier de concert avec la Faculté de droit de l'Université de Caen une collection de textes et des études sur le droit normand.

37142. PERNOT (Ernest). — *Arresta communia Scacarii*, deux collections d'arrêts notables de l'Échiquier de Normandie à la fin du XIIIᵉ siècle (1276-1290, 1291-1294). Nouvelle édition critique. (Caen, 1910, in-8°, 153 p., *tableau.*)

[Bibliothèque d'histoire du droit normand, 1ʳᵉ série, textes, t. I.]

CALVADOS. — LISIEUX.

SOCIÉTÉ HISTORIQUE DE LISIEUX.

Voir, pour les publications de cette Société antérieures à 1901, la table récapitulative de notre *Bibliographie générale;* et, pour ses publications postérieures, la table placée à la fin du présent fascicule.

XVIII. — **Bulletin de la Société historique de Lisieux**, année 1910, n° 18. (Caen, 1910, in-8°, 40 p.)

37143. SAUVAGE (R.-N.). — Un vol de reliques à Saint-Pierre de Lisieux en 1512, p. 5 à 12.
37144. BRUNET (L'abbé). — Notice sur l'origine des tableaux flamands de l'église de Saint-Pierre-Azif, *fig.*, p. 13 à 32.
37145. LECOURT (A.). — Glos, la maladrerie de Saint-Thibault, p. 33 à 35.
37146. LECOURT (A.). — Villers-sur-Glos, une crise de trésoriers (XVIIIᵉ s.), p. 36 à 40.

CANTAL. — AURILLAC.

SOCIÉTÉ DES LETTRES, SCIENCES ET ARTS LA « HAUTE-AUVERGNE ».

Voir, pour les publications de cette Société antérieures à 1901, la table récapitulative de notre *Bibliographie générale;* et pour ses publications postérieures, la table placée à la fin du présent fascicule.

XII. — **Revue de la Haute-Auvergne**, publiée par la Société des lettres, sciences et arts la Haute-Auvergne,... t. XII, 1910. (Aurillac, s. d., in-8°, 376 p.)

37147. FARGES (Louis). — Arsène Vermenouze, p. 5 à 10.
37148. RIBIER (DE). — Une branche bâtarde de la maison de Chabannes. Les Chabannes-Sauvat, *fig.*, p. 11 à 46.

37149. Dienne (Cte de). — La Légende dorée en Carladez. La bienheureuse Bonne d'Armagnac, *tableau*, et *pl.*, p. 80 à 100. — Suite de XI, p. 333.

37150. Anonyme. — Vente de l'échafaud de Saint-Flour, p. 104.

37151. Jalenques (Louis). — L'assistance par le travail au xviii° siècle. Les ateliers de charité dans la Haute-Auvergne, p. 113 à 129, et 236 à 252.

37152. Ayrar (A.). — Collections auvergnates. Antiquités découvertes à Arpajon et Saint-Cernin, 2 *pl.*, p. 130 à 143.

37153. Beland (L.). — Saint-Flour dans le passé, p. 144 à 164, et 253 à 269. — Suite de XI, p. 287, et 401.

[Ancien état civil (1595-1792); perquisitions et désordres (1791); sapeurs-pompiers (1784-1831), p. 144. — Le maximum; conflit au sujet de l'adjudication des travaux de réparations du pont de Saint-Flour en 1792, p. 253.] *

37154. Delmas (Jean). — Un ballon dirigeable à Aurillac en 1784, p. 165 à 174.

37155. Rolland. — Notes historiques et économiques sur la commune de Moussages, p. 175 à 190.

37156. M. B. — La vérité sur le massacre du garde du corps Pagès des Huttes dans la journée du 6 octobre 1789 à Versailles, p. 191 à 193.

37157. Cte de D. [Dienne (Cte de)]. — Proverbes et locutions proverbiales en langue provençale, p. 194 à 196.

37158. E. D. [Delmas (E)]. — Une école primaire en l'an vi (Jabrun), p. 196.

37159. Anonyme. — La fête nationale à Aurillac il y a soixante-dix ans [1840], p. 197 à 198.

37160. Esquer (G.). — La Haute-Auvergne à la fin de l'ancien régime. Notes de géographie économique, p. 209 à 235, et 339 à 347. — Suite de VII, p. 381; VIII, p. 90, 150, 256, 395; IX, p. 125, 278, 384; et X, p. 237.

37161. Boudet (Marcellin). — Deux Auvergnats de Vic et de Comblat [Pierre Théron et Nicolas Simon], émigrés en Espagne sous le règne de Louis XI, p. 270 à 275.

37162. Four (Raymond). — Un troubadour auvergnat Eble de Saignes, p. 276 à 279.

37163. Dienne (Cte de). — Les sciences occultes en Carladez. Le maître Guillaume de Carlat dans la tentative d'envoûtement de Bernard VII d'Armagnac, p. 297 à 326.

37164. Boudet (Marcellin). — Hugues Joly, maître des œuvres de Jean de Berry, architecte de la cathédrale de Saint-Flour, p. 327 à 338.

37165. Delort. — La Planèze aux temps anciens. Notes d'anthropologie et d'archéologie préhistorique, p. 348 à 358.

37166. Jalenques (Louis). — Le prieuré de Griffeuille, document inédit [1720], p. 361.

CHARENTE-INFÉRIEURE. — ROCHEFORT.

SOCIÉTÉ DE GÉOGRAPHIE DE ROCHEFORT.

Voir, pour les publications de cette Société antérieures à 1901, la table récapitulative de notre *Bibliographie générale;* et pour ses publications postérieures, la table placée à la fin du présent fascicule.

Le tome XXXII du *Bulletin* (1910) contient une table décennale (voir notre n° 37175).

XXXII. — Bulletin de la Société de géographie de Rochefort..., t. XXXII, année 1910. (Rochefort, 1910, in-8°, 264 p.)

37167. Delavaud (Louis). — Un ministre de la marine. Jérôme Phélypeaux de Pontchartrain, son éducation et ses premiers emplois, sa visite des ports de France en 1694, 1695 et 1696, p. 20 à 41, et 145 à 157.

37168. Arnaud (Frédéric). — Excursions à l'abbaye de Montierneuf et à la plaine de Vaucouleur, c^ne de Saint-Aignant (Charente-Inférieure), p. 42 à 50.

37169. Noirit (Henry). — Démographie de la Charente-Inférieure, p. 81 à 86.

37170. Bartet (Dr A.). — Souvenirs de Bretagne. Coutumes bretonnes. La bénédiction des *coureaux* de Groix, p. 86 à 88.

37171. Massiou (Léon). — Mémoire pour la ville de Rochefort [vers 1771-1774], p. 95 à 99.

37172. Villaret. — Études ethnographiques et géographiques consécutives à l'expédition de Morée [lettre de A. Lagarde] (1829), p. 157 à 161.

37173. Anonyme. — Contribution à l'histoire de Rochefort. Passage du prince de Joinville [1844], p. 161 à 164.

37174. Anonyme. — Une grève sous le roi Louis XV [charpentiers des Sables-d'Olonne (1729)], p. 165.

37175. Julien-Laferrière (Dr). — Table décennale du Bulletin de la Société de géographie de Rochefort (1900-1909), p. 166 à 192.

37176. Monix (D.). — Monographie de la commune de Saint-Palais-sur-Mer, cⁿ de Royan, arr. de Marennes (Charente-Inférieure), p. 209 à 217.

37177. Anonyme. — De la conscription à Rochefort en l'an xi, p. 218 à 223.

37178. Lemonnier (P.). — Cavalcade et réjouissances à Rochefort en 1713, p. 237 à 243.

CHARENTE-INFÉRIEURE. — SAINTES.

SOCIÉTÉ DES ARCHIVES HISTORIQUES DE LA SAINTONGE ET DE L'AUNIS.

Voir, pour les publications de cette Société antérieures à 1901, la table récapitulative de notre *Bibliographie générale;* et pour ses publications postérieures, la table placée à la fin du présent fascicule.

XL. — **Archives historiques de la Saintonge et de l'Aunis, XL.** (Saintes, 1910, in-8°, xviii-463 p.)

37179. Pandin de Lussaudière et Dangibeaud (Ch.). — Registres paroissiaux [I], p. 1 à 393.

37180. Dangibeaud. — Transaction entre Marie de Offertun, Pierre de La Tour et Pernelle Frontdebœuf, sa femme, au sujet des terres de Trappes, la Grollière, et du four banal au Breuil de Rochefort (1435), p. 394 à 397.

37181. Maufras. — Rapport de Jean Demoulin sur les coûts du procès intenté aux sieurs Pommier et Berziau, fermiers du quart du sel en Poitou et Saintonge (1473), p. 398 à 413.

37182. Dangibeaud (Ch.). — Hommage au roi de la baronnie de Mirambeau et de la terre d'Hiers par Jacques de Pons (1540), p. 413 à 427.

37183. Dangibeaud (Ch.). — Vente par Charles de Brémond à Jean de Brémond d'une pièce de vigne sise au fief du moulin d'Ars (1546), p. 427 à 429.

37184. Brémond d'Ars (Mis Anatole de). — Échange entre Charles de Brémond d'Ars, Louise de Vallesergue, sa femme, et Jean Payen, écuyer, sieur de Javerlac (1578), p. 429 à 437.

37185. Dangibeaud (Ch.). — Procès-verbal d'installation de quatre foires par an et un marché par semaine à Authon (1584), p. 437 à 444.

XXX. — **Bulletin de la Société des archives historiques. Revue de la Saintonge** et de l'Aunis, XXX. (Saintes, 1910, in-8°, 408 p.)

37186. Anonyme. — Nécrologie, p. 3, 51, 108, 163, 233, et 303.

[L'abbé F. Letard (1821 † 909); Msr Fulbert-Petit (1832 †1909), portr., p. 3. — O. Pic (1837 †1910), p. 108. — A.-M. Bileau (1831 † 1910), p. 233. — Dr E. Brard (1835 † 1910), p. 303; etc.]

37187. Guérin (Edmond-Jean). — Napoléon Iᵉʳ à Saintes [1808], p. 7 à 20.

37188. Vigen (Dr Ch.). — Arrêt de 1749 contre deux ministres et quarante-sept protestants saintongeais, p. 20 à 26.

37189. Guérin (Edmond-Jean). — Les justices de paix de Saintes depuis 1790, p. 27, 134, 204, 262, et 327. — Suite de XXIX, p. 119, et 254.

37190. A. L. — Un testament à Condom [Jean Darqué] pendant la peste de 1653, p. 32 à 36.

37191. Lemonnier (P.). — L'organisation du clergé en 1803 dans le département de la Charente-Inférieure, p. 52, 123, et 199.

37192. G. de C. — Une famille de noblesse militaire. Les Martin de Bonsongé, p. 60 à 82.

37193. Dangibeaud (Ch.). — Minutes de notaires [de Saintes], notes de lecture, p. 82, 141, 270, et 339.

37194. Venant (H.). — Le château de Bois-Charmant, commune de Nouillers, *fig.*, p. 112 à 123.

37195. Béraud (Armand). — Les Béraud au collège de La Rochelle (1571-1619), p. 164 à 182, et 245 à 260.

37196. Dangibeaud (Ch.). — Sur l'orthographe du mot Xainctes, p. 182 à 198.

37197. Anonyme. — Bénédiction d'un étendard (Ecoyeux, 4 octobre 1789); bénédiction d'un cimetière (Chérac, 1ᵉʳ novembre 1791); bénédiction des drapeaux de la milice (Chérac, 23 août 1789), p. 226.

37198. Bures (Maurice). — Excursion à Saumur, Cunault, Fontevrault, Candes, *pl.*, p. 234.

37199. Ch. D. [Dangibeaud (Ch.).] — Autel ou base de colonne [trouvé à Saintes], p. 260 à 262.

37200. Pellisson (Jules). — Mondanités saintongeaises [1821-1852], p. 294.

37201. Anonyme. — Tirage des journaux de la Charente-Inférieure en 1867, p. 295.

37202. Pellisson (Jules). — La Société des amis de la Constitution à Archiac, p. 296.

37203. J. P. [Pellisson (J.)] et Ch. D. [Dangibeaud (Ch.).] — Un vieux carrosse [château d'Ardennes], *pl.*, p. 300 à 308.

37204. Lemonnier (P.). — Le tribunal révolutionnaire de Rochefort. Montagnards contre Girondins, p. 308 à 323.

37205. Ch. D. [Dangibeaud (Ch.).] — Nicolas Poussin est-il venu en Saintonge? p. 323 à 327.

37206. Vigen (Ch.). — Devise de Saintes, p. 370.

37207. Ch. D. [Dangibeaud (Ch.).] — Distribution des prix de l'École centrale de Saintes (an viii), p. 372.

CHER. — BOURGES.

SOCIÉTÉ DES ANTIQUAIRES DU CENTRE.

Voir, pour les publications de cette Société antérieures à 1901, la table récapitulative de notre *Bibliographie générale;* et pour ses publications postérieures, la table placée à la fin du présent fascicule.

XXXII. — Mémoires de la Société des Antiquaires du Centre..., 1909, XXXIIᵉ vol. (2ᵉ de la 2ᵉ série). (Bourges, 1910, in-8°, lxxxix-334 p.)

37208. Mater (D). — Notice biographique sur le marquis Albert Des Méloizes [1839 † 1909], *portr.*, p. xlix à lxxxix.

37209. Saint-Venant (J. de). — Un revenant du Châteaumeillant gaulois, tesson de poterie à cupules perlées, *fig.*, p. 1 à 4.

37210. Roger (François). — Découvertes au cimetière romain du Fin-Renard, *pl.*, p. 5 à 14.

37211. Chenon (Émile). — Notes archéologiques et historiques sur le Bas-Berry. 8ᵉ série, *pl.*, et *carte*, p. 15 à 116. — Suite de XXI, p. 33; XXIII, p. 1; XXIV, p. 19; XXVII, p. 213; XXVIII, p. 21; XXIX, p. 33; et XXXI, p. 49.

[Cinquième puits gallo-romain à Châteaumeillant, 2 *pl.*, p. 15. — Anciennes possessions de l'abbaye de Saint-Germain des Prés en Bas-Berry, p. 32. — Documents relatifs aux princes de Déols, p. 58. — Les seigneurs de Boussac et l'abbaye de Pré-Benoît (1140-1208), *carte*, p. 78. — La fille de Cujas, p. 107.]

37212. Dervieu (Lieutenant-colonel). — Les arts industriels au moyen âge. Le couteau, *fig.* et 3 *pl.*, p. 117 à 131.

37213. Anonyme. — Une construction civile du xiiᵉ siècle à Bourges, 2 *pl.*, p. 133 à 141.

37214. Soyer (Jacques). — A propos de l'origine du nom de Sancerre, p. 143 à 148.

37215. Deshoulières (F.). — L'abbaye de Chezal-Benoît, p. 148 à 229.

37216. Mater (D). — Le livre de raison de la famille Theurault, d'Ainay-le-Château, le siège de Montrond [xviiᵉ-xixᵉ s.], p. 231 à 251.

37217. Hazon de Saint-Firmin (Jane). — Une page d'histoire et les mémoires du maire de Bourges François Le Mareschal sieur de Corbet [xviᵉ s.], p. 253 à 261.

37218. Mater (D.). — Note sur Pierre Jan Du Rabot, son cours de droit français à l'Université de Bourges en 1738, p. 263 à 270.

37219. Ponrot (Henry). — Découvertes de monnaies anciennes [xvᵉ-xviᵉ s.] en Berry, p. 271 à 274.

37220. Mater (D.). — Bulletin numismatique et sigillographique, *fig.*, et 4 *pl.*, p. 275 à 305.

[Monnaies gauloises, romaines et françaises, 3 *pl.*; plomb des forges de Bigny (Cher); sceaux de la Sainte-Chapelle de Bourges, *pl.*]

CHER. — BOURGES.

SOCIÉTÉ HISTORIQUE, LITTÉRAIRE ET SCIENTIFIQUE DU CHER.

Voir, pour les publications de cette Société antérieures à 1901, la table récapitulative de notre *Bibliographie générale*; et pour ses publications postérieures, la table placée à la fin du présent fascicule.

XXXII. — **Mémoires de la Société historique, littéraire et scientifique du Cher, 1910, 4ᵉ série, 24ᵉ vol. (Bourges, s. d., in-8°, xviii-255 p.)**

37221. Jouvellier (J.). — Mémoire sur la topographie générale de Mehun-sur-Yèvre (Cher) depuis ses origines jusqu'en 1789, 2 *pl.*, p. 1 à 38.

37222. Supplisson. — Le canon de Sancerre, 2 *pl.*, p. 41 à 60.

37223. Royer (Hippolyte). — Histoire des corporations et confréries d'arts et métiers de Bourges, p. 61 à 218.

37224. Toulgoet-Tréanna (de). — Les trois mariages de la dame de Villegongis (1504-1530), p. 219 à 251.

CORRÈZE. — BRIVE.

SOCIÉTÉ SCIENTIFIQUE, HISTORIQUE ET ARCHÉOLOGIQUE DE LA CORRÈZE.

Voir, pour les publications de cette Société antérieures à 1901, la table récapitulative de notre *Bibliographie générale*; et pour ses publications postérieures, la table placée à la fin du présent fascicule.

XXXII. — **Bulletin de la Société scientifique, historique et archéologique de la Corrèze..., t. XXXII. (Brive, 1910, in-8°, 640 p.)**

37225. Nussac (Louis de). — Ernest Rupin (1845 † 1909), *portr.* et 6 *pl.*, p. 17 à 120.

[Discours de MM. Fièvre, R. de Lasteyrie, Ph. Lalande.]

37226. Saint-Germain (Jean de). — Le colonel Fournier et Napoléon, récit d'un aïeul, p. 121 à 129.

37227. Champeval (J.-B.). — Inventaire des titres des vicomtes de Comborn, barons de Treignac, Chamberet, Rochefort, etc., p. 131 à 153.

37228. Albe (L'abbé). — Les Trois États du Quercy et le vicomte de Turenne (1477), p. 155 à 162.

37229. Forot (Victor). — L'ingénieur Godin de Lépinay [1821 † 1898], *portr.* et 3 *pl.*, p. 167 à 216.

37230. Bouyssonie (Abbés A. et J.). et Bardon (L'abbé L.). — La grotte Lacoste, près Brive (Corrèze), *fig.* et 2 *pl.*, p. 217 à 249.

37231. Albe (L'abbé). — Les possessions de l'abbaye d'Obasine dans le diocèse de Cahors et les familles du Quercy, p. 251, 415, et 511.

37232. Genès (Marguerite). — Un soldat de l'Empire. Le colonel Delort de La Flotte [1778 † 1868], p. 305 à 309.

37233. Forot (Victor). — Les sculpteurs et peintres du Bas-Limousin et leurs œuvres aux xviiᵉ et xviiiᵉ siècles. II. Les Duhamel, *fig.* et 11 *pl.*, p. 327 à 391, et 473 à 509. — Suite de XXXI, p. 35.

37234. Champeval (J.-B.). — Brève chronique Brivoise [xvᵉ-xviiᵉ s.], p. 393 à 413.

37235. Saint-Germain (Jean de). — De Lorient à Moka par Mahé des Indes, journal de bord d'un officier de marine quercynois du xviiiᵉ siècle [le chevalier de Marquessac], p. 611 à 629.

CORRÈZE. — TULLE.

SOCIÉTÉ DES LETTRES, SCIENCES ET ARTS DE LA CORRÈZE.

Voir, pour les publications de cette Société antérieures à 1901, la table récapitulative de notre *Bibliographie générale;* et pour ses publications postérieures, la table placée à la fin du présent fascicule.
Une table des années 1900-1910 du *Bulletin* de la Société a paru en 1910 (voir notre n° 37236).

37236. Mathieu (Georges). — Bulletin de la Société des lettres, sciences et arts de la Corrèze. Table des dix dernières années (1900-1910). (Tulle, 1911, in-8°, 19 p.)

XXXI. — Bulletin de la Société des lettres, sciences et arts de la Corrèze, t. XXI [*lire* XXXI]. (Tulle, 1909, in-8°, 525 p.)

37237. Forot (Victor). — Mines et minières de la Corrèze, p. 5 à 51, et 201 à 218. — Suite de XXX, p. 179, 241, et 441.

[37258] Poulbrière (J.-B.). — Copie de l'inventaire des titres qui se sont trouvés dans le trésor du château de Pompadour lors de l'arrivée du s^r Bonotte, au mois d'avril 1765, p. 53, 177, 331.

37238. Fage (René). — Le collège d'Ussel, p. 69 à 84, — Suite de XXX, p. 85, 309, et 357.

[37253.] Champeval (J.-B.). — Tulle et ses intérêts municipaux au xviie siècle, p. 85, 193, et 351.

[37252.] Plantadis (Johannès). — L'agitation autonomiste de Guienne et le mouvement fédéraliste des Girondins en Limousin (1787-1793), p. 103 à 126, et 467 à 495.

37239. Anonyme. — G. Clément-Simon [1833 † 1909], *portr.,* p. 131 à 133.

37240. Mathieu (Georges). — Courte chronique écrite à Agen (1560-1585), p. 135 à 176.

37241. Faugère (A.). — Château de la Chapoulie, c^ne de Cornil. Procès entre Gui de Bar, seigneur de La Grafeuille (Ussac) et François Cora de Puimalès (Malemort) [1656-1669], p. 219 à 222.

37242. Bombal (E.). — Addition au premier rapport sur les fouilles du Puy-du-Tour, p. 223. — Cf. XXX, p. 67.

37243. Anonyme. — Inauguration d'une plaque commémorative en l'honneur d'Émile Fage, *pl.,* p. 227 à 237.

37244. Bombal (E.). — Anciens chemins et voies romaines d'Argentat et de ses environs, *pl.,* p. 239 à 289. — Cf. n° 37254.

37245. Confortini (Capitaine D.). — La force départementale de la Corrèze et le 4e bataillon de volontaires nationaux en 1793, p. 291 à 319.

37246. Rivière (L.-J.). — Testament de Jean de Labroux, marchand de Rosiers [1454], p. 321 à 329.

37247. Forot (Victor). — Le Club des Jacobins de Tulle (juin 1790 à mars 1795), p. 371; et XXXII, p. 51, 205, et 375.

37248. Clément-Simon. — Recherches sur l'histoire civile et municipale de Tulle. Documents inédits, p. 497 à 523. — Suite et fin de XXIII, p. 465; XXIV, p. 207; XXV, p. 41, 383; XXVI, p. 375, 413; XXVIII, p. 167, 323; XXIX, p. 477; et XXX, p. 107.

XXXII. — Bulletin de la Société des lettres, sciences et arts de la Corrèze, t. XXXII, 1910. (Tulle, s. d., in-8°, 600 p.)

37249. Mathieu (Georges). — Note sur l'hôpital de Tulle sous l'ancien régime, p. 5 à 28.

37250. Muzac (Amédée). — La fabrication de la poudre à canon dans la vicomté de Turenne, *pl.,* p. 29 à 50.

[37247.] Forot (Victor). — Le Club des Jacobins de Tulle (juin 1790 à mars 1795), p. 51, 205, et 375.

37251. Fage (René). — L'église de Hautefage (Corrèze). *pl.,* p. 151 à 164.

37252. Plantadis (Johannès). — L'agitation autonomiste de Guienne et le mouvement fédéraliste des Girondins en Limousin (1787-1793), p. 177, 349, et 543. — Suite de XXX, p. 5; XXXI, p. 103 et 467.

37253. Champeval (J.-B.). — Tulle et ses intérêts municipaux au xviie siècle, p. 299 à 320, et 327 à 347. — Suite de XXX, p. 397; XXXI, p. 85, 193, et 351.

37254. Vachal (J.). — Observations étymologiques sur des noms de lieux, p. 321 à 324. — Cf. n° 37244.

37255. Fage (René). — Louis XI et les fortifications de Tulle, p. 495 à 518.

37256. Bombal (E.). — Découverte d'un puits funéraire. Rapport sur la découverte d'un puits funéraire et d'un souterrain-refuge au village de Bros, c^ue de Monceaux (Corrèze), p. 519 à 524.

37257. Faugère (A.). — Le Protestantisme en Bas-Limousin en 1713. Condamnation de Pierre Dufaure de Laval, bourgeois habitant Argentat, et confiscation de la moitié de ses biens en faveur du Roi, p. 525 à 528.

37258. Poulbrière (J.-B.). — Copie de l'inventaire des titres qui se sont trouvés dans le trésor du château de Pompadour lors de l'arrivée du s^r Bonotte au mois d'avril 1765, p. 529 à 542. — Suite de XV, p, 326, 477, 661; XVI, p. 135, 393, 529; XVII, p. 128; 238, 375, 481; [XVIII, p. 429, 596; XIX, p. 140, 278, 407; XX, p. 529; XXI, p. 122, 255, 385; XXII, p. 361; XXIII, p, 453, 585; XXV, p. 121, 209, 315; XXVI, p. 207, 429 [*lire* 449]; XXVII, p. 499; XXIX, p. 73, 305; XXX, p. 53, 291; XXXI, p. 53, 177, et 331.

CORSE. — BASTIA.

SOCIÉTÉ DES SCIENCES HISTORIQUES ET NATURELLES DE LA CORSE.

Voir, pour les publications de cette Société antérieures à 1901, la table récapitulative de notre *Bibliographie générale;* et pour ses publications postérieures, la table placée à la fin du présent fascicule.

37259. Cabaffa (Sébastien de). — Correspondance de lord Nelson pendant sa croisière sur la Méditerranée (décembre 1794-février 1797), traduite de l'anglais (Bastia, 1910, in-8°, viii-367 p.).

[La couverture imprimée porte : *Bulletin de la Société des sciences historiques et naturelles de la Corse*, 26e année, août à décembre 1906, 308e-312e fascicules.]

37260. Letteron (L'abbé). — Croniche di Giovanni della Grossa e di Pier'Antonio Montegiani [xve s.]. — (Bastia, 1910, in-8°, xxiii-548 p.).

[La couverture imprimée porte : *Bulletin de la Société des sciences historiques et naturelles de la Corse*, 27e année, 1er-4e trimestres 1907, 318e à 324e fascicules.]

CÔTE-D'OR. — BEAUNE.

SOCIÉTÉ D'ARCHÉOLOGIE DE BEAUNE.

Voir, pour les publications de cette Société antérieures à 1901, la table récapitulative de notre *Bibliographie générale;* et pour ses publications postérieures, la table placée à la fin du présent fascicule.

XXXIII. — Société d'archéologie de Beaune (Côte-d'Or). Histoire, lettres, sciences et arts. Mémoires, années 1909. (Beaune, 1910, in-8°, 274-x p.)

37261. L. de M. [Montille (Léonce de)]. — M. Edme Piot [1828 † 1909], p. 39 à 43.

37262. Montille (Léonce de). — Anne-Alfred, Vte de Masson d'Autume († 1909), p. 45 à 49.

37263. Aubertin (Charles). — L'église Saint-Pierre de Beaune, *pl.*, p. 51 à 54.

37264. Méru (Eugène). — Note sur l'église Saint-Nicolas de Beaune, *pl.*, p. 55 à 67.

37265. Changarnier (A.). — Maizières (Côte-d'Or), source romaine, *fig.*, p. 69 à 76.

4.

37266. Moingeon (Albert). — Essai historique sur Pommard [par l'abbé Collon, xviiie s.], p. 77 à 190.
37267. Changarnier (A.). — Bagues romaines et gallo-romaines, p. 191 à 200.
37268. Bouchard (Julien). — Note sur les poteries gallo-romaines découvertes à Bordeaux, *fig.*, p. 201* à 204*.

37269. Changarnier (A.). — Marque d'une poterie gallo-romaine, *fig.*, p. 201 à 205.
37270. Denizot (L'abbé J.). — Vocabulaire patois. Sainte-Sabine et ses environs, p. 207 à 274.
37271. Voillery (Abbé). — Vente des biens nationaux, p. i à ix. — Suite de XXXII, p. 83.

CÔTE-D'OR. — DIJON.

ACADÉMIE DES SCIENCES, ARTS ET BELLES-LETTRES DE DIJON.

Voir, pour les publications de cette Académie antérieures à 1901, la table récapitulative de notre *Bibliographie générale;* et pour ses publications postérieures, la table placée à la fin du présent fascicule.

LXXXVII. — Mémoires de l'Académie des sciences, arts et belles-lettres de Dijon, 4e série, t. XI, années 1907-1910. (Dijon, 1910, in-8°, ccclxxxii-241 p.)

37272. Chabeuf. — M. Charles-Louis Suisse (1823 † 1906); M. Léon-Gustave-Cyprien Gastinel (1823 † 1906), p. iii à xii.
37273. Chabeuf. — Les fouilles d'Alise, p. xii à xvi.
37274. Collot. — Paul Jobard (1860 † 1907), p. xxviii à xxx.
37275. Dumay. — Le colonel J.-B. Mathieu de Vienne (1846 † 1907), p. xxx.
37276. Dumay. — Marie-Thérèse Figueur, dite Madame Sans-Gêne, p. xxxii, xxxvi, et lviii.
37277. Oursel. — Pierre Hoin, grand-père du peintre Claude Hoin, p. xxxiv.
37278. Oursel. — Acte de naissance de l'abbé Ch. Boulmier (1725), p. xxxiv.
37279. Collot. — Découverte d'antiquités romaines à La Noue, p. xl.
37280. Chabeuf. — Le *Saint François* du Musée de Dijon attribué à Rubens et quelques autres tableaux provenant de Lierre (prov. d'Anvers) non restitués en 1815, p. xliii à xlv.
37281. Chabeuf. — Sur un tableau du Musée de Dijon, *Réunion de musiciens*, d'après Hyacinthe Rigaud, p. xlvi.
37282. Chabeuf. — La cathédrale de Saint-Vit de Prague, p. xlvii.
37283. Metman. — Armoire bourguigonne du xvie siècle, p. xlix.
37284. Metman. — Objets d'art légués à l'Académie en 1830 par l'abbé Ph. Deschamps, p. liii.
37285. Picard. — Buste de Buffon, p. lx.
37286. Dumay et Cornereau. — Le *Lucifar pry au bayttan*, noëls de J.-B. Foulon de La Chaume (Dijon, 1659), p. lxii à lxvi.
37287. Metman. — Charles-Joseph Lejolivet et la Compagnie dijonnaise des Chevaliers de l'Arc (1769), p. lxvi.
37288. Fyot (E.). — Le retable de l'église des Cordeliers de Fribourg, p. lxvii.
37289. Chabeuf. — L'Exposition de la Toison d'or à Bruges, p. lxviii à lxx.
37290. Fyot (E.). — Le château de Chaseu, p. lxxi.
37291. Oursel. — Actes de mariage du graveur François Durand (1747) et du marquis de Paulmy (1748), p. lxxviii à lxxxi.
37292. Chabeuf. — Ch.-L. Sauvageot († 1908); E.-P.-E. Bergeret (1850 † 1908), p. lxxxvi à lxxxix.
37293. Chabeuf. — L'élection du dernier abbé de Cîteaux François Trouvé (1748), p. xc à xcii.
37294. Fyot (E.). — Portrait du président Odebert par Benoît Dubois (1639), p. xcvi.
37295. Cornereau. — Satire contre l'Académie de Dijon (1741), p. cii à cv.
37296. Chabeuf. — Notes d'archives, p. cv à cxv.

[Réclamation contre les taxes pour la construction du château (1480 et 1488); orfèvres dijonnais (xve s.); Jean Dorrain, peintre, et le portail de Notre-Dame (1508); objets d'orfèvrerie pour l'entrée du duc d'Épernon (1656); statue de Henri IV sous le porche de l'ancien hôtel de ville (1608-1609); reliure du cartulaire de la ville (1430); Henri Vienne et ses *Souvenirs* (xixe s.).]

37297. Fyot (E.). — Jetons des maires de Dijon, p. cxv à cxvi.
37298. Fyot (E.). — Sur quelques tableaux du Musée de Dijon, p. cxviii, et cxxiv.
37299. Fyot (E.). — *La Transfiguration*, tableau de Despêches à Saint-Bénigne de Dijon, p. cxxii.
37300. Fyot (E.). — Dessins et médaillons de Jean Dubois, p. cxxxix, cxlii, et clxxii.

37301. Chabeuf. — A. Huguenin (1835 † 1909), p. cxliv à clii.

37302. Fyot (E.). — Le peintre Philippe Quantin († 1636), p. clii à clv.

37303. Chabeuf. — Ex-libris manuscrit de Molière; dessin d'Ingres, p. clvii.

37304. Chabeuf. — Le colonel J.-J.-V. Marchand (1820 † 1909), p. clx à clxx.

37305. Chabeuf. — Ernest Serrigny (1840 † 1909); p. clxxxiii à clxxxvi.

37306. Chabeuf. — Sur la maison rue Vauban, 19 et 19 bis, à Dijon, p. cc à ccv.

37307. Fyot (E.). — Les peintres dijonnais Quentin, Recouvrance et Lallemant, p. ccvi à ccix.

37308. Fyot (Eug.). — La maison d'Hugues Aubryot et le pont Aubriot, à Dijon, p. ccxviii, et ccxxix.

37309. Calmette (Joseph). — Le manuscrit de Raviet, p. ccxx.

37310. Cornereau et Dumay. — Sur un tableau allégorique du peintre Nicolas Venevault, p. ccxxii, et ccxxxi.

37311. Cornereau. — Projet de monument à élever à Dijon, en 1792, par C.-F. Attiret, p. cxxii à cxxviii.

37312. Oursel. — Origine de l'École des Beaux-Arts de Dijon (1813), p. ccxxxiv à ccxxxvi.

37313. Chabeuf. — Charles Muteau (1824 † 1910), p. ccxxxix à ccxlv.

37314. Fyot (E.). — Les sculpteurs à Dijon au milieu du xvie siècle; le peintre Lebault (1746), p. ccxlv.

37315. Metman. — Invitation gravée pour la fête de Saint-Luc, à Dijon (xviiie s.), p. ccxlvii.

37316. Collot. — M. Bernard Brunhes (1867 † 1910), p. ccxlix.

37317. Chabeuf. — Le Louis XIV attribué à Girardon du Musée de Dijon, restitué à Coysevox, p. ccli à ccliv.

37318. Chabeuf. — Les armes de la famille Aubriot, p. cclvi à cclviii.

37319. Oursel (C.). — Philippe Guignard (1820 † 1905), portr., p. 19 à 48.

37320. Beaune (Philibert). — Napoléon Ier au collège d'Autun, p. 89 à 106.

37321. Calmette (J.). — Le génie sculptural de la Bourgogne et le dualisme gothique, p. 121 à 133.

37322. Cornereau (A.). — Les œuvres d'art appartenant à l'Académie de Dijon, p. 169 à 240.

CÔTE-D'OR. — DIJON.

COMMISSION DES ANTIQUITÉS DE LA CÔTE-D'OR.

Voir pour les publications de cette Commission antérieures à 1886 la table récapitulative de notre *Bibliographie générale*, et pour ses publications postérieures, la table du présent fascicule.

XV. — Mémoires de la Commission des antiquités du département de la Côte-d'Or, t. XV, années 1906, 1907, 1908, 1909, 1910. (Dijon, s. d., in-4°, cxliii-298 p.)

37323. Metman (Étienne). — Compte rendu des travaux de la Commission, du 16 novembre 1905 au 2 juillet 1906, p. i à lv.

[Intailles des graveurs Passaglia et Rega, p. i. — Stèle gallo-romaine découverte à Blaisy-Haut, p. v. — Oenochoé en bronze découverte à Varois, p. vi. — Anciennes fondations sous l'hôtel de ville de Dijon, p. vii. — Sépulture barbare de Reulle-Vergy, p. ix. — Armes et bijoux barbares découverts à Quincey et au Bolard, p. ix. — Sépultures barbares à Avosnes, p. xviii. — Fragments de verrière provenant de la Sainte-Chapelle de Dijon, p. xix. — La famille d'Argilly, p. xx. — Vierge et enfant Jésus, statue bourguignonne du milieu du xive siècle, pl., p. xx. — Carreaux vernissés provenant du château de Bonnencontre et de l'abbaye de Bèze, p. xxxi. — Le peintre Nicolas de Hoëy ou Douet, auteur du tableau de la *Procession de la Ligue*, p. xxxii (cf. n° 37329). — Captivité de Jean-Daniel Beykert, professeur au gymnase de Strasbourg, à la Conciergerie de Dijon (1793-1794), p. xxxix. — Croix d'Arnay-sous-Vitteaux (xve s.), pl., p. xl.]

37324. Cunisset-Carnot (Paul). — Objets antiques et mérovingiens trouvés à Chazilly, p. ii à iv.

37325. Chabeuf (H.). — L'autel antique de Savigny-sous-Beaune, p. iv.

37326. Chabeuf (H.). — Bas-relief d'Epona découvert à Chassagne (Côte-d'Or), p. v.

37327. Chabeuf (H.) et Truchis (de). — Fouilles d'Alésia, 1905-1906, pl., p. x à xviii.

37328. Picard (Étienne). — Essai chronologique sur les travaux de construction et d'ornementation du portail de l'église de la chartreuse de Champmol, p. xxii à xxx.

37329. Perrenet. — Le peintre Nicolas de Hoëy, p. xxxiv à xxxvi. — Cf. n° 37323.

37330. Cornereau (Armand). — Jean de Berbisey, baron de Vantoux, sr de Belleneuve, Ruffey et Hauteville, et

Claude-Philibert Fyot de la Marche, comte de Boisjan, baron de Montpon, premiers présidents au Parlement de Bourgogne, et l'obélisque des Bernardines, p. XXXVI à XXXVIII.

37331. QUANTIN (Léon). — Les armoiries du seigneur de Saint-Beury, p. XXXIX.

37332. CHABEUF (H.). — Nécrologie, p. XLVI à LIV.

[Jules Gauthier (1848 † 1905); l'abbé Pierre Ferret (1889 †1905); B. Prost (1849†1905); R.-E. Gascon (1828†1906); l'abbé Lagrange (1849†1906).]

37333. METMAN (Étienne). — Compte rendu des travaux de la Commission, du 15 novembre 1906 au 2 juillet 1907, p. LVII à CIX.

[Fouilles d'Alésia (1906), fig. et pl., p. LVII. — Poteries antiques provenant de la ferme des Noues, commune de Lavilleneuve, p. LXIII. — Substructions du chevet polygonal de Saint-Étienne de Dijon, p. LXV. — Chandelier de cuivre à émaux champlevés (XIIe s.), p. LXVII. — Vierge bourguignonne du XIVe siècle au Louvre, p. LXX. — Bijoux gaulois et vierges bourguignonnes de la collection Milton, p. LXX. — Porte du Nord au grand portail de Saint-Michel de Dijon (1540), pl., p. LXXI. — Peinture murale du XVe siècle dans l'ancien couvent des Dominicains, p. LXXI. — Église d'Aignay, p. LXXII. — Armoire eucharistique de l'église d'Aubigny (Haute-Marne), p. LXXIV. — Peintures murales à Aignay-le-Duc (XVIIe-XVIIIe s.), p. LXXVI. — Souterrains et fragments archéologiques découverts près de l'ancien rempart de Dijon, rue Jeannin, p. LXXVI. — Manuscrit de La Période du Monde, de Pierre Turrel, p. LXXVII. — Vierge du porche d'Auxonne, p. LXXXII. — Aiguière d'étain en forme de casque, p. LXXXIV. — Peinture sur bois représentant à demi démolie la rotonde de Saint-Bénigne, p. LXXXIV. — La maison Blondel, ancien hôtel de Vienne, p. LXXXV. — Cheminée avec écu armorié (XVIe s.) et statues de sainte Anne et de la Vierge (XVe s.) à Ancey, p. LXXXVI. — Haches en fer trouvées à Lamarche, p. LXXXVIII. — Plaque de cheminée provenant de la maison Chisseret à Dijon, fig. p. LXXXIX.]

37334. ÉPERY (Dr R.). — Objets trouvés à Alise sur le Mont-Auxois, p. LXI à LXIII.

37335. TRUCHIS (Vte Pierre DE). — Vestiges antiques à Marcellois, p. LXIV.

37336. FYOT (Eugène). — Plans anciens de Notre-Dame de Dijon, p. LXVII à LXX.

37337. CHABEUF (Henri). — Pierre tombale de Philippe de Machefoin († 1453) à Saint-Jean-de-Dijon, p. LXXII.

37338. OURSEL (Charles). — Guillaume II Tabourot, sieur des Accords, architecte († 1644), p. LXXV.

37339. OURSEL (Charles). — Charles-Élie [† 1763] et et Charles-Joseph Le Jolivet, architectes, pl., p. LXXVIII à LXXXII.

37340. OURSEL (Charles). — Les rues Sainte-Catherine et Sainte-Marguerite, p. LXXXII.

37341. CHABEUF (Henri). — Nécrologie, p. XCI à CVIII.

[L. Suisse, architecte (1846†1906); Henri Beaune (1838 †1906); Paul Jobard (1850 † 1907); le colonel de Vienne (1846 †1907); le colonel Stoffel (1821 † 1907).]

37342. METMAN (Étienne). — Compte rendu des travaux de la Commission, du 15 novembre 1907 au 1er juillet 1908, p. CXI à CLIII.

[Station de l'âge de pierre à la montagne de Ligault, près de Fontangy, p. CXIII. — Objets antiques et mérovingiens provenant de Chazilly, p. CXIV. — Médaille de Salonin, trouvée à Rome-Château, commune de Saint-Sernin-du-Plain, p. CXV. — Statuettes de bronze gallo-romaines trouvées à Corcelles-les-Monts, p. CXV. — Église d'Aignay, p. CXV. — Stations gallo-romaines de Montlay-en-Auxois et Juillenay, p. CXVI. — Boucle de ceinturon et agrafe de baudrier trouvés à Sainte-Marie-sur-Ouche, p. CXVI. — Sépultures découvertes place des Cordeliers à Dijon, p. CXVII. — Hôtel d'Hugues Aubriot à Dijon, p. CXVII. — Tombe de Guy de Saffres († 1305) à La Bussière, p. CXX. — Le Christ du rétable de la Chartreuse de Dijon, par Jacques de la Baerze, pl., p. CXXII. — Écrin de dame, cuir ciselé et doré (XIVe-XVe s.), p. CXXVI. — Portrait d'Isabelle de Portugal au Louvre, p. CXXVIII. — Armoire eucharistique de Saint-Sebald à Nuremberg, p. CXXVIII. — Inscription de l'escalier de la tour de Bar (XIVe-XVe s.), p. CXXX. — Portail de Saint-Michel de Dijon, p. CXXXII. — Médaillon de Louis, dauphin, fils de Louis XIV, par Jean Dubois, p. CXLIV. — Pipe en fer trouvée à Plombières-lez-Dijon, p. CXLIV. — Philippe Boussart, imagier (1513), p. CXLVII. — Borne armoriée, p. CXLVII. — Carreaux émaillés provenant de la maison des Bossuet à Seurre (XVe s.), pl., p. CLVIII. — Ancien numérotage des maisons de Dijon, p. CLIX.]

37343. TRUCHIS (Vte Pierre DE). — L'ancienne Maison au change, à Dijon (XIVe s.), p. CXVII.

37344. TRUCHIS (Vte Pierre DE). — Sculptures provenant de l'église de Saulieu, p. CXIX.

37345. FYOT (Eugène). — Les Changenet, peintres du XVe siècle, à Dijon et à Avignon, p. CXXV à CXXVII.

37346. METMAN (Étienne). — Peigne du XVe siècle, au Musée de Dijon, p. CXXXI.

37347. METMAN (Étienne). — Dessins concernant l'église de Saint-Michel de Dijon, p. CXXXII à CXXXVIII.

37348. TRUCHIS (Vte Pierre DE). — Sculptures de l'hôpital d'Auxonne, p. CXXXIII à CXLI.

37349. FYOT (Eugène). — Fontaine de la place de la Sainte-Chapelle [à Dijon], p. CXLI à CXLIV.

37350. CHABEUF (Henri). — M. Edme-Paul-Émile Bergeret (1850 †1908), p. CLII.

37351. METMAN (Étienne). — Compte rendu des travaux de la Commission, du 16 novembre 1908 au 1er juillet 1909, p. CLV à CLXXXIV.

[Fragment d'inscription gallo-romaine trouvée au Mont Afrique, p. CLV. — Vestiges gallo-romains à Ouges p. CLVI. — Fouilles de Chazilly, p. CLVI. — Fouilles du Mont Auxois, p. CLVIII. — L'âge de Vercingétorix, p. CLIX. — Douilles en bronze de l'époque romaine, p. CLX. — Aureus de Valentinien III trouvé à Étormay, p. CLXIII. — Objets mérovingiens trouvés à Dijon, p. CLXIII. — Retranchements préromains à Éringes, p. CLXV. — Rétable de la chapelle de l'ancien cimetière de Dijon (XVe s.), pl., p. CLXVI. — Piéta en pierre (XVIe s.), p. CLXVII. — Statue de saint Pierre (XVIe s.) provenant de Saint-Michel de Dijon, p. CLXVII. — Moule à gâteaux en pierre trouvé près de Saulieu, p. CLXX. — Le peintre J.-B. Lallemand, p. CLXX. — L'Académie de dessin du peintre Gilquin à Dijon (1727), p. CLXXI. — Les Caristie, p. CLXXII. — Sceaux de J.-L.-Ph. de Chastenay de Lanty (XVIIe s.) et de la famille d'Élbène, p. CLXXXIII.]

37352. OURSEL (Charles). — Le mur du Castrum Divionense, p. CLX.

37353. PERRAULT-DABOT (A.). — Rainures observées sur la voie romaine à Rully (Saône-et-Loire), p. CLXII.

37354. DRIOTON (Clément). — Tumulus de Morey, p. CLXIV.

37355. Truchis (V¹ᵉ Pierre de). — Ancien cellier de l'abbaye de Clairvaux, dit le Petit-Clairvaux, à Dijon, p. CLXIV.

37356. Picard (Étienne). — Enceintes anciennes à Précy-le-Sec et à Pizy, p. CLXVII à CLXX.

37357. Chabeuf (Henri). — Nécrologie, p. CLXXVI à CLXXXIV.

    [A. Huguenin (1835 † 1909); Ernest Serrigny (1840 † 1909).]

37358. Oursel (Charles). — Topographie historique de Dijon. Le quartier des Tanneries, *fig.* et *pl.*, p. 1 à 164.

37359. Gauthier (Jules). — Le livre d'heures de Bénigne Serre (1524); livre de raison de la famille Bretagne (1641-1727), *pl.*, p. 165 à 178.

37360. Chabeuf (Henri). — Un primitif du xvᵉ siècle. La Circoncision [peinture sur bois représentant Notre-Dame de Dijon, attribuée au maitre de Flemale], *pl.*, p. 179 à 192.

37361. Brulard (D¹ René). — La protohistoire en Bourgogne. Les tumulus de Magny-Lambert, *fig.*, 2 *pl.*, p. 193 à 219.

37362. Chabeuf (H.). — Les cuisines du Palais ducal, *fig.* et 2 *pl.*, p. 221 à 226

37363. Drioton (Clément). — Essai de classification des enceintes défensives ou non défensives, murées et tertres des plateaux calcaires de la Côte-d'Or, *pl.*, p. 227 à 237.

37364. Chabeuf (Henri). — Une fondation d'Isabelle de Portugal, duchesse de Bourgogne, à la Chartreuse de Bâle [1433], *pl.*, p. 239 à 264.

37365. Espérandieu (Commandant Émile). — Fouilles de la Croix-Saint-Charles au Mont-Auxois. Premier rapport, *fig.* et 13 *pl.*, p. 255 à 280.

CÔTE-D'OR. — DIJON.

SOCIÉTÉ BOURGUIGNONNE DE GÉOGRAPHIE ET D'HISTOIRE.

Voir, pour les publications de cette Société antérieures à 1901, la table récapitulative de notre *Bibliographie générale*; et pour ses publications postérieures, la table placée à la fin du présent fascicule.

XXVI. — **Mémoires de la Société bourguignonne de géographie et d'histoire**, t. XXVI. (Dijon, 1910, in-8°, XLVIII-542 p.)

37366. Chabeuf. — Edme Piot (1828 † 1909), p. v à xii.

37367. Cornereau. — Henri-Frédéric Levêque (1829 † 1910), p. xvii.

37368. Connereau. — M. C.-F.-T. Muteau (1824 † 1910), p. xx à xxii.

37369. Bastide (Louis). — Souvenirs de Bankok, p. 1 à 106. — Suite de XXV, p. 443.

37370. Michaud (Paul). — Affranchissement des habitants de Jallanges [1487], p. 107 à 119.

37371. Dumay (Gabriel). — Les origines de la maison de Pontaillier. Les sires de Talmay (1125-1385), 5 *pl.*, p. 121 à 352.

37372. Cornereau (A.). — Un lit de justice à Dijon (18 novembre 1658), p. 353 à 416.

37373. Gaffarel (Paul). — Comptoirs de l'Afrique française occidentale (de 1850 à 1870), p. 417 à 456.

37374. Destray (Paul). — Note sur Prieur de la Côte-d'Or et sa famille, p. 457 à 474.

37375. Michaud (Paul). — Un «maître ouvrier» bourguignon, Euvrard Brédin [verrier, xviᵉ s.], p. 475 à 504.

37376. Chabeuf (Henri). — Les salles des statues au Musée de Dijon, p. 505 à 516.

37377. Destray (Paul). — De la Saône considérée comme frontière naturelle, p. 517 à 541.

CÔTE-D'OR. — SEMUR.

SOCIÉTÉ DES SCIENCES DE SEMUR.

Voir, pour les publications de cette Société antérieures à 1901, la table récapitulative de notre *Bibliographie générale;* et pour ses publications postérieures, la table placée à la fin du présent fascicule.

I. — **Pro Alesia**, revue mensuelle des fouilles d'Alise et des questions relatives à Alésia, publiée sous le patronage de la Société des sciences de Semur; par M. Louis Matruchot,... 4ᵉ année, 1909-1910. (Paris, s. d., in-8°, p. 545 à 704.)

[Les pages 1 à 544 de ce volume, correspondant aux trois premières années de ce recueil, ont été analysées sous les nᵒˢ 23677 et ss., 28547 et ss., 32794 et ss.]

37378. Toutain (Jules). — Sur une statuette de divinité trouvée en 1909 sur le Mont-Auxois, *pl.*, p. 545.

37379. Barbe (Henry). — Les huttes gauloises d'Alésia, simple contribution à leur étude, *fig.*, p. 547 à 552. — Suite et fin de p. 505, et 534.

37380. Anonyme. — Une industrie d'objets d'os à Alésia, p. 553.

37381. Pernet (V.). — Notes sur Alise et ses environs. Les fouilles de Napoléon III, *fig.*, p. 554, 580, et 626. — Suite de p. 10, 29, 48, 122, 141, 157, 173, 205, 248, 279, 300, 352, 418, 458, 472, 525, 554, et 580.

37382. Anonyme. — Menus objets. Fouilles de 1908, *pl.*, p. 558.

37383. Reinach (Salomon). — Le vase d'Alésia et le général de Galliffet, p. 559.

37384. Anonyme. — Plan général des fouilles au 1ᵉʳ mai 1909, *pl.*, p. 560.

37385. Besnier (Maurice). — Note sur une inscription d'Alésia (*C. I. L.*, XIII, n° 2874), p. 569 à 575.

37386. Toutain (J.). — Notes sur deux têtes en pierre trouvées à Alésia, *pl.*, p. 576 à 578.

37387. Reinach (A.-J.). — Un couvre-pointe d'Alésia, *fig.*, p. 579.

37388. Berthoud (L.). — A propos des divinités d'Alise, *Ucuetis* et *Bergusia*, p. 583 à 596.

37389. Anonyme. — Mur d'enceinte de l'oppidum gaulois d'Alésia, *pl.*, p. 597.

37390. Chaussemiche (B.). — Un acrotère trouvé à Alésia, *pl.* et *fig.*, p. 601.

37391. Testart (Gaston). — Les anciennes fouilles du Mont-Auxois, p. 602, 656, et 681. — Suite de p. 197, 230, 259, 290, 324, 400, et 602.

37392. Toutain (Jules). — Note sur un débris de lampe en terre cuite trouvée en 1909 à Alise, *pl.*, p. 609 à 612.

37393. Berthoud (Léon). — Les textes de l'antiquité qui concernent Alésia, p. 612, 650, et 695. — Suite de p. 153, 243, 317, 372, 497, 531, et 612.

37394. J. T. [Toutain (J.)]. — Débris de sculptures provenant d'Alésia, *pl.*, p. 615.

37395. Anonyme. — Les cartes postales illustrées d'Alésia, p. 616 à 622.

37396. Guebhard (Dʳ). — Sur les urnes en forme de hutte, *fig.*, p. 623. — Cf. n° 37408.

37397. Thomas (Antoine). — *Alisum*, ancien français *Alis*, p. 625.

37398. Chaussemiche (B.). — La couverture d'une maison d'Alésia, *pl.*, p. 629.

37399. L. M. [Matruchot (L.)]. — Mesures de protection pour les murs d'Alésia, *pl.*, p. 631 à 634.

37400. Fournier (G.). — Anneaux d'or anciennement trouvés à Alésia, p. 635.

37401. Besnier (Maurice). — Les vases de métal découverts à Alésia en 1909, 2 *pl.*, p. 641 à 649.

37402. Anonyme. — Vue du monument à crypte, 2 *pl.*, p. 664, et 697.

37403. Reinach (S.). — Vercingétorix et Lacordaire, p. 664.

37404. Hirschfeld et Bohn. — *L'instrumentum domesticum* d'Alise, p. 665 à 674.

[Traduit par R. Lantier. — Inscriptions sur les petits objets d'usage courant.]

37405. Van Gennep (A.). — Notes d'ethnographie alésienne, *fig.*, 4 *pl.*, p. 675 à 681.

37406. Toutain (J.). — 12ᵉ Bulletin des fouilles, 3 *pl.*, p. 689 à 691.

37407. Fournier (A.). — La pierre des sculptures d'Alésia et les carrières d'Is-sur-Tille, *carte*, p. 692 à 694.

37408. Barbe (Henry). — Sur les urnes en forme de hutte, *fig.*, p. 702 à 704. — Cf. n° 37396.

CÔTES-DU-NORD. — SAINT-BRIEUC.

ASSOCIATION BRETONNE.

Voir, pour les publications de cette Association antérieures à 1901, la table récapitulative de notre *Bibliographie générale;* et pour ses publications postérieures, la table placée à la fin du présent fascicule.

XLIV. — Association bretonne. Archéologie, agriculture. Comptes rendus, procès-verbaux, mémoires... 49° congrès tenu à Ploermel, du 6 au 11 septembre 1909, 3ᵉ série, t. XXVIII. (Saint-Brieuc, 1910, in-8°, LXI-252 p.)

37409. BELLEVUE (Mⁱˢ DE). — Résumé de l'histoire de la ville de Ploermel, p. 3 à 9.

37410. BELLEVUE (Mⁱˢ DE). — Tuault de La Bouvrie, dernier sénéchal de la sénéchaussée de Ploermel, député aux États généraux, p. 10 à 21.

37411. BELLEVUE (Mⁱˢ DE). — Monographie de l'église Saint-Armel de Ploermel, p. 22 à 43.

37412. BELLEVUE (Mⁱˢ DE). — Conjuration de Pontcallec dans le pays de Ploermel [1718-1720], p. 44 à 55.

37413. DU HALGOUET (Vᵗᵉ Hervé). — Ploermel, gouverneurs, syndics et sénéchaux, p. 56 à 68.

37414. DU HALGOUET (Vᵗᵉ). — Chapelle de Saint-Gobrien, p. 69 à 75.

37415. MARTIN (P.). — Les monuments mégalithiques dans leurs rapports avec les tombeaux égyptiens et phéniciens, p. 76 à 83.

37416. MARMAGNAT (L'abbé). — La communauté des prêtres de chœur de Saint-Armel, p. 84 à 100.

37417. PEYRON (Le chanoine). — Les croix à légendes, p. 101 à 105.

37418. SAGERET (Émile). — Note sur les Vénètes au point de vue de l'archéologie et de l'histoire, p. 106 à 115.

37419. MARTIN (P.). — Histoire du château de Loyat. Les seigneurs qui l'ont habité, p. 116 à 130.

37420. AVENEAU DE LA GRANCIÈRE. — L'industrie dite acheuléenne dans le centre du Morbihan. Le paléolithique inférieur en Bretagne armorique, p. 131 à 134.

37421. LE BOUTEILLER (Vᵗᵉ). — L'assemblée de Saint-Armel à Beaucé, p. 135 à 140.

37422. LE BOUTEILLER (Vᵗᵉ). — Recherches sur la date des envahissements de la mer sur les côtes de Bretagne et particulièrement sur celle de la formation de la baie du Mont-Saint-Michel, p. 141 à 173.

37423. BERTHOU (Cᵗᵉ DE). — Notes d'un vieux Ploermelais. Manuscrit de François Le Lièvre, de Ploermel [1701-1768], p. 176 à 182.

37424. BELLEVUE (Mⁱˢ DE). — Excursion archéologique, p. 211 à 220.

[La chapelle Saint-Gobrien, Josselin, la Croix-Helléan, Taupont, l'Étang-au-Duc.]

CREUSE. — GUÉRET.

SOCIÉTÉ DES SCIENCES NATURELLES ET ARCHÉOLOGIQUES DE LA CREUSE.

Voir, pour les publications de cette Société antérieures à 1901, la table récapitulative de notre *Bibliographie générale;* et pour ses publications postérieures, la table placée à la fin du présent fascicule.

XVII. — Mémoires de la Société des sciences naturelles et archéologiques de la Creuse..., t. XVII. (Guéret, 1909[-1910], in-8°, 470 p.)

37425. DELANNOY (H.). — L'abbaye d'Aubignac, p. 7 à 63.

37426. PÉNATHON (Cyprien). — Le chapitre de Saint-Martin d'Aubusson au XVIIIᵉ siècle, p. 64 à 76.

37427. Delannoy (H.). — Les tapisseries d'Aubusson, p. 77 à 81, et 274 à 275.

37428. Bellet (J.). — Un contrat de mariage à Saint-Aubin de Versillat [1668], p. 82 à 84.

37429. Villard (F.). — Mon village dans les temps passés. Saint-Christophe-en-Drouilles, p. 85 à 126. — Suite de XVI, 1ʳᵉ partie, p. 1; et 2ᵉ partie, p. 28.

37430. Delannoy (H.). — Procès criminels dans la Marche. Condamnation à mort d'un gentilhomme marchois en 1560 [Léonard de Gratin], p. 127 à 129.

37431. Toumieux (Z.). — La seigneurie de Mansat, p. 130 à 174.

37432. Berthomier (G.). — Documents sur le régiment d'Aubusson, p. 175 à 178.

37433. Aubaile (A.). — Noms révolutionnaires des communes de la Creuse et des rues de Guéret, p. 179.

37434. Delannoy (H.). — Liste des abbés de Bonlieu, p. 215 à 250.

37435. Caillet (L.). — Mandement de Philippe le Bel relatif au comté de la Marche (Paris, 3 février 1310), p. 251 à 254.

37436. Pérathon (Cyprien). — La communauté de prêtres d'Aubusson, p. 255 à 270.

37437. Bellet (J.). — Un poète [André Thévenot, 180. † 1862], p. 271 à 273.

37438. Devaureix (Général). — Observations géographiques, historiques et linguistiques sur l'ancien pays de Combraille, p. 276 à 340.

37439. Lacrocq (Louis). — La sépulture dans la Creuse, p. 341 à 344.

37440. Valadeau (P.). — Inventaire des meubles du château de Saint-Germain-Beaupré (Creuse), 1752, p. 345 à 362.

37441. Caillet (L.). — Ordonnance inédite de Jacques I de Bourbon, comte de la Marche (1416-1426, vers 1419-1420), p. 363 à 368.

37442. Caillet (Louis). — Lettres patentes de Guérin de Brion, lieutenant général de Jacques II de Bourbon, comte de la Marche (Montaigut-Combraille, 4 mars 1421), p. 369 à 372.

37443. Fournoux La Chaze (Georges de). — La paroisse et commune de Saint-Maurice près Crocq, p. 373 à 434.

DORDOGNE. — PÉRIGUEUX.

SOCIÉTÉ HISTORIQUE ET ARCHÉOLOGIQUE DU PÉRIGORD.

Voir, pour les publications de cette Société antérieures à 1901, la table récapitulative de notre *Bibliographie générale;* et pour ses publications postérieures, la table placée à la fin du présent fascicule.

XXXVII. — Bulletin de la Société historique et archéologique du Périgord..., t. XXXVII. (Périgueux, 1910, in-8°, 552 p.)

37444. Dujarric-Descombes (A.). — Bail à cheptel d'une chèvre (1590), p. 55.

37445. Gérard (Vᵗᵉ de). — La Fronde à Sarlat, p. 58, 138, 209, 277, et 457.

37446. Aublant (Ch.). — Quelques congés militaires périgourdins, 2 *facs.*, p. 82 à 91.

37447. R. V [Villepelet (R.)]. — Le dossier du géographe de Belleyme [† 1819] aux Archives nationales, p. 91 à 94. — Cf. n° 37449.

37448. Huet (Paul). — Les Huguenots à Périgueux en 1551, p. 102.

37449. Durieux (Joseph). — A propos du géographe de Belleyme, p. 112. — Cf. n° 37447.

37450. Huet (Paul). — Trois chartes périgourdines du xıvᵉ siècle, p. 114 à 137, et 196 à 207.

[Mémoire du commissaire du roi de France au sujet des entreprises des gens du roi d'Angleterre, en réplique à l'information de 1310, p. 114. — Hommage à Archambaud Talleyrand, comte de Périgord, par Géraud et Étienne de Cassaignol pour leurs biens sis à Vernode et Saint-Astier (1303), p. 196. — Procès-verbal de la démolition de la tour de Razac (1897), p. 200.]

37451. Dujarric-Descombes (A.). — Nicolas de Labrousse (1648 † 1693), et Marie-Madeleine-Angélique de Labrousse, comte et comtesse de Verteillac (1689 † 1751). 2 *portr.*, p. 157 à 169, et 232 à 240.

37452. F. V. [Villepelet (F.)]. — Les archives françaises en Angleterre et le cadastre irlandais à la Bibliothèque nationale, p. 169.

37453. R. V. [Villepelet (R.)]. — Les débuts de la Réforme en Périgord, p. 171 à 175.

37454. Cocula (P.). — M. Ludovic Gaillard [† 1910], p. 177.

37455. Fayolle (Mⁱˢ de). — Charles de Loménie [1857 † 1910], p. 178 à 180.

37456. Fayolle (Mⁱˢ de). — Maison avec pan de bois (xvᵉ et xvıᵉ s.) à Issigeac, 2 *pl.*, p. 207 à 209.

37457. Escande (J.-J.). — Sarlat sous la réaction thermidorienne et le Directoire, complots anarchistes et
royalistes, p. 240 à 253.

37458. Borne (Léo). — Lettre de M⁵ʳ Gousset, évêque
nommé de Périgueux, à l'abbé Noël, curé de Montignac
[1835], p. 253.

37459. Pouyaud (H.). — M. Demartial [1836 † 1910],
p. 254.

37460. A. J. — Pierre-Paul Palut [1844 † 1910],
p. 255.

37461. Durieux (Joseph). — Les pâtés périgourdins au
xviiiᵉ siècle, p. 260 à 262.

37462. Moreaud (Dʳ). — Fonderie de canons entre
Segonzac et Ribérac, p. 273.

37463. Durieux (Joseph). — M. de Laubanie, successeur
de M. de Verteillac au gouvernement de Mons (1693),
p. 274.

37464. Didon (L.). — Livre de comptes [de la famille
de Chapt de Rastignac] (1732), p. 298 à 302.

37465. Villepelet (R.). — La famille de Talleyrand et
le château d'Excideuil au xviiiᵉ siècle, pl., p. 303
à 325.

37466. Montégut (H. de). — L'abbé de Magnac de Neuville, prévôt de la collégiale Saint-Pierre de Cassel, aumônier du Roi [† 1793], p. 325 à 329.

37467. Dujarric-Descombes (A.). — Fers de reliure
périgourdins (M⁵ʳ Du Lau, le Cᵗᵉ Du Cluzel), pl., p. 329
à 332.

37468. Tarde (A. de). — M. le marquis de Maleville
[1833 † 1910], p. 332 à 336.

37469. Dujarric-Descombes. — Le voyage fait à la Terre
sainte du frère Ladoire (Paris, 1720), p. 342.

37470. Durieux (J.). — André Noël, cuisinier du roi de
Prusse, p. 344.

37471. Vigié (A.). — Possessions des archevêques de
Bordeaux en Périgord et principalement dans le Sarladais, carte, p. 357 à 401, et 444 à 456.

37472. Villepelet (Ferd.). — Un syndicat de navigation à Périgueux pour la rivière de l'Isle en 1520,
p. 402 à 410.

37473. Dujarric-Descombes (A.). — Ex-libris périgourdins (de Bourdeille, de La Cropte), pl., p. 410 à 412.

37474. R. V. [Villepelet (R.)]. — Étienne de La Boétie
à l'Université d'Orléans, p. 412.

37475. Aublant (Ch.). — Lettre de l'abbé de Lespine
au comte Wlgrin de Taillefer (1815), p. 414 à 416.

37476. Fayolle (Mⁱˢ de). — Rapport sur le cimetière
barbare de Fongrenon, pl., p. 438 à 444.

37477. Dujarric-Descombes (A,). — L'abbé Lespine
(1757 † 1831), portr., p. 511 à 535.

DOUBS. — BESANÇON.

ACADÉMIE DES SCIENCES, BELLES-LETTRES ET ARTS DE BESANÇON.

Voir, pour les publications de cette Académie antérieures à 1901, la table récapitulative de notre *Bibliographie générale;* et pour ses publications postérieures, la table placée à la fin du présent fascicule.

CLIX. — **Académie des sciences, belles-
lettres et arts de Besançon.** Procès-verbaux
et mémoires, année 1910. (Besançon, 1911,
in-8°, 427 p.)

37478. Beauséjour (Gaston de). — Vue d'ensemble sur
les anciens châteaux de la Franche-Comté, p. 1 à 62.

37479. Perrin (Le chanoine). — L'abbé Élie Perrin
[† 1903] d'après ses lettres et son journal, p. 63 à 80.

37480. Baille (Charles). — Le peintre Giacomotti,
6 pl., p. 133 à 158.

37481. Lambert (Maurice). — Discours prononcé aux
obsèques de M. Gaston de Beauséjour [† 1910], p. 159
à 162.

37482. Panier (Le chanoine). — M⁵ʳ Fulbert Petit, archevêque de Besançon (1832 † 1909), portr., p. 163
à 171.

37483. Des Cilleuls (Alfred). — La lutte pour la liberté
d'enseignement secondaire à Besançon au xviiiᵉ siècle,
p. 173 à 178.

37484. Mairot (H.). — Notice sur M. Paul Guichard
[1833 † 1909], p. 231 à 234.

37485. Gazier (Georges). — Notice sur M. Alfred Vaissier, conservateur du Musée archéologique de Besançon
[1833 † 1909], p. 234 à 236.

37486. Gazier (Georges). — Les anciennes inondations
à Besançon, discours de réception, p. 268 à 299.

37487. Truchis de Varennes (Vᵗᵉ Albéric). — M. Gaston

de Beauséjour, ancien capitaine d'artillerie [1856 † 1910], p. 325 à 339.

37488. LAMBERT (Maurice). — Correspondance de P.-J. Proudhon avec son cousin Melchior Proudhon, p. 340 à 366.

37489. PRINET (Max). — La tombe de Jean de Gouhenans à la Chartreuse de Lugny, p. 367 à 378.

37490. MAIROT (H.). — Notice sur M. Lieffroy [1841 † 1909], p. 393 à 397.

XII. — Mémoires et documents inédits pour servir à l'histoire de la Franche-Comté publiés par l'Académie de Besançon, t. XII. (Besançon, 1910, in-8°, XVIII-592 p.)

[Les tomes X et XI de ce recueil n'ont pas encore paru.]

37491. PINGAUD (Léonce). — Invasion de la Franche-Comté (fin de 1813). Blocus de Besançon (janvier mai 1814), p. VII à XVIII, et 1 à 592.

DOUBS. — BESANÇON.

SOCIÉTÉ D'ÉMULATION DU DOUBS.

Voir, pour les publications de cette Société antérieures à 1901, la table récapitulative de notre *Bibliographie générale;* et pour ses publications postérieures, la table placée à la fin du présent fascicule.

La Société d'émulation a publié en 1910 une table des publications de l'ancienne *Société libre d'agriculture, commerce et arts* qui l'a précédée (voir notre n° 37492), et elle a inséré en même temps, dans son volume annuel, une notice sur ladite Société (voir notre n° 37502).

37492. KIRCHNER (A.). — Table générale des Mémoires et travaux de la Société libre d'agriculture, commerce et arts du département du Doubs (1799 [an VII]-1809). (Besançon, 1910, in-8°, 44 p.)

LXV. — Mémoires de la Société d'émulation du Doubs, 8° série, 4° vol., 1909. (Besançon, 1910, in-8°, XXXIV-540 p.)

37493. GAZIER (Georges). — Édouard Grenier et ses correspondants, d'après les lettres conservées à la Bibliothèque de Besançon, p. 36 à 69.

37494. BOURDIN (Dr E.). — Notice sur M. Alfred Vaissier, conservateur du Musée archéologique [1833 † 1909], *portr.,* p. 87 à 100.

37495. BOURDIN (Dr E.). — Charles Sandoz (1847 † 1908), *portr.,* p. 192 à 208.

37496. LONGIN (Émile). — Mello à Paris (1644), p. 209 à 236.

37497. LEDOUX (Dr Eug.). — Notice nécrologique sur le Dr Léon Baudin (1851 † 1909), *portr.,* p. 237 à 243.

37498. BEAUQUIER (Charles). — La cuisine populaire de Franche-Comté, p. 245 à 331.

37499. ROSSIGNOL (Le chanoine). — Un Franc-Comtois au Cambodge [Charles Tournier † 1906], p. 332 à 345.

37500. ROSSIGNOL (Le chanoine). — La naissance du général Lecourbe [1759], p. 346 à 349.

37501. GROSPERRIN (Dr). — Le bagne à la Nouvelle en 1878. Souvenirs de voyages d'un médecin de la marine, p. 368 à 389.

37502. KIRCHNER (A.). — Notice historique et bibliographique sur l'ancienne Société libre d'agriculture, commerce et arts du département du Doubs, p. 405 à 410.

37503. MAGNIN (Ant.). — Charles Nodier, naturaliste, ses œuvres scientifiques publiées et inédites, *fig.,* p. 411 à 506.

DOUBS. — MONTBÉLIARD.

SOCIÉTÉ D'ÉMULATION DE MONTBÉLIARD.

Voir, pour les publications de cette Société antérieures à 1901, la table récapitulative de notre *Bibliographie générale;* et pour ses publications postérieures, la table placée à la fin du présent fascicule.

Le 37ᵉ volume des *Mémoires,* analysé ci-dessous, contient une table des années 1900 à 1910 (voir notre n° 37505).

XLV. — **Mémoires de la Société d'émulation de Montbéliard, 37ᵉ vol.** (Montbéliard, 1910, in-8°, xv-56 p.)

37504. Mériot (B.). — Notice historique sur Mandeure (*Epomanduodurum*), p. 1 à 43.

37505. Anonyme. — Table générale des matières pour la période 1900-1910, p. 45 à 56.

XLVI-XLVII. — **Mémoires de la Société d'émulation de Montbéliard, 38°[-39ᵉ vol.].** (Montbéliard, 1910, in-8°, 510 et 276 p.)

37506. Nardin (Léon) et Mauveaux (Julien). — Histoire des corporations d'arts et métiers des ville et comté de Montbéliard et des seigneuries en dépendant (Montbéliard, 1910, 2 vol. in-8°, 510 et 276 p., *pl.*).

DRÔME. — VALENCE.

SOCIÉTÉ D'ARCHÉOLOGIE ET DE STATISTIQUE DE LA DRÔME.

Voir, pour les publications de cette Société antérieures à 1901, la table récapitulative de notre *Bibliographie générale;* et pour ses publications postérieures, la table placée à la fin du présent fascicule.

XLIV. — **Bulletin de la Société départementale d'archéologie et de statistique de la Drôme, t. XLIV, 1910.** (Valence, 1910, in-8°, 472 p.)

37507. Beretta, Lacroix, Villard. — Justina [épouse de Valentinien Iᵉʳ, son sarcophage], *fig.*, p. 5 à 14. — Cf. XLIII, p. 409.

37508. Brun-Durand (J.). — Le Dauphiné à l'Académie française, p. 15, 121, et 261. — Suite de XLIII, p. 269, et 346.

37509. Vallernaud (Prosper). — Délibérations consulaires du comté d'Albon, de 1708 à 1743, p. 29 à 44, et 160 à 175. — Suite de XLIII, p. 90, 151, 238, et 380.

37510. Maillet-Guy (L'abbé Luc). — Aimar Falco

[vers 1490 † 1545], historien de Saint-Antoine, p. 45 à 61.

37511. Beretta (A.). — Toponymie de la Drôme, p. 62, 176, 321, et 375. — Suite de XLI, p. 331, 397; XLII, p. 51, 163, 299, 427; XLIII, p. 33, 121, et 282.

37512. R. V. C. [Vallentin Du Cheylard (R.)]. — La population des taillabilités du Dauphiné, p. 89, 133, 291, et 430. — Suite de XXXIX, p. 233, 406; XL, p. 81, 201, 283, 435; XLI, p. 77, 202, 279, 353; XLII, p. 79, 212, 283, 411; et XLIII, p. 63, 141, et 400.

37513. Fillet (L'abbé). — Histoire du diocèse de Saint-Paul-Trois-Châteaux, p. 213 à 224, et 421 à 429. — Suite de XLI, p. 439; XLII, p. 93, 197, 336, 451; XLIII, p. 56, 183, et 313.

37514. Vallernaud (Prosper). — Procédure du papier terrier pour les reconnaissances du comté d'Albon en 1680, p. 249 à 260.

37515. Maillet-Guy (Luc). — Les grands prieurs de Saint-Antoine, p. 271 à 279.

37516. Bernard (Jean-Marc). — Une curiosité littéraire, p. 280 à 284.

[Ballade de l'école de Villon.]

37517. Terrebasse (H. de). — Voyage en Savoie et en Piémont par la Bourgogne et Lyon en 1821 [par Colas de La Noue], p. 285 à 290.

37518. Divers. — Discours prononcés aux funérailles de M. A. Lacroix [† 1910], portr., p. 361 à 374.

[Discours de MM. Cl. Faure, Mgr Bellet, Brun-Durand.]

37519. Bernard (Jean-Marc). — Louis Le Cardonnel, bibliographie, p. 417 à 420.

EURE. — ÉVREUX.

SOCIÉTÉ DES AMIS DES ARTS DE L'EURE.

Voir, pour les publications de cette Société antérieures à 1901, la table récapitulative de notre *Bibliographie générale*; et pour ses publications postérieures, la table placée à la fin du présent fascicule.

XXV. — Société des Amis des arts du département de l'Eure, Bulletin XXV, 1909. (Évreux, 1910, in-8°, 153 p.)

37520. Anchel (Robert). — Quelques notes sur l'abbaye de Saint-Sauveur d'Évreux, à propos de la démolition du quartier Tilly, 7 pl., p. 26 à 47.

37521. Régnier (L.). — L'église Notre-Dame d'Écouis, autrefois collégiale, fig. et 5 pl., p. 48 à 124. — Suite de XXIV, p. 50.

EURE. — ÉVREUX.

SOCIÉTÉ LIBRE D'AGRICULTURE, SCIENCES, ARTS ET BELLES-LETTRES DE L'EURE.

Voir, pour les publications de cette Société antérieures à 1901, la table récapitulative de notre *Bibliographie générale;* et pour ses publications postérieures, la table placée à la fin du présent fascicule.

LXII. — Recueil des travaux de la Société libre d'agriculture, sciences, arts et belles-lettres de l'Eure, 6ᵉ série, t. VII, année 1909. (Évreux, 1910, in-8°, xxxiv-188 p.)

37522. Coutil (L.). — Le trésor gallo-romain d'Acquigny et les trésors de monnaies romaines découverts dans le département de l'Eure, p. 1 à 29.

37523. Desloges (Armand). — Le trésor romain de la villa romaine d'Ambenay, fig., p. 30 à 41.

37524. Passy (Louis). — Discours prononcé à l'inauguration du buste élevé à Fleury-sur-Andelle en l'honneur de M. Pouyer-Quertier, p. 54 à 59.

37525. Divers. — Inauguration d'une plaque commémorative en l'honneur de Jean Bertin [1400 † 1467], à Verneuil, p. 60 à 75.

[Discours de MM. l'abbé Guéry, Oudin, M. Hervey.]

37526. Bonnenfant (L'abbé). — Une confrérie normande du Saint-Sacrement au xviiᵉ siècle à Saint-Nicolas de Beaumont-le-Roger, p. 76 à 93.

37527. Anonyme. — Notice sur Charles Hérissey (1849 † 1909), p. 94 à 137.

37528. Anonyme. — Obsèques de M. Séraphin Cauet [1829 † 1909], p. 138 à 145.

EURE. — ÉVREUX.

SOCIÉTÉ NORMANDE D'ÉTUDES PRÉHISTORIQUES.

Voir, pour les publications de cette Société antérieures à 1901, la table récapitulative de notre *Bibliographie générale;* et pour ses publications postérieures, la table placée à la fin du présent fascicule.

XVII. — Bulletin de la Société normande d'études préhistoriques, t. XVII, année 1909. (Louviers, 1910, in-8°, 119 p.)

37529. Morel (Gaston). — Excursion à Gournay-en-Bray, la Côte-Sainte-Hélène, Saint-Germer et Saint-Pierre-ès-Champs, p. 5 à 9.

37530. Morel (G.) et Deslandres (E.). — Excursion à Verneuil-sur-Avre, Cintray et Saint-Ouen-d'Attez, p. 10 à 13.

37531. Morel (Gaston). — Excursion à Breuilpont, Croth, Sorel et Fort-Harrouard, p. 14 à 18.

37532. Poulain (Georges). — Sur une ville romaine à Tourneville près Gaillon, p. 21.

37533. Gadeau de Kerville (Henri). — Résultat négatif des fouilles préhistoriques effectuées dans deux grottes à Orival (Seine-Inférieure), 2 *pl.*, p. 25 à 28.

37534. Poulain (Georges). — Classement parmi les monuments historiques du dolmen de l'Hôtel-Dieu près Évreux, p. 29.

37535. Amaury. — Sur un polissoir découvert sous les avenues de Vernon (Eure), p. 31.

37536. Vesly (Léon de). — Exploration archéologique du plateau de Boos (Seine-Inférieure), *carte*, p. 32 à 38.

37537. Desloges (A.). — La flagellation de saint Taurin, premier évêque d'Évreux, *fig.*, p. 39 à 45.

37538. Amaury (Ern.). — Notes archéologiques, p. 46 à 51.

[La croix de Cernay à la guerre d'Hay, près Vernay, *fig.*, croix de Grumesnil, près Haricourt, *fig.;* Giverny; Bois-Gérôme.]

37539. Brognard (Lucien). — Notice sur des objet d'origine gallo-romaine découverts à Lillebonne, *fig.*, et *pl.*, p. 52 à 60.

37540. Amaury (Ernest). — Note sur quelques objets mérovingiens découverts aux environs de Vernon (Eure), *pl.*, p. 61 à 64.

37541. Carbey (D.). — Notice historique sur Manneville-sur-Risle (Eure), p. 65 à 71.

37542. Thiéry et Chédeville (P.-J.). — Camp gallo-romain et stations néolithiques du Mont-Sainte-Hélène à Saint-Pierre-ès-Champs (Oise), *fig.*, p. 72 à 78.

37543. Chédeville (P.-J.). — Notes descriptives pour l'établissement et la tenue à jour des cartes palethnologiques, p. 79 à 93. — Suite de XVI, p. 71.

[Forêt de Dreux et camp d'Harrouard.]

37544. Dubus (A.). — Note sur la station préhistorique des Hogues près Yport, 3 *pl.*, p. 94 à 100.

EURE. — LOUVIERS.

SOCIÉTÉ D'ÉTUDES DIVERSES DE L'ARRONDISSEMENT DE LOUVIERS.

Voir, pour les publications de cette Société antérieures à 1901, la table récapitulative de notre *Bibliographie générale;* et pour ses publications postérieures, la table placée à la fin du présent fascicule.

XII. — Bulletin de la Société d'études diverses de l'arrondissement de Louviers, t. XII, années 1909-1910. (Louviers, 1911, in-8°, 261 p.)

37545. Angérard. — M. Lucien Barbe [† 1910], p. 27.

37546. Avon (Général). — Note concernant un ouvrage fortifié à Pont-de-l'Arche, p. 29.

37547. Collignon (Maurice). — Note sur l'ancien couvent des Pénitents à Louviers, p. 31 à 33.

37548. Guillabd (Émile). — Bijoux trouvés à la Haye Malherbe en 1840 et 1852, *pl.*, p. 34 à 36.

37549. Collignon (Maurice). — Napoléon Ier dans l'Eure, 10 *pl.*, p. 57 à 247.

EURE-ET-LOIR. — CHARTRES.

SOCIÉTÉ ARCHÉOLOGIQUE D'EURE-ET-LOIR.

Voir, pour les publications de cette Société antérieures à 1901, la table récapitulative de notre *Bibliographie générale*; et pour ses publications postérieures, la table placée à la fin du présent fascicule.

Le Cinquantenaire de la Société archéologique d'Eure-et-Loir, 1906, 14-27 mai, 31 mai et 2, 3 et 4 juin, t. I. (Chartres, s. d. [1910]. in-8°, 543 p.)

37550. Divers. — Comptes rendus, *fig.*, p. 11 à 65.

[Visite de Chartres, Châteaudun ; exposition rétrospective.]

37551. Fancy (L. de). — Trois anciennes broderies du Trésor de Chartres, p. 77 à 83.
37552. Bonnard (L.). — Une promenade historique. La frontière franco-normande entre Seine et Perche (x° au xiii° siècle), *carte*, p. 84 à 113.
37553. Sainsot (L'abbé). — Les évêques de Chartres pendant le xix° siècle, p. 114 à 125.
37554. Armancourt (Cte d'). — Chartres. Notes héraldiques et généalogiques, *fig.*, p. 126 à 419.
37555. Chamberland (A). — La tournée de Sully et de Rybault dans les Généralités en 1596, p. 420 à 432.

37556. Fancy (L. de). — Bonnes fortunes de l'archéologue, p. 437 à 441.

[Le cœur de Marguerite d'Anjou-Sicile à la cathédrale d'Angers ; cercueil de Mme de Vaugirauld († 1758) ; cœur de Mgr Gault, évêque de Marseille († 1643).]

37557. Lorin (Ch.). — Les vitraux du moyen âge, ceux de Chartres en particulier, p. 447 à 465.
37558. Lorin (Ch.). — Les vitraux de la Renaissance, p. 466 à 476.
37559. Durand (Roger). — Anneau d'or du xi° siècle (musée de Chartres) trouvé dans la nef de l'église Saint-Pierre de Chartres lors des fouilles de 1902, *fig.*, p. 477 à 479.
37560. Merlet (René). — Documents sur les origines de l'église collégiale de Saint-André de Chartres, p. 480 à 494.
37561. Mayeux (Albert). — Le porche occidental de la cathédrale de Chartres, *fig.*, p. 495 à 507.
37562. Lorin (Ch.). — Médaillon du xii° siècle dans l'église Saint-Pierre de Chartres, *fig.*, p. 508 à 514.
37563. François (L.). — Les sociétés savantes, leur rôle, leur avenir, p. 530 à 539.

FINISTÈRE. — BREST.

SOCIÉTÉ ACADÉMIQUE DE BREST.

Voir, pour les publications de cette Société antérieures à 1901, la table récapitulative de notre *Bibliographie générale*; et pour ses publications postérieures, la table placée à la fin du présent fascicule.
Une table générale du *Bulletin* de la Société a paru en 1910 (voir notre n° 37564).

37564. Delourmel (Louis). — Table des Mémoires contenus dans les Bulletins de la Société académique de Brest (1858-1910). (Brest, 1910, in-8°, 108 p.)

XLII. — Bulletin de la Société académique de Brest..., 2° série, t. XXXIV, 1909-1910. (Brest, 1910, in-8°, 178 p.)

37565. Guénin (G.). — La déesse gallo-romaine des eaux, *pl.*, p. 75 à 121.
37566. Lorme (A. de). — Une visite à Sainte-Hélène en 1880, journal d'un officier de marine, Edgard de Lorme, enseigne de vaisseau, p. 123 à 136.
37567. Lorme (A. de). — L'art à Brest du xiii° au xviii° siècle, Saint-Divy, p. 137 à 157.

FINISTÈRE. — QUIMPER.

COMMISSION DIOCÉSAINE D'ARCHITECTURE ET D'ARCHÉOLOGIE.

Voir, pour les volumes précédemment publiés par cette Commission, la table placée à la fin du présent fascicule.

X. — Diocèse de Quimper et de Léon. Bulletin de la Commission diocésaine d'architecture et d'archéologie, 10ᵉ année. (Quimper, 1910, in-8°, 359 p.)

37568. Peyron (Le chanoine). — Apparition de sainte Marie-Madeleine à Saint-Evarzec en l'an v, p. 5 à 19.

37569. Peyron (Le chanoine). — Catherine Daniélou, une voyante à Quimper au xviiᵉ siècle, p. 20, 69, 103, 163, 210, 275, et 313. — Suite de IX, p. 59, 108, 161, 202, et 252.

37570. Peyron et Abgrall. — Notices sur les paroisses du diocèse de Quimper et de Léon, p. 33, 85, 118, 149, 181, 229, 265, 297, et 329. — Suite de II,

p. 55, 113, 177, 239, 272, 356; III, p. 47, 104, 159, 237, 294, 357; IV, p. 33, 88, 168, 202, 279, 323; V, p. 19, 74, 110, 153, 203, 254; VI, p. 22, 65, 113, 163, 211, 255; VII, p. 18, 58, 123, 170, 233, 270; VIII, p. 30, 72, 107, 157, 203, 267; IX, p. 22, 71, 123, 175, 219, et 265.

37571. Pilven (Le chanoine). — Le Petit séminaire de Pont-Croix, p. 53, 156, 204, et 303. — Suite de VIII, p. 194, 257; IX, p. 11, 49, 97, 146, 193, et 241.

37572. Peyron (Le chanoine). — La Chouannerie, documents pour servir à son histoire dans le Finistère, p. 142, 221, 249, 286, 325, et 342.

37573. Le Coz (L'abbé Yves). — Construction (1632) et translation (1738) du calvaire de Pleyben, p. 173 à 180.

FINISTÈRE. — QUIMPER.

SOCIÉTÉ ARCHÉOLOGIQUE DU FINISTÈRE.

Voir, pour les publications de cette Société antérieures à 1901, la table récapitulative de notre *Bibliographie générale;* et pour ses publications postérieures, la table placée à la fin du présent fascicule.

XXXVII. — Bulletin de la Société archéologique du Finistère, t. XXXVII. (Quimper, 1910, in-8°, xlix-303 p.)

37574. Abgrall (J.-M.). — Substructions romaines en Plomarc'h, près Douarnenez, p. xli.

37575. Bernard (Daniel). — Documents sur la Cap-Sizun (île de Sein). I. Lettre de messire Le Gallo, curé de l'Île-des-Saints, par Brest, au contrôleur général des Finances (16 décembre 1714), p. 3 à 7.

37576. Marzin (Jean). — Quelques testaments des xvᵉ et xviᵉ siècles (archives de l'hospice de Morlaix), p. 27 à 64.

[Catherine Hamon (1484), Guillaume Le Borgne (1492), Marquise Forget (1505), Louis Le Borgne (1506). Ch. de Cursay (1538), Anne Le Blonssart (1567), Bernard Deleau (1580), Alexandre de Kergariou (1592).]

37577. Favé (L'abbé Antoine). — Épisodes et anecdotes. Quelques types de plaideuses en Basse-Bretagne au xviiiᵉ siècle, p. 65 à 127. — Cf. XXXVI, p. 1, 79, et 197.

37578. Abgrall (Le chanoine J.-M.). — Église de Sizun et ses annexes, p. 128 à 138.

37579. Bourde de La Rogerie (H.). — Sur une ancienne bannière conservée dans l'église de Taulé, p. 139 à 142.

37580. Charbonnier (E.). — Note sur trois vieilles pierres trouvées à Carhaix, p. 143.

[Base de colonne, statue de chevalier, fût de la croix du calvaire.]

37581. Bernard (Daniel). — Études sur le Cap-Sizun. La Chapelle de Saint-They en Cléden-Cap-Sizun, p. 145 à 160. — Suite de XXXVI, p. 262.

37582. Peyron (Le chanoine). — Églises et chapelles du Finistère, p. 161 à 185, et 292 à 299. — Suite de XXXIV, p. 199; XXXVI, p. 33, et 301.

37583. Delaporte (Raymond). — Notes sur Châteauneuf-du-Faou et ses environs pendant les guerres de la Ligue, p. 186 à 205.

37584. Abgrall (Le chanoine J.-M.). — Les peintures de la voûte du chœur dans l'église de Pouldavid, près Douarnenez, p. 206 à 213.

37585. Bourde de La Rogerie (H.). — Voyage d'Henriette de France, reine d'Angleterre en Bretagne (1644), p. 214 à 239.

37586. Martin (A.). — Une ardoise gravée trouvée dans un monument mégalithique de l'île de Groix, fig., 2 pl., p. 240 à 247.

37587. Bourde de La Rogerie (H.). — Liste des juridictions exercées au xviie et au xviiie siècles dans le ressort du présidial de Quimper, p. 248 à 291.

GARD. — NIMES.

ACADÉMIE DE NIMES.

Voir, pour les publications de cette Académie antérieures à 1901, la table récapitulative de notre *Bibliographie générale*; et pour ses publications postérieures, la table placée à la fin du présent fascicule.

37588. Nicolas (L'abbé C.). — Histoire des grands prieurs et du prieuré de Saint-Gilles, faisant suite au manuscrit de Jean Raybaud (1751-1806)..., t. III. (Nimes, 1906[-1909], in-8°, 307 p., 6 pl.)

[Les tomes I et II ont paru en 1904 et 1905.]

LXXIV. — Mémoires de l'Académie de Nimes, 7e série, t. XXXIII, année 1910. (Nimes, s. d., in-8°, lxxxiii-378 p.)

37589. Delfour (Le chanoine). — Rivarol, p. v à xxii.

37590. Mazauric (Félix). — Les souterrains des arènes de Nimes, 6 pl., p. 1 à 35.

37591. Bondurand (Édouard). — Bail en langue d'oc de travaux pour l'église de Calvisson (1482), p. 37 à 51.

37592. Bondurand (Édouard). — A quoi servait l'église de Caveirac en 1480, p. 53.

37593. Julian (Dr N.). — Notice sur un tombeau gaulois trouvé à Beaucaire en 1890, deux nouvelles inscriptions romaines, 2 pl., p. 63 à 69.

37594. Sorbier de Pougnadoresse (De). — Le rétablissement du siège épiscopal de Nimes sous la Restauration, p. 71 à 97.

37595. Guérin (Pierre). — Histoire d'une commune rurale de 1780 à 1800 [Milhaud], p. 99 à 302.

37596. Mazauric (Félix). — Les musées archéologiques de Nimes. Recherches et acquisitions. Année 1910, p. 303 à 347.

LXIV. — Bulletin des séances de l'Académie de Nimes, année 1909. (Nimes, 1910, in-8°, 147 p.)

37597. Mazauric. — Note sur deux inscriptions tumulaires du quartier des Tombes, près d'Aigues-Mortes, p. 93 à 96, 104 à 106.

LXV. — Bulletin des séances de l'Académie de Nimes, année 1910. (Nimes, 1911, in-8°, 157 p.)

GARONNE (HAUTE-). — SAINT-GAUDENS.

SOCIÉTÉ DES ÉTUDES DE COMMINGES, DU NÉBOUZAN ET DES QUATRE-VALLÉES.

Voir, pour les publications de cette Société antérieures à 1901, la table récapitulative de notre *Bibliographie générale;* et pour ses publications postérieures, la table placée à la fin du présent fascicule.

XXV. — Revue de Comminges, Pyrénées centrales, Bulletin de la Société des études de Comminges, du Nébouzan et des Quatre-Vallées..., t. XXV, année 1910. (Saint-Gaudens, 1910, in-8°, 446 p.)

37598. Mondon (S.). — La grande charte de Saint-Gaudens, p. 1 à 247.

37599. Sarrieu (B). — Les thermes des Onesiens, d'après A. Camoreyt, *fig.*, p. 249 à 265, 313 à 327.

37600. Bourdette (Jean). — Notice du pays et des seigneurs de Larboust, p. 266, 368, et 396. — Suite de XXIII, p. 238, et XXIV, p. 15, 65, 141, et 217.

37601. Lestrade (J.). — Un curieux groupe d'évêques commingeois, notes et documents, p. 289, 333, et 385. — Suite de XXI, p. 94, 145; XXII, p. 36, 76, 122, 189; XXIII, p. 150, 161, 254; XXIV, p. 28, 97, 129, 231.

[XIV. Gilbert de Choiseul Du Plessis Praslin (1644-1671),

p. 289, 333. — XV. Louis de Rechignevoisin de Guron (1678-1693), p. 385.]

37602. Gouget (Georges). — Un érudit provincial commingeois d'élection [Paul de Castéran], p. 298 à 302.

37603. Mondon (S.). — Coutumes de Montsaunès (5 avril 1288), p. 303, 360, et 377.

37604. H. B. — Un vétéran du Pyrénéisme [Dr Adolphe Môny, † 1909], p. 312.

37605. Lahondès (J.-J. de). — Le vieux pays. Saint-Bertrand de Comminges, p. 328 à 332.

37606. Décap (J.). — Le cahier des doléances de la communauté de Capens, au diocèse de Rieux (mars 1789), p. 408 à 419.

37607. Roques (L'abbé L.). — Les religieux hospitaliers de l'hôpital Sainte-Quitterie de l'Isle-en-Dodon. Accord passé en 1299 entre Bernard VIII, comte de Comminges et Bernard de Senaret, religieux d'Aubrac, p. 420 à 432.

GARONNE (HAUTE-). — TOULOUSE.

ACADÉMIE DES JEUX FLORAUX.

Voir, pour les publications de cette Académie antérieures à 1901, la table récapitulative de notre *Bibliographie générale;* et pour ses publications postérieures, la table placée à la fin du présent fascicule.

CLXXX. — Recueil de l'Académie des jeux floraux, 1910. (Toulouse, 1910, in-8°, XVI-140-420 p.)

37608. Germain (Mgr). — Éloge de M. de Raymond-Cahusac, p. 3 à 27.

37609. Maisonneuve (Le chanoine). — Éloge de S. E. le cardinal Mathieu, p. 66 à 92.

37610. Gardès (Cte). — Éloge de M. le marquis de Lordat, p. 136 à 165.

GARONNE (HAUTE-). — TOULOUSE.

ACADÉMIE DE LÉGISLATION.

Voir, pour les publications de cette Académie antérieures à 1901, la table récapitulative de notre *Bibliographie générale;* et pour ses publications postérieures, la table placée à la fin du présent fascicule.

LVIII. — **Recueil de législation de Toulouse, 1910, 2ᵉ série, t. VI.** (Toulouse, 1910, in-8°, xvi-452 p.)

37611. Declareuil (J.) — Des critiques touchant les régimes représentatif et parlementaire dans les œuvres politiques de J.-J. Rousseau, p. 1 à 42.

37612. Vié (Louis). — La question des biens nationaux dans la Haute-Garonne, en particulier dans le district de Toulouse, p. 43 à 79.

37613. Lamouzèle (E.). — La contribution patriotique de 1789 dans une petite commune de la Haute-Garonne (Cassagne), p. 80 à 89.

37614. Baudens (G). — Les brochures et l'état des esprits à la veille de la Révolution, p. 283 à 380.

37615. Deloume. — Éloge de M. le doyen Paget [† 1908], p. 416 à 433.

GARONNE (HAUTE-). — TOULOUSE.

ACADÉMIE DES SCIENCES, INSCRIPTIONS ET BELLES-LETTRES DE TOULOUSE.

Voir, pour les publications de cette Académie antérieures à 1901, la table récapitulative de notre *Bibliographie générale;* et pour ses publications postérieures, la table placée à la fin du présent fascicule.

LXXVIII. — **Mémoires de l'Académie des sciences, inscriptions et belles-lettres de Toulouse, 10ᵉ série, t. X.** (Toulouse, 1910, in-8°, xvi-452 p.)

37616. Renauld (Émile). — Syntaxe des verbes composés dans Psellos, p. 1 à 56. — Suite et fin de LXXVII, p. 17.

37617. Tournaton (E.). — Les vacances judiciaires, p. 65 à 84.

37618. Geschwind (Dʳ). — Situation matérielle et morale des armées de Soult et de Wellington au moment de la bataille de Toulouse [10 avril 1814], p. 117 à 180.

37619. Lécrivain (Ch.). — Les fondations perpétuelles dans le droit grec, p. 181 à 198.

37620. Massip. — Une victime de l'aviation au xıᵉ siècle [Olivier de Malmesbury], p. 199 à 217.

37621. Desazars de Montgailhard (Bᵒⁿ). — Les débuts du journal à Toulouse, p. 219 à 244.

37622. Dumas. — Une ordonnance sur la voirie de Toulouse au xviiiᵉ siècle (1769), p. 245 à 268.

37623. Duménil (Henri). — Éloge de M. Joseph Paget, doyen honoraire de la Faculté de droit de l'Université de Toulouse [1837 † 1908], p. 383 à 412.

GARONNE (HAUTE-). — TOULOUSE.

SOCIÉTÉ DE GÉOGRAPHIE DE TOULOUSE.

Voir, pour les publications de cette Société antérieures à 1901, la table récapitulative de notre *Bibliographie générale;* et pour ses publications postérieures, la table placée à la fin du présent fascicule.

XXIX. — **Bulletin de la Société de géographie de Toulouse**, 29ᵉ année. (Toulouse, 1910, in-8°, 440 p.)

37624. Tachard (Dᵣ E.). — De l'Océan aux sources du Gave de Pau, *fig.*, p. 47 à 70.

37625. Guénot (S.). — Voyage au pays basque, p. 70 à 108.

37626. Tachard (Dᵣ E.). — Conques et les pèlerinages médiévaux. Villefranche et la Révolution communale, *fig.*, p. 145 à 169.

37627. Chalande (Henri). — De Toulouse à Nouméa.

Souvenir d'un soldat de marine (1871-1875), p. 170 à 199.

37628. Bardies (Bᵒⁿ de). — Le progrès dans la tradition [Soulan (Ariège)], p. 236 à 269.

37629. Castagné (J.). — La question kirghize et la colonisation des steppes, *fig.*, p. 270 à 282.

37630. Anonyme. — Kanouns ou coutumes kabyles. Situation de la femme au point de vue social, p. 283 à 299.

37631. Tachard (Dᵣ E.). — En Languedoc septentrional [Le Puy, Saint-Michel d'Aiguilhe, Polignac, etc.], p. 361 à 386.

GERS. — AUCH.

SOCIÉTÉ ARCHÉOLOGIQUE DU GERS.

Voir, pour les publications de cette Société antérieures à 1901, la table récapitulative de notre *Bibliographie générale;* et pour ses publications postérieures, la table placée à la fin du présent fascicule.

XI. — **Bulletin de la Société archéologique du Gers**, 11ᵉ année. (Auch, 1910, petit in-4°, 340 p.)

[Ce volume contient le compte rendu du Congrès historique et archéologique du Sud-Ouest tenu à Auch en 1910.]

37632. Anonyme. — M. Charles Palanque [1866 † 1909], p. 13 à 16.

37633. Branet (A.). — Documents sur Termes, p. 17 à 23.

37634. Brégail. — La franc-maçonnerie auscitaine avant, pendant et après la Révolution, p. 24 à 42, et 258 à 279.

37635. Breuils (L'abbé). — Montréal, p. 43 à 55, et 243 à 257.

37636. Marboutin (J.-R.). — L'église de Mouchan, *fig.*, 2 *pl.*, p. 56 à 66.

37637. Anonyme. — Le ban et l'arrière-ban de la sénéchaussée de Lectoure en 1639, p. 67 à 76, et 290 à 300.

37638. Anonyme. — Compte rendu du Congrès [3ᵉ Congrès de l'Union historique et archéologique du Sud-Ouest], p. 90 à 236.

37639. Courteault (Paul). — Les châteaux du Gers, p. 99 à 120.

37640. Planté (Adrien). — Une race maudite.' Les Bohémiens du pays basque, p. 130 à 140.

37641. Caraman (Paul). — L'inondation d'avril 1770 dans la généralité de Bordeaux, p. 140 à 150.

37642. Labadie (Ern.). — Notice bibliographique sur

la *Muse Chrestienne* du poète gascon G. de Saluste Du Bartas (Bourdeaus, 1574), p. 150 à 176.

37643. Roquette-Buisson (Cte de). — De la persistance de quelques vieux mots dans quelques hautes vallées pyrénéennes, p. 177 à 182.

37644. Laporte (P.). — Aliénations de droits seigneuriaux, p. 183 à 188.

[Dîme de Birac (Lot-et-Garonne, 1324); revenus du Masnau (Tarn, 1583).]

37645. Thomas (Fernand). — Notes sur un portrait de l'intendant [de Guyenne] Louis-Urbain-Aubert de Tourny, p. 189 à 196.

37646. Forestié (Ed.). — Un gascon du xvie siècle [Bertrand d'Esparbès], p. 196 à 203.

37647. Sarrieu (B.). — Persistance de radicaux celtibériens (noms d'hommes et noms de divinités) dans quelques noms de lieux de Gascogne, p. 203 à 211.

37648. Espagnat (L'abbé Émile). — Aperçu historique sur Cazères (Haute-Garonne), p. 211 à 215.

37649. Dubois (L'abbé). — Une charte en langue française donnée à Bordeaux en 1381, p. 216 à 224.

37650. Bardié (Armand). — Notes sur les boiseries du xviiie siècle à Bordeaux, p. 224 à 230.

37651. Bardies (B[on] de). — Contribution à l'étude des piles gallo-romaines, *fig.*, p. 230 à 232.

[Piles du cimetière de Saint-Girons et de Luzenac, *fig.*]

37652. Marboutin (J.-R.). — Une cuve en fonte [trouvée dans les environs d'Agen, xiiie-xive siècle], p. 235.

37653. Lauzun (Ph.). — Les boiseries du marquis de Miran [Château du Castéra-Verduzan], *pl.*, p. 237 à 242.

37654. Laporte (Paul). — Coutumes d'Endoufielle (xiiie s.), p. 280 à 289.

37655. Anonyme. — Passage de Mazarin à Nogaro, p. 289.

37656. Daugé (L'abbé S.). — Le château de Saint-Lary, *pl.*, p. 301 à 315.

37657. Mondon (Colonel). — Dans un coin du Magnoac, en 1524 et 1525, p. 316 à 326.

37658. Lavergne (Adrien). — Le dieu Lurgorr dans l'église de Sariac, p. 327 à 329.

GERS. — AUCH.

SOCIÉTÉ HISTORIQUE DE GASCOGNE.

Voir, pour les publications de cette Société antérieures à 1901, la table récapitulative de notre *Bibliographie générale;* et pour ses publications postérieures, la table placée à la fin du présent fascicule.

37659. Lestrade (L'abbé Jean). — Les Huguenots en Comminges (nouvelle série), documents inédits. (Paris, 1910, in-8°, xii-160 p.)

[Le faux titre porte : *Archives historiques de la Gascogne*, xviiie année, 4e trimestre, 2e série, fasc. xiv. — La première série de cet ouvrage a paru en 1903 et forme le tome V de la 2e série des *Archives historiques de la Gascogne*.]

LI. — Revue de Gascogne. Bulletin mensuel de la Société historique de Gascogne, 51e année, nouvelle série, t. X. (Auch, 1910, in-8°, 576 p.)

37660. Duffour (J.). — Épigramme gasconne [xviiie s.], p. 20.

37661. Bonnet (J.). — Lettres inédites de Marca, p. 21, 72, 118, 163, 213, et 323.

37662. Foix (V.). — Poursuites contre les protestants relaps [Dax, 1718], p. 31.

37663. Contrasty (J.). — Le clergé français réfugié en Espagne (1792-1802), p. 32, 45, 79, 130, 174, 225, 366, et 444. — Suite de XLIX, p. 49, 132, 169, 193, 267, 339, 419, 496, 543; L, p. 33, 74, 118, 217, 273, 360, 505, et 557.

37664. Lestrade (J.). — Le dernier évêque de Comminges Antoine-Eustache d'Osmond (1754-1823), p. 49, 106, 251, et 362.

37665. A. D. [Degert (A.)]. — Où est né Charlas? p. 63. — Cf. n° 37676.

37666. Claverie (A.). — L'abbé Fitte, p. 64 à 71.

37667. A. D. [Degert (A.)]. — Prix des vieux livres, p. 71.

37668. A. D. [Degert (A.)]. — Urbain de Saint-Gelais, évêque de Comminges, au Parlement de Bordeaux, p. 93.

37669. A. D. [Degert (A.)]. — Sur un abbé inconnu de Saint-Pé [1559-1560], p. 105.

37670. Courteault (Paul). — Un prétendu neveu de Blaise de Montluc à Rome en 1563, p. 127.

37671. Duffour (J.). — Origine du droit du souquet, à Auch, p. 129.

37672. A. D. [Degert (A.)]. — Un Gascon à la Bastille, Dujast, chanoine d'Oloron [1749], p. 142.

37673. Batz (Bᵒⁿ de). — La vérité vraie sur Jean, baron de Batz, p. 145 à 162. — Cf. n° 37684.

37674. A. D. [Degert (A.)]. — Découverte de monnaies romaines [à Saint-Vincent-de-Paul], p. 162.

37675. A. D. [Degert (A.)]. — Grave procès contre Jean Du Lau, évêque de Bayonne et les Bénédictins de Saint-Sever [1482], p. 173.

37676. Samiac (J.). — Patrie de Charlas, p. 183 à 185. — Cf. n° 37665.

37677. Gabent (P.). — Lettres d'un prêtre auscitain réfugié en Angleterre [André Darré, 1750 † 1833], portr., p. 202 à 212, et 268 à 281.

37678. Lauzun (Ph.). — A propos d'une monnaie ancienne [d'Aymeric II dit Forton, comte de Fezensac, puis comte d'Auch], p. 224.

37679. Duplanté-Marceillac (B.). — Une source peu connue de l'histoire gasconne. Les arrêtistes du Parlement de Toulouse, p. 241 à 250, et 309 à 322.

37680. A. D. [Degert (A.)]. — L'épizootie en Gascogne en 1774, p. 250, et 461.

37681. Foix (V.). — Poursuites contre les protestants au xviiiᵉ siècle [Dax], p. 267.

37682. Foix (V.). — Nomination de lieutenant de louveterie [J.-L. Magnes, sʳ de Narrosse, 1773], p. 282.

37683. Bourdette (J.). — Les orgues de Saint-Savin [de Lavedan], p. 284.

37684. Batz-Trenquelléon (Ch. de). — Encore le baron de Batz, p. 289 à 291. — Cf. n° 37673.

37685. Coste (P.). — Saint Vincent de Paul a-t-il pris à Marseille les fers d'un forçat? p. 292 à 308.

37686. A. D. [Degert (A.)]. — Saint-Cyran a-t-il refusé l'évêché de Bayonne? p. 308.

37687. Foix (V.). — Villes murées des Landes, p. 331.

37688. Bacalerie (E.). — A propos d'un trésor trouvé à Auch [en 1690], p. 332 à 361.

37689. Médan (L.). — Une traversée des Pyrénées centrales à la fin du xviiᵉ siècle : Robinson Crusoé en Gascogne, p. 385 à 419.

37690. Foix. (V.). — Une œuvre de faussaire, p. 420 à 426.

37691. Laffont (A.). — Cahiers de doléances d'une communauté de Fezensaguet, p. 427 à 432.

37692. Duplanté-Marceillac (B.). — Lettre inédite d'un ministre protestant réfugié en Angleterre, p. 433 à 440.

37693. Dubois (J.). — A propos d'un vol de bijoux en 1600, p. 441.

37694. Degert (A.). — Lettre inédite de François de Noailles, p. 443.

37695. Duffour (J.). — L'ancien prieuré de Touget, p. 462, 505, et 566.

37696. Médan (Léopold). — La Gascogne et l'éducation régionaliste, p. 481 à 504.

37697. Lestrade (J.). — Le duc de Roquelaure à Bagnères-de-Bigorre, p. 522 à 525.

37698. Dedieu (Joseph). — La ville d'Aire au lendemain de la Révolution (an xiii-1810), p. 540 à 556.

37699. Marsan (François). — Fondation d'une école dans la vallée de Louron [1717], p. 557 à 565.

37700. Médan. (L.). — Le Gascon Darieux, descendant de Darius [et le brasseur Santerre], p. 569.

37701. A. D. [Degert (A.)]. — F. Alvarus, doyen de l'Isle-Jourdain [† 1616], p. 570.

GIRONDE. — ARCACHON.

SOCIÉTÉ SCIENTIFIQUE D'ARCACHON.

Les publications de cette Société sortent du cadre de notre *Bibliographie;* toutefois elle a fait paraître en 1909 un ouvrage historique que nous devons mentionner ici.

37702. Petit (L'abbé D.). — Université de Bordeaux. Société scientifique d'Arcachon. Le captalat de Buch pendant la Révolution française (1789-1804). (Bordeaux, 1909, in-8°, 199 p.)

GIRONDE. — BORDEAUX.

ACADÉMIE DES SCIENCES, BELLES-LETTRES ET ARTS DE BORDEAUX.

Voir, pour les publications de cette Académie antérieures à 1901, la table récapitulative de notre *Bibliographie générale;* et pour ses publications postérieures, la table placée à la fin du présent fascicule.

LXVIII. — Actes de l'Académie nationale des sciences, belles-lettres et arts de Bordeaux..., 3ᵉ série, 70ᵉ année, 1908. (Paris, 1908, in-8°, 446-92 p.)

37703. Marion. — Du rôle des juifs dans la vente des biens nationaux dans la Gironde, p. 5 à 19.
37704. Labat (Gustave). — Une visite au Musée de la Marine [à Paris], p. 29 à 43.

[*Les Ports de France*, par Joseph Vernet.]

37705. Brutails (J.-A.). — Le droit andorran, sa formation et son évolution, p. 45 à 57.
37706. Labat (Gustave). — Vieux souvenirs. Cordouan, p. 59 à 65.
37707. Callen (L'abbé J.). — Saint Seurin de Bordeaux, d'après Fortunat et Grégoire de Tours, p. 91 à 341.

Compte rendu des séances.

37708. Célesie. — Note sur un buste de Perronet, premier ingénieur des Ponts et Chaussées de France, p. 28.
37709. Demons (Dᵣ). — Discours prononcé aux obsèques du Dᵣ de Nabias († 1908), p. 38.
37710. Anonyme. — Traitté de l'embouchure ou antrée de la rivière de Gironde au mois d'avril 1746; — Instructions pour les pillotes lamaneurs de la rivière de Gironde (1758), p. 65 à 70.

LXIX. — Actes de l'Académie nationale des sciences, belles-lettres et arts de Bor-

deaux, 3ᵉ série, 71ᵉ année, 1909. (Bordeaux, 1909, in-8°, viii-532-124 p.)

37711. Bergonié (J.) et Courteault (P.). — OEuvres inédites de J. de Romas sur l'électricité, choisies et annotées, avec une notice biographique et bibliographique, *portr.*, p. i à viii, 1 à 306.
37712. Labat (Gustave). — Étude sur l'exposition de cent pastels du xviiiᵉ siècle dans les galeries Georges Petit, rue de Sèze, 8 juin 1908, p. 307 à 318.
37713. Courteault (Paul). — Élie Vinet, p. 339 à 369.
37714. Labat (Gustave). — Étude à propos de l'exposition aux Tuileries des cent portraits de femmes des Écoles anglaise et française du xviiiᵉ siècle, p. 371 à 393.
37715. Durègne. — Une cité antique aux rivages d'Arcachon, p. 499 à 508.

LXX. — Actes de l'Académie nationale des sciences, belles-lettres et arts de Bordeaux, 3ᵉ série, 72ᵉ année, 1910. (Paris, 1910, in-8°, 220 et 99 p.)

37716. Doublet (E.). — Correspondance échangée, de 1720 à 1739, entre l'astronome J.-N. Delisle et M. de Navarre, p. 5 à 87.
37717. Labat (Gustave). — Un oublié. Le vicomte de Grenier, chef de division de la Marine royale (1736 † 1803), p. 117 à 142.
37718. Bouyt (E.). — Discours prononcé aux obsèques de M. Laffont († 1910), p. 17.

GIRONDE. — BORDEAUX.

SOCIÉTÉ ARCHÉOLOGIQUE DE BORDEAUX.

Voir, pour les publications de cette Société antérieures à 1901, la table récapitulative de notre *Bibliographie générale*; et pour ses publications postérieures, la table placée à la fin du présent fascicule.

XXXI. — Société archéologique de Bordeaux, t. XXXI. (Bordeaux, 1909, in-8°, xvi-174 p.)

37719. Anonyme. — Édouard Féret [1884 † 1909], *portr.*, p. 27 à 29.

37720. Daleau (François). — Silex à retouches anormales de la station de la Bertonne ou la Rousse, commune de Peujard (Gironde), *fig.* et 8 *pl.*, p. 31 à 48.

37721. Fourché (Paul). — Divers documents officiels pour servir à l'histoire de la porte des Salinières ou Porte Bourgogne [à Bordeaux], *pl.*, p. 49 à 81. — Suite de XXX, p. 25, et 107.

37722. Bardié (A.). — Souvenirs bordelais. La rue Sainte-Hélène, tableau de Pierre Bernède, p. 82.

37723. Bouquet (Oscar). — Saint-Jean de Craujac, p. 101 à 106.

37724. Labrie (J.). — Les Gallo-Romains au centre de l'Entre-Deux-Mers, *fig.* et 7 *pl.*, p. 106 à 146. — Suite de XXX, p. 116.

37725. Conil (A.). — Note sur deux poinçons-matrices de potier gallo-romain, p. 146 à 149.

37726. Trochon (L.). — Notice sur la station préhistorique du Guspit près Branne (Gironde), p. 150 à 153.

37727. Bardié (A.). — Une fouille sur la place des Quinconces [à Bordeaux], p. 155 à 158.

37728. Daleau (F.). — Biberon ancien trouvé à Marcamps, p. 158.

37729. M. C. [Charrol (Marcel)]. — La maison de Berquin, à Langoiran, p. 159.

XXXII. — Société archéologique de Bordeaux, t. XXXII. (Bordeaux, 1910, in-8°, lvi-183 p.)

37730. Aymen (Henry). — L'ancienne vicomté de Castillon, 2 *pl.*, p. 21 à 39.

[Châteaux de Malengin, Monbadon, Gravoux, la Pierrière, 2 *pl.*]

37731. Dantras (G.). — Les fouilles de la place du Grand Marché [à Bordeaux], p. 40 à 43.

37732. Thomas (Fernand). — Notes sur divers objets d'art mobiliers ayant existé à l'abbaye de La Sauve (extraites du manuscrit de Dulaura), p. 44 à 54.

37733. Conil (Aug.). — Quelques découvertes faites à Montravel et Montcaret en Périgord, p. 55 à 60.

37734. Corbineau (Ernest). — Quelques notes sur Saint-Denis-de-Pile aux époques préhistorique et gallo-romaine, *fig.*, p. 61 à 67.

37735. Mensignac (Camille de). — Notes sur les poteries gallo-romaines données par M. Bouchard au Musée du Vieux Bordeaux, p. 68 à 71.

37736. Mensignac (Camille de). — Note sur l'achat fait par la ville de Bordeaux de 130 faïences anciennes provenant de la III° maison de secours de Bordeaux, 2 *pl.*, p. 89 à 96.

37737. Charrol. — Une inscription romaine inédite [à Sainte-Hélène de Médoc], *pl.*, p. 97 à 101.

37738. Ricaud (Th.). — Quelques monuments religieux de l'ancienne paroisse Sainte-Colombe de Bordeaux, 2 *pl.*, p. 101 à 135.

37739. Bontemps. — Bas-relief mérovingien de Guîtres, *pl.*, p. 136 à 138.

37740. Conil (A.). — Sépultures franques et mérovingiennes de Saint-Nazaire-de-Loubès et de Cournol, *fig.*, 2 *pl.*, p. 138 à 150.

37741. Lalanne (G.). — Deux années de fouilles préhistoriques [vallée de la Beune], *fig.* et *pl.*, p. 151 à 165.

37742. M. C. — La source purgative de la Rousselle à Bordeaux [xvi°-xviii° s.], p. 167 à 170.

GIRONDE. — BORDEAUX.

SOCIÉTÉ DES ARCHIVES HISTORIQUES DE LA GIRONDE.

Voir, pour les publications de cette Société antérieures à 1901, la table récapitulative de notre *Bibliographie générale;* et pour ses publications postérieures, la table placée à la fin du présent fascicule.

XLV. — Archives historiques du département de la Gironde, t. XLV. (Bordeaux, 1910, in-4°, xxix-641 p.)

37743. Millardet (Georges). — Chartes gasconnes, régions du Marsan, de la Chalosse, de l'Albret et régions limitrophes [xiii°-xvi° s.], p. 1 à 270.

37744. Patry (H.). — Arrêts du Parlement de Guienne concernant l'histoire des débuts de la Réforme dans le ressort de ce Parlement, p. 271 à 350.

37745. Corbineau (E.). — Documents sur l'époque révolutionnaire à Libourne, 1re série, p. 351 à 428.

37746. Nicolaï. — Documents sur la fortune privée au xviii° siècle, p. 429 à 511.

[Frais d'éducation du marquis de La Tresne au collège Louis-le-Grand (1706-1707); obsèques du Premier président de La Tresne (1703); obsèques du président Lalanne (1712); dîner offert par le président de La Tresne (1700); obsèques de Mme de La Tresne (1713); cadeaux de baptême (1776); prix de vins en barriques ou en bouteilles (1706-1802); la recette des vins de lie et grosse lie de 1764; comptes d'administration de Haut-Brion (1772-1774).]

37747. Divers. — Documents divers, p. 512 à 591.

[Instruction aux chanoines de Saint-Émilion concernant l'emploi des lettres grecques pour représenter les nombres (xn° s.), p. 512. — Lettre de Guillaume Ais, vicomte de Fronsac, à l'archevêque de Bordeaux (1209), p. 513. — Les héritiers de Pierre de Lamothe de Saint-André et le passage ou pontonage de Cubzac (1380), p. 514. — Bail à fief d'une pièce de vigne dans l'Île-Saint-Georges (1402), p. 514. — Contrat de mariage de Jeanne de Béarn, fille naturelle de Gaston de Foix, avec Raymond Amanieu Andron de Lansac (1450), p. 517. — Dénombrement en faveur de Gaston de Foix des terres situées à Ladaux et à Montignac, en Benauge (1510), p. 522. → Reconnaissance en faveur de Pierre Eyquem, seigneur de Montaigne pour une pièce de terre à Maubourguet, paroisse de Saint-Michel de Montravel (1580), p. 525. — Vente de la seigneurie de l'Île-Saint-Georges (1534), p. 528. — Procès entre Thomas de Pontac, seigneur de l'Île-Saint-Georges et Guillaume Arnauld (1584), p. 533. — Hommage à Louis de La Valette, duc d'Épernon, pour la maison d'Orries, paroisse de Ladaux (1602), p. 540. — Règlement pour l'église de Saint-Macaire (1617), p. 542. — État du collège des Jésuites de Bordeaux (1668), p. 545. — La procession du Saint-Sacrement (1776), p. 560.

37748. Différend entre les Jésuites et les jurats de Saint-Macaire, au sujet de l'église Saint-Sauveur (1685), p. 562. — Délibérations de la Chambre de commerce de Bordeaux sur une question de concurrence dans la fabrication des verres (1730), p. 565. — Délibération de la Chambre de commerce concernant l'examen d'un courtier royal (1786), p. 566. — Délibération de la Chambre de commerce de Bordeaux sur les privilèges des manufactures de bouteilles de Bordeaux et de Bourg (1738), p. 572. — Prières faites à Bordeaux à l'occasion de la maladie du Roi (1744), p. 578. — Libertés spéciales accordées aux artisans de Bordeaux (1754), p. 574. — Érection en comté de la terre de Benauge en faveur de Ch.-F. de Wavrin (1762), p. 575. — Fermeture du collège des Jésuites de Saint-Macaire (1765), p. 578. — Émeute populaire à Créon (1778), p. 581. — Disette des grains et émeute populaire (1773), p. 586. — Pierre Dufour, greffier du comté de Benauge (1779), p. 589. — La comtesse de Wavrans et les vingtièmes de 1788, p. 590.]

GIRONDE. — BORDEAUX.

SOCIÉTÉ DE GÉOGRAPHIE COMMERCIALE DE BORDEAUX.

Voir, pour les publications de cette Société antérieures à 1901, la table récapitulative de notre *Bibliographie générale;* et pour ses publications postérieures, la table placée à la fin du présent fascicule.

Le Congrès provincial des sociétés françaises de géographie s'est tenu à Bordeaux en 1907, sous les auspices de la Société de géographie commerciale de Bordeaux, et le compte rendu de ces assises a été publié par ses soins. (Voir plus loin, p. 183, l'analyse de ce volume.)

XXXIV. — Groupe géographique et ethnographique du Sud-Ouest. Société de géographie commerciale de Bordeaux. Bulletin, 2° série, 32° année, 1909. (Bordeaux, 1909, in-8°, viii-304 p.)

37749. Repoux (Capitaine). — Le Ouadaï, p. 8 à 15, et 23 à 32.

37750. Le Rouzic (Z.). — L'âge des monuments mégalithiques du Morbihan, p. 21 à 23.

37751. Paniagua (A. de). — Les fées, p. 82 à 89.

37752. Buffault (Pierre). — Les bois et forêts du Périgord, p. 137 à 150, et 166 à 179.

37753. Verrier (Dᵣ E.). — Phéniciens et Carthaginois en Celto-Ligurie, p. 201 à 206.

37754. Bergon (Dᵣ Paul), Lalesque (Dᵣ F.). — Preuves géologiques et biologiques de l'origine marine du lac de Cazaux, p. 212 à 222. — Cf. n° 37755.

37755. Saint-Jours (B.). — Observations sur la communication précédente, p. 222 à 224. — Cf. n° 37754.

37756. Briffault (Pierre). — De l'origine prétendue marine des lacs du littoral de Gascogne, p. 285 à 289.

XXXV. — Groupe géographique et ethnographique du Sud-Ouest. Société de géographie commerciale de Bordeaux. Bulletin, 2ᵉ série, 33ᵉ année, 1910. (Bordeaux, 1910, in-8°, viii-332 p.)

37757. Humbert (Jules). — Les Bolivar de Biscaye. Les ancêtres du Libérateur de l'Amérique du Sud, p. 1 à 7.

37758. Peyrissac (Léon). — Aux ruines des grandes cités soudanaises, p. 8 à 14.

37759. Paniagua (A. de). — De la destination des dolmens, fig., p. 141 à 149, et 172 à 186. — Cf. n° 37764.

37760. Humbert (Jules). — Le musée arabe et la bibliothèque khédiviale du Caire, p. 197 à 200.

37761. Peyrissac (Léon). — Les Habbés et l'impôt de capitation, p. 200 à 206.

37762. Lalanne (Dᵣ G.). — La géologie du littoral océanique du Bas-Médoc et l'homme préhistorique, fig., p. 169 à 172, et 206 à 220.

37763. Doublet (E.). — Le centenaire de M. de Fleurieu († 1810), p. 257 à 269, et 291 à 301.

37764. Paniagua (A. de). — Contribution philologique à l'étude de la destination des dolmens, p. 313 à 322. — Cf. n° 37759.

GIRONDE. — BORDEAUX.

SOCIÉTÉ PHILOMATHIQUE DE BORDEAUX.

Voir, pour les publications de cette Société antérieures à 1901, la table récapitulative de notre *Bibliographie générale;* et pour ses publications postérieures, la table placée à la fin du présent fascicule.

XIII. — Revue philomathique de Bordeaux et du Sud-Ouest, 1910. (Bordeaux, 1910, in-8°, 304 p.)

37765. Delboy (P.-A.). — *Burdigala,* nom celtique devenu Bordeaux, p. 18 à 28.

37766. Maxwell (Sam). — Une relation allemande de la croisière de l'*Augusta* (janvier 1871), p. 36 à 52.

37767. Sironis (H. de). — En Andalousie, p. 69 à 81, et 184 à 195.

37768. Perceval (Émile de). — Les années de retraite du comte de Peyronnet, p. 82 à 102.

37769. Radet (Georges), Paris (Pierre), Courtbault (Paul). — Les fouilles de Saint-Seurin, p. 121 à 140.

37770. E. D. — Les tremblements de terre dans le Sud-Est au xviiiᵉ siècle, p. 141 à 158.

37771. R. C. — Le Bordelais J.-B. Silva, médecin du roi Louis XV, p. 173.

37772. Cuinard (Gilbert). — Un Bordelais dans la Nouvelle-Angleterre (1792-1807). Le comte de Vipart et le poème de Whittier *The Countess,* p. 175 à 183.

37773. Vovard (André). — Le capitaine de frégate Pellé de Bridoire (1774 † 1849), p. 196 à 204.

37774. Maupassant (Jean de). — Les armateurs bordelais au xviiiᵉ siècle. Le procès du *Furet* et du *Décidé* (1797-1798), p. 213 à 235.

37775. E. B. [Bouvy (E.)]. — Jenny Vertpré [actrice bordelaise] (1797 † 1865), *portr.,* p. 261 à 264.

GIRONDE. — BORDEAUX.

UNION DES SOCIÉTÉS D'HISTOIRE ET D'ARCHÉOLOGIE DU SUD-OUEST.

L'Union des Sociétés savantes du Sud-Ouest, après avoir tenu ses deux premiers congrès en 1907 à Bordeaux et en 1908 à Pau (voir notre *Bibliographie annuelle*, t. II, fasc. III, p. 50, et t. III, fasc. II, p. 43), a tenu ses troisièmes assises en 1910, à Auch. Le compte rendu de cette réunion a paru dans le *Bulletin de la Société archéologique du Gers* (voir n°ˢ 37638 et suiv.).

L'Union a inauguré en 1909 la publication d'un *Bulletin* trimestriel contenant le compte rendu sommaire des séances des sociétés affiliées, une Chronique régionale et une Bibliographie méthodique.

I. — **Bulletin de l'Union historique et archéologique du Sud-Ouest, 1ʳᵉ année.** (Bordeaux, 1909, in-8°, 35 p.)

37776. ANONYME. — Bibliographie, p. 3 à 13, et 19 à 34.

II. — **Bulletin de l'Union historique et archéologique du Sud-Ouest, 2ᵉ année.** (Bordeaux, 1910, in-8°, 67 p.)

37777. ANONYME. — Bibliographie, p. 4, 21, 45, et 57.

HÉRAULT. — BÉZIERS.

SOCIÉTÉ ARCHÉOLOGIQUE, SCIENTIFIQUE ET LITTÉRAIRE DE BÉZIERS.

Voir, pour les publications de cette Société antérieures à 1901, la table récapitulative de notre *Bibliographie générale;* et pour ses publications postérieures, la table placée à la fin du présent fascicule.

XXXIII. — **Bulletin de la Société archéologique, scientifique et littéraire de Béziers (Hérault)..., 3ᵉ série, t. VIII, vol. XXXIX [-XL] de la collection.** (Béziers, 1909-1910, in-8°, 324 p.)

37778. SOUCAILLE (A.). — Anciennes corporations biterroises, règlements, statuts, ordonnances, p. 5 à 67.

37779. TARRIEUX (Dʳ). — Chronique numismatique, *fig.*, p. 68 à 72.

37780. ANONYME. — Document servant à établir les privilèges et les possessions du consulat de Béziers (3 octobre 1672), p. 73 à 80.

37781. DARDÉ (J.). — Chronique archéologique [Béziers], 2 *pl.*, p. 129 à 132.

37782. ANONYME. — Excursion à Aigues-Mortes, p. 133 à 136.

37783. GUIRAUD (Mˡˡᵉ L.). — Un incident des guerres de religion à Béziers au XVIᵉ siècle, p. 167 à 203.

37784. GROS (Gabriel). — La fondation d'Olargues *pro vivis et defunctis*, p. 204 à 244.

37785. CASSAN (P.). — A propos d'un évêque de Béziers, p. 245 à 254.

[Macaire évêque de Lodève et non de Béziers (878).]

37786. RIVIÈRE (Ernest-M.). — Les jeux séculaires du collège de Béziers en 1700; le véritable auteur du poème *Urbis et Regionis Biterrensis descriptio poetica*, p. 255.

37787. SEGUI (E.). — Antiquités romaines trouvées à Puisserguier, *pl.*, p. 256.

HÉRAULT. — MONTPELLIER.

SOCIÉTÉ ARCHÉOLOGIQUE DE MONTPELLIER.

Voir, pour les publications de cette Société antérieures à 1901, la table récapitulative de notre *Bibliographie générale;* et pour ses publications postérieures, la table placée à la fin du présent fascicule.

37788. Alaus (P.), Cassan (L'abbé), Meynial (E.). — Cartulaires des abbayes d'Aniane et de Gellone, publiés d'après les manuscrits originaux. Cartulaire de Gellone. (Montpellier, 1898 [-1905], in-4°, 625 p.)

37789. Cassan (L'abbé) et Meynial (E.). — Cartulaires des abbayes d'Aniane et de Gellone, publiés d'après les manuscrits originaux. Cartulaire d'Aniane. (Montpellier, 1900[-1910], in-4°, 688 p.)

HÉRAULT. — MONTPELLIER.

SOCIÉTÉ POUR L'ÉTUDE DES LANGUES ROMANES.

Voir, pour les publications de cette Société antérieures à 1901, la table récapitulative de notre *Bibliographie générale;* et pour ses publications postérieures, la table placée à la fin du présent fascicule.

LIII. — **Revue des langues romanes,** t. LIII, 6ᵉ série, t. III. (Montpellier, 1910, in-8°, 543 p.)

37790. Lambert (L.). — Chansons populaires du midi de la France. Cris des rues, *musique*, p. 5 à 25. — Suite de LI, p. 111, 448, et 512.

37791. Barbier fils (Paul). — Noms de poissons, notes étymologiques et lexicographiques, p. 26 à 57. — Suite de LI, p. 385; et LII, p. 97.

37792. Langfors (Artur). — Contributions à la bibliographie des *Plaintes de la Vierge,* p. 58 à 69.

37793. Georgin (B.). — Les imitations de R. Garnier dans la tragédie des *Juives,* p. 70 à 98.

37794. Bertoni (Giulio). — Nuove correzioni ai testi di Bonifacio Calvo, p. 99.

37795. Acher (Jean). — Notes sur Raoul de Cambrai, p. 101 à 160.

37796. Baker (A.-T.). — Vie de saint Richard, évêque de Chichester, p. 245 à 396.

37797. Bertoni (Giulio). — Intorno a Peire de la Caravana o la Cavarana, p. 397 à 399.

37798. Calmette (J.) et Hurtebise (E.-G.). — Correspondance de la ville de Perpignan [1537-1587]. — Suite de XLVIII, p. 551; XLIX, p. 273; L, p. 193, 323; LI, p. 278; et LII, p. 5.

37799. Thauziès (R.). — Étude sur les sources de J.-M. de Hérédia dans les cinquantes premiers sonnets des *Trophées,* p. 461 à 512.

37800. Bertoni (Giulio). — Correzioni al testo della *Passione* edita dal Boucherie, p. 513.

HÉRAULT. — MONTPELLIER.

SOCIÉTÉ LANGUEDOCIENNE DE GÉOGRAPHIE.

Voir, pour les publications de cette Société antérieures à 1901, la table récapitulative de notre *Bibliographie générale;* et pour ses publications postérieures, la table placée à la fin du présent fascicule.

37801. Divers. — Géographie générale du département de l'Hérault. (Montpellier, s. d., in-8°.)

[I. Géographie physique, 467 p., *pl.* — II. Flore et Faune, 372 p., *pl.* — III. Histoire générale, 1er fascicule : l'Hérault aux temps préhistoriques, par Paul Cazalis de Fondouce ; 2e fascicule : Antiquités et Monuments du département, par Émile Bonnet, 754 p., *fig., 12 pl.*]

XXXIII. — Société languedocienne de géographie. Bulletin... 33e année, t. XXXIII. (Montpellier, 1910, in-8°, 327 p.)

37802. Sahuc (J.). — Dictionnaire topographique et historique de l'arrondissement de Saint-Pons, comprenant les noms de lieux anciens et modernes, *carte,* p. 1, 130, et 227.

37803. Thomas (Louis-J.). — L'émigration temporaire dans le Bas-Languedoc et le Roussillon au commencement du xixe siècle, p. 301 à 308.

ILLE-ET-VILAINE. — RENNES.

SOCIÉTÉ ARCHÉOLOGIQUE D'ILLE-ET-VILAINE.

Voir, pour les publications de cette Société antérieures à 1901, la table récapitulative de notre *Bibliographie générale;* et pour ses publications postérieures, la table placée à la fin du présent fascicule.

XXXIX. — Bulletin et Mémoires de la Société archéologique du département d'Ille-et-Vilaine, t. XXXIX. (Rennes, 1909-1910, in-8°, 251 et xlviii-211 p.)

Première partie.

37804. Anger (P.). — Cartulaire de l'abbaye de Saint-Sulpice-la-Forêt, p. 1 à 207. — Suite de XXXIII, p. 41 ; XXXIV, p. 13 ; XXXV, p. 325 ; XXXVII, p. 3 ; XXXVIII, p. 203.

[Suivi du terrier de l'abbaye.]

37805. Bellevue (X. Mis de). — Procès en annulation de mariage de Louis-Marc de Cosnoal de Saint-Georges (1725 à 1733), p. 208 à 213.

37806. Le Bouteiller (Vte). — Notes sur les différentes époques où furent faites des constructions au château de Fougères, caractères présentés par chacune d'elles, p. 214 à 219.

37807. Duine (F.). — Dolois de l'époque révolutionnaire, p. 220 à 238.

37808. Le Bouteiller (Vte). — Notes sommaires sur quelques voies romaines du pays de Fougères, p. 239 à 251.

Deuxième partie.

37809. Du Halgouet (Colonel). — L'édition de la Coutume de Bretagne de 1581, p. x à xii.

37810. Banéat. — La tombe de dame Philippe de Coetlogon, dite Sainte-aux-Pochons, au cimetière de Rennes, p. xxvi.

37811. Étasse. — Documents inédits concernant la baronnie de Vitré. Droits et devoirs, usages, rentes, redevances, etc., p. 1 à 125.

37812. Harscouet de Keraval (J.). — Saint-Jacques-de-la-Lande, essai de monographie, *pl.*, p. 126 à 167.

37813. Duine (F.). — Choses et gens du xviiᵉ siècle breton d'après le manuscrit de frère Balthazar de Bellême, p. 169 à 178.

37814. Le Bouteiller (Vᵗᵉ). — Note sur les ateliers de poterie gallo-romaine découverts à la Salle, en Beaucé, p. 179 à 194.

37815. Duine (F.). — Livre d'heures angevin [ms. xivᵉ-xvᵉ s.], p. 195 à 198.

ILLE-ET-VILAINE. — SAINT-MALO.

SOCIÉTÉ HISTORIQUE ET ARCHÉOLOGIQUE DE L'ARRONDISSEMENT DE SAINT-MALO.

Voir, pour les publications de cette Société antérieures à 1901, la table récapitulative de notre *Bibliographie générale*; et pour ses publications postérieures, la table placée à la fin du présent fascicule.

VIII. — **Annales de la Société historique et archéologique de l'arrondissement de Saint-Malo**, année 1910. (Saint-Servan, 1910, in-8°, xvi-306 p.)

37816. Herpin (E.). — Saint-Malo révolutionnaire. Histoire d'un Comité de surveillance, p. 3 à 28.

37817. Saint-Mleux (Georges). — Souvenirs d'un fédéraliste malouin [Yves-Pierre Saint-Mleux), *portr.*, p. 29 à 116.

37818. Dupont (Étienne). — La participation de la Bretagne à la conquête de l'Angleterre par les Normands, p. 117 à 162.

37819. Mathurin (Joseph). — Guillaume Briçonnet, cardinal de Saint-Malo, p. 163 à 181.

37820. Rieger (C.). — Quelques contributions à l'histoire du monastère de Saint-Benoît situé en la ville de Saint-Malo, p. 182 à 206.

37821. Béchillon (Lieutenant de). — Histoire militaire de Saint-Malo de 1789 à 1798 inclus, d'après les documents conservés aux archives de la mairie de Saint-Malo, *fig.*, p. 207 à 258.

37822. Renault (Malo). — Le peintre Auguste Lemoine, *portr.*, p. 259 à 270.

37823. Boivin (Louis). — Chateaubriand poète, p. 271 à 279.

INDRE. — CHÂTEAUROUX.

SOCIÉTÉ ACADÉMIQUE DU CENTRE.

La Société académique du Centre a publié un *Bulletin* de 1895 à 1905 dont les dix volumes sont analysés, les uns dans notre *Bibliographie générale*, t. V, p. 404, et les autres dans notre *Bibliographie annuelle* (voir la table à la fin du présent fascicule).

En 1906, la Société a fusionné son *Bulletin* avec la *Revue du Berry*, ancienne *Revue du Centre*, qui est devenue la *Revue du Berry et du Centre*. On trouvera ci-dessous l'analyse des volumes de ce recueil parus de 1906 à 1910.

XI. — **Revue du Berry et du Centre**, 11ᵉ année. Revue du Centre, 24ᵉ année, 1906. (Châteauroux, s. d., in-8°, ii-464 p.)
[La couverture imprimée porte : *Organe de la Société académique Centre.*]

37824. Pierre (J.). — *Ici se donne le Gris* [inscription du cloître Saint-Étienne à Bourges], p. 2 à 13, et 310 à 312.

37825. Hubert (Eugène). — Réception solennelle d'Henriette-Louise Colbert, comtesse de Buzançais, à l'abbaye du Landais en 1725, p. 15 à 19.

37826. Pierquin de Gembloux. — Histoire de la Châtre, p. 20, 56, 146, et 228.

37827. Patureau (J.). — Le commandant Angineau [1738 † 1831], p. 25 à 40.

37828. Pierre (J.). — Inventaire des églises du Berry pendant la Révolution, p. 41, 93, 133, 171, 222, 282, et 353.

37829. Barral (Adrien de). — Anecdotes sur M. Grosley, p. 67 à 72.

37830. Massereau (T.). — Les registres paroissiaux du canton de la Châtre, p. 75, 107, et 156. — Suite de *Bulletin de la Société*, IX, p. 278, 342; X, p. 224.

37831. Pierre (J.). — A propos de la statue de Musset, *pl.*, p. 81 à 87.

   [George Sand, dessin d'Alfred de Musset, *pl.*]

37832. Froment (Dorothé de). — Transaction entre M. du Lix et M. de Couldiers pour raison de plusieurs procès (29 décembre 1704), p. 88 à 90.

37833. Jeny (Lucien). — La légende berrichonne de l'*Herbe des croisées*, p. 105 à 107.

37834. Pierre (J.). — Supplice d'un criminel à Châtillon-sur-Indre en 1785, p. 121 à 128.

37835. Bouyonnet (L'abbé Pierre). — Estrées-Saint-Genou, p. 151, 458; et XII, p. 14.

37836. Decourteix (Albert). — La tuberculose. George Sand et Chopin, p. 161 à 166, et 216 à 222.

37837. Chardon (A.). — L'abbaye de Varennes (1148-1791), p. 185 à 208.

37838. Pierre (J.). — Les Pot de Rhodes [famille], p. 208 à 215.

37839. Briault (Ludovic). — Dagobert en Brenne, p. 249 à 256.

37840. Devisme (Georges). — Fondation pour le mariage d'une jeune fille pauvre [en Nivernais], p. 257, 296, 328, et 376.

37841. Deshoulières (F.). — Abrégé historique de l'abbaye de Saint-Sulpice de Bourges, p. 265, 312, et 360.

37842. Babou. — Notes généalogiques sur la famille Guymon, de Châteauroux, p. 291, 321, et 369.

37843. Pierre (J.). — Maurice Rollinat, p. 337.

37844. Divers. — M. Anselme Guillard († 1906), p. 385 à 391.

37845. Pierre (J.). — Résiliation des baux des domaines de Henrichemont, la Châtre et Vierzon (1776), p. 392 à 375.

37846. Froment (Dorothé de). — Les Gigault de Bellefonds. Fiefs de Marenne et du Chassin, Mers, Montipouret, Tranzault, p. 399 à 403.

37847. Patureau (J.). — Le *Jugement du prix de l'arc* et Vander Helst, p. 415 à 424.

37848. Pierre (J.). — Cartulaire de l'église Sainte-Croix d'Orléans, ses possessions en Berry, p. 425 à 437.

37849. Boulé (Alphonse). — Sébastien Parthon, de Châteauroux (1751 † 1818), p. 437 à 447.

37850. Massereau (T.). — Sommaire monographique et historique du château de Chevilly [c^ne de Méreau, Cher], p. 453 à 458.

XII. — Revue du Berry et du Centre,
12° année. Revue du Centre, 24° année, 1907. (Châteauroux, s. d., in-8°, 434-3 p.)

37851. Rougé (Jacques). — Un miracle de saint Martin sur une fresque berrichonne [chapelle de Plaincourault], *pl.*, p. 3 à 6.

37852. Babou. — Généalogie de la famille Parthon, p. 6 à 8.

[37835.] Bouyonnet (Pierre). — Estrées-Saint-Genou, p. 14 à 22.

37853. Massereau (T.). — Ancienne industrie minière dans la région de Neuvy-Saint-Sépulcre (Indre), p. 22 à 28.

37854. Pierre (J.). — Correspondance de M. A. Guillard avec divers savants sur l'archéologie et l'histoire du département de l'Indre, p. 30, 69; XIII, p. 38, et 133.

37855. Rougé (Jacques). — Ligueil et son canton pendant la Révolution (1789-1800), p. 45, 84, 112, 194, 223, 262, 302, 343, 367, et 407.

37856. V. H. [Huguenot (V.)]. — Le château de La Ferté-Reuilly et ses divers seigneurs, p. 53 à 59.

37857. Jeny (Lucien). — La légende de l'herbe qui trompe le diable, p. 59 à 61.

37858. Gay (Henry). — La langue de Rabelais. Le pays où on la parle encore. Les locutions et expressions berrichonnes dans Gargantua, p. 61, 97, et 130.

37859. Anonyme. — Prise du château de Sancerre par les Protestants en 1616, p. 80 à 84.

37860. Pierre (J.). — Présentations par les ducs de Châteauroux aux cures de Bouesse (1715), Neret (1720), Saint-Denis de Châteauroux (1664-1732) et au prieuré d'Ineuil (1701), p. 110 à 112.

37861. Dorangeon (Henri). — Chassignolles, *fig.*, p. 121 à 130.

37862. Rollinat (Raymond). — Notice sur M. Joseph Barbotin, poète et chansonnier, *portr.*, p. 137 à 158.

37863. Nauroy (Charles). — Premier mariage de Charles-Ferdinand, duc de Berry [avec Amy Brown], p. 159 à 160.

37864. Massereau (T.). — Le château de La Motte-Feuilly, ou quelques mots sur Charlotte d'Albret qui y mourut en 1514 et sur son tombeau situé dans l'église du lieu, p. 170, 213, 242, et 279.

37865. Pierre (J.). — La peine de mort [en Berry, 1785-1788], p. 179 à 184.

37866. V. H. [Huguenot (V.)]. — Paudy, monographie, d'après un manuscrit de M. l'abbé Bachelier, ancien curé de cette paroisse dans la première moitié du xix° siècle, p. 203, 235, 272, et 319.

37867. Pierre (J.). — Lettre et vers de Duché à Bachaumont écrits à Mauvières (Indre) en 1751, p. 219.

37868. Sœunér (Frédéric). — Une histoire de voleurs à Aigurande au xv° siècle [lettre de rémission pour Geffroy Pelletier, 1408], p. 247 à 250.

37869. Pierre (J.). — Relation de la fête pour la canonisation de saint Fidel et saint Joseph dans l'église des Capucins de Vierzon en 1754, p. 252 à 259.

37870. Tausserat (Émile). — Le couvent des Capucins de Vierzon, p. 287 à 293.

37871. Hubert (E.). — Les règlements d'abbayes en Bas-Berry aux xv° et xvi° siècles, p. 295 à 298.

37872. Ageorges (Joseph) et Pierre (J.). — Le vicomte de Spœlberch de Lovenjoul sandiste, p. 299 à 302.

37873. Patureau (J.). — Le carabinier Pierre Pied, dit la Flamme [† 1812], p. 313 à 319.

37874. Pierre (J.). — Différend entre les seigneurs de Badecon et de Gargilesse au sujet du droit de sépulture dans le chœur de l'église du Pin (xvii° s.), p. 351.

37875. Daubay (Maurice). — Joseph Bouchard († 1907), p. 360 à 362.

37876. Babou. — Le collège de Saint-Benoît-du-Sault, p. 362 à 364, et 412 à 416.

37877. Labonne (Henry). — Anecdote sur le chien fidèle [G\al Bertrand], p. 385.

37878. V. H. [Huguenot (V.)]. — M. Joseph Patureau-Baronnet [† 1907], p. 419 à 423.

37879. Devisme (Georges). — Maisons brûlées à Gien, p. 424 à 430.

XIII. — Revue du Berry et du Centre,
13° année. Revue du Centre, 25° année, 1908.
(Châteauroux, s. d., in-8°, iii-404 p.)

37880. Pierre (J.). — Les embarras financiers d'un gentilhomme de la cour sous Louis XVI et Louis XVIII [le duc de La Châtre], portr., p. 1 à 6.

37881. Froment (Dorothé de). — Documents sur Mers et les seigneurs de Marenne, p. 6.

37882. Huguenot (V.). — Élection, institution soi-disant canonique et installation d'un curé sous le régime de la Constitution civile du clergé (octobre 1791), René-Gille Galland, curé de Brion, p. 9 à 14.

37883. Gay (Henry). — Les chansons populaires en Berry, p. 15, 54, 118, 159, 205, 242, 277, 308, et 366.

37884. Tausserat (E.). — Les Méry de Vatan, dom François Méry, bénédictin, et Jean Méry, chirurgien de la Reine, p. 25 à 30.

37885. Pierre (J.). — Henri IV à Châteauroux [1605], p. 32.

37886. Rougé (Jacques). — Agnès Sorel et les légendes lochoises, p. 34 à 37.

[37854.] Pierre (J.). — Correspondance de M. A. Guil-

lard avec divers savants sur l'archéologie et l'histoire du Berry, p. 38, et 133.

37887. Massereau (T.). — La Châtre pendant la période révolutionnaire de 1791 à 1794, p. 50, 114, 153, 193, 236, 272, 298, 330; XIV, p. 14, 61, 86, 126, 173, 191, 233, 258, 294, et 338.

37888. Rougé (Jacques). — La Dube (expression berrichonne) [rocher au bord de l'Anglin], pl., p. 65.

37889. Pierre (J.). — Note sur l'abbaye de Loroy, p. 66 à 69.

37890. Détharé (Vincent). — Laisnel de la Salle, p. 70 à 72.

37891. Tausserat (E.). — Les Bourdaloue. Nouveaux documents inédits, soudure des branches de Vierzon, de Mehun et de Bourges, p. 73, 105, 145, 185, et 225.

37892. Pierre (J.). — Le mariage, contrat de louage [d'après M. de Varillac d'après un acte de 1297 concernant l'Armagnac], p. 129.

37893. Anonyme. — Jacques Cœur et Jean de Villages citoyens de Marseille, p. 130 à 132, et 172 à 176.

37894. Pierre (J.). — Le fief de La Salle dans la paroisse de la Champenoise, p. 178 à 184.

37895. Lapaire (Hugues). — Le dernier maître-sonneur [les cornemuseux du Berry], fig., p. 209 à 219.

37896. Pierre (J.). — Le vicaire de Saint-Georges en l'église cathédrale de Bourges, p. 219 à 224.

37897. Huguenot (V.). — Clanay, p. 234.

37898. La Véronne (Geoffroy de). — Quelques notes sur le morcellement des terres au xviii° siècle dans la paroisse de Rosnay, d'après le rôle des tailles de 1765, p. 249 à 257.

37899. Pierre (J.). — Le jeu en Berry au temps jadis, p. 259.

37900. A. G. [Granger (A.)]. — Notes sur Huges Beauvais, vicaire supérieur du grand séminaire constitutionnel de Châteauroux en 1792, et M. Pelletier, prieur-curé de La Celle, près Lignières, à la même époque, p. 265 à 271.

37901. Duboisel (E.). — Un commandataire de l'abbaye de Massay, l'abbé Bourdelot [1653], p. 283 à 286.

37902. Pierre (J.). — Le squelette d'Hallé, p. 284 à 296.

37903. La Véronne (Geoffroy de). — Un procès criminel au xviii° siècle (archives du Bouchet), p. 313 à 319.

37904. Tausserat. — Note météorologique (Saint-Georges de la Prée, 1584), p. 319.

37905. A. G. [Granger (A.)]. — Notes sur l'abbaye de Chezal-Benoît [xviii° s.], p. 325, 402; et XIV, p. 9, et 51.

37906. Vorys (Jules de). — Un merveilleux écuyer, le comte de Laucosme-Brèves, portr., p. 341 à 358.

37907. Pierre (J.). — Projet de suppression du bailliage et siège présidial de Châtillon-sur-Indre, p. 381 à 388.

8

XIV. — Revue du Berry et du Centre, 14ᵉ année. Revue du Centre, 26ᵉ année, 1909. (Châteauroux, s. d., in-8°, 408-2 p.)

37908. Decourteix (Albert). — Une aieule de George Sand [Marie Verrières et sa fille Aurore de Saxe], p. 1 à 5, et 25 à 31.

37909. Pierre (J.). — Une lettre de Vallet de Viriville au baron de Girardot, p. 6.

[A propos d'un essai de reproduction lithographiée du procès de Gilles de Rais.]

[37905.] A. G. [Granger (A.)]. — Notes sur l'abbaye de Chezal-Benoît, p. 9, et 51.

[37887.] Massereau (T.). — Le Châtre pendant la période révolutionnaire de 1791 à 1794, p. 14, 61, 86, 126, 173, 191, 233, 258, 294, et 338.

37910. Pierre (J.). — Les Du Breuil Du Bost de Gargilesse, p. 35 à 33.

37911. Pierre (J.). — Un document sur Chezal-Benoît [1765], p. 54 à 59.

37912. Vonys (Jules de) — Auguste Desplaces [† 1897], p. 65 à 79; et XV, p. 65 à 73.

[37938]. Moreau (L'abbé Silas). — Le chapitre de Saint-Sylvain de Levroux, p. 81, 121, 169, 185, 225, 249, 289, et 370.

37913. Jent (Lucien). — Jeanne d'Arc en Berry, p. 97 à 105.

37914. Joncart (Sylvain). — L'inscription de Sainte-Colombe-des-Bois *Icy se donne le Gris*, 1621, p. 117 à 120.

37915. Lapaire (Hugues). — Les derniers amis [de George Sand], Émile Aucante et Edmond Plauchut, p. 137 à 151.

37916. Caillet (Louis). — Lettre des Consuls de Perpignan aux Lyonnais, relative au transfert à Bourges des foires de Lyon sous Charles VIII [1484], *facs.*, p. 152 à 160.

37917. Anonyme. — L'abbé Huguenot [† 1909], p. 161 à 167.

37918. Rougé (Jacques). — Le trésor [des titres] de la seigneurie de Ligueil, *tableau*, p. 177, 217, et 241.

37919. Pierre (J.). — M. le chanoine S. Clément [1823 † 1909] et ses souvenirs d'un curé de campagne [le curé de George Sand], p. 202 à 214.

37920. Clément (Maurice). — Une étape de l'itinéraire de Jeanne d'Arc [la seigneurie des Marches, paroisses d'Orsennes et de Pommiers], p. 265 à 270.

37921. La Veronne (Geffroy de). — Le retrait [lignager] dans l'ancien droit (archives du Bouchet), p. 279, 326, et 345.

37922. Maussabbé (Cᵗᵉ Ferdinand de), Babou, et Pierre (J.). — La chevauchée de Jeanne d'Arc en Berry (février et mars, 1430), p. 305 à 325.

37923. Labonne (Dʳ Henry). — Étude sur Hyacinthe-Joseph-Alexandre Thabaud de Latouche, p. 333 à 337.

37924. Aude (A.-F.). — Cérémonie burlesque ou la fête du Pot aux Aulx ou aux Roses [à Châteauroux] p. 358.

37925. Huguenot (V.) et Pierre (J.). — La terre et les seigneurs de Neuvy-Pailloux, p. 361, 393; et XV p. 32.

37926. Des Meloizes (Louis). — Notes sur l'histoire du servage en Berry, p. 377 à 389.

37927. Rollinat (R.). — Notice sur M. Alfred Debrion p. 390 à 392.

XV. — Revue du Berry et du Centre, 15ᵉ année. Revue du Centre, 27ᵉ année, 1910 (Châteauroux, s. d., in-8°, 420-3 p.)

37928. Héron de Villefosse. — Inscription romaine de Vendœuvres-en-Brenne (Indre), *pl.*, p. 1 à 16. — Cf. n° 30562.

37929. Bouillet (Tony). — M. l'abbé Victor Huguenot (1843 † 1909), *portr.*, p. 25 à 32.

[37925.] Huguenot (V.) et Pierre (J.). — La terre et les seigneurs de Neuvillé-Pailloux, p. 32.

37930. A. G. [Granger (A.)]. — Trois procès-verbaux de vassal à suzerain, p. 38, 53, 96, 121, 161, et 195.

[Hommage de la terre de l'Ysle à Lignières (1753).]

37931. Pierre (J.). — Les inondations au Blanc depuis quatre siècles, p. 41 à 44.

37932. Rollinat (Raymond). — Notice sur M. Alfred Beucher, poète, p. 44 à 46.

37933. Pierre (J.). — Origine des foires d'Orsennes, p. 47.

[37912.] Vonys (Jules de). — Encore un mot sur Auguste Desplaces, p. 65 à 73.

37934. Belleau (L.). — Frédéric Febvre à Nohant, p. 74 à 77. — Cf. n° 37935.

37935. Pierre (J.). — Note à propos de Frédéric Febvre et du *Drac* de G. Sand et Paul Meurice, p. 77 à 85. — Cf. n° 37934.

37936. J. P. [Pierre (J.)]. — État de la culture en Berry il y a cent ans, p. 85 à 88.

37937. Patrigeon (Dʳ). — Passage de Louis XI à Chabris le 14 juin 1472, p. 89, 113, et 156.

37938. Moreau (L'abbé Silas). — Le chapitre de Saint-Sylvain-de-Levroux, p. 101, 126, 166, 203, et 224. — Suite de *Bulletin de la Société*, II, p. 114, 200, 279; III, p. 109, 157; VII, p. 181; et VIII, p. 34; *Revue du Berry et du Centre*, XIV, p. 81, 121, 169, 185, 225, 249, 289, et 370.

37939. Decourteix (Albert). — Deux hôtes du château de Valençay [le roi d'Espagne Ferdinand VII; M. de Montrond], p. 105 à 111, et 139 à 148.

37940. Pierre (J.). — Le général Bertrand parlementaire, p. 129 à 132.

37941. Rollinat (Raymond). — Notice sur M. Fernand Potebon, poète, p. 134 à 138.

37942. Ageorges (Joseph). — Petit papier épiscopal [lettre de Mathias Le Groing La Romagère, évêque de Saint-Brieuc, au Ministre de l'Intérieur, 1825], p. 169.

37943. Pierre (J.). — Au sujet de la comète [apparitions des comètes en Berry, 1549-1744], p. 171 à 175.

37944. J. P [Pierre (J.)]. — Quelques documents sur les Marches, en Berry, p. 175 à 192. — Cf. n° 37920.

37945. Pierre (J.). — Inhumation au Blanc de quelques étrangers de marque, p. 214 à 216.

37946. Favereau (L.). — Quelques notes sur Liniez et son église, fig., pl., p. 229, 265, et 308.

37947. Pierre (J.). — Comment on liait les gerbes au temps passé, p. 233 à 239.

37948. André-Simon (R.). — La Chapelle du Fer (culte de saint Jean-Baptiste à Saint-Plantaire], p. 240 à 245.

37949. Pierre (J.). — Un permis d'inhumer dans la chapelle de Maubranches (1669), p. 246 à 251.

37950. Pierre (J.). — Incendie de l'église de Mehun-sur-Yèvre, p. 273 à 278.

37951. Martinet (Camille). — Un épisode des guerres de religion en Berry [siège de l'Ormeteau, 1589], p. 278 à 286.

37952. Pierre (J.). — La navigation aérienne en 1870, p. 287 à 295.

37953. Huguenot (V.). — L'amiral de Brion et la conquête du Canada, p. 298 à 302, et 323 à 328.

37954. Mallet (L.). — Le prieuré de Jovar, près Belâbre (Indre), p. 314 à 317.

37955. Froment (Dorothé de). — Nominations royales aux prieurés de Saint-Jean de Presle et de Saint-Blaise (1775), p. 318 à 320.

37956. Anonyme. — Michel de Bourges, portr., p. 329 à 342, et 369 à 390.

37957. Bontant (Maurice). — M. l'abbé Porcher [1840 † 1910], p. 402 à 415.

INDRE. — CHÂTEAUROUX.

SOCIÉTÉ DU MUSÉE DE CHÂTEAUROUX.

Voir pour les deux premiers volumes du *Bulletin* de cette Société la table de notre *Bibliographie générale*. Le tome III, paru de 1900 à 1903, est analysé ci-dessous. La publication a été interrompue après qu'eut paru, en 1904, le premier fascicule du tome IV d'un recueil annuel contenant seulement le compte rendu des séances de la Commission du Musée; mais elle a été reprise en 1907, époque où commença de paraître un nouveau tome IV en supplément à la *Revue du Berry et du Centre;* ce volume n'étant pas achevé en 1910, nous en donnerons l'analyse ultérieurement.

III. — Musée municipal de Châteauroux. Bulletin trimestriel, 3ᵉ série, années 1900-1903. (Châteauroux, 1903, in-8°, 637 et 8 p.)

37958. Anonyme. — Séances de la Commission [du Musée], p. 3, 53, 85, 125, 165, 225, 319, 337, 1*, 419, 491, 533, et 631.

37959. [Massereau (T.).] — De l'influence de la littérature sur les mœurs, p. 17 à 45.

37960. Johannet (Th.). — Un lit de camp de Napoléon, pl., p. 46 à 47.

37961. Buteau (Fernand). — Un projet d'impôt sur le revenu en 1763 [*Richesse de l'État,* par Roussel de La Tour], p. 55 à 61.

37962. Charlemagne (Edmond). — Les jours fériés en l'an vii [en Berry], p. 63 à 81.

37963. A. G. [Guillard (A.)]. — Objets ayant appartenu à l'empereur Napoléon Iᵉʳ et légués par le général Bertrand à la ville de Châteauroux, p. 81 à 84.

37964. Guillard (A.). — Notice sur Jean-Baptiste-François-Étienne Ajasson, vicomte de Grandsagne, p. 91 à 101, et 221 à 223.

37965. Patureau (J.). — Le commandant [Louis] Angineau [1738 † 1831], p. 102 à 116.

37966. Anonyme. — Incidents de Sainte-Hélène se rapportant au général Bertrand. Copie de deux lettres concernant des publications qui lui étaient attribuées, p. 119 à 122.

37967. Hubert (Eugène). — Le comte Ferdinand de Maussabré (1816 † 1900), fig., p. 138 à 148.

37968. Guillard (A.). — M. A. de Vasson [† 1900], p. 158 à 160.

37969. Massereau (T.). — Le cardinal Lavigerie et son œuvre, p. 182 à 220.

37970. Guillard (A.) et Divers. — Rapport général sur l'exposition des beaux-arts et des arts décoratifs organisée à Châteauroux du 25 mai au 6 juin 1901, p. 227 à 298.

[Céramique, monnaies et médailles, armes, meubles, manuscrits, archéologie, etc.]

37971. Creusot (J.). — Découverte du Puy (Indre) [vases en terre], p. 299 à 303.

37972. J. M. — M. A. Guillard, p. 304 à 318.

37973. Decourteix (Albert). — Une question de propriété littéraire à propos de la correspondance de George Sand, p. 328 à 336.

37974. Guillard (A.). — Notes sur les antiques légendes champêtres du Berry, p. 365 à 372.

37975. Hubert (Eugène). — Notes inédites concernant l'ancien collège d'Argenton, *fig.*, p. 373 à 384.

37976. Patrigeon (D' G.). — Le père de Victor Hugo (général Joseph-Léopold-Sigisbert Hugo) à propos de son deuxième mariage à Chabris, en septembre 1821, p. 385 à 402, et 488 à 489.

37977. Guillard (A.). — Église Saint-Martial de Châteauroux, vicairies qui y existaient, p. 403 à 408.

37978. J. C. — Documents relatifs au choléra-morbus à Châteauroux (31 mai-15 septembre 1832), médaille commémorative, p. 409 à 418.

37979. Hubert (Eugène). — Catalogue descriptif des différentes collections du Musée. Section des manuscrits, cartes, plans et documents historiques, p. 425 à 432.

37980. Delannoy. — Notice sur l'abbaye d'Aubignac (diocèse de Bourges), p. 433 à 456.

37981. Patrigeon (D' G.). — Un cimetière ancien à Chabris, 457 à 487.

37982. Berton (Amédée). — Aperçu historique sur l'organisation judiciaire en France avant la Révolution. Bailliage et présidial de Châtillon-sur-Indre, p. 493 à 522.

37983. Massereau (Th.). — De la tenue des registres paroissiaux de l'état civil [en Berry], p. 523, 576, et 622.

37984. Pierre (J.). — Saint-Denis de Châteauroux, p. 535 à 575.

37985. Charlemagne (Edmond). — Des variations du régime municipal dans l'ancienne France, p. 595 à 607.

IV. — **Musée municipal de Châteauroux.** Recueil annuel des délibérations de la Commission consultative, 4° série, n° 1. (Châteauroux, 1904, in-8°, 15 p.)

37986. Anonyme. — Séances de la Commission [du Musée], p. 1.

INDRE-ET-LOIRE. — TOURS.

SOCIÉTÉ D'AGRICULTURE, SCIENCES, ARTS ET BELLES-LETTRES D'INDRE-EN-LOIRE.

Voir, pour les publications de cette Société antérieures à 1901, la table récapitulative de notre *Bibliographie générale*; et pour ses publications postérieures, la table placée à la fin du présent fascicule.

LXXXI. — **Annales de la Société d'agriculture, sciences, arts et belles-lettres du département d'Indre-et-Loire**, publiées sous la direction de M. Auguste Chauvigné, secrétaire perpétuel, rédacteur, 2° série, 143° année, t. LXXXIV, année 1904. (Tours, 1904, in-8°, 116 p.)

LXXXII. — **Annales de la Société d'agriculture, sciences, arts et belles-lettres du département d'Indre-et-Loire...**, 2° série, 144° année, t. LXXXV, année 1905. (Tours, 1905, in-8°, 116 p.)

37987. Grandmaison (L. de). — Le monument de Racan, p. 21 à 26.

37988. Bailliot (D'). — Obsèques de M. G. Duclaud [† 1905], p. 60.

LXXXIII. — **Annales de la Société d'agriculture, sciences, arts et belles-lettres du département d'Indre-et-Loire...**, 2° série, 145° année, t. LXXXVI, année 1906. (Tours, 1906, in-8°, 120 p.)

37989. J. de V. — Aug. Chauvigné-Baillet [† 1905], céramiste, et l'École de Tours, p. 101 à 103.

LXXXIV. — **Annales de la Société d'agriculture, sciences, arts et belles-lettres du département d'Indre-et-Loire...**, 2° série,

146° année, t. LXXXVII, année 1907. (Tours, 1907, in-8°, 120 p.)

LXXXV. — **Annales de la Société d'agriculture, sciences, arts et belles-lettres du département d'Indre-et-Loire..., 2° série, 147° année, t. LXXXVIII, année 1908. (Tours, 1908, in-8°, 108 p.)**

LXXXVI. — **Annales de la Société d'agri-**

culture, sciences, arts et belles-lettres du département d'Indre-et-Loire..., 2° série, 148° année, t. LXXXIX, année 1909. (Tours, 1909, in-8°, 108 p.)

LXXXVII. — **Annales de la Société d'agriculture, sciences, arts et belles-lettres du département d'Indre-et-Loire..., 2° série, 149° année, t. XC, année 1910. (Tours, 1910, in-8°, 124 p.)**

INDRE-ET-LOIRE. — TOURS.

SOCIÉTÉ ARCHÉOLOGIQUE DE TOURAINE.

Voir, pour les publications de cette Société antérieures à 1901, la table récapitulative de notre *Bibliographie générale;* et pour ses publications postérieures, la table placée à la fin du présent fascicule.

Le tome XVI du *Bulletin,* resté inachevé depuis 1908, a fini de paraître en 1912; il contient une table décennale de ce recueil (voir notre n° 37995).

XLIX. — **Bulletin et Mémoires de la Société archéologique de Touraine. Mémoires, t. XLIX. Mélanges. (Tours, 1910, in-8°, 423 p.)**

37990. Boulay de La Meurthe (Cte). — Les prisonniers du roi à Loches sous Louis XIV, 3 *pl.,* p. 1 à 119.

37991. Berthiault (E.). — Lettre du comte de Guernon-Ranville relatant les événements de 1830, p. 121 à 156.

37992. Bossebœuf (L'abbé L.). — Les corporations de passementiers en Touraine, p. 157 à 262.

37993. Bossebœuf (L'abbé L.). — L'abbaye de Villeloin du xv° au xvii° siècle, 6 *pl.,* p. 263 à 420.

XVI. — **Bulletin trimestriel de la Société archéologique de Touraine, t. XVI, 4° trimestre de 1908. (Tours, 1912, in-8°, p. 345 à 547.)**

[Le sommaire des fascicules 1 à 7 de ce volume est inséré dans notre *Bibliographie annuelle*, t. III, fasc. 1, n°' 28989 et suiv.]

37994. Grandmaison (L. de). — Nicolas Mutel et Jean Chatelain, fondeurs de cloches, p. 344 à 347.

37995. Beaumont (Cte Charles de). — Table des matières des Bulletins de la Société archéologique de Touraine, t. XII à XVI (1899-1908), p. 347 à 547.

XVII. — **Bulletin trimestriel de la Société archéologique de Touraine, 2° série, t. I, 1909-1910. (Tours, 1909[-1910], cxxxvi-264 p.**

37996. Beaumont (Cte Charles de). — Cadran solaire sur le pignon d'une maison aux Chevaleries, c^{ne} de Fondette, p. xli.

37997. Grandmaison (De). — Le château de Chavigny, p. lviii, et lxii.

37998. Grimaud. — L'hôtellerie de la *Lamproie,* à Chinon, p. lx.

37999. Picard (Jules). — Tremblements de terre notés dans les Archives de Loches (1783 et 1841), p. lxv.

38000. Grandmaison (L. de). — Documents concernant Saint-Georges-sur-Loire, près Marmoutier (1755-1784), p. lxviii à lxxii. — Suite de XVI, p. lix et cxxxii.

38001. Grandmaison (L. de). — Inscription tourangelle [pose de première pierre d'une annexe de la chapelle de l'Union chrétienne, 1784], p. lxxxii.

38002. Calendini (Louis). — Rétractation d'un prêtre tourangeau [l'abbé Tourmeau, ancien aumônier de l'hôtel-Dieu de Luines (1819)], p. lxxxii.

38003. Beaumont (De). — Panneau de chêne sculpté aux armes de Rohan [xve s.] p. lxxxiv.

38004. Beaumont (De). — Sépultures de la Volandrie, c^ne d'Athée [cimetière mérovingien et monnaies gauloises], p. lxxxviii à xc.

38005. Grimaud. — La cave peinte de Chinon, p. xciii.

38006. Audard (L'abbé). — Analyse d'un dossier concernant Jean de Mallevaud [† 1683], p. xcv.

38007. Roux (Joseph). — Artannes; l'église et ses vitraux anciens; le château ancienne résidence des archevêques de Tours, p. xcvi.

38008. Bosseboeuf (Louis). — Note sur deux anciennes maisons [de Tours], p. xcviii.

38009. Lainé. — Contrat de mariage de Jacques Picquet de Montreuil et de Marie-Anne Souchay [1749], p. cii à civ.

38010. Laurain. — Un official de Tours de la fin du xive siècle, p. civ.

38011. Audard (L'abbé). — Journal d'un bourgeois de Sainte-Maure au xviiie siècle [Louis Moreau le jeune], p. cxi.

38012. Guignard (L'abbé). — Sépultures trouvées à Boutroue [xvie s.], p. cxii.

38013. Dubreuil-Chambardel (L.). — Note sur Jacques Laillier [de Montrichard, astrologue, xve-xvie s.], p. cxv.

38014. Gatian de Clérambault (E.). — Note sur le château de Paradis, p. cxvi.

38015. Gallard. — Extrait du catalogue des objets réunis dans la salle du beffroi, à Amboise, à l'occasion de la visite de la société, p. cxviii à cxx.

[Parchemins et manuscrits, livres et brochures, affiches et placards, gravures et lithographies.]

38016. Delisle (L.). — Lettre relative aux Heures d'Anne de Bretagne et au ms. de Béthune (n° 217 de la Bibl. de Tours), p. cxxv.

38017. Grosjean. — Ronsard et son tombeau, p. cxxv.

38018. Delaville Le Roulx (J.). — Liste des curés de Monts, p. cxxvi.

38019. Arboval (Henri d'). — La Vervolière [c^ne de Coussay-les-Bois], p. cxxix à cxxxi.

38020. Dubreuil-Chambardel (Louis). — Note sur le cimetière carolingien de Pussigny, p. cxxxv.

38021. Gatian de Clérambault (E.). — Escalier rue du Panier-Fleuri [à Tours], pl., p. 1.

38022. Beaumont (Cte Charles de). — Les inscriptions de la pagode de Chanteloup, p. 3 à 7.

38023. Gatian de Clérambault (E.). — Hôtel rue de l'Arbalète [à Tours], pl., p. 8.

38024. Le Grix (E.). — M. de Bergey, la tombe d'Elvire, p. 9 à 12.

38025. Boutineau (Fr.-Em.). — Documents pour servir

à l'histoire de l'abbaye de Saint-Julien de Tours [xviie s.], p. 13 à 30.

38026. Benoit (G.). — Charte de Hugues, seigneur d'Amboise concernant les donations faites par Robin de Gangey à Fontaines-les-Blanches de divers droits à Limeray, (12 et 13 mai 1187), facs., p. 31.

38027. Grimaud (Henri). — Les tremblements de terre en Touraine [xvie-xviiie s.], p. 36 à 39.

38028. Grandmaison (Louis de). — Henry Faye (1852 † 1909), portr., p. 40 à 56.

38029. Gatian de Clérambault (E.). — La pile de Cinq-Mars, 2 pl., p. 57 à 67, et 110 à 112.

38030. Grimaud (Henry). — Biographie de l'historien Jacques Dumoustier (1745 † 1815), p. 68 à 73.

38031. Guerlin (Henri). — Charles Champoiseau et la découverte de la Victoire de Samothrace, p. 101 à 106.

38032. Pépin (E.). — Deux cartes du Verron [presqu'île située à l'embouchure de la Vienne dans la Loire], p. 107 à 109.

38033. Vitry (Paul). — Nouveaux documents sur la céramique en Touraine au xviiie siècle, p. 121 à 126.

38034. Grimaud (Henry). — Roger de Gaignières à Chinon (1699), pl., p. 127 à 130.

38035. Gatian de Clérambault (E.). — Tours et les inondations depuis le vi^e siècle, p. 131 à 159.

38036. Dubreuil-Chambardel (Dr Louis). — Le puits funéraire de Château-Gaillard (c^ne de Sublaines), fig., p. 160 à 166.

38037. Collon (G.). — Le premier sceau connu de la ville de Tours [xvie s.], p. 167.

38038. Guerlin (Henri). — Note sur un tableau de l'église Sainte-Radegonde, p. 169 à 173.

38039. Grandmaison (Louis de). — Le cœur d'une duchesse de Richelieu [Anne-Marie-Catherine d'Acigné, duchesse de Richelieu, † 1698], p. 174 à 176.

38040. Chauvigné (Auguste). — Note sur trois manuscrits autographes du R.-P. Despagne, minime de Tours, p. 177 à 180.

[Notes sur le couvent des Minimes du Plessis-les-Tours.]

38041. Caillet (Louis). — Louis XI et Jean de Foix, p. 181 à 186.

38042. Rigaudie (P.-J.). — Un testament sous l'ancien Régime [M. de La Guiffardière, 1768], p. 187 à 196.

38043. Grimaud (Henry). — Notes pour servir à l'histoire de Chinon, p. 197 à 204.

38044. Collon (G.). — Excursion à Amboise, Bléré et Chanteloup, p. 205 à 208.

38045. Chauvigné (Auguste). — Un voyage en Angleterre de Jehan de Beaune et de Jehan Briçonnet en 1470-1471, p. 200 à 214.

38046. Chaumier (Dr Edm.). — L'exposition préhistorique du Plessis-les-Tours, p. 215 à 223.

38047. Gatian de Clérambault (E.). — Artillerie du château de Loches en 1763, p. 230 à 232.

ISÈRE. — GRENOBLE.

ACADÉMIE DELPHINALE.

Voir, pour les publications de cette Académie antérieures à 1901, la table récapitulative de notre *Bibliographie générale;* et pour ses publications postérieures, la table placée à la fin du présent fascicule.

Une table de la 4ᵉ série du *Bulletin* de l'Académie a paru en 1910 (voir notre n° 38048).

38048. MIRIBEL (Cᵗᵉ L. DE). — Table méthodique et alphabétique des matières contenues dans le Bulletin publié par l'Académie delphinale, 4ᵉ série 1886-1906 (Grenoble, 1910, in-8° 79 p.)

LI. — Bulletin de l'Académie delphinale, 5ᵉ série, t. III, 1909. (Grenoble, 1910, in-8°, LVI-422 p.)

38049. PUSSET. — Le général Février, p. 5 à 22.

38050. SILVY (Édouard). — Notes pour servir à l'histoire de Grenoble en 1494, p. 35 à 78.

38051. FAURE (Claude). — Les franchises de Buis-les-Baronnies, p. 79 à 179.

38052. SILVY (Édouard). — Un épisode dauphinois de l'histoire de Lyon pendant la période révolutionnaire, p. 181 à 225.

38053. MAILLET-GUY (L'abbé Luc). — Les paroisses antoniennes de l'ancien diocèse de Vienne, p. 227 à 396.

38054. MIRIBEL (L. DE). — Une lettre inédite de Lesdiguières, *tableau généalogique*, p. 397 à 407.

38055. A. M. — Un récit de voyage en Dauphiné à la fin du xviiiᵉ siècle, p. 408.

38056. ANONYME. — Quelques rectifications [noms des membres de la Cour de Grenoble], p. 410. — Cf. 4ᵉ série, I, p. 221.

38057. CAILLET (Louis). — Tentative d'envoûtement contre Louis XI, faite par Antoine Socii ou Soucy, dit Maman, religieux de Saint-Antoine en Viennois (1466), p. 411 à 420.

ISÈRE. — GRENOBLE.

SOCIÉTÉ DES BIBLIOPHILES DAUPHINOIS.

Le tome I de la *Revue* publiée par cette Société est analysé dans notre *Bibliographie annuelle,* t. II, fasc. III, p. 57.

II. — Petite Revue des bibliophiles dauphinois, t. II. (Grenoble, 1908[-1910], in-8°, 266 p.)

38058. C. [COUTURIER DE ROYAS (Paul)]. — Notes bibliographiques sur Massard [xviiᵉ s.], 2 *pl.*, p. 9 à 21.

38059. MAIGNIEN (Edmond). — Reliure aux armes des frères Louis et François de Galles, *pl.*, p. 21 à 28.

38060. MANTEYER (Georges DE). — Deux chiffons, 2 *pl.*, p. 29 à 35.

[Annonce de théâtre (Embrun, 1784), *facs.*; étiquette de cartier de Grenoble, *facs.*]

38061. VALLENTIN DU CHEYLARD (R.). — Tarif imprimé à Grenoble [prix du marc, 1640], p. 36 à 45.

38062. P. S. C. [SENEQUIER-CUOZET (L'abbé)]. — M. le chanoine Félix Falcoz [1831 † 1907], p. 45 à 47.

38063. MAIGNIEN (E.). — Un auteur dauphinois oublié. Hippolyte Pellet-Desbarreaux [1756 †-1824], p. 48 à 55.

38064. ANONYME. — Une facétie judiciaire du xviiiᵉ siècle [*Remonstrances très soumises du Parlement vineux siégeant à Tallard*], p. 64 à 68.

38065. E. M. [MAIGNIEN (E.)]. — Lettres originales relatives à L. Mandrin [1753], p. 69 à 72.

38066. [Roman (Joseph).] — Requête de M. de Bozonnier tendant à l'annulation d'une imprudente promesse de mariage [1788 ou 1789], p. 72 à 76.

38067. [Maignien (Edmond)]. — Bibliothèque Charles Le Goux de La Berchère, *pl.*, p. 77 à 86.

38068. P. S.-C. [Senequier-Crozet (L'abbé)]. — M. l'abbé Auguste Milliat [1862 † 1907].

38069. V. C. [Vallentin Du Cheylard]. — Lettre inédite du pasteur dauphinois Homel (1661), p. 89 à 96.

38070. Roman (J.). — Le médaillier de Montcarra, p. 101 à 105.

38071. E. M. [Maignien (E.)]. — Un journaliste dauphinois pendant la Révolution, Sabin Tournal, p. 106 à 116.

38072. G. V. [Vellein (G.)]. — Une impression grenobloise retrouvée [*L'Assemblée des sçavans et les presens des Muses pour les nopces de Charles-Emmanuel II, duc de Savoye... avec Marie-Jeanne-Baptiste de Savoye, princesse de Nemours* (par le P. Menestrier. Grenoble, 1665)], p. 116 à 118.

38073. M. [Maignien (E.).]. — Les premières années de M. de Genoude à Grenoble (1799-1810), p. 119 à 125.

38074. G. V. [Vellein (G.)]. — *Voyage à Parménie* [par Augustin Blanchet], p. 125 à 135.

38075. P. S. C. [Senequier-Crozet (L'abbé)]. — Mademoiselle A. M. de Franclieu [1837 † 1908], p. 135 à 140.

38076. Anonyme. — Quelques mots sur la famille du poète Pierre de Cornu, p. 145 à 154.

38077. G. T. S. [Teyssier de Savie]. — Note sur les Oraisons funèbres du P. Brenier, p. 155 à 162.

38078. G. V. [Vellein (G.)]. — Quelques événements de la vie de Guy Allard; ses démêlés avec la justice, p. 162 à 179.

38079. V. [Vallentin Du Cheylard (R.)]. — Essai sur les œuvres de Marc de Berulle imprimées à Grenoble, p. 180 à 191.

38080. E. M. [Maignien (E.)]. — Noël en Grenoblois [1740], p. 192 à 194.

38081. P. S.-C. [Senequier-Crozet (L'abbé)]. — Mgr Servonnet, archevêque de Bourges [1830 † 1909], p. 194 à 205.

38082. E. M. [Maignien (E.)]. — Le poète Thomas de Lorme, biographie [† 1724] et bibliographie, *portr.*, p. 207 à 248.

38083. P. S. C. [Senequier-Crozet (L'abbé P.)]. — Mgr André Devaux, recteur de l'Université catholique de Lyon [1845 † 1910], p. 249 à 257.

38084. [Vellein (Gustave).] — Le tabac en Dauphiné au xviie siècle, p. 257 à 262.

ISÈRE. — GRENOBLE.

SOCIÉTÉ DAUPHINOISE D'ETHNOLOGIE ET D'ANTHROPOLOGIE.

Voir, pour les publications de cette Société antérieures à 1901, la table récapitulative de notre *Bibliographie générale;* et, pour ses publications postérieures, la table placée à la fin du présent fascicule.

XVI. — **Bulletin de la Société dauphinoise d'ethnologie et d'anthropologie, t. XVI, 1909. (Grenoble, 1910, in-8°, 122 p.)**

38085. Chabrand (Ernest). — La télégraphie à travers les âges. p. 6 à 38.

38086. Jacquot (L.). — Les flotteurs de l'Oued-el-Kébir (Algérie), note pour servir à l'histoire de la navigation, p. 43 à 45.

38087. Jacquot (L.). — De quelques chaussures primitives, contribution à l'histoire de la chaussure, p. 45 à 49.

38088. Delaye (Edmond). — La calotte et les bonnets en Dauphiné, notes pour servir à l'histoire de la coiffure et du vêtement en Dauphiné, *fig.*, p. 50 à 55.

38089. Chabrand (Ernest). — Le scopélisme [sort jeté sur les terres], p. 55 à 60.

38090. Vuillerme (G.), Jacquemet (Dr), Müller. — Notes sur les sépultures préhistoriques de l'étang de Gilieu, sur la commune d'Annoisin-Chatelans, *fig.*, p. 61.

38091. Jacquot (L.). — Contribution à l'histoire du luminaire. Le valet, luminaire du village d'Onion (Haute-Savoie), *fig.*, p. 69 à 72; — la lampe, le culot, 2 *pl.*, p. 88 à 93.

38092. Isnard (Élisée). — Étude ethnologique des cruésius, culus, lumets alpins en fer, en cuivre, etc. [luminaire], *fig.* et *pl.*, p. 73 à 87.

38093. Girard. — Notes extraites des registres de la paroisse de La Vulpillière (La Verpillière, Isère). L'hiver 1709, p. 94.

38094. Müller (H.). — Une sépulture du quatrième âge du bronze en Tarentaise [Mas de la Baisse, cne de Notre-Dame-de-Briançon], *fig.*, p. 110 à 113.

38095. JACQUOT (L.). — El Karita, instrument agricole de la Tunisie, *fig.*, p. 114 à 117.

XVII. — Bulletin de la Société dauphinoise d'ethnologie et d'anthropologie, t. XVII, 1910. (Grenoble, 1911, in-8°, 220 p.)

38096. PICAUD (A.). — Le Dr Arthur Bordier [1841 † 1910], 2 *portr.*, p. 11 à 20.

38097. SUTTER (Capitaine). — La montre ancienne à coq, *fig.* et *pl.*, p. 21 à 51.

38098. GIRARD. — Notes extraites des registres de la paroisse de Saint-Laurent-de-Mure (1790-1791), p. 52 à 60.

38099. GIRARD. — Notes extraites des registres de paroisse de Passin (1762-1764) et des Avenières (1759), p. 60.

38100. GIRARD. — Archives de la mairie du Bouchage. Transaction entre les habitants de Bouchage et leur seigneur (3 avril 1713), p. 62 à 74.

38101. FAVOT (Aug.). — Notes historiques et archéologiques sur Beauvoir-en-Royans, *fig.* et *pl.*, p. 79 à 218.

ISÈRE. — GRENOBLE.

SOCIÉTÉ DE STATISTIQUE, DES SCIENCES NATURELLES ET DES ARTS INDUSTRIELS DE L'ISÈRE.

Voir, pour les publications de cette Société antérieures à 1901, la table récapitulative de notre *Bibliographie générale;* et pour ses publications postérieures, la table placée à la fin du présent fascicule.

XXXVII. — Bulletin de la Société de statistique, des sciences naturelles et des arts industriels du département de l'Isère, 4e série, t. XI, XXXVIIe de la collection. (Grenoble, 1910, in-8°, 488 p.)

38102. BEYLIÉ (J. DE). — Lettres inédites de Mounier et de ses amis (1789-1801), p. 5 à 44.

[Lettres du Cte de Virieu, de Savoye de Rollin, du P. Ventura, de Doussony, notaire, de Charlon et Farconnet, avocats, de Mounier.]

38103. BEYLIÉ (J. DE). — Contribution à l'histoire de la Presse sous la Révolution. *Le Logographe*, p. 45 à 55.

38104. VELLEIN (G.). — Recherches sur Béatrix de Savoie et le dauphin Jean 1er, p. 57 à 76.

38105. CHABRAND (E.). — L'évolution des doctrines de la science, p. 81 à 108.

ISÈRE. — GRENOBLE.

SOCIÉTÉ DES TOURISTES DU DAUPHINÉ.

Voir, pour les publications de cette Société antérieures à 1901, la table récapitulative de notre *Bibliographie générale;* et, pour ses publications postérieures, la table placée à la fin du présent fascicule.

XXX. — Annuaire de la Société des touristes du Dauphiné, 30e année, 1904, 2e série, t. X. (Grenoble, 1905, in-8°, 261 p.)

38106. FERRAND (H.). — La porte romaine [de Bons] et le col de l'Alpe, *fig.*, p. 107 à 118.

XXXI. — Annuaire de la Société des touristes du Dauphiné, 31e année, 1905, 2e série, t. XI. (Grenoble, 1906, in-8°, 275 p.)

38107. METTRIER (Henri). — Les impressions d'un touriste en Oisans en 1833, p. 183 à 207.

38108. Chabrand (Armand). — Lucien Bourron (1837 † 1905), 3 *portr.*, p. 209 à 228.

XXXII. — Annuaire de la Société des touristes du Dauphiné, 32° année, 1906, 2° série, t. XII. (Grenoble, 1907, in-8°, 263 p.)

XXXIII. — Annuaire de la Société des tou-

ristes du Dauphiné, 33° année, 1907 2° série, t. XIII. (Grenoble, 1908, in-8°, 233 p.

XXXIV. — Annuaire de la Société des touristes du Dauphiné, 34° année, 1908 2° série, t. XIV. (Grenoble, 1909, in-8°, 445 p.

38109. Anonyme. — François Arnaud (1843 † 1908) *portr.*, p. 353 à 366.

ISÈRE. — VIENNE.

SOCIÉTÉ DES AMIS DE VIENNE.

Voir, pour les publications antérieures de cette Société, la table placée à la fin du présent fascicule.

38110. Anonyme. — Vienne et ses environs, guide illustré, 3° édition, revue et augmentée. (Vienne, 1910, in-16, 64 p., *fig.*, *carte.*)

V. — Bulletin de la Société des Amis de Vienne, n° 5. (Vienne, 1909, in-8°, 45 p.)

38111. Cuaz. — Au pays des Pharaons, *pl.*, p. 31 à 44.

VI. — Bulletin de la Société des Amis de Vienne, n° 6. (Vienne, 1910, in-8°, 80 p.)

38112. Faure (Claude). — La ville de Vienne et ses historiens, p. 11 à 47.

38113. Bertaux. — La beauté de Rome, 2 *pl.*, p. 5 à 54.

38114. Anonyme. — M⁵ʳ Devaux [1845 † 1910], p. 71 à 72.

JURA. — LONS-LE-SAUNIER.

SOCIÉTÉ D'ÉMULATION DU JURA.

Voir, pour les publications de cette Société antérieures à 1901, la table récapitulative de notre *Bibliographie générale;* et pour ses publications postérieures, la table placée à la fin du présent fascicule.

LXXII. — Mémoires de la Société d'émulation du Jura, 8° série, 4° vol., 1910. (Lons-le-Saunier, 1910, in-8°, xxi-331 p.)

38115. Longin (Émile). — Un abbé d'Acey [P. E. de Mercy] à la bataille de la Marfée (1641), relation inédite de la mort du comte de Soissons, p. 1 à 34.

38116. Pidoux (Pierre-André). — Un humaniste comtois, Gilbert Cousin, chanoine de Nozeroy, secrétaire d'Erasme (1506 † 1572), étude sur sa vie, ses œuvres et ses doctrines religieuses, p. 35 à 147.

38117. Longin (Émile). — Caroline d'Autriche et Béatrix de Cusance, essai biographique, p. 187 à 318.

LANDES. — DAX.

SOCIÉTÉ DE BORDA.

Voir, pour les publications de cette Société antérieures à 1901, la table récapitulative de notre *Bibliographie générale;* et pour ses publications postérieures, la table placée à la fin du présent fascicule.

XXXV. — **Bulletin trimestriel de la Société de Borda à Dax (Landes), 35° année, 1910.** (Dax, 1910, in-8°, LIV-332 p.)

38118. BEAURAIN (G.). — Pontacq (Basses-Pyrénées), la ville et les institutions municipales, p. 1, 65, 149, et 241. — Suite de XXXIV, p. 291.

38119. BEAURREDON (J.). — Esquisse du Sud-Ouest landais (Gosse et Marenne) vers la fin du XVIII° siècle, p. 27, 101. 183, et 273. — Suite de XXXIII, p. 241, 303; et XXXIV, p. 219.

38120. CAILLET (L.). — Ordonnance inédite de Char-les VIII du 5 septembre 1489 relative aux greffes, aux sceaux et aux prisons de Languedoc, de Guyenne, de Bourgogne et des pays de la Seine, envoyée le 24 octobre au sénéchal des Lannes, p. 137 à 140.

38121. COSTE (P.). — Sur la correspondance de saint Vincent de Paul. Lettre inédite du saint touchant la prodigieuse inondation de Paris en 1658, p. 147 à 148.

38122. DAUGÉ (C.). — M. Lanusse et le chapitre du [Bourg-] Saint-Esprit [XVIII° s.], p. 221 à 240.

38123. DAUGÉ (C.). — Les feux de Saint-Jean à Dax, Mugron et Peyrehorade, p. 305 à 314.

LOIR-ET-CHER. — BLOIS.

SOCIÉTÉ DES SCIENCES ET LETTRES DE LOIR-ET-CHER.

Voir, pour les publications de cette Société antérieures à 1901, la table récapitulative de notre *Bibliographie générale;* et pour ses publications postérieures, la table placée à la fin du présent fascicule.
Une table des publications de la Société a paru dans le tome XX de ses *Mémoires* (voir notre n° 38125).

XX. — **Mémoires de la Société des sciences et lettres de Loir-et-Cher, 20° vol., 1910.** (Paris, s. d., in-8°, IV-449 p.)

38124. LESUEUR (D' F.). — L'assemblée de département de Blois et Romorantin et son bureau intermédiaire (1787-1790), *carte,* p. 1 à 385.

38125. DUFAY (Pierre). — Table des Mémoires, Bulletins et publications de la Société des sciences et lettres de Loir-et-Cher, p. 387 à 449.

LOIR-ET-CHER. — VENDÔME.

SOCIÉTÉ ARCHÉOLOGIQUE, SCIENTIFIQUE ET LITTÉRAIRE DU VENDÔMOIS.

Voir, pour les publications de cette Société antérieures à 1901, la table récapitulative de notre *Bibliographie générale;* et pour ses publications postérieures, la table placée à la fin du présent fascicule.

XLIX. — Bulletin de la Société archéologique, scientifique et littéraire du Vendômois..., t. XLIX, 1910. (Vendôme, 1910, in-8°, 262 p.)

38126. PELTEREAU (E.). — Notes sur quelques arbres des voies publiques et des jardins de Vendôme, p. 14 à 28.

38127. BONHOURE (G.). — Histoire du collège de Vendôme, p. 29, 95, et 243. — Suite de XLVII, p. 171, 233; et XLVIII, p. 72, 183, 237, et 319.

38128. DUFAY (Pierre). — Bibliographie du Loir-et-Cher, 1909, p. 40 à 54.

[Fait suite à l'*Esquisse bibliographique 1901-1908,* parue dans les *Mémoires de la Société des sciences et lettres de Loir-et-Cher,* t. XIX, 1909, p. 227 (n° 33304).]

38129. CHANTEAUD (G^{te}). — Le paysan vendômois au moyen âge (xiiie et xive s.), p. 63 à 79.

38130. SAINT-VENANT (R. DE). — Observations sur les anciennes enceintes de Ternay et des Hayes, p. 80 à 85, et 223 à 228.

38131. CLÉMENT (P.). — Les menhirs de Villedieu, *fig.,* et 2 *pl.,* p. 86 à 94.

38132. RIBEMONT-DESSAIGNES. — Quelques documents pour servir à l'histoire de la maison d'éducation dirigée par MM. Mareschal et Dessaignes, de 1795 à 1825, p. 116 à 143.

38133. SAINT-VENANT (R. DE). — Étude sur les comtes de Vendôme de la maison de Preuilly, *tableau,* p. 144 à 172, et 183 à 208.

38134. BONHOURE (G.). — Quelques lettres écrites à propos de l'érection de la statue de Ronsard, p. 209 à 222, et 243 à 255.

LOIRE. — SAINT-ÉTIENNE.

SOCIÉTÉ D'AGRICULTURE, INDUSTRIE, SCIENCES, ARTS ET BELLES-LETTRES DE LA LOIRE.

Voir, pour les publications de cette Société antérieures à 1901, la table récapitulative de notre *Bibliographie générale;* et pour ses publications postérieures, la table placée à la fin du présent fascicule.

LI. — Annales de la Société d'agriculture, industrie, sciences, arts et belles-lettres du département de la Loire..., 2e série, t. XXVII, 51e volume de la collection, année 1907. (Saint-Étienne, 1907, in-8°.)

LII. — Annales de la Société d'agriculture, industrie, sciences, arts et belles-lettres du département de la Loire..., 2e série, t. XXVIII, 52e volume de la collection, année 1908. (Saint-Étienne, 1908, in-8°, 263 p.)

38135. ANONYME. — M. Auguste Bernard [lettre à Quérard, 1838), p. 131.

LIII. — Annales de la Société d'agriculture, industrie, sciences, arts et belles-lettres du département de la Loire, 2e série, t. XXIX, 53e volume de la collection, année 1909. (Saint-Étienne, 1909, in-8°, 211 p.)

LOIRE-INFÉRIEURE. — NANTES.

SOCIÉTÉ ACADÉMIQUE DE NANTES ET DE LA LOIRE-INFÉRIEURE.

Voir, pour les publications de cette Société antérieures à 1901, la table récapitulative de notre *Bibliographie générale;* et pour ses publications postérieures, la table placée à la fin du présent fascicule.

LXXXI. — Annales de la Société académique de Nantes et de la Loire-Inférieure..., vol. 1 de la 9ᵉ série, 1910. (Nantes, 1910, in-8°, 198-LXXXVIII p.)

38136. Leroux (A.). — Souvenirs d'Orient, p. 7 à 62.

38137. Libaudière (Félix). — Adolphe Billault, membre du conseil municipal de Nantes [1805 † 1863], p. 125 à 182.

38138. Courauo (P.). — Notice nécrologique sur Éva Jouan [1857 † 1910], *portr.*, p. 183.

LOIRE-INFÉRIEURE. — NANTES.

SOCIÉTÉ ARCHÉOLOGIQUE DE NANTES ET DE LA LOIRE-INFÉRIEURE.

Voir, pour les publications de cette Société antérieures à 1901, la table récapitulative de notre *Bibliographie générale;* et pour ses publications postérieures, la table placée à la fin du présent fascicule.

XLIX. — Bulletin de la Société archéologique de Nantes et du département de la Loire-Inférieure, année 1910, t. LI. (Nantes, 1910, in-8°, XLVIII-214-XXIII p.)

38139. Wismes (Baron Gaëtan de). — Excursion à Saint-Florent-le-Vieil, la Bellière et Montrevault, p. XXV à XXX.

38140. Durville (G.). — Construction du mur de ville sur la Motte-Saint-Pierre en 1658, p. 1 à 25.

38141. Delattre (Léon). — Les origines du quartier du Petit Hermitage de la route de Rennes, p. 27 à 31.

38142. Maître (Léon). — Législation de la noblesse et des anoblis en Bretagne, p. 33 à 59.

38143. Oueix (André). — Saint Benoit de Macerac, p. 61 à 80.

38144. Wismes (Bᵒⁿ Gaëtan de). — Un Breton triacleur [marchand de thériaque] au XVᵉ siècle, p. 81 à 88.

38145. Soullard (P.). — Armoiries de François de Laval, évêque de Dol [1528 † 1554], d'après le jeton émis durant son épiscopat, *fig.*, p. 103 à 115.

38146. Dortel (A.). — L'enceinte gallo-romaine de Nantes, *fig.*, p. 117 à 124.

38147. Bourdeault (L'abbé). — Le Gâvre et ses souvenirs, 2 *pl.*, p. 125 à 168.

38148. Delattre (Léon). — Le voyage du comte d'Artois à Nantes en 1777 et le mariage de la rosière d'Artois, p. 169 à 214.

LOIRE-INFÉRIEURE. — NANTES.

SOCIÉTÉ DES BIBLIOPHILES BRETONS ET DE L'HISTOIRE DE BRETAGNE.

Voir, pour les publications de cette Société antérieures à 1901, la table récapitulative de notre *Bibliographie générale;* et pour ses publications postérieures, la table placée à la fin du présent fascicule.

38149. La Lande de Calan (Vte Charles de). — Cronicques et ystoires des Bretons, par Pierre Le Baud, publiées d'après la première rédaction inédite, avec des éclaircissements, des observations et des notes. (S. l., 1907-1910, in-4°, 228 et 190 p.)

LOIRET. — ORLÉANS.

SOCIÉTÉ D'AGRICULTURE, SCIENCES, BELLES-LETTRES ET ARTS D'ORLÉANS.

Voir, pour les publications de cette Société antérieures à 1901, la table récapitulative de notre *Bibliographie générale;* et pour ses publications postérieures, la table placée à la fin du présent fascicule.

LVIII. — **Mémoires de la Société d'agriculture, sciences, belles-lettres et arts d'Orléans...,** 5e série, t. X, 1910. (Orléans, 1910, in-8°, 241 p.)

38150. Malleterre (Colonel). — France et Allemagne. La dispute du Rhin [ixe-xixe s.], p. 30 à 44.

38151. Baillet (Aug.). — Arnold de Grysperre, calligraphe à Orléans au xvie siècle, *facs.,* p. 60 à 68.

38152. Soyer. — La légende de la fondation d'Orléans par l'empereur Aurélien, p. 74 à 88.

38153. Bouvier (A.). — Jules Lemaitre. Le pays, l'éducation, le professorat, p. 89 à 129.

38154. Du Roscoat (Cte). — Éloge de Condillac par Claude de Loynes d'Autroche, p. 145 à 150.

38155. Denizet (H.). — Une inondation à Romorantin en 1770, p. 160.

38156. Garsonnin (D^r). — M. Henry Sainjon [1825 † 1909], *portr.,* p. 166 à 179.

38157. Renardier. — Notice sur M. Henry Sainjon, inspecteur général des Ponts et chaussées, p. 184 à 195.

38158. Rocher (D^r). — Jullien Crosnier († 1910), p. 196 à 199.

38159. Johanet (Henri) et Du Roscoat (Cte). — Note sur un manuscrit du xve siècle relatif à Jeanne d'Arc, p. 203 à 217.

LOIRET. — ORLÉANS.

SOCIÉTÉ ARCHÉOLOGIQUE ET HISTORIQUE DE L'ORLÉANAIS.

Voir, pour les publications de cette Société antérieures à 1901, la table récapitulative de notre *Bibliographie générale;* et pour ses publications postérieures, la table placée à la fin du présent fascicule.

XV. — **Bulletins et Mémoires de la Société archéologique et historique de l'Orléanais,** t. XV, n°s 190 à 198, 1908-1910. (Orléans, 1911, in-8°, 531 p.)

38160. Leroy (P.). — La navigation de la Loire au xviie siècle, p. 32 à 41.

38161. Jarry (Eug.). — La réédification de la belle-croix sur le vieux pont d'Orléans (1473), *pl.,* p. 42 à 50.

38162. Soyer (Jacques). — Projet par Pigalle d'un monument à élever à Orléans en l'honneur de Jeanne d'Arc (1761), p. 51 à 54.

38163. Huet (Émile). — L'abbé Jacques-François Delafosse, auteur de l'une des premières complaintes orléanaises sur Jeanne d'Arc, p. 55 à 61.

38164. Larnage (H. de). — Terre de Pormorant, p. 79 à 85.

38165. Larnage (H. de). — Un fief de l'abbaye de Saint-Loup [les Châtelliers], p. 86 à 90.

38166. Baillet (Aug.). — Les curés de Saint-Paterne d'Orléans, p. 91 à 97.

38167. Soyer (Jacques). — Le mot *province* employé comme synonyme de *généralité* au xviii᷎ siècle, p. 98 à 100.

38168. Soyer (Jacques). — La fin du père Patrault, professeur de Bonaparte à l'école de Brienne, p. 101 à 105.

38169. Jarry (R.). — Note sur la maison de Jacques Boucher, *pl.*, p. 106.

38170. Huet (Émile). — Lazare Carnot et Jeanne d'Arc, p. 107 à 113.

38171. Jarry (Eug.). — Une fausse maison de Jeanne d'Arc, correction au tome XV des *Mémoires, facs.*, p. 114 à 117.

38172. Garsonnin (D᷎). — La compagnie de la quintaine de Gien, p. 118 à 127.

38173. Baguenault de Puchesse (Cᵗᵉ). — Le marquis de Courcy [† 1908], p. 147 à 149.

38174. Jarossay (E.). — Notice historique sur le château fort de Saint-Maurice-sur-Aveyron (Loiret), *fig.*, p. 150 à 165.

38175. Huet (E.). — Jeanne d'Arc et la musique en Angleterre, p. 166 à 171.

38176. Baguenault de Puchesse (Cᵗᵉ). — Nicolas Audebert (1556 † 1598), p. 172 à 175.

38177. Cochard (T.). — Iconographie orléanaise de Jeanne d'Arc. Le portrait de l'hôtel de ville, p. 176 à 189.

38178. Autray (L.). — Claude Perrault à Orléans, p. 214 à 215.

38179. Soyer (Jacques). — Une lettre autographe inédite de Sainte-Beuve à François Dupuis, conseiller à la Cour impériale d'Orléans, p. 216 à 218.

38180. Soyer (Jacques). — Charte originale de Thibaud VI, comte de Blois et de Clermont, en faveur de l'abbaye de Fontevrault (1218 ou 1219), p. 219 à 220.

38181. Dumuys (Léon). — Découverte d'un rétable et de débris de statues faite dans une ancienne dépendance de l'église Saint-Aignan d'Orléans, p. 221 à 228.

38182. Guillon (Paul). — Marché pour un engin à baliser la Loire (27 mai 1545), p. 229 à 232.

38183. Soyer (Jacques). — Émeutes à Orléans en 1630 et 1631, p. 233 à 237.

38184. Huet (Émile). — Jeanne d'Arc et la pantomime, p. 238 à 244.

38185. Garsonnin (Dʳ) et Dumuys (Léon). — Essai de reconstitution de l'étendard de Jeanne d'Arc, *fig.*, p. 245 à 265.

38186. Pommier (A.). — Georges Jacob [† 1908], p. 278 à 286.

38187. Caillet (Louis). — Note sur les secours envoyés par les Lyonnais à la ville d'Orléans assiégée par les Anglais (1428-1429), p. 287 à 290.

38188. Caillet (Louis). — Lettres de la ville d'Orléans aux Lyonnais [1435-1493], p. 291 à 295.

38189. Masson (L.). — Note sur les travaux exécutés en 1908-1909 au château de Gien, *fig.*, p. 314 à 317.

38190. Jarry (E.). — Tapisseries d'Aubusson pour Sainte-Croix d'Orléans (1607-1608), p. 318 à 322.

38191. Soyer (Jacques). — L'expression le *mois de deloyr* dans un document blésois du xiii᷎ siècle, p. 323 à 325.

38192. Béraud (Armand). — François Béraud avant son professorat [xvi᷎ s.], p. 329 à 357.

38193. Garsonnin (Dʳ). — Raretés bibliographiques orléanaises, p. 383 à 387.

38194. Basseville (A.). — La bibliothèque Henri Herluison, p. 388 à 396.

38195. Pommier (A.). — Les gravures du cabinet de M. Henri Herluison, p. 397 à 399.

38196. Baguenault de Puchesse (G.). — Jacques Groslot, bailli d'Orléans [xvi᷎ s.], p. 400 à 403.

38197. Jarry (E.). — Trois notes archéologiques relatives à Cléry, p. 405 à 417.

38198. Soyer (Jacques). — Les députés du Tiers représentant la ville et le bailliage d'Orléans aux États généraux de Blois en 1588, p. 435 à 447.

38199. Soyer (Jacques). — Notes météorologiques de l'abbé Carré, curé de Saint-Marc d'Orléans, pour les années 1788-1789, p. 455 à 458.

38200. Jarry (E.). — La cheminée de la maison de Jeanne d'Arc à Orléans, *pl.*, p. 459 à 462.

38201. Garsonnin (Dʳ). — Tapisserie aux armes des Guise conservée au Musée Jeanne d'Arc, *pl.*, p. 463 à 469.

38202. Baillet (Auguste). — Note sur l'usage de commencer l'année au 1ᵉʳ janvier à Orléans dès 1556, p. 485 à 487.

38203. Soyer (Jacques). — Une coutume singulière. La cavalcade du lendemain des noces à Patay au xviii᷎ siècle, p. 491 à 494.

38204. Baguenault de Puchesse (G.). — M. Léopold Delisle [† 1910], p. 495 à 499.

38205. Pommier (A.). — Recherches au sujet d'une inscription funéraire de l'église de Cravant (Loiret) [xviii᷎ s.], p. 500 à 509.

LOT. — CAHORS.

SOCIÉTÉ DES ÉTUDES LITTÉRAIRES, SCIENTIFIQUES ET ARTISTIQUES DU LOT.

Voir, pour les publications de cette Société antérieures à 1901, la table récapitulative de notre *Bibliographie générale;* et pour ses publications postérieures, la table placée à la fin du présent fascicule.

XXXV. — **Bulletin trimestriel de la Société des études littéraires, scientifiques et artistiques du Lot**, t. XXXV. (Cahors, 1910, in-8°, 253 p.)

38206. Combes (A.). — Anciens registres municipaux de la commune de Cahors [1793-1794], p. 5, 61, 121, et 181.—Suite de XXX, p. 5, 386, 465; XXXI, p. 5, 65, 127; XXXII, p. 5, 65, 123, 187; XXXIII, p. 3, 65, 129, 185; et XXXIV, p. 5, 65, 133, et 207.

38207. Albe (Ed.). — Les cérémonies du mariage en Quercy aux xive et xvie siècles, d'après de vieux rituels cadurciens, p. 21 à 30.

38208. Foissac (A.). — Dugarric, seigneurs et barons d'Uzech, p. 31 à 40, et 105 à 109.

38209. Viguié (Abbé J.-C.). — Une paroisse du Haut-Quercy avant la Révolution. Étude de mœurs rétrospective d'après les registres paroissiaux de l'église Saint-Jean de Lespinasse (1749-1792), p. 41 à 53, et 139 à 162.

38210. Rey (Dr Émile). — La cathédrale Saint-Étienne de Cahors. Six siècles d'évolution architecturale, 11 *pl.*, p. 76.

38211. Albe (L'abbé Ed.). — Le prieuré de Lavergne, p. 102 à 104.

38212. Albe (Ed.). — Un épisode des guerres de Louis XI. Les nobles du Quercy en Roussillon, p. 163 à 170.

38213. A. F. [Foissac (L'abbé)]. — Famille d'Albareil, p. 197 à 205.

38214. Soulages (Capitaine R.). — Les volontaires nationaux du Lot, p. 207 à 219.

38215. Albe (Ed.). — L'élection du pape Jean XXII, p. 220 à 227.

38216. Caillet (Louis). — Mandement des trésoriers de France au receveur de la sénéchaussée de Quercy concernant le comté de Lauraguais [1501], p. 227.

38217. Girma (J.). — Bibliographie du Lot, année 1910, p. 237 à 243.

LOT-ET-GARONNE. — AGEN.

SOCIÉTÉ D'AGRICULTURE, SCIENCES ET ARTS D'AGEN.

Voir, pour les publications de cette Société antérieures à 1901, la table récapitulative de notre *Bibliographie générale;* et pour ses publications postérieures, la table placée à la fin du présent fascicule.

XXXVII. — **Revue de l'Agenais, Bulletin de la Société d'agriculture, sciences et arts d'Agen**, t. XXXVII, année 1910. (Agen, 1910, in-8°, 576 p.)

38218. Durengues (Le chanoine). — Notice sur le général Ressayre [1809 † 1879], *pl.*, *portr.*, p. 1, 146, et 207.

[Lettres du général Ressayre, *pl.*, p. 146, et 207.]

38219. Dubois (Jean). — Une curieuse erreur relative à la peste de 1483, p. 34.

38220. Marboutin (J.-R.). — Vision d'Antoine La Puiade aux dames du Paravis, p. 35 à 44.

38221. Payen (E.). — Église de Moirax, restauration de la coupole, 2 *pl.*, p. 45 à 48.

38222. Dubourg (Le chanoine P.). — Fondation de l'église ou chapelle de Lasmartres, annexe de l'archiprêtre de Saint-Pesso.rc, diocèse de Lectoure, comté de Lomague en 1482, p. 49 à 54.

38223. Momméja (J.). — Les plaques de foyer anglaises, flamandes, françaises et hollandaises dans le sud-ouest de la France, 5 *pl.*, p. 55, 241, 395, et 481.

38224. Dubois (J.). — Délibération prise le 19 décembre 1742 par le chapitre de Saint-Caprais d'Agen, p. 64 à 70.

38225. Marboutin (J.-R.). — Notre-Dame de Peyragude, p. 71.

38226. Massip (Lucien). — Fouilles archéologiques dans l'église de Cancon, p. 89.

38227. Dubois (J.), Momméja (J.), Bonnat (René). — Jacques de Romas [physicien, 1713 † 1776], *portr.*, p. 93 à 146.

38228. Marboutin (J.-R.). — Notes historiques sur Lafox, *pl.*, p. 173, 289, et 498.

38229. Du Motey (Vte). — Une paroisse Saint-Caprais au diocèse de Séez [Aubry-en-Exmes], p. 185 à 189.

38230. Lauzun (Ph.). — Souvenirs du vieil Agen. La Porte neuve, *fig.* et *pl.*, p. 193 à 206.

38231. Dubois (Jean). — Le fief de la Sylvestrie [juridiction de Pujols], p. 206.

38232. Marboutin (L'abbé). — Monluc au château de Laugnac, p. 236 à 240.

38233. Dienne (Cte de). — Jasmin en Provence (janvier-février 1848), p. 323 à 343.

38234. Dubois (Jean). — Le chapitre de Saint-Caprais d'Agen et le droit de joyeux avènement, p. 344 à 350.

38235. Momméja (Jules). — La tabatière de Mme de Romas, p. 351 à 362.

38236. Dubois (Jean). — La maison noble de Pomarède, p. 363.

38237. Dubois (Jean). — L'exécution de l'édit de Nantes en Agenais, p. 363 à 371.

38238. Lauzun (Ph.). — Le livre juratoire des consuls d'Agen, 2 *facs.*, p. 385 à 394.

38239. Lauzun (Ph.). — Épisodes de la guerre d'Espagne et de la retraite de France (1809-1814), d'après les nouvelles lettres de Bory de Saint-Vincent, p. 421 à 449, et 535 à 563.

38240. Marboutin (R.). — Richesses artistiques religieuses du département de Lot-et-Garonne, p. 450 à 452.

38241. Lafarge (L'abbé L.). — Antoine Redon de Fontenilles, abbé commendataire de Maurs (1723 † 1761), p. 453 à 455.

MAINE-ET-LOIRE. — ANGERS.

SOCIÉTÉ D'AGRICULTURE, SCIENCES ET ARTS D'ANGERS.

Voir, pour les publications de cette Société antérieures à 1901, la table récapitulative de notre *Bibliographie générale;* et pour ses publications postérieures, la table placée à la fin du présent fascicule.

LXVI. — Mémoires de la Société nationale d'agriculture, sciences et arts d'Angers. Ancienne académie d'Angers... 5e série, t. XIII, année 1910. (Angers, 1910, in-8°, 536 p.)

38242. Bourdeaut (A.). — Joachim Du Bellay et Olive de Sévigné, p. 1 à 54.

38243. Verrier (A.-J.). — Deux monologues angevins du xvie siècle, p. 55 à 105.

38244. Farcy (L. de). — Le manuscrit 1877 ancien fonds français de la Bibliothèque nationale [*Fleur de vertu*, traduit de l'italien, par François de Rohan], p. 107 à 110.

38245. Urseau (Ch.). — Une charte originale de Fontevraud, p. 111.

[Charte de Thibaud VI, comte de Blois (1218-1219).]

38246. Mauvif de Montergon (A.). — Guides de montagnes, p. 113 à 127.

38247. Farcy (L. de). — Le pourpoint de Charles de Blois conservé jadis au couvent de Notre-Dame des Carmes d'Angers, p. 155 à 175.

38248. Uzureau (F.). — Le Chapitre de la cathédrale d'Angers (1802-1910), p. 177 à 211.

38249. Farcy (F. de). — Jean de Fontaines, capitaine du Mans en 1420, p. 213 à 225.

38250. Uzureau (F.). — Les archives anciennes du greffe du Tribunal de première instance d'Angers, p. 227 à 242.

38251. Uzureau (F.). — Le département de Maine-et-Loire depuis 1790, divisions administratives, judiciaires et ecclésiastiques, p. 249 à 333.

38252. Joubert (Joseph). — Bouquet de La Grye, ingénieur-hydrographe et astronome, promoteur de Paris port de mer, p. 347 à 369.

38253. RONDEAU (E.). — Les Ursulines et la reconstruction du collège d'Anjou (1689-1691), p. 371 à 388.

38254. UZUREAU (F.). — Les Angevins et la Révolution de 1848, p. 389 à 415.

38255. BRUAS (Albert). — La Caisse d'épargne et de prévoyance d'Angers [1831-1910], p. 417 à 450.

38256. PAVIE (E.). — Missions diplomatiques du baron Hercule de Charnacé en Allemagne (1629-1632), p. 451 à 499.

38257. BRICHET (P.). — Fondation des foires de Sepvret (Deux-Sèvres), 1470, p. 501 à 509.

MAINE-ET-LOIRE. — ANGERS.

SOCIÉTÉ INDUSTRIELLE ET AGRICOLE D'ANGERS.

Voir, pour les publications de cette Société antérieures à 1901, la table récapitulative de notre *Bibliographie générale;* et pour ses publications postérieures, le tome I, fasc. 1, p. 50, de notre *Bibliographie annuelle.*

LXX. — Bulletin de la Société industrielle et agricole d'Angers et du département de Maine-et-Loire, 73ᵉ année, XIIᵉ de la 4ᵉ série, 1902. (Angers, 1903, in-8°, 130 p.)

LXXI. — Bulletin de la Société industrielle et agricole d'Angers et du département de Maine-et-Loire, 74ᵉ année, XIIIᵉ de la 4ᵉ série, 1903. (Angers, 1904, in-8°, 188 p.)

38258. SIGAUD (Dᵉ Paul). — Étude sur M. A. Bouchard, p. 45 à 61.

38259. BLOIS (Cᵗᵉ DE). — Discours prononcé aux obsèques de M. Lemanceau, p. 134.

LXXII. — Bulletin de la Société industrielle et agricole d'Angers et du département de Maine-et-Loire, 75ᵉ année, XIVᵉ de la 4ᵉ série, 1904. (Angers, 1905, in-8°, 142 p.)

LXXIII. — Bulletin mensuel de la Société industrielle et agricole d'Angers et du département de Maine-et-Loire, 76ᵉ année, année 1905. (Angers, 1905, in-8°, 248 p.)

LXXIV. — Bulletin mensuel de la Société industrielle et agricole d'Angers et du département de Maine-et-Loire, 77ᵉ année, année 1906. (Angers, 1906, in-8°, 288 p.)

38260. DIVERS. — M. le comte de Blois, p. 53 à 65.

LXXV. — Bulletin mensuel de la Société industrielle et agricole d'Angers et du département de Maine-et-Loire, 78ᵉ année, année 1907. (Angers, 1907, in-8°, 434 p.)

LXXVI. — Bulletin mensuel de la Société industrielle et agricole d'Angers et du département de Maine-et-Loire, 79ᵉ année, année 1908. (Angers, 1908, in-8°, 282 p.)

38261. DIVERS. — M. Prosper Jamin († 1908), p. 209 à 212.

LXXVII. — Bulletin mensuel de la Société industrielle et agricole d'Angers et du département de Maine-et-Loire, 80ᵉ année, année 1909. (Angers, 1909, in-8°, 337 p.)

LXXVIII. — Bulletin mensuel de la Société industrielle et agricole d'Angers et du département de Maine-et-Loire, 81ᵉ année, année 1910. (Angers, 1910, in-8°, 324 p.)

MAINE-ET-LOIRE. — ANGERS.

SOCIÉTÉ D'ÉTUDES SCIENTIFIQUES D'ANGERS.

Voir, pour les publications de cette Société antérieures à 1901, la table récapitulative de notre *Bibliographie générale;* et pour ses publications postérieures, la table placée à la fin du présent fascicule.

XXXV. — **Bulletin de la Société d'études scientifiques d'Angers,** nouvelle série, 39° année 1909. (Angers, 1910, in-8°, XXIII–146 p.)

38262. Pic (Maurice). — Aristide Letourneux, entomologiste, p. 11 à 14.

38263. Préaubert (E.), Desmazières (O.). — Les éolithes du département de Maine-et-Loire, p. 15 à 20.

38264. Bellanger. — F. Simon (1863 † 1910), p. 141.

38265. Bouvet (G.). — P. Raimbault († 1910), p. 142.

XXXVI. — **Bulletin de la Société d'études scientifiques d'Angers,** nouvelle série, 40° année, 1910. (Angers, 1911, in-8°, XLIII–144 p.)

MAINE-ET-LOIRE. — SAUMUR.

SOCIÉTÉ DES LETTRES, SCIENCES ET ARTS DU SAUMUROIS.

Cette Société s'est fondée au mois de mai 1910; elle a fait paraître, en septembre et en décembre 1910, les deux premiers fascicules d'un *Bulletin.*

I. — **Société des lettres, sciences et arts du Saumurois,** 1re année, n° 1 [et 2], septembre [-décembre] 1910. (Saumur, 1910, in-8°, 83 et 88 p.)

N° 1.

38266. Picard (Colonel). — Les origines de l'habitat à Saumur, p. 14 à 36.

38267. Lohier (V.). — Documents concernant la cuisine du château de Saumur, p. 39 à 41.

38268. Bontemps (D'). — Réponse aux calomnies répandues contre les habitants et les corps administratifs de Saumur après la prise de la ville par les Vendéens (1793), p. 42 à 56.

38269. Triffoine (E.). — Sépultures de Neuillé, p. 56 à 58.

38270. Leclerc (Marc). — A propos du musée de Saumur, p. 59 à 67.

38271. Leroux-Cesbron. — Les souvenirs d'un vieux Saumurois [Jules Ceslau], p. 68 à 76.

N° 2.

38272. Dubreuil-Chambardel (D'). — Le puits funéraire de Sublaines (Indre-et-Loire), *fig.,* p. 18 à 21.

38273. Godet (P.). — Les puits funéraires de Vendée, p. 22 à 25.

38274. Bontemps (D'). — L'art du livre à Saumur, *fig.,* p. 25 à 35.

38275. Petit (D' Constant). — Autour de Saumur [Passavant, Cléré, Argenton-Château, l'Ébaupinaye, Griferus], *pl.,* p. 35 à 39.

38276. Renouard (M'"). — Princes et princesses de la maison de Lorraine-Anjou dans l'histoire et dans le roman, p. 40 à 48.

38277. Anonyme. — Excursions à Chénehutte-les-Tuffeaux et Gennes, p. 49 à 53.

38278. Gilbert (Dʳ). — Note sur une sépulture de Courchamps, p. 62.

38279. Le Gouis (Bernard). — Escapades des escholiers de l'Académie protestante de Saumur, p. 64 à 69.

38280. Goblet (Louis). De la spontanéité des acclamations populaires [circulaire du préfet de Maine-et-Loire à l'occasion du passage de l'Empereur, 1ᵉʳ ao 1808], p. 70.

38281. Grignon et Bontemps (Dʳ). — Légitime défen et justice sommaire [à Huismes] en 1591, p. 72 à 7

38282. Bourasseau (L'abbé). — Les ruines gallo-r maines de Gennes, *fig.*, p. 75 à 85.

MANCHE. — CHERBOURG.

SOCIÉTÉ NATIONALE ACADÉMIQUE DE CHERBOURG.

Voir, pour les publications de cette Société antérieures à 1901, la table récapitulative de notre *Bibliograph générale;* et pour ses publications postérieures, la table placée à la fin du présent fascicule.

XVIII. — Mémoires de la Société nationale académique de Cherbourg, vol. XVIII. (Cherbourg, 1910, in-8°, xxviii-255 p.)

38283. Anonyme. — Nécrologie, p. i à xxv.

[Le Cᵗᵉ H. Jouan († 1907), *portr.;* G. Amiot; E. Le Maout (1844 † 1906); H. Leroux; G. Théry; F. Emanuelli (1882 † 1910).]

38284. Jean (Charles). — Le contre-amiral Troude (Aimable-Gilles) (1762 † 1824), p. 1 à 31.

38285. Picquenot (F.-V.). — Un épisode de la conquête de l'Annam. L'exil du prince Thuong à Tahiti, p. 33 à 59.

38286. Drouet (A.). — La haute justice de l'abbaye d Notre-Dame du Vœu [de Cherbourg], p. 65 à 134.

38287. Favier (L.) — Racine. *Les Plaideurs* et la jus tice, p. 135 à 161.

38288. Rouxel (Georges). — Découverte d'un statèr d'or gaulois dans la baie de Nacqueville, p. 162 à 164

38289. Jean (Charles). — Notice sur le citoyen Bourge (Jean-Louis), adjudant-général à l'armée de Sambre et-Meuse (1762 † 1803), p. 165 à 194.

38290. Le Grin (Albert). — Les détenus politiques l'abbaye du Mont-Saint-Michel au xviiⁱᵉ siècle, p. 19 à 206.

38291. Emanuelli (F.). — Les fondateurs du port militaire et de la digue de Cherbourg, p. 207 à 244.

MANCHE. — GRANVILLE.

SOCIÉTÉ D'ÉTUDES HISTORIQUES ET ÉCONOMIQUES «LE PAYS DE GRANVILLE».

Voir, pour les publications antérieures de cette Société, la table placée à la fin du présent fascicule.

V. — Bulletin périodique de la Société d'études historiques et économiques «le Pays de Granville», 5ᵉ année. (Granville, 1909, in-8°, 274 p.)

38292. Du Coudray (R.). — Un Granvillais oublié. René Le Sauvage, évêque de Lavaur (1630-1677), *portr.,* p. 3 à 36.

38293. A. C. P. — Traditions et légendes de chez nous, p. 38 à 49.

38294. La Passardière (F. de). — Le fief de Donville (archives de la Manche Donville), [1372], p. 50.

38295. Brachet (A. de). — Une chanson populaire et quelques notes sur le général Regnier, p. 51 à 60.
38296. Anonyme. — L'écharpe de Clément-Desmaisons, p. 61.
38297. Brachet (A. de). — Les incendies de Granville au xviii° siècle, p. 63 à 88.
38298. Lalun (L. de). — Chanson patriotique sur le siège de Granville [1794], p. 89 à 91.
38299. Beaucoudrey (Marie de). — Une évasion sous la Révolution [l'abbé Delangle] (récit granvillais), p. 92 à 118.
38300. Du Coudrey (R.). — La paix d'Amiens [lettre du maire de Granville], p. 119 à 121.
38301. Anonyme. — La baronnie de Saint-Pair [1680], p. 122 à 126.
38302. Du Coudrey (R.). — Effervescences révolutionnaires à Granville. Siredey de Préfort, commandant pour le roi, pl., p. 127 à 176.
38303. Hunger (V.). — Une incursion des Anglais à Dragey (30 pluviôse an xiii), p. 177 à 187.
38304. Gibon (P. de). — Quelques notes sur l'abbaye de la Lucerne, p. 191 à 202.
38305. Brachet (A. de). — Le guet ancien à Granville d'après la correspondance des Intendants, p. 203 à 218.

38306. Gibon (P. de). — Les îles Chausey, p. 219 à 274; et VI, p. 249 à 312.

VI. — Bulletin périodique de la Société d'études historiques et économiques «le Pays de Granville», 6° année. (Granville, 1910, in-8°, 314 p.)

38307. Lecacheux (Paul). — Un drame à Granville en 1425 [lettre de rémission pour Pierre le Maçon, batelier], p. 1 à 5.
38308. Brachet (A. de). — Les prisonniers de l'ordre du roi au Mont-Saint-Michel (xviii° siècle), p. 5 à 33.
38309. X. E. — Deux documents sur l'insurrection de Nancy [1790], p. 34 à 37.
38310. Du Coudrey (R.). — Le commandant Le Tourneur et le Pilote des Indes, p. 38 à 56.
38311. Gibon (P. de). — L'émigration du pays de Granville au Canada. La colonie de l'île Royale en 1752, p. 57 à 72.
38312. Brachet (A. de). — Le conventionnel Jean-Baptiste Le Carpentier (1759-1829), fig., 2 pl., p. 73 à 248.
[38306]. Gibon (P. de). — Les îles Chausey, p. 249 à 312.

MANCHE. — SAINT-LÔ.

SOCIÉTÉ D'AGRICULTURE, D'ARCHÉOLOGIE ET D'HISTOIRE NATURELLE DU DÉPARTEMENT DE LA MANCHE.

Voir, pour les publications de cette Société antérieures à 1901, la table récapitulative de notre *Bibliographie générale;* et pour ses publications postérieures, la table placée à la fin du présent fascicule.

XXVIII. — Notices, mémoires et documents, publiés par la Société d'agriculture, d'archéologie et d'histoire naturelle du département de la Manche, 28° vol. (Saint-Lô, 1910, in-8°, 119 p.)

38313. Du Boscq de Beaumont (G.). — Inventaire sommaire des manuscrits appartenant à la Société d'archéologie de la Manche, p. 5 à 28.
38314. Travers (Émile). — Jean Du Boys, procureur du roi à Saint-Lô [† 1639], son historien Michel de Saint-Martin [Caen, 1655], p. 29 à 67.
38315. Alibert (Dr Louis). — Table des articles historiques publiés dans l'*Almanach de la Manche* [1817-1822] et dans l'*Annuaire de la Manche* [1829-1910], p. 69 à 101.
38316. Anonyme. — Léopold Delisle (1826 † 1910), p. 103.
38317. Guillot (Gaëtan). — Alain Le Monnier de Gouville (1856 † 1910), p. 104.
38318. Savary (A.). — M. le chanoine Blanchet († 1911), p. 106 à 108.

MANCHE. — VALOGNES.

SOCIÉTÉ ARCHÉOLOGIQUE, ARTISTIQUE, LITTÉRAIRE ET SCIENTIFIQUE
DE L'ARRONDISSEMENT DE VALOGNES.

Voir, pour les publications de cette Société antérieures à 1901, la table récapitulative de notre *Bibliographie générale;* et pour ses publications postérieures, la table placée à la fin du présent fascicule.

VII. — Mémoires de la Société archéologique, artistique, littéraire et scientifique de l'arrondissement de Valognes, t. VII, 1903-1904. (Valognes, 1904, in-8°, 135 p.)

38319. PONTAUMONT (L. DE). — Le chevalier Dosber de Chef-du-Pont, sa vie, ses œuvres, p. 13 à 17.

38320. LEMARQUAND. — Les anciens hôtels de Valognes. La maison Ganilh, p. 19 à 31.

38321. LEPETIT (E.). — Hôtel de Thieuville ou de Tiboutot, rue Carnot (ancienne rue Siquet) à Valognes, p. 33 à 35.

38322. LEROSIER (L'abbé P.). — M. de Montaing, curé de Bricquebec (1678-1750), p. 37 à 47.

38323. LEROSIER (L'abbé P.). — Documents concernant le prieuré de Saint-Martin à l'If, p. 49 à 78.

38324. LEMARQUAND. — Note sur le vieux château de Néhou, p. 79 à 83.

38325. LEMARQUAND. — Le jury en Normandie sous les premiers ducs, d'après le très ancien coutumier, p. 85 à 104.

38326. ADAM (L'abbé). — L'ancienne verrerie de Brix et ses transfèrements à Tourlaville et à Saint-Gobain (Aisne), p. 105 à 129.

38327. LENDORMY (E.). — Cent ans du prix des blés à Valognes (1674-1770), p. 131 à 134.

VIII. — Mémoires de la Société archéologique, artistique, littéraire et scientifique de l'arrondissement de Valognes, t. VIII, 1905-1906. (Valognes, 1906, in-8°, 129 p.)

38328. ADAM (L'abbé). — Notice sur le dôme de l'église Saint-Malo de Valognes, p. 11 à 24.

38329. ADAM (L'abbé.) — Le vieux Bourg-Neuf [à Valognes], p. 25 à 37.

38330. FONTAINE DE RESBECQ (Vᵗᵉ DE). — La Basse-Normandie, Valognes pendant la seconde période de la guerre de Cent ans; les quatre sièges, les révoltes, p. 39 à 86.

38331. LEMARQUAND. — Personnel administratif et officiel du bailliage de Valognes et des juridictions dont il ressortissait en 1789, p. 87 à 103.

MARNE. — CHÂLONS-SUR-MARNE.

SOCIÉTÉ D'AGRICULTURE, COMMERCE, SCIENCES ET ARTS
DU DÉPARTEMENT DE LA MARNE.

Voir, pour les publications de cette Société antérieures à 1901, la table récapitulative de notre *Bibliographie générale;* et pour ses publications postérieures, la table placée à la fin du présent fascicule.

LIV. — Mémoires de la Société d'agriculture, commerce, sciences et arts de la Marne (ancienne Académie de Châlons, fondée en 1750), 2ᵉ série, t. XIII, 1909-1910. (Châlons-sur-Marne, 1911, in-8°, 422 p.)

38332. BERLAND (J.). — Les rosières du comté d'Étoges et le Pré des filles, p. 91 à 120.

38333. FAVRET (L'abbé). — Le conventionnel Courtois et la duchesse de Choiseul, p. 121 à 147.

38334. CELLIER (Capitaine A.). — Un coin de Madagascar. La rive droite du Bas-Mangoky, *carte*, p. 149 à 194.

38335. BAUNY. — Un plaidoyer au xvii° siècle. Une cause châlonnaise, p. 201 à 210.

[Plaidoyer de Patru prononcé à Paris devant la Chambre de l'Édit, le 27 juillet 1639, par Daniel Ayère, contre David Viart, tavernier à Châlons.]

38336. LAURENT (Jacques). — Une chronique champenoise du xviii° siècle. Journal de Michel Cochelet, mar-

guillier de Saint-Jean de Châlons [1716-1799], p. 211 à 295.

38337. LEMOINE (René). — Le niveau moyen du sol de Châlons au-dessus des rivières le Mau et le Nau à l'époque gallo-romaine, p. 297 à 329.

38338. ROLLET (L.). — Un bienfaiteur des prisons de Châlons, L.-J. Raussin, chirurgien des hôpitaux-unis de Châlons, 3 *pl.*, *tableau*, p. 331 à 359.

38339. GUILLEMOT (A.). — La vieille porte Sainte-Croix à Châlons-sur-Marne, 3 *pl.*, p. 361 à 393.

MARNE. — REIMS.

ACADÉMIE DE REIMS.

Voir, pour les publications de cette Académie antérieures à 1901, la table récapitulative de notre *Bibliographie générale*; et pour ses publications postérieures, la table placée à la fin du présent fascicule.

Le tome CXXII des *Travaux* de l'Académie appartenant à l'exercice 1906-1907 a paru seulement en 1910, il est analysé ci-dessous, la notice des tomes CXXIII à CXXVI a été insérée dans nos précédents fascicules.

En 1908, sous le patronage de l'Académie de Reims, il a été fondé une *Revue de Champagne* dont le tome I a paru de 1908 à 1910. On en trouvera l'analyse ci-dessous.

CXXII. — **Travaux de l'Académie nationale de Reims, 122° vol., année 1906-1907, t. II.** (Reims, 1910, in-8°, 367 p.)

38340. ANONYME. — Répertoire archéologique de l'arrondissement de Reims, *fig.*, p. 1 à 367. — Suite de LXXXVIII et CII.

[Canton d'Ay, t. LXXXVIII. — Canton de Beine, t. CII. — Canton de Bourgogne, t. CXXII.]

CXXVII. — **Travaux de l'Académie nationale de Reims, 127° vol., année 1909-1910, t. I.** (Reims, 1910, in-8°, 375 p.)

38341. SÉNART (Émile). — Loin et près. Orient et Occident, p. 17 à 35.

[Les études asiatiques.]

38342. GOSSET (D' Pol). — Catalogue des lettres autographes de Rémois célèbres exposées dans l'une des salles de l'hôtel de ville à l'occasion de la séance publique de l'Académie nationale de Reims, *fig.*, p. 87 à 117.

38343. GOSSET (D' Pol). — Obsèques de M. Victor Diancourt (1825 † 1910), discours [et bibliographie], p. 141 à 147.

38344. JADART (Henri). — M. l'abbé Alfred Chevallier (1845 † 1910), *fig.*, p. 149 à 155.

38345. AMET (Émile). — Note sur le retouchoir préhistorique, p. 157 à 160.

38346. COYON (Ch.). — Étude sur le filage de la laine à Reims et ses environs pendant un siècle [xviii° s.], p. 161 à 174.

38347. JADART (Henri). — Jeanne d'Arc à Reims, notes additionnelles, *fig.* et 2 *facs.*, p. 183 à 224. — Cf. LXXVIII, p. 1.

38348. CANS (A.). — Le mémoire de l'Intendant sur la Généralité de Champagne en 1697, p. 229 à 245.

38349. DENIS (Paul). — Un projet de fondation de M⁹' de Talleyrand-Périgord, archevêque de Reims, en faveur des gentilshommes de sa province (1787), p. 259 à 267.

38350. CANS (A.). — La carrière du comte d'Erlon après 1815, p. 269 à 286.

38351. BROUILLON (Louis). — Les origines d'Adelbert de Chamisso, *fig.* et 3 *pl.*, p. 287 à 371.

CXXVIII. — **Travaux de l'Académie nationale de Reims, 128° vol., année 1909-1910, t. II.** (Reims, 1911, in-8°, 389 p.)

38352. SARAZIN (Charles). — La place Royale de Reims, 5 *pl.*, p. 1 à 161.

38353. Bovis (R. de). — Du rôle joué par le Danube dans les invasions d'origine scythique, p. 163 à 222.

38354. Jadart (Henri). — Saint Nicaise évêque et martyr rémois, son culte à la cathédrale de Reims, *fig.*, p. 223 à 270.

38355. Bouchez (L'abbé E.). — Le clergé paroissial du diocèse de Reims, d'après l'enquête de 1774, p. 271 à 310.

38356. Duval (A.). — Les Avocats, étude professionnelle, p. 359 à 387.

I. — **Revue de Champagne**, historique, archéologique, artistique et littéraire, paraissant tous les deux mois, sous le patronage de l'Académie nationale de Reims et la direction de M. A. Haudecœur, membre titulaire, 1ʳᵉ-3ᵉ années. (Reims, 1908-1910, in-8°, 440 p.)

38357. Hubert (L'abbé L.-M.). — Les prétendues histoires scandaleuses de Mgr le cardinal de Talleyrand-Périgord. La démolition de l'église abbatiale de Saint-Thierry. L'emplacement de l'édifice, p. 3 à 8.

38358. Bourgeois (Armand). — Notes sur l'abbaye d'Argensolles, p. 9 à 17.

38359. Haudecœur (A.). — Liste des revenus de la collégiale de Sainte-Balsamie de Reims sur les immeubles sis à Reims au xivᵉ siècle, p. 18 à 20.

38360. Mauget (Léon). — Découverte d'une verrerie d'art gallo-romain aux Houis, écart de Sainte-Menehould, en 1901, p. 23.

38361. Meng (H.). — Anatole de Barthélemy [1821 † 1904], p. 33 à 41.

38362. Schwingrouber (Camille). — Les arènes de Reims, notes historiques, p. 42 à 48.

38363. Bourgeois (Armand). — Sentence du Tribunal des maréchaux de France sur différends entre seigneurs de la Brie champenoise [les sieurs de Louviers et de Chavigny (1688)], p. 49.

38364. Prévost (L'abbé A.). — La formation du clergé avant l'établissement des séminaires dans le diocèse de Troyes, p. 65 à 72 et 113 à 127.

38365. Baudon (Al.). — Un rôle des habitants de Rethel en 1443, p. 81 à 86.

38366. Robert (Gaston). — Documents relatifs aux églises de Saint-Julien de Reims et Saint-Martin de Courtisols, p. 87 à 101.

34367. A. H. [Haudecœur (A.)]. — Une inscription latine du poète ardennais Coffin sur Jeanne d'Arc, p. 102.

38368. Dieudonné (L'abbé H.). — La commende à l'abbaye de Saint-Thierry, les débuts, p. 132, 153, 193, 231, et 410.

38369. Bourgeois (Armand). — Deux documents fiscaux rémois [xviiiᵉ s.], p. 139.

38370. Picant (H.). — Une curiosité bibliographique rémoise, p. 141.

[Le pourtrait du vray pasteur ou histoire mémorable de saint Albert, évêque de Liége.]

38371. Demogue (R.). — Enseignement et études régionales en Champagne, p. 160 à 170.

38372. Jadart (Henri). — Le Mont-Saint-Pierre, commune de Thillois (Marne), p. 171 à 181.

38373. Froussart (V.). — Notice sur Andelot (Haute-Marne) et Montéclair, p. 200, 273, et 337.

38374. Prévost (L'abbé A.). — Un délit de danse en 1699, confiscation du violon, p. 214.

38375. Haraucourt (Edmond). — Le poète Albert Mérat, p. 240.

38376. Robert (Gaston). — Les seigneurs d'Hermonville au moyen âge, p. 242 à 265.

38377. Al. B. [Baudon (Al.)]. — Les chaussées de Rethel à la fin du xvᵉ siècle, p. 283.

38378. Mauget (L.). — Notes historiques sur Adelbert de Chamisso (1781 † 1838), p. 285 à 296.

38379. Beuve (Octave). — Déclaration des revenus et charges de l'abbaye de Notre-Dame du Reclus (1756), p. 318 à 320.

38380. Demogue (R.). — Un chapitre de l'histoire judiciaire du premier Empire. L'épuration des tribunaux dans la Marne en 1811, p. 321 à 330.

38381. Anonyme. — Une inondation dans la vallée de la Suippe au xviiiᵉ siècle, p. 342 à 344.

38382. Sarazin (Charles). — Un manuscrit de la collection Phillipps sur la chartreuse du Mont-Dieu, p. 345 à 354.

38383. Robert (G.). — Isles-sur-Suippe au moyen âge, p. 369 à 391.

38384. Caillet (Louis). — Documents lingonnais tirés de la collection Morin Pons conservés à la Bibliothèque de Lyon [1371-1403], p. 401 à 409.

MARNE. — REIMS.

SOCIÉTÉ DES AMIS DU VIEUX REIMS.

La Société des Amis du Vieux Reims a été fondée le 2 février 1909, dans le but d'aider à la protection et à la conservation du patrimoine historique de la ville et de créer un fonds de reproductions documentaires relatives à ses édifices ainsi qu'à toutes ses richesses artistiques.

La Société a publié, dès 1909, une série de cartes postales illustrées, et fait tirer à part une notice indiquée ci-dessous (n° 38385), et en 1910, un *Annuaire-Bulletin* dont on trouvera ici l'analyse.

38385 JADART (Henri). — L'hôtel gothique, rue de Pouilly, 5, à Reims (Reims, 1909, in-8°, 41 p.).

[Tirage à part du tome CXXIV des *Travaux de l'Académie de Reims.*]

I. — **Annuaire-Bulletin de la Société des Amis du Vieux Reims...**, 1910. (Reims, s. d., in-8°; 64 p.)

38386. ANONYME. — Restauration de la grande rose de la cathédrale, 2 *pl.*, p. 22 à 25.

38387. JADART (H.). — A travers le vieux Reims, inédit, 2 *pl.*, p. 31 à 33.

38388. ANONYME. — Hôtel de la Marc, 1, et hôtel de la rue de la Grue, 12, 2 *pl.*, p. 33 à 36.

38389. ANONYME. — Exposition documentaire, 2 *pl.*, p. 36 à 38.

MARNE. — REIMS.

SOCIÉTÉ ARCHÉOLOGIQUE CHAMPENOISE.

Cette Société, fondée en 1907, publie un *Bulletin* dont nous analysons ci-dessous les quatre premières années.

I. — **Bulletin de la Société archéologique champenoise**, 1re année, 1907. (Reims, 1907, in-8°, 16 et 32 p.)

N° 1.

38390. CHANCE (G.). — Note sur la découverte récente de sépultures gauloises au lieudit le Champ de la guerre, Sillery-Verzenay, p. 13 à 15.

N° 2-3.

38391. BOSTEAUX-PARIS. — Le pays rémois aux époques préhistoriques, p. 12 à 15; II, *fig.*, p. 38, et 102; III, p. 41.

38392. LOGEART (G.). — Pierres et silex, p. 17.

38393. LOGEART (G.). — Cimetières gaulois, p. 19.

38394. DEMITRA (H.). — Le souterrain-refuge de Saint-Nicaise, *fig.*, p. 21 à 23.

38395. GARDEZ (H.). — Sépultures à incinération de l'époque gallo-romaine du Bois-Soulain, près de Reims, p. 24.

38396. GARDEZ (H.). — Notice sur une pierre tombale de l'époque mérovingienne [Berry-au-Bac, Aisne], p. 26.

II. — **Bulletin de la Société archéologique champenoise**, 2e année, 1908. (Reims, 1908, in-8°, 112 p.)

38397. BOSTEAUX-PARIS. — Démonstration comparative sur l'industrie des trois périodes gauloises, *fig.*, p. 9 à 12.

38398. Bourin (A.). — Notice sur les cimetières gaulois de Witry-lez-Reims, p. 12, 27, et 72; III, p. 75; IV, p. 29, et 105.

38399. Pistat (L.). — Origine de quelques monuments mégalithiques des environs de Reims, p. 15.

38400. Cauly (Émile). — La question des souterrains, *fig.*, p. 17.

38401. Gardez (H.). — Notice sur une découverte d'objets lacustres dans la vallée de la Vesle, p. 19.

38402. Pistat (L.). — Considérations sur les foyers gaulois, p. 21.

38403. Gillet (H.). — Cimetière à incinération de l'époque gallo-romaine [à Susy], p. 23.

38404. Anonyme. — Découverte de la fortune d'un Gallo-Romain à la Ville-sous-Orbais, p. 24.

38405. Bausseron (G.). — Inventaire des monuments mégalithiques de la Champagne en 1879, p. 25.

38406. Bosteaux et Logeart (G.). — Excursion et fouilles d'un cimetière hallstatien à Aussonce (Ardennes), p. 35 à 37.

[38391.] Bosteaux-Paris. — Le pays rémois aux époques préhistoriques, *fig.*, p. 38 à 43, et 102 à 108.

38407. Pistat (L.). — Fouille d'un cimetière mérovingien au Mesneux, p. 44.

38408. Gardez (H.). — Cimetière gaulois de Guignicourt (Aisne), p. 45.

38409. Dupuis (J.). — Quelques notes archéologiques sur Grivy-Loisy, p. 51 à 54.

38410. Larmigny (A.). — Découverte de sépultures à incinération de l'époque gallo-romaine à Château-Porcien (Ardennes), p. 54 à 57.

38411. Roland. — Cimetière mérovingien de Villevenard (Marne), p. 57 à 59, et 98 à 100.

38412. Roland. — L'époque néolithique dans la vallée du Petit-Morin, p. 60.

38413. Legrand (J.-F.). — Trouvaille d'une épée en bronze à Mesmont (Ardennes), p. 61.

38414. Bellevoye (L.) et Chance (G.). — Une trouvaille de monnaies du xiii° siècle à Tours-sur-Marne, p. 62 à 64.

38415. Demitra. — Un cachet d'oculiste romain [à Reims], p. 17.

38416. Guelliot (Dr O.). — Le cachet de l'oculiste G. Censorinus Verus, p. 84.

38417. Bosteaux-Paris. — Note sur l'*Ascia* des Romains trouvé à Lavannes, *fig.*, p. 86 à 88.

38418. Larmigny (A.). — Rapport sur les découvertes archéologiques de Château-Porcien (Ardennes), *fig.*, p. 88 à 91.

38419. Legrand (Dr J.-F.). — Étude sur Novion-Porcien (Ardennes), p. 91 à 97.

38420. Fourcart. — Fouilles dans des habitations romaines au lieudit Hôtel de Saint-Balderic, terroir de Juniville (Ardennes), p. 101.

III. — **Bulletin de la Société archéologique champenoise**, 3° année, 1909. (Reims, 190 in-8°, 135 p.)

38421. Logeart (G.). — Notes préhistoriques, *fig.*, p. à 14; et 36 à 40.

38422. Bosteaux-Paris. — Observation sur le perceme des roches dures à l'époque néolithique, p. 17 à 1

38423. Demitra (H.). — Des anciennes fortificatior rémoises, *fig.*, p. 19 à 24.

38424. Fourcart. — Fouilles gauloises à Ville-sur-R tourne, *fig.*, p. 24.

38425. Savy (P.). — Sépultures gallo-romaines à Reim p. 26.

38426. Larmigny (A.). — Château-Porcien, ouverture la tombe de la *Joassen*, p. 27.

[38391.] Bosteaux-Paris. — Le pays rémois aux époqu préhistoriques, p. 41 à 45.

38427. Demitra (H.). — Découverte d'un aqueduc pr la porte Mars, à Reims, p. 45 à 48.

38428. Pistat (Louis). — Cimetière gaulois à Villedon mange (Marne), p. 48.

38429. Larmigny (A.). — Découvertes archéologiques Château-Porcien, *fig.*, p. 49, 64, et 126.

38430. Fourcart. — Découvertes au Mont-de-Croup sault (Juniville, Ardennes), p. 51.

38431. Guillemart (Lucien). — Trouvaille de monnaie romaines à Sacy (Marne), p. 52.

38432. Chance (G.). — Trouvaille de monnaies an ciennes faite à Berrieux (Aisne), p. 53 à 55.

38433. Beaupré (Cte J.). — Note sur une monnaie gau loise trouvée dans le camp de la Cheppe en 1907 p. 59.

38434. Demitra (H.). — De la poterie sigillée à couverture noire, *fig.*, p. 60 à 62.

38435. Gardez (H.). — Cimetière gaulois hallstattier d'Aguilcourt (Aisne), p. 63.

38436. Roland. — Fouilles de Villevenard, *fig.*, p. 66 à 69; et IV, *fig.*, p. 120 à 130.

38437. Laire (L.). — Trouvailles à Belval-sous-Châtillon *fig.*, p. 69.

38438. Ernst (Th.). — Objets trouvés au lieudit Aussonce-les-Reims, *fig.*, p. 70.

38439. Fleury. — Découverte d'un sarcophage à Isles-sur-Suippe, *fig.*, p. 71.

38440. Wafellman (Meurice). — Notes sur l'établissement de bains gallo-romain à Saint-Dizier (Haute-Marne) mis à jour en 1900., *fig.*, p. 73.

38441. Logeart (G.). — Cimetière [mérovingien] d'Aumenancourt-le-Petit (Marne), p. 74.

[38398.] Bourin (A.). — Les cimetières gaulois de Witry-lez-Reims, p. 75 à 95.

38442. Cauly (Émile). — Le mont de Berru, *fig.*, p. 100 à 106.

38443. Demitra (H.). — Poteries antiques [de la région rémoise], *fig.*, p. 107 à 112; et IV, *fig.*, p. 27.

38444. Launay (L. de). — L'industrie préhistorique des bracelets en schiste, *fig.*, p. 112 à 114.
38445. Pistat (L.). — Les dépôts quaternaires des environs de Reims, *fig.*, p. 114 à 119.
38446. Guillemart (Lucien). — Découvertes archéologiques à Écueil (Marne), *fig.*, p. 123 à 126.

IV. — Bulletin de la Société archéologique champenoise, 4ᵉ année, 1910. (Reims, 1910, in-8°, 146 p.)

38447. Demitra (H.). — Autour de Reims antique, *fig.*, p. 7 à 17, et 37 à 72.
38448. Cauly (Émile). — Fils et tissus anciens, p. 17 à 20.
38449. Machet (M.). — Découvertes néolithiques aux environs d'Épernay, *fig.*, p. 20 à 22.
38450. Gardez (H.). — Menhir de Bois-les-Pargny (Aisne), *fig.*, p. 22 à 27.
[38443.] Demitra (H.). — La poterie sigillée, *fig.*, p. 27.
[38398.] Bourin (A.). — Les cimetières gaulois de Witry-les-Reims, *fig.*, p. 29, et 105.
38451. Bosteaux. — Une cachette à l'époque du bronze à Pontavert (Aisne), *fig.*, p. 73.
38452. Fourcart et Fleury. — Fouilles au Mont-de-Fosse,

territoire de la Neuville en Tourne-à-Fuye (Ardennes), *fig.*, p. 74 à 76.
38453. Larmigny (A.). — Découvertes archéologiques à Château-Porcien, *fig.*, p. 76, et 97.
38454. Gillet (Henri). — Cimetière mérovingien d'Auménancourt-le-Petit, p. 78.
38455. Change (G.). — Médaille [barbare] trouvée à Reims, *fig.*, p. 79.
38456. Cauly (E.). — Les tissus égypto-romains du musée de Reims, *fig.*, p. 85 à 93.
38457. Bosteaux. — Souvenir de l'ancienne faïencerie de Sinceny (Aisne), p. 94 à 96.
38458. Fleury. — Médaillon trouvé à Isles-sur-Suippe, *fig.*, p. 96.
38459. Guillemart (Lucien). — Les découvertes de monnaies antiques dans la Champagne [1823 à 1831], p. 99 à 101.
38460. Mouquet (E.). — Note sur les sépultures découvertes à Nouvion-sur-Meuse (Ardennes), p. 101 à 105.
[38436.] Roland. — Fouilles de Villevenard, *fig.*, p. 120 à 130.
38461. Change (G.). — Fouilles du cimetière gaulois de Puisieulx-Taissy, *fig.*, p. 130 à 137.
38462. Gardez (H.). — Tombe néolithique dans la vallée de l'Aisne [à Pont-Arcis], *fig.*, p. 137.

MARNE (HAUTE-). — CHAUMONT.

SOCIÉTÉ D'HISTOIRE, D'ARCHÉOLOGIE ET DES BEAUX-ARTS DE CHAUMONT.

Le tome I des *Annales* de cette Société est analysé dans notre *Bibliographie générale*, t. V, p. 541; et le tome II dans notre *Bibliographie annuelle*, t. II, fasc. 1, p. 69.

III. — Annales de la Société d'histoire, d'archéologie et des beaux-arts de Chaumont, 3ᵉ vol., 1906-1910. (Chaumont, 1910, in-4°, 387 p.)

38463. Guenin (G.). — Abel-Pierre-Nicolas Poullain (1826-1896), p. 7 à 10.
38464. Poullain (Dʳ A.). — Quelques mots sur une arme ancienne (épée de bronze) découverte dans le marais d'Aubepierre, canton d'Arc-en-Barrois (Haute-Marne), en octobre 1894, p. 11 à 14.
38465. Froussard (V.). — Quelques réflexions sur la nationalité de Jeanne d'Arc, p. 14 à 16.
38466. Lorain (Ch.). — Le prieuré de La Genevroie-aux-

Moines ou abbaye de Soncourt, 4 *pl.*, p. 19 à 32, et 34 à 55.
38467. H. C. [Cavaniol (H.)]. — Le vieux Chaumont. Une porte rue de Brottes [xviiᵉ s.], p. 56.
38468. Patry (H.). — Note sur des réquisitions levées à Chaumont et dans le Bassigny au xviᵉ siècle (1521-1575), p. 58 à 61.
38469. Guenin (G.). — La fête de l'Être suprême à Arc-en-Barrois, discours prononcé à cette fête [par J.-B. Guérault], le 20 prairial an II, p. 62 à 67.
38470. Cavaniol (H.). — Le vieux Chaumont. Le Père Honoré [de Champigny, 1566 † 1624]; la maison de Cl. Pyat, 2 *pl.*, p. 67 à 76.
38471. Cavaniol (H.). — Quelques notes sur des épi-

démies de peste à Chaumont de 1584 à 1636, p. 80 à 93.

38472. Forgeot (D' R.). — Les délibérations des esluz de la ville de Chaulmont en Bassigny [délibérations municipales, 1558-1587], *facs.*, p. 94, 118, 141, 194, 231, 250, 265, 316, 339, et 363.

38473. H. C. [Cavaniol (H.)]. — Le vieux Chaumont. Cour du Billard et rue de Buxereuilles, 2 *pl.*, p. 98 à 100.

38474. Guillaume (D'). — Les plans de Chaumont en 1575 et 1612, *pl.*, p. 103 à 112.

38475. Froussard (Victor). — Quelques réunions décadaires à Arc-sur-Aujon, p. 112 à 116.

38476. H. C. [Cavaniol (H.)]. — L'aventure de Jehan Delacroix [la peste à Chaumont, 1636], p. 116 à 118.

38477. Cavaniol (H.). — Le vieux Chaumont. Rue Saint-Jean, Chaulde Rue, place de l'Orme, 2 *pl.*, p. 125 à 132.

38478. Durand (Adrien). — Henri Cavaniol [1845 † 1907], *portr.*, p. 135.

38479. Lorain (Ch.). — Le vieux Chaumont. Les saints protecteurs, 2 *pl.*, p. 142 à 144, et 265 à 267.

38480. Lorain (Ch.). — Notice sur l'hôpital de Boucheraumont ou de Saint-Louis, à Donjeux, 4 *pl.*, p. 149 à 157, et 162 à 172.

38481. Petermann (J.). — Un lot de pièces de monnaie [romaines] trouvées à Bourdons (juillet 1907), p. 158 à 160.

38482. Guillaume (D'). — Le comte Renaud, de la charte de fondation du prieuré de Vignory (1050-1052), p. 172 à 176.

[Renaut Ier, comte de Bourgogne, ou Renaut, comte de Sexfontaine.]

38483. Humblot (Émile). — Un musicien joinvillois de la Révolution. François Devienne (1759 † 1803), *portr.*, p. 177 à 189.

38484. Dodin (L'abbé J.). — Rapport sur les fouilles exécutées à Rennepont en Parfondeveau [cimetière mérovingien] (1908), 2 *pl.*, p. 190 à 194.

38485. Patry (H.). — Dom Claude-Cyrille Peuchot, premier archiviste de la Haute-Marne (1745 † 1817), *portr.*, p. 199 à 207, et 216 à 231.

38486. Lorain (L'abbé). — La cloche du lycée (une erreur de Jolibois), *pl.*, p. 207 à 212.

38487. Lorain (Ch.). — Les premières écoles publiques de Chaumont [xvi° s.], *pl.*, p. 236 à 249.

38488. Anonyme. — Chaumont (fin du xvi° siècle); les lucarnes, 2 *pl. sans texte.*

38489. Poullain (D' Abel). — Le hameau de Montrot, écart d'Arc-en-Barrois (Haute-Marne), 2 *pl.*, p. 253 à 264, et 285 à 292.

38490. Guillaume (D'). — Le bailliage et le siège présidial de Chaumont, p. 275 à 285, et 310 à 316.

38491. Lorain (Ch.). — L'église et le cimetière Saint-Michel de Chaumont (1300-1800), 6 *pl.*, p. 296, 319, et 341.

38492. Richier (Clément). — Étymologie du mot *arbot* [localité], p. 331 à 336.

38493. Guillaume (D'). — Note sur un fragment de statue [gauloise ou gallo-romaine] trouvé dans la forêt d'Auberive, p. 336 à 338.

38494. Forgeot (D' R.). — Description du trésor [de monnaies du xvi° siècle] découvert à Fronville, en 1910, p. 359 à 363.

38495. Gautier (Pierre). — Excursion à Joinville, 2 *pl.*, p. 369 à 375.

[Portraits d'Antoinette de Bourbon, duchesse de Guise (1494 † 1583), et de Claude de Lorraine, duc de Guise (1496 † 1550).]

38496. Lorain (Ch.). — Quelques mots sur la Motte de Chaumont, *pl.*, p. 376 à 378.

MARNE (HAUTE-). — SAINT-DIZIER.

SOCIÉTÉ DES LETTRES, DES SCIENCES, DES ARTS, DE L'AGRICULTURE ET DE L'INDUSTRIE DE SAINT-DIZIER.

Voir, pour les publications de cette Société antérieures à 1901, la table récapitulative de notre *Bibliographie générale;* et pour ses publications postérieures, la table placée à la fin du présent fascicule.

XII. — **Mémoires de la Société des lettres, des sciences, des arts, de l'agriculture et de l'industrie de Saint-Dizier, t. XII, années 1909-1910. (Saint-Dizier, 1910, in-8°, viii-639 p.)**

38497. Charmeteau. — Notice sur le vicomte Ch. de Hédouville [1818 † 1908], *portr.*, p. 553 à 558.

38498. Houdard (Louis). — Notice sur M. Paul Guillemin [† 1910], p. 559 à 562.

MAYENNE. — LAVAL.

COMMISSION HISTORIQUE ET ARCHÉOLOGIQUE DE LA MAYENNE.

Voir, pour les publications de cette Société antérieures à 1901, la table récapitulative de notre *Bibliographie générale*; et pour ses publications postérieures, la table placée à la fin du présent fascicule.

XXXI. — **Bulletin de la Commission historique et archéologique de la Mayenne,** 2ᵉ série, t. XXVI, 1910. (Laval, 1910, in-8°, 492 p.)

38499. Richard (Jules-Marie). — La Société du jardin Berset à Laval (1763-1792), p. 17 à 42.

38500. Gouvrion (E.). — Terrier de la seigneurie de Loré, en Oisseau, au xviiᵉ siècle, 2 *pl.*, p. 43 à 60, et 219 à 242. — Suite de XXX, p. 469.

38501. Maitre (L.). — Les honneurs rendus aux reliques des saints dans la province ecclésiastique de Tours, *pl.*, p. 61 à 78. — Suite et fin de XXX, p. 437.

38502. Queruau-Lamerie (E.). — Les canons de M. de Bourmont (1800), p. 79 à 90.

38503. Passe (M.). — Le prieuré de Neau, 91 à 101.

38504. Chapelet (H.). — La meneuse de rats, p. 102 à 106.

38505. Anonyme. — Le baron du Bourg-le-Prêtre et le comte de Laval, p. 107 à 114.

38506. Beauchesne (Le marquis de). — Le Bois-Thibault, 3 *pl.*, p. 125, 272, et 403.

38507. Delaunay (René). — Charné, p. 145 à 163.

38508. Queruau-Lamerie (E.). — Règlement des Chouans dans l'armée du Maine (1799), p. 164 à 176.

38509. Sauvage (Hippolyte). — Olivier de Pennart, archevêque d'Aix [xvᵉ s.], et sa famille, p. 177 à 185.

38510. Laurain (E.). — Questions fabriciennes, p. 186 à 219.

[École des sœurs à la Bigottière (1784); écoles de Montjean (1784); les bancs à la Bigottière (1784); clocher de Montjean (1786); le pain bénit à Montourtier (1787); gages d'un prêtre habitué à Loiron (1687); bancelles à Loiron (1689); taxe pour le sarriste de la Brulatte (1690); érection en paroisse de la chapelle de la Madeleine du Plessis-Milcent (1700); les habitants de Grenoux contre leur curé (1711); indemnité de logement du curé de la Gravelle (1740); le presbytère de Saint-Cyr-le-Gravelais (1741-1743); agrandissement de l'église du Plessis-Milcent (1759); travaux à l'église de la Gravelle (1787).]

38511. Laurain (E.). — La culture du lin et du chanvre dans la Mayenne, en 1811, p. 243 à 248, et 322 à 334.

38512. Lécureux (L.). — Les anciennes peintures des églises de Laval, *fig.*, 9 *pl.*, p. 253 à 271.

38513. Walter (J. von). — Vital de Savigny, p. 297 à 309, et 379 à 403.

[Traduction de M. J. Cahour.]

38514. Grosse-Dupéron. — Tableau de la province du Maine, p. 310 à 321, et 462 à 471.

38515. Queruau-Lamerie. — Six chansons de l'époque révolutionnaire, p. 335 à 351.

38516. Queruau-Lamerie. — Les Chouans de la Basse-Mayenne, p. 365 à 378.

38517. Uzureau (L'abbé). — La sénéchaussée de Château-Gontier, p. 425 à 432.

38518. Laurain (E.). — Inventaire des titres de la Beschère, p. 433 à 461.

38519. Moreau (Émile). — M. Chiron Du Brossay (1839 † 1910), p. 472 à 477.

38520. Moreau (Émile). — M. Ch.-L.-J. Durget († 1910), p. 478 à 486.

MEURTHE-ET-MOSELLE. — NANCY.

ACADÉMIE DE STANISLAS.

Voir, pour les publications de cette Académie antérieures à 1901, la table récapitulative de notre *Bibliographie générale;* et pour ses publications postérieures, la table placée à la fin du présent fascicule.

LXXVIII. — Mémoires de l'Académie de Stanislas, 1909-1910, 160ᵉ année, 6ᵉ série, t. VII. (Nancy, 1910, in-8°, xcv-288 p.)

38521. Dessez (Ch.). — J.-B.-D. Vautier, de Dieuze, inspecteur général de l'enseignement secondaire en Belgique (1792 † 1846), p. xxxvi à lx.

38522. Villain (F.). — Notice sur M. Arth, directeur de l'Institut chimique de Nancy, p. 1 à 6.

38523. Metz Noblat (De). — Notice sur M. Des Robert (1836 † 1910), p. 7 à 16.

38524. Martin (Eug.). — Un trait de l'autoritarisme napoléonien. Mᵍʳ d'Osmond, archevêque nommé de Florence, p. 17 à 46.

38525. Thoulet (J.). — Les débuts de la lithologie sous-marine en France au xviiiᵉ siècle, Pouget et Lavoisier, p. 47 à 87.

38526. Pfister (Chr.). — Les préliminaires de la Révolution à Nancy. L'agitation parlementaire en 1788, p. 88 à 161.

38527. Germain de Maidy (L.). — Le duc Antoine de Lorraine et les *Saints auxiliateurs.* Observations sur une peinture religieuse du xviᵉ siècle publiée par M. P. Moréy en 1879, *pl.,* p. 162 à 184.

MEURTHE-ET-MOSELLE. — NANCY.

SOCIÉTÉ D'ARCHÉOLOGIE LORRAINE ET DU MUSÉE HISTORIQUE LORRAIN.

Voir, pour les publications de cette Société antérieures à 1901, la table récapitulative de notre *Bibliographie générale;* et pour ses publications postérieures, la table placée à la fin du présent fascicule.

LX. — Mémoires de la Société d'archéologie lorraine et du Musée historique lorrain, t. LX (4ᵉ série, 10ᵉ vol.). (Nancy, 1910, in-8°, 420-xl p.)

38528. Pfister (Christian). — Les préliminaires de la Révolution à Nancy. L'élection aux États généraux et le cahier de la ville de Nancy, p. 5 à 106.

38529. Idoux (L'abbé M.-C.). — Le prieuré de Bonneval et les ermitages de Chèvreroche, p. 107 à 218.

38530. Des Robert (Edmond). — Recherches sur l'origine du nom d'Arc, p. 219 à 264.

38531. Beaupré (Le comte Jules). — L'oppidum de Sainte-Geneviève (Essey-lès-Nancy). Fouilles de 1909, 5 *pl.,* p. 265 à 290.

38532. Voinot (Dʳ J.). — Anthropologie et anatomie pathologique d'un crâne mérovingien trouvé à Poussay, *pl.,* p. 291 à 296.

38533. Pfister (Christian). — Le cardinal de Granvelle à Nancy (mars 1564), p. 297 à 314.

38534. Duvernoy (Émile). — Le premier archiviste de la Meurthe, François Éloy (1748 † 1814), *portr.,* p. 315 à 333.

38535. Des Robert (Ferdinand et Edmond) et Parisot (Robert). — Documents inédits sur la captivité de Charles IV à Tolède (1654-1659), p. 333 à 420.

LIX. — Bulletin mensuel de la Société d'archéologie lorraine et du Musée historique lorrain, 10ᵉ année, 1910. (Nancy, 1910, in-8°, 296 p.)

38536. Pfister (Chr.). — Un traité [de Jean Delorme] sur la maladie du cardinal Charles de Lorraine, p. 6 à 10.

38537. Chatton (Ed.). — L'église de Domèvre, près Haraucourt, *pl.*, p. 10 à 15.

38538. Germain de Maidy (L.). — A propos de Nicolas Clément, p. 15 à 18. — Cf. n°ˢ 33569, et 33575.

38539. Warren (Cᵗᵉ de). — Une tentative d'enlèvement du tombeau du comte d'Harcourt en 1863 (à Asnières-sur-Oise), p. 18 à 21.

38540. Dumont (P.). — Sur un épisode peu connu de l'affaire de Nancy [1790, estampe], 2 *pl.*, p. 28 à 36.

38541. Prinet (Max). — Notes sur le cri d'armes de la maison de Lorraine, p. 37 à 41. -- Cf. n° 38544.

38542. Duvernoy (E.). — L'invasion allemande de 1544, p. 41 à 43.

38543. Houillon (L.). — L'école de Barbonville jusqu'à la Révolution, p. 52 à 59.

38544. Germain de Maidy (L.). — Sur le cri d'armes de la maison de Lorraine, p. 60 à 62. — Cf. n° 38541.

38545. Duvernoy (E.). — Lettre de Nicolas d'Anjou au chapitre de Saint-Dié [1466], p. 62 à 65.

38546. Germain de Maidy (L.). — Note complémentaire sur la cloche de Bermont, p. 65 à 70. — Cf. XXXIX, p. 216, et 263.

38547. Parisot (Robert). — Charles IV et Marie Mancini, p. 78 à 85.

38548. Thomassin de Montbel (Bᵒⁿ de). — Deux épitaphes dès familles de Manteville et de Pouilly, 3 *pl.*, p. 85 à 91.

38549. Didierich (Émile). — Mort de la baronne de Maxéville (1795), p. 92.

38550. Beaupré (Cᵗᵉ J.). — M. Louis Robert (1849 † 1910), p. 93 à 95.

38551. Stofflet (Edmond). — La légende du Bois-Chenu à Domremy-la-Pucelle, p. 99 à 114.

38552. Caillet (Louis). — Une dette de René d'Anjou sur le duché de Bar, p. 114 à 116.

38553. E. D. [Duvernoy (E.)]. — Excursion à Saint-Mihiel, p. 116 à 120.

38554. Pfister (Chr.). — Liste des étudiants lorrains inscrits à l'Université de Bâle [1469-1742], p. 124 à 133, et 160 à 163.

38555. Robert (L.). — Cadran solaire horizontal du xviiiᵉ siècle, avec inscriptions et blason, *pl.*, p. 133 à 136.

38556. Didierich (Émile). — Décès de Mademoiselle de Lambert (1772), p. 137.

38557. Duvernoy (E.). — Un billet de décès en 1784 [le chevalier d'Ambly], p. 138.

38558. E. D. [Duvernoy (E.)]. — Épitaphe à Gare-le-Cou [Margotte, femme de Jean Morelly, imagier de Toul, † 1559], p. 139.

38559. Duvernoy (E.). — Les noms de Bouxières-aux-Chênes, p. 148 à 152.

38560. Caillet (Louis). — Don de René II à Baptiste de Pontevès, sénéchal de Lorraine (1482), p. 153 à 158.

38561. Gillant (J.-B.-A.). — Note sur la maison d'Ambly, du Réthelois, p. 159 à 160.

38562. Pfister (Chr.). — Description de la Lorraine en 1674 [par Claude Joly], p. 169 à 186.

38563. Beaupré (Cᵗᵉ J.). — Fouilles exécutées en 1908 au Camp d'Affrique (Messein, Meurthe-et-Moselle), *pl.*, p. 187 à 193.

38564. Idoux (M.-C.). — Guillaume d'Arches, fondateur de Bonfays [xiiᵉ s.], p. 193 à 206.

38565. Boyé (Pierre). — Les premières expériences aérostatiques faites en Lorraine. Note complémentaire, p. 206 à 208. — Cf. n° 33548.

38566. Germain de Maidy (L.). — La devise de François de Rosières, seigneur de Chaudeney [xviiᵉ s.], p. 209.

38567. Chatton (Ed.). — La famille des Porcelets de Maillane, le château et la paroisse de Valhey, p. 220 à 230.

38568. Bussienne (Charles). — Les colonnes milliaires de Scarpone, p. 231 à 237.

38569. Duvernoy (E.). — Épitaphes à Laneuvelotte et à Velaine-sous-Amance, p. 238.

38570. Clanché (G.). — Découverte du tombeau de Jean Forget à la cathédrale de Toul, 2 *pl.*, p. 244 à 256.

38571. Germain de Maidy (L.). — Robert Lescaille (1575, 1582), p. 256.

38572. Duvernoy (E.). — René II et l'orgue de la collégiale de Saint-Dié, p. 258.

38573. Demange (L'abbé Mod.). — Hugues Des Hazards à Sienne, p. 260.

38574. Martz (René). — Monnaies et médailles. Acquisitions récentes du Musée lorrain, 2 *pl.*, p. 269 à 284,

38575. Des Robert (E.). — Fraude sur le vin à Dieuze en 1784, *fig.*, p. 285 à 287.

38576. Groffe (Émile). — Inscription funéraire de Jean Lenelle d'Ivoiry [† 1741] et d'Anne Labranche, son épouse [† 1751], p. 288 à 290.

MEURTHE-ET-MOSELLE. — NANCY.

SOCIÉTÉS ARTISTIQUES DE L'EST.

Voir, pour les publications des Sociétés artistiques de l'Est antérieures à 1901, la table récapitulative d
notre *Bibliographie générale;* et pour leurs publications postérieures, la table placée à la fin du présen
fascicule.

**XI. — Bulletin des Sociétés artistiques de
l'Est, 11ᵉ année, 1905. (Nancy, 1905, in-8°,
200 p.)**

38577. Anonyme. — Lucien Quintard [1849 † 1905],
portr., p. 21 à 24.
38578. E. B. — Henri Lévy [1840 † 1904], p. 24
à 26.
38579. Anonyme. — Le commandant Émile Larguillon
[1820 † 1905], p. 26.
38580. Anonyme. — Léon Mougenot [1838 † 1905],
p. 28.
38581. Astier (Colonel d'). — La fresque de Sainte-
Sophie à Padoue, p. 29.
38582. E. B. — Albert Cuny [1820 † 1905], p. 57
à 59.
38583. Perdrizet. — La peinture religieuse en Italie
jusqu'à la fin du xivᵉ siècle, p. 89, 102, 113, 138,
164, et 180.
38584. G. M. — Édouard Bour [1833 † 1905], *portr.*,
p. 97 à 100.
38585. Anonyme. — Auguste Rolland, peintre et architecte messin [1797 † 1859], p. 149 à 153.

**XII. — Bulletin des Sociétés artistiques de
l'Est, 12ᵉ année, 1906. (Nancy, 1906, in-8°,
144 p.)**

38586. Anonyme. — Hippolyte Morot [1848 † 1905],
p. 7.
38587. Cᵗ L. [Lalance (Cᵗ)]. — La cathédrale de Metz
aux xviiiᵉ et xixᵉ siècles, *pl.*, p. 54 à 57. — Cf. n° 38589.
38588. Bour (É.). — Les artistes lorrains à Trianon,
p. 61, 93, 98, 128, et 137.
38589. Cᵗ L. [Lalance (Cᵗ)]. — Historique de la cathédrale de Metz, p. 64 à 68, et 103 à 107. — Cf.
n° 38587.

**XIII. — Bulletin des Sociétés artistiques d
l'Est, 13ᵉ année, 1907. (Nancy, 1907, in-8
144 p.)**

38590. Anonyme. — Camille Mathis [† 1907], p. 135.
38591. Cᵗ L. [Lalance (Cᵗ)]. — Charles Pêtre, p. 136

**XIV. — Bulletin des Sociétés artistiques d
l'Est, 14ᵉ année, 1908. (Nancy, 1908, in-8°
158 p.)**

38592. Cᵗ L. [Lalance (Cᵗ)]. — Paul Saïn [† 1908]
p. 49.
38593. Anonyme. — Eugène Feyen [1815 † 1908], *portr.*
p. 117 à 122.
38594. Lalance (Cᵗ). — Auguste Feyen-Perrin [182
† 1888], *portr.*, p. 122 à 132.
38595. F. B. — Le président Luxer [1838 † 1908]
p. 146.

**XV. — Bulletin des Sociétés artistiques de
l'Est, 15ᵉ année, 1909. (Nancy, 1909, in-8°
144 p.)**

38596. Lalance (Cᵗ). — Ferdinand Genay [1846 † 1909]
p. 37 à 41.
38597. Cᵗ L. [Lalance (Cᵗ)]. — Henri Zuber [1844
† 1909], p. 58.
38598. Anonyme. — Émile Michel [† 1909], p. 61.

**XVI. — Bulletin des Sociétés artistiques de
l'Est, 16ᵉ année, 1910. (Nancy, 1910, in-8°
148 p.)**

38599. J. F. — Émile Mellier [1837 † 1910], p. 144.

MEURTHE-ET-MOSELLE. — NANCY.

SOCIÉTÉ DE GÉOGRAPHIE DE L'EST.

Voir, pour les publications de cette Société antérieures à 1901, la table récapitulative de notre *Bibliographie générale;* et pour ses publications postérieures, la table placée à la fin du présent fascicule.

XXXI. — Société de géographie de l'Est…, Bulletin trimestriel, nouvelle série, 31ᵉ année, 1910. (Nancy, 1910, in-8°, 282 p.)

38600. BRAUN (P.). — L'évolution de l'Alsace-Lorraine, p. 5 à 35.

38601. HUMBERT (Jules). — La famille des Bolivar, un voyage à leur pays d'origine en Biscaye, les ancêtres de Simon Bolivar, le libérateur de l'Amérique du Sud, p. 95 à 104.

38602. NICOLAS (Dʳ Charles). — Les îles Loyauté, p. 116 à 125.

38603. LE-VAN-PHAT. — Légende annamite de la chique de bétel, p. 124 à 126.

38604. GIRONCOURT (DE). — La mission de Gironcourt en Afrique occidentale (1908-1909), p. 202 à 211.

38605. MARIN (Louis). — L'ethnographie de la Mandchourie, p. 212 à 221.

38606. LEGENDRE (Dʳ A.). — Les Lolos, p. 221 à 225.

MEUSE. — BAR-LE-DUC.

SOCIÉTÉ DES LETTRES, SCIENCES ET ARTS DE BAR-LE-DUC.

Voir, pour les publications de cette Société antérieures à 1901, la table récapitulative de notre *Bibliographie générale;* et pour ses publications postérieures, la table placée à la fin du présent fascicule.

XXXVIII. — Mémoires de la Société des lettres, sciences et arts de Bar-le-Duc, 4ᵉ série, t. VIII. (Bar-le-Duc, 1910, in-8°, VII-CXLIV-271 p.)

38607. DANNREUTHER. — Démêlés du bourreau de Bar, Martin Castagnier avec les chirurgiens (1732), p. IV.

38608. P. D'A. DE J. [ARBOIS DE JUBAINVILLE (P. D')]. — Ordre donné par le roi Louis XIV d'excepter de la démolition du château de Bar la tour de l'horloge, p. VI à VIII.

38609. FOURIER DE BACOURT. — Les armoiries de Morley, *fig.*, p. VIII à X.

38610. ANONYME. — État de tous les gentilshommes nobles et soi-disant nobles résidant dans la ville et les faubourgs de Bar (15 février 1671), p. XI.

38611. [FOURIER] DE BACOURT. — Les débuts du règne de Léopold dans le Barrois, p. XV à XIX.

38612. GERMAIN DE MAIDY (Léon). — Véronique, Marie ou Jeanne au *Sépulcre* de Saint-Mihiel?, p. XIX.

38613. MARTIN (Alexandre). — Vieux logis barrisiens, *fig.* et 2 *pl.*, p. XXII, LXII, et CXXIV.

38614. BERNARD (H.). — Placard révolutionnaire à Saint-Mihiel, (1791), p. XXXIII à XXXV, et XLV.

38615. FOURIER DE BACOURT. — Le jardin du prévôt A. Morel, à Bar-le-Duc, p. XXXV à XXXVIII.

38616. ANONYME. — Un conflit entre réguliers et séculiers dans l'église de Notre-Dame de Bar [1699], p. XXXIX.

38617. GILLANT (L'abbé J.-B.-A.). — Famille de L'Isle de Moncel, p. LVI à LVIII.

38618. AIMOND (Ch.). — La translation et la restauration du *squelette* de Ligier Richier en 1790, p. LXIII à LXVII.

38619. CHENET (J.). — Utilisation superstitieuse d'une hache néolithique, p. LXXI.

38620. F. DE B. [FOURIER DE BACOURT]. — Notes barrisiennes. Les Mousin de Romécourt au XVIII° siècle, p. LXXVII à LXXX.

38621. POULET (H.). — Géographie barroise. Bar-sur-Meurthe (8 avril 1793), p. LXXXIV à LXXXVI.

38622. RENAULD (R.). — Biographie barroise. Le sculpteur Alexandre Vallée de Bar-le-Duc, pl., p. LXXXVI à XCI.

38623. HÉBERT (Ch.). — Remarque sur l'épitaphe énigmatique de Grand Verneuil, p. XCV à XCIX.

38624. NICOLAS (J.). — Un épisode de la captivité du duc Charles IV à Tolède, p. XCIX à CII.

38625. DANNREUTHER. (H.). — Cachet gravé, en cuivre, aux armes de Bar, fig., p. CXII à CXIII.

38626. POULET (Henry). — Une lettre du capitaine de Bousmard, député à l'Assemblée constituante [14 septembre 1791], p. CXIII à CXX; et CXXX à CXXXII.

38627. F. DE B. [FOURIER DE BACOURT]. — A propos de la carte du Barrois, p. CXXXVI à CXXXVIII.

38628. MAGINOT. — Note du curé de Belrain sur l'hiver de 1709, p. CXXXVIII.

38629. GERMAIN DE MAIDY (L.). — Repositoires eucharistiques de la Meuse, p. CXL. — Suite de XXXVI (1907), p. XXXII; XXXVI (1908), p. VI; et XXXVII, p. XXVIII.

38630. H. D. [DANNREUTHER (H.)]. — Biographies meusiennes : 1° Un Verdunois de Hollande Jean-Nicolas de Parival [1605 † 1669]; le linguiste Daniel Martin, de Jametz (1591 † 1637); le P. Jacques Villotte (1656 † 1743), p. CXLI à CXLIV.

38631. DUBOIS (Jean). — Liste des émigrés, des prêtres déportés et des condamnés pour cause révolutionnaire du département de la Meuse, p. 1 à 193.

38632. CHEUTIN (Lieutenant E.). — Vignettes et sceaux des papiers militaires pendant la Révolution française, 52 pl.

MEUSE. — MONTMÉDY.

SOCIÉTÉ DES NATURALISTES ET ARCHÉOLOGUES DU NORD DE LA MEUSE.

Voir, pour les publications de cette Société antérieures à 1901, la table récapitulative de notre *Bibliographie générale;* et pour ses publications postérieures, la table placée à la fin du présent fascicule.

XXII. — **Bulletin de la Société des naturalistes et archéologues du nord de la Meuse,** t. XXII. (Montmédy, 1910, in-8°; sciences naturelles, 55 p.; archéologie et histoire locale, 71 p.)

Archéologie et Histoire locale.

38633. HOUZELLE (F.). — Excursion au Châtelet (Bréhéville-Lissey), p. 1 à 4.

38634. HOUZELLE (F.). — Excursion archéologique à Senon, p. 6 à 12.

38635. GERMAIN DE MAIDY (L.). — Note sur l'église de Senon (Meuse), 2 pl., p. 14 à 26.

38636. VISSEAUX (É.). — Charte de 1608 concernant le moulin de Blagny (Ardennes), p. 27 à 32.

38637. ERRARD (P.). — A propos de l'histoire de Delut, p. 33 à 43.

38638. GERMAIN DE MAIDY (L.). — Sur la prétendue armoire au cierge pascal de l'église d'Avioth, p. 44 à 52.

38639. ERRARD (P.). — Sur deux anciennes taques de foyer aux armes de dom Henri de Meugen, pl., p. 53 à 55.

38640. GERMAIN DE MAIDY (L.). — L'étymologie du nom de Cléry, p. 56 à 60.

38641. THOMASSIN DE MONTBEL (B°° DE). — La seigneurie de Villécloye, p. 61 à 63.

38642. ERRARD (P.). — Documents concernant M° Luxe, prêtre de Bouillon (1746), la confirmation à Lagrandville (1645); le ban des Escuyers à Rupt-sur-Ornain (1781), p. 64 à 66.

MORBIHAN. — VANNES.

SOCIÉTÉ POLYMATHIQUE DU MORBIHAN.

Voir, pour les publications de cette Société antérieures à 1901, la table récapitulative de notre *Bibliographie générale;* et pour ses publications postérieures, la table placée à la fin du présent fascicule.

LVI. — Bulletin de la Société polymathique du Morbihan, année 1910. (Vannes, s. d., in-8°, 223 et 82 p.)

38643. Grand (Roger). — Éloge de M. Charles Estienne, p. 5 à 7.

38644. Aveneau de La Grancière. — L'industrie acheuléenne dans le centre du Morbihan. Le paléolithique inférieur en Bretagne Armorique, *pl.*, p. 16 à 19.

38645. Sageret (Émile). — Relation d'un voyage en Orient, p. 43 à 71, et 157 à 178. — Suite de LV, p. 25, et 91.

38646. Grand (Roger). — Excursion à La Houssaye, Stival, Pontivy, Saint-Nicolas, Saint-Nicodème, Castennec et Quinipily, 2 *pl.*, p. 72.

38647. Marsille (Louis). — Les sépultures [païennes] de La Bourlais en Pleucadeuc (Morbihan), *fig.*, p. 88 à 113.

38648. Le Rouzic (Z.) et Keller (Ch.). — Carnac. Fouilles faites dans la région. Tumulus à murailles circulaires de Notério, commune de Carnac, *fig.*, p. 114, 122, et 186.

38649. Aveneau de La Grancière. — Sur les découvertes et interprétations récentes de pétroglyphes ou signes gravés de l'époque néolithique, *fig.*, p. 126 à 139.

38650. Aveneau de La Grancière. — Un fragment de poterie à décoration inédite provenant du cromlec'h de l'île d'Er-Lanic (golfe du Morbihan), *fig.*, p. 140 à 145.

38651. Ducourtioux. — Voyages en Bretagne aux xviie et xviiie siècles, p. 149 à 156.

38652. Letoux (D[r]). — Note sur un jeton rare des maires de Nantes [xvie s.], *fig.*, p. 179 à 181.

38653. Kerrand (L.). — Note sur un vase trouvé à Hoedic en 1877 et exposé au Musée archéologique, *fig.*, p. 182 à 185.

38654. Aveneau de La Grancière. — Découverte d'une nouvelle villa gallo-romaine près du château de Kerhan, en Arradon (Morbihan). Les substructions de Pen-Er-Men, *fig.*, p. 191 à 196.

38655. Aveneau de La Grancière. — Inventaire sommaire des haches-marteaux et des haches doubles en pierre polie trouvées en Bretagne-Armorique et plus particulièrement dans le Morbihan. Note sur une hache-marteau en pierre polie trouvée à Saint-Barthélemy (Morbihan), *fig.* et *pl.*, p. 197 à 213.

MOSELLE. — METZ.

SOCIÉTÉ D'HISTOIRE ET D'ARCHÉOLOGIE LORRAINE.

Voir, pour les publications de cette Société antérieures à 1901, la table récapitulative de notre *Bibliographie générale;* et pour ses publications postérieures, la table placée à la fin du présent fascicule.

XXI. — Jahrbuch der Gesellschaft für lothringische Geschichte und Altertumskunde, XXI[er] Jahrgang, 1909. — Annuaire de la Société d'histoire et d'archéologie lorraine, 21e année, 1909. (Leipzig, s. d., petit in-4°, 244 et 431 p.)

Première partie.

38656. Weyhmann (Alfred). — Die herzoglich lothringische Handelskompagnie, 1720-1725, ein Beitrag zur Geschichte der Finanzwirtschaft und des Börsenwesens im Zeitalter John Laws [La compagnie ducale lorraine de commerce, 1720-1725, contribution à l'histoire de la science financière et de la vie de Bourse au temps de Law], p. 1 à 27.

38657. Wichmann (K.). — Die Bedeutung der Metzer Bannrollen als Geschichtsquelle [De l'importance des rôles du ban de Metz comme source historique], *carte*, p. 28 à 85.

38658. Schramm (E.). — Bemerkungen zu der Rekonstruktion griechisch-römischer Geschütze [Remarques pour la reconstitution des armes gréco-romaines], 3 *pl.*, p. 86 à 90. — Suite de XVIII, p. 276. — Cf. XVII, p. 284.

38659. Bresslau (H.). — Eine ungedruckte Urkunde der Kaiserin Agnes [1059] [Une charte inédite de l'impératrice Agnès], p. 91 à 96.

38660. Forrer (R.). — Die Münzen des Remers Eccaios-Iccius der Kommentare Caesars [La monnaie du Rémois Eccaios-Iccius des «Commentaires» de César], p. 97 à 107.

38661. Grimme (Fr.). — Der Trierer Erzbischof Jacob von Sirk und seine Beziehungen zu Metzer Kirche [L'archevêque de Trèves Jacques de Sirk et ses rapports avec l'église de Metz], p. 108 à 132.

38662. Rörig (Fritz). — Die Bullette von Metz, ein Beitrag zur Geschichte der Verkehrs-Steuern und des Enregistrements [Les reçus de Metz, contribution à l'histoire des taxes et de l'Enregistrement], p. 132 à 163.

38663. Richard (Leo). — Coutumes, usages locaux und modernes Recht in Lothringen, *carte*, p. 164 à 229.

38664. Wolfram (Georges). — Die Salvagardia des Furstenbundes von 1552 [La sauvegarde de la ligue des princes de 1552], p. 230 à 235.

Deuxième partie.

38665. Ehlen (Leo). — Das Schisma im Metzer Sprengel bis zum Tode des Bischofs Theoderich Beyer von Boppard [Le schisme dans le diocèse de Metz jusqu'à la mort de l'évêque Thierry Beyer de Boppard], p. 1 à 69.

38666. Tuiriot (G.). — *Dialogue facétieux d'un gentilhomme françois se complaignant de l'amour et d'un berger qui le trouvant dans un bocage le réconforta, parlant à luy en son patois, le tout fort plaisant,* p. 70 à 104.

38667. Groskass. — Zur Geschichte der Herren von Rodemachern [Contribution à l'histoire des seigneurs de Rodemack], p. 105 à 131.

38668. Aimond (L'abbé Ch.). — Le nécrologe de la cathédrale de Verdun, p. 132 à 314, et 395 à 423.

38669. Reusch. — Funde in Saarburg (Lothringen) [Fouilles à Sarrebourg], *fig.* et *pl.*, p. 315 à 331.

38670. Wenz zu Niederlahnstein (Oskar von). — General Richepance und Pilâtre de Rozier, zwei Helden aus dem alten Metz [Le général Richepance et Pilâtre de Rozier, deux gloires de l'ancien Metz], p. 332 à 341.

38671. Anonyme. — Émile Huber [1838 † 1909], *portr.*, p. 342 à 348.

38672. Sauerland (H. V.). — Vatikanische biographische Notizen zur Geschichte des xiv. und xv. Jahrhunderts Neue Folge [Notes biographiques tirées des archives du Vatican pour servir à l'histoire du xiv° et du xv° siècle], p. 349 à 355. — Cf. XIII, p. 337; XV, p. 468; XVIII, p. 517.

[Henri de Thionville, Léopold de Bamberg, Gerard Grote de Deventer, Conrad de Gelnhausen, Marsile d'Inghen, Mahieu de Cracovie, Nicolas de Clamanges, Pierre d'Ailly, Jean Gerson, Hermann Dwerg.]

XXII. — Jahrbuch der Gesellschaft für lothringische Geschichte und Altertumskunde, XXII^{er} Jahrgang, 1910. — Annuaire de la Société lorraine d'histoire et d'archéologie, 22° année, 1910. (Metz, s. d., petit in-4°, 686 p.)

38673. Ruperti (Fritz). — Bischof Stephan von Metz (1120-1162) [L'évêque de Metz Étienne de Bar (1120-1162)], p. 1 à 96.

38674. Kawerau (S.). — Die Rivalität deutscher und französischer Macht im x. Jahrhundert [Les rivalités d'influence allemande et française au x° siècle], p. 97 à 186.

38675. Weyhmann. — Der Erzberg bei Aumetz [Les minières d'Aumetz], *cartes*, p. 187 à 316.

38676. Lesprand (L'abbé P.). — Suppression du couvent des Récollets de Sierck (1790-1792), *pl.*, p. 317 à 366.

[Avec une note biographique sur le conventionnel Nicolas Heutz.]

38677. Schneider (Rudolf). — Bilder zur byzantinischen Paraphrase des Apollodores [Illustrations pour la Paraphrase byzantine de l'art des sages d'Apollodore], *fig.*, 5 *pl.*, p. 367 à 387.

38678. Wolfram (G.). — Ausgewählte Aktenstücke zur Geschichte der Gründung von Pfalzburg [Choix de documents pour servir à l'histoire de la fondation de Phalsbourg, xvi° s.], p. 388 à 422. — Suite de XX, p. 177.

38679. Lager (Chanoine). — Französische Emigranten in Trier (1792-1793) [Émigrés français à Trèves], p. 423 à 441.

38680. Forrer (R.). — Die keltogermanischen Triquetrumgepräge der Marser, Sugambrer, Tenkterer und Ubier [Les monnaies triquètres celto-germaniques des Marses, des Sicambres, des Tenctères et des Ubiens], *carte*, *fig.*, p. 442 à 486.

38681. Keune (J.-B.). — Altertumsfunde in Lothringen. Erwerbungen des Museums der Stadt Metz von 1905 bis 1910 [Découvertes d'antiquités en Lorraine. Acquisitions du Musée de Metz de 1905 à 1910], *fig.*, 12 *pl.*, p. 487 à 537.

38682. Hauviller (Ernst). — Elsässische Verfassungs- und Verwaltungswünsche im 18. Jahrhundert. *Les pieux désirs d'un Alsacien*, aus einer unveröffentlichten politischen Denkschrift, p. 538 à 586.

38683. RICHARD (J.). — Kirchenbücher als Geschichtsquelle [Les registres paroissiaux comme source historique], p. 587 à 625.

38684. SCHRAMM. — Professor Dr. Rudolf Schneider (1852 † 1910), *portr.*, p. 659.

III. — Ergänzungsheft zum Jahrbuch der Gesellschaft für Lothringische Geschichte und Altertumskunde, III. [Supplément à l'Annuaire de la Société d'histoire d'archéologie lorraine.] (Leipzig, 1910, petit in-4°, III-100 p.)

38685. WEYUMANN (Alfred). — Die merkantilistische Währungspolitik Herzogs Leopolds von Lothringen (1697-1729) mit besonderer Berücksichtigung der Geschichte John Laws [La politique mercantile du duc Léopold de Lorraine et l'histoire de J. Law]. (Leipzig, 1910, pet. in-4°, III-100 p.)

VI. — Quellen zur lothringischen Geschichte. (Sources de l'histoire de Lorraine), VI.

38686. WICHMANN (Karl). — Die Metzer Bannrollen [Rôles du ban de Trefond de Metz], 2° partie (Leipzig, 1910, in-4°, XVIII-54 et 579 p.).

[La 1re partie a paru en 1908 et forme le tome V de la collection.]

XII. — Quellen zur lothringischen Geschichte. (Sources de l'histoire de la Lorraine), t. XII.

38687. FOLLMANN (Michael-Ferdinand). — Wörterbuch der deutsch-lothringischen Mundarten [Dictionnaire des patois lorrains-allemands]. (Leipzig, 1909, in-4°, XVI-571 p.)

NIÈVRE. — CLAMECY.

SOCIÉTÉ SCIENTIFIQUE ET ARTISTIQUE DE CLAMECY.

Voir, pour les publications de cette Société antérieures à 1901, la table récapitulative de notre *Bibliographie générale;* et pour ses publications postérieures, le tome II, fasc. II, p. 68, de notre *Bibliographie annuelle.*

V. — Bulletin de la Société scientifique et artistique de Clamecy, 31° année. Nouvelle série, n° 3. (Clamecy, 1907, in-8°, 126 p.)

38688. JARDÉ (A.). — Les origines de Corbigny, p. 15 à 20.

38689. GENIN (Marius). — Notes critiques sur le premier pamphlet de Claude Tillier (1832), p. 37.

38690. MIGNON (M.). — Augustin Berthier, poète nivernais du XVII° siècle, p. 39 à 50.

38691. CONNU (Paul). — Bias Parent, maire de Rix [1790], p. 51 à 64.

38692. DUNOIS-CATONNÉ (Amédée). — Tillier et la grève des flotteurs de 1841, p. 65 à 78.

38693. MINOT (Léon). — Excursion à travers un obituaire [Saint-Martin de Clamecy], p. 79 à 86.

38694. MYNARD (J.). — Les cimetières de Clamecy avant 1789, p. 87 à 108.

38695. BERLET (A.). — Une émeute à Clamecy en 1792, p. 109 à 118. — Suite de IV, p. 44.

VI. — Bulletin de la Société scientifique et artistique de Clamecy..., 32° année. Nouvelle série, n° 4. (Clamecy, 1908, in-8°, 167 p.)

38696. MIGNON (M.). — Pierre Cotignon de La Charnaye, poète nivernais du XVII° siècle, notes critiques et bibliographiques, *pl.*, p. 16 à 32.

38697. MOUGNOT (G.). — Notice historique sur Montenoison, p. 33 à 44.

38698. Mirot (Léon). — Une élection municipale au xviiie siècle [Clamecy, 1765], p. 59 à 70.

38699. Dunois-Catonné (Amédée). — Claude Tillier vu de Paris (1841-1846), p. 71 à 87.

38700. Mynard (J.). — Sur un volume des Coutumes du Nivernais édité à Clamecy en 1539, p. 89 à 105.

38701. Cornu (Paul). — Notes et documents relatifs à l'élection de Clamecy, p. 107 à 154.

VII. — Bulletin de la Société scientifique et artistique de Clamecy..., 33e année. Nouvelle série, n° 5. (Clamecy, 1909, in-8°, 112 p.)

38702. Lussier. — Essai de notice géographique et historique concernant la commune d'Oisy, *pl.*, p. 35 à 44.

38703. Gadiou (J.). — Le premier universitaire du collège de Clamecy. Jean-François Benoist (1723 † 1772), p. 50 à 63.

38704. Mignon (Maurice). — Notes critiques sur la chanson d'Adam Billaut, p. 64 à 71.

38705. Mirot (Léon). — Notice généalogique sur la famille de Piles, p. 72 à 85.

38706. Mynard (J.). — Note sur la découverte de divers fragments gallo-romains à Entrain-sur-Nohain en 1909, p. 86 à 89.

VIII. — Bulletin de la Société scientifique et artistique de Clamecy..., 34e année. Nouvelle série, n° 6. (Clamecy, 1910, in-8°, 101 p.)

38707. Mignon (Maurice). — Jules Renard, *portr., facs.* p. 17 à 32.

38708. Marié-Davy (F.). — H. Marié-Davy [1820 † 1893], sa vie et son œuvre, *portr.*, p. 33 à 41.

38709. Mirot (Léon). — Les ancêtres de Bias Parent, *tableau général*, p. 42 à 53.

38710. Jandé (Auguste). — Corbigny et l'abbaye de Saint-Léonard, p. 54 à 63.

38711. Subert (Dr F.). — Challement et son église, *2 pl.*, p. 64 à 67.

38712. Gadiou (J.). — Étienne-Jean-François Parent (Bias Parent), principal du collège de Clamecy (1784-1785), p. 70 à 79.

38713. Binet (A.). — Les confréries Clamecyçoises et leurs bâtons, *2 pl.*, p. 86 à 94.

NIÈVRE. — NEVERS.

SOCIÉTÉ NIVERNAISE DES LETTRES, SCIENCES ET ARTS.

Voir, pour les publications de cette Société antérieures à 1901, la table récapitulative de notre *Bibliographie générale;* et pour ses publications postérieures, la table placée à la fin du présent fascicule.

XXIII. — Bulletin de la Société nivernaise des lettres, sciences et arts, 3e série, t. XIII, XXIIIe vol. de la collection. (Nevers, 1910, in-8°, xvi-518 p.)

38714. Barbarin (Ch.). — Entrée des duc et duchesse de Nevers, François de Clèves et Marguerite de Bourbon, à Nevers (12 février 1550, n. st.), d'après un manuscrit de la Bibliothèque Sainte-Geneviève, 3 *pl.*, p. 1 à 38.

38715. Lespinasse (René de). — Les compagnies d'ordonnance et leurs officiers nivernais au xvie siècle, p. 39 à 88.

38716. Gauthier (Gaston). — L'arrière-ban du Nivernais en 1687 et 1689, p. 89 à 112.

38717. Trameçon (P.). — Historique du couvent de Faye-lès-Nevers, p. 113 à 194.

38718. Turpin (Dr L.). — Les anciennes communautés de laboureurs et la coutume du bordelage dans les paroisses de Magny et de Cours, près Nevers, du xve au xviiie siècle, p. 195 à 237.

38719. G. G. — M. Pierre Trameçon [1841 † 1909] p. 249 à 254.

38720. Duminy (E.). — Histoire du collège de la Charité p. 255 à 264.

38721. Charrier (J.). — Le schisme constitutionnel à Arleuf, p. 265 à 351.

38722. Bourdillon (L.). — Essai sur les origines des seigneurs des Bordes de la maison de la Platière p. 352 à 356.

38723. Meunier (P.). — Une faïencerie à Nevers en 1612, p. 357 à 362.

38724. Flamare (H. de). — Découverte archéologique à Ternant, p. 375 à 380.

[Antiquités gallo-romaines.]

38725. Jullien (A). — Monographie de la commune de Poiseux, 3 pl., p. 381 à 485.

38726. Charrier (J.). — Un moine sous-préfet disgracié, p. 486 à 500.

[J.-L. La Ramée, moine de Saint-Martin de Nevers, sous-préfet de Clamecy († 1834).]

38727. Divers. — Nécrologie, p. 511 à 517.

[L'abbé R. Chapoy (1828 † 1910); E. de Toytot; A. Montagnon (1838 † 1910); Musse (1829 † 1910); etc.]

NORD. — AVESNES.

SOCIÉTÉ ARCHÉOLOGIQUE D'AVESNES.

Voir, pour les publications de cette Société antérieures à 1901, la table récapitulative de notre *Bibliographie générale*; et pour ses publications postérieures, la table placée à la fin du présent fascicule.

VIII. — Mémoires de la Société archéologique de l'arrondissement d'Avesnes (Nord), t. VIII. (Avesnes, 1910, in-8°, 370 p.)

[Séances de 1902 à 1908.]

38728. Leclercq. — Changement du sceau d'Avesnes (1370), p. 67.

38729. Duvaux. — La Triborne d'Avesnelles, p. 96 à 98.

38730. Anonyme. — Objets mobiliers de l'arrondissement d'Avesnes classés par la Commission des monuments historiques en 1906, p. 123.

38731. Derkenne. — Sceau de la ville d'Avesnes, p. 125 à 127.

38732. Dépret. — Anciennes dénominations des rues d'Avesnes, p. 158 à 159.

38733. Leclercq. — Cartulaire de la terre d'Avesnes. Traduction, p. 165 à 269. — Suite de VII, p. 3.

38734. Peter (L'abbé J.). — La loi communale de la seigneurie de Liessies au xv° siècle, *carte*, p. 275 à 290.

38735. Dépret. — Bouchard d'Avesnes, 67° évêque de Metz [† 1296], p. 291; — Gérard de Rolanges, 68° évêque de Metz [† 1302], p. 292.

38736. Gravet (A.). — Anciennes maisons d'Avesnes, p. 293 à 296.

38737. Gravet (A.). — L'hôtel d'Orléans à Avesnes, *pl.*, p. 297 à 306.

38738. Bercet (E.). — Le bois Saint-Hubert [à Anor], p. 300 à 308.

38739. Leclercq (Eugène). — Immunité dite «droit d'asile», p. 309.

[Sentence d'excommunication prononcée par l'official de Tournai pour violation du droit d'asile (1367).]

38740. Gravet (Albert). — Fouilles faites à Saint-Hilaire en 1905, p. 311 à 314.

38741. Gravet (Albert). — Fouilles faites à Haut-Lieu en 1905, p. 315 à 317.

38742. Leclercq. — La vie et les œuvres de Henri Lecocq, d'Avesnes [1802 † 1871], p. 318 à 324.

38743. Gravet (A.). — Le colonel Villien [† 1860], p. 325 à 328.

38744. Gravet (Albert). — Quelques pierres tombales des églises de Waudrechies et Flaumont, p. 329.

38745. Yanville (Constant d'). — Familles nobles de l'arrondissement d'Avesnes en 1702. Extrait de l'armorial général de France, p. 331 à 367.

NORD. — CAMBRAI.

SOCIÉTÉ D'ÉMULATION DE CAMBRAI.

Voir, pour les publications de cette Société antérieures à 1901, la table récapitulative de notre *Bibliographie générale;* et pour ses publications postérieures, la table placée à la fin du présent fascicule.

LXXXI. — **Mémoires de la Société d'émulation de Cambrai**, t. LXIV. Séance publique du 12 décembre 1909. Présidence d'honneur de M. Paul Bersez,... (Cambrai, 1910, in-8°, cxx-384 p.)

38746. Deloffre (A.). — La famille Talma et le musée de Péronne, p. 1 à 46.

38747. Dailliez (Dr G.). — Le cimetière Saint-Fiacre à Cambrai, 2 pl., p. 49 à 96.

38748. Salembier (Le chanoine L.). — A propos de Pierre d'Ailly, évêque de Cambrai, biographie et bibliographie, p. 99 à 126.

38749. Morand (L.). — Le bon vieux temps à Cambrai, p. 247 à 271.

38750. Camier (Louis). — Les jugements volontaires. Essai historique sur l'institution du notariat en France, p. 273 à 367.

38751. Coulon (Dr). — Paul Devred (1853†1909), notice biographique, p. 369 à 375.

38752. Richard (A.). — Paul Bazin (1871†1909), notice biographique, p. 377 à 381.

NORD. — DOUAI.

SOCIÉTÉ D'AGRICULTURE, SCIENCES ET ARTS DU DÉPARTEMENT DU NORD.

Voir, pour les publications de cette Société antérieures à 1901, la table récapitulative de notre *Bibliographie générale.* De 1901 à 1909, la Société a publié un volume correspondant aux exercices 1900-1902, il est analysé dans notre *Bibliographie annuelle,* t. I, fasc. iii, p. 89. En 1910 ont paru les volumes analysés ci-dessous, contenant entre autres choses l'histoire de la Société, la réimpression de ses actes pendant les premières années du xixe siècle et une table de 1881 à 1900 (voir n° 38775).

XXXIX. — **Mémoires de la Société nationale d'agriculture, sciences et arts, centrale du département du Nord**, séant à Douai, 3e série, t. IX, 1903-1904. (Douai [1910], in-8°, 314 p.)

38753. Warenghien (Bon de). — Histoire de la Société d'agriculture, sciences et arts, centrale du département du Nord, séant à Douai, de 1799 à 1827, 9 pl., p. 1 à 314.

XL. — **Mémoires de la Société nationale d'agriculture, sciences et arts, centrale du département du Nord**, séant à Douai, 3e série, t. X, 1905-1906. (Douai [1910], in-8°, 380 p.)

38754. Blanpain (M.). — Discours prononcé à l'installation de la Société libre d'agriculture, le 30 germinal an vii, p. 13 à 20.

38755. Moucheron. — Exposé analytique des travaux de la Société libre d'amateurs des sciences et des arts de la ville de Douay, depuis ventôse an xi, lu à la séance publique et anniversaire tenue le 28 germinal an xii (18 avril 1804), p. 21 à 61.

38756. Anonyme. — Séance publique de la Société d'agriculture, sciences et arts du département du Nord séant à Douai, tenue le 24 juillet 1806, p. 63 à 97.

38757. Anonyme. — Séance publique de la Société d'agriculture, sciences et arts du département du Nord, tenue le 29 novembre 1812, p. 99 à 213.

38758. Boinvilliers. — Notice nécrologique sur G.-M.-J. Le Gouvé [†1812], p. 165 à 167.

38759. Guilmot. — Mémoire historique sur le wède ou pastel employé autrefois dans les teintureries de Douai, p. 173 à 187.

38760. Anonyme. — Précis analytique des travaux de la Société d'agriculture, sciences et arts du département du Nord, séant à Douai pendant les années 1812 et 1813, p. 215 à 296.

38761. Boinvilliers. — Notice nécrologique sur M. Claude Louis-Samson Michel, p. 297 à 303.

XLI. — Mémoires de la Société nationale d'agriculture, sciences et arts, centrale du département du Nord, séant à Douai, 3° série, t. XI. (*N'a pas paru.*)

XLII. — Mémoires de la Société nationale d'agriculture, sciences et arts, centrale du département du Nord, séant à Douai, 3° série, t. XII, 1909-1910. (Douai, [1910], in-8°, 641 et 37 p.)

38762. Boissonnet (B°°). — Les ex-libris, *pl.*, p. 37 à 43.

38763. Potez (Henri). — Les poésies françaises du P. Le Brun, p. 45 à 55.

38764. Potez (Henri). — Les poésies latines de Rosier, curé d'Esplechin, p. 57 à 68.

38765. Quinion-Hubert. — Discours prononcé sur la tombe de M. Ernest Taisne (1842 † 1898), p. 123.

38766. Maillard. — Notice nécrologique sur M. Alfred Dauphin (1842 † 1900), p. 125 à 127.

38767. Maillard. — Notice nécrologique sur M. Désiré-Joseph Dubois (1815 † 1902), p. 129 à 132.

38768. Maillard. — Notice nécrologique sur M. l'abbé Follioley (1836 † 1902), p. 133 à 136.

38769. Le Glay. — Discours prononcé sur la tombe de Ferdinand Cambier (1823 † 1903), p. 137 à 139.

38770. Vitrant. — Notice nécrologique sur M. Charles Duhot (1834 † 1905), p. 141 à 168.

38771. Vitrant. — Notice nécrologique de M. Paul Paix (1839 † 1905), p. 169 à 171.

38772. Enlart (Camille). — Notice nécrologique de M. Gustave Maugin (1833 † 1909), p. 173 à 181.

38773. Rivière (B.). — Notice nécrologique de M. Edmond Gosselin, p. 183 à 194.

38774. Warenghien (B°° de). — Histoire des origines de la fabrication du sucre dans le département du Nord et de l'École expérimentale de chimie pour la fabrication du sucre de betterave créée à Douai en 1812, *pl.* p. 215 à 627.

2° partie.

38775. Anonyme. — Tables des douze volumes de la série 1881-1910, p. 1 à 37.

NORD. — DOUAI.

UNION GÉOGRAPHIQUE DU NORD DE LA FRANCE.

Voir, pour les publications de cette Société antérieures à 1901, la table récapitulative de notre *Bibliographie générale;* et pour ses publications postérieures, le t. I, fasc. II, p. 96, de notre *Bibliographie annuelle.*

XXIV. — Union géographique du Nord de la France..., Bulletin, 1903, t. XXIV. (Douai, s. d., in-8°, 352 p.)

38776. Banot (D'). — L'âme soudanaise, essai sur la valeur intellectuelle des Noirs, p. 37 à 43.

38777. Pfeil (B°°). — Marakesh, capitale du Maroc, p. 109 à 112.

XXV. — Union géographique du Nord de la France..., Bulletin, 1904, t. XXVII (*sic*). (Douai, s. d., in-8°, 336 p.)

38778. Anonyme. — En Égypte, 2 *pl.*, p. 17 à 48.

38779. Dubrulle (A.). — Un coin de notre Douai, gens et choses d'il y a cent ans, p. 97 à 128. — Cf. n° 38782.

38780. Mury (Francis). — L'épopée Pavie, p. 139 à 157.

XXVI. — Union géographique du Nord de la France..., Bulletin, 1905, t. XXX (*sic*). (Douai, s. d., in-8°, 320 p.)

38781. Huin (C.). — L'administration du temporel de l'église de Bachy à la fin de l'ancien régime, p. 17 à 47.

38782. Dubrulle. — Encore notre Douai, gens et choses d'il y a longtemps, p. 81 à 112, et 161 à 176. — Cf. n° 38779.

38783. Mellor (Edward-W.). — Les ports Wendes de la ligue hanséatique, p. 241 à 273.

13

XXVII. — Union géographique du Nord de la France..., Bulletin, 1906, t. XXXIV (*sic*). (Douai, s. d., in-8°, 304 p.)

38784. Lacroix (Jean). — D'Alger au M'zab, p. 17 à 48, et 81 à 112.

38785. Maglan (A.-C.). — Le Japon et les Japonais, p. 113 à 126.

XXVIII. — Union géographique du Nord de la France..., Bulletin, 1907, t. XXXV. (Douai, s. d., in-8°, 288 p.)

38786. Lavoix (Jean). — El Maghreb El Adna, p. 5 à 58.

38787. Crapet (Aristote). — L'industrie dans la Flandre wallonne à la fin de l'ancien régime, p. 161 à 179.

38788. Vig (L.). — L'idée de Dieu chez les Malgaches païens, p. 206 à 214.

XXIX. — Union géographique du Nord de la France..., Bulletin, 1908, 29ᵉ année. (Douai, s. d., in-8°, 256 p.)

38789. Lavoix (Jean). — Du royaume de Chine, par le P. Nicolas Trigault, de la Compagnie de Jésus, p. 3 65, 129, et 193.

38790. Amundsen (Roald). — Les Esquimaux Nechjilli, p. 222 à 231.

XXX. — Union géographique du Nord de la France..., Bulletin, 1909, 30ᵉ année. (Douai, s. d., in-8°, 256 p.)

38791. Anonyme. — Une colonie saxonne dans le Boulonnais, p. 93.

38792. Baeteman (Le P.-J.). — Les pompes funèbres en Abyssinie, p. 114 à 119.

38793. Lavoix (Jean). — Un jour à Brousse, p. 177 à 201.

XXXI. — Union géographique du Nord de la France..., Bulletin, 1910, 31ᵉ année. (Douai, s. d., in-8°, 256 p.)

38794. Lavoix (Jean). — Au Djerid, p. 3 à 54, et 65 à 88.

38795. Lavoix (Jean). — Les colonies portugaises, p. 177 à 198.

NORD. — DUNKERQUE.

SOCIÉTÉ DUNKERQUOISE POUR L'ENCOURAGEMENT DES SCIENCES, DES LETTRES ET DES ARTS.

Voir, pour les publications de cette Société antérieures à 1901, la table récapitulative de notre *Bibliographie générale;* et pour ses publications postérieures, la table placée à la fin du présent fascicule.

La Société dunkerquoise a organisé en 1907 un Congrès historique régional qui a donné lieu à la publication de quatre volumes dont on trouvera l'analyse ci-dessous.

38796. Saint-Léger (R. de), Sagnac (Ph.). — Les cahiers de la Flandre maritime en 1789, t. II, 1ʳᵉ-2ᵉ partie. (Dunkerque, 1906-1910, in-8°, 541 et 201 p.)

[Le tome I a paru en 1906.]

LI. — Mémoires de la Société dunkerquoise pour l'encouragement des sciences, des lettres et des arts, 1910, 51ᵉ volume. (Dunkerque, 1910, in-8°, 546 p.)

38797. Watteau. — Une visite à l'écluse de Bœsinghe [histoire xvııᵉ-xıxᵉ s.], *fig.*, p. 5 à 23.

38798. Bouchet (E.). — Lectures de jeunes filles il y a cent ans, p. 25 à 63.

[Le baron Kenny à Paris (1812) et la famille Deschodt.]

38799. Barlet (H.). — L'auteur des *Voyages extraordinaires* [Jules Verne, 1828 † 1905], p. 65 à 112.

38800. Rolland (Henri). — Du temps que les bêtes parlaient, p. 113 à 162.

[Aristophane, Roman de Renart, Rostand.]

38801. Malo (Henri). — Les courses du capitaine Royer (22 juillet 1746-2 mai 1780), p. 163 à 222.

38802. Lecocq (J.). — Un épisode du siège de Paris (19 janvier 1871, Buzenval), p. 233 à 242.

38803. Lanoire (Ed.). — Troubles et séditions dans le Nord en 1813-1814 lors de la chute de l'Empire. Les conscrits réfractaires, Fruchart, le raid du baron de Geismar, p. 243 à 300.

38804. Debacker (E.). — Promenades dans le cimetière de Dunkerque, description, souvenirs et anecdotes nécrologiques, p. 301 à 522.

38805. Lévi (Commandant). — Règlement pour les cantines militaires de Dunkerque, Dixmude, Furnes et Ypres en 1691, p. 537 à 543.

I. — Société dunkerquoise pour l'encouragement des sciences, des lettres et des arts,... Congrès des sciences historiques en juillet 1907 (région du Nord et Belgique) à Dunkerque. 1ᵉʳ vol. Résumés des mémoires. (Dunkerque, 1907, in-8°, 226 p.)

38806. Bouchet (Émile). — Le parler dunkerquois, p. 7 à 19.

38807. Beck (Jules). — Un intérieur flamand, p. 21 à 33.

38808. Beck (Jules). — Le costume flamand, p. 35 à 53.

38809. Bombart (Dʳ H.). — Concordance du patois et du roman, p. 55 à 63.

38810. Marterlinck (L.). — Les miséricordes satiriques d'Hoogstraeten, p. 127 à 131.

38811. Sagnac (Ph.). — Le serment à la constitution civile du clergé dans le Nord et le Pas-de-Calais (1791), p. 133.

38812. Lefebvre (G.). — Esquisse d'une histoire des subsistances dans le district de Bergues pendant la Révolution, p. 137 à 147.

38813. Saint-Léger (A. de). — L'industrie de l'impression des toiles à Lille, deuxième moitié du xviiiᵉ siècle, p. 149 à 154.

38814. Crapet (Aristote). — Les encouragements accordés aux manufactures par les administrations de la Flandre wallonne à la fin de l'ancien régime, p. 213 à 216.

38815. Durand (Georges). — La Confrérie du Puy Notre-Dame, à Amiens, p. 217 à 223.

II. — Société dunkerquoise pour l'encouragement des sciences, des lettres et des arts... Congrès des sciences historiques... 2ᵉ vol. Travaux du Congrès. (Dunkerque, 1908, in-8°, xli-368 p.)

38816. Lefebvre (Léon). — «Le Brunin», société littéraire lilloise (1758-1760), portr., p. 65 à 119.

38817. Looten (C.). — La bibliothèque de Bouchette, p. 121 à 124.

38818. Dewachter (J.). — Recul du français en Belgique à notre époque, p. 125 à 137.

38819. Cannart d'Hamale (Art. de). — Jean Cannart, chancelier de Bourgogne [xivᵉ s.], p. 139 à 146.

38820. Richard (C.). — Le clergé et l'application de la constitution civile dans le département du Nord (1789-1792), p. 147 à 161.

38821. Lancry (Dʳ G.). — La dot agraire communale à Fort-Mardyck et à Beuvraignes, p. 163 à 186.

38822. Petit-Dutaillis (Ch.). — Les lettres de rémission des ducs de Bourgogne, leur importance pour l'histoire politique, sociale et économique des Pays-Bas, p. 189 à 193.

38823. Pas (Justin de). — Les coches d'eau de Saint-Omer vers Dunkerque et les autres villes de la Flandre maritime aux xviiᵉ et xviiiᵉ siècles, 3 pl., p. 195 à 238.

38824. Maere d'Aertrycke (Bᵒⁿ de). — Considérations sur la bataille de Dunkerque ou des Dunes (1658), p. 239 à 244.

38825. Maere d'Aertrycke (Bᵒⁿ de). — Mémoire relatif aux dates des inondations dans la plaine maritime franco-flamande, p. 245 à 265.

38826. Douxami (H.). — L'origine et la formation du Pas-de-Calais, p. 267 à 291.

38827. Lennel (Fernand). — L'assistance publique à Calais de 1659 à la Révolution, p. 293 à 325.

38828. Willemsen (G.). — Contribution à l'histoire de la lutte économique entre les villes et le plat pays de Flandre aux xviᵉ, xviiᵉ et xviiiᵉ siècles, p. 327 à 365.

III. — Société dunkerquoise pour l'encouragement des sciences, des lettres et des arts. Congrès des sciences historiques... vol. III. (Dunkerque, 1909, in-8°, 174 p.)

38829. Ledieu (Alcius). — Petite grammaire du patois picard, p. 1 à 174.

IV. — Société dunkerquoise pour l'encouragement des sciences, des lettres et des arts. Congrès des sciences historiques..., t. IV. (Dunkerque, 1910, in-8°, 593 p., carte.)

38830. Lévi (Commandant). — La défense nationale dans le Nord en 1793 (Hondschoote), carte, p. 1 à 593.

NORD. — DUNKERQUE.

UNION FAULCONNIER.

Voir, pour les publications de cette Société antérieures à 1901, la table récapitulative de notre *Bibliographie générale;* et pour ses publications postérieures, la table placée à la fin du présent fascicule.

XIII. — Union Faulconnier, Société historique et archéologique de Dunkerque et de la Flandre maritime..., Bulletin, 13ᵉ année, t. XIII, 1910. (Dunkerque, s. d., in-8°, 442 p.)

38831. Dumont (Georges). — La Garde nationale à Dunkerque en 1813; les contributions de 1815 pour les alliés, p. 7 à 9.

38832. Mancel (Émile). — Éphémérides de Jean Bart et de sa famille, p. 57, 165, et 279. — Suite de XII, p. 17.

[Prises faites par Jean Bart de 1674 à 1678, p. 307.]

38833. Lemattre (H.). — Une expédition dunkerquoise sur les côtes du Pacifique [1707], p. 105 à 164.

[Voyages français à destination de la mer du Sud avant Bougainville (1695-1749) par E. W. Dahlgren, p. 108. — Résumé du voyage de la frégate *la Découverte*, capitaine Michel du Bocage [1707], p. 129.]

38834. Anonyme. — Lettre de l'intendant Patoulet concernant Jean Bart (1689), p. 203.

38835. Anonyme. — Cérémonial adopté par le Magistrat de Dunkerque à l'occasion de la maladie, mort et service de Louis XV (29 mai 1774), p. 205 à 225.

38836. Barlet (Henri). — Projet de remaniement de territoires et réunion des justices de paix [dans le département du Nord] (1797-1801), p. 227 à 238.

38837. Bray (Th.). — L'émancipation des Noirs dans la Guyane hollandaise (extrait du journal d'un planteur dunkerquois) [1863], p. 239.

38838. Anonyme. — Procès-verbal du Magistrat. Cérémonial observé pour l'entrée de M. Primat, évêque du département du Nord, en la ville de Dunkerque, le 18 mai 1791, p. 259 à 263.

38839. Anonyme. — Procès-verbal de la translation des vases sacrés et reliques de l'église paroissiale de Saint-Éloi dans celle des Pères Récollets à Dunkerque, p. 265 à 269.

38840. Anonyme. — Cérémonial à l'occasion de la mort de M. de Chanlieu, commandant de place [1787], p. 271 à 274.

38841. Anonyme. — Une fête à l'Hôtel de la Marine à Dunkerque [1817], p. 275 à 277.

38842. Bouchet (Émile). — Émile Mancel, commissaire général de la Marine [1831 † 1909], *portr.*, p. 321 à 413.

NORD. — LILLE.

SOCIÉTÉ D'ÉTUDES DE LA PROVINCE DE CAMBRAI.

Voir, pour les publications de cette Société antérieures à 1901, la table récapitulative de notre *Bibliographie générale;* et pour ses publications postérieures, la table placée à la fin du présent fascicule.

XVI-XVII. — Société d'études de la province de Cambrai. Mémoires, t. XVI-XVII.

38843. Vanhaeck (Maurice). — Histoire de la sayetterie à Lille. (Lille, 1910, 2 vol. in-8°, 372 et 416 p.)

XV. — Société d'études de la province de Cambrai. Bulletin, t. XV, 1910. (Lille, 1910, in-8°, 320 p.)

38844. Carpentier (L'abbé Fl.). — Baudry d'Espierres, prieur de Sailly (1664), p. 5.

38845. Lamoot (A.). — Le greffier d'Armentières, p. 6 à 8.
38846. Lamoot (L'abbé A.). — Libations officielles à Armentières en 1790, p. 11.
38847. Denis Du Péage (Paul). — Mélanges généalogiques, *fig.*, p. 13, 39, 78, et 193.

[Familles Le Moyeur, p. 13; Pedecœur, p. 21; Diedeman, p. 39; Du Bus, p. 78; Boudart, p. 86; Lecomte-Thomassin, p. 193; Cotteau, p. 199; Mourcou, p. 216.]

38848. Du Chastel de La Howardebie (Cte P.-A.). — Notes sur le fief du Liez, à Raimbaucourt, p. 25 à 28.
38849. Brootin (L'abbé A.-M.). — Un nécrologe de dix-huit abbayes de la région du Nord (1767-1837), p. 29 à 37.

[Abbayes en confraternité de prières avec Vicogne.]

38850. Flipo. — Lettres de rémission concédées à des habitants de Tourcoing, 4e série, p. 48 à 65. — Suite de VII, p. 218; VIII, p. 154; XII, p. 175.
38851. Lestienne (L'abbé). — Compte de l'église de Haubourdin, p. 66.
38852. Dubrulle (L'abbé). — Renonciation par le chapitre de Cambrai à son droit d'élection des évêques, p. 67 à 73.
38853. Pique. — Le temporel de l'évêché de Tournai dans la châtellenie de Lille, p. 74 à 77.
38854. Pique. — Les soignies du doyenné de Lille, p. 77.
38855. Masure (Le chanoine Em.). — La vente des églises du diocèse actuel de Cambrai pendant la Révolution. Procès-verbaux d'adjudication, p. 92 à 143.
38856. Lamoot (L'abbé). — Les Brigittins d'Armentières, p. 145 à 149.
38857. Leclair (Edm.). — Image [de confrérie] lilloise, *fig.*, p. 149.
38858. Pique (H.). — Fondation Bécuwe-Castellain, à Conines [1770], p. 150.
38859. Leuridan (Le chanoine Th.). — Testament de

J.-F. Leuridan, chapelain de l'hôpital d'Haubourdin [1714], p. 151 à 155.
38860. Leuridan (Le chanoine Th.). — Testament de Thomas Brame, ancien curé de Maisnil [1668], p. 156 à 159.
38861. Lefebvre (D^r). — Un inventaire mobilier au xviie siècle à Radinghem, p. 160 à 162.
38862. Bocquillet (A.). — Le Nécrologe de Jean Franc-homme, p. 163 à 177.
38863. Trelcat (L'abbé Em.). — Les forjures des habitants de Crespin et de la Chappelle Saint-Aybert, p. 178 à 181.
38864. Gennevoise (J.). — Le régime des pensions à l'abbaye de Vicoigne, p. 181 à 188.
38865. Matthieu (Ern.). — Abbaye de Saint-Amand (xviiie s.), p. 188.
38866. Delgrange (L'abbé). — Pierre Honoré et Placide Parroiche, abbés de Saint-Amand [xviie-xviiie s.], p. 189.
38867. Leuridan (Le chanoine). — Un seigneur de Verlinghem du xiiie siècle, p. 190.
38868. Delgrange (L'abbé B.). — Obituaire de Rumegies [1660], p. 226.
38869. Leuridan (L'abbé Th.). — Un compte de l'église de Sailly-lez-Lannoy, p. 229.
38870. Leclair (Edm.). — Le siège d'Arras de 1640 et le monastère du Vivier, p. 233 à 240.
38871. Trelcat (L'abbé). — Deux diplômes anciens, p. 240 à 251.

[Diplômes de Dagobert et d'Aubert évêque de Cambrai.]

38872. Bonnet (L'abbé Em.). — La paroisse d'Anzin [1745], p. 252 à 255.
38873. Masure (Le chanoine Em.). — Institution et économie de l'école dominicale de Valenciennes, manuscrit du R. P. Guillaume Marc, p. 256 à 288.
38874. Du Chastel de La Howardebie (Cte P.-A.). — Notes pour servir à l'histoire de Neuvireuil, p. 288 à 301.

NORD. — LILLE.

SOCIÉTÉ DE GÉOGRAPHIE DE LILLE.

Voir, pour les publications de cette Société antérieures à 1901, la table récapitulative de notre *Bibliographie générale;* et pour ses publications postérieures, la table placée à la fin du présent fascicule.

LIII. — **Bulletin de la Société de géographie de Lille** (Lille-Roubaix-Tourcoing)..., 1er semestre de 1910. 31e année, t. LIII. (Lille, s. d., in-8°, 380 p.)

38875. Leymarie (A. Léo). — Le Canada confédéré, p. 11 à 47.
38876. Privat-Deschanel (Paul). — La Nouvelle-Zélande, p. 77.

38877. Bossière (René-E.). — La terre de Kerguélen, colonie française, p. 138 à 156.

38878. Severin (Mme). — Impressions d'Égypte, *fig.*, p. 266 à 287.

38879. Molitor (J.). — Metz et le pays messin, *fig.*, p. 321 à 345.

LIV. — Bulletin de la Société de géographie de Lille (Lille-Roubaix-Tourcoing)..., 2e semestre de 1910. 31e année, t. LIV. (Lille, s. d., in-8°, 384 p.)

38880. Crépy (Auguste) et Vermersch (D^r). — Discours prononcés sur la tombe de M. Henri Beaufort († 1910), *portr.*, p. 7 à 10.

38881. Merchier (A.). — Le développement colonial français au xixe siècle, p. 11 à 30.

38882. Merchier. — La géographie au temps d'Homère, Ulysse explorateur, p. 65 à 99.

38883. Fourgous (J.). — Itinéraire pittoresque et archéologique dans le Bas-Limousin et le Périgord, *fig.*, p. 129 à 141.

38884. Richemer. — Bolivie, p. 156 à 170.

38885. Merchier (A.). — Les colonies anglaises d'Afrique, *cartes*, p. 193 à 226.

38886. Merchier. — Le Mexique, ses aptitudes, ses relations avec la France, p. 272 à 283.

38887. Périgny (Cte de). — Le pays des Aïnos, p. 321 à 335.

38888. Levé (A.). — Un conflit économique au xviie siècle [dans la sayetterie lilloise], p. 335 à 344.

NORD. — ROUBAIX.

SOCIÉTÉ D'ÉMULATION DE ROUBAIX.

Voir, pour les publications de cette Société antérieures à 1901, la table récapitulative de notre *Bibliographie générale;* et pour ses publications postérieures, la table placée à la fin du présent fascicule.

Une table générale des vingt-huit premiers volumes des *Mémoires* est insérée dans le tome XXVIII (voir notre n° 38893).

XXVIII. — Mémoires de la Société d'émulation de Roubaix, 4e série, t. VII (t. XXVIII de la collection), 1909. (Roubaix, 1910, gr. in-8°, 297 p.)

38889. Crombé (Joseph). — Les chansons de Nadaud, p. 1 à 22.

38890. Grenon (L'abbé L.). — Les figurines de Tanagra et la vie de province en Grèce au iiie siècle avant J.-C., p. 49 à 174.

38891. Dubrulle (L'abbé Henry). — La seigneurie de Montreuil à Chéreng et le droit de vinage du pont à Tressin, *facs.*, p. 175 à 183.

38892. Leuridan (Le chanoine Th.). — Inventaire sommaire des archives communales de Wavrin antérieures à 1790, p. 185 à 281.

38893. Anonyme. — Table générale des quatre premières séries des Mémoires de la Société d'émulation de Roubaix, t. I à XXVIII, 1868 à 1909, p. 289 à 296.

OISE. — BEAUVAIS.

SOCIÉTÉ D'ÉTUDES HISTORIQUES ET SCIENTIFIQUES DE L'OISE.

Voir, pour les publications antérieures de cette Société, la table placée à la fin du présent fascicule.

VI. — **Bulletin de la Société d'études historiques et scientifiques de l'Oise, t. VI, 1910. (Beauvais, s. d., in-8°, xi-viii-xi-266 p.)**

38894. MOURLOT. — Charte d'Adam, évêque de Senlis (1377), p. iv à vi.

38895. BOUTANQUOI. — Monnaies romaines recueillies à Nampcel, p. vii.

38896. QUIGNON (H.). — Bresles résidence des évêques de Beauvais, p. iv.

38897. BORDEZ (F.). — Les maisons en pans de bois dans l'Oise, p. iii à v.

38898. QUIGNON (H.). — Les disettes à Beauvais sous François Ier, p. v à vii.

38899. STALIN (G.). — La déclaration de grossesse et la recherche de la paternité au xviiie siècle, p. viii à x.

38900. BAUDON (Dr Th.). — Les sépultures gallo-romaines et franques du département de l'Oise. Étude sur le cimetière gallo-romain du ive siècle de Villers-sous-Erquery, 12 pl., p. 1 à 33.

38901. BAUMONT (H.). — Le département de l'Oise pendant la Révolution, p. 34 à 108, et 155 à 234. — Suite de V, p. 1, 153, et 289.

38902. MAILLARD (A.). — La paroisse de La Landelle au xviiie siècle et ses biens communaux, p. 109 à 116.

38903. LENGLEN (M.) et QUIGNON (H.). — L'administration d'une paroisse rurale (1751-1793). Abbeville-Saint-Lucien, p. 117 à 131.

38904. DUMONTÉ. — Nos ancêtres avant 1789, p. 132 à 143.

[Droits féodaux de Troissereux (1540); bail des terres de la seigneurie (1785).]

38905. ROISIN et QUIGNON. — Documents concernant la draperie à Beauvais (1787-1789), p. 144 à 154.

38906. ROHMER (Régis). — Une page d'histoire de la guerre de Cent ans. La Hire, capitaine du Beauvaisis, vainqueur de Gerberoy (1433-1435), p. 235 à 246.

[Fondation d'un atelier de monnaie à Beauvais, par La Hire (1433).]

OISE. — CLERMONT.

SOCIÉTÉ HISTORIQUE ET ARCHÉOLOGIQUE DE CLERMONT.

Voir, pour les publications antérieures de cette Société, la table placée à la fin du présent fascicule.

VIII. — **Bulletin de la Société historique et archéologique de Clermont-de-l'Oise, année 1909. (Abbeville, 1910, in-8°, 126 p.)**

38907. DROUAULT (Roger). — La cloche de Maignelay (xvie s.), p. 49 à 57.

38908. RENAUD (Charles). — Les fresques de l'église de Rosoy, pl., p. 59 à 61.

38909. THIOT (L.). — Isoré, député à la Convention, p. 63 à 115.

OISE. — COMPIÈGNE.

SOCIÉTÉ HISTORIQUE DE COMPIÈGNE.

Voir, pour les publications de cette Société antérieures à 1901, la table récapitulative de notre *Bibliographie générale;* et pour ses publications postérieures, la table placée à la fin du présent fascicule.

38910. Bonnault d'Houet (B^{on} de). — Compiègne pendant les guerres de religion et de la Ligue. (Compiègne, 1910, in-8°, 456 p.)

—

XIII. — Bulletin de la Société historique de Compiègne, t. XIII. (Compiègne, 1910, iu-8°, xxxv-313 p.)

38911. Guynemer. — Le symbole du coq, *fig.*, p. 1 à 27.

38912. Plessier (L.). — Perforation du silex et autres matières dures à l'époque néolithique. Contribution aux études préhistoriques pour le département de l'Oise, *pl.*, p. 29 à 49.

38913. Salembier (Le chanoine L.). — Bibliographie des œuvres du cardinal Pierre d'Ailly, évêque de Cambrai (1350-1420), p. 51 à 66.

38914. Bnéda (Cte de). — Les seigneurs du Plessis-Brion au xviii° siècle, p. 67 à 77.

38915. Guynemer — Étude sur la paroisse et l'église Saint-Antoine de Compiègne, *fig.* et *pl.*, p. 91 à 171.

38916. Muller (E.). — Quelques remarques iconographiques sur les représentations du Christ, *fig.* et *pl.*, p. 173 à 230.

38917. Plessier. — Un dernier mot sur les silex de Fournival (Oise), *pl.*, p. 231 à 234.

38918. Guynemer. — Entrée à Compiègne de la reine Aliénor, sœur de Charles-Quint (1531), *pl.*, p. 235 à 253.

38919. Plessier (L.). — Trouvailles de Condren (Aisne), 2 *pl.*, p. 257 à 290.

[*Épée gallo-romaine, pl.; spatule, stèle, pl.*]

38920. Pihan (L.). — L'église de Lachelle, ses vitraux, *pl.*, p. 291 à 311.

—

XIX. — Société historique de Compiègne. Procès-verbaux, rapports et communications diverses, XVIII, 1909. (Compiègne, 1910, in-8°, 126 p.)

38921. Bonnault (B^{on} de). — Allocution à l'occasion de la mort du cardinal Lecot, p. 21 à 24.

38922. Guynemer (P.). — Histoire de l'hôtel du Sacré-Cœur [à Paris], p. 35 à 48.

38923. Bonnault (B^{on} de). — Sceaux de Saint-Corneille et de la ville de Compiègne, p. 51 à 54.

38924. Bonnault (B^{on} de). — Jules Perin Du Lac (1824 † 1909), p. 67 à 74.

38925. Guynemer (P.). — Le souterrain de Saint-Corneille, *pl.*, p. 75 à 79.

38926. Bonnault (B^{on} de). — Excursion à Laon, Liesse et Marchais, p. 87 à 96.

38927. Bonnault (B^{on} de). — Excursion à Montdidier et Folleville, p. 103 à 114.

OISE. — NOYON.

COMITÉ ARCHÉOLOGIQUE, HISTORIQUE ET SCIENTIFIQUE DE NOYON.

Voir, pour les publications de ce Comité antérieures à 1901, la table récapitulative de notre *Bibliographie générale;* et pour ses publications postérieures, la table placée à la fin du présent fascicule.

38928. Chrétien (L'abbé). — Pouillé de l'ancien diocèse de Noyon, 3ᵉ fascicule, V. Doyenné de Péronne, VI. Doyenné d'Athies. (Montdidier, 1909, in-4°, p. 215-340.)

[Les fascicules 1 et 2 de cet ouvrage ont paru en 1905 et 1907 (voir nᵒˢ 15775 et 24896).]

XXII. — Comité archéologique et historique de Noyon. Comptes rendus et mémoires lus aux séances, t. XXII. (Chauny, 1910, in-8°, CIX-277 p.)

38929. Houdart (Marie-Élisabeth-S.) et Houdart (Léon). — De Noyon à Clermont en Beauvoisis par Pont-Sainte-Maxence, Cinqueux, Sacy-le-Grand, Catenoy et Nointel. Excursion, p. XLIX à LXVIII.

38930. Houdart (Marie-Élisabeth-S.) et Houdart (Léon). — La mort du clocher de Cinqueux, p. LXIX à LXXIV.

38931. Beaudoux (Augustin). — Les évêques de Noyon, p. 1 à 120. — Suite de XVIII, p. 157; XIX, p. 55; et XX, p. 107.

38932. Gallois (A.). — Dom Innocent Le Masson [ministre général des Chartreux, 1627 † 1703], 3 *pl.,* p. 121 à 213.

[En appendice : Liste chronologique des ouvrages du R. P. dom Innocent Le Masson.]

38933. Poupardin (R.). — Quatre chartres anciennes d'évêques de Noyon provenant de la collection Phillipps [1086-1144], p. 214 à 222.

38934. Thiot (L.). — La fin du Comité de surveillance révolutionnaire à Noyon (1795), p. 223 à 228.

38935. Bry (E.). — S. E. le cardinal Lecot [1831 † 1908], 2 *portr.,* p. 229 à 241.

38936. Ponthieux (A.). — Guillaume Brouille, doyen du chapitre de Noyon (1447-1476), p. 242 à 250.

OISE. — SENLIS.

COMITÉ ARCHÉOLOGIQUE DE SENLIS.

Voir, pour les publications de ce Comité antérieures à 1901, la table récapitulative de notre *Bibliographie générale;* et pour ses publications postérieures, la table placée à la fin du présent fascicule.

38937. Aubert (Marcel). — Monographie de la cathédrale de Senlis (Senlis, 1910, in-4°, XI-208 p., *fig.,* 29 *pl.*).

XLI. — Comité archéologique de Senlis... Comptes rendus et mémoires, 5ᵉ série, t. II, années 1909-1910. (Senlis, 1910, [in-8°, LIV-278 p.)

38938. Cultru. — Vue de Senlis par Jallier, *pl.,* p. XLVI.

38939. Mâcon (G.). — La ville de Chantilly. Formation et développement (1692-1800), *pl.,* p. 1 à 114.

38940. Paulmier (E.), Mâcon (G.). — Montmélian, Plailly, Bertrandfosse et Mortefontaine, *pl.,* p. 115 à 148.

38941. Mâcon (G.). — L'étang et la chaussée de Gouvieux, 2 *pl.,* p. 149 à 200.

38942. Caix de Saint-Aymour (Cᵗᵉ de). — Saint Rieul en Basse-Normandie, p. 201 à 206.

38943. Margry (Am.). — Les baillis de Senlis, p. 207 à 273. — Suite et fin de XXXI, p. 105; XXXIV, p. 102; XXXVII, p. 141; XXXVIII, p. 195; et XL, p. 181.

ORNE. — ALENÇON.

SOCIÉTÉ HISTORIQUE ET ARCHÉOLOGIQUE DE L'ORNE.

Voir, pour les publications de cette Société antérieures à 1901, la table récapitulative de notre *Bibliographie générale;* et pour ses publications postérieures, la table placée à la fin du présent fascicule.

XXIX. — Société historique et archéologique de l'Orne, t. XXIX. (Alençon, 1910, in-8°, 596 p.)

38944. Gobillot (René). — Excursion archéologique à travers la campagne de Saint-André, le pays d'Ouche et le Perche, p. 11 à 113.

38945. Tournouër (Henri). — Silhouettes moulinoises, p. 114 à 124.

38946. Robet (Mlle Louise). — Moulins-la-Marche il y a cinquante ans, p. 136 à 144.

38947. Porcher (Jacques). — L'affaire Pitache, p. 147 à 152.

38948. Sornin (L'abbé). — Saint Évroult et l'abbaye d'Ouche. Souvenirs et légendes monastiques p. 153 à 161.

38949. Lemaitre. — Vaugeois et ses seigneurs, p. 197 à 211, et 505 à 522. — Suite et fin de XXVIII, p. 217, 357, et 500.

38950. Mesnil (L'abbé). — Recherches géographiques et historiques sur la forêt d'Écouves, p. 212, 378, et 470. — Suite de XXVII, p. 529; XXVIII, p. 285, 418, et 523.

38951. Grente (L'abbé G.). — Un précurseur de Lamartine au début du xviie siècle. Le poète évêque Bertaud, *portr.*, p. 231 à 257.

38952. Tournouër et Challemel (W.). — Bibliographie du comte G. de Contades, *portr.*, p. 258 à 288.

38953. Legros (L'abbé H.-M.). — La troupe de Scarron à Arconnay et aux fourches patibulaires d'Alençon, *pl.*, p. 289 à 316, et 424 à 434.

38954. Tomeret (H.). — Mme Eugène Lecointre [† 1910], p. 330.

38955. Lacour (J.-Germain). — M. Poriquet [1816 † 1910], p. 332.

38956. Duval (Louis). — La vie municipale dans le canton de Passais pendant la Révolution, p. 352 à 359.

38957. Vérel (Ch.). — Le marquisat de Courtomer, *fig.*, p. 360 à 377, et 488 à 504. — Suite de XXVIII, p. 259, 449, et 483.

38958. Fazy (M.). — Bibliographie du département de l'Orne pendant l'année 1909, p. 410 à 423.

38959. Chollet. — Courmesnil-Mainoyer, p. 435 à 456.

38960. Charencey (Cte de). — Huit étymologies françaises et romanes, p. 464 à 469.

[Angorie, barguigner, cafouret, chafouin, chagrin, charivari, gourme, requin.]

38961. Denis (Dom). — Les Bénédictins de la congrégation de Saint-Maur, originaires de l'ancien diocèse de Séez, p. 523 à 536.

38962. Duval Louis). — Léopold Delisle, ses travaux sur Ordéric Vital, moine de Saint-Évroul, p. 537 à 584.

38963. Duval (Louis). — Gabriel Darpentigny [† 1910], *portr.*, p. 585 à 588.

ORNE. — MORTAGNE.

SOCIÉTÉ PERCHERONNE D'HISTOIRE ET D'ARCHÉOLOGIE.

Voir, pour les publications antérieures de cette Société, la table placée à la fin du présent fascicule.

IX. — Bulletin de la Société percheronne d'histoire et d'archéologie, t. IX, 1910. (Bellême, 1910, in-8°, 219 p.)

38964. H. T. [Tournouër]. — Excursion à la Ferté-Bernard, p. 12 à 17.

38965. Romanet (Vte de). — L'arrière-ban et le service militaire avant la Révolution, p. 23 à 37, et 136 à 149. — Suite de VIII, p. 147.

38966. Brebisson (R. de). — Le gros chêne de la Loupe, *pl.*, p. 50 à 57.

38967. TURGEON (Charles). — Les idées économiques de Sully, p. 59 à 85.

38968. GOUGET (Georges). — Le ruisseau qui passe à Nocé ne s'appelle pas l'Erre [rivière de Monthorin], p. 86 à 92.

38969. PESCHOT (L'abbé). — Vocabulaire des mots du langage rustique usité dans le Perche et spécialement à Saint-Victor-de-Buthon, p. 93 à 105. — Suite de VIII, p. 103, et 170.

38970. PHILIPPE (A.). — Mortagne et ses relations avec l'histoire de France, p. 116 à 135.

38971. DESVAUX (L'abbé A.). — Un coin du Perche. Bretoncelles et les environs, p. 167 à 179.

38972. TOURNOUER (H.) et DIVERS. — L'abbé L.-J. Fret (1800 † 1843), 3 pl., p. 180 à 186, et 191 à 218.

PAS-DE-CALAIS. — ARRAS.

ACADÉMIE DES SCIENCES, BELLES-LETTRES ET ARTS D'ARRAS.

Voir, pour les publications de cette Académie antérieures à 1901, la table récapitulative de notre *Bibliographie générale;* et pour ses publications postérieures, la table placée à la fin du présent fascicule.

LXXIX. — **Mémoires de l'Académie des sciences, lettres et arts d'Arras**, 2° série, t. XLI. (Arras, 1910, in-8°, 348 p.)

38973. ROHART (L'abbé). — Discours prononcé sur la tombe de Mᵍʳ Doublet († 1910), p. 7 à 11.

38974. SENS (Georges). — Note biographique sur Louis-Ignace Le Pippre de La Vallée [1714 † 1792], *fig.*, p. 12 à 25.

38975. HAUTECLOQUE (Le comte DE). — La seconde Restauration dans le Pas-de-Calais (1815-1830), p. 26 à 140. — Suite de LXXVIII, p. 7.

38976. PUISIEUX (A. DE). — Grave accident survenu le 28 octobre 1696 à l'hôtel de ville d'Arras, p. 141 à 145.

38977. SION (Jules). — Quelques notes sur la situation de l'instruction populaire au moment de la Révolution, notamment dans le Pas-de-Calais, p. 146 à 157.

38978. MOREL (Ed.). — La confrérie de Saint-Éloi d'Arras, 2 pl., p. 158 à 262.

38979. LENNEL. — Discours de réception [éloge de M. Laroche], p. 308 à 318.

PAS-DE-CALAIS. — ARRAS.

COMMISSION DES MONUMENTS HISTORIQUES DU PAS-DE-CALAIS.

Voir, pour les publications de cette Commission antérieures à 1901, la table récapitulative de notre *Bibliographie générale;* et pour ses publications postérieures la table placée à la fin du présent fascicule. Le tome II des *Mémoires* est analysé dans le fascicule I du tome II de notre *Bibliographie annuelle* (nᵒˢ 15839 à 15871); toutefois cette analyse ne comprend que les fascicules I à VI dudit tome, alors que ce volume a été complété en 1908 par un VIIᵉ fascicule qui porte à tort l'indication t. III, 1ʳᵉ livraison. On trouvera ci-dessous l'analyse de ce fascicule supplémentaire.

Le tome II du *Bulletin*, commencé en 1902, n'a été terminé qu'en 1912; on en trouvera l'analyse dans notre prochain volume.

Le tome III de la *Statistique monumentale* (voir notre t. V, p. 677) a été complété par un fascicule dont le titre est ci-dessous (n° 38983).

Quant à l'*Épigraphie,* toujours en cours de publication, nous en donnons ci-après l'état présent (n° 38984).

II. — Mémoires de la Commission départementale des monuments historiques du Pas-de-Calais, t. III, 1re livraison [*lire :* t. II, 7e livraison]. (Arras, 1908, gr. in-8°, p. 535 à 571.)

38980. Collet (A.). — Étude archéologique et historique sur les inscriptions campanaires des églises du Haut-Loquin, de Setques et d'Hallines (canton de Lumbres), p. 535 à 550.

38981. Guesnon (A.). — Le Rietz de Saint-Sauveur [à Arras], p. 551 à 559.

38982. Hirschauer (C.). — Note sur les sceaux des États d'Artois jusqu'au xvii° siècle, *pl.,* p. 561 à 571.

III. — Statistique monumentale du département du Pas-de-Calais, t. III, 4e livraison.

38983. Guesnon (A.). — La surprise d'Arras tentée par Henri IV en 1597 et le tableau de Hans Conincxloo. (Arras, 1907, in-4°, 67 p., *pl.*)

[Introduction par Victor Barbier.]

38984. Divers. — Épigraphie du département du Pas-de-Calais. Ouvrage publié par la Commission départementale des monuments historiques. (Arras, in-4°.)

[I. Arrondissement d'Arras (1883-1887); supplément *sous presse.* — II. Arrondissement de Béthune (1889-1908), par H. Loriquet, H. de la Giglais et A. de Loisne, 7 fasc. — III. Arrondissement de Boulogne (1911), par Rodière et Rossy, 1 fasc. — IV. Arrondissement de Montreuil (1902-1907), par R. Rodière, 6 fasc.; table *sous presse.* — V. Arrondissement de Saint-Omer (1892-1908), par H. Loriquet, de Cardevacque, l'abbé Bled, comte de Loisne, 7 fasc. — VI. Arrondissement de Saint-Pol (1908), par R. Rodière, 1 fasc.]

PAS-DE-CALAIS. — BOULOGNE-SUR-MER.

SOCIÉTÉ ACADÉMIQUE DE BOULOGNE-SUR-MER.

Voir, pour les publications de cette Société antérieures à 1901, la table récapitulative de notre *Bibliographie générale;* et pour ses publications postérieures, la table placée à la fin du présent fascicule. — Les tomes XXV et XXVI de la collection in-8° des *Mémoires* n'existent pas, mais ils sont représentés : le tome XXV par l'ouvrage indiqué ci-dessous (n° 38985), et le tome XXVI par l'ouvrage que nous avons mentionné précédemment sous le n° 33844.

38985. Hamy (Le P.). — Essai sur les ducs d'Aumont, gouverneurs du Boulonnais (1622-1789). Guerre dite «de Lustucru» (1662). Documents inédits. (Boulogne-sur-Mer, 1906, in-4°, 477 p.)

PUY-DE-DÔME. — CLERMONT-FERRAND.

ACADÉMIE DES SCIENCES, BELLES-LETTRES ET ARTS DE CLERMONT.

Voir, pour les publications de cette Académie antérieures à 1901, la table récapitulative de notre *Bibliographie générale;* et pour ses publications postérieures, la table placée à la fin du présent fascicule.

LXXXII. — **Mémoires de l'Académie des sciences, belles-lettres et arts de Clermont, 2° série, fasc. 22.**

38986. Fouilhoux (L'abbé J.-B.). — Monographie d'une paroisse. Vic-le-Comte, 2° partie. (Clermont-Ferrand, 1910, in-8°.)

[La 1ʳᵉ partie a paru en 1898 et forme le tome LXXII (2° série, fasc. xɪɪ) des *Mémoires* de l'Académie.]

XXX. — **Bulletin historique et scientifique de l'Auvergne, publié par l'Académie des sciences, belles-lettres et arts de Clermont-Ferrand, 2° série, 1910. (Clermont-Ferrand, 1910, in-8°, 432 p.)**

38987. Everat (Édouard). — Nouvelles notes sur la confrérie du Saint-Sacrement de la ville de Riom [xvɪɪ° s.], p. 31, 139, et 172. — Suite de XXIX, p. 173, 243, 293, et 363.

38988. Champflour (Cᵗᵉ de). — L'édit royal de 1630. Les origines de Clermont-Ferrand, translation de la Cour des aides, p. 39 à 68, et 120 à 135. — Suite de XXIX, p. 378.

38989. Jalenques (Louis). — Les emprunts forcés sur le revenu sous la Révolution, p. 69 à 85. — Suite de XXIX, p. 187, 220, 270, 336, et 392.

38990. Marmay (Léonce). — L'influence italienne au temps de Ronsard, les imitations de Pétrarque et des poètes italiens dans le premier livre des Amours, p. 85 à 96. — Suite de XXIX, p. 417.

38991. Crégut (Régis). — Projet de fontaine monumentale sur la place du Terrail à Clermont-Ferrand au xvɪ° siècle, *pl.*, p. 116 à 120.

38992. Brunhes (Bernard). — M. Alluard [1885 †1908], p. 155 à 168, et 188 à 197.

38993. Audollent (Aug.). — Note sur le château des Salles et la muraille des Sarrasins, p. 185 à 187.

38994. Desaymard (J.). — M. Bergson à Clermont-Ferrand [1883-1888], p. 204 à 216, et 243 à 267.

38995. Mancheix (Pierre). — Deux Auvergnats évêques de Toul. Bertrand de La Tour d'Auvergne (1354), Hector de Rochefort d'Ally (1524 † 1532), p. 217 à 234, et 268 à 278.

38996. Boudet (Marcellin) et Delisle (Léopold). — Note sur le cartulaire de Saint-Flour, p. 281 à 287.

38997. Pnugnard (Léonce). — Le duc de Morny et l'Auvergne, p. 317 à 328, et 359 à 383.

38998. Jaloustre (Élie). — Le vrai Pascal, p. 348 à 359.

38999. Everat (Édouard). — M. l'abbé Planeix [† 1910], *portr.*, p. 396 à 410.

PUY-DE-DÔME. — CLERMONT-FERRAND.

SOCIÉTÉ DES AMIS DE L'UNIVERSITÉ DE CLERMONT.

Voir, pour les publications de cette Société antérieures à 1901, la table récapitulative de notre *Bibliographie générale;* et pour ses publications postérieures, la table placée à la fin du présent fascicule.

II. — **Mémoires de la Société des Amis de l'Université de Clermont-Ferrand. II.**

39000. Bréhier (Louis). — Études archéologiques. Le sarcophage des Carmes Déchaux, les anciens inventaires de la cathédrale, la table historiée de Clermont (Clermont-Ferrand, 1910, in-8°, 91 p., *pl.*).

XXVII. — Revue d'Auvergne et Bulletin de l'Université, publiés par la Société des Amis de l'Université de Clermont, t. XXVII, 1910. (Clermont-Ferrand, 1910, in-8°, 432 p.)

39001. Jaloustre (Élie). — Notice historique sur le château des Sailes, dit le château Sarrasin, à Clermont-Ferrand, *pl.*, p. 32 à 37.

39002. Hospital (D'). — Petites éphémérides clermontoises. La Limagne, Sarlièves et l'Allier, p. 38 à 48.

39003. Achard (A.). — Sauxillanges aux xvii° et xviii° siècles, p. 49, 228, et 394. — Suite de XXVI, p. 201, 233, et 351.

39004. Pinguet (L'abbé). — L'inscription de Praesos et les autres inscriptions de l'île de Crète, p. 73, 145, 217, et 361.

39005. Charvilhat (D' G.). — Les mégalithes des environs de Clermont-Ferrand, 5 *pl.*, p. 89 à 92.

39006. Boyer-Vidal. — Besse-en-Chandesse, p. 93, 277, et 343. — Suite de XXVI, p. 17, 252, et 319.

39007. Poisson (G.). — Note sur l'étymologie du nom de Jaude [quartier de Clermont], p. 233 à 240.

39008. Jaloustre (Élie). — L'ancienne maison de la Retraite à Clermont, p. 241 à 250.

39009. Charvilhat (D' G.). — Archéologie préhistorique du Puy-de-Dôme, *pl.*, p. 256 à 260.

39010. Thomas (V.). — La Creuse industrielle et agricole, p. 261 à 276.

39011. Caillet (Louis). — Documents, p. 377 à 385.

[Vente du greffe du sceau de Carlat appartenant au duc de Nemours, Jacques d'Armagnac (1475); lettre du chanoine Antoine de Langeac à Antoinette de Polignac (1505); les Anglais à Alleuze (Cantal); menaces d'invasion en Lyonnais, d'après une lettre du bailli du Forez, Denis de Beaumont (Montbrison, 20 août 1887).]

39012. Lhéritier (D'). — Découverte de sépultures anciennes à Saint-Amant-Tallende, p. 386 à 389.

39013. Charvilhat (D' G.). — Les menhirs de Villars et de Thedde, 3 *pl.*, p. 390 à 393.

39014. Charvilhat (D' G.). — Note sur deux monnaies gauloises inédites, p. 393, 393* à 394.

39015. Dubuc (Louis). — L'industrie et l'organisation du travail en Auvergne [histoire], p. 411 à 426.

PYRÉNÉES (BASSES-). — BAYONNE.

SOCIÉTÉ DES SCIENCES ET ARTS DE BAYONNE.

Voir, pour les publications de cette Société antérieures à 1901, la table récapitulative de notre *Bibliographie générale;* et pour ses publications postérieures, la table placée à la fin du présent fascicule.

XXVIII. — Bulletin de la Société des sciences et arts de Bayonne, année 1906. (Bayonne, 1906, in-8°, 257-vi p.)

39016. Herelle (G.). — État sommaire des manuscrits des Pastorales basques conservés dans les dépôts publics, p. 5 à 13.

[39017.] Yturbide (P.). — Le pays de Labourd avant 1789, p. 15, 65, et 193.

[39022.] Ducéré (E.). — Bayonne sous l'Empire, études napoléoniennes, p. 33, 97, et 225.

XXIX. — Bulletin de la Société des sciences et arts de Bayonne, année 1907. (Bayonne, 1907, in-8°, 257-vii p.)

39017. Yturbide (P.). — Le pays de Labourd avant 1789, p. 5, 129, et 193. — Suite de XXV, p. 83, et 193; XXVI, p. 5, 69; XXVIII, p. 15, 65, et 193.

[39022.] Ducéré (E.). — Bayonne sous l'Empire, études napoléoniennes, p. 27, 95, 161, et 221.

39018. Yturbide (P.). — L'ancienne corporation des Faures [forgerons] de Bayonne, p. 65 à 94.

XXX. — Bulletin de la Société des sciences et arts de Bayonne, année 1908. (Bayonne, 1908, in-8°, 268-iv p.)

39019. Yturbide (P.). — Une famille bayonnaise. Les de Lesseps, p. 5, 65, 129, et 193.

[39022.] Ducéré (E.). — Bayonne sous l'Empire, études napoléoniennes, p. 35, 95, 151, et 209.

XXXI. — **Bulletin de la Société des sciences et arts de Bayonne**, année 1909. (Bayonne, 1909, in-8°, 256-IV p.)

39020. YTURBIDE (P.). — Cahier des doléances de Bayonne et du pays de Labourd pour les États généraux de 1789, p. 5, 65, 129, et 193.

[39022.] DUCÉRÉ (E.). — Bayonne sous l'Empire, études napoléoniennes, p. 33, 85, 155, et 221.

XXXII. — **Bulletin de la Société des sciences et arts de Bayonne**, année 1910. (Bayonne, 1910, in-8°, 195 p.)

39021. YTURBIDE (P.). — Un officier basque sous Louis XV.

Pierre Diturbide-Larre, brigadier des armées du Roi, p. 5 à 38.

39022. DUCÉRÉ (E.). — Bayonne sous l'Empire, études napoléoniennes, p. 39. — Suite de XXVI, p. 141; XXVII, p. 1; XXVIII, p. 33, 97, 225; XXIX, p. 27, 95, 161, 221; XXX, p. 35, 95, 151, 209; et XXXI, p. 33, 85, 155, et 221.

39023. JUNCAR (Ch.). — Le domaine et la résidence impériale de Marrac, p. 69 à 166.

39024. GRAZIANI (P.). — Une œuvre de Simonneau, p. 167.

39025. YTURBIDE (P.). — Les syndics généraux du pays de Labourd, p. 169 à 180.

PYRÉNÉES (BASSES-). — BIARRITZ.

SOCIÉTÉ DES SCIENCES, LETTRES ET ARTS «BIARRITZ ASSOCIATION».

Voir, pour les publications de cette Société antérieures à 1901, la table récapitulative de notre *Bibliographie générale*; et pour ses publications postérieures, la table placée à la fin du présent fascicule.

XII. — **Bulletin mensuel de Biarritz Association... Société des sciences, lettres et arts.** — 12ᵉ année, 1907. (Biarritz, 1907, in-8°, 160 p.)

39026. PHADELS (Marcellin). — Le romantisme français et le romantisme allemand, p. 64 à 73, et 83 à 91.

39027. DU BALEN (P.). — Les cimetières de Bayonne, p. 107 à 112.

39028. CATHALA (A.). — M. Henry Léon (1829 † 1907), *portr.*, p. 117.

XIII. — **Bulletin mensuel de Biarritz-Association... Société des sciences, lettres et arts.** 13ᵉ année, 1908. (Biarritz, 1908, in-8°, 156 p.)

39029. LABORDE (Dᵣ). — Échos du passé [notes sur Bayonne et Biarritz, 1800-1837], p. 29, 45, et 76.

39030. ANONYME. — Élections de 1827 dans les Basses-Pyrénées, p. 30.

39031. LABORDE (Dᵣ). — Un Biarrot oublié [Gramont de Castera, 1746 † 1816], p. 55 à 59, et 67 à 69.

39032. LABORDE (Dᵣ). — Jean-Baptiste Lamoliatte, p. 81 à 88.

39033. PERCIE. — Grecs anciens en Aquitaine et de là aux Îles Britanniques, p. 89, 105, et 123.

39034. LABORDE (Dᵣ). — Jacques-Barthélemy Lamoliatte, p. 118 à 122.

39035. LABORDE (Dᵣ). — Henri et Romain Du Bois Haïbran, Jean-Louis Gramont, p. 136 à 140.

39036. LABORDE (Dᵣ). — Bernard Halsouet [corsaire], p. 150 à 154.

XIV. — **Bulletin mensuel de Biarritz Association... Société des sciences, lettres et arts.** 14ᵉ année, 1909. (Biarritz, 1909, in-8°, 228 p.)

39037. WINKLER (A.). — Charghrods et Pions [populations du Montoncel (Allier et Loire), leurs origines], p. 14 à 20, et 31 à 33.

39038. LABORDE (Dᵣ J.). — Notes manuscrites [Biarritz en 1807-1848], p. 28, 61, 67, et 93.

39039. FONTENEAU (Léon). — Les ruines romaines de Timgad (province de Constantine), *fig.*, p. 42 à 58.

39040. LOBIT (Dᵣ). — Le comte Henry Russel [† 1909], p. 86.

39041. Winkler (A.). — Le cours de l'Adour dans l'antiquité, p. 125 à 128.
39042. Lobit (D^r). — Étienne Ardoin [† 1909], p. 146.
39043. Laborde (D^r). — A propos de l'île Silhouette [Seychelles], *fig.*, *facs.*, p. 185 à 188.

XV. — **Bulletin mensuel de Biarritz Association...** Société des sciences, lettres et arts. 15e année, 1910. (Biarritz, 1910, in-8°, 252 p.)

39044. Lambert. — Conférence sur Labiche, p. 36 à 43, et 68 à 75.

39045. Bret (Dr Thomas). — Le Dr Henri Claisse (1839 † 1910), p. 47.
39046. Léon (Albert). — Conférence sur la *Lettre sur les Aveugles à l'usage de ceux qui voient*, par Diderot, p. 82 à 98.
39047. Laborde (D^r). — Biarritz. Simple histoire de noms [de villas ou chalets], p. 107.
39048. Stiegelmann. — Les pétroglyphes des Alpes-Maritimes, p. 141.
39049. Fonteneau (Léon). — Monuments mégalithiques du Morbihan, *fig.*, p. 170 à 193.
39050. Colas (L.). — M. Édouard Ducéré [† 1910], p. 195 à 197.
39051. Moreau (Henri). — André Lemoyne, p. 234 à 249.

PYRÉNÉES (BASSES-). — PAU.

SOCIÉTÉ DES SCIENCES, LETTRES ET ARTS DE PAU.

Voir, pour les publications de cette Société antérieures à 1901, la table récapitulative de notre *Bibliographie générale*; et pour ses publications postérieures, la table placée à la fin du présent fascicule.

XLII. — **Bulletin de la Société des sciences, lettres et arts de Pau**, 2e série, t. XXXVIII. (Pau, 1910, in-8°, 300 p.)

39052. Dubarat (V.). — Les variétés béarnaises de l'abbé Bonnecaze, p. 31 à 194. — Suite de XXXVIII (2e série XXXIV); p. 1.

[État des diocèses de Lescar et d'Oloron; état des maisons religieuses du Béarn; mœurs et génie des Béarnais (1806).]

39053. Loirette (Gabriel). — Projet d'établissement d'une manufacture royale de mouchoirs et de linge de table à Pau au xviiie siècle (1763-1764), p. 201 à 218.
39054. Batcave (Louis) et Samaran (Charles). — Inventaire après le décès de Pierre de Marca (4 août 1662), p. 219 à 235.
39055. Loirette (Gabriel). — Le traité d'alliance de 1365 entre Charles le Mauvais et Arnaud Amanieu, sire d'Albret, p. 237 à 254.
39056. Planté (Adrien). — Les Tapisseries du château de Pau, p. 271 à 275.
39057. Planté (Adrien). — Le Dr Mursgrave-Clay († 1910), p. 276.
39058. Dufau de Maluquer (De). — Jean de Prechac (1647-1720), auteur de l'*Héroïne mousquetaire* (Christine de Meyrac), son origine béarnaise, sa famille, ses écrits, p. 281 à 283.

PYRÉNÉES (HAUTES-). — BAGNÈRES-DE-BIGORRE.

SOCIÉTÉ RAMOND.

Voir, pour les publications de cette Société antérieures à 1901, la table récapitulative de notre *Bibliographie générale;* et pour ses publications postérieures, la table placée à la fin du présent fascicule.

XLV. — Explorations pyrénéennes... Bulletin de la Société Ramond, 45° année, 1910, 3° série, t. V. (Bagnères-de-Bigorre, s. d., in-8°, 234 p.)

39059. Marsan (L'abbé F.). — Météorologie ancienne du Midi pyrénéen, p. 17 à 20. — Suite de XLI, p. 194; XLII, p. 24; XLIII, p. 153. — Cf. XXXIII, p. 17; et XXXIV, p. 198.

39060. Marsan (L'abbé F.). — La Guerre de succession et la vallée d'Aure, documents inédits (1701-1732), p. 21 à 46.

39061. Gandy (Dr). — Encore Michel Montaigne à Bagnères, p. 78.

39062. Rondou (P.). — Les sonnailles dans la vallée de Barèges, p. 87 à 90.

39063. Gourdon (Maurice). — Les tours à signaux ou tours de guet dans le haut-comté de Comminges, p. 91 à 122.

PYRÉNÉES-ORIENTALES. — PERPIGNAN.

SOCIÉTÉ AGRICOLE, SCIENTIFIQUE ET LITTÉRAIRE DES PYRÉNÉES-ORIENTALES.

Voir, pour les publications de cette Société antérieures à 1901, la table récapitulative de notre *Bibliographie générale;* et pour ses publications postérieures, la table placée à la fin du présent fascicule.

LI. — Société agricole, scientifique et littéraire des Pyrénées-Orientales, 51° vol. (Perpignan, 1910, in-8°, 671 p.)

39064. Pratx (Maxence). — L'intendance de Roussillon. Mémoire de M. Pierre Poeydavant, subdélégué général, sur la province de Roussillon et le pays de Foix, en particulier sur les objets relatifs à leur administration et aux fonctions des commissaires départis. Deuxième partie, p. 1 à 188.

[La Première partie du *Mémoire* a été publiée par M. E. Desplanque en 1894 et en 1896 dans les tomes XXXV, p. 283-440, et XXXVII, p. 365-416, du recueil de la Société.]

39065. Masnou (Paul). — Une levée de miquelets ou fusiliers de Montagne en Roussillon (1744), p. 189 à 219.

39066. Torreilles (Ph.). — Lettres du comte d'Oms de Margarit, enseigne aux Gardes françaises, à son père le marquis d'Oms de Tord (1772-1783), p. 221 à 287.

39067. Vidal (P.). — Recherches relatives à l'histoire des beaux-arts et des belles-lettres en Roussillon depuis le xi° siècle jusqu'au xvii°, p. 289 à 366. — Suite de XXVII (2° partie), p. 173.

[Retable de Saint-Michel en l'église de la Réal de Perpignan (1376); croix de N.-D. du Mont-Carmel de Perpignan (1408); retable de N.-D. de Cabestany (1404); chapelle de la Passion dans l'église des Frères Mineurs de Perpignan (1406); retable de N.-D. du Mont-Carmel de Perpignan (1408); statue d'argent de sainte Catherine pour Saint-Jean de Perpignan (1409), p. 289 à 299.

39068. — Chaire à prêcher dans le cloître des Frères Mineurs de Perpignan (1410); *officier* pour le couvent de Saint-François de Perpignan (1417); retable de la confrérie de la Vierge et Sainte-Anne à Saint-Pierre de Céret (1422); reliquaire de Saint-Jean-

Baptiste de Perpignan (1425); croix de Saint-Vincent d'Eus (1429); retable représentant la vie de sainte Marguerite (1428); psautier de l'église de Garrius (1431); retable du couvent de S. Augustin de Perpignan (1434); retable de N.-D. à Saint-Sulpice de Bouleternère (1441); clocher de N.-D. de Baixas (1447); p. 299 à 311.

39069. — Retable de Saint-Jacques de Perpignan (1450); diadème de la vierge de Saint-Laurent de la Salanque (1460); croix d'argent pour le Catllar (1460); retable de Saint-Jacques d'Ille (1461); retable du maître-autel de Saint-Jacques de Perpignan (1461-1463); retable de la Vierge à Baixas (1462); retable de l'autel de Sainte-Madeleine à Saint-Jacques de Perpignan (1464); Jean de Cabretosa, bénéficier à Saint-Jean de Perpignan (1469); retable de Saint-Jacques de Perpignan (1470); retable de la chapelle de Saint-Honorat au couvent des Carmes de Perpignan (1481), p. 311 à 337.

39070. — Croix de Vinça (1488); retable de Saint-Laurent de la Salanque (1488); retable de N.-D. de Baixas (1498); église du monastère de Vallbona (1498); châsse de saint Gaudérique pour Saint-Martin du Canigou (1507); statue de la Vierge pour le Catllar (1508); retable de la chapelle de la Passion en l'église des Frères Mineurs de Perpignan (1515); retable de Saint-André de Bigarranes (1516); orgue de Millas (1522); orgue de Palau del Vidre (1524); vitrail de Saint-Jean de Perpignan (1526); chasuble de Puigcerda (1542); retable de la chapelle Saint-Fiacre des Carmes de Perpignan (1549); retable de la chapelle Saint-Luc, de Saint-Jacques de Perpignan (1550), p. 337 à 360.]

39071. Freixe (Jacques). — Le passage du Perthus pendant la guerre des Vêpres siciliennes (1285-1295), p. 361 à 401.

39072. Masnou (Paul). — Note sur le rétable de la chapelle du Rosaire de l'église Saint-Jacques de Perpignan, 2 *pl.*, p. 403 à 412.

39073. Sans (E.). — Note sur une inscription du moyen âge, *pl.*, p. 413 à 415.

[Pierre tombale de Vilar, chevalier du roi de Majorque († 1300).]

39074. Robin (Marcel). — Contribution à l'histoire de la Révolution de 1848 dans les Pyrénées-Orientales, p. 417 à 439.

39075. Mengel (O.). — Tremblements de terre en région catalane [1224-1909], *carte*, p. 497 à 504.

39076. Anonyme. — La *Tradition catalane* [monument à Perpignan], p. 505 à 522.

[Notes biographiques sur les personnages dont le nom est inscrit sur le monument.]

PYRÉNÉES-ORIENTALES. — PERPIGNAN.

SOCIÉTÉ D'ÉTUDES CATALANES.

Voir, pour les publications antérieures de cette Société, la table placée à la fin du présent fascicule.

IV. — **Revue catalane**, organe de la Société d'études catalanes, t. IV, année 1910. (Perpignan, s. d., in-8°, III-468 p.)

39077. Costabona (Firmin). — Le catalanisme, p. 8 à 12.

39078. Laguivier (R. de). — Textes catalans, p. 22, 169, 423, et 452.

[Requête des consuls d'Elne pour leur costume (1437), p. 22. — Sentence arbitrale (Elne, 1437), p. 169. — Achat d'artillerie contre les grandes compagnies (Elne, 1439-1441), p. 423. — Règlement des coseigneurs d'Elne sur la garance (1444), p. 452.]

39079. Capeille (L'abbé Jean). — Figures d'évêques roussillonnais, p. 26, 56, 88, 122, 155, et 181. — Suite de II, p. 249, 282, 314; et III, p. 24, 58, 89, 121, 158, 185, 216, 248, 282, 314, 346, et 377.

[Barthélemy Peyro, évêque d'Elne (1384 † 1408), p. 26. — Pierre de Castellnou, évêque de Gérone (1254-1278), p. 56. — Jausbert de Bolonac, évêque de Valence (1276-1288), p. 58. — Raymond de Descallar, évêque d'Elne (1408-1409) et de Gérone (1409-1415), p. 60. — Galcerand Albert, évêque d'Elne (1481-1453), p. 88. — Bernard de Pau, évêque de Gérone (1436-1458), p. 91. — Raymond de Costa, évêque d'Elne (1289-1310), p. 122. — Jean Pintor, évêque d'Elne (1467-1470), p. 125. — Onuphre Réart, évêque d'Elne (1599-1607), de Vich (1608-1612) et de Gérone (1612-1620), p. 155. — Michel Pontich, évêque de Gérone (1686-1699), p. 181. — Joseph-Marie-Luc de Ponte d'Albaret, évêque de Sarlat (1778 † 1793), p. 185. — Pierre Soubiranne, évêque de Belley (1880-1887), p. 188.]

39080. Anonyme. — Le mètre et le rythme dans la poésie catalane, p. 34 à 41, et 67 à 73.

39081. Bergue (Paul). — Albert Saisset, poète et linguiste, p. 106, 134, 163, 369, 407, et 439.

39082. Conill (L.). — Botanique populaire catalane, p. 112 à 115, et 150 à 153.

39083. Capeille (L'abbé Jean). — Secousses sismiques observées dans le Roussillon en 1755, p. 146 à 149.

39084. Divers. — A propos du mot *Regalades*, p. 171 à 175.

39085. Sarrieu (B.). — Note sur l'étymologie du mot Catalogne, p. 378.

39086. Pastre (Louis). — La langue catalane et son utilité pédagogique, p. 396, 425, et 463.

39087. Anonyme. — La Vierge de Thuir et Charlemagne en Roussillon, p. 432 à 436.

RHIN (HAUT-). — BELFORT.

SOCIÉTÉ BELFORTAINE D'ÉMULATION.

Voir, pour les publications de cette Société antérieures à 1901, la table récapitulative de notre *Bibliographie générale;* et pour ses publications postérieures, la table placée à la fin du présent fascicule.

XXIX. — Bulletin de la Société belfortaine d'émulation, n° 29, 1910. (Belfort, 1910, in-8°, xxxviii-147 p.)

39088. ANONYME. — Albert Baumann [† 1909], p. xxxi à xxxiv.

39089. ANONYME. — Joseph Haas [1843 †1910], *portr.*, p. xxxv.

39090. F. S. [SCHEURER (Ferdinand).] — Mathieu-Henri Bardy [† 1909], *portr.*, p. xxxvi à xxxviii.

39091. ZELLER (Arsène). — Le général Scherer (1747 †1804), *portr.*, p. 1 à 26.

39092. CARDOT (A.). — Oriel, un siège de Belfort inconnu (1634), p. 27 à 36.

39093. SCHEURER (Ferdinand). — La famille Gérard et l'incendie de Ferrette en 1789, *pl.*, p. 37 à 53.

39094. D.-R. [DUBAIL-ROY]. — Les écoles de Belfort avant la Révolution, p. 55 à 79.

39095. JOACHIM (J.). — Le coût d'une *bouélaijon* à Delle en 1690, p. 81 à 87.

39096. PAJOT (F.). — Étude sur les voies romaines de Besançon à Yverdon et à Lausanne, *carte*, p. 89 à 100.

39097. JOACHIM (J.). — Recherches de houille et de tourbe à Auxelles-Bas en 1786, p. 101 à 104.

39098. VAUTHERIN (Aug.). — De quelques reliquats celtics, plus particulièrement celto-séquanais en région belfortienne et voisinage, p. 125 à 138.

RHIN (HAUT-). — MULHOUSE.

SOCIÉTÉ INDUSTRIELLE DE MULHOUSE.

Voir, pour les publications de cette Société antérieures à 1901, la table récapitulative de notre *Bibliographie générale;* et pour ses publications postérieures, la table placée à la fin du présent fascicule.

LXXX. — Bulletin de la Société industrielle de Mulhouse, t. LXXX. (Mulhouse, 1910, gr. in-8°, xi-494 p. et annexes.)

39099. EISENMENGER (G.). — Le Rhin à travers les âges, p. 107 à 119.

39100. SCHWARTZ (L.). — Rapport sur la marche du musée historique pendant l'année 1909, p. 138 à 140. — Cf. *id.*, n° 39106.

39101. NIEDERHÄUSERN (F. DE). — Note sur l'ouvrage de G. Rosetti *Plichto de l'arte de tentori che insegna tenger pani, telle, banbasi et sede si per l'arthe magiore come per la comune* [1540 et 1548], 6 *facs.*, p. 275 à 280.

39102. JULLIAN (Camille). — Conférence sur ce qu'étaient les Gaulois avant l'arrivée des Romains, p. 369 à 384.

39103. SCHOEN (Gustave-Ad.). — Rapport sur la collection de monnaies du Landgraviat de la Haute-Alsace offerte à la Société industrielle par M. Ernest Lehr, p. 439 à 443.

XXXIII. — Bulletin du Musée historique de Mulhouse, t. XXXIII, année 1909. (Mulhouse, 1909, in-8°, 127 p.)

39104. BENNER (Édouard). — Les écoles de Mulhouse du xiii° au xix° siècle, p. 5 à 69.

39105. INGOLD (A.-M.-P.). — Metzger et les De Beer, lettres inédites [an vi- 1821], p. 70 à 88.

39106. SCHWARTZ (Louis). — Rapport sur la marche du musée pendant l'année 1909, p. 89 à 94; — dons et acquisitions, p. 103 à 117. — Cf. *id.*, n° 39100.

RHÔNE. — LYON.

ACADÉMIE DES SCIENCES, BELLES-LETTRES ET ARTS DE LYON.

Voir, pour les publications de cette Société antérieures à 1901, la table récapitulative de notre *Bibliographie générale;* et pour ses publications postérieures, la table placée à la fin du présent fascicule.

X. — Mémoires de l'Académie des sciences, belles-lettres et arts de Lyon. Sciences et lettres, 3ᵉ série, t. X. (Lyon, 1910, gr. in-8°, xliv-436 p.)

39107. Morel (Ennemond). — Les origines florentines de l'industrie de Lyon, 3 *pl.*, p. 81 à 100.
39108. Hamy (Dʳ E.-T.). — A.-L. de Jussieu et Claret de La Tourette (1773-1793), p. 101 à 111.
39109. Vincent (Dʳ Eug.). — Les origines de l'ancien collège des médecins de Lyon, à propos du sceau de 1500, *fig.* et *pl.*, p. 113 à 139.

39110. Morel (Ennemond). — Les monuments de Samarcande et les ruines dans l'Asie centrale, 10 *pl.*, p. 179 à 192.
39111. Boissieu (Maurice de). — Un diplomate au xviiᵉ siècle, le marquis Saint-Chamond, p. 193 à 214.
39112. Pariset (E.). — La Société de secours mutuels et caisse de retraites des ouvriers en soie [1850-1906], p. 215 à 305.
39113. Vincent (Dʳ Eugène). — Documents, la plupart inédits, sur les victimes de la Terreur à Lyon portant le nom de Vincent, p. 329 à 358.
39114. Latreille (C.). — Un poète lyonnais, Clair Tisseur, p. 395 à 423.

RHÔNE. — LYON.

SOCIÉTÉ D'AGRICULTURE, SCIENCES ET INDUSTRIE DE LYON

Voir, pour les publications de cette Société antérieures à 1901, la table récapitulative de notre *Bibliographie générale;* et pour le volume paru en 1901, le t. I, fasc. 1, p. 73 de notre *Bibliographie annuelle.*

LXVI. — Annales de la Société d'agriculture, sciences et industrie de Lyon, 7ᵉ série, t. X, 1902. (Lyon, 1903, in-8°, 131-31-xcvii p.)

LXVII. — Annales de la Société d'agriculture, sciences et industrie de Lyon, 8ᵉ série, t. I, 1903 (Lyon, 1904, in-8°, 199-lxxi p.)

LXVIII. — Annales de la Société d'agriculture, sciences et industrie de Lyon, 8ᵉ série, t. II, 1904. (Lyon, 1905, in-8°, 165-cxxvi p.)

39115. Gensoul (P.). — Notice sur Étienne-Arnould Locard (1841 † 1904), *portr.*, p. 123 à 129.
39116. Burelle (E.). — Notice sur Alfred Léger (1840 † 1904), *portr.*, p. 131 à 137.

LXIX. — **Annales de la Société d'agriculture, sciences et industrie de Lyon,** 1905. (Lyon, 1906, in-8°, 582 p.)

39117. VANDERPOL (A.). — Historique de la Société d'agriculture, sciences et industrie de Lyon de 1880 à 1905, p. 539 à 580.

____

LXX. — **Annales de la Société d'agriculture, sciences et industrie de Lyon,** 1906. (Lyon, 1907, in-8°, 576 p.)

____

LXXI. — **Annales de la Société d'agriculture, sciences et industrie de Lyon,** 1907. (Lyon, 1907, in-8°, 438 p.)

39118. Roux (Claudius). — Bibliographie méthodique

des principaux manuscrits inédits ou peu connus relatifs aux sciences naturelles, p. 183 à 288.

____

LXXII. — **Annales de la Société d'agriculture, sciences et industrie de Lyon,** 1908. (Lyon, 1909, in-8°, 354 p.)

39119. FORGEOT. — Les chevaux de la tapisserie de Bayeux, *fig.*, p. 42 à 50.
39120. GODINOT (L.). — Notice biographique sur M. Jean-Aimé Marnas (1828-1908), p. 315 à 320.

____

LXXIII. — **Annales de la Société d'agriculture, sciences et industrie de Lyon,** 1909. (Lyon, 1910, in-8°, 316 p.)

RHÔNE. — LYON.

SOCIÉTÉ D'ANTHROPOLOGIE.

Voir, pour les publications de cette Société antérieures à 1901, la table récapitulative de notre *Bibliographie générale;* et pour ses publications postérieures, la table placée à la fin du présent fascicule.

XXVIII. — **Bulletin de la Société d'anthropologie de Lyon,** t. XXVIII, 1909. (Lyon, 1910, in-8°, 144 p.)

39121. GUIMET (E.). — Observations sur la fabrication des vases égyptiens de l'époque préhistorique, *fig.*, p. 8 à 10.
39122. CHANTRE (Ernest). — Le Dr E. Hamy, sa vie et ses travaux (1842 † 1908), p. 13 à 28.
39123. REGNAULT (.Dr Félix). — La syphilis est-elle représentée sur les terres cuites grecques de Smyrne, *fig.*, p. 33 à 39.
39124. FOBIS. — Note sur la préhistorique du Djebel Assala près de Gafsa (Tunisie), p. 52 à 58.
39125. CHANTRE (Ernest). — Claudius Savoye, sa vie et ses œuvres (1856 † 1908), p. 60 à 64.
39126. RÉVEIL. — Étude sur les habitants de la vallée d'Ossau, p. 65 à 69.
39127. GANGOLPHE (D^r) et SMITH (G. Elliot). — A propos de la prétendue découverte de la syphilis chez les Égyptiens préhistoriques, p. 73 à 86.
39128. MULLER (H.) — Note sur une pierre à cupules découverte aux environs de Grenoble, p. 63 à 97.
39129. VASSY. — Un crâne trépané trouvé à Saint-Romain-en-Gall (Rhône), p. 97.
39130. CHANTRE (Ernest). — L'anthropologie à Lyon (1878-1908), p. 109 à 115.
39131. MULLER. — La grotte du Croissant (Fontabert), la Buisse (Isère), p. 125 à 129.

RHÔNE. — LYON.

SOCIÉTÉ DES BIBLIOPHILES LYONNAIS.

Voir, pour les publications de cette Société antérieures à 1901, la table récapitulative de notre *Bibliographie générale;* et pour ses publications postérieures, la table placée à la fin du présent fascicule.

39132. Cambefort (Émile). — Henry Morin-Pons, notice biographique. (Lyon, 1908, petit in-4°, 26 p., 3 *pl.*)

39133. Galle (Léon). — A travers vingt-cinq années de bibliophilie lyonnaise. (Lyon, 1910, in-16, 26 p.)

39134. Albon (Mis d'). — Le Livre des Juges, les cinq textes de la version française faite au xii° siècle pour les chevaliers du Temple. (Lyon, 1910, in-4°, x p., 45 ff., 4 *pl.*)

39135. Terrebasse (Alfred de). — Une lettre inédite de La Fontaine [à Maucroix] du 26 octobre 1693. (Lyon, 1910, in-4°, 37 p., *facs.*)

RHÔNE. — LYON.

SOCIÉTÉ DE GÉOGRAPHIE DE LYON.

Voir, pour les publications de cette Société antérieures à 1901, la table récapitulative de notre *Bibliographie générale;* et pour ses [publications postérieures, la table]placée à la fin du présent fascicule.

XXIII. — Société de géographie de Lyon et de la région lyonnaise, 2° série, t. I, 1908. (Lyon, 1908, in-8°.)

XXIV. — Société de géographie de Lyon et de la région lyonnaise, 2° série, t. II, 1909. (Lyon, 1909, in-8°, 178 p.)

XXV. — Société de géographie de Lyon et de la région lyonnaise, 2° série, t. III, 1910. (Lyon, 1910, in-8°, 104 p.)

39136. Morel (Ennemond). — Un voyage en Perse, p. 17 à 40.

RHÔNE. — LYON.

SOCIÉTÉ GERSON.

Cette association, fondée à Lyon en 1906 pour l'étude de l'histoire et de l'archéologie religieuses du diocèse, a pris pour organe le *Bulletin historique du diocèse de Lyon*, dont quatre volumes avaient précédemment paru sous le patronage des Facultés catholiques de Lyon. Nous commençons donc ici avec le tome V l'analyse de ce recueil.

V. — Bulletin historique du diocèse de Lyon, paraissant tous les deux mois sous le patronage des Facultés catholiques de Lyon, t. V, année 1906. (Lyon, 1906, in-8°, II-444 p.)

[Le titre de chaque fascicule porte en plus : *Organe de la Société Gerson d'histoire et d'archéologie du diocèse de Lyon.*]

39137. Vanel (L'abbé J.-B.). — Les origines du séminaire Saint-Irénée, p. 1 à 10, et 29 à 43.

39138. Anonyme. — Étude sur la chapelle Notre-Dame de Grangent, paroisse Saint-Just-sur-Loire (Loire), p. 11 à 17.

39139. Matagrin (Henri). — Le collège Saint-Symphorien-le-Chatel, la confrérie du Saint-Esprit et la grange Ponchon, p. 43 à 51, et 68 à 79.

39140. E. L. (L'abbé). — La bibliothèque du couvent de Picpus à Beaujeu [1793], p. 52 à 56.

39141. Vanel (L'abbé J.-B.). — Les livres du cardinal Fesch, p. 57 à 67.

39142. Merle (L'abbé). — Les curés d'Arthun (Loire), p. 79 à 86*.

39143. Prajoux (J.). — La chapelle Saint-Roch à Roanne, p. 85 à 89.

39144. Lavenir (L'abbé). — Les modes de fermage dans le Lyonnais au X° siècle, p. 90 à 94.

39145. Martin (L'abbé J.-B.). — Répertoire biographique du clergé lyonnais au XIX° siècle, p. 95, 128, 170; VI, p. 24, 51, 105, 137, 170; et VII, p. 17, 61, 86, 118, 156, 203, 246, et 313.

39146. Anonyme. — Ancienne chapelle du quartier des Terreaux, p. 109 à 111.

39147. Richard (P.). — Origine du camail des curés de Lyon, à l'occasion de l'arrivée de Pie VII, p. 112.

39148. Vanel (L'abbé J.-B.). — Saint-Irénée, p. 117 à 127.

39149. Vanel (L'abbé J.-B.). — L'église Saint-Just de Lyon, p. 149 à 160.

39150. Prajoux (L'abbé J.). — Les anciens cimetières de Roanne, p. 161 à 169.

VI. — Bulletin historique du diocèse de Lyon..., t. VI, année 1907. (Lyon, 1907, in-8°, II-174 p.)

39151. Matagrin (H.). — Réjouissances à Lyon à l'occasion du mariage du Dauphin, plus tard Louis XVI, avec Marie-Antoinette (16 mai 1770), p. 1 à 7.

39152. Morel de Voleine (I.). — Aperçu sur la paroisse de Cogny, p. 8, 77, et 97.

[39145.] Martin (L'abbé J.-B.). — Répertoire biographique du clergé lyonnais au XIX° siècle, p. 24, 51, 105, 137, et 170.

39153. Paris (L'abbé J.-F.). — Marcoux (Loire), son clergé de 1616 à la Révolution, listes et notes, p. 29 à 38.

39154. Birot (Dʳ J.). — Ancien cimetière des hospices de Lyon dit cimetière de la Madeleine (1695-1866), p. 39 à 50.

39155. Beyssac (J.). — Les listes de chanoines de Lyon, p. 57 à 76.

39156. Anonyme. — Passage de Mabillon à Lyon, p. 84 à 86*.

39157. Paris (J.). — Tupin-Semons (Rhône), ses curés de 1660 à la Révolution, p. 87 à 96.

39158. Perrault-Dabot (A.). — Une œuvre inédite de Coysevox [maquette de la Vierge dite Notre-Dame des Grâces, à l'hospice de la Charité de Lyon], p. 117.

39159. [Martin (L'abbé J.-B.).] — Un envoi d'objets d'art lyonnais aux musées et bibliothèques de Paris pendant la Révolution, p. 119 à 128.

39160. Poidebard (A.). — L'église Saint-Michel à Lyon (500-1690), p. 129 à 136.

39161. Giraud (J.). — Le couvent des Carmes déchaussés de Lyon, p. 147 à 155.

39162. Vanel (L'abbé J.-B.). — Quelques notes inédites sur Mgr de Marbeuf [archevêque de Lyon], p. 156 à 162.

39163. Anonyme. — Capucins du Petit-Forez à Lyon, p. 163.

VII. — Bulletin historique du diocèse de Lyon..., t. VII, années 1908 et 1909. Lyon, 1909, in-8°, II-402 p.)

39164. Anonyme. — L'église Saint-Nizier, ses chapelles, ses confréries, son chapitre au xviie siècle, p. 1 à 7, et 42 à 59.

39165. Révérand (L'abbé J.). — Fleurieu-sur-Saône, période gallo-romaine, origines chrétiennes, *fig.*, p. 8 à 16.

[39145.] Martin (L'abbé J.-B.). — Répertoire biographique du clergé lyonnais au xixe siècle, p. 17, 61, 86, 118, 156, 203, 246, et 313.

39166. Richard (P.). — Anse, p. 33 à 41.

39167. Vanel (L'abbé J.-B.). — Une querelle épigraphique tranchée au bout de soixante-douze ans [inscription de l'église des Grands-Cordeliers de Lyon ou église Saint-Bonaventure], p. 65 à 70.

59168. Signerin (L'abbé). — L'hôpital Notre-Dame de Saint-Rambert en Forez, depuis les temps les plus reculés jusqu'en 1793, p. 71, 107, 148, 197, 242, 300 et 374,

39169. Grand (A.). — Une visite de l'abbaye d'Ainay en 1605, p. 75 à 83.

39170. Anonyme. — La confrérie Saint-Nicolas dans l'église de l'Observance à Lyon, p. 84 à 85.

39171. Monternot (L'abbé Ch.). — La fête de la Raison fut-elle célébrée à Lyon dans la cathédrale Saint-Jean sous la Terreur? p. 97 à 106.

39172. Richard (Paul). — Notice historique sur Vaugneray, p. 114 à 117.

39173. Beyssac (J.). — Les prieurs de Notre-Dame de Confort, ordre des Frères Prêcheurs, *fig.*, p. 129, 161, 225, et 257.

39174. Richard (P.). — Notice sur Chateauvieux et Yzeron, p. 143 à 147.

39175. Richard (P.). — Notice historique sur l'église de l'Arbresle, p. 192 à 196.

39176. Richard (Paul). — Notice historique sur Tassin, p. 238 à 241.

39177. Vanel (L'abbé J.-B.). — Une correspondance inédite du P. Lacordaire, p. 291 à 299.

39178. Guerrier (L.). — Note sur un bréviaire de Saint-Victor (Loire), p. 308 à 312.

39179. Roux (Claudius). — La confrérie des Pénitents blancs de Saint-Symphorien-le-Château en Lyonnais, p. 321 à 344.

39180. Malley (Th.). — Les visites pastorales de Mgr Camille de Neuville dans la principauté des Dombes, p. 345 à 361.

39181. Mollière (L.). — Une victime de la Terreur à Lyon, dom Jacques Mollière, chartreux, p. 362 à 368.

39182. Prajoux (F.). — Notes sur les événements météorologiques arrivés dans la paroisse de Renaison de 1740 à 1770, p. 369 à 373.

39183. Bathia (L'abbé). — Une famille roannaise. La famille Michon de Chancé de Renaison, p. 379 à 393.

RHÔNE. — VILLEFRANCHE.

SOCIÉTÉ DES SCIENCES ET ARTS DU BEAUJOLAIS.

Voir, pour les publications de cette Société antérieures à 1901, le tome V, p. 740, de notre *Bibliographie générale*; et pour ses publications postérieures, la table placée à la fin du présent fascicule.

XI. — Bulletin de la Société des sciences et arts du Beaujolais, 11e année, 1910. (Villefranche, 1910, gr. in-8°, 369 p.)

39184. Prajoux (F.). — La ville et la paroisse de Perreux, p. 5 à 45. — Suite de X, p. 210, et 257.

39185. La Perrière (J. de). — Le fief de Varennes, [c^{ne} de Quincié], p. 46 à 53.

39186. Caillet (Louis). — Mémoire justificatif de Jean Des Vignes. Anecdotes sur la traversée de Lyon et des montagnes du Beaujolais par l'artillerie royale ramenée de Narbonne à Orléans après une des expéditions de Catalogne (mars 1470), p. 54 à 73.

39187. Le Mau de Talancé (Colonel M.-J.). — Les livres de raison des Deschamps et des Lemau, seigneurs de Talancé en Beaujolais, *fig.*, p. 87 à 108. — Suite de X, p. 179.

39188. Lenotre (G.). — Salles en Beaujolais, p. 109 à 116.

39189. Caillet (Louis). — Documents beaujolais, p. 117 à 132, et 233 à 249.

[Lettre d'Hector I, bâtard de Bourbon aux Lyonnais (27 février 1412); les États du Beaujolais et des Dombes et les foires de Lyon en 1485; lettres du Conseil du duc de Bourbon à Villefranche aux Lyonnais (21 mai 1493); lettre de Geoffroy de Balsac, seigneur de Châtillon d'Azergues aux consuls de Lyon (23 janvier 1500), p. 117. — Accord passé entre Anne, dauphine, et Amé de Viry (1412); lettres d'Anne, dauphine, duchesse de Bourbonnais (1415), de Jeanne de France, duchesse de Bourbonnais et d'Auvergne (5 juin 1460) et de Jean II, duc de Bourbonnais et d'Auvergne (1471), au chapitre de Beaujeu, p. 233.]

39190. Besançon (D A.). — Liergues, notes et documents, p. 133 à 158.

39191. Morel de Voleine (I.). — Documents sur le château de Montmelas, ses seigneurs, ses devoirs et droits
seigneuriaux, p. 179 à 198.

39192. Longin (E.). — Un bailli du Beaujolais au
XVIe siècle. Jean d'Albon, sieur de Saint-André, p. 199
à 217, et 333 à 350.

39193. Ballóffet (Joseph). — Une émeute à Villefranche
à propos de la loi des Décadis, p. 218 à 232.

39194. Le Mau de Talancé (Colonel M.-J.). — Cahiers
de mémoires inédits de la baronne Carra de Vaux,
née Césarine Des Roys (1788-1804), p. 263 à 297.

39195. Perroud (Claude). — Madame Roland en Beaujolais, p. 298 à 332.

SAÔNE (HAUTE-). — GRAY.

SOCIÉTÉ GRAYLOISE D'ÉMULATION.

Voir, pour les publications de cette Académie antérieures à 1901, le tome V, p. 741, de notre *Bibliographie générale;* et pour ses publications postérieures, la table placée à la fin du présent fascicule.

Le 13e volume du *Bulletin* de la Société, paru en 1910, contient une table du recueil (voir notre n° 39200).

XIII. — Bulletin de la Société grayloise d'émulation, n° 13, année 1910. (Gray, 1910, in-8°, 189 p.)

39196. Roux (Roger). — Notes historiques sur Vesoul.
Manuscrit inédit de Nicolas-David Baulmont (1802),
p. 13 à 115.

39197. Godard (Ch.). — Les enfants de chœur à Gray
de 1535 à 1789, p. 117 à 131.

39198. Faitout (Charles). — Notice sur le testament de
Madeleine de Bauffremont [1644], p. 133 à 148.

39199. Mérand (L'abbé). — Note sur le calvaire de
Vars, p. 149 à 152.

39200. Anonyme. — Table des travaux de la Société
grayloise d'émulation, p. 165 à 174, et 179 à 187.

SAÔNE (HAUTE-). — VESOUL.

SOCIÉTÉ D'AGRICULTURE, LETTRES, SCIENCES ET ARTS DE LA HAUTE-SAÔNE.

Voir, pour les publications de cette Société antérieures à 1901, la table récapitulative de notre *Bibliographie générale;* et pour ses publications postérieures, la table placée à la fin du présent fascicule.

XXXV. — Bulletin de la Société d'agri- culture, lettres, sciences et arts du dépar- tement de la Haute-Saône, année 1910. (Vesoul, s. d., in-8°, XXXII-373 p.)

39201. Monnier (Louis). — Histoire de la ville de Ve-

soul, *fig.*, p. 1 à 196. — Suite de XXXIII, p. 135; et
XXXIV, p. 1.

39202. Blondeau (Georges). — La collection de la générale Comte, née Sallot, au musée de Vesoul, p. 307
à 322.

39203. Pidoux (P.-A.). — La législation de l'assistance
en Franche-Comté aux XVIe et XVIIe siècles, p. 323 à 372.

SAÔNE-ET-LOIRE. — AUTUN.

SOCIÉTÉ ÉDUENNE.

Voir, pour les publications de cette Société antérieures à 1901, la table récapitulative de notre *Bibliographie générale;* et pour ses publications postérieures, la table placée à la fin du présent fascicule.

XXXVIII.—Mémoires de la Société Éduenne, nouvelle série, t. XXXVIII. (Autun, 1910, in-8°, xxiv-432 p.)

39204. Anonyme. — Journal de Jean Grégaine, bourgeois de Marcigny, pendant les guerres de la Ligue en Brionnais (1589-1596), p. 1 à 79.

39205. Charmasse (A. de). — La légende de saint Émiland, p. 81 à 94.

39206. Montarlot (P.). — Les députés de Saône-et-Loire aux assemblées de la Révolution (1789-1799), p. 95 à 151. — Suite de XXX, p. 281 ; XXXI, p. 141 ; XXXII, p. 133; XXXIII, p. 181; XXXIV, p. 33 ; XXXV, p. 43, 404; XXXVI, p. 121 ; XXXVII, p. 161, et 401.

39207. Muguet (Paul). — Le prieuré du Val-Saint-Benoît, p. 153 à 217. — Suite et fin de XXXV, p. 207 ; XXXVI, p. 223 ; et XXXVII, p. 123.

[Suivi d'un recueil de 54 chartes (1237-1486).]

39208. Gillot (A.) et Boëll (Ch.). — Supplément au catalogue de la Bibliothèque de Claude Guilliaud, chanoine d'Autun (1493-1551), p. 219 à 292. — Cf. XVIII, p. xxxi et 1.

39209. Gadant (R.). — Nouvelles observations sur les poteries à décors rubanés appliqués par pressions digitées, p. 293 à 296.

39210. Charmasse (A. de). — Note sur Guillaume d'Auxonne, évêque d'Autun (1343-1344), p. 297 à 301.

39211. Valat (G.). — A travers la Bourgogne à la suite de l'ambassade ottomane de 1741, p. 303 à 323.

39212. Fyot (E.). — Trois fiefs sur la Dheune, *fig.* et *pl.*, p. 325 à 353.

[Saint-Berain, *fig.*, la Motte-sur-Dheune, *fig.*, la Motte-Vouchot, *fig.* et *pl.*]

39213. Gadant (R.). — Note sur un pendentif romain en or trouvé à Autun et sur des bijoux analogues de l'époque romaine, *pl.*, p. 355 à 377.

39214. Rerolle (Joseph). — Prosper Baron († 1909), J. Jarlot († 1910), p. 380 à 386.

39215. Charmasse (A. de). — Nécrologie, p. 386.

[L'abbé P.-A. Truchot (1838 † 1909); Vte A. d'Autume († 1909); A. Prenat (1832 † 1909); lieutenant-colonel E. Desveaux († 1910); Ch. Abord († 1910), p. 386.]

39216. Romiszowski (De). — Bronze à l'effigie de Claude II le Gothique trouvé à Autun, p. 398.

39217. Chaignon (De). — Vestiges de sépultures à Dracy-Saint-Loup, p. 398.

39218. Charmasse (A. de). — Nécrologie, p. 403, et 419.

[Dr F. Latouche († 1910); J. Roidot († 1910); A. Blanvillain († 1910), Eug. Durand († 1910); P. Heuzey († 1910), p. 408. — H. Bellime († 1910); Ch. Clément († 1910); abbé N. Aubeuf (1858 † 1910), p. 419.]

39219. Romiszowski (De). — Petit bronze à l'effigie de Dide Julien trouvé à Autun, p. 423.

SAÔNE-ET-LOIRE. — CHALON-SUR-SAÔNE.

SOCIÉTÉ D'HISTOIRE ET D'ARCHÉOLOGIE DE CHALON-SUR-SAÔNE.

Voir, pour les publications de cette Société antérieures à 1901, la table récapitulative de notre *Bibliographie générale;* et pour ses publications postérieures, la table placée à la fin du présent fascicule.

XI. — Mémoires de la Société d'histoire et d'archéologie de Chalon-sur-Saône, 2ᵉ série, t. III (t. XI de la collection). (Chalon-sur-Saône, 1909-1910, in-8°, viii-135 et iii-175 p.)

Première partie.

39220. Gendriez (Ch.). — Joachim Batault [1846 † 1910], p. 1 à viii.

39221. Redouillat (Albert). — Histoire de Mouthier

en Bresse, *fig.*, p. 1 à 82. — Suite et fin de X, p. 217.

39222. C. F. — Notice sur la chapelle de Corcassey, *fig.*, p. 83 à 90.

39223. GUILLEMIN (Jules). — L'église et les curés de Mervans, p. 91.

[Introduction et notes de M. Jean MARTIN.]

39224. GINDRIEZ (Ch.). — Découverte dans l'ancien doyenné de Saint-Vincent à Chalon-sur-Saône de deux médaillons gallo-romains, *pl.*, p. 123 à 131.

Deuxième partie.

39225. COURBALLÉE-THÉVENIN. — Charles Gindriez (1843-1910), *portr.*, p. 1 à VI.

39226. FAITOUT (Ch.). — Livre d'or des donations pieuses ou charitables chalonnaises de 1629 à 1789, p. 1 à 127.

39227. VARIOT. — L'ingénieur Gauthey [1732 † 1806] et le canal du Centre, p. 129 à 152.

39228. BRINTET (L.-C.). — Relation du siège et de la démolition du château de Montaigu sous la Ligue (juillet 1591), p. 153 à 174.

SAÔNE-ET-LOIRE. — LOUHANS.

SOCIÉTÉ D'AGRICULTURE ET D'HORTICULTURE DE L'ARRONDISSEMENT DE LOUHANS.

Voir, pour les publications de cette Société antérieures à 1901, la table récapitulative de notre *Bibliographie générale;* et pour ses publications postérieures, les tables placées à la fin du présent fascicule.

XXI. — **La Bresse Louhannaise**, Bulletin mensuel agricole, scientifique, historique et littéraire, organe de la Société d'agriculture et d'horticulture de l'arrondissement de Louhans, 21° année. (Louhans, 1909, in-8°, 320 p., [*lire* 420 p.].)

39229. L. G. [GUILLEMAUT (Lucien).] — Bresse Louhannaise. Armoiries ouvrières, *fig.*, p. 40, et 60 ; — Armoiries particulières et de familles, p. 63 ; — Armoiries nobles et ouvrières du Louhannais, p. 68 ; — — Noblesse et particule, p. 90, et 127. — Suite de XIX, p. 30, 65, 108, 159, 198, 247, 283, 321, 399, 415 ; XX, p. 42, 63, 107, 141, 179, 207, 246, 277, 298, 334, 343, et 368.

[Tiré à part sous le titre de *Armoiries et familles nobles de la Bresse louhannaise, armoiries ouvrières, armoiries particulières et de familles* (Louhans, 1909, in-8°, XXXIV-343 p., *fig.*).]

39230. L. G. [GUILLEMAUT (Lucien)]. — Louhans et la Bresse Louhannaise pendant le XIX° siècle, *fig.*, p. 160; 187, 224, 257, 307. — Cf. n° 39231.

39231. GUILLEMAUT (Lucien). — Encore un chapitre sur la Bresse Louhannaise, *fig.*, p. 362 à 376, et 290 [*lire* 390] à 317 [*lire* 417]; XXII, p. 39. — Cf. n° 39230.

XXII. — **La Bresse Louhannaise**, Bulletin mensuel…, de la Société d'agriculture et d'horticulture de l'arrondissement de Louhans, 1910. (Louhans, 1910, in-8°, 456 p.)

[39231.] L. G. [GUILLEMAUT (L.).] — Encore un chapitre sur la Bresse Louhannaise, *fig.*, p. 39 à 41.

39232. LEX (L.). — Cahiers des États généraux de 1789 [Serley, p. 177 à 184, et 215 à 220].

39233. GUILLEMAUT (Lucien). — Notice sur Montret et son canton, *fig.*, p. 196, 234, 267, 350, 364, 375, et 424.

39234. ANONYME. — Le général Rebilliard, de Louhans (1815 †1897), p. 407 à 409.

SAÔNE-ET-LOIRE. — MÂCON.

ACADÉMIE DE MÂCON.

Voir, pour les publications de cette Académie antérieures à 1901, la table récapitulative de notre *Bibliographie générale;* et pour ses publications postérieures, la table placée à la fin du présent fascicule.

XLII. — **Annales de l'Académie de Mâcon**, Société des arts, sciences, belles-lettres, agriculture et encouragement au bien de Saône-et-Loire, 3ᵉ série, t. XV, 1ʳᵉ [et 2ᵉ] partie. (Mâcon, 1910, in-8°, cxxxii-427 et 367 p.)

[Un autre titre porte : *Académie de Mâcon. Millénaire de Cluny. Congrés d'histoire et d'archéologie tenu à Cluny les 10, 11, 12 septembre 1910.*]

Première partie.

39235. H. O. [Omont (H.).] — Manuscrit de Raban Maur offert par saint Maïeul à l'abbaye de Cluny, 2 *pl.*, p. 127 à 129.

39236. Omont (Henri). — Deux nouveaux cartulaires de Cluny à la Bibliothèque nationale, p. 130 à 141.

39237. Mortet (Victor). — Note sur la date de la rédaction des Coutumes de Cluny dites de Farfa, p. 142 à 145.

39238. Schuster (D. Hildephonsus). — De fastorum agiographico ordine imperialis monasterii Pharphensis, p. 146 à 176.

39239. Valois (Jean de). — Sur quelques points d'histoire relatifs à la fondation de Cluny, p. 177 à 219.

39240. Lefèvre-Pontalis (Eugène). — Essai sur quelques particularités des églises romanes bénédictines, *fig.*, 4 *pl.*, p. 220 à 230.

39241. Enlart (Camille). — Le porche de Charlieu, *pl.*, p. 231.

39242. Houdayer (R.). — L'exploitation agricole des moines de Cluny, p. 235 à 246.

39243. Letonnelier (G.). — L'abbaye de Cluny et le privilège de l'exemption, p. 247 à 263.

39244. Virey (Jean). — Note sur un manuscrit du xivᵉ siècle sur parchemin provenant de l'abbaye de Cluny, *facs.*, p. 264 à 290.

[Livre des revenus et dépenses de l'abbaye et liste des maisons de l'Ordre.]

39245. Guilloreau (Dom Léon). — Les prieurés anglais de l'ordre de Cluny, p. 291 à 373.

39246. Egger (P.-Bonaventura). — Die Schweizerischen Cluniacenserkloster zur Zeit ihrer Blüte [Les abbayes clunisiennes de Suisse au temps de leur splendeur], p. 374 à 386.

39247. Jullian (Camille.). — Les camps de César et les villes nouvelles de la Gaule romaine, p. 387 à 388.

39248. Rivoire (G.-T.). — L'architecture des bénédictins en Bourgogne au xiᵉ siècle, p. 389 à 392.

39249. Penjon (A.). — Abélard et Pierre le Vénérable d'après dom Gervaise, abbé de la Trappe, p. 393 à 403.

39250. Lex (Léonce). — Un office laïque de l'abbaye, la prévôté et crierie de Cluny, p. 404 à 422.

Deuxième partie.

39251. Terret (Victor). — Cluny centre et foyer artistique de la sculpture bourguignonne au xiiᵉ siècle, 3 *pl.*, p. 1 à 32.

39252. Lex (Léonce). — Le Christ en gloire de Saint-Amour-Bellevue, *pl.*, p. 33 à 39.

39253. Jeanton (Gabriel). — Les deux Jean de Blanot, jurisconsultes du xiiiᵉ siècle, *pl.*, p. 40 à 58.

39254. Raffin (L'abbé Léonce), et Contenson (Louis de). — L'église et le doyenné clunisien de Saint-Gengoux-le-National, *fig.*, *pl.*, p. 59 à 91.

39255. Chaumont (Louis). — Le couvent des Récollets à Cluny, berceau et maison mère des sœurs de Saint-Joseph de Cluny, *pl.*, p. 92 à 102.

39256. Bauchond (Maurice). — Un sermon de saint Odilon (962-1049), cinquième abbé de Cluny, p. 103 à 113.

39257. Denis (Dom Paul). — Quelques notes sur les derniers moines de l'abbaye de Cluny, *pl.*, p. 114 à 146.

39258. Martin (L'abbé J.-B.). — Bibliographie liturgique de l'abbaye de Cluny, p. 147 à 163.

39259. Raffin (L'abbé Léonce). — Une forteresse clunisienne. Le château de Lourdon, 2 *pl.*, p. 164 à 210.

39260. Guépin (Dom Alphonse). — La grande époque de Cluny, ses causes, sa fin au xiiᵉ siècle, p. 211 à 230.

39261. Virey (Jean). — Un ancien plan de l'abbaye de Cluny, *pl.*, p. 231 à 247.

39262. Lex (Léonce). — Peintures murales de la chapelle du château des moines de Cluny à Berzé-la-Ville, 9 *pl.*, p. 248 à 256.

39263. Contenson (L. de), et Raffin (L'abbé Léonce). — Description architecturale du château de Berzé-le-Châtel, *fig.*, 4 *pl.*, p. 257 à 299.

39264. Cornudet (Léon). — Les possessions de l'abbaye de Cluny à Jully-les-Buxy (Saône-et-Loire), p. 300 à 305.

39265. Songeus (Félix). — L'ancienne église de Vitry-en-Charolais, p. 306 à 308.

39266. Barbat (D'). — Dévastation du prieuré de Charlieu pendant la Révolution, p. 309 à 315.

39267. Rouraudi (Célestin). — L'ancienne école normale spéciale de Cluny, p. 316 à 324.

39268. Lafay (Gilbert). — Le monnayage de Cluny, *fig.* et *pl.*, p. 325 à 330.

39269. Babelon (Ernest). — Le millénaire de Cluny, p. 341 à 363.

SAÔNE-ET-LOIRE. — TOURNUS.

SOCIÉTÉ DES AMIS DES ARTS DE TOURNUS.

À la liste des publications faites par cette Société que nous avons donnée dans notre *Bibliographie générale*, t. II, p. 668, et t. V, p. 758, et dans notre *Bibliographie annuelle*, t. III, fasc. 1, p. 92, il convient d'ajouter les ouvrages suivants.

39270. Martin. — Pierres tombales de l'église de l'abbaye de Tournus (Tournus, 1901, in-4°, 132 p., 10 *pl.*)

39271. Bernard (A.). — Notice historique sur les religieuses bénédictines de Villars établies à Tournus en 1636. (Tournus, 1906, in-8°, 34 p., *pl.*)

39272. Martin (Jean). — Catalogue du musée de Tournus (musée Greuze). Nouvelle édition (Tournus, 1910, in-8°, 225 p., *pl.*)

VIII. — Société des Amis des arts et des sciences de Tournus (1876-1910). (Tournus, 1911, in-8°, p. 1-128.)

39273. Jeanton (G.). — Benedict Rougelet, sculpteur tournusien (1834 † 1894), *pl.*, p. 18 à 25.

39274. Lepelletier (Edmond). — Bénédict Rougelet (1834 † 1894), p. 26 à 35.

39275. A. B. — Dictionnaire historique et topographique des rues, places et promenades de la ville de Tournus, p. 37 à 128.

SARTHE. — LA FLÈCHE.

SOCIÉTÉ D'HISTOIRE, LETTRES, SCIENCES ET ARTS DE LA FLÈCHE.

Voir, pour les publications de cette Société antérieures à 1901, la table récapitulative de notre *Bibliographie générale*; et pour ses publications postérieures, la table placée à la fin du présent fascicule.

XI. — Société d'histoire, lettres, sciences et arts de La Flèche. Les Annales fléchoises et la vallée du Loir..., 8ᵉ année, t. XI. (La Flèche, 1910, in-8°, 418 p.)

39276. Froger (L.). — Ronsard, p. 8 à 14.

39277. Calendini (Louis). — Saint-Mars de Cré, essai de monographie paroissiale, p. 15 à 28. — Suite de X, p. 233, et 411.

39278. Martellière (J.). — Les racines vendômoises de la maison de Musset, p. 29 à 41, et 173 à 180.

39279. Uzureau (F.). — Origine du pèlerinage de Notre-Dame-du-Chêne, à Vion, p. 42 à 46, et 83 à 93.

39280. Froger (L.). — Maclou de La Haye [xviᵉ s.] est-il Vendômois? p. 47.

39281. Calendini (Louis). — Gervais Alton [curé du diocèse du Mans, xviiᵉ s.], p. 49, 94, et 181.

39282. Beauchesne (Mⁱˢ de). — Les Musset au Maine, Alfred de Musset à Cogners et au Mans, p. 65, 129, 217, 257, et 321.

39283. Calendini (Louis). — Un inventeur ludois [l'abbé Brossier et son fourneau économique, 1779], p. 82.

39284. Hallopeau (L.-A.). — Essai sur l'histoire des comtes et ducs de Vendôme de la maison de Bourbon, pl., p. 99 à 111, et 147 à 163.

39285. Calendini (L.). — Note sur l'abbaye de Chalocé, p. 112.

39286. Lorière (Ed. de). — Découverte d'un ancien cercueil à Chevillé, canton de Brûlon (Sarthe), p. 113 à 114.

39287. Froger (L.). — Notes sur quelques hymnes de Ronsard, p. 164 à 172, et 193 à 201.

39288. Gillant (L'abbé Ch.). — Le chanoine de Bigault d'Harcourt, directeur des études au Prytanée de la Flèche (1768 † 1832), p. 202 à 216.

39289. Uzureau (F.). — Mᵍʳ de Grasse, évêque d'Angers [1758 † 1782], les actes de son épiscopat, p. 241 à 243.

39290. Du Guerny (R.). — Les seigneurs de Chantenay d'après les anciens registres paroissiaux, p. 277 à 289.

39291. Roquet (H.). — Yvré-le-Pôlin, fig., p. 290 à 299, et 360 à 372. — Suite de X, p. 139, 288, et 427.

39292. Calendini (Louis). — La commanderie de Thorée, p. 300 à 310.

39293. Uzureau (F.). — Mᵍʳ de Lory, évêque d'Angers. Les actes de son épiscopat (1782-1802), p. 373 à 376.

SARTHE. — LE MANS.

COMITÉ DÉPARTEMENTAL DE LA SARTHE
POUR LA RECHERCHE ET LA PUBLICATION DES DOCUMENTS ÉCONOMIQUES
DE LA RÉVOLUTION FRANÇAISE.

Voir, pour les premiers volumes du *Bulletin* de ce Comité, la table placée à la fin du présent fascicule.

V. — **La Révolution dans la Sarthe** et les départements voisins. Bulletin trimestriel d'histoire moderne et contemporaine, publié par le Comité départemental de la Sarthe pour la recherche et la publication des documents économiques de la Révolution française, sous la direction de J.-L. L'Hermitte. Tome V, année 1910. (Le Mans, 1910, in-8°, 223 p.)

39294. Fleury (G.). — Deux mémoires de la fin du xviiiᵉ siècle sur l'abolition de la mendicité, p. 5 à 64.

39295. L'Hermitte (J.). — Notes sur l'agriculture, la météorologie et la population dans le Maine au xviiiᵉ siècle. Les remarques de Mˢ Launay, vicaire à Loué (1768-1770), p. 65 à 95.

39296. Roquet (Henri). — Contributions à l'histoire économique du Maine au xviiiᵉ siècle. La région de Sablé, de 1775 à 1787, d'après une correspondance du temps, p. 96 à 102.

39297. Mautouchet (P.). — L'esprit public dans le département de la Sarthe à la fin de l'Assemblée législative (août-septembre 1792), p. 113 à 153.

39298. Uzureau (F.). — Le cahier de Laigne en 1789, p. 154 à 156.

39299. Roquet (Henri). — Le Lude et la guerre de Vendée (1793-1794), p. 157 à 165.

39300. Houdayer (Raymond). — Les élections et l'esprit public dans le département de la Sarthe de 1789 au 18 brumaire an viii, p. 169 à 191.

39301. Roquet (H.). — Les biens nationaux dans la Sarthe. Les acquisitions frauduleuses d'un aubergiste du Lude en l'an iv, p. 192 à 204.

SARTHE. — LE MANS.

SOCIÉTÉ D'AGRICULTURE, SCIENCES ET ARTS DE LA SARTHE.

Voir, pour les publications de cette Société antérieures à 1901, la table récapitulative de notre *Bibliographie générale;* et pour ses publications postérieures, la table placée à la fin du présent fascicule.

XLII. — Bulletin de la Société d'agriculture, sciences et arts de la Sarthe, 2ᵉ série, t. XXXIV, XLIIᵉ tome de la collection, 1909-1910. (Le Mans, 1909 [-1910], in-8°, 504 p.)

39302. Gentil (Amb.). — Migrations d'une bibliothèque. Notes pour servir à l'histoire de la Société d'agriculture, sciences et arts de la Sarthe, p. 13 à 32.

39303. Delaunay (Dʳ Paul). — L'obstétrique dans le Maine et dans le département de la Sarthe aux xviiiᵉ et xixᵉ siècles. Les cours provinciaux et départementaux d'obstétrique, p. 33 à 82, et 324 à 391.

39304. Rebut. — Le général François-Roch Ledru, baron Des Essarts (1766 † 1844), p. 89 à 160. — Suite de XLI, p. 341, et 453.

39305. Le Bihan (A.). — Histoire des timbres-affiches du Mans, *fig.*, p. 241 à 244.

39306. Morancé (Joseph). — Notice sur le musée archéologique du Mans, p. 249 à 260.

39307. Dupas (Léon). — Quelques documents relatifs à l'art vétérinaire au temps de la Révolution, p. 311 à 323.

39308. La Bouillerie (Baron de). — Les stations préhistoriques des environs de Sablé (Sarthe), *fig.*, p. 393 à 406.

39309. Lavoipière. — Notice sur quelques simplifications dans la graphie française, p. 411 à 424.

39310. Plu (Dʳ). — Une affiche de la Défense nationale [22 novembre 1870], p. 454.

39311. Rebut (D.). — Notes et souvenirs d'un voyage en Espagne, p. 461 à 500.

SARTHE. — LE MANS.

SOCIÉTÉ DES ARCHIVES HISTORIQUES DU MAINE.

Voir, pour les publications de cette Société antérieures à 1901, la table récapitulative de notre *Bibliographie générale;* et pour ses publications postérieures, la table placée à la fin du présent fascicule.

XVIII. — Société des archives historiques du Maine. La Province du Maine, t. XVIII. (Le Mans, 1910, in-8°, 432 p.)

39312. Ledru (A.). — Dom Guéranger, abbé de Solesmes, 3 *pl.*, p. 14, 49, 81, 121, 153, 185, 217, 257, 297, 329, et 361.

39313. Menjot-d'Elbenne (Vᵗᵉ). — Jean Du Lys, sa descendance et la prévôté de Vaucouleurs (1456-1575), p. 33 à 44. — Suite et fin de XVII, p. 397.

39314. Ledru (A.). — Vitrail de la chapelle des Perrais, *pl.*, p. 45.

39315. Angely-Sérillac (Cᵗᵉ d'). — Extrait d'un aveu rendu pour le fief de René au seigneur de Chérancé (3 juillet 1600), p. 46.

39316. Busson (G.). — Remarques toponymiques, p. 73, 151, et 318. — Cf. n° 39320.

39317. Maisonneuve (Ed. de). — Chapelle de la Madeleine de Bénéhard, vulgairement chapelle de Bénéhard, p. 117 à 120.

39318. Robveille (A.) et Froger (L.). — La communauté d'habitants de Montfort-le-Rotrou, 3 *pl.*, p. 172, 206, 244, 285, 390, et 408.

39319. Angot (A.). — La translation de l'évêque Pierre

Gougeul du Mans au Puy (1325-1326), p. 182 à 184.

39320. Bezard (Lucien). — Remarques toponymiques, p. 213 à 216. — Cf. n° 39316.

39321. Latouche (R.). — Hugue Ier, comte du Maine en 914, p. 323 à 326.

39322. Menjot d'Elbenne (Vte). — Le trésor de la forêt de Vibraye (xve siècle), pl., p. 344 à 349. [Bijoux et monnaies.]

39323. Ledru (A.). — A propos des Maridort, p. 350 à 358.

39324. Montesson (Vte de). — Documents concernant

Mgr de Grimaldi, évêque de Noyon, et Charles-Michel de Turgot, prieur de Saint-Victeur au Mans (29 juillet 1789), p. 359.

39325. Deschamps La Rivière (R.). — Un oncle d'Alfred de Musset [Louis-Alexandre-Marie de Musset], p. 379 à 386, et 397.

39326. Latouche (R.). — Jeanne la Ferone d'après une lettre de Martin Berruyer, évêque du Mans [1460], p. 418 à 425.

39327. Ledru (Amb.). — Note sur le vitrail de la grande rose à la cathédrale du Mans, fig., p. 426.

SARTHE. — LE MANS.

SOCIÉTÉ HISTORIQUE ET ARCHÉOLOGIQUE DU MAINE.

Voir, pour les publications de cette Société antérieures à 1901, la table récapitulative de notre *Bibliographie générale;* et pour ses publications postérieures, la table placée à la fin du présent fascicule. — Une table des tomes XLI à LX (1891-1906) a paru en 1911 (voir notre n° 39328).

39328. Heurtebize (B.). — Revue historique et archéologique du Maine. Table des matières contenues dans les volumes XLI à LX (1897-1906) (Le Mans, 1911, in-8°, 64 p.).

logie et le dégagement de l'enceinte gallo-romaine du Mans, fig., p. 201 à 221.

39337. Lorière (E. de). — Note sur une sépulture ancienne découverte à Chevillé et sur les seigneuries du Bouleau et de Hardanges, p. 296 à 307.

LXVII. — **Revue historique et archéologique du Maine**, t. LXVII, année 1910, 1er semestre. (Le Mans, 1910, in-8°, 320 p.)

39329. Clément (P.) et Hallopeau (L.-A.). — Les peintures murales de l'ancienne église d'Artins, pl., p. 32 à 40.

39330. Roquet (H.). — Pontvallain, p. 41, 167, 263; et LXVIII, p. 28, et 158.

39331. Passe (Maurice). — Le château de Montécler et ses seigneurs, pl., p. 88 à 100,

39332. R. T. [Triger (R.)]. — La vieille maison du Pont-Neuf et du carrefour de la Sirène, p. 107 à 110.

39333. Triger (Robert). — L'ancien évêché du Mans avant la Révolution, fig., p. 113 à 150, et 225 à 262.

39334. Beauchesne (M{is} de). — Louis de Montécler, gouverneur de Laval, p. 151 à 183.

39335. Calendini (Louis). — Le clergé français à Münster, de 1796 à 1798, p. 184 à 196.

39336. Triger (Robert). — La Société française d'archéo-

LXVIII. — **Revue historique et archéologique du Maine**, t. LXVIII, année 1908, 2e semestre. (Paris, 1910, in-8°, 320 p.)

39338. Lorière (Ed. de). — Essai historique sur Verdelles, p. 5, 97, et 234.

39339. Froger (L.). — Les travaux de l'église de Villaines-la-Gonais de 1542 à 1547, fig., p. 20 à 27.

[39330.] Roquet (H.). — Pontvallain, fig., p. 28, et 158.

39340. Fleury (Gabriel) et Triger (Robert). — Les églises du Mans, fig. et pl., p. 64 à 89.

39341. Uzureau (F.). — Les paroisses angevines de la Mayenne et de la Sarthe, p. 135 à 157.

39342. Bilson (John). — Un panneau d'albâtre d'origine anglaise au Musée archéologique du Mans, pl., p. 201 à 205.

39343. Heurtebize (Dom B.). — Deux fêtes mémorables à Saint-Benoît du Mans au xviie siècle, p. 206 à 233.

39344. Calendini (Louis). — Bibliographie du Maine (1909), p. 266 à 287.

39345. Beauchesne (M{is} de). — Alfred de Musset au Maine, p. 288 à 305.

SAVOIE. — CHAMBÉRY.

CONGRÈS DES SOCIÉTÉS SAVANTES SAVOISIENNES.

Voir, pour les comptes rendus des quinze premiers Congrès tenus par les Sociétés savantes de la Savoie, notre *Bibliographie générale*, t. II, p. 700 et t. V, p. 781, et pour le seizième Congrès, notre *Bibliographie annuelle*, t. I, fasc. 1, p. 79.

XVII⁰ Congrès des Sociétés savantes de la Savoie, tenu à Aix-les-Bains les 25, 26 et 27 septembre 1905. (Chambéry, 1906, in-8°, 598 p.)

39346. SCHAUDEL (Louis). — Rapport sur les travaux de la Société savoisienne d'histoire et d'archéologie pendant les années 1901-1905, p. 129 à 138.

39347. TRUCHET (F.). — Rapport sur les travaux de la Société d'histoire et d'archéologie de Maurienne, p. 139 à 144.

39348. BONNEL (Le chanoine). — Rapport sur les travaux de l'Académie de la Val d'Isère, p. 145 à 148.

39349. GONTHIER (Le chanoine). — Rapport sur les travaux de l'Académie salésienne, p. 149 à 153.

39350. PICCARD (L.-E.). — Rapport sur les travaux de l'Académie chablaisienne pendant les années 1901-1905, p. 155 à 158.

39351. ARCOLLIÈRES (D'). — Rapport sur les travaux de l'Académie de Savoie [1901-1905], p. 159 à 174.

39352. DUPLAN. — Mémoire des raisons qu'establit le droit de l'exemption de la Noblesse en Savoie [1732], p. 195 à 209.

39353. DÉSORMAUX (J.). — Le français parlé en Savoie (notes de philologie savoisienne), p. 211 à 227.

39354. PICCARD (Le chanoine L.-E.). — Correspondance inédite de Mgr Rey, évêque de Pignerol et d'Annecy [1824-1841], p. 229 à 256.

39355. RITTER (Eugène). — Les ascendants savoyards de Madame de Staël, *tableau*, p. 289 à 295.

39356. FRUTAZ (Chanoine). — Communication [documents concernant la vallée d'Aoste, xv⁰ s.], p. 299 à 303.

39357. SCHAUDEL (Louis). — Les roches à cupules et à gravures de la Savoie, p. 305 à 322.

39358. DESCOSTES (François). — Les archives de Turin et la correspondance inédite de Joseph de Maistre, p. 323 à 339.

39359. JACQUOT (Lucien). — Les pierres à sculptures du Chablais, p. 341 à 345.

39360. BONNEL (Le chanoine). — Le clergé et l'instruction primaire dans le diocèse de Tarentaise, p. 359 à 375.

39361. REVEL (Gabriel). — L'annexion de la Savoie à la France. Pages détachées d'une histoire inédite de la Savoie, p. 377 à 388.

39362. GONTHIER (Le chanoine). — Une liste des émigrés du district de Thonon, p. 389 à 401.

39363. GONTHIER (Le chanoine). — Dictionnaire de la flore savoyarde, ou recueil des noms populaires français et patois des plantes de la Savoie, p. 402 à 404.

39364. FENOUILLET (Félix). — Notice biographique sur Pierre Fenouillet (d'Annecy), évêque de Montpellier [1572 † 1652], p. 405 à 422.

39365. DESCOSTES (François). — La vie mondaine et le théâtre de Chambéry au xviii⁰ siècle, p. 423 à 436.

39366. DULLIN (Ferdinand). — Les Parlements de Savoie et du Dauphiné, p. 487 à 449.

39367. GNOS (L'abbé). — L'instruction primaire en Maurienne avant la Révolution, p. 451 à 460.

39368. POCHAT-BARON (L'abbé F.). — A propos du bienheureux Pierre Favre, dit Lefèvre [† 1546]. Quelques notes sur sa paroisse natale [Villaret] et sur le lieu de ses premières études [Thônes], p. 461 à 487.

39369. REBORD (Le chanoine). — Méfaits de l'alcoolisme. Remède contre l'alcoolisme proposé au xviii⁰ siècle par un curé savoyard [J. Crottet, d'Alex], p. 489 à 504.

39370. GANARD (L.-D.). — Un registre d'assentement au xviii⁰ siècle [régiment de Savoie-infanterie, à Bonneville (1757-1791)]. Petite étude sur nos institutions militaires, p. 505 à 517.

39371. SEYSSEL (Cte DE). — Le fort de l'Écluse, suivi du Journal du siège de 1815 par le commandant Willetard de Laguérie, p. 519 à 531.

39372. LÉTANCHE (Jean). — Quelques pages d'un livre de raison du père d'*Un homme d'autrefois* [journal du Marquis Alexis Costa, 1751-1752], p. 533 à 541.

39373. VUARNET (Émile). — Trousseaux de mariées en Savoie aux xvii⁰ et xviii⁰ siècles, p. 571 à 583.

39374. BURLET (J.). — Aix-les-Bains à l'époque romaine d'après les inscriptions, p. 585 à 590.

SAVOIE. — CHAMBÉRY.

SOCIÉTÉ SAVOISIENNE D'HISTOIRE ET D'ARCHÉOLOGIE.

Voir, pour les publications de cette Société antérieures à 1901, la table récapitulative de notre *Bibliographie générale;* et pour ses publications postérieures, la table placée à la fin du présent fascicule.

XLVIII-XLIX. — **Mémoires et documents publiés par la Société savoisienne d'histoire et d'archéologie,** t. XLVIII [et XLIX], 2ᵉ série, t. XXIII [et XXIV]. (Chambéry, 1910, in-8°, vii-530 et 355 p., *pl.*)

39375. Plaisance (Émile), dit Pascalein. — Histoire d Savoyens. (Chambéry, 1910, 2 vol. in-8°, vii-530 355 p., 56 *pl.*)

SAVOIE. — MOUTIERS.

ACADÉMIE DE LA VAL D'ISÈRE.

Voir, pour les publications de cette Académie antérieures à 1901, la table récapitulative de notre *Bibliographie générale;* et pour ses publications postérieures, la table placée à la fin du présent fascicule.

I. — **Recueil des Mémoires et documents de l'Académie de la Val d'Isère.** Nouvelle série, t. I. (Moutiers, 1909, in-8°, 611 p.)

39376. Richermoz (F.). — Monographie de la paroisse de Peisey, p. 5 à 308.

39377. Emprin (J.-M.). — Notes pour servir à la mono graphie de Villaroger, p. 337 à 579.

39378. Garin (Joseph). — Histoire du collège d'Albert ville, p. 580 à 611.

SAVOIE (HAUTE-). — ANNECY.

ACADÉMIE SALÉSIENNE.

Voir, pour les publications de cette Académie antérieures à 1901, la table récapitulative de notre *Bibliographie générale;* et pour ses publications postérieures, la table placée à la fin du présent fascicule.

XXXIII. — Mémoires et documents publiés par l'Académie salésienne, t. XXXIII. (Annecy, 1910, in-8°, xxviii-335 p.)

39379. GONTHIER. — Épitaphe de Gaspard de Granier à Turin († 1667), p. vii.

39380. SERVETTAZ (Le chanoine). — Excommunication à Évires (1670), p. viii.

39381. GONTHIER, — Lettre d'Hérault de Séchelles au sujet d'une fête civique à Chambéry (1793), p. ix.

39382. LAVANCHY (Le chanoine). — Un pain bénit à Thonon (juillet 1747), p. xi.

39383. LAVANCHY (Le chanoine). — Compliment fait au Sénat par M. François Quisard (1759), p. xi.

39384. LAVANCHY (Le chanoine). — Réception du duc de Chablais à Thonon (1785), p. xii.

39385. GONTHIER. — La candidature du P. Raynaud à la succession de saint François de Sales à l'évêché de Genève (1635), p. xiii.

39386. GONTHIER. — Médecins, chirurgiens, apothicaires et barbiers reçus bourgeois de Genève aux xive, xve et xvie siècles, p. xvi à xviii.

39387. LAVANCHY (L'abbé J.-M.). — La Sainte-Maison de Thonon (diocèse d'Annecy, Haute-Savoie) [1599-1793], *fig.*, p. 1 à 256.

39388. MORAND (L'abbé P.-J.). — Notice historique sur Loisin, p. 257 à 311.

39389. GONTHIER (Chanoine J.-F.). — Documents inédits, p. 313 à 319.

[Cession de biens à l'abbaye de Filly par Pierre d'Yvoire (1264); vente faite par Jean de Lullin à Rodolphe Michel de Jussy (1317); vente par Rollet de Compey à Humbert des Ugnyons (1327); abjuration d'Antoine de Saint-Michel, baron d'Avully (1596).]

39390. GONTHIER (Chanoine J.-F.). — Origine des noms de famille savoisiens, p. 321 à 335.

SAVOIE (HAUTE-). — ANNECY.

SOCIÉTÉ FLORIMONTANE.

Voir, pour les publications de cette Société antérieures à 1901, la table récapitulative de notre *Bibliographie générale;* et pour ses publications postérieures, la table placée à la fin du présent fascicule.

LI. — La Revue savoisienne, publication périodique de la Société florimontane d'Annecy... 1910, 51° année. (Annecy, 1910, in-8°, x-278 p.)

39391. MARTEAUX. — Étymologie de Chautagne, p. 6.

39392. FENOUILLET. — A propos du chant pastoral suisse dit *Ranz des Vaches*, p. 9.

39393. MARTEAUX. — Étymologie de Mornex, p. 11.

39394. SERAND. — Adresse de la commune d'Annecy à la Convention, p. 12.

39395. CAILLET (Louis). — Cession de Châtillon et de Sallanches, à Jean de Chalon, seigneur d'Arlay, par Humbert II, ancien dauphin de Viennois (25 octobre 1352), p. 18 à 22.

39396. MIQUET (François). — Recherches sur les familles des émigrants savoyards fixés en France avant 1860, p. 22, 102, 185, et 233. — Suite de L, p. 183, et 279.

39397. Crolard (Albert). — Annecy et les crues du lac, 5 *pl.*, p. 55 à 65.

39398. Marteaux (Ch.). — De quelques désinences de noms de lieu particulièrement fréquentes dans la Suisse romande et en Savoie, p. 68, 99, 194, et 271. — Suite de L, p. 66, 164, 260, et 336.

39399. Gardien. — Une fête civique à Montmin (30 nivôse an ii), p. 72.

39400. Marteaux. — Sur le nom topographique de *Gotreusa*, p. 75.

39401. Marteaux. — Sur le nom topographique *Etriva*, p. 84.

39402. Miquet (François). — César Duval [1841 † 1910], *portr.*, p. 87 à 99.

39403. Désormaux (J.). — Quelques chansons historiques [savoyardes], p. 119 à 132.

39404. Servettaz (Claudius). — Chansons rustiques savoyardes. Les chansons d'amour, p. 133 à 150. — Suite et fin de XLIX, p. 97, 184; et L, p. 46, 159, 215, et 311.

39405. Marteaux. — *Limitáris*-Lindar, p. 152.

39406. Jacquet (P.). — La chapelle de Moussy, *fig.*, p. 170 à 180.

39407. Désormaux (J.). — Onomastique savoisienne, p. 180 à 184, et 207.

[Le Cheran et le Fier; prénoms et patronymiques en *on*.]

39408. Gonthier. — Alamand, évêque de Genève (xiv⁰ s.), p. 201.

39409. Marteaux. — Noms de lieux de Haute-Savoie, p. 203, et 205.

39410. Marteaux. — Le nom du mont Rampon, p. 206; — Le nom de l'Arve, p. 210.

39411. Le Roux (Marc). — Une salle de l'art français du moyen âge au Musée d'Annecy, p. 215 à 230.

39412. Letonnelier (G.). — Note sur la pierre employée dans les constructions du moyen âge, p. 231 à 233.

39413. Letonnelier (G.). — Note sur la perception de la dîme dans l'ancien diocèse de Genève, p. 255 à 257.

SAVOIE (HAUTE-). — THONON.

ACADÉMIE CHABLAISIENNE.

Voir, pour les publications de cette Académie· antérieures à 1901, la table récapitulative de notre *Bibliographie générale;* et pour ses publications postérieures, la table placée à la fin du présent fascicule.

XXIV. — Mémoires et documents publiés par l'Académie chablaisienne…, t. XXIV. (Thonon, 1910, in-8°, lxxvi-238 p.)

39414. Duplan. — La sortie du grain en Chablais (1690), p. x.

39415. Campiche (Raoul). — Fourniture de la cloche du Lyaud (1624), p. xi.

39416. Quiblier. — Lamartine à Nernier et la famille Dubouloz en 1815, p. xii à xvii.

39417. Duplan. — L'église d'Abondance en 1670, p. xviii à xx.

39418. Vallée (Georges). — Vente d'une maison par les Dominicains de Chambéry (1530), p. xxi.

39419. Duplan. — Testament de Jean-Antoine Sorlin (1725), p. xx.

39420. Fornier (F.). — Contrat d'apprentissage [de violoniste], p. xxx.

39421. Piccard. — La famille Gerbaix de Sonnaz, p. xxxi à xxxvi.

39422. Perroud (Camille). — Perthuiset, curé de Brens, et le curé d'Évian (xviii⁰ s.), p. xxxviii à xli.

39423. Duplan. — Lettre de Charles-Emmanuel III et du comte d'Orméa au marquis de Coudrée (1735), p. xlii à xliv.

39424. Duplan. — Monnaies trouvées dans le parc de Ripaille, p. xliv.

39425. Piccard. — Le traité de Lausanne (1564), p. xlv à lii.

39426. Vallée (Georges). — Lettre de Mgr Rey, évêque d'Annecy, relative à l'hospice du Saint-Bernard (1838), p. lv.

39427. Perroud. — La sacristie de Massongy (1743), p. lviii à lxi.

39428. Piccard (Mgr). — Lettres adressées à Mathieu Joly, de Thonon, par Yolande de France, duchesse de Savoie et par le duc de Savoie (1475), p. lxiv.

39429. Piccard (L.-E.). — L'annexion de 1860 de la Savoie à la France, d'après les lettres inédites de M. Félix Jordan, ancien juge au tribunal de Thonon, p. 1 à 25.

39430. Vuarnet (Émile). — Grammaire du patois savoyard, région du Chablais, p. 99 à 149.

39431. Fornier (F.). — Les Dessaix de Thonon. Souvenirs de la Révolution et de l'Empire. Correspondance inédite. I. Le proto-médecin Dessaix et son fils François, frère et aide de camp du général, *tableau*, p. 150 à 223.

SEINE. — NEUILLY.

COMMISSION MUNICIPALE, HISTORIQUE ET ARTISTIQUE DE NEUILLY-SUR-SEINE.

Voir, pour les publications antérieures de cette Commission, la table placée à la fin du présent fascicule.

VII. — Bulletin de la Commission municipale historique et artistique de Neuilly-sur-Seine. Procès-verbaux, communications, documents, 7ᵉ année 1909. (Nogent-le-Rotrou, 1910, in-8°, 134 p.)

39432. Guion. — Aquarelles représentant l'accident du duc d'Orléans. *pl.*, p. 14.

39433. Guion. — Aquarelle représentant les troupes anglaises au château de Neuilly en 1815, *pl.*, p. 18.

39434. Leroux-Cesbron (C.). — Pauline Borghèse à Neuilly, p. 27 à 35.

39435. Guillemot (Maurice). — Théophile Gautier à Neuilly, *pl.*, p. 35 à 42.

39436. Leroux-Cesbron (C.). — L'abbaye de Longchamp, 2 *pl.*, p. 42 à 48.

39437. Condel (Henri). — Alexandre Piédagnel (1831 † 1903), *portr.*, p. 48 à 60.

39438. Leroux-Cesbron. — La villa de lord Seymour à Sablonville, p. 60 à 66.

39439. Bréham (P.). — Extrait des mémoires du général comte de Saint-Chamans, ancien aide de camp du maréchal Soult, p. 66 à 68.

39440. Leroux-Cesbron (C.). — Deux danseuses [Emma Livry, Mᵐᵉ Saqui], *pl.*, p. 68 à 71.

39441. Anonyme. — M. Victor-Jean-François Daix (1832 † 1909), maire de Neuilly de 1875 à 1886, *portr.*, p. 72 ; — M. Georges-Victor-Alphonse Huet, maire de Neuilly de 1901 à 1904, *portr.*, p. 72.

39442. Leroux-Cesbron (C.). — Rosières et prix de vertu, p. 73 à 78.

39443. Marmottan (Paul). — Quelques documents sur le château de Villiers, p. 79 à 84.

39444. Marmottan (Paul). — Documents nouveaux sur le château de Neuilly, p. 84 à 93.

39445. Marmottan (Paul). — Le maréchal Murat à Neuilly, p. 94 à 98.

39446. Marmottan (Paul). — Le château de Neuilly d'août 1816 à mai 1818, p. 98 à 115.

39447. Anonyme. — Mémoire pour François Chéreau, Antoine Maubert, Louis Saint-Martin et consorts contre Jean-André Isnard, intendant de M. le comte d'Argenson [xviiiᵉ s.], 2 *plans*, p. 116 à 134.

SEINE. — PARIS.

ASSOCIATION FRANÇAISE POUR L'AVANCEMENT DES SCIENCES.

Voir, pour les publications de cette Société antérieures à 1901, la table récapitulative de notre *Bibliographie générale;* et pour ses publications postérieures, la table placée à la fin du présent fascicule.

39448. Divers. — Documents sur Toulouse et sa région. Lettres, sciences, beaux-arts, agriculture, commerce, industrie, travaux publics, etc. (Toulouse, 1910, 2 vol. in-8°, 342 p., *pl.* et 365 p., *pl.*)

XXXVIII. — Association française pour l'avancement des sciences, 38ᵉ session. Congrès de Lille, 1909. Séance d'ouverture, conférences, résumés des travaux (Paris, s. d., in-8°, 237 p.)

39449. Peyrony (D.). — Les gisements préhistoriques de Castel-Merle, commune de Sergeac (Dordogne), p. 137 à 140.

XXXVIII. — **Association française pour l'avancement des sciences...** Compte rendu de la 38ᵉ session, Lille, 1909. Notes et mémoires. (Paris, 1910, in-8°, 1458-LXXII p.)

39450. Maire (A.). — Essai d'introduction à la bibliographie des travaux scientifiques de Blaise Pascal, de leur critique et de leur jugement, p. 71 à 79.

39451. Mémery (Henri). — Les grands hivers, les grands étés, coïncidences remarquables avec les périodes solaires [xviᵉ-xxᵉ siècle], p. 393 à 401.

39452. Commont (V.). — Montières-les-Amiens (dépôts quaternaires), *fig.*, p. 437 à 444.

39453. Bonnet (Ed.). — Notes bibliographiques sur quelques facéties et pamphlets botaniques rares ou peu connus, p. 626 à 636; et XXXIX, p. 121 à 129.

39454. Loisel (Gustave). — Liste des animaux qui ont vécu à la Ménagerie de Versailles pendant sa première période, de 1664 à 1698, p. 639 à 646.

39455. Commont (V.). — Industrie des graviers inférieurs de la haute terrasse de Saint-Acheul, *fig.*, p. 774 à 777.

39456. Martin (Henri). — Traces de coups de silex sur la mâchoire inférieure des ruminants et des équidés à la période moustérienne, *fig.*, p. 777 à 782.

39457. Müller (H.). — La grotte néolithique funéraire de Fontabert (la Buisse) [Isère], le croissant de jade, et analyse des fouilles récentes, *fig.*, p. 782 à 796.

39458. Giraux (Louis). — Ossements utilisés à l'époque magdalénienne, *fig.*, p. 796 à 798.

39459. Commont (V.). — L'industrie de l'âge du renne dans la vallée de la Somme, *fig.*, p. 798 à 802.

39460. Jammes (Léon), et Jeannel (René). — Les peintures humaines de la grotte de Portel (Ariège), *fig.*, p. 811 à 813.

39461. Debruge (A.). — Fouille de la grotte du Mouflon (Constantine), *fig.*, p. 813 à 822.

39462. Cotte (Ch.). — La caverne de l'Adaouste, fouilles archéologiques, 1908-1909, *fig.*, p. 822 à 830.

39463. Combes (Paul), fils. — Stations préhistoriques du Baoulé-sud (Côte d'Ivoire), *fig.*, p. 830 à 832.

39464. Müller (H.). — Découverte d'une station néolithique au moulin de Bozel (Savoie), p. 832.

39465. Marignan (E.). — Fonds de cabanes néolithiques et oppidum-refuge du grand bois de la Rouvière à Salinelles (Gard), p. 834 à 836.

39466. Müller (H.). — L'âge du cuivre dans les Alpes françaises, sépultures énéolithiques de Fontaine-le-Puits (Savoie), *fig.*; p. 836 à 845.

39467. Baudouin (Marcel). — Deux tranchets triangulaires à trou, en bronze, de Mareuil-sur-le-Lay (Vendée). Les tranchets triangulaires en général; *fig.*, p. 845 à 858.

39468. Coutil (L.). — Le prétendu cimetière celtique de Corneville-sur-Risle (Eure), p. 858 à 860.

39469. Coutil (L.). — Tombelles de Courneville (Eure), p. 860.

39470. Cotte (Ch.) et Philippot (A.). — Fouilles de tumulus à Ventavon, *fig.*; p. 861 à 869.

39471. Bosteaux-Paris. — Démonstration comparative sur l'industrie des trois périodes gauloises, p. 869 à 874.

39472. Bosteaux-Paris. — Les Égyptiens et les Phéniciens auraient-ils eu des relations commerciales avec les peuplades gauloises marniennes au début de l'époque galatienne? p. 874 à 877.

39473. Clastrier (Stanislas). — Habitat liguro-celto-grec, *fig.*, p. 877 à 879; et XXXIX, p. 316 à 318.

39474. Joly (A.). — Vestiges anciens dans les Beni-Znassen, p. 879 à 881.

39475. Joly (A.). — Vestiges anciens en Algérie et en Tunisie, p. 881 à 885.

39476. Courty (G.). — Sur le préhistorique américain, p. 886 à 888.

39477. Pagès-Allary (J.). — De la valeur chronologique et déterminative des tessons de poteries dans les fouilles préhistoriques, p. 888 à 894.

39478. Guébhard (Adrien). — Sur une particularité céramique méconnue de l'arrondissement d'Uzès avant l'histoire, p. 894.

39479. Franchet (Louis). — Étude sur les différents systèmes de classification des poteries néolithiques, p. 896 à 902.

39480. Pagès-Allary (J.). — Du côté pratique de la préhistoire par l'association du touriste au préhistorien, p. 903.

39481. Bertholon. — La race nordique européenne dans l'Afrique septentrionale, p. 905 à 910.

39482. Ladureau (A.). — Historique de la betterave à sucre en France, p. 1179 à 1184.

39483. Gallois (E.). — La frontière algéro-marocaine, p. 1211 à 1216.

39484. Matruchot (Louis). — L'industrie des bronziers d'Alésia, *fig.*, p. 1387 à 1394.

39485. Parenty. — La Renaissance d'Artois et de Boulenois et les primitifs flamands, p. 1394 à 1399.

39486. Canton. — Les fouilles des thermes publics de Bulla Regia en 1909, *fig.*, p. 1399 à 1402.

39487. L'Estoile (Julien de). — Contribution à l'histoire du château de Lagarde [Ariège] pendant la Révolution, p. 1402 à 1406.

39488. L'Estoile (Julien de). — Instructions pour les exercices du Régiment du maréchal de Turenne, à commencer du mois d'octobre 1786, p. 1406 à 1410.

39489. Grosseteste (William). — L'église de Brou, près Bourg (Ain), la cartuga de Miraflorès (Espagne) et leurs monuments funéraires, une parenté imprévue, p. 1410 à 1412.

39490. Guelliot (O.). — Utilité et organisation des musées régionaux d'ethnographie et de traditions populaires, p. xxxix à xlii.

39491. Schaudel (Louis). — Le culte des astres dans les légendes de France, p. xliii à li.

XXXIX. — **Association française pour l'avancement des sciences...**, 39ᵉ session. Congrès de Toulouse 1910. Séance d'ouverture, conférences, résumés des travaux (Paris, s. d., in-8°, 208 p.)

XXXIX. — **Association française pour l'avancement des sciences...** Compte rendu de la 39ᵉ session. Toulouse, 1910. Notes et mémoires. (Paris, 1911, in-8°, 361-vi p., 392 p., 138-xx p., et 218-xxxii p.)

Tome I.

39492. Gardès (L.-F.-J.). — La réforme du calendrier russe, p. 1 à 9.

Tome II.

[39453.] Bonnet (E.). — Notices bibliographiques sur quelques ouvrages de botanique rares ou peu connus [2ᵉ série]. p. 121 à 129.

39493. Commont (V.). — Niveaux industriels et fauniques dans les couches quaternaires de Saint-Acheul et de Montières, *fig.*, p. 236 à 240.

39494. Commont (V.). — Les différents niveaux de l'industrie de l'âge du renne dans les limons du nord de la France, p. 241.

39495. Martin (H.). — Traces humaines laissées sur les os à l'époque moustérienne, constatations faites dans le gisement de La Quina (Charente), p. 242 à 245.

39496. Giraux (L.). — Sur un galet de quartz ayant servi de billot [gisement de la grotte de l'Oreille d'Enfer, aux Eyzies de Tayac (Dordogne), *fig.*, p. 245 à 248.

39497. Mazauric (F.). — La grotte de Campviel (gorges du Gardon), *fig.*, p. 248 à 253.

39498. Boyard (C.). — Le paléolithique inférieur dans la région de Nan-sous-Thil [Côte-d'Or], industrie des stations moustériennes de plein air, p. 254 à 260.

39499. Cotte (C.). — La caverne de l'Adaouste, pétroglyphes, fouilles archéologiques (1909-1910), *fig.*, p. 263 à 271.

39500. Manot (H.). — Instruments en calcaire, p. 272.

39501. Marignan (M.). — La station néolithique et l'oppidum d'Ambrussum à Villetelle (Hérault), p. 273 à 275.

39502. Daleau (F.). — Encore les silex à retouches anormales, p. 275.

39503. Mayet (Lucien) et Maurette (Laurent). — Dé-couverte d'une grotte sépulcrale, probablement néolithique à Montouliers (Hérault), p. 277 à 279.

39504. Baudouin (M.). — Découverte d'un petit cromlech et d'une station néolithique à Barbe, en l'île d'Yeu (Vendée), *fig.*, p. 280 à 287.

39505. Baudouin (M.). — Découverte d'une ciste néolithique au Chiron-Lazare à l'île d'Yeu (Vendée), *fig.*, p. 287 à 293.

39506. Giraux (L.). — Les monuments mégalithiques de la commune de Grossa, arrondissement de Sartène (Corse), *fig.*, p. 294 à 301.

39507. Coutil (L.). — Les tumulus des bois de Tourneville (Eure), station paléolithique et néolithique. Camps voisins de Mesnil-Fuguet, Bérengeville, Houetteville, Sacquenville, Villettes. Vieux château de Vermaux et ses puits, la mare Perée, p. 303 à 310.

39508. Cotte (Ch.). — Les tumulus hallstattiens provençaux à vases grecs archaïques, *fig.*, p. 310 à 316.

[39473.] Clastrier (S.). — Fouilles d'un habitat liguro-celto-grec, p. 316 à 318.

39509. Clastrier (S.). — Grotte Crispine dans la Nerthe [près de Marseille], p. 318.

39510. Schaudel (L.). — Les pierres à bassins dans les Vosges, *fig.*, p. 319 à 329.

39511. Pagès-Allary. — Essai de classification chronologique des fossiles tessons de poterie préhistorique et anhistoriques de Chastel (Cantal), *fig.*, p. 330.

39512. Franchet (L.). — Essai sur la classification céramique depuis le néolithique jusqu'à nos jours, p. 332 à 342.

39513. Rivière (Émile). — De quelques monstres humains nés aux xviᵉ et xviiᵉ siècles, p. 346 à 353.

39514. Toutain (J.). — Note sur la situation topographique et l'alimentation en eau de la ville gallo-romaine d'Alésia, p. 354 à 358.

39515. Chalande (J.). — Les armoiries et les inscriptions capitulaires au xviiᵉ siècle dans l'ancien collège des Jésuites à Toulouse, p. 359 à 364.

39516. Épery. — Les fouilles de la Croix-Saint-Charles au Mont-Auxois, p. 365 à 367.

39517. Delmas (P.). — Note sur les grottes de Brézina, contribution à l'étude de l'archéologie préhistorique dans l'Afrique du Nord, *fig.*, p. 367 à 379.

Tome III.

39518. Rivière (Émile). — L'opération de la taille [pierre], au commencement du xviiᵉ siècle, p. 1 à 10.

Tome IV.

39519. Belloc (E.). — Dialecte et toponymie du Val d'Aran et des pays voisins, p. 41 à 55.

39520. L'Estoile (J. de). — Nomenclature des grottes de l'Ariège, *carte*, p. 63 à 67.

SEINE. — PARIS.

ASSOCIATION POUR L'ENCOURAGEMENT DES ÉTUDES GRECQUES.

Voir, pour les publications de cette Association antérieures à 1901, la table récapitulative de notre *Bibliographie générale;* et pour ses publications postérieures, la table placée à la fin du présent fascicule.

XXIII. — **Revue des études grecques**, publication trimestrielle de l'Association pour l'encouragement des études grecques..., t. XXIII, année 1910. (Paris, 1910, in-8°, LXXXIV-490 p.)

39521. Greif (Francisque). — Études sur la musique antique, p. 1 à 48. — Suite de XXII, p. 89.

39522. Waltz (Pierre). — A propos de l'*Elpis* hésiodique, p. 49 à 57.

39523. Pichon (René). — A propos des tablettes orphiques de Corigliano, p. 58 à 61.

39524. Pernot (Hubert). — Le verbe *être* dans le dialecte tsakonien, p. 62 à 71.

39525. Allègre (F.). — La composition du prologue des Acharniens, p. 115 à 130.

39526. Andréadès (A.). — L'administration financière de la Grèce sous la domination turque, p. 131 à 183.

39527. Ridder (A. de). — Bulletin archéologique, p. 184 à 224.

39528. Kazarow (Gawril). — Quelques observations sur la question de la nationalité des anciens Macédoniens, p. 243 à 254.

39529. Puech (A). — Acontios et Cydippé, p. 255 à 275.

39530. Glotz (Gustave.) — Corrections à une inscription de Délos, p. 276 à 283.

39531. Pichon (René). — La sépulture de Marcellus à Athènes, p. 284 à 286.

39532. Reinach (A.-J.). — Bulletin épigraphique, p. 287 à 345.

39533. Deonna (W.). — Quelques conventions primitives de l'art grec, *fig.*, p. 379 à 401.

39534. Boyatzidès (Jean-C.). — Deux lettres inédites d'Ambroise-Firmin Didot à Théophile Caïris, p. 402 à 407.

39535. Ruelle (Ch.-Em.). — Bibliographie annuelle des études grecques (1907-1909), p. 408 à 467.

SEINE. — PARIS.

ASSOCIATION POUR L'ENSEIGNEMENT DES SCIENCES ANTHROPOLOGIQUES
(ÉCOLE D'ANTHROPOLOGIE DE PARIS).

Voir, pour les publications de cette Association antérieures à 1901, le tome VI, p. 21, de notre *Bibliographie générale;* et pour ses publications postérieures, la table placée à la fin du présent fascicule.

Une table des tomes X à XX de la *Revue de l'École d'anthropologie* a paru en 1911 (voir notre n° 39560).

XX. — **Association pour l'enseignement des sciences anthropologiques...,** Revue de l'École d'anthropologie de Paris..., 20° année, 1910. (Paris, s. d., in-8°, 424 p.)

39536. Mortillet (A. de). — Le travail de la pierre aux temps préhistoriques, *fig.*, p. 1 à 23, et 41 à 51.

39537. Bardon (L.) et Bouyssonie (J. et A.). — La grotte Lacoste, près Brive (Corrèze), *fig.*, p. 28 à 40, et 60 à 71.

39538. Hervé (Georges). — Remarques sur un crâne de l'île aux Chiens décrit par Winslow (1722), *fig.*, p. 52 à 59.

39539. Schrader (Fr.). — Questions d'Orient [ethnographie], p. 73 à 85.

39540. Couteaud (Dr). — Les origines de l'île de Pâques, p. 86 à 97.

39541. Stiegelmann. — Les pétroglyphes des Alpes maritimes, *fig.*, p. 98 à 102.

39542. Anonyme. — Lettre de l'adjudant-général Jullien à Geoffroy Saint-Hilaire sur les serments des Égyptiens, p. 103.

39543. Hervé (Georges). — Le professeur Arthur Bordier († 1910), p. 104.

39544. Morgan (J. de), Capitan (Dr), Boudy (P.). — Étude sur les stations préhistoriques du Sud Tunisien, *fig. et cartes*, p. 105, 206, 267, et 335.

39545. Fischer (Eug.). — Le peuple des *bastards* de Reh Oboth (Afrique Sud-Occidentale allemande), *fig.*, p. 137 à 146.

39546. Mahoudeau (Pierre-G.). — Le périple d'Hannon, p. 147 à 169.

39547. Capitan (Dr). — Les sacrifices humains et l'anthropologie rituelle dans l'Amérique ancienne, *fig.*, p. 170 à 179.

39548. Legendre (Dr A.-F.). — Far West chinois, Kientchang. Les Lolos, *fig.*, p. 185 à 205.

39549. Zaborowski (S.). — Hellènes barbares et Gréco-Pélages civilisés, p. 229 à 242.

39550. Favraud (A.). — Une défense d'*Elephas antiquus* portant des traces de travail humain de l'époque acheuléenne, trouvée aux Quatre-Chemins, cne du Gond-Pontouvre, près d'Angoulême, *fig.*, p. 243 à 247.

39551. Hervé (Georges). — Anthropologie de la Suisse, p. 248 à 251.

39552. Hervé (Georges). — Les Instructions anthropologiques de G. Cuvier pour le voyage du *Géographe* et du *Naturaliste* aux terres australes, p. 289 à 306.

39553. Pittard (Eugène). — Contribution à l'étude anthropologique des Serbes du royaume de Serbie, p. 307 à 311.

39554. Mortillet (A. de). — Notes sur la préhistoire de l'Orangie, *fig*, p. 312 à 317.

39555. Luquet (G.-H.). — Sur la signification des pétroglyphes des mégalithes bretons, *fig.*, p. 348 à 353. — Suite de XIX, p. 224.

39556. Jauffret. — Histoire de l'écriture hiéroglyphique avec des considérations sur l'idée d'une langue universelle, p. 353, 387, et 417. — Cf. XIX, p. 241.

39557. Mascaraux (F.). — La grotte Saint-Michel d'Arudy (Basses-Pyrénées), fouilles dans une station magdalénienne, *fig.*, p. 357 à 378.

39558. Mahoudeau (P.-G.). — Notes complémentaires sur les deux grands bovidés pléistocènes, l'aurochs et le bison, p. 379 à 386. — Cf. XV, p. 56.

39559. Weisgerber (Dr H.). — Les Indiens du Yosémite (Californie), p. 410 à 416.

39560. Anonyme. — Association pour l'enseignement des sciences anthropologiques. Revue de l'École d'anthropologie de Paris. Table décennale (1901-1910) (Paris, s. d. [1911], in-8°, 70 p.).

SEINE. — PARIS.

ASSOCIATION FRANCO-CHINOISE.

Cette Association a été fondée à Paris en 1907. Elle a fait paraître, de 1907 à 1909, six fascicules d'un *Bulletin* qui, réunis, forment un volume. Ce recueil contient un certain nombre d'articles présentant un caractère scientifique.

I. — Bulletin de l'Association amicale franco-chinoise, t. 1, 1907-1909. (Paris, 1907-1909, in-8°, 518 p.)

39561. Dujardin-Beaumetz (F.). — La mentalité chinoise, p. 20 à 35.

39562. Vissière (A.). — La langue chinoise, p. 36 à 49.

39563. Dautremer (J.). — L'ancien Yun-Nan, p. 16 à 105.

39564. Vissière (A.). — Les Envoyés-étoiles, p. 200.

39565. Blochet (E.). — Fo-lin et Ta T'sin, p. 201.

39566. Blochet (E.). — Les marchands chinois à Bagdâd à l'époque sassanide, p. 202.

39567. Fauvel (A.-A.). — La société étrangère en Chine il y a trente ans, souvenirs de séjour et de voyage, p. 252 à 262.

39568. DAUTREMER (J.). — Yun-Nan et Kouang-Si, frontières indo-chinoises. Journal de route (octobre 1901-juillet 1903), p. 274, 327, et 456.

39569. JOUEI-PIN. — Biographies chinoises, p. 294, 361, et 476.

[I. L'impératrice Ts'eu Ngan, p. 294. II. Li Hong Tchang, *facs.*, p. 361. III. Tseng Kouo-Fan, p. 476. — Traduit du chinois, par M. G. DOUIN.]

39570. FONTANIER (Alexandre). — Histoire de la Montagne de la Cloche de pierre par Son-Tong-P'o, littérature de l'époque des Song, p. 396 à 399.

39571. VISSIÈRE (A.). — Du déchiffrement de l'écriture cursive chinoise, p. 431 à 437.

39572. MILLOT (Stanislas). — Extraits des chroniques de Kouang Tcheou Wan, p. 438 à 455.

39573. VISSIÈRE (A.). — Un autographe de l'empereur Kia K'ing, *facs.*, p. 500 à 504.

SEINE. — PARIS.

CLUB ALPIN.

Voir, pour les publications de cette Société antérieures à 1901, la table récapitulative de notre *Bibliographie générale;* et pour ses publications postérieures, la table placée à la fin du présent fascicule.

En 1904-1905, une revue intitulée *La Montagne* a succédé aux deux recueils, *Bulletin* et *Annuaire* publiés jusqu'alors par le Club alpin.

XXXI. — Club alpin français. Bulletin mensuel, 1902. (Paris, 1902, in-8°, 320 p.)

39574. ANONYME. — La date de la première ascension du Grand-Combin [1859]. p. 276.

XXXII. — Club alpin français. Bulletin mensuel, 1903. (Paris, 1903, in-8°, 328 p.)

39575. NOETINGER (F.). — Luigi Vaccarone († 1903), p. 128.

XXXIII. — Club alpin français. Bulletin mensuel, 1904. (Paris, 1904, in-8°, 312 p.)

39576. VIDAL (Pierre). — Ascension du Canigou par Pierre III, roi d'Aragon en 1285, p. 17.

39577. SAUVAGE (Ed.). — Alphonse Chambrelent († 1903), p. 288 à 290.

39578. BERGER (Philippe). — Le docteur Alban Fournier († 1903), p. 291.

I. — La Montagne, revue mensuelle du Club alpin français. Maurice Paillon, rédacteur en chef. Vol. I, 1904-1905. (Paris, 1905, in-8°, XXIV-600 p.)

39579. PUISEUX (P.). — La date de l'excursion de Parrot au mont Rose [1816], p. 185.

39580. VALLOT (Henri). — Le capitaine Mieulet [1830 † 1897], et la carte du mont Blanc, *fig.*, p. 217 à 232.

39581. BREGEAULT (Julien). — La conquête de Chamonix, *fig.*, 4 *pl.*, p. 269 à 290.

39582. PRÉNAT (Antoine). — Souvenirs d'une excursion à la Bérarde en 1860 [Haut-Dauphiné], *fig.* et 3 *pl.*, p. 381 à 389.

39583. DUHAMEL (H.). — Une propagande en faveur du passage du Saint-Gothard au XVIIe siècle, *carte*, p. 434 à 438.

39584. M. P. [PAILLON (Maurice)]. — Le médecin Grataroli et les origines de l'alpinisme [XVIe s.], p. 526 à 535.

II. — La Montagne, revue mensuelle du Club alpin français. Maurice Paillon, rédacteur en chef. Vol. II, 1906. (Paris, 1906, in-8°, XXVII-596 p.)

39585. METTRIER (H.). — Pour l'histoire du mont Iseran et des cols qui l'avoisinent, p. 68 à 79.

39586. Berret (Paul). — La ville morte du plateau de Brandes, *fig.* et *pl.*, p. 261 à 270.

39587. Edmond-Durand (L.-J.). — Le col de la Faucille, p. 325 à 349.

III. — **La Montagne**, revue mensuelle du Club alpin français. Maurice Paillon, rédacteur en chef. Vol. III, 1907. (Paris, 1907, in-8°, xxviii-596 p.)

39588. Mettrier (Henri). — L'aiguille du Saint-Esprit et le Grand col [chaîne du mont Pourri], notice historique, *pl.*, p. 64 à 72.

39589. Termier (Pierre). — Marcel Bertrand (1847 †1907), p. 124.

39590. Tessier (L.-F.). — Le massif du Ventoux, *carte*, 3 *pl.*, p. 145 à 170.

39591. Bregeault (Julien). — Un poème sur la Suisse au xviie siècle, *fig., carte*, 3 *pl.*, p. 319 à 327.

39592. Ferrand (H.). — Bramousse et le col Fromage, vallée du Queyras, *pl.*, p. 560 à 564.

39593. Ferrand (H.). — L'abbé Gorret (1836 †1907), p. 577 à 579.

IV. — **La Montagne**, revue mensuelle du Club alpin français. Maurice Paillon, rédacteur en chef, Vol. IV, 1908. (Paris, 1908, in-8°, xxxi-480 et xvi-252 p.)

39594. Puiseux (P.). — Jules Janssen (1824 †1907), *portr.*, p. 46 à 48.

39595. Tignol (Lucien). — Dr Michel Payot (1869 †1908), *portr.*, p. 83.

39596. Vallot (Joseph). — Un projet conçu en 1835 pour monter en chemin de fer au sommet du mont Blanc, p. 106 à 117.

39597. Ferrari (Agostino). — Le mont Viso (3,840 m.) [histoire des ascensions], *carte*, 7 *pl.*, p. 297 à 317, et 404 à 406.

39598. Ronjat (J.). — Les noms de lieux dans les montagnes françaises, p. 318 à 338, et 354 à 376.

39599. Huette (Louis). — Une ascension en 1782 au cratère de l'Etna, p. 436 à 442.

V. — **La Montagne**, revue mensuelle du Club alpin français. Maurice Paillon, rédacteur en chef. Vol. V, 1909. (Paris, 1909, in-8°, xxxv-732 p.)

39600. Mettrier (Henri). — Trois lettres de Mlle d'Angeville au capitaine Markham Sherwill [1838-1839], p. 75 à 102.

39601. Schrader (F.). — Henry Russell (1834 †1909), *portr.*, p. 149.

39602. Bregeault (Julien). — Gœthe et les trois impératrices [Joséphine, Marie-Louise, Eugénie] au Montenvers, 4 *pl.*, p. 153 à 168.

39603. Paillon (Mary). — L'album de Mlle d'Angeville, p. 228 à 333.

39604. Barre (Eugène). — La vallée de Chamonix en 1806, par le Dr Lejeune, p. 426 à 433.

39605. Poggenpohl (Nicolas de). — Aux sources du Mouksou par la région montagneuse du Pamir occidental, *cartes*, 7 *pl.*, p. 461 à 486, et 526 à 548.

39606. Maige-Lefournier (Mathilde). — Itinéraire commenté de la Meije [historique des ascensions], 6 *pl.*, p. 569 à 614.

39607. Leca (H.). — Henri Boland (1854 †1909), p. 679.

VI. — **La Montagne**, revue mensuelle du Club alpin français. Maurice Paillon, rédacteur en chef. Vol. VI, 1910. (Paris, 1910, in-8°, xxxvi-732 p.)

39608. Bregeault (Julien). — Un accident au Buet en 1800 [F.-A. Eschen], 2 *pl.*, p. 193 à 207.

39609. Durand (Hubert). — Excursion en Tarentaise, 5 *pl.*, p. 249 à 268.

39610. Boutt (Edmond), Bregeault (Julien). — Alexandre-Lucien Richard (1844 †1910), p. 515 à 518.

39611. Blanchard (Raoul). — Le village de Saint-Véran, monographie d'une commune de haute montagne, *pl.*, p. 680 à 691.

39612. Anonyme. — Général Arvers (1837 †1910); Stephen d'Arve [le Vte Edmond de Catelin] (1819 †1908), p. 717 à 718.

SEINE. — PARIS.

COMITÉ DE MADAGASCAR.

Voir, pour les publications de ce Comité antérieures à 1901, notre *Bibliographie générale*, t. VI, p. 30 ; et pour ses publications postérieures, la table placée à la fin du présent fascicule.

39613. DIVERS. — Collection des ouvrages anciens concernant Madagascar, publiée sous la direction de MM. A. Grandidier, Charles Roux, H. Froidevaux et G. Grandidier. (Paris, 1910, in-8°.)

[T. VII. GRANDIDIER (Alfred) ; FROIDEVAUX (Henri) et GRANDIDIER (Guillaume). Ouvrages ou extraits d'ouvrages français. Les premières tentatives coloniales françaises aux Indes orientales. Relation du voyage de Cauche. Dictionnaire de la langue de Madagascar (1658). Catéchisme malgache (1658). 1604-1658. (1910, 471 p.) — Les t. I - V ont paru de 1903 à 1907. Voir n°° 16360 et 25476 ; le t. VI n'a paru qu'en 1913, en même temps que le t. VIII.]

III. — **Revue de Madagascar**. Bulletin du Comité de Madagascar, 3° année. (Paris [1901], in-8°, 1020 et 7 p.)

39614. BASTARD (E.-J.). — Mission chez les Mahafalys, 2 *pl.*, p. 3 à 27.

39615. FROIDEVAUX (Henri). — La France à Madagascar au XVII° siècle, p. 161 à 174.

39616. G. DE T. — Un kabary de la Reine [Ranavalona] pendant l'insurrection, p. 389 à 392.

39617. M. R. S. — La route de l'Ouest et la mission du capitaine Mauriès, *pl.*, p. 457 à 472.

39618. GRANDIDIER (Guillaume). — Contes malgaches, p. 473 à 480.

39619. MARCHAND. — Les habitants de la province de Farafangana, p. 481 à 491, et 569 à 580.

39620. BÉNÉVENT (Ch.). — Conception de la mort chez les Malgaches, p. 637 à 648.

39621. GARNIER-MOUTON. — La dynastie des Maroserana, p. 658 à 680.

39622. VALBET (Henry). — Pages de carnet [1896], p. 733 à 740.

39623. HUET (C.). — Histoire de l'occupation du territoire des Antaimorona par les Hova depuis 1842 jusqu'à l'arrivée des Français, p. 761 à 767.

39624. DUBOIS (Marcel), TERRIER (Auguste). — Un siècle d'expansion coloniale. Madagascar redevient colonie française (1870-1900), p. 829 à 843.

39625. SAINJON (Lieutenant). — Le pays Antanosy, p. 844 à 855.

39626. RADAFINÉ (D°). — L'alcoolisme à Madagascar avant la conquête française, p. 951 à 967.

IV. — **Revue de Madagascar**, organe du Comité de Madagascar, 4° année. (Paris [1902], in-8°, 576 et 8 p., et 592 p.)

1°° semestre.

39627. GRANDIDIER (Alfred). — Histoire de la découverte de l'île de Madagascar par les Portugais pendant le XVI° siècle, p. 34 à 54.

39628. ANONYME. — Les crinolines à la cour de Tananarive en 1862, p. 59 à 67.

39629. ANONYME. — Le capitaine Astoin (1867 † 1901) ; le lieutenant Mousnier-Buisson (1876 † 1901), *fig.*, p. 83 à 85.

39630. MARVOL. — Les sculptures malgaches, p. 120 à 128.

39631. BALDAUF. — Journal de route du Bas-Manambovo à Tuléar, *fig.*, p. 289 à 314.

39632. LAFFAY (D°). — Le bassin lacustre d'Alaotra à Madagascar, contribution à l'étude ethnologique des Sihanaka, p. 321 à 333, et 408 à 420.

39633. FERRAND (Gabriel). — Généalogies et légendes arabico-malgaches d'après le ms. 13 de la Bibliothèque nationale, p. 385 à 403.

39634. ANONYME. — La pacification de Madagascar territoire sakalave (1901-1902), commandement supérieur du Sud (octobre 1900 à mars 1902), *fig.*, p. 481 à 506. — Cf. n° 39635.

2° semestre.

39635. ANONYME. — La pacification du sud de Madagascar, *fig.*, p. 4, 97, et 327. — Cf. n° 39634.

39636. Laffay (D'). — Le bassin lacustre d'Alaotra, à Madagascar, p. 22 à 38, et 435 à 448.
39637. Grandidier (G.). — Expressions figurées de la langue malgache, p. 193 à 202.
39638. Fontoynont (D'). — Les maladies exotiques au commencement du xviii° siècle, p. 318 à 326.
39639. Gilber. — L'ancienne garde civile indigène de Madagascar, *fig.*, p. 418 à 434.
39640. Moriceau (L.). — Le nord de la province de Majunga, *fig.*, p. 521 à 548.

V. — Revue de Madagascar..., 5° année.
(Paris [1903], in-8°, v-576 et 96 p., et vi-576 p.)

1ᵉʳ semestre.

39641. Lepreux. — Aperçu sur l'état de la colonisation militaire à Madagascar (octobre 1902), p. 3 à 14.
39642. Ranaivo (D' Charles). — Pratiques et croyances des Malgaches relatives aux accouchements et à la médecine infantile, p. 43 à 48.
39643. Froidevaux (Henri). — Les Lazaristes à Madagascar, p. 97 à 107.
39644. Tralboux (Capitaine A.). — Étude sur les Tsimihety (cercle de Mandritsara), ethnographie, histoire, mœurs et coutumes, administration, *fig.*, p. 219 à 237.
39645. Gaubert (Lieutenant). — Histoire des premières tentatives d'établissement des Français à Madagascar. François Cauche (1638-1644), *carte*, p. 289 à 305, et 385 à 403.
39646. Lemoine (Paul). — L'extrême nord de Madagascar, p. 306 à 336.
39647. Ferrand (Gabriel). — Les tribus musulmanes du sud-est de Madagascar, p. 481 à 491; *2ᵉ semestre*, p. 3 à 14.
39648. Grandidier (Alfred et Guillaume). — Les Anglais à Madagascar au xviiᵉ siècle, leurs projets et tentatives de colonisation sur la côte sud-ouest, p. 492 à 502.

Supplément au 1ᵉʳ semestre.

39649. C. D. — Les voies de communication à Madagascar, *fig.*, p. 1 à 96.

2ᵉ semestre.

39650. Kielstra (E.-B.). — Les Français à Madagascar, p. 19 à 43.
39651. Grandidier (Alfred). — Note sur les Vazimba de Madagascar, p. 97 à 104.
39652. Peltier (Louis). — La traite à Madagascar au xviiiᵉ siècle, p. 105 à 114.
39653. Daruty de Grandpré (M'ⁱˢ). — Divisions territoriales, ethnographiques et politiques de Madagascar, p. 115 à 133.
39654. Vacher (Capitaine). — Études ethnographiques, *carte*, p. 323, 385, et 498.

VI. — Revue de Madagascar..., 6° année.
(Paris [1904], in-8°, 576-vi p., et 576 p.)

1ᵉʳ semestre.

39655. Vacher (Capitaine). — Études ethnographiques, p. 3, et 106; *2ᵉ semestre*, p. 136 à 324; et VII, p. 419, et 508.
39656. Andriamena. — Souvenirs d'un soldat d'avantgarde (1895), *carte*, p. 26, 131, 193, 289, 427, 526; et *2ᵉ semestre*, p. 9.
39657. Chazel (André). — Comment s'appellent les habitants de l'Imerina, p. 97 à 105.
39658. Jully (A.). — Lettre sur les Malgaches, p. 153 à 159.
39659. Petit-Nicolas. — Notes sur le pays sakalave, *fig.*, p. 219, 332; *2ᵉ semestre*, p. 295, 447; et VII, p. 47, 219, et 396.
39660. Ferrand (Gabriel). — Étymologies malgaches, p. 238 à 244.

2ᵉ semestre.

39661. Dubreuil. — L'administration malgache avant la conquête, p 97.
39662. Faucon (A.). — Un précurseur. Le capitaine de vaisseau Ducuron-Lagougine, chef de la division navale de l'océan Indien [1871-1872], p. 289 à 294.
39663. Bastard (E.-J.). — Les mémoires d'un roi Bara, p. 385, 495; VII, *fig.*, p. 232, et 321.
39664. Ferrand (Gabriel). — Qarmathes et Undzatsi, p. 408 à 420.

VII. — Revue de Madagascar..., 7° année.
(Paris [1905], in-8°, 576 et 582 p.)

1ᵉʳ semestre.

[39659.] Petit-Nicolas. — Notes sur le pays Sakalave, *fig.*, p. 47, 219, et 396.
39665. You (A.). — L'organisation de Madagascar, p. 97 à 118.
[39663.] Bastard (E.-J.). — Les mémoires d'un roi Bara, *fig.*, p. 232, et 321.
39666. Ferrand (Gabriel). — Fadi et totem malgaches, p. 385 à 395.
[39655.] Vacher (Capitaine). — Études ethnographiques, p. 419, et 508.

2ᵉ semestre.

39667. Grandidier (Alfred). — Voyage de Mayeur dans le centre de Madagascar (1758-1787), p. 3 à 14.
39668. Hamelius (Étienne). — Plantain le pirate, grand roi de Madagascar, d'après Clément Downing, son historien, p. 298 à 307.
39669. Martonne (Lieutenant Ed. de). — Fianarantsoa et le Betsileo central, *fig.*, p. 527; et VIII, *fig.*, p. 27, 104, et 215.

VIII. — Revue de Madagascar..., 8ᵉ année.
(Paris [1906], in-8°, 1088 p.)

[39669.] Martonne (Lieutenant Ed. de). — Fanarantsoa
et le Betsileo central, *fig.*, p. 27, 104, et 215.

39670. Brot (Fernand). — L'évolution de la musique à
Madagascar, p. 56 à 74.

39671. Mondain (G.). — Sur la représentation des idoles
malgaches, p. 99 à 103.

39672. Brot (Fernand). — L'imprimerie et la civilisation
à Madagascar, p. 481 à 505, et 577 à 589.

39673. Anonyme. — Deux mois à Foulpointe en 1757,
extrait du journal de bord du chevalier Du Puy de
Saint-Amand, p. 971 à 985.

39674. Jully (A.). — Ethnographie de Madagascar,
p. 1025 à 1054.

39675. Leguevel de La Combe. — Un projet d'alliance
de la France avec le prince Ramanetaka, roi des Co-
mores, et d'établissement à Diégo-Suarez avant 1850,
p. 1055 à 1061.

39676. Berthier (H.). — Fragment du folk-lore des Bara,
p. 1062 à 1066.

IX. — Revue de Madagascar..., 9ᵉ année.
(Paris [1907], in-8°, 591 p.)

39677. Jully (A.). — La politique des races à Madagascar, p. 3 à 17.

39678. Bertout (M.). — Division par races de la province de Fort-Dauphin, p. 18 à 24.

39679. Anonyme. — M. A. Jully [† 1907], *portr.*, p. 43
à 46.

39680. Ferrand (Gabriel). — Le peuplement de Madagascar, p. 81 à 91.

39681. Julien (Gᵗᵉ). — La vie intime du peuple malgache, p. 103 à 107.

39682. Martonne (Lieutenant Ed. de). — Itinéraire de
Mananjary à Fianarantsoa, p. 225, 282, et 336.

39683. Rabé. — Fandroana, p. 240 à 246.

39684. Bastard (E.-J.). — Inapaka [† 1905], *portr.*,
p. 269 à 281, et 317 à 327.

39685. Julien (G.). — Amulettes et idoles, p. 357 à 363,
et 405 à 411.

39686. Dandouau (A.). — Folk-lore Sakalava et Tsimihety, p. 453; X, 1ᵉʳ semestre, p. 252; X, 2ᵉ semestre,
p. 64; et XI, p. 63, et 241.

39687. Lemoine (Paul). — Richard Baron [1847 † 1907],
p. 481 à 483.

39688. Aujas (L.). — Essai sur l'histoire et les coutumes
des Betsimisaraka, p. 501 à 515, et 549 à 564.

X. — Revue de Madagascar..., 10ᵉ année.
(Paris, [1908], in-8°, 288 et 288 p.)

1ᵉʳ semestre.

[39686.] Dandouau (A.). — Folk-lore Sakalava et Tsimihety, p. 252; 2ᵉ semestre, p. 64.

2ᵉ semestre.

39689. Picard (Lieutenant). — Les Mahafalys, p. 10
à 16.

39690. G. R. — Le colonel Lavoisot [† 1908]; Fernand
Brot [† 1908], p. 279 à 282.

XI. — Revue de Madagascar..., 11ᵉ année.
(Paris [1909], in-8°, 288 p.)

1ᵉʳ semestre.

[39686.] Dandouau (A.). — Folk-lore Sakalava et Tsimihety, p. 63, et 241.

39691. Dandouau (A.). — Notes sur les idées religieuses
et quelques superstitions des Sakalava du Menabe,
p. 145 à 167.

SEINE. — PARIS.

COMITÉ DES TRAVAUX HISTORIQUES ET SCIENTIFIQUES.

Voir, pour les publications de ce Comité antérieures à 1901, la table récapitulative de notre *Bibliographie générale;* et pour ses publications postérieures, la table placée à la fin du présent fascicule.

I

COLLECTION DES DOCUMENTS INÉDITS.

SÉRIE IN-4°.

39692. Espérandieu (Émile). — Recueil général des bas-reliefs de la Gaule romaine. T. III. Lyonnaise, 1re partie. (Paris, 1910, in-4°, vii-476 p., *fig.*)

[Les tomes I et II ont paru en 1907 et 1908.]

SÉRIE IN-8°.

39693. Aulard (F.-A.). — Recueil des actes du Comité de salut public, avec la correspondance officielle des représentants en mission et le registre du Conseil exécutif provisoire. T. XX: 1er février 1795-11 mars 1795 (13 pluviôse an iii-21 ventôse an iii) (Paris, 1910, gr. in-8°, 839 p.)

[Les tomes I à XIX ont paru de 1889 à 1909.]

39694. Debidour (A.). — Recueil des actes du Directoire exécutif (procès-verbaux, arrêtés, instructions, lettres et actes divers). T. I: du 11 brumaire au 30 ventôse an iv (3 novembre 1795-20 mars 1796). (Paris, 1910, gr. in-8°, xxiv-867 p.)

II

PUBLICATIONS DIVERSES.

Bibliographie.

39695. Lasteyrie (Robert de) et Vidier (Alexandre). — Bibliographie générale des travaux historiques et archéologiques publiés par les Sociétés savantes de la France. (Paris, in-4°.)

[T. V. Supplément 1886-1900. Ain—Haute-Savoie (1911), 831 p.]

39696. Lasteyrie (Robert de) et Vidier (Alexandre). — Bibliographie annuelle des travaux historiques et archéologiques publiés par les Sociétés savantes de la France. (Paris, in-4°.)

[Années 1907-1908 (1910), 207 p. — Années 1908-1909 (1911), 207 p.]

Inventaires.

39697. Omont (H.). — Anciens inventaires et catalogues de la Bibliothèque nationale. T. III. La Bibliothèque royale à Paris au xviie siècle. (Paris, 1910, in-8°, 515 p.)

[Les tomes I et II ont paru en 1908 et 1909.]

Description de l'Afrique du Nord.

39698. Divers. — Description de l'Afrique du Nord entreprise par ordre de M. le Ministre de l'Instruction publique et des Beaux-Arts. Musées et collections archéologiques de l'Algérie et de la Tunisie. (Paris, in-fol. et gr. in-8°.)

La Blanchère (R. Du Coudray) et Gauckler (P.). — Musée Alaoui (1897-1910, gr. in-8°, 284 p., 43 *pl.*, et 403 p., 105 *pl.*).

Gsell (Stéphane). — Musée de Tebessa (1902, in-fol., 95 p., 11 *pl.*).

Gauckler (P.), Gouvet (E.) et Hannezo (Capitaine G.). — Musée de Sousse (1902, in-fol., v-100 p., 17 *pl.*).

Ballu (Albert), Cagnat (René). — Musée de Timgad (1902, in-fol., 45 p., 14 *pl.*).

Marçais (W.). — Musée de Tlemcen (1906, in-fol., viii-29 p., 14 *pl.*).

Pachtère (F.-G. de). — Musée de Guelma (1909, in-fol., 59 p., 10 *pl.*).

Bibliothèque d'archéologie africaine.

39699. Colin (Gabriel) et Mercier (Gustave). — Corpus des inscriptions arabes et turques de l'Algérie (Paris, in-8°).

[I. Département d'Alger (1901) x-295 p. — II. Département de Constantine (1902) iv-109 p. 9.]

39700. Gsell (Stéphane). — Enquête administrative sur les travaux hydrauliques anciens en Algérie. (Paris, 1902, in-8°, 143 p., *fig.*)

39701. Eudel (Paul). — Dictionnaire des bijoux de l'Afrique du Nord. Maroc, Algérie, Tunisie, Tripolitaine. (Paris, 1906, in-8°, 242 p., *fig.*)

III

BULLETINS DU COMITÉ.

SECTION D'ARCHÉOLOGIE.

XXVIII. — Bulletin archéologique du Comité des travaux historiques et scientifiques, année 1910. (Paris, 1910, in-8°, cclxii-402 p.)

39702. Jullian. — Fouilles de l'ancien cimetière Saint-Seurin de Bordeaux, p. xxxix à xli.

39703. Berger (Philippe). — Statuette de femme trouvée dans le Hauran, p. xlv.

39704. Prou (M.). — Monnaie mérovingienne trouvée à Milly (Saône-et-Loire), p. xlvi.

39705. Thédenat (L'abbé). — Tête de marbre antique trouvée dans la Crau, p. li.

39706. Prou (M.). — Le cimetière de Vaudonjon, p. lii à liv.

39707. Héron de Villefosse. — Casse-tête de bronze trouvé à Fontenoy (Yonne), p. lv.

39708. Héron de Villefosse. — Fouilles de Castel-Roussillon (Pyrénées-Orientales), p. lvi. — Cf. n° 39764.

39709. Héron de Villefosse. — Antiquités romaines découvertes aux environs du château de Musin, près de Belley (Ain), p. lviii.

39710. Héron de Villefosse. — Inscription romaine découverte à Château-Barnier, près de Caissargues (Gard), p. lx.

39711. Prou (M.). — Réunion annuelle des délégués des Sociétés savantes à la Sorbonne, p. lxi à cxx.

[Fouilles de la cour du May au Palais de justice de Paris, p. lxvi. — Sculptures préromanes de La Gayole, en Provence, p. lxxvi. — Sculptures des objets mobiliers classés en Seine-et-Oise, p. lxxiii. — Statuettes de bronze antiques du musée de Nice, lxxxi. — Fouilles de Gugney-sous-Vaudémont (Meurthe-et-Moselle), p. lxxxvi. — Monuments préhistoriques de Saint-Bomer-les-Forges (Orne), p. xc.]

39712. Béranger (J.). — Le monnayage *au moulin* des ateliers de Troyes, Tours, Compiègne, Châlons et Lyon, p. lxviii.

39713. Coutil (Léon). — Le mobilier funéraire mérovingien et carolingien de la Normandie, p. lxix.

39714. Parat (L'abbé). — Le cimetière de Vaudonjon à Montillot (Yonne), p. lxx.

39715. Pasquier (F.). — Reliures et tableaux d'argent de la cathédrale de Pamiers (xviiie s.), p. lxxi.

39716. Gauthier (Gaston). — Le caveau de la famille d'Albret à la cathédrale de Nevers (xvie s.), p. lxxii.

39717. Blanchet (Adrien). — Types de représentations antiques de la Gaule, p. lxxiii.

39718. Coutil (Léon). — Tête et buste de marbre découverts à Rouen, côte de Neuchâtel, p. lxxv.

39719. Babelon. — L'archéologie et l'éducation nationale, p. xcii à ci. — Cf. id. n°s 39805, 40555 et 40692.

39720. Cagnat et Véran. — Inscriptions romaines recueillies à Arles, p. cxxiii à cxxv, *pl.*

39721. Héron de Villefosse. — Inscription romaine de Mirebeau (Côte-d'Or), p. cxxvii.

39722. Capitan (Dr). — Fouilles de la station préhistorique de Laugerie-Haute (Dordogne), p. cxxx.

39723. Guiffrey (Jules). — Vieilles lunes [disques métalliques de harnachement] du Gévaudan, du Rouergue et du Velay. p. cxxxii.

39724. Babelon. — Sépultures antiques trouvées à Pouilly et à Serqueux, p. cxxxviii.

39725. Capitan (Dr). — Découvertes d'antiquités préhistoriques dans la vallée des Baux, p. cxl.

39726. Guiffrey. — Vierge de pierre coloriée à Saint-Pardoux-la-Rivière (Dordogne), [xve s.], p. cxli.

39727. Capitan (Dr). — Fouilles de la baie de Nacqueville, près Cherbourg, p. cxlvi.

39728. Thédenat (L'abbé). — Découverte de tombes romaines à Beauvais, p. cxlvii.

39729. Héron de Villefosse. — Inscriptions romaines découvertes à Arles, p. cliii à clv.

39730. Blanchet (Adrien). — Trésor de monnaies du moyen âge découvert à Izernore (Ain), p. clviii.

39731. Jullian. — Fouilles du Mont-Auxois, p. clviii.

39732. Héron de Villefosse. — Sur des inscriptions romaines du Mont-Auxois, p. clix.

39733. Prou. — Sépultures mérovingiennes découvertes à Melun en 1881, p. clxi.

39734. Capitan (Dr). — Fouilles de l'oppidum de Sainte-Geneviève (Essey-les-Nancy), p. clxii.

39735. Héron de Villefosse. — Fouilles de Saint-Ambroix-sur-Arnon, p. clxiii à clxvi.

39736. Héron de Villefosse. — Inscription antique trouvée à Castel-Roussillon, p. clxvi.

39737. Cagnat (R.). — Procès-verbaux des séances de la Commission de l'Afrique du Nord, p. clxviii à cclxii.

39738. Bertrand. — Antiquités entrées au musée de Philippeville, p. clxviii.

39739. Pannès. — Inscription recueillie à la ferme Savès, près Aumale, p. clxix.

39740. Icard (Adjudant). — Fouilles de Hammam-Lif, p. clxx à clxxiii.

39741. Merlin. — Découvertes archéologiques à Hammam-Lif, Sidi-Ahmed près Bizerte, Carthage, p. clxxiv à clxxix.

39742. Cagnat (R.). — Inscriptions découvertes en Tunisie, p. clxxx.

39743. Merlin. — Découvertes archéologiques en Tunisie, pl., p. clxxxii, cxcii, ccvi, ccxviii, ccxxxvii, ccli.

39744. Babelon (Ern.). — Intaille gravée avec inscription grecque, p. clxxxviii.

39745. Houdas. — Inscription coufique de Mahdia et inscription arabe de Sousse, p. clxxxix.

39746. Poinssot (L.). — Inscriptions puniques et fouilles de Dougga, p. cxcix, ccxxviii.

39747. Gsell. — Inscriptions sur mosaïque à Guelma; inscriptions latines à Tigzirt et Tipasa, p. cc, et ccv.

39748. Gsell. — Inscriptions latines d'Algérie, p. ccxiv.

39749. Berger (Ph.). — Inscriptions puniques, p. ccxxiii, et cclv.

39750. Bosco. — Inscriptions romaines de Constantine, p. ccxxvi.

39751. Héron de Villefosse et Delattre. — Inscriptions romaines de Carthage, p. ccxxxii, ccxliv, et cclvi.

39752. Héron de Villefosse. — Inscriptions chrétiennes trouvées à Djebba (Tunisie), p. cclix.

39753. Latapie. — Outils chelléens et acheuléens trouvés à Clairfontaine (Algérie), p. cclxi.

39754. Déchelette (Joseph). — L'épée de bronze de Beynost (Ain), fig., p. 3.

39755. Gabillaud (N.). — Découvertes archéologiques faites en 1909 à la Barbinière, c⁹ᵉ de Moulins (Deux-Sèvres), fig., et 2 pl., p. 5 à 14.

39756. Chaillan (L'abbé M.). — Autels chrétiens de Cassis, de Buoux et de Cavaillon, 2 pl., p. 15 à 21.

39757. Dangibeaud (Ch.). — L'école de sculpture romane saintongeaise, fig. et 15 pl., p. 22 à 62.

39758. Prinet (Max). — L'origine du type des sceaux à l'écu timbré, fig., p. 63 à 74.

39759. Prentout (H.). — Les sceaux de l'Université de Caen, p. 75 à 81.

39760. Fortier (E.) et Malahar (E.). — Les fouilles à Thina (Tunisie) exécutées en 1908-1909, 5 pl., p. 82 à 99.

39761. Ballu (Albert). — Rapport sur les fouilles exécutées en 1909 par le Service des monuments historiques, pl., p. 100 à 126.

39762. Chartraire (E.). — Le mur romain de Sens, pl., p. 127 à 135.

39763. Audollent (Auguste). — Deux nouvelles *defixiones* fig., 2 pl., p. 137 à 148.

39764. Thiers (F.-P.). — Rapport sur les fouilles de Castel-Roussillon (Pyrénées-Orientales), fig., p. 149 à 160. — Cf. n° 39708.

39765. Toutain (Jules). — Note sur les puits découverts à Alésia en 1909, p. 161 à 173.

39766. Audollent (Aug.). — Les tombes à incinération du musée de Clermont-Ferrand, 10 pl., p. 174 à 204.

39767. Loisne (Cᵗᵉ de). — Inventaires du trésor de Saint-Vaast d'Arras de 1493 et 1544, p. 205 à 219.

39768. Cagnat (René). — Inscription romaine trouvée à *Bulla Regia* (Tunisie), p. 220 à 224.

39769. Beaulaincourt (de) et Saladin (H.). — Les monuments d'Oudjda (Maroc), fig., 5 pl., p. 225 à 243.

39770. Bel (Alfred). — Note sur une inscription de habous du musée de Tlemcen, pl., p. 244 à 250.

39771. Chanel (Émile). — Une cachette de l'âge du bronze à Treffort (Ain), pl., p. 251 à 254.

39772. Espérandieu (Commᵗ). — Les fouilles d'Alise (Croix-Saint-Charles), année 1909, fig., 4 pl., p. 255 à 278.

39773. Vesly (Léon de). — Exploration archéologique du plateau de Boos (Seine-Inférieure), fig., et pl., p. 279 à 296.

39774. Vesly (Léon de). — Le cimetière franc du Fontenil, commune de Saint-Martin-Osmonville, fig., p. 297 à 307.

39775. Gérin-Ricard (Henry de). — Les statues romanes de l'église Saint-Pierre de la Manarre (Var), fig., p. 308 à 313.

39776. Arnaud d'Agnel (L'abbé G.). — Notice archéologique sur le prieuré de Ganagobie (Basses-Alpes), église et cloître du xiiᵉ siècle, 8 pl., p. 314 à 327.

39777. Laurain (Ernest). — Pierres tombales de Saint-Gervais de Pontpoint, 5 pl., p. 328 à 333.

39778. Héron de Villefosse. — Statue de femme trouvée à Cyrène (Musée du Louvre), pl., p. 334 à 340.

39779. Cassaigne (Capitaine). — Tombeaux et sépultures antiques des environs de Bir-Bou-Rekba (Siagu), fig., 2 pl., p. 341 à 366.

COMMISSION ARCHÉOLOGIQUE D'INDO-CHINE.

39780. Anonyme. — Ministère de l'Instruction publique et des Beaux-Arts. Le Bayon d'Angkor-Thom, bas-reliefs publiés par les soins de la Commission archéologique de l'Indo-Chine, d'après les documents recueillis par la mission Henri Dufour, avec la collaboration de Charles Carpeaux. (Paris, 1910, in-fol., 135 pl.)

III. — Bulletin de la Commission archéologique de l'Indo-Chine, année 1910. (Paris, 1910, in-8°, 172 p.)

39781. Finot (L.). — Note sur les travaux de restauration d'Angkor Vat, p. 10 à 13.

39782. Cœdès (G.). — Catalogue des pièces originales de sculpture khmère conservées au Musée indo-chinois du Trocadéro et au Musée Guimet, 12 *pl.*, p. 19 à 62.

39783. Cudenet (V.). — Les Cham de Tayninh, p. 63.

39784. Parmentier (H.). — Relevé archéologique de la province de Tay-Ninh (Cochinchine), *fig.*, p. 65 à 87.

39785. Parmentier (H.). — Découverte d'un nouveau dépôt dans le temple de Po Nagar de Nha-Trang, *fig.*, p. 88 à 93.

39786. La Jonquière (Comm^t L. de). — Une nouvelle carte archéologique du Cambodge, *carte*, p. 120 à 128.

39787. Finot (L.). — Inscriptions du Siam et de la péninsule Malaise (Mission Lunet de La Jonquière), *pl.*, p. 147 à 154.

39788. Finot (L.). — Les bas-reliefs de Bapuon, 5 *pl.*, p. 155 à 161.

39789. Anonyme. — Chronique des monuments historiques et des musées de l'Indochine, p. 94 à 119, et 162 à 170.

39790. Anonyme. — Le général de Beylié († 1910), p. 171.

SECTION D'HISTOIRE ET DE PHILOLOGIE.

XXVIII. — Bulletin historique et philologique du Comité des travaux historiques et scientifiques, année 1910. (Paris, 1910, in-8°, 496 p.)

39791. Tuetey (A.). — Rapport sur une communication de M. Alcius Ledieu [documents du xv° siècle concernant Abbeville], p. 10.

39792. Poupé (Edmond). — Documents relatifs à l'expédition de Sardaigne (1793), p. 15 à 30.

39793. Oursel. — Une ordonnance inédite de François Ier pour la répression de l'hérésie (1546), p. 34 à 39.

39794. Beuve (Octave). — Les abbayes du département de l'Aube. Additions et corrections à la *Gallia christiana*. Abbaye de Notre-Dame-des-Prés, p. 41 à 51.

39795. Langlois (Ch.-V.). — Rapport sur une communication de M. Soucaille [mandements de Philippe le Bel relatifs aux tailles de Béziers]; lettre de Charles V pour des localités de la viguerie de Béziers demandant une réduction d'impôts (1379), p. 51 à 55.

39796. Gazier. — Congrès des Sociétés savantes, p. 56 à 122.

39797. Lesort (André). — Les trois plus anciennes chartes de l'abbaye de Saint-Mihiel, p. 69.

39798. Guesnon. — La date et l'auteur du *Jeu de la Feuillée*, p. 79.

39799. Arnaud d'Agnel (L'abbé). — L'union de la Provence à la France et la politique de Louis XI, p. 82 à 84.

39800. Guiraud (Mlle L.). — Julius Pacius en Languedoc (1597-1616), p. 84.

39801. Quignon. — Le poète Philippe de Dreux, p. 86 à 88.

39802. Gaston (Hubert). — L'assemblée municipale de Plessis-Cacheleux (Oise) en 1788, p. 92.

39803. Gauthier (Gaston). — Les enrôlements volontaires à Nevers (1792-1793), p. 93.

39804. Pasquier. — Les fêtes décadaires à Toulouse à la fin du Directoire, p. 94.

39805. Babelon. — La place de l'archéologie dans l'éducation nationale, p. 96 à 114. — Cf. id. n°s 39719 et 40555.

39806. Morin (Louis). — Sur quelques impressions troyennes de la fin du xvi° siècle, p. 125 à 138.

39807. Morin (Louis). — Les livres liturgiques et les livres d'église imprimés à Troyes pour d'autres diocèses, p. 139 à 157.

39808. Morel (Le chanoine E.). — Ernaud, abbé de Saint-Martin-aux-Bois, p. 158 à 160.

39809. Deville (Étienne). — Comptes de la collégiale de Vernon (1432-1439), p. 161 à 178.

39810. Binet (Lieutenant H.). — L'administration militaire des États de Bretagne au xviii° siècle, p. 179 à 207.

39811. Feuillâtre. — Un projet d'alliance monarchique sous la Terreur, p. 208 à 245.

39812. Blossier. — Le Comité de surveillance du département de Loir-et-Cher et la déchristianisation, p. 246 à 272.

39813. Prentout. — Le duc de Berry, Louis XI et l'Université de Caen en 1467, p. 275 à 285.

39814. Le Lorier. — Notes sur un registre de tabellionage d'Argences-Troarn-Varaville, de la fin du xiv° siècle, conservé aux Archives du Calvados, p. 288 à 305.

39815. Gazier. — Un exemplaire en épreuves avec corrections de Bossuet du *Discours sur l'Histoire universelle*, p. 306.

39816. Soyer (Jacques). — Une lettre missive inédite de Henri IV adressée au pape Paul V et concernant l'abbaye de Levignac au diocèse de Toulouse, p. 311 à 313.

39817. Rouchon (Ulysse). — Une association musicale au Puy en 1593, p. 314.

39818. Meyer (Paul). — Léopold Delisle († 1910) p. 318 à 320.

39819. Ligny-Bondurand. — Statistique des opinions religieuses du futur diocèse d'Alais (1688-1689), *carte*, p. 321 à 409.

39820. Leroux (Alfred). — De l'introduction du français en Limousin du xiv° au xvi° siècle, notes et documents, p. 413 à 488.

SECTION DE GÉOGRAPHIE.

XXV. — Bulletin de géographie historique et descriptive, année 1910. (Paris, 1910, in-8°, 446 p.)

39821. Cabaton (Antoine). — Mission en Espagne et en Portugal, p. 15 à 36.

[Documents relatifs à l'histoire de l'Indo-Chine et plus particulièrement du Champa et du Cambodge aux xvi° et xvii° siècles.]

39822. Cordier (Henri). — Réunion des délégués des sociétés savantes; procès-verbaux, p. 71 à 91.

39823. Belloc (Émile). — Frontières géographiques et politiques de l'Aran, p. 80 à 82.

39824. Cordier (Henri). — La baie de Camranh (Annam) en 1842, d'après M. de Chonski, p. 83.

39825. Anthiaume (L'abbé A.). — L'enseignement de la science nautique au Havre de Grâce pendant les xvi°, xvii° et xviii° siècles, p. 92 à 107.

39826. Buffault (Pierre). — Les forêts et pâturages du mandement de Guillestre, p. 108 à 134.

39827. Buffault (Paul). — L'influence des forêts sur l'alimentation des sources et le régime des cours d'eau [étude de géographie historique], p. 135 à 170.

39828. Quarré-Prévost (L.). — Recherches sur les formes originales des noms de lieux dans l'arrondissement de Lille, *carte*, p. 171 à 258.

39829. Fordham (Sir Herbert George). — Liste alphabétique des plans et vues de villes, citadelles et forteresses qui se trouvent dans le grand atlas de Mortier, édition d'Amsterdam de 1696, p. 259 à 269.

39830. Marsan (L'abbé François). — Notice biographique sur Louis Lefort, grand marin français du xviii° siècle, p. 270 à 275.

39831. Eude (Émile). — Anciennes capitaneries de l'Amazone, étude de géographie historique, p. 276 à 306.

39832. Cordier (Henri). — Voyages du colonel Kozlov à travers la Mongolie, p. 355 à 360.

39833. Villepelet (Ferdinand). — Un syndicat de navigation à Périgueux pour la rivière de l'Isle, p. 363 à 371.

39834. Pawlowski (Auguste). — Les transformations du littoral français. L'île d'Yeu à travers les âges d'après la géologie, la cartographie et l'histoire, p. 380 à 393.

39835. Chauvigné (Auguste). — Topographie gallo-romaine de la Touraine, *carte*, p. 394 à 409.

39836. Cordier (Henri). — Les Français aux îles Lieou K'ieou, p. 410 à 425.

SECTION DES SCIENCES ÉCONOMIQUES
ET SOCIALES.

XXVIII. — Bulletin du Comité des travaux historiques et scientifiques. Section des sciences économiques et sociales. Année 1910. (Paris, 1911-1912, in-8°, 68 et 195 p.)

Séances du Comité.

39837. Soyer (Jacques). — Recherche de la paternité naturelle, déclarations de grossesse par-devant le maire au xix° siècle [à Marcilly-en-Vilette (Loiret), 1802-1815], p. 9 à 11.

39838. Maury (Eugène). — La vente des biens nationaux et la Société dite de Jésus à Bar-sur-Aube, p. 18.

39839. Haon (Gabriel). — Le centenaire du Tribunal de commerce d'Alais, p. 28 à 34.

Congrès des Sociétés savantes.

39840. Delautel (Pierre). — La Société industrielle de Reims (1833), p. 44 à 56.

39841. Nicolaï (Alexandre). — Notes sur la vie et le coût des subsistances à Bordeaux et en Guyenne au cours du xviii° siècle, p. 61 à 77.

39842. Moulin (Paul). — Sur la suppression des tours dans les Bouches-du-Rhône, p. 93 à 103.

39843. Le Grin (Adrien). — Étude relative au mémoire d'Alexis de Tocqueville sur le paupérisme, p. 127 à 131.

39844. Boté (Pierre). — Les poudres et salpêtres en Lorraine au xviii° siècle, p. 132 à 164.

IV

RÉUNION DES SOCIÉTÉS DES BEAUX-ARTS.

XXXIV. — Réunion des Sociétés des beaux-arts des départements. Salle de l'hémicycle à l'École nationale des beaux-arts, du 29 mars au 1er avril 1910. 34° session. (Paris, 1910, in-8°, 220 p.)

39845. Charvet (Léon). — Jean-Baptiste Vietty [1787 † 1842], 2 *pl.*, p. 31 à 53.

39846. Momméja (Jules). — Un maître d'œuvre agenais au xiv° siècle. En Johan de La Gleya et le sarcophage chrétien où il fut inhumé, *pl.*, p. 54 à 63.

39847. BOSSEBŒUF (L.). — Entrée solennelle de la reine Éléonore d'Autriche à Amboise (septembre 1530), p. 64 à 72.

39848. DELIGNIÈRES (Émile). — Note sur Gaspard Duché de Vancy, peintre dessinateur du xviiiᵉ siècle, 4 *pl.*, p. 72 à 79.

39849. MARTIN (Jean) et JEANTON (Gabriel). — Les pierres tombales circulaires et ovales de la Bourgogne (xvᵉ au xviiᵉ siècle), 5 *pl.*, p. 79 à 94.

39850. BRUNE (L'abbé P.). — L'église de Sirod (Jura), œuvres d'art, peinture murale, p. 95 à 99.

39851. MORIN (Louis). — L'émigration de Paillot de Montabert, p. 99 à 114.

39852. VARENNE (Gaston). — Notes sur les commencements de la Manufacture de tapisseries de Beauvais (1664-1684), p. 115 à 144.

39853. GUILLIBERT (Bᵒⁿ). — Trois portraits par Hyacinthe Rigaud, 3 *pl.*, p. 144 à 151.

[Cardin Le Bret, J.-B. d'Ille, G. de Gueidan.]

39854. MONTÉGUT (H. DE). — Portraits d'André de Nesmond, premier président au Parlement de Bordeaux (1553 † 1616), *pl.*, p. 151 à 154.

39855. MONTÉGUT (H. DE). — Langue de serpent enchassée dans une armature d'argent portant gravés le nom et les armes de la famille de La Rochefoucauld, *pl.*, p. 154 à 156.

39856. BOUILLON-LANDAIS. — Alfred Casile, peintre marseillais (1848 † 1909), p. 156 à 157.

39857. JACQUOT (Albert). — Essai de répertoire des artistes lorrains. — Les facteurs d'orgues et de clavecins lorrains, 6 *pl.*, p. 158 à 174. — Suite de XXIII, *pl.*, p. 396; XXIV, 3 *pl.*, p. 307; XXV, p. 297; XXVI, p. 324; XXVII, 2 *pl.*, p. 636; XXVIII, 4 *pl.*, p. 467; XXIX, p. 483; XXX, 4 *pl.*, p. 170; XXXII, 5 *pl.*, p. 173; et XXXIII, p. 238.

39858. PLANCOUARD (Léon). — L'*Ecce Homo* de Cormeilles-en-Vexin (Seine-et-Oise). La statue (xviᵉ s.) de Pierre Du Vernier, 2 *pl.*, p. 174 à 183.

39859. VEUCLIN (E.). — Notes inédites sur un musicien distingué. André Danican, dit Philidor, né à Paris vers 1652, mort à Dreux en 1730, p. 184 à 187.

SEINE. — PARIS.

COMMISSION DE L'INVENTAIRE GÉNÉRAL DES RICHESSES D'ART DE LA FRANCE.

Voir, pour les publications de cette Commission antérieures à 1901, la table récapitulative de notre *Bibliographie générale;* et pour ses publications postérieures, la table placée à la fin du présent fascicule.

VIII. — Inventaire général des richesses d'art de la France. Province. Monuments civils. t. VIII. (Paris, 1908, in-8°, 528 p.)

39860. ROSCHACH. — Musée de Toulouse, p. 1 à 255.

39861. JOUIN (Henry). — Musée d'Angers, p. 259 à 448.

SEINE. — PARIS.

COMMISSION DES MISSIONS SCIENTIFIQUES ET LITTÉRAIRES.

Voir, pour les publications de cette Commission antérieures à 1901, la table récapitulative de notre *Bibliographie générale;* et pour ses publications postérieures, la table placée à la fin du présent fascicule.

XVIII. — Nouvelles archives des Missions scientifiques et littéraires..., t. XVIII. (Paris, 1909-1910, in-8°, 538 p.)

39862. BRUNET (Emmanuel). — Rapport sur l'organisation de l'Université musulmane El-Azhar [Égypte], p. 1 à 28.

39863. POINSSOT (Louis). — Nouvelles inscriptions de Dougga, p. 83 à 174.

39864. CONSTANT (G.). — Rapport sur une mission scientifique aux Archives d'Autriche et d'Espagne. Étude et catalogue critique de documents sur le concile de Trente, p. 175 à 538.

SEINE. — PARIS.

COMMISSION DE RECHERCHE ET DE PUBLICATION DES DOCUMENTS RELATIFS À LA VIE ÉCONOMIQUE DE LA RÉVOLUTION.

Voir, pour les publications antérieures de cette Commission, la table du présent fascicule.

39865. Gerbaux (Fernand), Schmidt (Charles). — Procès-verbaux des Comités d'agriculture et de commerce de la Constituante et de la Convention. T. IV. Convention nationale (2ᵉ partie). (Paris, 1910, in-8°, xviii-812 p.)

[Les tomes I à III ont paru de 1906 à 1908.]

39866. Vernier (J.-J.). — Département de l'Aube. Cahiers de doléances du bailliage de Troyes (principal et secondaire) et du bailliage de Bar-sur-Seine pour les États généraux de 1789. T. II. (Troyes, 1910, in-8°, 793 p.)

[Le tome I a paru en 1909.]

39867. Moulin (Paul). — Département des Bouches-du-Rhône. Documents inédits relatifs à la vente des biens nationaux. T. III. (Marseille, 1910, in-8°, 647 p.)

[Les tomes I et II ont paru en 1908 et 1909.]

39868. Gandilhon (Alfred). — Département du Cher. Cahiers de doléances de Bourges et des bailliages secondaires de Vierzon et d'Henrichemont pour les États généraux de 1789. (Bourges, 1910, in-8°, li-812 p., carte.)

39869. Sée (Henri), Lesort (André). — Département d'Ille-et-Vilaine. Cahiers de doléances de la sénéchaussée de Rennes pour les États généraux de 1789. T. II. Évéchés de Rennes (suite), de Nantes, de Vannes et de Dol. (Rennes, 1910, in-8°, 753 p.)

[Le tome I a paru en 1909.]

39870. Mourlot (Félix). — Département de l'Orne. Recueil de documents d'ordre économique contenus dans les registres de délibérations des municipalités du district d'Alençon (1788-an iv). T. III. Canton de Sées. (Alençon, 1910, in-8°, 648 p.)

[Les tomes I et II ont paru en 1907 et 1908.]

V. — Commission de recherche et de publication des documents relatifs à la vie économique de la Révolution. Bulletin trimestriel, année 1910. (Paris, 1910, in-8°, 435 p.)

39871. Caron (Pierre). — Une enquête sur les prix après la suppression du maximum, p. 1 à 134, et 303 à 412.

39872. Bloch (Camille). — La vérification des caisses patriotiques en 1792, p. 135 à 197.

39873. Schmidt (Ch.) — Notes sur le travail des enfants dans les manufactures pendant la Révolution, p. 198 à 221.

39874. Schmidt (Ch.). — Un projet de nationalisation des mines d'Anzin en 1792, p. 225 à 243.

39875. Bourgin (Georges). — Statistiques révolutionnaires. L'enquête de Delessart et de Roland (1791-1792), p. 244 à 302.

[Le Comité central et le Bureau central du commerce.]

39876. Caron (P.). — Rapports de commissaires pour les subsistances de Paris (août-décembre 1793), p. 413 à 427.

39877. Blossier (A.). — Circulaire relative à la rédaction des cahiers dans la vicomté d'Auge (1789), p. 427 à 429.

SEINE. — PARIS.

COMMISSION DU VIEUX PARIS.

Voir, pour les publications de cette Commission antérieures à 1901, la table récapitulative de notre *Bibliographie générale;* et pour ses publications postérieures, les tables placées à la fin du présent fascicule.

XIII. — Ville de Paris. Commission municipale du Vieux Paris. Année 1910. Procès-verbaux. (Paris, 1910, in-4°, 112 p.)

39878. Lambeau (L.). — La maison de la place du Pont-Neuf (place Dauphine), p. 6.

39879. Laugier (André). — Ancienne inscription funéraire, square Sainte-Croix-de-la-Bretonnerie, p. 8.

39880. Divers. — L'enseigne du *Chat noir,* rue Saint-Denis, maison natale de Scribe, *pl.,* p. 8, et 16.

39881. Cain (G.). — Le tableau parisien du musée de Cherbourg [le boulevard Montmartre vers 1830], *pl.,* p. 9.

39882. Lambeau (Lucien). — Les peintures de l'ancien hôtel de Luynes dans l'annexe du Musée Carnavalet, p. 9, et 69.

39883. Hallays (André). — L'horloge du Palais de justice, p. 12.

39884. Anonyme. — Ancienne maison rues des Archives et Sainte-Croix-de-la-Bretonnerie, *pl. sans texte.*

39885. Anonyme. — Baie ogivale percée en façade d'une maison rue de la Reynie, n° 35, *pl. sans texte.*

39886. Divers. — Le regard des Messiers des anciennes eaux de Belleville, p. 14.

39887. Laugier (André). — Découverte de sépultures dans l'église Saint-Nicolas-du-Chardonnet, p. 15.

39888. Divers. — Les tombes célèbres abandonnées dans les cimetières parisiens, p. 18, 49, et 99.

39889. Quentin-Bauchart. — A propos de l'impasse Salembière, p. 22.

39890. Lambeau (Lucien). — Servitudes d'architecture de la place des Vosges, p. 24 à 27, et 60 à 62.

39891. Divers. — L'inondation de Paris en janvier 1910, 12 *pl.* et 1 *plan,* p. 29 à 32.

39892. Divers. — Les moulins de Moret et l'église de Pontloup, p. 41.

39893. Divers. — La fontaine du Pré-Saint-Gervais, p. 43.

39894. Mareuse (E.). — Le petit hôtel de Mailly, rue de Beaune, 4 *pl.',* p. 47 à 49.

39895. Laugier (André). — Élargissement de la rue des Prouvaires, rue Pirouette et cour de Beaune, *pl.,* p. 50.

39896. Laugier (André). — Ancien mur mis à découvert au lycée Saint-Louis, p. 51.

39897. Lambeau (Lucien). — Les ateliers de Richard Lenoir au couvent de Bon-Secours, rue de Charonne, 5 *pl.,* p. 52.

39898. Lambeau (Lucien). — Le dégagement de l'église de Saint-Julien-le-Pauvre, p. 53.

39899. Lambeau (Lucien). — Borne-limite de 1724-1726 dans la rue de Charenton, p. 54 à 56, et 71.

39900. Lambeau (Lucien). — Découverte d'un numéro ancien sur la maison du quai de l'Horloge dite de Mᵐᵉ Roland, p. 57.

39901. Lambeau (Lucien). — A propos de l'hôtel Sully, p. 58.

39902. Lambeau (Lucien). — A propos de l'hôtel de Senecterre, rue de l'Université, 24, p. 59.

39903. Lambeau (Lucien). — Démolition d'immeubles rues du Cloître-Saint-Merri, Brisemiche et Taillepain, 3 *pl.,* p. 70.

39904. Tesson (L.). — L'ancien château des archevêques de Paris à Conflans-Charenton, p. 76 à 79.

39905. Tesson (L.). — Les colonnes de la place de la Nation, p. 79 à 84.

39906. Lambeau (Lucien). — L'ancienne abbaye de Pentemont, aujourd'hui caserne de cavalerie, rue de Bellechasse, n° 37, 2 *pl.,* p. 84.

39907. Lambeau (Lucien). — Découverte d'une première pierre posée lors de la construction d'une maison rue Simon-le-Franc, p. 86.

39908. Lambeau (Lucien). — Mise à jour de l'emplacement d'une partie de l'ancien cimetière Saint-Paul, p. 87.

39909. Lambeau (Lucien). — L'ancien couvent des Carmélites, rue Denfert-Rochereau, p. 89.

39910. Lambeau (Lucien). — L'auberge de l'*Aigle d'or*,
rue Pierre-au-Lard, p. 92.
39911. Magne (Charles). — Rapport sur les fouilles exécutées dans Paris, 4 *pl.*, p. 93.
[Couvent des Dames de Saint-Michel auparavant de la Visitation ,
2 *pl.*; hôtel d'Aligre; tête mitrée en pierre, *pl.*; rue des Prouvaires; jeton de N. de Faverolles, *pl.*]

39912. Lambeau (Lucien). — L'ancien cimetière Saint-
Paul et ses charniers. L'église Saint-Paul, la grange et
la prison Saint-Éloi, 55 p. et 11 *pl.*
39913. Villain (Georges) et Vallet. — Carte du sol na-
turel, 17 p., *carte.*

SEINE. — PARIS.

CONSEIL HÉRALDIQUE.

Voir, pour les publications de cette Association antérieures à 1901, la table récapitulative de notre *Bibliographie générale;* et pour ses publications postérieures, la table placée à la fin du présent fascicule.

39914. Du Boscq de Beaumont. — Inventaire sommaire des archives des généalogistes de l'Ordre souverain de Saint-
Jean de Jérusalem (Malte) pour les trois langues de France. (Vannes, 1909, in-8°, 113 p.)

SEINE. — PARIS.

INSTITUT DE FRANCE.

Voir, pour les publications de l'Institut antérieures à 1901, la table récapitulative de notre *Bibliographie
générale;* et pour ses publications postérieures, la table placée à la fin du présent fascicule.

XCIII. — **Institut de France. Séance publique annuelle des cinq académies du
mardi 25 octobre 1910, présidée par M. Massenet, président de l'Académie des Beaux-Arts.
(Paris, 1910, in-4°, 89 p.)**
39915. Massenet (J.). — Discours, p. 3 à 19.
39916. Girard (Paul). — Hypéride et le procès de Phryné,
p. 25 à 36.
39917. Benoist (Charles). — La hiérarchie des professions
dans l'ancienne société française, p. 49 à 63.

39918. Lavedan (Henri). — L'habit vert, p. 65 à 75.

PIÈCES DIVERSES.

39919. Divers. — Institut de France. Discours prononcés
à l'occasion du millénaire de Cluny le 10 septembre
1910 (Paris, 1910, in-4°, 35 p.).
[Discours de MM. René Bazin, E. Babelon, Imbart de La Tour.]

ACADÉMIE FRANÇAISE.

LXXX. — **Institut de France. Académie française.** Séance publique annuelle du jeudi 8 décembre 1910, présidée par M. Frédéric Masson, directeur. (Paris, 1910, in-4°, 127 p.)

39920. Masson (Frédéric). — Discours sur les prix de vertu, p. 85 à 127.

Institut de France. Académie française. Discours prononcés dans la séance publique tenue par l'Académie française pour la réception de M. René Doumic, le 7 avril 1910. (Paris, 1910, in-4°, 56 p.)

39921. Doumic (René). — Discours, p. 3 à 28.

[Éloge de Gaston Boissier, portr.]

39922. Faguet (Émile). — Discours, p. 29 à 56.

Institut de France. Académie française. Discours prononcés dans la séance publique tenue par l'Académie française pour la réception de M. Marcel Prévost, le 21 avril 1910. (Paris, 1910, in-4°, 56 p.)

39923. Prévost (Marcel). — Discours, p. 3 à 32.

[Éloge de Victorien Sardou, portr.]

39924. Hervieu (Paul). — Discours, p. 33 à 56.

Institut de France. Académie française. Discours prononcés dans la séance publique tenue par l'Académie française pour la réception de M. Brieux, le 12 mai 1910. (Paris, 1910, in-4°, 62 p.)

39925. Brieux. — Discours, p. 3 à 32.

[Éloge de Ludovic Halévy, portr.]

39926. Ségur (Mis de). — Discours, p. 33 à 62.

CXIII. — **Institut de France. Académie française.** Funérailles de M. Henri Barboux, membre de l'Académie française, le mercredi 27 avril 1910. (Paris, 1910, in-4°, 10 p.)

39927. Masson (Frédéric). — Discours, p. 1 à 6.
39928. Lyon-Caen (Ch.). — Discours, p. 7 à 10.

PUBLICATIONS DIVERSES.

39929. Urbain (Ch.) et Levesque (E.). — Correspondance de Bossuet. Nouvelle édition augmentée de lettres inédites, t. I-III. (Paris, 1910, 3 vol. in-8°.)

[Collection des grands écrivains de la France.]

PIÈCES DIVERSES.

39930. Divers. — Institut de France. Académie française. Inauguration du monument élevé à la mémoire de François Coppée à Paris, le dimanche 5 juin 1910. (Paris, 1910, in-4°, 13 p.).

[Discours de MM. Jean Richepin, Jean Aicard, René Doumic.]

ACADÉMIE DES INSCRIPTIONS ET BELLES-LETTRES.

LIV. — **Académie des Inscriptions et belles-lettres.** Comptes rendus des séances de l'année 1910. (Paris, 1910, in-8°, 854 p.)

39931. Lalanne (Dr G.). — Découverte de sculptures de l'âge du renne [à Laussel (Dordogne)], p. 16 à 20.
39932. Rot (Lucien). — Note sur l'église Saint-Léonard (Haute-Vienne), chapelle Sainte-Luce, pl., p. 29 à 31.

39933. Ruelle (Ch.-Ém.). — Deux identifications. L'exégèse dite anonyme de la Tétrabible de Claude Ptolémée, et le Traité, dit d'Hermès le Philosophe de Revolutionibus nativitatum, attribués à l'astrologue arabe Abou Mashar. Découverte d'un texte grec du second traité, p. 32 à 39.
39934. Gaucklen (Paul). — La prétresse d'Anzio? p. 40 à 48.

39935. Pelliot (Paul). — Rapport sur une mission au Turkestan chinois (1906-1909), *pl.*, p. 58 à 68.

39936. Pottier (Edmond). — Hamdy bey (1842 † 1910), p. 71 à 75.

39937. Formigé (Jean-Camille). — Le trophée de la Turbie, *fig.*, p. 76 à 87. — Cf. n° 39978.

39938. Dieulafoy. — Lois rythmiques du Mausolée d'Halicarnasse, p. 94.

39939. Maurice (Jules). — L'origine des seconds Flaviens, p. 96 à 103.

39940. Cagnat. — Inscription romaine découverte dans l'ancien collège d'Arles, p. 106.

39941. Capitan (D'). — Les sacrifices humains et l'anthropophagie rituelle dans l'Amérique ancienne, *fig.*, p. 109 à 126.

39942. Omont (Henri). — Adolf Tobler (1835 † 1910), p. 128.

39943. Héron de Villefosse. — Vestiges antiques découverts dans la cour du Mai au Palais de justice [de Paris], p. 130.

39944. Reinach (Théodore). — Les constitutions de Caracalla d'après les papyrus de Giessen, p. 132. — Cf. n° 39948.

39945. Héron de Villefosse. — Une inscription municipale de Carthage, p. 135 à 139.

39946. Toutain (Jules). — Les fouilles de la Société des sciences historiques et naturelles de Semur sur le Mont-Auxois en 1909, *fig.*, p. 139 à 151.

39947. Heuzey (Léon). — Rapport sur la mission française en Chaldée, p. 152 à 157.

39948. Bouché-Leclercq. — A propos d'une constitution attribuée à Caracalla, p. 159. — Cf. n° 39944.

39949. Durrieu (C'° Paul). — L'enlumineur flamand Simon Brening, p. 162 à 169.

39950. Novati (Francesco). — Rapports littéraires de l'Italie et de la France au xv° siècle, p. 169 à 184.

39951. Delisle. — Trois répliques des Heures d'Anne de Bretagne, p. 204 à 206.

39952. Viollet (Henri). — Fouilles des environs d'Alep, *fig.*, p. 214 à 216.

39953. Babelon (E.). — Mission des PP. Jaussen et Savignac en Arabie, p. 225 à 229.

39954. Valois (Noël). — Deux nouveaux témoignages sur le procès des Templiers, p. 229 à 241.

39955. Jullian (Camille). — Jeton de membre d'un collège professionnel de la *Civitas Nemausensium*, *fig.*, p. 243.

39956. Ollone (Commandant d'). — Recherches archéologiques et linguistiques dans la Chine occidentale, *fig.*, p. 250 à 266.

39957. Héron de Villefosse. — Bas-reliefs gallo-romains découverts [à Paris] dans la Cité, *fig.*, p. 269 à 275.

39958. Héron de Villefosse. — Fouilles d'Hadrumète, p. 276.

39959. Michaelis (Adolf). — Notice sur un nouveau plan d'Athènes de l'an 1687, 2 *pl.*, p. 278 à 285.

39960. Holleaux (Maurice). — Rapport sur les travaux exécutés dans l'île de Délos par l'École française d'Athènes pendant l'année 1909, 2 *pl.*, p. 289 à 314.

39961. Pachtère (De). — Bornes de la délimitation opérée sous Vespasien entre l'*Africa vetus* et l'*Africa nova*, p. 315 à 317.

39962. Dieulafoy (Marcel). — Les premières peintures de l'école catalane, p. 324 à 330.

39963. Durrieu (C'° Paul). — L'enlumineur et le miniaturiste, p. 330 à 346.

39964. Dieulafoy (Marcel). — Les piliers funéraires et les lions de Ya-tchéou-fou, *pl.*, p. 362 à 377.

39965. Gauckler (Paul). — Nouvelles découvertes dans le sanctuaire syrien du Janicule, *fig.* et 8 *pl.*, p. 378 à 408.

39966. Pottier (Edmond). — Le général de Beylié (1849 † 1910), p. 408 à 411.

39967. Clermont-Ganneau. — La dédicace à l'Astarté palestinienne découverte à Délos, p. 412.

39968. Senart (Émile). — Rapport sur la réunion de l'Association internationale des académies tenue à Rome (mai 1910), p. 415 à 421.

39969. Vasseur (G.). — Résultats des fouilles archéologiques exécutées à Marseille dans le fort Saint-Jean, *fig.* et 2 *pl.*, p. 422 à 438.

39970. Cumont (Franz). — L'aigle funéraire de Syrie et l'apothéose des empereurs romains, p. 441.

39971. Durrieu (C'° Paul). — Le *Romuléon* de la Laurentienne [par Jean Miélot], p. 442 à 447.

39972. Cordier (Henri). — Papiers inédits du naturaliste Aimé Bonpland conservés à Buenos-Ayres, p. 455 à 479.

39973. Bouché-Leclercq. — Adolf Michaelis (1835 † 1910), p. 480.

39974. Cordier (Henri). — Inscriptions du Yun-Nan, p. 482 à 485.

39975. Périgny (C'° Maurice de). — Les ruines de Nakcun [Yucatan], *fig.*, p. 485 à 489.

39976. Couyat (Jules). — Un appendice à la *Description de l'Égypte*, p. 492 à 498.

39977. Dorez (Léon). — Nouveaux documents sur la découverte de la *Forma urbis Romae*, p. 499 à 508.

39978. Formigé (C.-J.). — Le trophée d'Auguste. Note sur l'inscription qui était gravée sur le trophée et sa reconstitution avec les fragments recueillis dans les fouilles exécutées à la Turbie, *fig.* et 2 *pl.*, p. 509 à 516. — Cf. n° 39937.

39979. Héron de Villefosse. — Inscriptions romaines de Castel-Roussillon, p. 517 à 520.

39980. Roussel (P.). — Fouilles de Délos (juin-juillet 1910), p. 521 à 524.

39981. Couyat (Jules). — Ports gréco-romains de la mer Rouge et grandes routes du désert arabique, *fig.*, p. 525 à 542.

39982. Mariès (Le P. L.). — Le commentaire sur les psaumes de Diodore de Tarse, p. 542 à 546.

39983. Héron de Villefosse. — Fouilles du Mont-Auxois, p. 552 à 558.

39984. Besnier (Maurice). — Inscription antique récemment découverte à Vieux (Calvados), *fig.*, p. 559 à 563.

39985. Scheil (Le P.). — L'extension de la langue anzanite, p. 564 à 575.

39986. Prou (Maurice). — La locution *in corpore* à l'époque mérovingienne, p. 576 à 579.

39987. Cagnat (René). — Une inscription grecque d'Égypte, p. 580 à 585.

39988. Merlin (A.). — Les recherches sous-marines de Mahdia (Tunisie) en 1910, *fig.*, p. 585 à 589.

39989. Scheil (Le P.). — Feuillets palimpsestes d'un manuscrit syriaque d'Isaïe, p. 610 à 613.

39990. Héron de Villefosse. — La chute de Phaéton (mosaïque trouvée à Sens), p. 613 à 622.

39991. Carton (D'). — Note sur la topographie des ports de Carthage, *fig.*, p. 622 à 631.

39992. Thomas (Antoine). — Un document inédit sur la présence à Paris de l'humaniste Grégoire Tifernas (novembre 1458), p. 636 à 640.

39993. Thomas (Antoine). — Un émigré normand au temps de Jeanne d'Arc, maître Robert Masselin, p. 696 à 707. — Cf. id., n° 40001.

39994. Perrot (Georges). — Notice sur la vie et les travaux de Henri Weil [1818 † 1909], *portr.*, p. 708 à 762. — Cf. id., n° 40002.

39995. Armaingaud (D'). — Les éditions des *Essais* de Montaigne, le texte de la Vulgate, p. 765 à 768.

39996. Héron de Villefosse. — Nouvelles découvertes à Alise-Sainte-Reine, p. 770 à 773.

39997. Poinssot (Louis). — La restauration du mausolée de Dougga, *fig.*, p. 780 à 787.

39998. Basset (René). — Stèles et inscriptions libyques dans la région du Haut Sébaou, *fig.*, p. 790 à 794.

39999. Mispoulet (J.-B.). — Le diptyque en bois de Philadelphie [diplôme militaire romain], p. 795 à 807.

LXX. — Institut de France. Académie des Inscriptions et Belles-lettres. Séance publique annuelle du vendredi 18 novembre 1910, présidée par M. Edmond Pottier, président. (Paris, 1910, in-4°, 134 p.)

40000. Pottier (Edmond). — Discours, p. 3 à 26.

40001. Thomas (Antoine). — Un émigré normand au temps de Jeanne d'Arc, maître Robert Masselin, p. 55 à 68. — Cf. id., n° 39993.

40002. Perrot (Georges). — Notice sur la vie et les travaux de Henri Weil [1818 † 1909], p. 69 à 134. — Cf. id., n° 39994.

ÉLOGES FUNÈBRES.

CXXXII. — Institut de France. Académie des Inscriptions et Belles-lettres. Funérailles de M. d'Arbois de Jubainville, membre de l'Académie, le mercredi 2 mars 1910. (Paris, 1910, in-4°, 24 p.)

40003. Pottier (Edmond). — Discours, p. 1 à 7.

40004. Levasseur (Émile). — Discours, p. 9 à 15.

40005. Cagnat (René). — Discours, p. 17 à 20. — Cf. id., n° 40270.

40006. Durrieu (C'° Paul). — Discours, p. 21 à 24.

CXXXIII. — Institut de France. Académie des Inscriptions et Belles-lettres. Funérailles de M. Léopold Delisle, membre de l'Académie, le mardi 26 juillet 1910. (Paris, 1910, in-4°, 22 p.)

40007. Pottier (Edmond). — Discours, p. 1 à 8.

40008. Lasteyrie (C'° de). — Discours, p. 9 à 12.

40009. Viollet (Paul). — Discours, p. 13 à 17.

40010. Cagnat (René). — Discours, p. 19 à 22. — Cf. id., n° 40313.

JOURNAL DES SAVANTS.

VIII. — Journal des savants, publié sous les auspices de l'Institut de France. (Académie des Inscriptions et Belles-lettres.) Nouvelle série, 8° année. (Paris, 1910, in-4°, 576 p.)

40011. Collignon (Max.). — Les Apollons archaïques, *pl.*, p. 5 à 16.

40012. Girard (Paul-Frédéric). — La date de l'édit de Salvius Julianus, p. 16 à 26.

40013. Delisle (Léopold). — Les incunables du Musée Britannique, p. 26 à 35, et 49 à 60.

40014. Anonyme. — Une nouvelle inscription relative à Sennachérib, p. 35.

40015. Diehl (Ch.). — Karl Krumbacher [1856 † 1909], p. 37.

40016. R. C. [Cagnat (René).] — Ludwig Friedlaender [† 1909], p. 39.

40017. Haussoullier (Bernard). — Jules Delamarre [1867 † 1909], p. 40.

40018. Meillet (A.). — Les dialectes grecs, p. 60 à 70, et 108 à 114.

40019. Pichon (René). — Les travaux récents sur la biographie de Lucrèce, p. 70 à 84.

40020. Guiffrey (Jules). — Les manuscrits à peintures de la *Cité de Dieu*, *pl.*, p. 97 à 108.

40021. Léger (Louis). — Schaffarik [1795 † 1861], sa vie et son œuvre, p. 115 à 124, et 155 à 167.

40022. Reinach (A.-J.). — Les fouilles de Crète [1907-1909], p. 124 à 132, et 225 à 229. — Suite de VII, p. 462.

40023. Pottier (E.). — Gournia [antiquités crétoises], p. 145 à 155.

40024. Coville (A.). — Le dauphin Charles (1338-1364), p. 167 à 180, et 201 à 210.

40025. Delisle (Léopold). — Le Trésor des Chartes, p. 193 à 201.

40026. Cordier (Henri). — Les fouilles en Asie centrale, p. 210 à 224, et 241 à 252.

40027. Hourticq (Louis). — L'art religieux de la fin du moyen âge en France, p. 252 à 260, et 302 à 309.

40028. Fabia (Philippe). — Sénèque et Néron, p. 260 à 271.

40029. Vaglieri (D.). — Scavi di Ostia, p. 272 à 275.

40030. Croiset (Maurice). — La Comédie nouvelle, p. 289 à 302.

40031. Sanctis (Gaetano de). — La légende historique des premiers siècles de Rome, p. 310 à 319. — Suite de VII, p. 126, et 205.

40032. Croiset (Maurice). — Les papyrus d'Oxyrhyncus, p. 320 à 323.

40033. Dieulafoy (Marcel). — Vitruve, *fig.*, p. 338 à 345, et 390 à 397.

40034. Monceaux (Paul). — Les saints militaires, p. 346 à 355, et 398 à 409.

40035. Berger (Élie). — Henri II Plantagenet, p. 356 à 368.

40036. Foucart (Paul). — Note sur un passage de Philocoros, p. 368 à 371.

40037. Delisle (Léopold). — Le miniaturiste parisien Honoré, p. 385 à 390.

40038. Berger (Élie). — Léopold Delisle († 1910), p. 409 à 415.

40039. Léger (Louis). — Le poème national du Monténégro, p. 433 à 447.

40040. Radet (Georges). — César et la Gaule, p. 448 à 460.

40041. Dussaud (R.). — Les ruines de Hégra en Arabie, *fig.*, p. 460 à 474.

40042. Guiffrey (Jules). — Histoire de la marine française, p. 481 à 488, et 529 à 537.

40043. Langlois (Charles-Victor). — Études sur l'administration royale du XIII° au XVI° siècle, p. 489 à 500, et 537 à 545.

40044. Besnier (Maurice). — Récents travaux sur l'histoire économique de l'antiquité grecque et romaine, p. 501 à 513.

40045. Delaborde (H.-François). — L'Empire et la rivalité de Philippe Auguste et de Richard Cœur de lion, p. 545 à 560.

FONDATION PIOT.

XVII. — **Fondation Eugène Piot. Monuments et Mémoires publiés par l'Académie des Inscriptions et Belles-lettres**, sous la direction de Georges Perrot et Robert de Lasteyrie..., avec le concours de Paul Jamot..., t. XVII. (Paris, 1909, gr. in-4°, 285 p.)

40046. Bénédite (Georges). — Faucon ou épervier, à propos d'une récente acquisition du musée égyptien du Louvre, *fig.* et *pl.*, p. 5 à 28.

40047. Merlin (A.) et Poinssot (L.). — Bronzes trouvés en mer près de Mahdia (Tunisie), *fig.*, 3 *pl.*, p. 29 à 57. — Cf. n° 40056.

40048. Paris (Pierre). — Vases ibériques du musée de Saragosse, *fig.*, p. 59 à 74.

40049. Blanchet (Adrien). — Les camées de la croix de Saint-André-le-Bas à Vienne en Dauphiné, *fig.*, p. 76 à 84.

40050. Omont (H.). — Peintures de l'Ancien Testament dans un manuscrit syriaque du VII° ou du VIII° siècle 5 *pl.*, p. 85 à 98.

40051. Dorez (Léon). — Pontifical peint pour le cardinal Giuliano della Rovere par Francesco dai Libri de Verone, *fig.*, 3 *pl.*, p. 99 à 124.

40052. Merlin (Alfred). — Découverte d'une cuirasse italiote près de Ksour-es-Saf (Tunisie), *fig.*, 2 *pl.*, p. 125 à 137.

40053. Collignon (Max.). — Tête féminine en marbre, musée du Louvre [art grec], p. 139 à 143.

40054. Michon (Étienne). — Les bas-reliefs historiques romains du Musée du Louvre, *fig.*, *pl.*, p. 145 à 253.

40055. Foucher (A.). — La madone bouddhique, *fig.*, 2 *pl.*, p. 255 à 275.

XVIII. — **Fondation Eugène Piot. Monuments et Mémoires publiés par l'Académie des Inscriptions et Belles-lettres...**, t. XVIII. (Paris, 1910, gr in-4°, 258 p.)

40056. Merlin (Alfred). — Statuettes de bronze trouvées en mer près de Mahdia (Tunisie), *fig.*, 5 *pl.*, p. 1 à 17. — Cf. n° 40047.

40057. Courby (F.). — Sacrifice à Hécate, relief en bronze trouvé à Délos, *fig.*, *pl.*, p. 19 à 35.

40058. Reinach (Adolpe-J.). — Les Galates dans l'art alexandrin, *fig.*, 3 *pl.*, p. 37 à 115.

40059. Michel (André). — Vierge assise avec l'Enfant [XIV° s.], *fig.*, 2 *pl.*, p. 117 à 124.

40060. Mély (F. de). — Deux tableaux signés de Corneille de Lyon, *fig.*, 2 *pl.*, p. 125 à 144.

40061. Foucart (Paul). — Le Zeus Stratios de Labranda, bas-relief du IVe siècle, *fig.*, p. 145 à 175.

40062. Michon (Étienne). — Danseuses, bas-relief de marbre, Musée du Louvre, *pl.*, p. 177 à 182.

40063. Mély (F. de). — Les Très riches Heures du duc de Berry et les influences italiennes (Domenico del Coro et Filippo di Francesco di Piero, *fig.*, *pl.*, p. 183 à 224.

40064. Diehl (Ch.) et Le Tourneau (M.). — Les mosaïques de Saint-Demetrius de Salonique, *fig.*, 6 *pl.*, p. 225 à 247.

PIÈCES DIVERSES.

40065. Reinach (Théodore). — Institut de France. Académie des Inscriptions et Belles-lettres. Notice sur la vie et les travaux de M. Ernest Hamy [1842 † 1908]. (Paris, 1910, in-4°, 78 p.)

PUBLICATIONS DIVERSES.

40066. Cagnat (R.). — Inscriptiones graecae ad res romanas pertinentes. (Paris, gr. in-8°.)

[Publié par M. R. Cagnat avec la collaboration de MM. Toutain, Jouguet, Lafaye. — Ont paru de cet ouvrage les tomes I, fasc. I-VI (1901-1909); tome III, fasc. I-VI (1902-1906); tome IV, fasc. I-III (1908-1910).]

40067. Gauckler (Paul). — Inventaire des mosaïques de la Gaule et de l'Afrique (Tunisie). (Paris, 1910, in-8°.)

[II. Afrique proconsulaire (Tunisie), par Paul Gauckler, 352 p. — Le tome I, fasc. I-II, a paru en 1909. *Voir* notre n° 34714.]

40068. Anonyme. — Académie des Inscriptions et Belles-lettres. Répertoire d'épigraphie sémitique publié par la Commission du *Corpus inscriptionum semiticarum* avec le concours de J.-B. Chabot. (Paris, in-8°)

[Ont paru de ce recueil le tome I (1901-1905) et le tome II, livraisons 1-2 (1907-1908).]

40069. Chabot (J.-B.). — Chronique de Michel le Syrien, patriarche jacobite d'Antioche (1166-1199). (Paris, 1899-1910, 3 vol. in-8°.)

40070. Delaporte (Louis). — Catalogue des cylindres orientaux et des cachets assyro-babyloniens, perses et syro-cappadociens de la Bibliothèque nationale. (Paris, 1910, gr. in-8°, LI-384 p., *fig.*, album de 38 *pl.*)

40071. Waddington (W.-H.), Babelon (E.), Reinach (Th.). — Recueil général des monnaies grecques d'Asie Mineure. T. I, 3e fasc. Nicée et Nicomédie. (Paris, 1910, in-4°, p. 395-572.)

[Les deux premiers fascicules ont paru en 1904 et 1908.]

ACADÉMIE DES SCIENCES.

LI. — **Mémoires de l'Académie des Sciences de l'Institut de France**, t. LI, 2e série. (Paris, 1910, in-4°, XXVI-XXXVIII-127 p.)

40072. Van Tieghem (Ph.). — Notice sur la vie et les travaux de Pierre Duchartre [1811 † 1894], membre de la Section de botanique, lue dans la séance publique du 7 décembre 1908, p. 1 à XXVI. — Cf. id.

40073. Darboux (Gaston). — Notice historique sur le général Meusnier, membre de l'ancienne Académie, lue dans la séance publique annuelle du 20 décembre 1909, p. 1 à XXXVIII. — Cf. id., n° 40074.

40074. Darboux (Gaston). — Mémoires et travaux de Meusnier relatifs à l'aérostation, p. 1 à 127 et atlas in-fol.

Institut de France. Académie des Sciences. Séance publique annuelle du lundi 19 décembre 1910. (Paris, 1910, in-4°.)

40075. Picard (Émile). — Institut de France. Académie des Sciences. Séance publique annuelle du lundi 19 décembre 1910. Discours. (Paris, 1910, in-4°, 16 p.)

40076. Van Tieghem (Ph.). — Institut de France. Académie des Sciences. Notice sur la vie et les travaux de Claude Bernard, membre de la Section de médecine et de chirurgie [1813 † 1877], lue dans la séance publique annuelle du 19 décembre 1910. (Paris, 1910, in-4°, 42 p.)

CL. — **Comptes rendus hebdomadaires des séances de l'Académie des Sciences...**, t. CL, janvier-juin 1910. (Paris, 1910, in-4°, 1866 p.)

40077. Picard (Émile). — Décès de Alexandre Agassiz († 1910), p. 847.

40078. Picard (Émile). — Décès de M. Stanislas Cannizzaro († 1910), p. 1207.

40079. Denigès (Georges). — Sur la présence de résidus tartriques du vin dans un vase antique, p. 1330.

40080. Picard (Émile). — Décès de M. Robert Koch et de sir William Huggins († 1910), p. 1379.

40081. Zeltner (Fr. de). — Les grottes peintes du Soudan français, p. 1461 à 1464.

40082. Mayet (Lucien) et Maurette (Laurent). — Découverte d'une grotte sépulcrale probablement néolithique à Montouliers (Hérault), p. 1620 à 1623.

CLI. — **Comptes rendus hebdomaires des séances de l'Académie des Sciences...,** t. CLI, juillet-décembre 1910. (Paris, 1910, in-4°, 1471 p.)

40083. Wolf. — G. V. Schiaparelli (1835 † 1910), p. 118 à 121.

40084. Collin (Eugène). — Détermination de la nature d'une mèche de lampe punique, p. 246.

40085. Picard (Émile). — Décès de M. Eugène Rouché, p. 491.

40086. Picard (Émile). — Discours prononcé aux obsèques de M. Maurice Lévy, p. 603 à 606. — Cf. id., n° 40092.

40087. Guignard. — Le docteur Treub († 1910), p. 627.

40088. Bouchard. — Ernst von Leyden († 1910), p. 628.

40089. Picard (Émile). — Décès de M. Gernez, p. 741.

40090. Picard (Émile). — Décès de M. Tannery, p. 845.

CCXVI. — **Institut de France. Académie des Sciences.** Funérailles de M. Eugène Rouché, membre libre de l'Académie, le jeudi 25 août 1910. (Paris, 1910, in-4°, 3 p.)

40091. Tannery (Jules). — Discours, p. 1 à 3.

CCXVII. — **Institut de France. Académie des Sciences.** Funérailles de M. Maurice Lévy, membre de l'Académie, le lundi 30 octobre 1910. (Paris, 1910, in-4°, 12 p.)

40092. Picard (Émile). — Discours, p. 1 à 5. — Cf. id., n° 40086.

40093. Levasseur (E.). — Discours, p. 7 à 12.

PUBLICATIONS DIVERSES.

40094. Anonyme. — Institut de France. Académie des Sciences. Procès-verbaux des séances de l'Académie tenues depuis la fondation de l'Institut jusqu'au mois d'août 1835, publiés conformément à une décision de l'Académie par MM. les secrétaires perpétuels. T.I, ans iv-vii (1795-1799). (Hendaye, 1910, in-fol., iii-680 p.)

PIÈCES DIVERSES.

40095. Dastre. — Institut de France. Académie des Sciences. Inauguration du monument de Horace Wells, avec médaillon de Paul Bert, à Paris, le dimanche 27 mars 1910. (Paris, 1910, in-4°, 9. p.)

40096. Troost (L.-J.) et Le Chatelier. — Institut de France. Académie des Sciences. Centenaire de Victor Regnault. Discours prononcés au Collège de France le 18 décembre 1910. (Paris, 1910, in-4°, 19 p.)

ACADÉMIE DES BEAUX-ARTS.

CIV. — **Institut de France. Académie des Beaux-arts.** Séance publique annuelle du samedi 5 novembre 1910, présidée par M. Massenet. (Paris, 1910, in-4°, 75 p.)

40097. Massenet. — Discours, p. 3 à 15.

CLXXII. — **Institut de France. Académie des Beaux-arts.** Funérailles de M. Georges Berger, membre de l'Académie, le jeudi 11 juillet 1910. (Paris, 1910, in-4°, 3 p.)

40098. Arenberg (Prince d'). — Discours, p. 1 à 3.

CLXXIII. — **Institut de France. Académie des Beaux-arts.** Funérailles de M. E. Fremiet, membre de l'Académie, le jeudi 15 septembre 1910. (Paris, 1910, in-4°, 8 p.)

40099. Massenet. — Discours, p. 1 à 4.

40100. Perrier (Edmond). — Discours, p. 5 à 8.

PUBLICATIONS ET PIÈCES DIVERSES.

40101. Seurre (Georges). — Publication de l'Institut de France éditée sous la direction de H. d'Espouy. Monuments antiques relevés et restaurés par les architectes de l'Académie de France à Rome. Notices archéologiques par Georges Seurre. (Paris, [s. d.] 3 vol. gr. in-fol., 19, 13 et 14 p., 280 *pl.*)

[I. Grèce et pays grecs. II. Rome. III. Italie et provinces romaines.]

40102. Selves (De). — Institut de France. Académie des Beaux-Arts. Notice sur la vie et les travaux de M. Anatole Gruyer, lue dans la séance du 19 novembre 1910. (Paris, 1910, in-4°, 19 p., *portr.*)

40103. Poincaré (Raymond) et Vernon (Frédéric de). — Institut de France. Académie des Beaux-Arts. Inauguration du monument élevé à la mémoire de Jules Chaplain, à Paris, le dimanche 4 décembre 1910 [discours]. (Paris, 1910, in-4°, 14 p.).

40104. Ferrier (Gabriel). — Institut de France. Académie des Beaux-Arts. Notice sur la vie et les travaux de M. Jules Breton, lue dans la séance du 12 décembre 1910. (Paris, 1910, in-4°, 17 p.)

40105. Soubies (Albert). — Les membres de l'Académie des Beaux-arts depuis la fondation de l'Institut (nouvelle série). L'Assemblée nationale (1871-1875). (Paris, 1910, in-8°, 79 p.)

[Trois volumes se référant aux années 1795-1816, 1816-1852, et 1852-1870 ont paru en 1901, 1905 et 1909. Cet ouvrage, publié en dehors de tout concours de l'Académie, est indiqué ici en raison de l'intérêt qu'il offre pour l'histoire de la compagnie.]

ACADÉMIE DES SCIENCES MORALES ET POLITIQUES.

CLXXIII. — **Séances et travaux de l'Académie des Sciences morales et politiques...,** compte rendu..., 70° année. Nouvelle série, t. LXXIII (CLXXIII° de la collection), 1910, 1er semestre. (Paris, 1910, in-8°, 847 p.)

40106. Foville (A. de). — Notice historique sur la vie et les œuvres de M. Georges Picot [1838 † 1909], p. 26 à 56. — Cf. id., n° 34773.

[Suivi d'une bibliographie.]

40107. Vidal de La Blache (P.). — Régions naturelles et noms de pays, p. 101 à 128.

40108. Chuquet (Arthur). — Un Allemand à Paris en 1801 [le chanoine Meyer, de Hambourg], p. 129 à 145.

40109. Espinas (Alfred) et Benoist (Charles). — Inauguration du monument élevé à la mémoire de Gabriel de Tarde à Sarlat (Dordogne), le dimanche 12 septembre 1909. Discours, p. 167 à 189. — Cf. id., n° 34780.

40110. Benoist (Charles). — La crise de l'État moderne. La corporation et l'ancien Régime, formation de la classe ouvrière, p. 190 à 210.

40111. Monod (Gabriel). — La politique secrète des Jésuites et les *Monita secreta*, p. 211 à 229.

40112. Raffalovich (Arthur). — François de Roggenbach [† 1907], p. 230 à 246.

40113. Welschinger (Henri). — Le journal du comte de Prokesch-Osten (28 février 1830 - 11 novembre 1834), p. 268 à 284.

40114. Franqueville (Cte de). — Notice sur la vie et les travaux du très honorable William Edward Lecky [1828 † 1903], p. 297 à 302.

40115. Bonnal (Ed.). — Souvenirs et conversations de M. Hippolyte Passy, p. 381 à 407.

40116. Lanzac de Laborie (De). — L'organisation des agents de change à Paris pendant la période napoléonienne, p. 408 à 421.

40117. Divers. — Funérailles de M. Cheysson († 1910), p. 457 à 471. — Cf. id., n°ˢ 40155 à 40158.

[Discours de MM. E. Boutroux, L. Passy, A. Leroy-Beaulieu, F. Voisin.]

40118. Boutroux. — Paroles à l'occasion du décès de M. A.-E. Lair [† 1910], p. 472.

40119. Seillière (Émile). — Un grand moraliste oublié. Balthasar Gracian [xviiᵉ s.], p. 474 à 492.

40120. Tarlé (Antoine de). — Un ministre français du roi Murat. Le comte d'Aure et son rôle à Naples au moment de la crise des décrets (juin-août 1811), p. 515 à 538.

40121. Boutroux (Émile). — Décès de M. Evellin [† 1910], p. 561 à 564.

40122. Eichthal (Eugène d'). — Alexis de Tocqueville, p. 569 à 579.

40123. Welschinger (Henri). — Napoléon III à Wilhelmshöhe du 4 septembre 1870 au 18 mars 1871, p. 616 à 637.

40124. Thamin. — L'École française de Madrid fondation de l'Université de Bordeaux, p. 638 à 646.

40125. Boutroux (Émile). — Observations sur son voyage en Amérique, p. 673 à 690.

40126. Levasseur (E.). — Aperçu de l'histoire des monnaies et du commerce d'argent en France au moyen âge, p. 704 à 731.

40127. Chuquet (Arthur). — Buzot et Madame Roland, p. 732 à 763.

CLXXIV. — **Séances et travaux de l'Académie des Sciences morales et politiques...,** compte rendu..., 70° année, nouvelle série, t. LXXIV (CLXXIV° de la collection), 1910, 2° semestre. (Paris, 1910, in-8°, 940 p.)

40128. Compayré (Gabriel). — Notice sur la vie et les

œuvres de M. Adolphe Guyot [† 1906], p. 1 à 41. — Cf. id., n° 40161.

40129. Foville (A. de). — L'Association internationale des Académies. Session de Rome (mai 1910), p. 42 à 55.

40130. Welschinger (Henri). — La guerre de 1870, causes et conséquences, p. 117 à 135.

40131. Rodocanachi (E.). — Richesse des cardinaux romains au temps de Jules II et de Léon X, p. 136 à 142.

40132. Chuquet (Arthur). — L'armée de Sambre-et-Meuse en 1796, p. 165.

40133. Schelle (Gustave). — Turgot et le Pacte de famine, p. 189 à 217.

40134. Bonet-Maury (G.). — Les Quakers et l'arbitrage international, p. 235 à 244.

40135. Welschinger (Henri). — La victoire de Grünwald (15 juillet 1410), p. 275 à 291.

40136. Espinas (Alfred). — Notice sur la vie et les œuvres de M. Gabriel de Tarde [1843 †1904], p. 309 à 422. — Cf. n° 34781.

40137. Chuquet (Arthur). — Décès de M. Gustave Moynier [† 1910], p. 485.

40138. Boutroux. — Décès de M. William James [† 1910], p. 487 à 491. — Cf. id., n° 40557.

40139. Boutroux. — Décès de M. Henning Matzen [1830 † 1910], p. 492.

40140. Chuquet. — Décès de M. [Louis] Legrand [† 1910], p. 494.

40141. Chuquet (Arthur). — Camille Desmoulins en juillet 1789, p. 535 à 556.

40142. Chuquet (Arthur). — Comment Bonaparte quitta l'Égypte, p. 557 à 566.

40143. Chuquet (Arthur). — Comment Kléber remplaça Bonaparte, p. 567 à 574.

40144. Chuquet (Arthur). — La nourrice de Napoléon, p. 575 à 582.

40145. Lhomel (Georges de). — Antoine de Lumbres, ambassadeur de France (1645-1666), p. 658 à 673.

40146. Passy (Frédéric). — Un quaker français [Étienne de Grellet], p. 674 à 684.

40147. Stern (Alfred). — Une lettre de M. Thiers adressée au comte de Rayneval, ambassadeur de France à Madrid, sur les affaires d'Espagne du 12 août 1836, p. 685 à 690.

40148. Imbart de La Tour. — Les fêtes du millénaire de Cluny (10-13 septembre 1910) p. 781 à 786.

40149. Chuquet (Arthur). — Constant de Brancas [1754 † 1809], le fils de Sophie Arnould, p. 822 à 832.

40150. Welschinger (Henri). — M. Thiers et les otages de la Commune (avril-mai 1871), p. 833 à 878.

40151. Tisserand (Pierre). — Sur le legs des manuscrits inédits de Maine de Biran à l'Institut de France par la famille Naville, de Genève, p. 879 à 896.

40152. Levasseur (E.). — Les premiers essais de colonisation française au xvi° siècle, p. 897 à 905.

LXV. — Institut de France. Académie des Sciences morales et politiques. Séance publique annuelle du samedi 3 décembre 1910, présidée par M. Émile Boutroux, président de l'Académie. (Paris, 1910, in-4°, 114 p.)

40153. Boutroux (Émile). — Discours, p. 3 à 31.

40154. Foville (Alfred de). — Notice historique sur la vie et les travaux de M. Émile-Gaston Boutmy [1835 † 1906], p. 85 à 114.

ÉLOGES FUNÈBRES.

LXXXV. — Institut de France. Académie des Sciences morales et politiques. Funérailles de M. Émile Cheysson, membre de l'Académie, le lundi 14 février 1910. (Paris, 1910, in-4°, 22 p.) — Cf. id., n° 40117.

40155. Boutroux (Émile). — Discours, p. 1 à 9.

40156. Passy (Louis). — Discours, p. 11 à 13.

40157. Leroy-Beaulieu (Anatole). — Discours, p. 15 à 17.

40158. Voisin (Félix). — Discours, p. 19 à 22.

LXXXVI. — Institut de France. Académie des Sciences morales et politiques. Discours de M. Émile Boutroux, président de l'Académie, à l'occasion de la mort de M. Léon Aucoc, membre de l'Académie, lu dans la séance du samedi 17 décembre 1910. (Paris, 1910, in-4°, 6 p.)

40159. Boutroux (Émile). — Discours, p. 1 à 6.

PIÈCES DIVERSES.

40160. Franqueville (Cte de). — Institut de France. Académie des Sciences morales et politiques. Notice sur la vie et les travaux du très honorable William Edward Hartpole Lecky, membre associé de l'Institut [1828 † 1903], lue dans la séance du 5 février 1910. (Paris, 1910, in-4°, 9 p.)

40161. Compayré (Gabriel). — Institut de France. Académie des Sciences morales et politiques. Notice sur la vie et les œuvres de M. Adolphe Guillot [1836 † 1906] lue dans la séance du 21 mai 1910 (Paris, 1910, in-4°, 50 p.). — Cf. id., n° 40128.

SEINE. — PARIS.

SOCIÉTÉ NATIONALE D'AGRICULTURE.

Voir, pour les publications de cette Société antérieures à 1901, la table récapitulative de notre *Bibliographie générale;* et pour un volume paru en 1901, le t. I, fasc. 1, p. 106, de notre *Bibliographie annuelle.*

CXI. — Mémoires de la Société nationale d'agriculture de France..., t. CXL. (Paris, 1903, in-8°, 671 p.)

CXII. — Mémoires de la Société nationale d'agriculture de France..., t. CXLI. (Paris, 1905, in-8°, 503 p.)

40162. Passy (Louis). — L'Assemblée nationale et la Société royale d'agriculture (1789-1790), p. 161 à 282.

CXIII. — Mémoires de la Société nationale d'agriculture de France..., t. CXLII. (Paris, 1909, in-8°, 252-CLXIX p.)

40163. Gervais (Prosper). — Notice sur Henri Marès, p. 43 à 54.

40164. Chatin (Joannès). — Notice sur la vie et les travaux de Henri de Lacaze-Duthiers [1821 † 1901], p. 71 à 99.

40165. Anxionnat (Eugène). — Historique de l'organisation de l'ancienne poste aux chevaux en France, son influence sur les progrès agricoles, *carte,* p. 101 à 252.

SEINE. — PARIS.

SOCIÉTÉ DES AMATEURS DE JOUETS ET JEUX ANCIENS.

Cette Société, constituée à Paris en 1905, a publié en 1905 et 1906 le premier volume d'un *Bulletin* qui contient quelques articles présentant un intérêt historique et archéologique.

I. — Les Jouets et jeux anciens. Bulletin illustré de la Société des amateurs de jouets et jeux anciens. 1re-2e année, nos 1-6, juin 1905-mai 1906 (Paris, 1905-1906, in-8°, 184 p.).

40166. Allemagne (Henry-René d'). — Les soldats de plomb, *fig.,* p. 24 à 29.

40167. Maury (Arthur). — Marionnettes, *fig.,* p. 30 à 37.

40168. Forrer (Dr). — Jouets anciens, *fig.,* p. 53 à 55.

[Mousquetaire en plomb (XVIIe s.) trouvé dans la Seine, *fig.;* canon de Michel Mann (1600), *fig.*].

40169. Avelot (H.). — Jouets d'Afrique, *fig.,* p. 57 à 61.

40170. Lippmann (Maurice). — Hochets anciens, *fig.,* p. 75 à 81.

40171. Forrer (Dr). — Quelques jouets d'enfants de la collection Alfred Ritleng à Strasbourg, *fig.,* p. 101 à 105.

40172. Allemagne (Henry-René d'). — Les cartes enfantines, p. 111 à 117.

40173. Claretie (Léo). — Marionnettes égyptiennes, *fig.,* p. 119 à 124.

40174. Vincent (Gaston). — Les jouets au Musée du Louvre, p. 133 à 136.

40175. Claretie (Léo). — Les jouets et l'histoire, p. 139 à 142, et 175 à 177.

40176. Anonyme. — Ordonnance de police portant défense de jouer au volant ou bastonnet dans les rues et places publiques (Paris, 10 octobre 1726), p. 149 à 150.

40177. Maury (Arthur). — Les pantins, *fig.,* p. 163 à 166.

40178. Vériane (Renée de). — Les marionnettes dans l'antiquité, p. 169 à 171.

SEINE. — PARIS.

SOCIÉTÉ DES AMÉRICANISTES.

Voir, pour les publications de cette Société antérieures à 1901, la table récapitulative de notre *Bibliographie générale;* et pour ses publications postérieures, la table placée à la fin du présent fascicule.

XII. — Journal de la Société des Américanistes de Paris, nouvelle série, t. VII. (Paris, 1910, gr. in-8°, 359 p.)

40179. Diguet (Léon). — Le maïs et le maguey chez les anciennes populations du Mexique, *fig.,* 2 *pl.,* p. 5 à 35.

40180. Blanchard (R.). — Encore sur les tableaux de métissage du musée de Mexico, *fig.* et 9 *pl.,* p. 37 à 60.

40181. Koch-Grunberg (Theodor) et Schmidt (Hermann). — Die Uitoto-Indianer, weitere Beiträge zu ihrer Sprache [Les Indiens Ouitotos, nouvelles recherches sur leur langue], p. 61 à 83. — Suite de VIII (n. sér. III), p. 157.

40182. Vignaud (Henry). — Les expéditions des Scandinaves en Amérique devant la critique. Un nouveau faux document, p. 85 à 116.

40183. Barnett (Mme Anna). — Étude sur le mode de fabrication des frondes péruviennes antiques, p. 117 à 119.

40184. Anonyme. — Massacre de Jules Crevaux, d'après les dires d'un chef Toba rapportés par L.-D. Wagner, p. 121.

40185. Peccorini (Attilio). — Dialecte chilanga, p. 123 à 130.

40186. Hartman (C.-V.). — Le calebassier de l'Amérique tropicale, étude d'ethnobotanique, 4 *pl.,* p. 131 à 143.

40187. Wagner (Émile R.). — La légende du *Cit Priu* [rives du Salado], p. 145 à 147.

40188. Rivet (P.). — Les langues Guaranies du haut Amazone, p. 149 à 178.

40189. Chamberlain (Dr Alexandre F.). — Sur quelques familles linguistiques peu connues ou presque inconnues de l'Amérique du Sud. Étude d'orientation linguistique, *carte,* p. 179 à 202.

40190. Porter (Carlos E.). — Les études anthropologiques au Chili, p. 203 à 219.

40191. Rivet (P.). — Sur quelques dialectes Panos [Amérique du Sud], p. 221 à 242.

40192. Rivet (D^r). — Gaspar Marcano [1850 †1910], p. 259.

SEINE. — PARIS.

SOCIÉTÉ DES AMIS DES LIVRES.

Voir, pour les publications de cette Société antérieures à 1901, la table récapitulative de notre *Bibliographie générale;* et pour ses publications postérieures, la table placée à la fin du présent fascicule.

XXXI. — Société des Amis des livres, Annuaire. 31e année. (Paris, 1910, in-8°, 83 p.)

40193. Anonyme. — E. de Salvert-Bellenave [† 1909], p. 35 à 37.

40194. Brivois (Jules). — Victor Lesperon d'Anfreville [1842 † 1909], p. 39 à 41.

SEINE. — PARIS.

SOCIÉTÉ DES AMIS DU LOUVRE.

Voir, pour les publications antérieures de cette Société, notre *Bibliographie annuelle*, t. III, fasc. II, p. 117.

XI. — Annuaire de la Société des Amis du Louvre..., 1910. (Paris, 1910, in-12, 102 p.)

40195. Koechlin (Raymond). — Rapport, p. 13 à 23.

[Collections Chauchard, Piet-Lataudrie, V. Gay. — Portrait d'enfant (xvᵉ s.), *pl.*; M.-Q. de La Tour, feuilles d'études, *pl.*; bureau attribué à Boulle, *pl.*]

40196. Vitry (Paul). — Les donateurs du Louvre. Louis-Courajod, notice lue à l'assemblée générale annuelle de la Société des amis du Louvre, le 20 janvier 1910. (Paris, 1910, in-8°, 21 p., *portr.*)

SEINE. — PARIS.

SOCIÉTÉ DES ANCIENS TEXTES FRANÇAIS.

Voir, pour les publications de cette Société antérieures à 1901, la table récapitulative de notre *Bibliographie générale*; et pour ses publications postérieures, la table placée à la fin du présent fascicule.

40197. Constans (Léopold). — Le Roman de Troie par Benoît de Sainte-Maure, publié d'après tous les manuscrits connus. T. V. (Paris, 1909, in-8°, 339 p.)

[Les tomes I à IV ont paru de 1904 à 1908.]

40198. Anonyme. — Le Jardin de plaisance et fleur de rhétorique, reproduction fac-similé de l'édition publiée par Antoine Vérard vers 1501. (Paris, 1910, gr. in-8°, 533 p.)

XXXVI. — Bulletin de la Société des anciens textes français, 36ᵉ année. (Paris, 1910, in-8°, 87 p.)

40199. Raynaud (Gaston). — Ballade adressée à Charles VII contre Arthur de Richemont, connétable de France, p. 45 à 48.

40200. Brunot (F.). — Discours prononcé à l'assemblée générale, p. 52 à 71.

[H. d'Arbois de Jubainville (1827 † 1910); Aug. Boucher (1861 † 1910); A. Tobler (1835 † 1910); Furnivall († 1910); P. Aubry († 1910); L. Delisle († 1910); D. Tempier (1844 † 1910); J.-E. Matzke (1862 † 1910).]

SEINE. — PARIS.

SOCIÉTÉ D'ANTHROPOLOGIE DE PARIS.

Voir, pour les publications de cette Société antérieures à 1901, la table récapitulative de notre *Bibliographie générale;* et, pour ses publications postérieures, la table placée à la fin du présent fascicule.

LI. — Bulletins et Mémoires de la Société d'anthropologie de Paris, 6ᵉ série, t. I, 1910. (Paris, 1910, in-8°, xxx-671 p.)

40201. Zaborowski. — Découverte d'une station de la pierre au Mexique, p. 6.

40202. Gaudin (Paul) et Regnault (Félix). — Une paire de lunettes antiques, *fig.*, p. 7, et 201.

40203. Vaillant (Dʳ Louis). — Le Turkestan chinois, *pl.*, p. 8 à 17.

40204. Vaillant (Dʳ Louis). — Note sur un berceau sarte [Turkestan russe], p. 21 à 23.

40205. Poutrin (Dʳ). — Notes anthropologiques sur les nègres africains du Congo français, *pl.*, p. 33 à 47.

40206. Capitan (Dʳ) et Peyrony. — Deux squelettes humains au milieu de foyers de l'époque moustérienne, *fig.*, 2 *pl.*, p. 48 à 53.

40207. Laville. — Râpe angulaire néolithique, *fig.*, p. 63.

40208. Laville (A.). — Le climat chaud présumé du pléistocène, p. 64 à 68.

40209. Viré (Armand). — Ossuaire gaulois de Lacave (Lot), p. 73 à 75.

40210. Legendre (Dʳ A.-F.). — Les Lolos, étude anthropologique, p. 77 à 94.

40211. Baudouin (Dʳ Marcel). — Découverte, fouille et restauration d'une allée mégalithique sépulcrale avec cercles péritaphiques aux Tabernaudes, île d'Yeu (Vendée), *fig.*, p. 95 à 120.

40212. Piéron (H.). — Les méthodes iconométriques dans l'étude de la genèse psycho-sociale de la statuaire, p. 122 à 127.

40213. Bertaud Du Chazaud (Dʳ). — La mission de Lacoste dans la Mongolie septentrionale, p. 127 à 133.

40214. Camus (Paul). — Note sur la carie dentaire à l'époque néolithique, *carte*, p. 136 à 141.

40215. Vinson (Julien). — Quelques données anthropologiques sur la linguistique basque, p. 150.

40216. Laville (A.). — Silex taillés des graviers de fond rappelant les types néolithiques, *fig.*, p. 152 à 155.

40217. Legendre (Dʳ A.). — Études anthropologiques sur les Chinois du Setchouen, p. 158 à 165.

40218. Laville (A.). — Pièces moustériennes typiques et couteau en croissant des couches à *Elephas antiquus* Falc., de Cergy, *fig.*, p. 166 à 171, et 362 à 375.

40219. Zeltner (Fr. de). — Bijoux africains en test de coquillage, *fig.* et *pl.*, p. 178 à 185.

40220. Zaborowski. — Le peuple de bâtards de Rehoboth dans la colonie allemande du sud-ouest de l'Afrique, p. 186 à 188.

40221. Courty (Georges). — La question du préhistorique américain, p. 189.

40222. Zeltner (Fr. de). — Tissus africains à dessins réservés ou décolorés, p. 224 à 227.

40223. Joseph (Gaston). — Note sur les Avikams de la lagune de Lahou et les Didas de la région du bas Bandama [Côte d'Ivoire], *carte*, p. 234 à 247.

40224. Zeltner (Fr. de). — Les nains et les géants dans les traditions soudanaises, p. 248 à 251.

40225. Regnault (Dʳ Félix). — Collection d'ex-voto romains du musée archéologique de Madrid, *fig.*, p. 258 à 264.

40226. Franchet (L.). — Recherches techniques sur la céramique carbonifère préhistorique, p. 298 à 306.

40227. Zeltner (Fr. de). — La confrérie des Ntomou en Afrique occidentale, p. 322.

40228. Holbé (T.-V.). — Métissage et métis *in orbe*, p. 336 à 344.

40229. Zeltner (Fr. de). — La pierre à cupules de Kita (Soudan français), *fig.*, p. 360.

40230. Zeltner (Fr. de). — Le culte du Nama au Soudan, *fig.*, p. 360.

40231. Castagné (Joseph). — Étude historique et comparative des statues Babas des steppes khirghizes et de Russie en général, *fig.*, p. 375 à 407.

40232. Deyrolle (Ét.). — Silex cunéiformes de couches à coups de poing acheuléens, p. 407.

40233. Picard (Lieutenant F.). — Mœurs et coutumes des indigènes de la boucle du Niger, *fig.*, p. 422 à 443.

40234. Laville (A.). — Village préhistorique de Villeneuve-Saint-Georges. Description des fouilles faites sur l'emplacement de cet ancien village et résultat de ces fouilles, *fig.*, p. 455 à 494.

40235. Hirmenech (H. P.). — La triade préhistorique d'Arzon (Morbihan), *carte*, p. 494 à 500.

40236. Lejeune (Charles). — La loi de Hammourabi, p. 500 à 511.

40237. Laville (A.). — Sépultures marniennes de Valenton (Seine-et-Oise), p. 511 à 547.

40238. Farforowsky. — Notes sur les Turcomans et les Nogais du Caucase nord, p. 523.

40239. Vauvillé (O.). — Découvertes faites en 1910 dans le cimetière gallo-romain des Longues-Raies, sur le territoire de Soissons, p. 526 à 528.

40240. Mathews (R.-H.). — Relevé de quelques dessins gravés ou peints sur rochers par les indigènes de la Nouvelle-Galles du Sud (Australie), *fig.*, p. 531 à 535.

[Traduit par Oscar Schmidt.]

40241. Baudouin (Marcel). — Découverte et fouille d'un kjœkkenmœdding néolithique aux Tabernaudes, à l'île d'Yeu (Vendée), *fig.*, *2 pl.*, p. 549 à 596.

40242. Dubreuil-Chambardel (D' Louis). — Le polissoir fixe du Petit-Pressigny (Indre-et-Loire), *fig.*, p. 647 à 649.

SEINE. — PARIS.

SOCIÉTÉ NATIONALE DES ANTIQUAIRES DE FRANCE.

Voir, pour les publications de cette Société antérieures à 1901, la table récapitulative de notre *Bibliographie générale;* et pour ses publications postérieures, la table placée à la fin du présent fascicule.

LXX. — Mémoires de la Société nationale des Antiquaires de France, 7ᵉ série, t. X, 1910. (Paris, 1911, in-8°, 374 p.)

40243. Martrote (F.). — Saint Augustin et la compétence de la juridiction ecclésiastique au vᵉ siècle, p. 1 à 78.

40244. Toutain (Jules). — Le cadastre de l'Afrique romaine, p. 79 à 103.

40245. Baye (Bᵒⁿ de). — Les casques de l'époque barbare, *fig.*, p. 104 à 114. — Suite de LXIX, p. 173.

40246. Stein (Henri). — Un architecte de la cathédrale du Mans au xiiiᵉ siècle, Thomas Toustain, p. 115 à 134.

40247. Michon (Étienne). — Vase antique d'argent trouvé près d'Arras, de la collection du cardinal de Granvelle (Musée impérial de Vienne), *fig.*, p. 135 à 210.

40248. Merlin (A.) et Poinsot (L.). — Statuettes trouvées en mer près de Mahdia (Tunisie), *fig.*, p. 211 à 230.

40249. Rey (Auguste). — Jacques Bachot et le tombeau des Poncher, *fig.*, *pl.*, p. 231 à 264.

40250. Roy (Maurice). — Un grand artiste de la Renaissance, le sculpteur Pierre Bontemps (1505 † 1568), *4 pl.*, p. 265 à 371.

LIV. — Bulletin de la Société nationale des Antiquaires de France, 1910. (Paris, s. d., in-8°, 459 p.)

40251. Toutain (Jules). — Notice nécrologique sur Ulysse Robert (1845 † 1903), p. 69 à 86.

40252. Prou. — Discours, p. 87 à 107.

[Bᵒⁿ H. de Geymuller; M. Chantecler, E. Roschach, Ch. Piet-Lataudrie, A. Vitalis, Ch. Champoiseau, E. Rupin, L. Morel.]

40253. Baye (Bᵒⁿ de). — Fibules gothiques de la collection Massonneau en Crimée, p. 108.

40254. Blanchet (Adrien). — Sceau médiéval de bronze de la collection G. Schlumberger représentant Aristote et Campaspe et autres sceaux des collections Schuermans et Charvet, *fig.*, p. 110 à 118.

40255. Deshoulières (F.). — L'église abbatiale de Bourg-Dieu d'après D. Anselme Le Michel, p. 120.

40256. Roy (Maurice). — Marché passé, en 1555, par Dominique Ricovry, Florentin, avec Benoît Leboucher, de Paris, pour la fonte d'une statue du cardinal Jean de Lorraine, p. 121 à 124.

40257. Dimier (Louis). — Remarques sur les inscriptions des portraits au crayon de Chantilly, p. 124 à 134.

40258. Guebhard (D' A.). — Poteries de Chastel-sur-Murat et de La Motte de la Nocherie en Saint-Bomer-les-Forges, *fig.*, p. 136 à 144.

40259. Mély (F. de). — Inscriptions du chapiteau de Clermont-Ferrand du xii° siècle et du lambris du chœur de l'église paroissiale d'Artins, p. 144.

40260. Héron de Villefosse. — Moule mérovingien de Gemigny (Loiret), p. 145 à 147.

40261. Mateux (A.). — Sarcophage de Guillaume II de l'Abbaye en l'église de Saint-Genis-des-Fontaines (Pyrénées-Orientales), fig., p. 147 à 150.

40262. Mandach (Conrad de). — Interprétation du mot timpanon dans la lettre du duc d'Urbin à Léonardi relative à un tableau du Titien, p. 150.

40263. Roman (Joseph). — Sceaux de l'abbaye de Saint-Taurin d'Évreux, fig., p. 156 à 159.

40264. Bordeaux (P.). — Objets recueillis dans les sépultures romaines ou préromaines de Locarno, fig., p. 159 à 172.

40265. Dimier (L.). — Santorinus et les dessins du manuscrit de Vidius de la Bibliothèque nationale, p. 172 à 175.

40266. Vitry (Paul). — Livre d'heures enluminé dans le style de Bourdichon appartenant à S. A. R. le duc de Cumberland, p. 175 à 181.

40267. Monceaux (P.). — Objets antiques trouvés à Carthage par le R. P. Delattre, p. 181.

40268. Boinet (A.). — Document relatif au pupitre de cuivre exécuté par Germain Pilon pour l'église des Célestins, p. 183.

40269. Héron de Villefosse. — Plateau d'argent trouvé dans le lit de la Saône à Chalon-sur-Saône, fig., p. 188 à 194.

40270. Cagnat (R.). — Discours prononcé aux obsèques de M. d'Arbois de Jubainville, p. 195 à 197. — Cf. id., n° 40005.

40271. Mély (F. de). — Signatures dans les manuscrits des Miracles de la Vierge, p. 197, et 208.

40272. Monceaux (Paul). — Inscription chrétienne découverte près de Kassrine (Tunisie), p. 198.

40273. Espérandieu (Commandant). — Inscriptions celtiques découvertes aux Girardes, près de Cavaillon (Vaucluse), p. 200.

40274. Durrieu (Cte). — Livre d'heures signé du calligraphe Johannes de Porzellis, de Milan, p. 202.

40275. Charencey (Cte de). — Étymologies françaises [requin, joli, arlequin], p. 203 à 206.

40276. Cagnat (R.). — Inscriptions romaines des environs d'Astorge (Espagne), p. 206.

40277. Héron de Villefosse. — Tabula lusoria et plomb byzantin trouvés dans l'amphithéâtre de Carthage par le P. Delattre, p. 208.

40278. Demaison (L.). — La date des statues du portail occidental de la cathédrale de Reim à 213.

40279. Pasquier (F.). — Murailles gallo-romaines de Saint-Lizier (Ariège), p. 213.

42280. Chénon (E.). — Noël sur la mort du cardinal de Richelieu, p. 216.

40281. Pasquier (F.). — Débris d'enceinte gallo-romaine découverts place du Capitole à Toulouse, p. 217.

40282. Mély (F. de). — Explication d'un émail représentant Mahomet lapidant saint Étienne, p. 219.

40283. Mély (F. de). — Jean Cloet mentionné dans le Keuren des peintres de Bruges, p. 220.

40284. Du Teil (Baron Joseph). — Œuvres de Michel-Ange consacrées à l'épilogue du drame du Golgotha, p. 224.

40285. Boinet (A.). — Statues des contreforts de la tour nord de la façade occidentale de la cathédrale de Bourges, p. 224.

40286. Héron de Villefosse. — Fontaine romaine de marbre blanc trouvée à Beaurepaire (Isère), p. 225.

40287. Héron de Villefosse. — Lampe au nom des Anicii trouvée à Carthage, et tablette de marbre avec caractères hébraïques découverte dans la nécropole de Gamart, p. 225.

40288. Monceaux (Paul). — Plombs byzantins découverts à Carthage par le R. P. Delattre, p. 227.

40289. Chénon (Émile). — Le puits gallo-romain de Châteaumeillant (Cher), fig., p. 229 à 233.

40290. Mély (F. de). — Les Heures de Boussu, de la bibliothèque de l'Arsenal, et la légende du Pélican du Bestiaire des Cyranides, p. 236.

40291. Espérandieu (Commandant). — Inscription funéraire romaine du musée de Langres, p. 237.

40292. Héron de Villefosse. — Lanterne en terre cuite trouvée près d'Émèse (Syrie), fig., p. 238 à 242.

40293. Monceaux (P.). — Sceaux byzantins découverts à Carthage par le R. P. Delattre, p. 242, et 310.

40294. Blanchet (A.). — Découvertes de Saint-Ambroix (Cher), p. 243.

40295. Mély (F. de). — Le droit seigneurial d'assister aux offices en costume de chasse, faucon au poing p. 244.

40296. Mély (F. de). — Observations de M. Folgheraiter sur la distribution magnétique des vases antiques en argile, p. 245.

40297. Héron de Villefosse. — Coupes d'argent de basse époque découvertes à Valdonne (Bouches-du-Rhône), p. 246 à 253. — Cf. n° 40298.

40298. Prou (M.). — Contremarques mérovingiennes des coupes de Valdonne, fig., p. 253 à 256. — Cf. n° 40297.

40299. Roy (Maurice). — Documents nouveaux sur les artistes italiens Lucca Penni et Francesco di Pellegrino, p. 258 à 266.

40300. Martroye (F.). — La chaire épiscopale de Ravenne, fig., p. 267 à 272.

40301. Bruston (Ch.). — Le sens général de l'inscription hiéroglyphique du disque d'argile découvert à Phaestos (Crète), p. 273.

40302. Mély (F. de). — Les signatures de Pavo (de Pauw) et de Watreleus sur deux manuscrits de Paris, p. 274.

40303. Toutain (J.). — L'autel antique découvert à Djemila (Cuicul) et son inscription, p. 275 à 278.

40304. Joulin (Léon). — Les fouilles d'Ampurias, p. 280 à 283.

40305. Héron de Villefosse. — Objets recueillis dans les fouilles de Mérouville (Eure-et-Loir), *fig.*, p. 284 à 291.

40306. Héron de Villefosse. — Buste en ivoire trouvé dans la Saône à Chalon-sur-Saône, *fig.*, p. 291.

40307. Martroye (F.). — Chronologie de Théophane, p. 292 à 295.

40308. Bruston (Ch.). — Ponctuation de l'épitaphe d'Aschandius d'Autun, p. 296.

40309. Maurice (J.). — Monnaies du règne de Constantin ayant une signification astrologique, p. 298 à 302.

40310. Monceaux (P.). — Sceaux latins découverts à Carthage, p. 303.

40311. Chapot (V.). — Les tours antiques dites d'observation dans le midi de la France : Nimes, Aix, la Turbie, p. 304 à 308.

40312. Durrieu (Cte). — Broderies florentines et tableaux du maître de Flémalle et de Peter Huys au musée de Douai, p. 309.

40313. Cagnat (R.). — Discours prononcé aux obsèques de M. Delisle, p. 312 à 314. — Cf. id. n° 40010.

40314. Durville (Le chanoine). — Découverte de ruines gallo-romaines au cours de la démolition de l'évêché de Nantes, p. 316.

40315. Lauer (Ph.). — De la date des mosaïques de l'oratoire de Jean VII au Vatican, du triclinium de Léon III au Latran et de l'église Sainte-Suzanne à Rome, *fig.*, p. 318 à 328.

40316. Piton. — L'emplacement du vieux Temple à Paris et la pierre aux armes de l'abbaye de Maubuisson à l'angle des rues des Barres et Grenier-sur-l'Eau, *fig.*, p. 328 à 331.

40317. Héron de Villefosse. — Fragment de sarcophage de Saint-Pierre l'Étrier d'Autun, retrouvé à Couternon, p. 332.

40318. Héron de Villefosse. — Fouilles de la Croix-Saint-Charles au Mont-Auxois, p. 333.

40319. Mayeux (A.). — Bustes en chêne sculpté des consuls de Perpignan (xvie s.), *fig.*, p. 339 à 343.

40320. Héron de Villefosse. — Pieds romains pliants en bronze et os de Brugg (Suisse), p. 343 à 347.

40321. Vauville (O.). — Cimetière gallo-romain des Longues-Raies (Aisne), p. 348 à 351.

40322. Chénon (E). — La statue de Cujas à l'École de droit de Paris, p. 353 à 355.

40323. Héron de Villefosse. — Statuette de Vénus en calcaire trouvée près de Vaison ; inscription découverte à Castellas, près de Vaison, p. 356.

40324. Monceaux (P.). — Plombs latins découverts à Carthage par le R. P. Delattre, p. 357.

40325. Rouchon (U.). — Fresques des xiie et xiiie siècles découvertes à Peyrusse et Auzon (Haute-Loire), p. 359.

40326. Besson (L'abbé). — Sanglier de bronze trouvé dans le canton de Fribourg (Suisse), p. 361. — Cf. n° 40327.

40327. Héron de Villefosse. — A propos du sanglier de Fribourg considéré comme ex-voto, p. 362. — Cf. n° 40326.

40328. Batiffol (Mgr). — Caractère épigraphique du répons de l'antiphonaire de Saint-Pierre de Rome pour l'office de Noël (xiie s.), p. 365 à 367.

40329. Héron de Villefosse. — Inscriptions découvertes à Arles, p. 368 à 373.

40330. Michon (Étienne). — Rapprochement de deux morceaux de frise antique du Musée du Louvre avec ceux découverts à Rome, au Forum, en 1900, p. 373 à 377.

40331. Marquet-de Vasselot (J.-J.). — Écuelle et son couvercle en faïence d'Urbino, p. 377.

40332. Merlin (A.). — Grand cylindre de bronze découvert aux environs de Béja (Tunisie), *fig.*, p. 379 à 382. — Cf. n° 40333.

40333. Héron de Villefosse. — La destination du cylindre de Béja, p. 382. — Cf. n° 40332.

40334. Déchelette (J.). — Les inscriptions gauloises des trophées de l'Arc d'Orange, *fig.*, p. 384 à 390.

40335. Mowat (Commandant Robert). — Le nom d'Agadir (Maroc) et les transformations des noms de lieux de l'antiquité, p. 390.

40336. Roy (Maurice). — Le céramiste rouennais Masséot Abaquesne, p. 392 à 395.

40337. Durand-Gréville (E.). — Attribution à Raphaël d'un dessin du musée Wicar à Lille, p. 395.

40338. Mély (F. de). — Le cristal à goutte d'eau et les reliques appelées Larmes du Christ, p. 396.

40339. Demaison (L.). — Tête antique de Mercure découverte à Reims, p. 398.

40340. Durrieu (Cte). — Tableau représentant un *Ecce Homo* attribué à Jean-Henri Teutonicus, p. 399.

40341. Michon (E.). — Pierre gravée talismanique de la collection Ed. Rietmann, trouvée en Tunisie, p. 400.

40342. Chatelain (L.). — Inscriptions latines de Mactar, du Kef et de Djamâ (Tunisie), p. 401 à 406.

40343. Héron de Villefosse (A.) et Michon (E.). — Musée du Louvre. Département des Antiquités grecques et romaines. Acquisitions de l'année 1910, p. 407

SEINE. — PARIS.

SOCIÉTÉ CENTRALE DES ARCHITECTES.

Voir, pour les publications de cette Société antérieures à 1901, la table récapitulative de notre *Biblio-graphie générale;* et pour ses publications postérieures, la table placée à la fin du présent fascicule.

XXIII. — **L'Architecture,** journal hebdoma-daire de la Société centrale des architectes français. 23ᵉ année, 1910. (Paris, 1910, in-fol., 448 p.)

40344. Fourret (J.). — L'École française de Rome avant la Révolution, *fig.*, p. 3, et 10.

40345. G. R. — M. Parnageon († 1910), p. 29.

40346. Yvon (M.). — M. Gustave-Laurent Raulin (1837 † 1910), *portr.*, p. 57.

40347. G. L. — M. Jean-Alexandre Laplanche (1839 † 1910), *portr.*, p. 65.

40348. Clausse. — Les disciples et les successeurs de Léonard de Vinci, *fig.* et 2 *pl.*, p. 69.

40349. G. L. — Le Pont Notre-Dame, p. 70.

40350. Yvon. — M. Louis Thalheimer (1859 † 1910), *portr.*, p. 77.

40351. Nizet. — Karnak [Égypte] en 1909, *fig.* et *pl.*, p. 79.

40352. G. L. — M. Édouard-Félix Duchatelet (1828 † 1910), *portr.*, p. 85.

40353. Trouessart (A.). — L'ancien pont de Blois, *fig.*, p. 95.

40354. G. L. — M. Victor Marsang (1835 † 1910), *portr.*, p. 109.

40355. Devienne. — La chapelle des fonts baptismaux de l'église Saint-Sulpice, *fig.* et 3 *pl.*, p. 126 à 129.

40356. Nizet. — Le projet de destruction des murailles de Constantinople, *fig.*, et 3 *pl.*, p. 168 à 170.

40357. Degeorge (Hector). — Petits souvenirs sur «Monsieur» Ingres, p. 208 à 210.

40358. Briscourt (M.). — Antoine-Hector Degeorge, (1841 † 1910), *portr.*, p. 221.

40359. Poupinel (J.-M.). — M. George Aitchison (1825 † 1910), p. 237.

40360. G. L. — M. Léopold-Joseph Ridel (1852 † 1910), p. 237.

40361. Bermond. — M. Hippolyte-Eugène Chevallier (1847 † 1910), p. 253.

40362. Trouessart (A.). — La maison de Denis Dupont, 2, rue Saint-Honoré, à Blois, *fig.* et 3 *pl.*, p. 263.

40363. Yvon (Ad.) et Étienne (Lucien). — M. Jean-Baptiste-Maurice-Gaston Rozet, *portr.* (1844 † 1910), p. 269.

40364. Nizet. — Deux dessins inédits de Ch. Percier, 2 *pl.*, p. 279.

40365. G. L. — M. Jean-Juste-Gustave Lisch (1828 † 1910), p. 301.

40366. Vaillant (A.). — Évagations dans une vieille église [collégiale de Mantes], *fig.* et 5 *pl.*, p. 311, 319, 327, et 336.

40367. Nizet. — Philae, *fig.* et 3 *pl.*, p. 351, et 434.

40368. G. L. — L'hôtel de Beauharnais [ambassade d'Allemagne], 3 *pl.*, p. 368, et 376.

40369. Vaillant (A.). — Joseph Hubert († 1910), p. 379.

40370. Lefol (Gaston). — Quelques ponts de Paris, *fig.*, p. 394, 403, 410, et 418.

40371. Étienne (L.). — M. Alexandre-Pierre Gouault (1842 † 1910), p. 421.

40372. Vachon (Marius), — L'Hôtel de Ville de Paris. Ce qu'on dit aux visiteurs, p. 433.

SEINE. — PARIS.

SOCIÉTÉ ASIATIQUE.

Voir, pour les publications de cette Société antérieures à 1901, la table récapitulative de notre *Bibliographie générale;* et pour ses publications postérieures, la table placée à la fin du présent fascicule.

40373. Caland (W.) et Henry (V.). — L'Agniṣṭoma. Description complète de la forme normale du sacrifice de Soma dans le culte védique (Paris, 1906-1907. 2 vol. in-8°, LVIII-520 p., *pl.*)

40374. Huber (Édouard). — Açvaghoṣa, Sûtrâlamkâra, traduit en français sur la version chinoise de Kumarajiva (Paris, 1908, in-8°, 496 p.)

40375. Lacôte (Félix). — Budhasvâmin. *Brhatkata çlokasamgraha*, texte sanscrit publié pour la première fois avec des notes critiques et explicatives et accompagné d'une traduction française (Paris, 1910, in-8°, XIII-175 p.)

40376. Chavannes (Édouard). — Cinq cents contes et apologues extraits du Tripitaka chinois et traduits en français. (Paris, 1910-1911, 3 vol. in-8°, XX-429, 451, et 397 p.)

CLXXVI. — Journal asiatique, recueil de mémoires et de notices relatifs aux études orientales, publié par la Société asiatique. 10° série, t. XV. (Paris, 1910, in-8°, 593 p.)

40377. Roussel (A.). — Les anomalies du Râmâyaṇa, p. 5 à 69.

40378. Huart (Cl.). — Le diwan de Selâma Ben Djandal, poète arabe anté-islamique, p. 71 à 105.

40379. Dufresne. — Un conte kurde de la région de Sö'örd, p. 107 à 117.

40380. Addaï Scher (Mgr). — Épisodes de l'histoire du Kurdistan, p. 119 à 139.

40381. Inostrancev (C.). — Note sur un point de l'histoire ancienne du Kharezm, p. 141 à 145.

40382. Allotte de La Fuÿe. — Une monnaie turco-chinoise, *fig.*, p. 188 à 190.

40383. Revillout (E.). — Mémoire sur les diverses promulgations du décret de Rosette, p. 203 à 280.

40384. Ferrand (Gabriel). — Les voyages des Javanais à Madagascar, p. 281 à 330.

40385. Danon. — Amulettes sabbatiennes, p. 331 à 341.

40386. Halévy (J.). — *Silo* הליש (*Gen.*, XLIX, 10); *Ea bâni* [Gilganuš]; Ka-lag-ga *dannu*, p. 383.

40387. Vinson (Julien). — Le *R* cérébral dravidien, p. 386 à 388.

40388. Amélineau (E.). — Étude sur le chapitre XVII du *Livre des Morts* de l'ancienne Égypte, p. 395 à 463; et CLXXVII, *fig.*, p. 5 à 74.

40389. Seybold (C.-F.). — Quatre signatures autographes maghribines à Londres de 1682, 1726 et 1729, p. 465 à 475.

40390. Blagden (C.-O.). — Quelques notions sur le phonétique de Talain [Birmanie] et son évolution historique, p. 477 à 505.

40391. Thomas (F. W.). — Les Vivāsaḥ d'Asoka, p. 507 à 522.

40392. Fossey (C.). — Études assyriennes. Mithra, *Mitrašši*l et *Mitrašul*, p. 523 à 525.

40393. Charencey (De). — Origine iranienne de quelques noms de végétaux, p. 572 à 574.

40394. Farjenel (Fernand). — Le serment des 37 tribus Lolos, p. 574 à 584.

CLXXVII. — Journal asiatique..., 10° série, t. XVI. (Paris, 1910, in-8°, 653 p.)

[40388.] Amélineau (E.). — Étude sur le chapitre XVII du *Livre des Morts* de l'ancienne Égypte, *fig.*, p. 5 à 74.

40395. Martin (François). — Le juste souffrant babylonien, p. 75 à 143.

40396. Van Berchem (Max). — Sur la route des villes saintes, p. 145 à 158.

[Mission des PP. Jaussen et Savignac en Arabie.]

40397. Finot (L.). — Le général de Beylié [Léon-Marie-Eugène, 1849 † 1910], p. 195 à 197.

40398. Nau (J.). — Notes d'astronomie syrienne, p. 209 à 228.

40399. Ollone (Commandant d'). — Stèle de Sa Lien; constitution des grands fiefs lolos, 2 *pl.*, p. 229 à 246.

40400. Weil (R.). — Les Hyksôs et la restauration nationale dans la tradition égyptienne et dans l'histoire, p. 247 à 339, et 507 à 570.

40401. Schwab (Moïse). — Une amulette arabe, p. 341 à 345.

40402. Lévi (Sylvain). — Textes sanscrits de Touen-houang, Nidâna-Sûtra, Dacabala-Sûtra, Dharmapada, Hymne de Màtṛceṭa, *pl.*, p. 433 à 456.

40403. Meillet (A.). — Remarques sur le texte de l'historien arménien Agathange, p. 457 à 481.

40404. Decourdemanche (J.-A.). — Note sur les poids médicaux arabes, p. 483 à 498.

40405. Schwab (Moïse). — Un médaillon italo-hébreu, p. 499 à 506.

40406. Guérinot (A.). — Quelques collections de livres jainas, p. 581 à 586.

40407. Sidersky (D.). — Le calendrier sémitique des papyri araméens d'Assuan, p. 587 à 592.

40408. Halévy (J.). — Le nom du matelot du Noé babylonien; la langue des fondateurs des villes de la Sumérie; le démon *Lilu*, p. 627 à 630.

40409. Dussaud (René). — A propos du dieu syrien Hadad, p. 645 à 649.

SEINE. — PARIS.

SOCIÉTÉ FRANÇAISE DE BIBLIOGRAPHIE.

Voir, pour les publications antérieures de cette Société, la table du présent fascicule.

40410. Lemaitre (Henri). — Histoire du dépôt légal, 1ʳᵉ partie, France. (Paris, 1910, in-8°, lviii-130 p.)

SEINE. — PARIS.

SOCIÉTÉ BIBLIOGRAPHIQUE.

Voir, pour les publications de cette Société antérieures à 1901, la table récapitulative de notre *Bibliographie générale;* et pour ses publications postérieures, la table placée à la fin du présent fascicule.

CXVIII. — Polybiblion. Revue bibliographique universelle... Partie littéraire, 2ᵉ série, t. LXXI (CXVIIIᵉ de la collection). (Paris, 1910, in-8°, 576 p.)

40411. Divers. — Nécrologie, p. 75 à 83.

[Ch. Arnaud (1850 † 1909); A. Fauvel († 1909); A. Bouquet de La Grye (1827 † 1909); L. Lortet (1836 † 1909); Dʳ E. Brissaud († 1909); K. Krumbacher († 1909); P. Gyulai (1826 † 1909); etc.]

40412. Divers. — Nécrologie, p. 170 à 177.

[Ch. de Loménie († 1910); E. Quentin-Bauchart (1830 † 1909); Édouard Rod (1857 † 1910); L. Friedlaender (1824 † 1909); E. H. Giglioli (1845 † 1910); F. Bertolini (1836 † 1910); E. Petelei (1852 † 1910); etc.]

40413. Divers. — Nécrologie, p. 178 à 269.

[Cheysson († 1910); G. Janicot (1830 † 1910); E. Ledrain (1844 † 1910); A. Vachez (1832 † 1910); L. Nocentini (1849 † 1910); etc.]

40414. Divers. — Nécrologie, p. 362 à 367.

[H. d'Arbois de Jubainville (1827 † 1910); le Vᵗᵉ E.-M. Melchior de Vogüé (1848 † 1910); Ch. Joliet (1832 † 1910); W. A. Copinger (1847 † 1910); etc.]

40415. Divers. — Nécrologie, p. 462 à 468.

[Jean Moréas (1856 † 1910); le P. Lescœur (1825 † 1910); S. L. Clemens, dit Mark Twain (1835 † 1910); etc.]

40416. Divers. — Nécrologie, p. 532 à 537.

[B. Brunhes (1867 † 1910); J.-B.-T. Weckerlin (1821 † 1910); B. Bjœrnson († 1910); K. de Mikszath (1849 † 1910); etc.]

CXIX. — Polybiblion. Revue bibliographique universelle... Partie littéraire, 2ᵉ série, t. LXXII (CXIXᵉ de la collection). (Paris, 1910, in-8°, 576 p.)

40417. Divers. — Nécrologie, p. 77 à 81.

[E.-F. Berlioux (1828 † 1910); G. Bois († 1910); Dʳ R. Koch (1843 † 1910); J. Wolff († 1910); etc.]

40418. Divers. — Nécrologie, p. 174 à 181.

[L. Delisle (1826 † 1910); A. d'Herbomez (1852 † 1910); G. E. Boissonade-Boutry (1825 † 1910); L.-A. Bourgault-Ducoudray (1840 † 1910); le général de Beylié (1849 † 1910); G. V. Schiaparelli (1835 † 1910); F.-J. Furnivall (1825 † 1910); etc.]

40419. Divers. — Nécrologie, p. 271 à 278.

[Le Cᵗᵉ Domet de Vorges (1829 † 1910); A. Vandal (1853 † 1910); P. Marchal (1844 † 1910); Dʳ L.-H. Farabeuf (1841 † 1910); C.-F. Lenepveu (1840 † 1910); A. Coquart (1846 † 1910); A.-T.-F. Michaelis (1885 † 1910); H. Zimmer († 1910); etc.]

40420. Divers. — Nécrologie, p. 369 à 374.

[J.-A.-E. Chauvet (1819 † 1910); le P. Ollivier (1885 † 1910); E.-R. Blavet (1838 † 1910); P. Mantegazza (1831 † 1910); etc.]

40421. Divers. — Nécrologie, p. 459 à 464.

[Le P. A. Baumgartner (1841 † 1910); R. Lindau (1829 † 1910); Dʳ E. V. von Leyden (1832 † 1910); etc.]

40422. Divens. — Nécrologie, p. 538 à 543.

[Dʳ A. Trousseau (1856 † 1910); J.-B. Cochet, en religion le frère Alexis (1835 † 1910); L. Tolstoï (1828 † 1910); etc.]

CXX. — Polybiblion. Revue bibliographique universelle... Partie technique, 2ᵉ série, t. XXXVI (CXXᵉ de la collection). (Paris, 1910, in-8°, 560 p.)

XXXII. — Bulletin de la Société bibliographique et des publications populaires, 32ᵉ année (34ᵉ année de la fondation de la Société). (Paris, 1901, in-8°, 292 p.)

40423. Anonyme. — Le comte Amédée de Bourmont († 1901) p. 152.
40424. Anonyme. — Le comte de Puymaigre († 1901), p. 153.
40425. Anonyme. — Mᵍʳ Isoard († 1901), p. 201.

XXXIII. — Bulletin de la Société bibliographique et des publications populaires, 33ᵉ année (35ᵉ année de la fondation de la Société). (Paris, 1902, in-8°, 284 p.)

40426. Anonyme. — Le marquis de Beaucourt, *portr.*, p. 205, et 229.

XXXIV. — Bulletin de la Société bibliographique et des publications populaires, 34ᵉ année (36ᵉ année de la fondation de la Société). (Paris, 1903, in-8°, 264 p.)

40427. Aymer de La Chevalerie (Cᵗᵉ). — Le comte Lambel († 1903), p. 207.
40428. Aymer de La Chevalerie (Cᵗᵉ). — M. Pagès († 1903), p. 219.

XXXV. — Bulletin de la Société bibliographique et des publications populaires, 35ᵉ année (37ᵉ de la fondation de la Société). (Paris, 1904, in-8°, 228 p.)

40429. M. S. [Sepet (Marius]. — M. Victor Pierre († 1904), p. 213.
40430. Mascarel (Arnold). — Le baron d'Avril († 1904), p. 214.

XXXVI. — Bulletin de la Société bibliographique et des publications populaires, 36ᵉ année (38ᵉ de la fondation de la Société). (Paris, 1905, in-8°, 192 p.)

40431. Aymer de La Chevalerie (Cᵗᵉ). — M. le comte de Luçay († 1905), p. 163.

XXXVII. — Bulletin de la Société bibliographique et des publications populaires, 37ᵉ année (39ᵉ année de la fondation de la Société). (Paris, 1906, in-8°.)

XXXVIII. — Bulletin de la Société bibliographique et des publications populaires, 38ᵉ année (40ᵉ de la fondation de la Société). (Paris, 1907, in-8°.)

XXXIX. — Bulletin de la Société bibliographique et des publications populaires, 39ᵉ année (41ᵉ de la fondation de la Société). (Paris, 1908, in-8°, 172 p.)

40432. Aymer de La Chevalerie (Cᵗᵉ). — Le cardinal Richard († 1908), p. 33.

40433. Aymer de la Chevalerie (Cte). — M. Boyer de
Bouillane († 1908), p. 113.
40434. B. — Le comte Louis de Bourmont († 1908),
p. 149.

**XL. — Bulletin de la Société bibliographique
et des publications populaires, 40° année
(42° de la fondation de la Société). (Paris,
1909, in-8°, 188 p.)**

40435. Aymer de La Chevalerie (Cte). — M. Émile Keller († 1909), p. 43.
40436. Moussac (Mis de). — La comtesse F. de Nu-
chèze († 1909), p. 74.

**XLI. — Bulletin de la Société bibliogra-
phique et des publications populaires,
41° année (43° de la fondation de la Société).
(Paris, 1910, in-8°, 252 p.)**

40437. Anonyme. — Mgr Fulbert Petit († 1909); Mgr de
Briey († 1909), p. 21.
40438. Anonyme. — M. Maurice de Baudus († 1909);
Mme Roger Lambelin († 1910), p. 33.
40439. Anonyme. — Mgr Labeuche († 1910), p. 68.
40440. Anonyme. — Le général comte de Lammerville,
p. 226.

SEINE. — PARIS.

SOCIÉTÉ DES BIBLIOPHILES FRANÇOIS.

Voir, pour les publications de cette Société antérieures à 1901, la table récapitulative de notre *Bibliographie
générale*; et pour ses publications postérieures, la table placée à la fin du présent fascicule.

40441. Laborde (Cte Alexandre de). — Ernest Quentin-
Bauchart (1830 † 1909). (Paris, 1910, petit in-4°,
41 p., *portr.* et *pl.*)

[Cette notice a paru dans le *Bulletin du bibliophile* du 15 mars
1910 et a fait l'objet d'un tirage à part différent du fascicule indiqué ici.]

40442. Portalis (B^{on}). — Henry-Pierre Danloux,
peintre de portraits (1753 † 1809) et son journal durant l'émigration. (Paris, 1910, in-fol., 493 p., *fig.*,
46 *pl.*)

SEINE. — PARIS.

SOCIÉTÉ DES COLLECTIONNEURS D'EX-LIBRIS.

Voir, pour les publications de cette Société antérieures à 1901, la table récapitulative de notre *Bibliographie générale*; et pour ses publications postérieures, la table placée à la fin du présent fascicule.

**XVII. — Archives de la Société française
des collectionneurs d'ex-libris, 17° année.
(Paris, 1910, gr. in-4°, 192 p.)**

40443. J.-C. W. — Un prétendu ex-libris du graveur
J.-M. Weiss, p. 2.
40444. Du Roure de Paulin (B^{on}). — Les ex-libris Le
Lorgne d'Ideville, *fig.* et *pl.*, p. 3.
40445. La Perrière (Henri de). — Ex-libris Le Jay, *pl.*,
p. 5.

40446. Quantin (Léon). — Ex-libris Ferragut, p. 6.
40447. Remacle (A. de). — Les femmes bibliophiles et
leurs ex-libris, *fig.* et 3 *pl.*, p. 7, 47, 58, 74, 89, 105,
120, et 140. — Suite de XVI, p. 7, 26, 41, 58, 75,
106, 139, 155, et 173.
40448. Ressecq (Vte H. de). — L'ex-libris de Philippe
de Cougniou, chanoine de l'église d'Orléans, docteur
en Sorbonne, *fig.*, p. 18 à 21.
40449. Cochon (J.) — Ex-libris autographes de Marguerite d'Autriche, duchesse de Savoie, régente des
Pays-Bas (1480 † 1530), *facs.*, p. 22.

40450. Du Roure de Paulin (B⁰ⁿ). — L'ex-libris d'Alexandre Saverien, 2 *pl.*, p. 23.

40451. Hennezel d'Ormois (Vᵗᵉ de). — Les ex-libris et fers de reliure laonnois, *fig.* et 2 *pl.*, p. 25, 44, 66, 88, 102, et 175. — Suite de XV, p. 118, 157, 174; XVI, p. 5, 24, 44, 61, 78, 92, 103, 153, et 168.

40452. Dujarric-Descombes (A.). — Les anciens ex-libris du Périgord, *fig.*, p. 29, 118, et 136. — Suite de XVI, p. 5, 24, 44, 61, 78, 92, 103, 153, et 168.

40453. Tillette de Clermont-Tonnerre (B⁰ⁿ). — Ex-libris Tillette de Mautort, p. 37.

40454. Raisin (Frédéric). — Ex-libris Rieu, *fig.*, p. 38.

40455. Brunetta d'Usseaux. — Melzi, *pl.*, p. 50 à 52.

40456. Du Roure de Paulin (B⁰ⁿ). — Les ex-libris H.-A. de Gironcourt, *fig.*, p. 53 à 57.

40457. Brébisson (R. de). — Un dernier mot sur les ex-libris de la famille Le Bouyer, *fig.*, p. 73. — Cf. X, p. 70. — Cf. n° 40465.

40458. Reychman (Casimir). — Quelques ex-libris polonais inédits, *fig.*, p. 83.

40459. Du Roure de Paulin (B⁰ⁿ). — Les ex-libris du chanoine Auber, *fig.*, p. 85.

40460. Quantin (Léon). — Ex-libris Dietrich, p. 87.

40461. Tillette de Clermont-Tonnerre (B⁰ⁿ). — Ex-libris d'Hespel de Flencques, *pl.*, p. 98.

40462. Quantin (Léon). — Ex-libris J.-B.-H. Bretin, *fig.*, p. 99.

40463. La Perrière (Henri de). — Une pièce lyonnaise inédite [famille Olivier], *fig.*, p. 100 à 102.

40464. Mareschal de Bièvre. — Quelques marques de reliure de la famille Mareschal, *fig.*, *pl.*, p. 113.

40465. Cochon (J.). — Ex-libris Le Bouyer, p. 115. — Cf. n° 40458.

40466. Pas (J. de). — Ex-libris aux armes de DD. I. Hé-

mart et E. Tirant, abbés de Clairmarais, *fig.* et *pl.*, p. 116.

40467. Linnig (Benjamin). — Pierre-Joseph Baudewyns, ancien professeur de syntaxe au Collège royal, Thérésien, etc. (1751 † 1817), *fig.*, p. 129 à 131.

40468. Du Roure de Paulin (B⁰ⁿ). — Le prétendu ex-libris Daquin, p. 132.

40469. Du Roure de Paulin (B⁰ⁿ). — L'ex-libris du couvent de Saint-François de Mexico, *fig.* et *pl.*, p. 132.

40470. F. C. de G. [Cadet de Gassicourt (F.)]. — Van Cruyce et Croix-Croisilles, *fig.*, p. 134.

40471. Brébisson (R. de). — Prieuré de Saint-Lo de Rouen, p. 136.

40472. Des Rosiers (Yves). — L'étiquette Borjon, p. 141.

40473. Linnig (Benjamin). — Deux bibliophiles belges, J.-F.-A.-F. de Azevedo, généalogiste (1717 † 1794), C.-J. Pieters, bibliophile (1782 † 1863), p. 147.

40474. Martin (Commandant Emmanuel). — Louis-Auguste Dauphin (Louis XVI), auteur et bibliophile, *fig.*, p. 149 à 153.

40475. Tremeuge de La Roussière (Vᵗᵉ de). — Les ex-libris Parent, *pl.*, p. 154 à 158.

40476. Quantin (Léon). — Ex-libris de François-Claude d'Avout, *fig.*, p. 158 à 160.

40477. Linnig (Benjamin). — Ex-libris Borgnet et Foppens, *fig.*, p. 161 à 166.

40478. Du Roure de Paulin (B⁰ⁿ). — Les Chérin, généalogistes des ordres du Roi, p. 167 à 170.

40479. Combes (Paul). — Ex-libris Lamazière, p. 170.

40480. Engelmann (Edmond). — Ex-libris Du Chemin de La Tour, p. 171.

40481. Quantin (Léon). — Ex-libris de Riccé, *fig.*, p. 172.

40482. Des Rosiers (Yves). — Un ex-libris du graveur Toustain à identifier, p. 174.

SEINE. — PARIS.

SOCIÉTÉ ACADÉMIQUE DE COMPTABILITÉ.

La Société de comptabilité n'est pas de celles dont les travaux rentrent dans le cadre de notre *Bibliographie*. Nous devons toutefois signaler l'ouvrage suivant publié par elle.

40483. Reymondin (G.). — Bibliographie méthodique des ouvrages en langue française, parus de 1543 à 1908, sur la science des comptes, suivie de la liste des ouvrages juridiques dans lesquels sont traitées des questions de comptabilité. (Paris, 1909, in-8°, 331 p., *portr.*)

[Publications de la Société académique de comptabilité.]

SEINE. — PARIS.

SOCIÉTÉ DE L'ÉCOLE DES CHARTES.

Voir, pour les publications de cette Société antérieures à 1901, la table récapitulative de notre *Bibliographie générale;* et pour ses publications postérieures, la table placée à la fin du présent fascicule.

LXXI. — Bibliothèque de l'École des Chartes..., t. LXXI. (Paris, 1910, in-8°, 741 p.)

40484. Lot (Ferdinand). — La frontière de la France et de l'Empire sur le cours inférieur de l'Escault du ixᵉ au xiiiᵉ siècle, *carte,* p. 5 à 32.

40485. Delachenal (R.). — Notes sur un manuscrit de la bibliothèque de Charles V, p. 33 à 38.

[*Quadriparti* de Ptolémée, traduit par Nicole Oresme.]

40486. Viard (Jules). — Un prétendu voyage de Philippe VI de Valois dans le midi de la France en 1349, p. 39 à 48.

40487. Sauvage (R.-N.). — Rouleau mortuaire de Marie, abbesse de la Trinité de Caen († 1404), p. 49 à 57.

40488. Durrieu (Cᵗᵉ Paul). — Découverte de deux importants manuscrits de la librairie des ducs de Bourgogne, *facs.,* p. 58 à 71.

[Mystère de la *Vengeance Notre-Seigneur,* copié par Yvonnet le jeune et illustré par Loyset Lyedet ; *Décaméron* de Boccace, traduit en français par Laurent de Premierfait, *facs.*]

40489. Pottier (Edmond), Levasseur (Émile), Cagnat (R.) et Durrieu (Cᵗᵉ Paul). — Henri d'Arbois de Jubainville [1827 † 1910], p. 204 à 215.

40490. Tardif (J.). — Auguste-Gabriel Demante [1821 † 1909], p. 215.

40491. Tuetey (A.) et Héron de Villefosse (A.). — Eugène Chatel [1820 † 1910], p. 216 à 219.

40492. Bémont (Ch.). — Un rôle gascon d'Édouard Iᵉʳ retrouvé, p. 219 à 222.

40493. Sepet (Marius). — Sur Jeanne d'Arc [extraits d'une chronique de France abrégée, Bibl. Nat., ms. fr., nouv. acquis. 7519], p. 222.

40494. Meyer (Paul). — Instruction pour la publication des anciens textes français, p. 224 à 233. — Cf. id., n° 34818.

40495. Delisle (L.). — Manuscrits bénéventains et wisigothiques, p. 233 à 235.

40496. Jusselin (Maurice). — Ordonnance de Philippe le Bel concernant le ressort des bailliages de Champagne (16 mars 1294), p. 236.

40497. H. O. [Omont (H.)]. — La plus ancienne charte sur papier [mandement en grec et en arabe de la comtesse Adélaïde, 1109], p. 238.

40498. Quicherat (J.). — Les changements de noms des rues de Paris [lettre à Étienne Arago, maire de Paris, 1870], p. 238.

40499. Levillain (Léon). — Les origines du monastère de Nouaillé, p. 241 à 298.

40500. Delisle (L.). — L'ancien manuscrit de saint Hilaire n° 483 de la Bibliothèque de l'Arsenal, p. 299 à 304.

40501. Saulnier (Eugène). — Une prétendue dispense du mariage de Henri de Bourbon et de Marguerite de France en août 1572, p. 305 à 310.

40502. Romier (Lucien). — Lettres de Giovanni Dalmatio au cardinal Farnèse (1558-1559), p. 311 à 331.

40503. Pottier (Edmond), Lasteyrie (Cᵗᵉ de), Viollet (Paul), Cagnat (R.) et Travers (Émile). — Léopold Delisle [1826 † 1910], p. 447 à 460.

40504. Durrieu (Paul). — Armand d'Herbomez [1852 † 1910], p. 460.

40505. Barbey (Frédéric). — Léopold Micheli [1877 † 1910], p. 462 à 464.

40506. L. D. [Delisle (L.)]. — Une lettre de Pascal II à Robert Courte-Heuse, duc de Normandie [vers 1106], p. 465.

40507. Jusselin (Maurice). — Acte inédit du roi Louis VII [pour Saint-Martin de Meung] (1178), p. 466.

40508. Delisle (L.). — Un manuscrit de Charles V [*De regimine principum*] et un double feuillet d'*Images de la Bible* retrouvés en Angleterre, p. 468.

40509. Anonyme. — Un manuscrit de Saint-Martin de Tours [pontifical], p. 469.

40510. Cocuin (Claude). — Un manuscrit aux armes du cardinal Anglic Grimoard, p. 470.

40511. Vidier (A.). — Le nouveau *Bulletin mensuel* du département des imprimés de la Bibliothèque nationale [réimpression de la préface], p. 471 à 476.

40512. Lauer (Ph.). — Conseils pratiques relatifs à la photographie des manuscrits, p. 477.

40513. Delisle (Léopold). — Matériaux pour l'édition de Guillaume de Jumièges, préparée par Jules Lair, p. 481 à 526.

40514. Jusselin (Maurice). — Le droit d'appel dénommé *Appel volage* et *Appel frivole*, p. 527 à 587.

40515. La Roncière (Ch. de). — Une carte française encore inconnue du Nouveau Monde (1584), p. 588 à 601.

40516. Seret (Marius) et Viollet (Paul). — Barthélemy Terrat [1845 † 1910], p. 699 à 701.

40517. Dacier (Émile). — Pierre Aubry [1874 † 1910], p. 701 à 704.

40518. Rastoul (Amand). — Henri de Roux [1867 † 1910], p. 705.

40519. Prou (M.). — L'École des Chartes et l'histoire, p. 706 à 709. — Cf. id., n° 40558.

40520. Anonyme. — L'Académie des inscriptions et les archivistes paléographes, p. 709.

40521. Delachenal (R.). — Date d'une miniature d'un manuscrit de Charles V [Bible historiale], p. 711.

40522. Anonyme. — Note cryptographique dans un manuscrit de Jean de Tritenheim, p. 712.

40523. [Omont (H.)]. — Additions de M. L. Delisle à son exemplaire des *Études sur la classe agricole en Normandie*, p. 713 à 719.

IX. — **Mémoires et documents publiés par la Société de l'École des Chartes. IX.**

40524. Michel (Robert). — L'administration royale dans la sénéchaussée de Beaucaire au temps de saint Louis. (Paris, 1910, in-8°, xxvii-498 p.)

SEINE. — PARIS.

SOCIÉTÉ DE L'ÉCOLE DES SCIENCES POLITIQUES.

Voir, pour les publications de cette Société antérieures à 1901, la table récapitulative de notre *Bibliographie générale*; et pour ses publications postérieures, la table placée à la fin du présent fascicule.

XXV. — **Annales des sciences politiques,** revue bimestrielle publiée avec la collaboration des professeurs et des anciens élèves de l'École libre des sciences politiques..., 25ᵉ année, 1910. (Paris, 1910, in-8°, 844 p.)

40525. Arnauné (A.). — Le système commercial de Colbert, p. 1 à 16, et 143 à 172.

40526. Ferry (René). — L'Éthiopie et l'expansion européenne en Afrique orientale, *carte*, p. 17 à 36, et 199 à 224.

40527. Courant (Maurice). — La succession au trône de Chine, p. 56 à 65.

40528. Festy (Octave). — L'insurrection de Lyon en 1831, d'après des documents inédits, p. 85 à 104.

40529. Delavaud. — Les origines norvégiennes des archipels écossais (872-1667), p. 173 à 198.

40530. Levasseur (Émile). — Les grandes compagnies de commerce sous le règne de Louis XIV, p. 441 à 464.

40531. Lenoy-Beaulieu (Anatole). — Albert Vandal [† 1910], p. 589 à 592.

40532. Levasseur (Émile). — Les colonies sous le règne de Louis XIV, p. 593 à 604.

40533. Lair (Maurice). — Mommsen homme politique, p. 640 à 669.

40534. Rain (Pierre). — L'impératrice Elisabeth, épouse d'Alexandre Iᵉʳ, p. 698 à 709.

40535. Raffalovich (A.). — Auguste von der Heydt, ministre du commerce et des finances de Prusse (1801 † 1874), p. 761 à 779.

SEINE. — PARIS.

SOCIÉTÉ D'ÉCONOMIE SOCIALE.

Voir, pour les publications de cette Société antérieures à 1901, la table récapitulative de notre *Bibliographie générale;* et pour ses publications postérieures, la table placée à la fin du présent fascicule.

LIX. — La Réforme sociale, Bulletin de la Société d'économie sociale et des Unions de la paix sociale fondées par P.-F. Le Play, 6° série, t. IX (t. LIX de la collection), 30° année, janvier-juin 1910. (Paris, 1910, in-8°, 812 p.)

40536. Rivière (Louis). — Émile Cheysson [1836 †1910], p. 225 à 233.
40537. Anonyme. — Un philosophe politique sous la Révolution. Nicolas Bergasse (1750 † 1832), p. 316 à 332.

LX.— La Réforme sociale, 6° série, t. X (t. LX de la collection), 30° année, juillet-décembre 1910. (Paris, 1910, in-8°, 756 p.)

40538. Clément (Henry). — Proudhon et ses doctrines sur la propriété, p. 565 à 583.

SEINE. — PARIS.

SOCIÉTÉ DE L'ENSEIGNEMENT SUPÉRIEUR.

Voir, pour les publications de cette Société antérieures à 1901, la table récapitulative de notre *Bibliographie générale;* et pour ses publications postérieures, la table placée à la fin du présent fascicule.

LIX. — Revue internationale de l'enseignement, publiée par la Société de l'enseignement supérieur..., rédacteur en chef : François Picavet, t. LIX, janvier à juin 1910. (Paris, 1910, in-8°, 583 p.)

40539. Delbos (Victor). — Victor Egger, p. 5 à 22.
40540. Taft et Fortier. — La Nouvelle-Orléans historique, discours, p. 97 à 104.
40541. Courant (Maurice). — Une enquête anglaise sur l'enseignement des langues orientales, p. 193 à 201.
40542. Concelle (J.). — L'enseignement supérieur, les sociétés savantes et le réveil de l'esprit provincial, p. 202 à 205.
40543. Loisel (Gustave). — L'acclimatation et la zoologie économique du xiv° siècle à la fin du xvii°. Ménagerie d'Alfort, p. 206 à 212.

40544. Xenopol (A.-D.). — De la méthode dans les sciences et dans l'histoire, p. 312 à 325.
40545. Monod (Gabriel). — Michelet et l'histoire de la Révolution française, p. 414 à 437.
40546. Divers. — L'inauguration du buste de Pasteur à l'École normale supérieure, p. 481 à 496.

[Discours de M. Darboux, Lavisse, J. Tannery.]

LX. — Revue internationale de l'enseignement..., rédacteur en chef : François Picavet, t. LX, juillet à décembre 1910. (Paris, 1910, in-8°, 583 p.)

40547. Picavet (François). — Quelques notes sur l'enseignement en France en 1803 et 1804, p. 5 à 16.

40548. Gourdon (Henri). — Trois siècles d'enseignement supérieur aux Philippines, p. 97 à 113.

40549. Corcelle (J.). — L'école centrale du département du Mont-Blanc, p. 153 à 158.

40550. Bouty. — Discours prononcé aux obsèques de M. Bernard Brunhes [† 1910], p. 172.

40551. Bloch (Maurice). — Jean Macé et le Petit-Château d'après le journal manuscrit la Ruche, p. 221 à 233.

40552. Manouvrier (L.). — La société d'anthropologie de Paris depuis sa fondation (1859-1909), p. 234 à 251. — Cf. id., n° 34842.

40553. Appell. — Obsèques de M. L. Raffy [† 1910], p. 252.

40554. Picavet (François). — Note sur l'enseignement de Guillaume de Champeaux d'après l'*Historia calamitatum* d'Abélard, p. 309 à 311.

40555. Babelon (E.). — De la place que devrait occuper l'archéologie dans l'éducation nationale, p. 320 à 332 — Cf. id., n°⁵ 39719 et 39805.

40556. Flach (Jacques). — L'histoire des législations comparées au Collège de France, p. 414 à 430.

40557. Boutroux. — Décès de M. William James, p. 458 à 460. — Cf. id., n° 40138.

40558. Prou (M.). — L'École des chartes et l'histoire, p. 481 à 487. — Cf. id., n° 40519.

40559. Prentout (H.). — L'histoire de Normandie à la Faculté des lettres de Caen, p. 488 à 494.

SEINE. — PARIS.

SOCIÉTÉ DES ÉTUDES HISTORIQUES.

Voir, pour les publications de cette Société antérieures à 1901, la table récapitulative de notre *Bibliographie générale;* et pour ses publications postérieures, la table placée à la fin du présent volume.

LXXXI. — Revue des études historiques, 76ᵉ année, 1910. (Paris, s. d., in-8°, 727 p.)

40560. Lacour-Gayet (G.). — Les idées maritimes de Richelieu, p. 5 à 26.

40561. Auzoux (André). — La dernière campagne de l'amiral de Linois (1803-1806), p. 27 à 43, et 145 à 167. — Suite de LXXX, p. 520, et 668.

40562. Misermont (L.). — Le texte peu connu d'un document pontifical important sur le serment de liberté-égalité, p. 44 à 64.

49563. Strzienski (Casimir). — La vocation de Madame Louise, fille de Louis XV, p. 121 à 130.

40564. Faure (Claude). — Le règlement du Collège de Vienne en 1550, p. 131 à 144.

40565. Vaissière (Pierre de). — Monsieur de Lordat, page du Roi en la Petite Écurie, cornette aux chevau-légers (1725-1765), p. 241 à 263.

40566. Morane (Pierre). — Alexandre Iᵉʳ, Constantin et la Pologne (1815-1825), p. 264 à 289.

40567. Fromageot (P.). — Une cousine du grand Condé, Isabelle de Montmorency, duchesse de Châtillon puis de Mecklembourg, 2 *portr.*, p. 353, 514, et 601.

40568. Pellerin (A.). — Une victime de la délation dans l'armée en 1793. Le général Collier de La Marlière, p. 378 à 403.

40569. Vaissière (Pierre de). — Jean Poltrot, seigneur de Méré, meurtrier de M. de Guise (1563), p. 473 à 513, et 633 à 653.

SEINE. — PARIS.

SOCIÉTÉ DES ÉTUDES JUIVES.

Voir, pour les publications de cette Société antérieures à 1901, la table récapitulative de notre *Bibliographie générale;* et pour ses publications postérieures, la table placée à la fin du présent fascicule.

Une table des cinquante premiers volumes de la *Revue des études juives* a paru en 1910. (Voir n° 40570.)

40570. HERTZ (Albert). — Index alphabétique des cinquante premiers volumes de la Revue des études juives. (Paris, 1910, in-8°, VII-430 p.)

LIX. — **Revue des études juives**, publication trimestrielle de la Société des études juives, t. LIX. (Paris, 1910, in-8°, 320-XXX p.)

40571. LÉVI (Israël). — Le lait de la mère et le coffre flottant [légendes], p. 1 à 13.

40572. BERTO (Paul). — Le temple de Jérusalem, *fig.*, p. 14, 161; et LX, p. 1.

40573. NACHT (J.). — Euphémismes sur la femme dans la littérature rabbinique, p. 36 à 41.

[40588.] WELLESZ (J.). — Meir R. Baruch de Rothenbourg, p. 42 à 58.

40574. RÉGNÉ (Jean). — Étude sur la condition des Juifs de Narbonne du Ve au XIVe siècle, p. 59 à 89. — Suite de LV, p. 1, 221; LVIII, p. 75, et 200.

40575. SIMONSEN (J.). — Le Pourim de Saragosse est un pourim de Syracuse, p. 90 à 95.

[40598.] BACHER (W). — Les poésies inédites d'Israël Nadjara, p. 96 à 105, et 231 à 238.

40576. GINSBURGER (M.). — Les familles Lehmann et Cerf Beer, p. 106 à 130.

40577. REINACH (Théodore). — Note additionnelle à l'article : Une synagogue juive à Sidé de Pamphylie, *fig.*, p. 131. — Cf. LVIII, p. 60.

[40594.] LIBER (Maurice). — Bibliographie. Année 1908, p. 133 à 159, et 278 à 300.

40578. BLAU (L.). — La récitation du schéma et ses bénédictions, p. 188 à 199.

40579. MARX (A.). — B. Abraham B. David et R. Zerahya Ha-Lévi, p. 200 à 224.

40580. FAGNAN (E.). — Arabo-judaïca, p. 225 à 230.

40581. GRUNWALD (Max). — Le procès de l'Inquisition contre Diégo et Manoel Teixeira, p. 239 à 247.

40582. REUSS (Rod.). — Quelques documents nouveaux sur l'antisémitisme dans le Bas-Rhin de 1794 à 1799, p. 248 à 276.

40583. KAMENETZKY (A.-S.). — Notes sur Jésus dans les sources juives, p. 277.

40584. LÉVY (Alfred). — Juda Al-Harizi, p. VII à XXV.

LX. — **Revue des études juives...**, t. LX. (Paris, 1910, in-8°, 320 p.)

[40572.] BERTO (Paul). — Le temple de Jérusalem, *fig.*, p. 1.

40585. LÉVI (Israël). — Les Dorschê Reschoumot [exégèse biblique], p. 24 à 31.

40586. GOLDZIHER (I.). — Mélanges judéo-arabes, p. 32 à 38. — Suite de XLIII, p. 1; XLIV, p. 63; XLV, p. 1; XLVII, p. 41, 179; XLVIII, p. 219; L, p. 32, 182; et LII, p. 43, et 187.

40587. APTOWITZER (V.). — Les noms de Dieu et des anges dans la Mezouza, contributions à l'histoire de la mystique de la Cabbale, p. 39 à 52.

40588. WELLESZ (J.). — Meir R. Baruch de Rothenbourg, p. 53 à 72. — Suite de LVIII, p. 226; et LIX, p. 42.

40589. WOLFSON (David). — Le Bureau du commerce et les réclamations contre les commerçants juifs (1726-1746), p. 73 à 97.

40590. SCHWAB (Moïse). — Manuscrits hébreux en France, p. 98 à 105.

40591. KLEIN (S.). — R. Josué à Emmaüs, p. 106.

40592. KLEIN (S.). — La מתיבתארבא de Lydda, p. 107. — Cf. n° 40601.

40593. KLEIN (S.). — R. Yosé et R. Yosé B. Hanina, p. 109.

40594. LIBER (Maurice). — Bibliographie, année 1908, p. 110 à 148, et 266 à 303. — Suite de LVIII, p. 129; et LIX, p. 133, et 278.

40595. RÉGNÉ (Jean). — Catalogue des actes de Jaime Ier, Pedro III et Alfonso III, rois d'Aragon, concernant les Juifs (1213-1291), p. 161 à 201.

40596. HELLER (Bernard). — La chute des anges Schemhazai, Ouzza et Azaël, p. 202 à 212.

23

40597. Marmorstein (A.). — L'épître de Barnabé et la polémique juive, p. 213 à 220.

40598. Bacher (W.). — Les poésies inédites d'Israël Nadjara, p. 221 à 234. — Suite de LVIII, p. 241; et LIX, p. 96, et 231.

40599. Hildenfinger (P.). — Actes du district de Strasbourg relatifs aux Juifs (juillet 1790-fructidor an III), p. 235 à 255.

40600. Lévi (Israël). — A propos du Talmud de Jérusalem (Taanit 63d–64a), p. 256 à 259.

40601. Kaminka (A.). — L'Académie de Lydda, p. 259. — Cf. n° 40592.

40602. Epstein (J.-N.). — Les novelles de R. Nissim sur Meguilla, p. 260 à 263.

40603. Schuhl (Moïse). — Un manuscrit hébreu de la Bibliothèque de Rouen, p. 263 à 265.

SEINE. — PARIS.

SOCIÉTÉ DES ÉTUDES RABELAISIENNES.

Voir, pour les publications antérieures de cette Société, la table placée à la fin du présent fascicule.

40604. Bourrilly (V.-L.). — Lettres écrites d'Italie par François Rabelais (décembre 1535-février 1536), nouvelle édition critique, avec une introduction, des notes et un appendice. (Paris, 1910, in-8°, 100 p., *facs.*)

VIII. — Revue des études rabelaisiennes, publication trimestrielle consacrée à Rabelais et à son temps, t. VIII, 1910. (Paris, 1910, in-8°, XVI-387 p.)

40605. Sainéan (Lazare). — Les termes nautiques chez Rabelais, p. 1 à 56.

40606. Seymour de Ricci. — Un nouvel exemplaire des *Grandes et inestimables chroniques, facs.*, p. 57 à 92.

[Réimpression fac-similé qui a fait l'objet d'un tirage à part spécial de 4 p. et 16 p., *facs.*]

40607. Laroze (Lionel), — Rabelais et Flaubert, p. 93.

40608. Lefranc (Abel). — Le Pantagruel et les protestants. Un témoignage inconnu de 1552, p. 95 à 97.

40609. Casanova (Paul). — Talasman et Haymachy (l. II, ch. IX), p. 106.

40610. Baudrier (J.). — Alcofribas, son bienfaiteur (l. I, ch. VIII); p. 106.

40611. Du Bos (M.). — Portrait de Rabelais par Delacroix (1834), p. 107.

40612. H. G. — Rabelais nom de ville [Chinon-Rabelais] p. 108.

40613. Brunot (F.). — Rabelais et Boursault (1709), p. 109.

40614. Clouzot (Henri). — Charles Charmois, peintre du roi Mégiste, p. 113 à 117.

40615. Gelin (Henri). — Les noueries d'aiguillette en Poitou, p. 122 à 133.

40616. Sainéan (Lazare). — Rabelaesiana, p. 134 à 172. — Suite de VII, p. 83, 332, 453.

40617. Pinet (G.). — La grande salle de Navarre, *fig.*, p. 173 à 179.

40618. Sainéan (Lazare). — Les cagots au XVIᵉ siècle, p. 180 à 187.

40619. Sainéan (Lazare). — Un lecteur de Rabelais entre 1540 et 1549, p. 188 à 190.

40620. Sainéan (Lazare). — Le chapitre XXXIII du manuscrit du Vᵉ livre, p. 191 à 199.

40621. Plattard (J.). — Le Trou de sainct Patrice, p. 200 à 203.

40622. Roersch (Alphonse). — Le collège de Montaigu et les cuistres, p. 204 à 207. — Cf. n° 40631.

40623. Grimaud (Henry). — La sibylle de Panzoult, *pl.*, p. 208.

40624. Dorveaux (P.) et Galtier (E.). — Notes pour le commentaire, p. 209 à 219.

40625. A. L. [Lefranc (A.)]. — L.-A. Maugeret (1828 † 1910), p. 253.

40626. Plattard (Jean). — L'Écriture sainte et la littérature scripturaire dans l'œuvre de Rabelais, p. 257 à 330.

40627. Cohen (Gustave). — Rabelais et la légende de saint Martin, *facs.*, p. 331 à 349.

40628. Sainéan (Lazare). — Jean Thenaud et Rabelais, p. 350 à 360.

40629. Clouzot (Henri). — Saint Guodégrin, p. 361 à 363.

40630. Vaganay (H.). — Quelques vocables pré-rabelaisiens, p. 364.

40631. Sainéan (L.). — Le collège Montaigu et les cuistres, p. 375. — Cf. n° 40622.

40632. L. S. [Sainéan (L.)]. — Sigeïlmes (l. II, ch. XXXIII), p. 376.

40633. Hogu (Louis). — L'opinion d'un protestant [J. de L'Espine] sur Rabelais (1588), p. 376.

40634. Casanova (P.). — L'Asseral ou opium des Turcs, p. 379.

SEINE. — PARIS.

SOCIÉTÉ DES ÉTUDES ROBESPIERRISTES.

Les tomes I et II des *Annales* publiées par cette Société sont analysés dans notre *Bibliographie annuelle*, t. III, fasc. I, p. 134, et fasc. II, p. 135.

III. — Annales révolutionnaires, organe de la Société des études robespierristes, t. III, 1910. (Paris, 1910, in-8°, 649 p.)

40635. MATHIEZ (Albert). — Le massacre et le procès du Champ de Mars (17 juillet-13 septembre 1791), p. 1 à 60.

40636. PINET (Commandant). — Le peintre Neveu et le 10 août, p. 61 à 67.

40637. BUFFENOIR (Hippolyte). — Une fête à Montmorency en l'honneur de Jean-Jacques-Rousseau (25 septembre 1791), p. 68 à 79.

40638. MATHIEZ (Albert). — La promulgation de la Constitution civile du clergé, p. 80 à 91.

40639. RUDLER (Gustave). — Robespierre et les Jacobins dans la correspondance de Benjamin Constant (1793-1794), p. 92 à 103.

40640. BUFFENOIR (Hippolyte). — Fausse légende sur la famille de Robespierre, p. 103 à 106.

40641. A. Mz [MATHIEZ (A.)]. — A quelle date Robespierre s'est-il installé chez Duplay? p. 106.

40642. HAUVILLER (Ernest). — Les archives révolutionnaires du département de la Moselle, p. 117, 252, et 436.

[Inventaire sommaire des registres et liasses de la série L, districts de Briey et de Longwy (1790-1795).]

40643. MATHIEZ (Albert). — Sigismond Lacroix [† 1909], p. 155 à 158.

40644. MATHIEZ (Albert). — Lettres de Volney à La Réveillère-Lepeaux (1795-1798), p. 161 à 194. — Cf. n° 40665.

40645. REYNOARD (Paul). — Roland et les ouvriers des manufactures nationales (1792-1793), p. 195 à 208. — Cf. n° 40662.

40646. MATHIEZ (Albert). — Robespierre et le culte de l'Être suprême, p. 209 à 238.

40647. A. Mz [MATHIEZ (A.)]. — Rapport d'un observateur sur le procès des Dantonistes, p. 239 à 242.

40648. CAMPAGNAC (Edmond). — L'impôt sur le revenu dans les statuts d'une Société populaire en 1793 [à Caussade (Tarn-et-Garonne)], p. 242.

40649. F. — Rapport sur les premières exécutions [17 août 1792], p. 244.

40650. F. — Une lettre de Valentin Haüy, p. 245.

40651. DIVERS. — Notes et glanes, p. 247, 433, et 591.

[La naissance du fils aîné de Danton; Lafayette, médecin de Danton; Marat, Linguet, Camille Desmoulins, Danton jugés en juillet 1790 par un pamphlétaire anti-orléaniste, p. 247. — Une lettre inconnue de Robespierre; la légende de Robespierre aux armées; Robespierre et la Terreur en Vendée; Robespierre jugé par le Saint-Simonien Genevoix; la première communion en 1794, p. 488. — Fierenfat; une motion de Danton originale; les premières piques; la cocarde au Saint-Sacrement; la cocarde vengée; la réaction thermidorienne jugée par George Sand; un document sur les Cent jours; lettre du fils de Le Bas; scène de loyalisme monarchique au lendemain des journées d'octobre 1789 racontée par le patriote Gonchon; Robespierre et Fouché; Bourgeoisie et prolétariat en 1790, p. 591.]

40652. FLEISCHMANN (Hector). — Charlotte Robespierre et Guffroy, p. 321 à 340.

40653. BUFFENOIR (Hippolyte). — Les portraits de Jean Jacques Rousseau, étude iconographique et historique, p. 341 à 374.

40654. VERMALE (François). — La franc-maçonnerie savoisienne au début de la Révolution et les dames de Bellegarde, p. 375 à 394.

40655. VAUTHIER (G.). — Le Panthéon français sous la Révolution, p. 395 à 416.

40656. MATHIEZ (Albert). — Un discours de Danton à la Commune d'après une source inconnue, p. 417 à 420.

40657. MATHIEZ (Albert). — Le passé révolutionnaire du fondateur de Sainte-Barbe, Victor de Lanneau, p. 420 à 424.

40658. MATHIEZ (Albert). — Les discours civiques de Claude Dansard et la Société fraternelle, p. 424 à 432.

40659. MATHIEZ (Albert). — La politique de Robespierre et le 9 thermidor expliqués par Buonarroti, p. 481 à 513.

40660. ROUANET (Gustave). — Danton en juillet 1791, p. 514 à 521.

40661. FLEISCHMANN (Hector). — Documents pour servir à l'histoire de la Terreur dans le Pas-de-Calais et à la biographie de Joseph Le Bon. La comédie à Arras sous la Terreur, p. 522 à 541.

40662. REYNOARD (Paul). — La Montagne et les ouvriers des manufactures nationales (1793-1794), p. 542 à 560. — Cf. n° 40645.

40663. Mathiez (A.). — Les conséquences religieuses de la journée du 10 août 1792 : la déportation des prêtres et la sécularisation de l'état civil, p. 561 à 568.

40664. Mathiez (Albert). — Correspondance de l'évêque de Viviers, Charles de La Font de Savine, avec Rolland sur l'application de la loi du 26 août 1792 déportant les prêtres, p. 569 à 581.

40665. Fleischmann (Hector). — La Revellière-Lépeaux et Volney, lettres inédites, p. 581 à 584. — Cf. n° 40644.

40666. Mathiez (Albert). — Gabriel Vaugeois, l'organisateur du 10 août, p. 584 à 589.

40667. Vauthier (G.). — Le dictionnaire de l'Académie en 1804, p. 589.

SEINE. — PARIS.

SOCIÉTÉ D'EXCURSIONS SCIENTIFIQUES.

Voir, pour le tome I du *Bulletin* de cette Société, notre *Bibliographie générale*, t. VI; et pour les tomes II à V, la table placée à la fin du présent fascicule.

VI. — Bulletin de la Société d'excursions scientifiques, t. VI, 1909-1910. (Louviers, 1911, in-8°, 128 p.)

40668. Anonyme. — Le Musée de Saint-Germain-en-Laye, *fig.*, p. 1 à 16, et 50 à 66.

40669. Anonyme. — Villejuif, *fig.*, p. 17.

40670. Anonyme. — Lizy-sur-Ourcq (Seine-et-Marne), *fig.*, p. 21 à 31.

    . [Sépulture de Vendresse, *fig.*; polissoir d'Ocquerre.]

40671. Anonyme. — Breuilpont et le camp Harrouard, *fig.*, p. 32 à 45.

40672. Anonyme. — Étampes et environs, *fig.*, p. 46 à 66.

    [Menhir de Pierrefitte, *fig.*]

40673. Anonyme. — Senlis et environs, p. 67 à 84.

    [Menhir de Borest, *fig.*; ex-voto de la forêt de Halatte, *fig.*]

40674. Anonyme. — Étréchy, *fig.*, p. 85 à 89.

    [Pétroglyphes du bois de la Briche, *fig.*]

40675. Anonyme. — Maintenon, *fig.*, p. 90 à 107.

    [Aqueduc, *fig.*; menhir de la Pierre droite à Maintenon, *fig.*; dolmens du Berceau et de la Grenouille à Saint-Piat, *fig.*; camp de César à Changé, *fig.*]

SEINE. — PARIS.

SOCIÉTÉ FRANÇAISE DES FOUILLES ARCHÉOLOGIQUES.

Voir, pour les publications antérieures de cette Société, la table du présent fascicule.

40676. Jaussen (Le P.). et Savignac (Le P.). — Mission archéologique en Arabie (mars-mai 1907). I. De Jérusalem au Hedjaz, Medâin-Sâleh. (Paris, 1909, gr. in-8°, xiv-509 p., *pl.*)

    [Avant-propos par E. Babelon. — Publications de la Société française des fouilles archéologiques, II.]

II. — Bulletin de la Société française de fouilles archéologiques..., t. II. (Paris, 1907-1910. 3 *fasc.* in-8°.)

N° 1.

40677. Anonyme. — M. Raphaël-Louis Bischoffsheim [1824 † 1906], *portr.*, p. 16 à 20.

    [Discours du général Bassot et de M. E. Babelon.]

40678. Anonyme. — Émile Soldi [1846 † 1906], *portr.*, p. 21 à 23.

40679. Ridder (A. de). — Fouilles de La Turbie, p. 26 à 29.

40680. Casimir (Philippe). — Les fouilles de La Turbie. 2° rapport, p. 46 à 57. — Cf. n° 40685.

40681. Dieulafoy (Marcel). — Observations complémentaires sur le trophée d'Auguste à La Turbie, p. 57 à 59.

40682. Anonyme. — Les ruines de Champlieu et la représentation dramatique du 8 juillet 1906, p. 60 à 68.

40683. Anonyme. — La mission de M. Clermont-Ganneau à Assouan (Égypte), p. 71.

40684. Espérandieu (Commandant). — Les fouilles d'Alésia (le mont Auxois à Alise Sainte-Reine), p. 73 à 76.

N° 2.

40685. Casimir (Philippe). — Rapport sur les fouilles de La Turbie, *fig.*, et 3 *pl.*, p. 24 à 33. — Cf. n° 40680.

40686. Bernard (N.). — Note sur les fouilles de Champlieu, *carte, fig.*, p. 52 à 55.

40687. Déchelette (J.). — Rapport sur les fouilles du Mont-Beuvray, p. 56 à 65.

40688. Chaumartin (Tony). — Les fouilles de Sainte-Colombe-les-Vienne, p. 66 à 68.

40689. Rodocanachi (E.). — L'*Arbitrage*, scène d'une comédie de Ménandre, p. 70 à 75.

N° 3.

40690. Hénault (M.). — Rapport sur les fouilles de Famars (Nord), p. 51.

40691. Barety (Dr A.). — Découverte de sarcophages du iv° siècle au monastère de Saint-Pons à Nice, 2 *pl.*, p. 53 à 58.

40692. Babelon (E.). — Discours à la séance générale du Congrès des Sociétés savantes. De la place que devrait occuper l'archéologie dans l'éducation nationale, p. 65 à 85. — Cf. id., n° 39719.

SEINE. — PARIS.

SOCIÉTÉ FRANCO-JAPONAISE.

Voir, pour les publications antérieures de cette Société, la table du présent fascicule.

XVIII. — Bulletin (Annuaire) de la Société franco-japonaise de Paris, mars 1910, XVIII. (Paris, 1910, gr. in-8°, 200 p.)

40693. Ishikawa (Takeshi). — Une poétesse japonaise et son œuvre : Sei Shonagon et le Makura-no-Sosbi, p. 37 à 52.

40694. Tressan (C°° de). — L'évolution de la garde de sabre japonais, des origines au xv° siècle, *fig.*, p. 53 à 74; — de la fin du xv° siècle au commencement du xvii°, XIX-XX, *fig.*, p. 7 à 33.

40695. Joly (H. L.). — Les Bakemono (fantômes et revenants), superstitions populaires au Japon, p. 89 à 97.

XIX-XX. — Bulletin de la Société franco-japonaise de Paris, juin-septembre 1910, XIX-XX. (Paris, 1910, in-8°, 217 p. et annexe.)

[40694]. Tressan (C°° de). — L'évolution de la garde de sabre japonais, de la fin du xv° siècle au commencement du xvii°, *fig.*, p. 7 à 33.

40696. Leroux (Charles). — La musique classique japonaise, p. 35 à 57 et annexe de 4 p., *musique et planches*.

SEINE. — PARIS.

SOCIÉTÉ AMICALE GASTON PARIS.

Cette Société a été constituée par un groupe d'amis et d'anciens élèves de Gaston Paris dans le but de réimprimer en volumes des articles d'histoire littéraire et de linguistique publiés par G. Paris dans diverses revues. Le volume suivant est encore seul complet parmi ceux que la Société a fait paraître.

40697. Paris (Gaston). — Mélanges linguistiques... (Paris, 1909, in-8°, x-731 p.)

[I. Latin vulgaire et langues romanes. Romani, Romania, lingua romana, romancium, p. 3. — L'appendix Probi, p. 32. — Version latine de l'Heptateuque, p. 46 — Altération du *C* latin, p. 78. — Prononciation de *H* en latin, p. 127. — Dissimilation consonantique dans les langues romanes, p. 199.
II. Langue française : Grammaire historique de la langue française, leçon d'ouverture, p. 153. — Histoire de la langue française, p. 174. — Phonétique française, *O* fermé, p. 231. — Anc. fr. *IE*, fr. mod. *É*, p. 266. — Français $R = D$, p. 270. — *TI* signe d'interrogation, p. 276. — La Vie des mots, p. 281. — Les plus anciens mots d'emprunt du français, p. 315. — Un nouveau dictionnaire de la langue française, p. 353. — La grammaire et l'orthographe, p. 420. — Sur la versification française, p. 429. — Les parlers de France, p. 432.
III. Notes étymologiques, p. 451 à 630. — Appendice. Histoire de l'orthographe française, p. 633.]

SEINE. — PARIS.

SOCIÉTÉ DE GÉOGRAPHIE.

Voir, pour les publications de cette Société antérieures à 1901, la table récapitulative de notre *Bibliographie générale*; et pour ses publications postérieures, la table placée à la fin du présent fascicule.

40698. Foureau (F.). — Documents scientifiques de la Mission saharienne. Mission Foureau-Lamy. D'Alger au Congo par le Tchad. (Paris, 1903-1905, gr. in-4°, 1210 p., *fig.*, *pl.* et atlas.)

[Esquisse ethnographique, *fig.*, p. 838 à 993. — Préhistorique, *fig.*, p. 1063 à 1096. — Hamy (E.-T.). Considérations générales sur les collections archéologiques recueillies par M. Foureau dans le Sahara, p. 1097 à 1105. — Verneau (Dr). Les industries de l'âge de pierre saharien d'après les collections de M. Foureau, *fig.*, p. 1106 à 1131.]

40699. Reclus (Onésime). — Atlas pittoresque de la France, t. I. (Paris, 1910, in-fol., *fig.*)

XXI. — La Géographie. Bulletin de la Société de Géographie, publié... par le baron Hulot..., et M. Charles Rabot..., t. XXI, 1er semestre 1910. (Paris, 1910, gr. in-8°, 480 p.)

40700. Moret. — A travers le Libéria, *fig.*, p. 21 à 26.

40701. Deniker (J.). — Exploration du lieutenant-colonel Kozlov en Mongolie et dans le Sseu tch'ouan, p. 27 à 33.

40702. Gautier (E.-F.). — Les hauts plateaux algériens, *fig.*, p. 89 à 98.

40703. Caspari (C.-Ed.). — Bouquet de La Grye [1827 † 1909], p. 113 à 120.

40704. Gentil (Louis). — Mission au Maroc, p. 121 à 125.

40705. Clouzot (Étienne). — Les portulans italiens du moyen âge, p. 131 à 134.

40706. Tilho (Jean). — Le Tchad et les Pays-Bas du Tchad, *carte*, p. 149 à 168.

40707. Laloy (Dr L.). — L'ethnographie du haut plateau argentin, *fig.*, p. 169 à 175.

40708. Cortier (M.). — Les pays des Touaregs Ioulliminden, *fig.*, p. 221 à 236.

40709. Garde (G.). — Les régions au nord-est du Tchad, p. 237 à 244.

40710. Gentil (Louis). — Le Maroc et ses richesses naturelles, p. 301 à 320.

40711. Chudeau (R.). — Le bassin du moyen Niger, p. 389 à 408.

40712. Chevalier (Aug.). — Le pays des Hollis et les régions voisines, p. 427 à 433.

———

XXII. — **La Géographie**. Bulletin de la Société de géographie..., t. XXII, 2ᵉ semestre 1910. (Paris, 1910, gr. in-8°, 456 p.)

40713. Gouraud (Colonel). — La pacification de la Mauritanie, *carte*, p. 1 à 14.

40714. Nordenskiöld (Erland). — Exploration ethnographique et archéologique en Bolivie (1908-1909); p. 97 à 104.

40715. La Jonquière (E. de). — A travers le Siam, p. 161 à 172.

40716. Aïtoff (D.). — Un projet de transcription des noms géographiques de l'Empire russe sur la future carte internationale du monde au millionième, p. 183 à 188.

40717. Marc (Lucien). — La région du Dori [Soudan], *carte*, p. 247 à 251.

40718. Dubrouillet (J.).— Reconnaissances sur l'Ogowé, *cartes*, p. 289 à 300.

40719. Bührer (Lieutenant). — Le pays Mahafaly, *cartes*, p. 377 à 388.

40720. Bernard (Augustin). — Quelques rectifications à la carte du Maroc, *fig.*, *cartes*, p. 389 à 396.

40721. Salvy (Lieutenant). — La région de Raz-el-Mâ [Niger], p. 397 à 408.

40722. Froidevaux (Henri). — L'évolution de la cartographie du Japon, p. 409 à 416.

———

CONGRÈS NATIONAL.

—

XXIII. — **Groupe géographique et ethnographique du Sud-Ouest, Société de géographie commerciale de Bordeaux...**, Congrès national des Sociétés françaises de géographie, 28ᵉ session, Bordeaux, juillet-août 1907... Compte rendu des travaux du Congrès. (Bordeaux, 1908, in-8°, 552 p.).

40723. Trivier (Capitaine). — La première traversée française de l'Afrique équatoriale, p. 100 à 109.

40724. Manières (Alfred). — Monographie d'un coin du Sarladais, *fig.*, p. 137 à 146.

40725. Buffault (Pierre). — Sur le littoral de Gascogne, p. 149 à 184.

40726. Saint-Jours. — Repères du littoral gascon, *carte*, *fig.*, p. 185 à 213.

40727. Gaffarel (Paul). — La perte de la Louisiane, p. 298 à 320.

40728. Verrier (Dᵣ E.). — Répartition géographique des races noires dans le Continent africain, p. 320 à 325.

40729. Lemire (Charles). — Les Nouvelles-Hébrides, p. 332 à 337.

40730. Metjes (Posthumus). — Explorations récentes dans la Nouvelle-Guinée et la Guyane hollandaise (Surinam), p. 362 à 370.

40731. Paniagua (A. de). — Les figurations tectiformes des cavernes à parois gravées ou peintes des Eyzies, p. 398 à 409.

40732. Ballet (Dᵣ). — Encore les éolithes, p. 409 à 414.

40733. Coxil. — Note sur les terrasses alluviales de la vallée de la Dordogne, aux environs de Sainte-Foy-la-Grande et leurs industries préhistoriques, *fig.*, p. 414 à 426.

40734. Labrie (J.). — L'industrie néolithique en Entre-Deux-Mers, p. 426 à 431.

40735. Dublange (A.). — Notes sur les silex taillés à faciès éolithique de la vallée de la Dordogne au Pont-de-Coutou près le Fleix (Dordogne), p. 431 à 434.

40736. Peyrony. — Station aurignacienne de Patary, *fig.*, p. 435 à 441.

40737. Gambier (René). — Un précurseur inconnu de Christophe Colomb [Quetzalcoatl], p. 441 à 455.

40738. Rutot (A.). — La fin de la question des éolithes, p. 455 à 462.

40739. Verworn (Max). — Note sur un motif d'ornement très employé dans l'art celtique [volute], *fig.*, p. 462 à 466.

40740. Dubus (A.). — De l'utilité de la stratigraphie pour le classement des outils provenant des limons des plateaux, p. 466 à 469.

40741. Peyrony. — De l'usage du burin à l'époque paléolithique, *fig.*, p. 469 à 472.

40742. Paniagua (A. de). — Les Toda hindoustaniques dans l'Occident européen, p. 472 à 485.

40743. Romain (Georges). — Causerie sur les vestiges sous-marins de l'époque chelléenne récoltés dans la plage du Havre, *fig.*, p. 485 à 492.

40744. Sirot (A.). — Notes sur les stations lacustres dans les lacs de Chalain et de Clairvaux, p. 492 à 494.

40745. Grenier (A.). — Les stations préhistoriques du Fleix, p. 494 à 499.

SEINE. — PARIS.

SOCIÉTÉ D'HISTOIRE ET D'ARCHÉOLOGIE
DES IXe ET XVIIIe ARRONDISSEMENTS. LE VIEUX MONTMARTRE.

Voir, pour les publications de cette Société antérieures à 1901, le tome VI de notre *Bibliographie générale*; et pour ses publications postérieures, le tome II, fasc. 1, p. 143 de notre *Bibliographie annuelle*.

Le Vieux-Montmartre, Bulletin de la Société d'histoire et d'archéologie des IXe et XVIIIe arrondissements. Le Vieux-Montmartre, 3e série, t. IV, 53e[-70e] fascicule. (Paris, 1906-1910, in-8°, 351 et XL p. et 2 ff. de table.)

40746. Le Senne (Eugène). — Essai de bibliographie historique de Montmartre avant 1800, 3 *pl.*, p. 1 à 32, et 173 à 176.

40747. Perrot (Victor). — Les bas-relifs de l'ancien pavillon de La Bouëxière dits de l'avenue des Tilleuls, *fig.*, 2 *pl.*, p. 33 à 41.

40748. Anonyme. — Documents concernant Félix Desportes, premier maire de Montmartre, *portr.*, p. 42 à 53.

40749. Prod'homme (J.-G.). — Extraits des registres des procès-verbaux de scellés concernant des habitants de Montmartre de 1749 à 1791, p. 54 à 68.

40750. Lazard (Lucien). — Le parchemin de Saint-Pierre de Montmartre, *facs.*, p. 69 à 70, et 160.

[Jean de Gisors à Aeles de l'Isle.].

40751. Crauzat (E. de). — Maxime Lisbonne, *fig.*, p. 73 à 102.

40752. L. L. [Lazard (L.)]. — Le Comité révolutionnaire de Montmartre, p. 105 à 118.

40753. [Lazard (L.)] — Collection Parent de Rosan, documents relatifs à Montmartre, p. 119 à 123.

40754. Wiggishoff (J.-C.). — La maison gothique de Montmartre. Le comte Ch. de l'Escalopier, ses serres et sa bibliothèque, 2 *pl.*, p. 124 à 128.

40755. Vial (H.). — Il y a cent ans. Un voyage pittoresque et sentimental au Champ du Repos sous Montmartre en 1808, *pl.*, p. 129 à 136.

40756. Le Senne (Eug.). — Du premier livre imprimé où il est question de Montmartre, p. 137.

40757. Wiggishoff (J.-C.). — Un drame à Montmartre en 1847, p. 138 à 141.

[Suicide de Mme et Mlle de Villemessant.]

40758. Radiguer (Louis). — Fouilles faites à Montmartre en 1737-1738, *fig.*, p. 142 à 156.

40759. Crauzat (E. de). — Un duel tragique à Montmartre. Ch. Dovalle et Mira [1829], 2 *pl.*, p. 161 à 171.

40760. Lazard (Lucien). — Les cabarets de Montmartre aux XVIIe et XVIIIe siècles, *pl.*, p. 177 à 186.

40761. J.-C. W. [Wiggishoff]. — Oscar de Poli [† 1909], p. 187.

40762. O'Kelly de Galway. — Montmartre aux quatre Salons de 1909, *pl.*, p. 189 à 192.

40763. Crauzat (E. de). — Procession septennaire, p. 193 à 200, et 266.

[Procession du chef de Saint-Denis à Montmartre.]

40764. Le Senne (E.). — *L'Impromptu de la Folie* [de M.-A. Legrand (1725)], p. 201 à 204.

40765. Saffrey (Henri). — Montmartre vu par deux artistes [Ch. Huard et A. Billy], *fig.*, p. 205 à 209.

40766. Montorgueil. — Montmartre dans une revue de 1860 [*A vos souhaits*, par E. Blum et A. Flan], p. 210 à 212.

40767. H. J. — Gaultier Garguille et Montmartre, p. 213 à 215.

40768. Crauzat (E. de). — La folie Cendrin (maison du Dr Blanche), 2 *pl.*, p. 221 à 245.

40769. Le Senne (Eugène). — Une *Revue des Théâtres* à Montmartre en 1728, p. 246 à 248.

40770. Artus (Maurice). — Montmartre au théâtre [1721-1904], 2 *pl.*, p. 252 à 262.

40771. Guinoiseau (Jules). — Paul-Émile Debraux [† 1831], p. 263 à 265.

40772. Artus (Maurice). — L'Élysée-Montmartre (1807-1900), 5 *pl.*, p. 269 à 332.

40773. Anonyme. — Hutte aux gardes [au-dessous de Montmartre, 1754-1755], p. 333.

40774. Jarry (Paul). — Le marquis de Bièvre au IXe arrondissement, p. 334 à 336.

40775. O'Kelly de Galway. — Nom de Montmartre donné à un Champenois [1831], p. 337.

40776. Lazard (Lucien). — Les voies publiques du Vieux-Montmartre, p. 338 à 351.

SEINE. — PARIS.

SOCIÉTÉ DE L'HISTOIRE DE L'ART FRANÇAIS.

Voir, pour les publications de cette Société antérieures à 1901, la table récapitulative de notre *Bibliographie générale*; et pour ses publications postérieures, la table placée à la fin du présent fascicule.

40777. Cornu (Paul). — Table des procès-verbaux de l'Académie royale de peinture et de sculpture, 1648-1793. (Paris, 1909, in-8°, vii-228 p.)

[Avertissement par J. Guiffrey. — Le texte, en 10 volumes, a été publié par A. de Montaiglon de 1875 à 1892. Voir *Bibliographie générale*, n°° 68898.]

IV. — **Archives de l'art français,** recueil de documents inédits publiés par la Société de l'histoire de l'art français, nouvelle période, t. IV. (Paris, 1910, in-8°, 414 p.)

40778. Guiffrey (Jules). — Table des tableaux, sculptures et gravures exposés aux salons du xviii° siècle de 1673 à 1800, p. 1 à 148.

40779. Guiffrey (Jules). — Les membres de l'Académie des beaux-arts de 1796 à 1910, p. 149 à 243.

40780. Tuetey (A.). — Notes sur les artistes candidats à la classe des beaux-arts de l'Institut (23 fructidor an viii), p. 244 à 289.

40781. Guiffrey (Jules). — Joseph-Benoit Suvée. Correspondance inédite (1773-1807), p. 290 à 350.

40782. Tourneux (Maurice). — Mission de Dufourny et de Visconti au château de Richelieu en 1800, p. 351 à 413.

IV. — **Bulletin de la Société de l'histoire de l'art français,** année 1910. (Paris, 1910, in-8°, 429 p.)

40783. Kœchlin (Raymond). — Un ateliers d'ivoiriers de la fin du xiv° siècle [le diptyque de Kremsmünster, école parisienne?], *pl.*, p. 16 à 19.

40784. Guiffrey (Jules). — Suvée [Joseph-Benoît, peintre, 1743 † 1807], p. 19.

40785. Guiffrey (Jules). — Le peintre Goubaud, p. 21 à 23.

40786. Mareuse (Edgar). — *Le vieux Louvre et la tour de Nesle* [par Gastiels], p. 23.

40787. Clouzot (Henri). — Note complémentaire sur la Vierge de Juste de Just, p. 23 à 25. — Cf. III, p. 113.

40788. Clouzot (Henri). — Note rectificative sur Geneviève Brossard de Beaulieu, p. 25. — Cf. III, p. 99.

40789. Gaston-Dreyfus (Philippe). — Une dernière volonté de Nicolas-Bernard Lepicié, *pl.*, p. 25 à 32.

40790. Petit-Delchet (Max). — L'illustration décorative du mythe de Psyché à l'époque de Raphaël, 2 *pl.*, p. 34 à 43.

40791. Stritenski (Casimir). — Un mémoire inédit de Vincent de Montpetit, p. 43 à 46.

[Ouvrages de peinture, genre éludorique, faits pour Madame Victoire de France, 1787-1790.]

40792. Vitry (Paul). — Un fragment du tombeau du musicien Henry Du Mont au Musée du Louvre, *pl.*, p. 47.

40793. Locquin (Jean). — Notice sur le peintre Jean-François Sané (1732 ? † 1779), p. 48 à 60.

40794. Merlant (Francis). — Documents biographiques inédits sur le peintre François Octavien [† 1732], p. 60 à 65.

40795. Cahen (Léon). — La construction du jubé de Saint-Germain l'Auxerrois, p. 66 à 71.

40796. Brière (Gaston). — A propos d'un buste de Louis XV, par J.-B. Lemoyne, *pl.*, p. 71 à 76.

40797. Guiffrey (J.-J.). — Les expositions de l'Académie de Saint-Luc et leurs critiques (1751-1774), p. 77 à 124.

40798. Alfassa (Paul). — L'enseigne de Gersaint [par Watteau], *pl.*, p. 126 à 172.

40799. Saunier (Charles). — Jules-Robert Auguste (Monsieur Auguste) [1789 † 1850], p. 188 à 193.

40800. Ratouis de Limay (Paul). — Un pastel du musée d'Amsterdam [par Madeleine Basseporte, 1727], p. 194.

40801. Brière (Gaston). — Une maquette attribuée à Pigalle au Musée de l'Armée [projet de monument en l'honneur de Turenne], *pl.*, p. 196 à 198.

40802. Migeon (Gaston). — Figure en haut-relief de pierre provenant du château d'Écouen, *pl.*, p. 203 à 207.

40803. Vitry (P.). — Le *Saint-Jean-Baptiste* de Houdon, p. 207.

40804. Vauthier (G.). — Une mission artistique et scientifique en Bavière sous le Consulat [du peintre F.-M. Neveu], p. 208 à 250.

40805. Paraf (Louis). — Sur trois pastels de Perronneau de la collection Groult, p. 251.

40806. Fontaine (André). — Un problème d'authenticité à propos du dernier tableau de réception entré à l'Académie royale de peinture et de sculpture [par Forty], p. 254 à 256.

40807. J.-J. G. [Guiffrey (J. J.)]. — Comptes rendus des salons de l'Académie de Saint-Luc de 1751 et 1756, p. 258 à 270.

40808. [Brière (Gaston)]. — Les Tapisseries des *Maisons royales* de l'hôtel de ville de Saint-Germain-en-Laye, p. 271 à 275.

40809. Lespinasse (Pierre). — Les voyages d'Harleman et de Tessin en France (1732-1742) et leurs conséquences au point de vue de l'influence française en Suède, p. 276 à 298.

40810. Roche (Denis). — L'arrivée et le séjour de Tocqué en Russie [1755-1757], p. 299 à 312.

40811. Brière (Gaston). — Notes complémentaires sur J.-D. Dugourc, p. 313 à 319. — Cf. III, p. 213.

40812. Lemonnier (Henry). — Quelques idées de Claude Perrault sur l'architecture, p. 322 à 328.

40813. Astier de La Vigerie (Colonel d'). — Les quatre Diaz de Fortoiseau, *pl.*, p. 329 à 332.

40814. Stein (Henri). — La participation de Pajou à la fontaine des Innocents, p. 332 à 335.

40815. Tuetey (Alexandre). — Lettre du sculpteur Chardin à la Commission temporaire des arts relative à la conservation des œuvres d'Edme Bouchardon [30 ventôse an II], p. 336.

40816. Vitry (P.) et Brière (G.). — Les musées de province et leurs collections, p. 338 à 345.

40817. Demonts (L.). — A propos d'un tableau attribué aux Le Nain, au musée de Rouen, p. 345.

40818. Lespinasse (P.). — Deux architectes français en Suède au xviiᵉ siècle, Simon et Jean de La Vallée, *pl.*, p. 347 à 379.

40819. Vauthier (G.). — Pierre Vignon [architecte, 1763 † 1828] et l'église de la Madeleine, p. 380 à 422.

SEINE. — PARIS.

SOCIÉTÉ D'HISTOIRE CONTEMPORAINE.

Voir, pour les publications de cette Société antérieures à 1901, la table récapitulative de notre *Bibliographie générale;* et pour ses publications postérieures, la table placée à la fin du présent fascicule.

40820. Geoffroy de Grandmaison. — Correspondance du comte de La Forest, ambassadeur de France en Espagne (1808-1813). T. IV, juillet 1810-mars 1811. (Paris, 1910, in-8°, 588 p., *portr.*)

[Les tomes I à III ont paru de 1905 à 1909.]

40821. Boulay de la Meurthe (Cᵗᵉ). — Correspondance du duc d'Enghien (1801-1804) et documents sur son enlèvement et sa mort. T. III. La famille, l'Europe. (Paris, 1910, in-8°, L-639 p.)

[Le tomes I et II ont paru en 1904 et 1908]

40822. Usteri (Paul). — Henri Meister. Souvenirs de mon dernier voyage à Paris (1795). (Paris, 1910, in-8°, 256 p.)

40823. Caron (Pierre). — Paris pendant la Terreur, rapport des agents secrets du ministre de l'Intérieur. T. I. 27 août 1793-25 décembre 1793. (Paris, 1910, in-8°, LX-427 p.)

XX. — Société d'histoire contemporaine. 20ᵉ assemblée générale, tenue le mercredi 8 juin 1910, sous la présidence du baron de Barante, président de la Société. (Paris, 1910, in-12, 30 p.)

40824. Barante (Bᵒⁿ de). — Extrait des mémoires du comte de Saint-Priest, ministre de la Maison du Roi, sur les journées des 5 et 6 octobre 1789, p. 11 à 14.

SEINE. — PARIS.

SOCIÉTÉ DE L'HISTOIRE DU COSTUME.

Cette Société a été fondée en 1907 en vue de créer un Musée du costume. Elle a fait paraître à intervalles assez irréguliers, depuis juin 1907, quelques fascicules d'un *Bulletin*.

I. — Bulletin de la Société de l'histoire du costume, juin 1907[-janvier 1909]. (Paris, 1907-1909, 148 p.)

40825. Maindron (Maurice). — Conférence [exposé sommaire de l'histoire du costume], *fig.*, 3 *pl.*, p. 5 à 32.

40826. Leloir (Maurice). — Paniers et crinolines, *fig.*, p. 35 à 45.

40827. H. T. — Modes comparées (1786-1907), *fig.*, p. 46.

40828. Anonyme. — Gants de peau des xvi° et xvii° siècles, *pl.*, p. 47.

40829. Anonyme. — Corps à baleines du xviii° siècle, *pl.*, p. 47.

40830. Anonyme. — L'*Apologie ou défense des paniers*. (Paris [1717], in-8°, 8 p.), *réimpr. facs.*

40831. Bottet (Capitaine Maurice). — Gendarme d'élite et chasseur à cheval de la Garde impériale, Premier Empire, *pl.*, p. 54 à 56.

40832. Maindron (Maurice). — Notice sur les cuirassines, les brigandines et les corsets à armer, *fig.*, p. 57 à 65.

40833. Franck (Bernard). — Accessoires de toilette du xviii° siècle, *pl.*, p. 66.

40834. Vallet (Louis). — La voiture, *fig.*, p. 67 à 76.

40835. Chaineux (D.). — Le costume préhellénique, *fig.*, p. 79, 115 et 138.

40836. Leloir (Maurice). — Matériaux pour l'histoire du costume, *fig.*, p. 93 à 99.

40837. Anonyme. — Éventail Louis XVI, *pl.*, p. 100.

40838. Anonyme. — Vestes du commencement du xviii° siècle et devants de corps, *pl.*, p. 100.

40839. Anonyme. — Gants et mitaines (xiv°-xvii° s.), *pl.*, p. 102.

40840. Anonyme. — Habits et armes d'officiers de marine (xviii°-xix° s.), *pl.*, p. 102.

40841. Leloir (Maurice). — Les accessoires du costume. Parasols et parapluies, *fig.*, p. 103 à 111, et 129 à 137.

40842. Vallet (L.). — La diligence montée sur des cordes à boyaux, *fig.*, p. 112 à 114.

40843. Anonyme. — Lettre de Florian concernant le costume, *facs.*, p. 128.

40844. Anonyme. — Costume de gentilhomme de la Chambre (1824). Sacre de Charles X, *pl.*, p. 128.

SEINE. — PARIS.

SOCIÉTÉ D'HISTOIRE DIPLOMATIQUE.

Voir, pour les publications de cette Société antérieures à 1901, la table récapitulative de notre *Bibliographie générale*; et pour ses publications postérieures, la table placée à la fin du présent fascicule.

40845. Lhomel (Georges de). — Relations d'Antoine de Lumbres, seigneur d'Herbinghem, touchant ses négociations et ambassades, t. I, 1646-1656. (Paris, 1910, in-8°.)

XXIV. — Revue d'histoire diplomatique, publiée par les soins de la Société d'histoire diplomatique, 24° année. (Paris, 1910, in-8°, 640 p.)

40846. Bourguet (Alfred). — Le duc de Choiseul et l'alliance espagnole. Un ultimatum franco-espagnol au Portugal (1761-1762), p. 25 à 38.

40847. Guichen (V°° de). — La politique extérieure du Danemark depuis quarante ans et sa situation internationale, p. 39 à 56.

40848. Antioche (C°° d'). — Le Gouvernement de la

République après le maréchal de Mac-Mahon. Esquisse de politique européenne d'après un livre récent, p. 57 à 116.

40849. Laigue (Louis de). — Le comte de Froullay, ambassadeur de France à Venise, et la *Monaca da Riva*, p. 117, 266, et 428. — Suite de XXIII, p. 541.

40850. Saulnier (Eugène). — Le cardinal de Bourbon entre les ducs de Guise et de Nevers (1558-1586), p. 161 à 182.

40851. Martin (L'abbé Jules). — La préparation de l'Armada, p. 183 à 233, et 564 à 607.

40852. Auzoux (A.). — La France et Mascate aux xviii° et xix° siècles, p. 234 à 265. — Suite de XXIII, p. 518.

40853. Waliszewski (K.). — Un essai de diplomatie féminine. L'impératrice Élisabeth et la comtesse Tolstoy, p. 335 à 352.

40854. Funck-Brentano (Frantz). — La dernière campagne de Mandrin d'après de nouveaux documents, p. 353 à 368.

40855. Greppi (Cte). — Souvenirs d'un diplomate italien à Constantinople (1861-1866), p. 372 à 387.

40856. Hyrvoix de Landosle. — Jean-Baptiste Rousseau réfugié en Suisse, en Autriche et aux Pays-Bas d'après des documents diplomatiques inédits et sa propre correspondance (1710-1741), p. 388 à 427.

40857. Leroy (P.). — A propos d'un centenaire. Le comte de Cavour, p. 462 à 469, et 608 à 622.

40858. Pitteurs-Hiegaerts (M.-A. de). — La politique extérieure de Louis XIV d'après des publications récentes, p. 497 à 532.

40859. Pingaud (Léonce). — L'impératrice Élisabeth Alexiéivna d'après les documents nouveaux, p. 533 à 563.

SEINE. — PARIS.

SOCIÉTÉ DE L'HISTOIRE DE FRANCE.

Voir, pour les publications de cette Société antérieures à 1901, la table récapitulative de notre *Bibliographie générale;* et pour ses publications postérieures, la table placée à la fin du présent fascicule. Une table de l'*Annuaire-Bulletin* de 1885 à 1910 a paru en 1911. (Voir notre n° 40869.)

40860. Delachenal (R.). — Les Grandes chroniques de France des règnes de Jean II et de Charles V. T. I. 1350-1364. (Paris, 1910, in-8°, 346 p.)

40861. Bourrilly (V.-L.) et Vindry (F.). — Mémoires de Martin et Guillaume Du Bellay. T. II. (Livres III, IV et V, 1525-1536.) (Paris, 1910, in-8°, 420 p.)

[Le tome I a paru en 1908.]

40862. Bonnefon (Paul). — Mémoires du maréchal d'Estrées sur la régence de Marie de Médicis (1610-1616) et sur celle d'Anne d'Autriche (1643-1650). (Paris, 1910, in-8°, xxviii-389 p.)

40863. Cordey (Jean). — Correspondance du maréchal de Vivonne relative à l'expédition de Candie (1669). (Paris, 1910, in-8°, xxv-300 p.)

XLVII. — Annuaire-Bulletin de la Société de l'histoire de France. Année 1910. (Paris, 1910, in-8°, 296-xix p.)

40864. Delaville Le Roulx. — Discours prononcé à l'Assemblée générale, p. 82 à 102.

[Georges Picot († 1909); le baron F. Schickler (1835 † 1909); le baron R. de Nervo (1843 † 1909); L. Renouard; Perrin Du Lac († 1909); Clément-Simon (1833 † 1909); Eug. Chatel († 1910); E. Prarond (1821 † 1909); le Mis A. Des Meloizes (1840 † 1910), p. 82. — Juan Fernandez de Heredia, grand maître des Hospitaliers (xive s.), p. 95.]

40865. Mandrot (B. de). — Dépêches des ambassadeurs milanais en France durant les premières années du règne de Louis XI, p. 114 à 140.

40866. Baguenault de Puchesse (G.). — Jeanne d'Albret et Catherine de Médicis (1570-1572), lettres inédites, p. 213 à 221.

40867. Valois (Charles). — Une discussion politique au xvi° siècle [dialogue du temps de la Ligue], p. 222 à 237.

40868. Courteault (Henri). — Journal historique de Guillaume de Lamoignon, avocat général au Parlement de Paris (1713-1718), p. 238 à 295.

40869. Anonyme. — Table générale des matières contenues dans l'Annuaire-Bulletin de la Société de l'histoire de France (1885-1910). (Paris, 1911, in-8°, 39 p.)

SEINE. — PARIS.

SOCIÉTÉ D'HISTOIRE LITTÉRAIRE DE LA FRANCE.

Voir, pour les publications de cette Société antérieures à 1901, la table récapitulative de notre *Bibliographie générale;* et, pour ses publications postérieures, la table placée à la fin du présent fascicule.

XVII. — **Revue d'histoire littéraire de la France**, publiée par la Société d'histoire littéraire de la France. 17ᵉ année, 1910. (Paris, 1910, in-8°, 904 p.)

40870. Marsan (Jules). — Le théâtre historique et le romantisme (1818-1829), p. 1 à 33.

40871. Delaruelle (L.). — L'inspiration antique dans le *Discours de la servitude volontaire* [de La Boëtie], p. 34 à 72.

40872. Vézinet (F.). — Voltaire et son homme d'affaires [Joseph-Marie Balleidier] à Ferney, d'après quelques inédits, p. 73 à 97.

40873. Roberts (W. Wright). — Quelques sources anglaises de Chateaubriand, p. 98 à 106.

40874. Billion (J.). — Madame de Staël et le mysticisme, p. 107 à 123.

40875. Kastner (L.-E.). — Desportes et Guarini, p. 124 à 131.

40876. Baldensperger (F.). — A propos du manuscrit des *Natchez* [de Chateaubriand], p. 132.

40877. Baldensperger (F.). — Deux lettres inédites de Sainte-Beuve [concernant Mᵐᵉ de Staël], p. 134 à 136.

40878. Griselle (Eugène). — Silhouettes jansénistes et propos de littérature et d'histoire au xviiᵉ siècle, p. 137 à 155.

[Jansénius et les deux Saint-Cyran.]

40879. Haskovec (P. M.). — Belleforest, Zorilla et Rotrou, p. 156.

40880. P. M. H. — Note sur la *Bibliothèque* de La Croix du Maine; p. 158.

40881. [Bonnefon (P.)]. — La correspondance de Béranger annotée par Sainte-Beuve, p. 159 à 182. — Suite et fin de XVI, p. 371, et 591.

40882. P. B. [Bonnefon (P.).] — Une lettre de Chateaubriand à Bence Sparrow [11 décembre 1802], p. 183.

40883. Schinz (Albert). — *La Profession de foi du vicaire savoyard* et le livre *De l'Esprit* [d'Helvétius]. Un épisode des rapports de J.-J. Rousseau avec les philosophes, p. 225 à 261.

40884. Zilliacus (Emil). — José-Maria de Hérédia et l'Anthologie grecque, p. 262.

40885. Duchemin (Marcel). — Chateaubriand à White-Hall. Notes critiques sur le texte de *René*, p. 271 à 281.

40886. Bonnefon (Paul). — Quelques inédits de ou sur Montesquieu, p. 282.

40887. Des Cognets (Jean). — Notes sur Étienne Eggis (1830 † 1867), p. 313.

40888. Villey (Pierre). — Note sur la bibliothèque de Montaigne, p. 335 à 353.

40889. Boivin Henri . — Deux pamphlets antiacadémiques de l'abbé Des Fontaines (1735), p. 354 à 363.

40890. Ritter (Eugène). — Deux lettres de Fontenelle, p. 364.

40891. Gulyas (Paul). — Les drames scolaires français d'un jésuite hongrois [le P. Mathias Geiger, xviiiᵉ s.], p. 366 à 371.

40892. Cherel (A.). — Une source française d'André Chénier, le XIIᵉ livre de *Télémaque*, p. 372.

40893. Langemain (Lieutenant-colonel). — Bernardin de Saint-Pierre, p. 374 à 394.

[Aimé Martin, sa succession; Lamartine.]

40894. H. L. — Petites notes vétilleuses sur *Madame Bovary*, p. 395 à 397.

40895. P. B. [Bonnefon (P.)]. — A travers les autographes; p. 398 à 401.

[Benjamin Constant, Marceline Desbordes-Valmore, Arsène Houssaye.]

40896. Mornet (Daniel). — Les enseignements des bibliothèques privées (1750-1780), p. 449 à 498.

40897. Giraud (Jean). — Victor Hugo et *Le Monde* de Rocoles, p. 497 à 530.

40898. Truc (Gonzague). — Le cas Racine, p. 531 à 544.

[Racine à Uzès.]

40899. Monin (H.). — Étude critique sur le texte des

Lettres d'exil d'Edgar Quinet, p. 545 à 580. — Suite et fin de XIV, p. 106, 515; et XV, p. 479.

40900. P. B. [Bonnefon P.)]. — *L'Iphygénie* de Malézieu, p. 581 à 611.

40901. Lachèvre (F.). — Pierre Corneille et le poème *Le Champignon* [par Marcassus], p. 612.

40902. Latreille (C.). — Une inscription latine de Racine, p. 614.

40903. Latreille (C.). — Une lettre inédite de Voltaire, p. 616.

40904. Cherel (Albert). — Un souvenir de *L'homme des champs* [de Delille] dans les *Méditations* [de Lamartine], p. 617.

40905. Dalmeyda (Georges). — Note sur un vers de Vigny, p. 619.

40906. Maigron (Louis). — Un manuscrit inédit de Remard sur Delille. Remarques sur les notes des *Géorgiques*, p. 620 à 633, et 839 à 858.

40907. Estève (Edmond). — Gessner et Alfred de Vigny, p. 673 à 683.

40908. Faral (Edmond). — Sur deux manuscrits du livre II de la *Franciade* (Bibl. nat., fr. 19141 et N. acq. 10695), *facs.*, p. 685.

40909. Bonnefon (Paul). — Maxime Du Camp et les Saint-Simoniens, p. 709 à 735

40910. Rossel (Virgile). — Le «mal romantique», p. 736 à 749.

40911. Dick (E.). — La traduction du *Paradis perdu* de Chateaubriand, p. 750 à 767.

40912. Duvernoy (E.), Harmand (R.). — Un auteur lorrain. Alphonse de Rambervillers (1552 † 1633), essai d'histoire littéraire provinciale, p. 768 à 801.

40913. Anonyme. — Lettres inédites de Voltaire à Collini et à Marin, p. 802 à 822.

40914. Gohin (F.). — Une poésie inédite d'Antoine Heroet : *Description d'une femme de bien*, p. 823.

40915. Martinon (Ph.). — Note complémentaire sur Maynard et Urfé, p. 825 à 829. — Cf. XV, p. 495.

40916. Merlant (Joachim). — Senancour, lettres au Directoire, p. 830 à 838.

SEINE. — PARIS.

SOCIÉTÉ FRANÇAISE D'HISTOIRE DE LA MÉDECINE.

Voir, pour les publications antérieures de cette Société, la table placée à la fin du présent fascicule.

IX. — Bulletin de la Société française d'histoire de la médecine, publié par M. le Dʳ Albert Prieur et M. le Dʳ Victor Nicaise..., 1910. (Paris, s. d., in-8°, 324 p.)

40917. Legrand (Noé). — Image inédite de deux portraits de doyens de l'ancienne Faculté, François Duport et Michel Marescot, médecin de Henri IV, portraits aujourd'hui perdus ou détruits, p. 27 à 31.

40918. Baudouin (Dʳ Marcel). — Origine et signification thérapeutique des clés de saints dans le traitement de la rage : le fer totem, p. 32 à 43.

40919. Baudouin (Dʳ Marcel). — La joubarbe totem et la joubarde en médecine populaire, p. 44 à 49. — Cf. n° 40927.

40920. Reber (B.). — Une lettre inédite de Pierre Bayen, suivie de quelques observations [8 février an 11], p. 50 à 63.

40921. Le Pileur (Dʳ L.). — Note sur un couteau à circoncision du centre de l'Afrique, *fig.*, p. 64 à 66.

40922. Legrand (Noé). — Un faux portrait de Fagon, médecin de Louis XIV, par J. Jouvenet, au Musée du Louvre, son identification, *pl.*, p. 69 à 83.

[Portrait de Raymond Finot (1636 † 1709), *pl.*]

40923. Regnault (Dʳ Félix). — Une collection d'instruments grecs, p. 83 à 90.

40924. Baudouin (Dʳ Marcel). — Quelle était la grande dent de Geoffroy-la-Grand' Dent? p. 90 à 103.

40925. Moulé. — Saint Éloi guérisseur et la légende du pied coupé, p. 103 à 147.

40926. Blanchard (Pʳ R.). — Note sur une collection d'*ex-libris* médicaux, p. 148 à 150.

40927. Naegeli-Akerblom (Dʳ H.). — La joubarde totem et médicament, p. 157 à 159. — Cf. n° 40919.

40928. Naegeli-Akerblom. — L'intimidation des saints, p. 159.

40929. Rambaud (Pierre). — L'ambulance du bataillon de Châtellerault en 1793, p. 163 à 166.

40930. Naegeli-Akerblom (Dʳ H.). — Napoléon et Jenner, p. 166 à 169.

46931. Regnault (Dʳ Félix). — Divinités pathologiques, *fig.*, 3 *pl.*, p. 169 à 177.

40932. Semelaigne (Dʳ). — Observations sur l'hospice des insensés de Bicêtre par le citoyen Pinel, médecin des infirmeries de cette maison nationale, p. 177 à 189.

40933. Semelaigne (Dʳ René). — Une consultation d'Esquirol, p. 192 à 197.

40934. Wickersheimer (Dr Ernest). — A propos de la chopine de Saint-Denis [mesure], p. 197 à 200.

40935. Pansier (Dr P.). — La réorganisation de la Faculté de médecine d'Avignon en 1603, p. 200 à 212.

40936. Le Pileur (Dr L.). — Gorre et grand'gorre [syphilis], p. 217 à 224.

40937. Dorveaux (Dr Paul). — Une satire de Furetière contre les médecins, p. 225 à 240.

40938. Baudouin (Dr Marcel). — Une fontaine qui guérit, ses propriétés et sa christianisation : Notre-Dame de Beautertre (Indre-et-Loire), p. 240 à 245.

40939. Wickersheimer (Dr Ernest). — Le discours de réception d'un bachelier en médecine montpelliérain au début du xve siècle, p. 245 à 251.

40940. Wickersheimer (Dr Ernest). — Formules de prières à dire en cas de maladie, recueillies par un soldat de la République, p. 251 à 257.

40941. Wickersheimer (Dr Ernest). — Un portrait d'An-

tonio Cermisone, médecin padouan du xve siècle, *fig.*, p. 278 à 283.

40942. Neveu (Dr Raymond). — Le culte d'Esculape en Sicile, *fig.*, p. 284 à 290.

40943. Delobel (Émile). — Les soins médicaux donnés aux malades pauvres de Marcoing (Nord) avant la Révolution, p. 290 à 293.

40944. Dorveaux (Dr Paul). — Brevet de chirurgien militaire octroyé par Louis XIV, p. 298.

40945. Vidal (Dr Charles). — Un certificat médical rédigé par un notaire, sur les indications d'un médecin de Puylaurens (près Castres, Tarn), M. Antoine de Fanjoux, docteur en médecine, en 1564, p. 308 à 310.

40946. Neveu (Dr Raymond). — La médecine indigène en Kabylie, p. 310 à 320.

40947. Wickersheimer (Dr Ernest). — Une édition contemporaine du *Médecin des pauvres*, recueil de formules de prières à dire en cas de maladie, p. 320 à 322.

SEINE. — PARIS.

SOCIÉTÉ D'HISTOIRE MODERNE.

Voir, pour les publications antérieures de cette Société la table placée à la fin du présent fascicule.

40948. Anonyme. — Les Ministères français [1789-1909]. (Paris, 1910, in-8°, 58 p.)

[Publications de la Société d'histoire moderne, série des Instruments de travail, II.]

40949. Ballot (Ch.). — Les négociations de Lille (1797). (Paris, 1910, in-8°, 355 p.)

[Bibliothèque d'histoire moderne, X.]

40950. Tarlé (Édouard). — L'industrie dans les campagnes en France à la fin de l'ancien régime. (Paris, 1910, in-8°, ii-85 p.)

[Bibliothèque d'histoire moderne, XI.]

I. — Société d'histoire moderne, Bulletin, 1re série, 1901-1907. (Paris, 1901-1909, 276 p. et 15 p. de table.)

40951. Lefranc (Abel). — Le mythe des lanternes dans Rabelais, p. 13 à 15.

40952. Bourgeois (Émile). — Un tableau de la cour de France en 1714 et 1715 d'après les papiers inédits du prince de Cellamare, p. 15.

40953. Lanson (G.). — Un projet de nommer Châteaubriand historiographe de France en 1825, p. 22.

40954. Debidour. — L'intrigue orléaniste en Grèce de 1824 à 1826, p. 26.

40955. Hauser (Henri). — Les cahiers des États généraux de 1614 et leur importance au point de vue de l'histoire économique, p. 30.

40956. Cans (Albert). — Les registres d'expédition du secrétariat d'État de la Maison du Roi, p. 31.

40957. Caron (P.). — Rapport sur l'organisation des études locales d'histoire moderne, p. 41 à 52.

40958. Pagès (G.). — La manière dont travaillait Croissy, p. 58.

40959. Mathiez. — Les comptes décadaires des autorités du Gouvernement révolutionnaire et des commissaires du Directoire, p. 63, 91, et 103.

40960. Schmidt. — Une source de l'histoire contemporaine. Le fonds de la Police générale aux Archives nationales, p. 65.

40961. Koechlin (Raymond). — L'art bourguignon et la méthode archéologique, p. 87.

40962. Lot (F.). — L'enseignement de l'histoire et l'histoire de l'art dans les Universités d'Allemagne et de France, p. 114 à 118, et 123 à 125.

40963. Tourneux (Maurice). — Les sources biographiques imprimées de la période révolutionnaire à Paris, p. 118 à 121.

40964. Ferdinand-Dreyfus. — L'association de bienfaisance judiciaire (1787-1791), p. 125 à 128.

40965. Cahen (Léon). — Une source inédite de l'histoire locale, les rôles de la taxe des pauvres, p. 135.

40966. Bourgeois (Émile). — La collaboration de Saint-Simon et de Torcy et les affaires étrangères dans les Mémoires, p. 139 à 142.

40967. Weill (Georges). — Les journaux ouvriers à Paris de 1830 à 1870, p. 146.

40968. Uhry. — La série O¹ (Maison du Roi) des Archives nationales, p. 148 à 150.

40969. Darmstædter (Paul). — De quelques effets de la politique commerciale de Napoléon Ier sur l'industrie et le commerce des pays alliés à la France, p. 152, et 162.

40970. Tchernoff. — Le rôle politique des Sociétés dites secrètes sous la deuxième République, p. 162 à 164.

40971. Lefranc (Abel). — Les origines de Rabelais, p. 167 à 170.

40972. Bern (Henri). — Le mouvement d'études sur la théorie de l'histoire en Allemagne, p. 174 à 176.

40973. Brette (Armand). — Le plan de Paris dit des artistes, p. 179.

40974. Laurent (Gustave). — Le versement des Archives des tribunaux de la Marne aux archives municipales de Reims, p. 180.

40975. Brette (A.). — Les noms de lieux et la circulaire du Ministre de l'Intérieur, p 183 à 185.

40976. Tchernoff. — L'origine de l'Internationale à Paris en 1863 d'après des documents inédits, p. 194.

40977. Weill (G.). — Les lettres d'Achille Murat (1830-1835), p. 198.

40978. Cahon (P.). — Le versement récent du Ministère de la Justice aux Archives nationales, p. 199.

40979. Seignobos. — Les procès-verbaux du Gouvernement provisoire et de la Commission du pouvoir exécutif de 1848, p. 211.

40980. Bourgeois (Émile). — Comment M. de Broglie écrivait l'histoire, p. 218.

40981. Ferry (Abel). — La formation de la Commission exécutive d'après les papiers de Barthélemy-Saint-Hilaire, p. 228.

40982. Pagès. — Documents inédits sur Hugues de Lionne, les ministres et la politique de Louis XIV, p. 229.

40983. Cahon (P.). — L'Institut de France et les études historiques modernes, p. 232 à 235.

40984. Clouzot (E.). — Histoire et météorologie, p. 240.

40985. Letaconnoux. — La question des subsistances et du commerce des grains en France au xviiie siècle, p. 242, 250, et 258.

40986. Seignobos. — Le documents inédits des Archives nationales sur la réaction de 1848-1858, p. 264 à 270.

II. — **Société d'histoire moderne** [Bulletin, 2° série]. (Paris, 1907-1910, in-8°, 148-7 p.)

40987. Marcel (Pierre). — L'étude des dessins dans l'histoire de l'art français, p. 1 à 3.

40988. Durand (R.). — Mgr Darboy et le Saint-Siège, p. 5 à 11.

40989. Weill (G.). — La presse catholique à Paris au xixe siècle, p. 12.

40990. Pagès. — Sur quelques volumes contenant des papiers de Hugues de Lionne, p. 25.

40991. Weulersse. — Application de la méthode historique à l'histoire des doctrines économiques. A propos des Physiocrates, p. 33 à 37.

40992. Muret (Pierre). — Les mémoires de Gontaut-Biron et les conséquences extérieures de la politique cléricale du Gouvernement de Mac-Mahon (1873-1875), p. 39 à 42.

40993. Letaconnoux. — La navigation intérieure et les transports par eau en France au xviiie siècle, p. 46 à 50.

40994. Seignobos. — Le coup d'État de 1851. Les commissions mixtes d'après les fonds versés récemment aux Archives nationales, p. 59 à 61.

40995. Cahen. — Les Mémoires de Bernis et les débuts de la Guerre de Sept ans, p. 64.

40996. Sagnac (P.). — Le Dix Août d'après des documents inédits, p. 74.

40997. Mantoux (P.). — Le Comité de Salut public et l'ambassade de Genet aux États-Unis, p. 81 à 84.

40998. Esmonin (E.). — Un recensement en France en 1725, p. 94 à 97.

40999. Cahen (L.). — Les marchands de vin et débitants de boissons à Paris au milieu du xviiie siècle, p. 109 à 111.

41000. Muret (P.). — Émile Ollivier et Gramont les 12 et 13 juillet 1870, p. 111 à 114.

41001. Schmidt (Ch.). — Le dernier versement des Travaux publics aux Archives nationales, p. 118.

41002. Mornet (D.). — L'intérêt historique des journaux littéraires du xviiie siècle et la diffusion du Mercure de France, p. 119 à 122.

41003. Esmonin. — L'origine des intendants jusqu'en 1665, p. 122 à 124.

41004. Cahen (L.). — A propos d'un manuscrit inédit de Condorcet, p. 131.

41005. Pagès (G.). — Napoléon III et le scandinavisme au début de la guerre danoise, p. 134 à 136.

41006. Seignobos (Ch.). — Les documents relatifs au Coup d'État dans les Archives départementales, p. 141 à 143.

41007. Cahen (Léon). — Une affaire d'accaparement au début du xviiie siècle, p. 143.

41008. Esmonin (Ed.). — Note sur la publication d'une liste des intendants, des origines à 1789, p. 145 à 147.

SEINE. — PARIS.

SOCIÉTÉ DE L'HISTOIRE DE PARIS ET DE L'ÎLE-DE-FRANCE.

Voir, pour les publications de cette Société antérieures à 1901, la table récapitulative de notre *Bibliographie générale;* et pour ses publications postérieures, la table placée à la fin du présent fascicule.

XXXVII. — **Mémoires de la Société de l'histoire de Paris et de l'Île-de-France,** t. XXXVII. (Paris, 1910, in-8°, 371 p.).

41009. Daumet (G.). — Notices sur les établissements religieux anglais, écossais et irlandais fondés à Paris, avant la Révolution. I. Les communautés de femmes, p. 1 à 184.

41010. Vidier (A.). — Le trésor de la Sainte-Chapelle, p. 185 à 369. — Suite et fin de XXXIV, p. 199; XXXV, p. 189; et XXXVI, p. 245.

XXXVII. — **Bulletin de la Société de l'histoire de Paris et de l'Île-de-France,** 37ᵉ année, 1910. (Paris, 1910, in-8°, 284 p.)

41011. Divers. — Compte rendu des séances, p. 33, 77, 140, 173, 205.

[Voyage du duc de Saxe à Paris (1620), p. 34; écroulement du Pont-Marie (1658), p. 35; les Archives des géomètres, p. 78; armoiries de Guillaume Curti au couvent des Bernardins, p. 81; livrets des cris de Paris, p. 81; sceau de la Sainte-Chapelle, p. 82; les *Laudes et complaintes du Petit-Pont*, p. 175; Marie la Dame religieuse de l'Hôtel-Dieu; les bâtiments de l'ancienne Faculté de médecine, rue de la Bucherie, p. 178; inventaire du trésor de Saint-Denis (1424), p. 207.]

41012. Champion (Pierre). — Document inédit sur l'insurrection parisienne de 1413, p. 36 à 39.

41013. Blanchet (Adrien). — La médaille de l'enceinte du faubourg Saint-Honoré en 1566, p. 39 à 41.

41014. H. O. [Omont (H.)]. — Discours de A.-A. Barbier pour l'inauguration de la bibliothèque du palais de Fontainebleau le 10 octobre 1810, p. 42 à 45.

41015. Vidier (A.). — Chronique des archives et des bibliothèques (1907-1909), p. 45 à 76.

[État des registres capitulaires de la cathédrale Saint-Pierre de Beauvais; archives hospitalières de Provins; registres versés par le Domaine en Seine-et-Marne; papiers du bailliage de l'Isle-Adam et de la prévôté royale de Triel; registres versés par le Domaine en Seine-et-Oise; papiers du bailliage du prieuré de Saint-Germain-en-Laye, du bailliage du Pecq, de la capitainerie royale de Saint-Germain-en-Laye.]

41016. Vidier (A.). — Extraits du journal du Trésor du Loüvre, p. 79.

[Le Trésor royal au Louvre (1298); fondations à l'église des SS. Innocents (1301) et à Sainte-Croix de Saint-Denis (1301).]

41017. Vidier (A.). — Démolition partielle de la tour de Saint-Martin-des-Champs en 1807, p. 82.

41018. Cohen (Gustave). — Le théâtre à Paris et aux environs à la fin du xivᵉ siècle, p. 83 à 91.

41019. Vidier (A.). — Les insignes des sergents de la ville de Paris, p. 92.

41020. Archibald (C.-H.-M.). — Le servage dans les domaines de Sainte-Geneviève, p. 94 à 122.

41021. Picot (Émile). — Discours prononcé à l'assemblée générale, p. 126 à 134.

[M. Chevrier (✝ 1908); J.-F. Perrin Du Lac (✝ 1909); A. Pauly (✝ 1909); A.-V. Lesperon d'Anfreville(✝ 1909); G. Picot (✝ 1909); E. Prarond (✝ 1909); E. Chatel (✝ 1910); etc.]

41022. Rey (Auguste). — Mademoiselle Du Vigean et le Grand Condé, *facs.*, p. 141 à 159.

41023. Wickersheimer (Dʳ Ernest). — Les premières dissections à la Faculté de médecine de Paris, *pl.*, p. 159 à 169.

41024. H. O. [Omont (H.)]. — Un roi nègre à Paris en 1701, p. 170 à 172.

41025. Coyecque (E.). — Dispositions testamentaires en faveur de musées et bibliothèques, p. 176 à 178.

41026. Héron de Villefosse (A.). — Antiquités gallo-romaines découvertes dans l'île de la Cité, 3 *pl.*, p. 180 à 184.

41027. Fosseyeux (Marcel). — Contribution à l'histoire du monastère de la Visitation Sainte-Marie du faubourg Saint-Antoine au xviiᵉ siècle. La conversion du commandeur Brulart de Sillery, *facs.*, p. 184 à 202.

41028. Héron de Villefosse (A.). — Les reliques de saint Denis à Saint-Denys-de-l'Estrée (1577), p. 202 à 204.

41029. Coyecque (Ernest). — Épitaphe d'Étienne Ingrain à Maisse, p. 208.

41030. Coyecque (Ernest). — Chez quelques notaires de la ville de Paris. I. Les emprunts de la ville de Paris au xvi° siècle (1548-1566), note sur quelques registres de souscriptions. II. Marchés de fournitures et de travaux de la ville de Paris au xvi° siècle (1580-1588), 3 *tableaux*, p. 218 à 244.

41031. Coyecque (Ernest). — La sépulture de Mirabeau, p. 244 à 252.

41032. Coyecque (Ernest). — Note sur une charte de l'Hôtel-Dieu de Paris (1286), p. 253.

41033. Coyecque (Ernest). — Consultations de Desault, chirurgien en chef de l'Hôtel-Dieu (1786-1787), p. 254 à 256.

41034. Huisman (Georges). — Un compte de réparations effectuées à l'hôtel du comte de Flandres, à Paris (1374-1376), p. 257 à 272.

41035. Mareuse (E.). — Chronique de l'année 1910, p. 272 à 277.

SEINE. — PARIS.

SOCIÉTÉ DE L'HISTOIRE DU PROTESTANTISME FRANÇAIS.

Voir, pour les publications de cette Société antérieures à 1901, la table récapitulative de notre *Bibliographie générale;* et pour ses publications postérieures, la table placée à la fin du présent fascicule.

41036. Weiss (N.) et Clouzot (H.). — Journal de Jean Migault, maître d'école (1684-1688). (Paris, 1910, 300 p., *fig.* et *pl.*)

LIX. — Société de l'histoire du protestantisme français... Bulletin... 59° année, 7° de la 5° série... (Paris, 1910, in-8°, 616 p.)

41037. Puaux (Frank). — Louis XIV et Cavallier, p. 7 à 19.

41038. Pétiet (René). — Un oublié. Jehan de Sainte-Hermine, gouverneur de la Rochelle [xvi° s.], p. 20 à 51.

41039. Fromage (R.). — Clément Marot, son premier emprisonnement; identification d'Isabeau et d'Anne, p. 52 à 76, et 122 à 129.

[Élisabeth Ruzé et Anne de Beauregard.]

41040. Reuss (Rod.). — L'amiral de Coligny et son plus récent biographe [Ch. Merki], p. 76 à 87.

41041. Weiss (N.). — La Révocation et M. Jules Lemaître, p. 87 à 90.

41042. Puaux (Frank). — M. J. Lemaître et la Réforme, p. 94 à 96.

41043. Schnetzler (Ch.). — Neuveville [Suisse] et le Refuge, *fig.*, p. 97 à 121, et 245 à 277.

41044. Garreta (R.). — Notes concernant l'histoire de la Réforme dans le pays de Bray (Normandie), p. 130 à 140.

41045. F. P. [Puaux (Frank)]. — Une légitimation en 1788 [les onze enfants de Antoine Puaux et Marianne Pouget], p. 140.

41046. Benoit (Daniel) et Bost (Ch.). — Colognac a-t-il tué Bagars? p. 142 à 179. — Cf. LVIII, p. 289.

41047. Puaux (Frank). — Discours prononcé à l'Assemblée générale [le B°° F. de Schickler (1835†1909)], p. 195 à 210.

41048. Monod (Henri). — Quelques pages d'Agrippa d'Aubigné, p. 210 à 225.

41049. Weiss (N.). — Quelques textes et remarques sur la neutralité dans l'enseignement de l'histoire, p. 224 à 244.

41050. Bonet-Maury (G.). — Relations des Frères de Bohème avec les Protestants français, p. 287 à 291.

41051. Rodriguez (M.) et Elkan (A.). — Formule d'élection d'un modérateur [synode de Montpellier, 15 mai 1598], p. 292.

41052. Bruston (Ch.). — La caricature anticalviniste de Toulouse [sculpture à Saint-Sernin], *fig.*, p. 294.

41053. N. W. [Weiss (N.)]. — M. Raoul de Cazenove [†1910], p. 296.

41054. Baer (Paul). — Les protestants de Moulins en 1561-1562, *fig.*, p. 297 à 320.

41055. Delavau (Louis). — Les nouveaux convertis dans la Saintonge et l'Aunis (1695-1700), p. 334 à 343.

41056. Griselle (E.). — Avant et après la Révocation de l'Édit de Nantes. Chronique des événements relatifs au protestantisme de 1682 à 1687, p. 344 à 355. — Suite de LVI, p. 180, 268, 465, 559; LVII, p. 88, 264, 435, 551; et LVIII, p. 165, 254, 361, et 565.

41057. R. R. [Reuss (R.)]. — M. de Feuquières et les ministres de Metz, p. 378. — Cf. n° 41070.

41058. R. R. [Reuss (R.)]. — Le culte protestant à Saint-Thomas du Louvre (1791-1792), p. 379.

41059. Fonbrune-Berbinau (P.). — Galériens assistés à Neuveville, p. 381.

41060. Bastide (Ch.). — Laparade, notes sur une bastide huguenote d'après des documents locaux, *fig.*, p. 389 à 417.

41061. Mouton (Léo). — Le testament d'Anne de Matignon (24 mai 1599), p. 417 à 424.

41062. Puaux (Frank). — Au camp des Camisards, p. 425 à 436.

41063. Bost (Ch.). — Notes sur Agrippa d'Aubigné p. 437 à 467.

41064. Belle (E.). — Les libraires dijonnais et les débuts de la Réforme à Dijon, p. 481 à 495.

41065. Hauser (Henri). — La Réforme et l'émeute lyonnaise de 1529. Lettres patentes de François Ier du 4 septembre 1529, p. 496 à 504.

41066. Cart (J.). — L'évasion de Suzanne Villaret (1700), p. 505 à 508.

41067. P. F.-B. [Fonbrune-Berbinau (P.)]. — Convertisseurs et nouveaux convertis à Montauban en 1704, p. 509.

41068. Bourchenin (Daniel). — La Terreur blanche à Montauban et Nîmes (1815) d'après quelques lettres inédites, p. 511 à 517.

41069. Bourrilly (V.-L.). — Les protestants à Marseille au xviiie siècle, p. 518 à 553. — Suite de LV, p. 425, et 513.

41070. Dannreuther (N.). — M. de Feuquières et les ministres de Metz, p. 568. — Cf. n° 41057.

41071. Malzac (Dr Louis). — Croix huguenote et bijoux cévenols, p. 569 à 574.

41072. Laporte (L.). — Un pasteur du Désert officiellement mentionné par un curé [à Firminy, 1774], p. 575.

SEINE. — PARIS.

SOCIÉTÉ DE L'HISTOIRE DE LA RÉVOLUTION.

Voir, pour les publications de cette Société antérieures à 1901, la table récapitulative de notre *Bibliographie générale;* et pour ses publications postérieures, la table placée à la fin du présent fascicule. Une table des tomes XLIV à LIX a paru en 1911 (voir notre n° 41119).

41073. Fribourg (André). — Discours de Danton, édition critique. (Paris, 1910, in-8°, lxiv-817 p.)

41074. Aulard (A.). — Lettres de l'abbé Barbotin, député à l'Assemblée constituante. (Paris, 1910, in-8°, xvi-92 p.)

41075. Fribourg (André). — Le Club des Jacobins en 1790, d'après de nouveaux documents. (Paris, 1910, in-8°, 148 p.)

LVIII. — **La Révolution française,** revue d'histoire moderne et contemporaine, publiée par la Société de l'histoire de la Révolution, Directeur-rédacteur en chef : A. Aulard. T. LVIII, janvier-juin 1910. (Paris, 1910, in-8°, 576 p.)

41076. Baticle (René). — Le plébiscite sur la Constitution de 1793, *tableau*, p. 5, 117, 193, 327, et 385. — Suite de LVII, p. 496.

41077. Cart (L. William). — Trois semaines à Paris pendant la Révolution (3 août-27 août 1789), impressions du voyageur allemand Campe, p. 31 à 51, et 97 à 116.

41078. Caron (Pierre). — J.-P. Manau et le coup d'État de 1851, p. 52 à 62.

41079. A. A. [Aulard (A.)]. — Le tutoiement et la diplomatie en l'an iii, p. 63.

41080. Anonyme. — La destruction des montagnes symboliques pendant la réaction thermidorienne, p. 64.

41081. Anonyme. — Séances de la Commission supérieure des Archives, p. 66 à 72.

[Le Cacheux. Archives du personnel de la Marine, p. 66. — Circulaire relative à la suppression des papiers inutiles dans les archives municipales, p. 70.]

41082. Thiot (L.). — Roland et les Jacobins de Beauvais, p. 163 à 166.

41083. Anonyme. — Lettre d'un Sicilien [Gaëtan Sortira] à la Convention nationale sur la question religieuse, p. 167 à 170.

41084. Vialla (Lieutenant). — L'insurrection d'Arles et la première expédition marseillaise (septembre 1791), p. 238 à 266.

41085. A. A. [Aulard (A.)]. — Un arrêté du conventionnel Siblot [en mission dans la Seine-Inférieure et l'Eure] sur les prêtres, p. 267 à 269.

41086. Falconetti (Jean). — Un aéronaute patriote [Alexandre, de Poitiers] en 1791, p. 270.

41087. Labroue (Henri). — La commune d'Angoisse pendant la Révolution, d'après les registres municipaux, p. 304 à 326.

41088. Destrem (Jean). — Quelques documents sur le 19 Brumaire, p. 342 à 358.

41089. Anonyme. — Une lettre de Fouché à Barras, p. 359.

41090. Anonyme. — Les écoles centrales défendues par le philosophe Destutt de Tracy, p. 361 à 362.

41091. Handelsman (Marcel). — La constitution polonaise du 3 mai 1791 et l'opinion française, p. 411 à 434.

41092. Anonyme. — Deux lettres du conventionnel Chales [Sedan, an iv], p. 435 à 438.

41093. Anonyme. — Pozzo di Borgo à la bataille de Waterloo, p. 439 à 441.

41094. Schmidt (Ch.). — Le dernier versement du Ministère des Travaux publics aux Archives nationales, p. 462 à 464.

41095. Dubreuil (Léon). — Une tenure bretonne, le domaine congéable, p. 481 à 501; LIX, p. 24 à 51.

41096. Chapuisat (Édouard). — Rousseau et Usteri, p. 502 à 506.

41097. Fribourg (André). — Le club des Jacobins en 1790, d'après de nouveaux documents, p. 507; LIX, p. 52, et 129.

41098. Canon (Pierre). — Une insinuation contemporaine contre Chaumette, p. 555.

LIX. — La Révolution française..., t. LIX, juillet-décembre 1910. (Paris, 1910, in-8°, 576 p.)

41099. Marichal (Paul). — Calendrier solaire, julien, grégorien et républicain, 2 tableaux, p. 5 à 7.

41100. Aulard (A.). — Napoléon et l'instruction publique, p. 8, 97, 230, et 289. — Cf. n° 41109.

[41095]. Dubreuil (Léon). — Une tenure bretonne, le domaine congéable, p. 24 à 51.

[41097.] Fribourg (André). — Le club des Jacobins en 1790, d'après de nouveaux documents, p. 52, et 129.

41101. Bussière (G.). — Drouet, prisonnier de guerre et son parachute, p. 193 à 211.

41102. Rouff (Marcel). — Un opéra politique [Tarare] de Beaumarchais, p. 212 à 229, et 333 à 358.

41103. Perroud (Cl.). — La famille de Madame Brissot, p. 270 à 274.

41104. Mautouchet (P.). — Un trait de Carnot [secours à un vieux militaire], p. 275 à 278.

41105. Aulard (A.). — Proscription des pièces anticléricales et du Mariage de Figaro en l'an ii, p. 279 à 281.

41106. Brette (Armand). — Une lettre de Piccinni, p. 359 à 363.

41107. Henriot (Gabriel). — Danton d'après Jeanbon Saint-André, p. 364 à 368.

41108. Poupé (Edmond). — Barras et l'affaire Ailhaud, p. 385 à 389.

41109. Aulard (A.). — L'Université impériale, p. 390 à 437, et 481 à 519. — Cf. n° 41100.

41110. Braesch (F.). — La bataille de Valmy et la retraite des Prussiens racontées par un aide de camp de Dumouriez, p. 438 à 444.

41111. Anonyme. — Un pamphlet catholique contre l'Université impériale (1808), p. 445 à 463.

41112. Anonyme. — A propos de la conspiration Malet, p. 464.

41113. Anonyme. — Circulaire de Fouché aux évêques, p. 467 à 469.

41114. Gorvisy (Henri). — Les dernières monnaies royales [1793], p. 470.

41115. Perroud (Cl.). — Gilbert Romme en 1790 et 1791, p. 521 à 532.

41116. Dorey (L.). — La Société populaire et républicaine de Montaigut-en-Combrailles (Puy-de-Dôme), p. 533 à 551.

41117. Blossier (A.). — Les catholiques de Loir-et-Cher et le clergé constitutionnel, p. 552 à 555.

41118. Anonyme. — Louis Blanc et le monument de la Révolution française [1876], p. 556.

41119. Anonyme. — Quatrième table générale alphabétique de la Révolution française, revue d'histoire moderne et contemporaine (1902-1910), tomes XLIV à LIX. (Paris, 1911, 53 p.)

SEINE. — PARIS.

SOCIÉTÉ D'HISTOIRE DE LA RÉVOLUTION DE 1848.

Voir, pour les publications antérieures de cette Société, la table placée à la fin du présent fascicule.

41120. Bourgin (Hubert). — Victor Considérant, son œuvre. (Paris, 1909, in-8°, 182 p.)

41121. Dutacq (F.). — Histoire politique de Lyon pendant la Révolution de 1848 (25 février-15 juillet). (Paris, 1910, in-8°, 450 p.)

VI. — La Révolution de 1848. Bulletin de la Société de la Révolution de 1848..., t. VI. (Paris, 1909-1910, in-8°, 424 p.)

41122. Prudhommeaux (J.). — Louis Bonaparte et Étienne Cabet en 1839, p. 6 à 15.

41123. Lebey (André). — Une lettre de Ledru-Rollin à F. de Lesseps, p. 15 à 20.

41124. Moysset. — Récit du 25 février [par Hippolyte Carnot], p. 20 à 33.

41125. Anonyme. — La Marseillaise de 1848, paroles de M. E. Plouvier, musique de Rouget de Lisle, p. 41.

41126. Anonyme. — La Parisienne de 1848 [chanson], p. 42.

41127. Monin (H.). — Le général Changarnier et la journée du 13 juin 1849, p. 45 à 48.

41128. Seignobos (Ch.). — Les opérations des commissions mixtes en 1852, p. 59 à 67.

41129. Prudhommeaux (J.). — L'opposition socialiste sous la présidence de Louis Napoléon, Louis Blanc, Étienne Cabet, Pierre Leroux en 1851, p. 68 à 89.

41130. Paris (Pierre). — Rapport fait au Conseil général de la Haute-Garonne par M. Delmas, préfet de ce département (1849), p. 90 à 118.

41131. Muller (Paul). — Le 13 juin 1849 et le premier président de la Cour d'appel de Colmar, p. 119 à 122.

41132. Félice (Raoul de). — La journée du 13 juin 1849, à Paris. Ses origines, son épilogue devant la Haute-Cour, p. 134, 242, et 314.

41133. Beuve (Octave). — Étienne Cabet à Troyes (3 août 1851), notes pour servir à l'histoire de la Presse en 1850-1851, p. 158 à 164.

41134. Détrez (Alfred). — Autour d'un coup d'État. Souvenirs d'un paysan [Jean Fontane], p. 165 à 170.

41135. A. L. [Lebey (André)]. — Liste de quelques clubs de Lyon d'après des médailles, p. 171 à 173.

41136. Gossez (A.-M.). — Discours d'un curé de campagne pour la plantation de l'arbre de la Liberté [l'abbé Isaac, curé de Fresnoy-Folny, arrond¹ de Neufchâtel], p. 174 à 177.

41137. Muller (Paul). — Autour du coup d'État dans le Haut-Rhin, p. 197 à 212.

41138. Dagnan (Émile). — La réaction conservatrice dans l'Ouest, le Centre et le Sud-Ouest de la France en 1848, 1849 et 1850, p. 213 à 223, et 290 à 313.

41139. A. L. [Lebey (André)]. — Les réflexions d'un homme de bien [Marin] sur la Garde nationale en général et sur la classe bourgeoise en particulier depuis 1830 jusqu'à ce jour, p. 224, 326, et 367.

41140. Villepelet. — Note sur le versement dans les Archives départementales des documents politiques des parquets généraux antérieurs à 1855, p. 253 à 259.

41141. Villepelet. — Notes sur les sources de l'histoire de la deuxième République dans les archives départementales, p. 259 à 262.

41142. Caron (P.). — Note sur les sources aux Archives nationales de l'histoire politique des années 1851 et 1852, p. 262 à 266.

41143. Dutacq (Fr.). — Un projet de retraites ouvrières communales sous la deuxième République [à Lyon], p. 277 à 289.

41144. Muller (Paul). — Le Bas-Rhin de 1848 à 1852, p. 353 à 366.

41145. Braun (Pierre). — Le département de la Meuse en 1848, p. 391 à 404.

41146. Pimienta (Robert). — La propagande bonapartiste en 1848, p. 405 à 415.

SEINE. — PARIS.

SOCIÉTÉ DE L'HISTOIRE DU THÉÂTRE.

Voir, pour les publications antérieures de cette Société, la table placée à la fin du présent fascicule.

V. — Bulletin de la Société de l'histoire du théâtre. Année 1910. (Paris, 1910, gr. in-8°, 271 p.)

41147. Soubies (Albert). — Costumes et mise en scène, *fig.*, p. 7 à 13.

41148. Malherbe (Charles). — Un chapitre inédit des *Réflexions d'un solitaire*, de Grétry. De quel intérêt il est pour les sciences et les arts d'être protégé par des princes instruits, p. 14 à 17.

41149. Curzon (Henri de). — Histoire et mésaventures d'un opéra inédit. *Philémon et Baucis* de Sedaine et Montigny, p. 18 à 39.

41150. Ginisty (P.). — Joly [† 1839], *fig.*, p. 40 à 43.

41151. Estrée (Paul d'). — Un ami des comédiens [Robert, xviiie s.], p. 44 à 48.

41152. Couët. — L'affaire des poisons de la Comédie italienne [affaire Dufayel, 1779], p. 49 à 54.

41153. Gautier (Théophile). — Une fête de nuit au Pré Catelan en 1856, p. 55. — Coquelin aîné en 1862, p. 57. — Un plaidoyer pour Richard Wagner en 1868, p. 58.

41154. Anonyme. — Entre danseur et perruquier à l'Opéra en 1674, p. 60.

41155. Anonyme. — Comment on entrait à la Comédie-Française, comment on devenait sociétaire au xviiie siècle, p. 61.

41156. Ginisty. — Courrier des anciens théâtres, p. 61 à 65, et 130 à 134.

[Les Variétés (1811); Opéra-Comique (1814); Irving et Sullivan; Mme Pasta (1821); le ventriloque William Nicholson, p. 61. — Odéon (1867); Dumas et *Kean* aux Variétés; Castellano, p. 130.]

41157. Curzon (H. de). — Le théâtre au jour le jour, 1910, p. 66, 135, 192, et 255.

41158. Cohen (Gustave). — L'évolution de la mise en scène dans le théâtre français, p. 81 à 99.

41159. H. de C. [Curzon (H. de)]. — Les entrées à l'Opéra au xviiie siècle, p. 100 à 103.

41160. Ginisty (Paul). — Le théâtre obligatoire [d'après Rabelleau], p. 104 à 107.

41161. Curzon (H. de). — Souvenirs de l'Hôtel de Soubise. Concerts publics au xviiie siècle, p. 108 à 110.

41162. Lemaître (Frédérick). — Une tradition [dans *Trente ans ou la vie d'un joueur*], p. 111.

41163. Gautier (Théophile). — La version définitive de *l'Aventurière* (1860), p. 113 à 117.

41164. P. G. [Ginisty (P.)]. — Une opinion sur les comédiens [plaidoirie de Guyot de Pitaval, 1749], p. 117.

41165. H. de C. [Curzon (H. de)]. — Les débuts de Mme Duret à l'Opéra-Comique [an xii], p. 119.

41166. H. de C. [Curzon (H. de)]. — Un projet de refonte du *Castor et Pollux* de Rameau, p. 121 à 123.

41167. H. de C. [Curzon (H. de)]. — Garat, professeur (1816, 1818, 1822), p. 124 à 128.

41168. Anonyme. — Les doyens de la Comédie-Française [1658–1910], p. 129.

41169. Malherbe (Charles). — J.-B. Weckerlin (1821 † 1910), p. 156 à 161.

41170. Claretie (Jules) et Brisson (Adolphe). — Georges Monval (1845 † 1910), p. 162 à 168.

41171. Curzon (Henri de). — Quelques documents nouveaux pour servir à l'histoire de l'*Auberge des Adrets* [de Benjamin, Saint-Amand et Polyanthe], *fig.*, p. 173 à 178, et 215 à 233.

41172. Marandet (Amédée). — Un dénouement en action de l'*Iphigénie* de Racine, p. 179 à 184.

41173. Rovray (A. de) [Fiorentino]. — Une représentation du *Barbier de Séville* de Rossini à l'italienne [*Moniteur universel*, 25 octobre 1857], p. 185 à 188.

41174. Anonyme. — Gages et engagements de ménestrels au xve siècle [quittance de Jean Davignon, Colinet-Bourgeois et Albin, ménestrels du duc d'Orléans, 1413], p. 189.

41175. Anonyme. — Une lettre d'Octave Feuillet [1854], p. 190.

41176. Rondel (Auguste), Lascaris (Théodore). — Un lecteur et comédien de société au xviiie siècle. Le recueil de M. Le Texier. Une comédie inédite du duc de Lauzun, p. 201 à 214.

41177. Curzon (Henri de). — Un problème meyerbeerien [lettre de Meyerbeer concernant Adolphe Nourrit et A. Dumas, 1837], p. 234 à 236.

41178. Anonyme. — Deux débuts à la Comédie-Française.

Mlle Thenard (1777) [Saint-Maurice, *Journal de Paris*, 1er octobre 1777]; Mlle Reichenberg (1868) [Théophile Gautier, *Moniteur universel*, 21 décembre 1868], p. 237 à 240.

41179. ANONYME. — Un paquet de lettres, p. 241.

[Lettres de Hummel (1827), Bouffé (1843), G. Onslow (1847); Suzanne Brohan (1849), Frédéric Soulié (s. d.), V. Sardou (s. d.).]

41180. ANONYME. — Un souvenir de Frédérick Lemaître, p. 248.

41181. ANONYME. — Une matinée gratuite à la Comédie-Française en 1778, p. 249.

41182. ANONYME. — Le musicien qui compte des pauses [*Journal de Paris*, 13 janvier 1778], p. 250.

41183. ANONYME. — Une émule de Rachel, p. 250.

41184. ANONYME. — La police de la scène à l'Opéra au xviiie siècle, p. 251.

41185. ANONYME. — Gresset, p. 252.

41186. ANONYME. — Une aventure de Mlle Mars, p. 253.

41187. ANONYME. — Le buste de la Clairon, p. 253.

SEINE. — PARIS.

SOCIÉTÉ HISTORIQUE ET ARCHÉOLOGIQUE DU IVe ARRONDISSEMENT « LA CITÉ ».

Voir, pour les publications antérieures de cette Société, la table placée à la fin du présent fascicule.

V. — La Cité, Bulletin trimestriel de la Société historique et archéologique du IVe arrondissement de Paris. 9e année. (Paris, 1910, in-8°, 431 p.)

41188. TUETEY (A.). — La congrégation des filles de la Croix Guéménée, *fig.*, p. 8 à 20.

41189. DAUDET (Ernest) et SÉGUR (Pierre DE). — Le Tapissier de Notre-Dame [le maréchal de Luxembourg], *fig.*, p. 21 à 24.

41190. PITON. — Le premier four à Paris en l'an 1111. Dans la cité, le four de Barthelemy de Fourqueux et le four Basset, *fig.*, p. 25 à 34.

41191. BEAUREPAIRE (Edmond). — Une maison de la rue Saint-Antoine [n° 133], *fig.*, p. 35 à 41.

41192. ESTRÉE (Paul D'). — Un correspondant de Voltaire au Marais et à l'Arsenal [Thieriot], *fig.*, p. 42 à 46.

41193. LAMBEAU (Lucien). — Le balcon de Victor Hugo, place Royale, *fig.*, p. 47 à 51.

41194. ESTRÉE (Paul D') et G. H. [HARTMANN (G.)]. — Restif de La Bretonne. Les mémoires d'un noctambule, *fig.*, p. 52 à 61.

41195. HOGIER (Hector). — Nicolas Flamel, *fig.*, p. 62 à 66.

41196. G. H. [HARTMANN (G.)]. — Éphémérides du ive [1809], p. 68 à 74; — (1810), *fig.*, p. 187, 282, et 393.

41197. BEDHET. — Les coches d'eau, p. 74.

41198. ANONYME. — Charles Bordes [† 1909], p. 84.

41199. ANONYME. — Les inondations de Paris à travers les âges, p. 115 à 162.

41200. M. H. F. — Héloïse et Abélard au cloître Notre-Dame, p. 163 à 168.

41201. CHAVANON (J.). — A travers le Palais de Justice. Grève d'avocats sous Henri IV, p. 169 à 180.

41202. ANONYME. — L'Estacade de l'île Saint-Louis, p. 194 à 196.

41203. L'ESPRIT (A.). — Les marches de la place Baudoyer, p. 196.

41204. ANONYME. — Un cabaret historique [rue Pastourelle], p. 215.

41205. ALCANTER DE BRAHM. — Une bibliothèque sous la commune. L'Arsenal, *portr.*, p. 219 à 230.

41206. RICHARD (Élie). — Saint-Julien le Pauvre et l'Hôtel-Dieu, *fig.*, p. 231 à 242.

41207. REY et FÉNON. — Le musée des collections historiques de la Préfecture de police, p. 243 à 266.

41208. BOURDEIX (A.). — La rue de la Femme-sans-Tête, p. 296.

41209. ANONYME. — Le tapissier de Saint-Merri, p. 296. — Cf. n° 41220.

41210. L'ESPRIT (A.). — La porte de l'Hôtel-Dieu sur le quai aux Fleurs, p. 298.

41211. HARTMANN (Georges). — Le cloître Saint-Merri, la rue Brisemiche, la rue Taillepain, *fig.*, p. 315 à 353.

41212. L'ESPRIT (A.). — Les juges consulaires et le Tribunal de commerce, p. 354 à 367.

41213. PERRIN (A.). — La Piramide [de Jean Chastel], *fig.*, p. 368 à 372.

41214. LAMBEAU (Lucien). — L'iconographie de la Place Royale. Deuxième supplément, p. 373 à 391.

[Pour le début, voir *Correspondance historique et archéologique*, 1906, p. 178; 1907, p. 113.]

41215. ANONYME. — Nécrologe de la paroisse Saint-Paul [1786], p. 405.

41216. CHEVREUSE (Louis). — Le coin polonais, p. 406.

41217. Anonyme. — Racine, paroissien de Saint-Louis-en-l'Île, p. 409.

41218. Gaulot (Paul). — Une habitante de la rue des Vieilles-Étuves victime de la Terreur, p. 410 à 412.

41219. A. C. [Callet (A.)]. — L'ancien Palais de Justice, p. 414.

41220. Piton. — A propos du tapissier de Saint-Merry [Guillaume Escuacol et Jean Palée], p. 417. — Cf. n° 41209.

41221. Anonyme. — Berlioz au Marais, p. 419.

41222. P. d'E. [Estrée (P. d')]. — Chez les Minimes de la place Royale, p. 423.

SEINE. — PARIS.

SOCIÉTÉ HISTORIQUE DU VI° ARRONDISSEMENT.

Voir, pour les publications de cette Société antérieures à 1901, la table récapitulative de notre *Bibliographie générale;* et pour ses publications postérieures, la table placée à la fin du présent fascicule.

XIII. — Bulletin de la Société historique du VI° arrondissement de Paris, t. XIV [*lire:* XIII], année 1910. (Paris, s. d., in-8°, 300 p.)

41223. F. H. [Herbet (F.)]. — Nécrologie. M. Alexandre de Haye [1826 † 1910]; G. Monval [1845 † 1910], p. 37 à 39.

41224. Mouton (Léo). — Histoire d'un coin du Pré-aux-Clercs et de ses habitants. Du manoir de Jean Bouyn à l'École des Beaux-Arts, 6 *pl.*, p. 40 à 62, et 155 à 215.

41225. F. H. [Herbet (F.)]. — Nomenclature des voies anciennes et actuelles du vi° arrondissement, p. 63 à 88.

41226. Fromageot (Paul). — La rue du Cherche-Midi et ses habitants, 13 *pl.*, p. 89 à 138, et 216 à 283. — Suite de XI, p. 223; et XII, p. 66, et 166.

41227. Saunier (Ch.). — École royale des Beaux-Arts [moulages de monuments de Rome, 1824], p. 139.

41228. Deldet (D.-J.). — Le professeur Velpeau et le D' La Pommerais, p. 284.

41229. Dally (Ph.). — Inventaire des papiers de M. Victor Advielle conservés dans les archives de la Société historique du vi° arrondissement, p. 286 à 291.

SEINE. — PARIS.

SOCIÉTÉ HISTORIQUE ET ARCHÉOLOGIQUE DES VIII° ET XVII° ARRONDISSEMENTS DE PARIS.

Voir, pour les publications de cette Société antérieures à 1901, la table récapitulative de notre *Bibliographie générale;* et pour ses publications postérieures, la table placée à la fin du présent fascicule.

XII. — Bulletin de la Société historique et archéologique des VIII° et XVII° arrondissements de Paris, 12° année, 1910. (Paris, s. d., in-8°, 112 p.)

41230. Lemoine (Henri). — La construction des Feuillants de la rue Saint-Honoré (1600-1610), 2 *pl.*, p. 32 à 38.

41231. Foulon (Alfred). — Rapport à l'empereur Napoléon Ier par Fontaine, son premier architecte, sur les édifices publics de Paris en 1813, p. 39 à 52.

41232. Anonyme. — Projet de transformation de l'Arc de Triomphe en château d'eau, *pl.*, p. 53.

41233. Janry (Paul). — Arsène Houssaye à Beaujon, 2 *pl.*, p. 55 à 62.

41234. Duval (Gaston). — Notes sur l'Hôtel d'Évreux et ses abords, *pl.*, p. 75 à 83.

41235. Le Senne (Émile). — Un croquis de Saint-Aubin. Courses de chevaux aux Champs-Élysées en 1750, *pl.*, p. 84 à 92.

41236. Janry (Paul). — Le Palais de la Présidence [Élysée], 4 *pl.*, p. 93 à 100.

41237. Piton. — Joutes et tournois, *fig.*, p. 101 à 110.

SEINE. — PARIS.

SOCIÉTÉ D'ICONOGRAPHIE PARISIENNE.

Cette Société, fondée à Paris en 1908, fait paraître un *Bulletin* annuel abondamment illustré.

I. — Société d'iconographie parisienne, 1re année, 1908, 1er fascicule. (Paris, 1908, in-fol., xxii-82 p.)

41238. Tourneux (Maurice). — *Memoriæ majorum*, 6 *pl.*, p. 1 à 8.

[Gilbert, A. Bonnardot, *portr. en 2 états*, H. Destailleur, *portr. en 2 états;* J. Cousin, *portr. en 2 états;* A. de Champeaux, *portr. en 2 états.*]

41239. Farge (René). — L'incendie de l'Opéra en 1781, *fig.* et 8 *pl. en double état*, p. 9 à 28.

41240. Lazard (Lucien) — Montmartre en peinture, *fig.*, 7 *pl. en double état*, p. 29 à 56.

41241. Vuaflart (Albert). — L'Hôtel Flesselles, rue de la Culture-Sainte-Catherine, 2 *pl. en double état*, p. 57 à 64.

41242. Vuaflart (Albert). — Les embellissements de Paris proposés par l'architecte Moreau en 1769, p. 65 à 68.

41243. Vuaflart (Albert). — Un dessin d'Eugène Lami. L'entrée du duc d'Orléans à Paris, 4 juin 1837, 5 *pl.*, p. 69 à 72.

41244. Nocq (Henry). — Un paysage parisien de Corot. Le vieux Pont Saint-Michel, 2 *pl. en double état*, p. 73 à 75.

41245. Vuaflart (Albert). — L'Annexe de l'Hôtel-Dieu. La salle des Bienfaiteurs, *pl. en double état*, p. 76 à 80.

II. — Société d'iconographie parisienne, 2e année, 1909.

41246. Gaston (L'abbé Jean). — Les images des confréries parisiennes avant la Révolution. (Paris, 1910, in-fol., lvi-185 p., 60 *pl.*)

SEINE. — PARIS.

SOCIÉTÉ INTERNATIONALE DE MUSIQUE. SECTION DE PARIS.

Voir, pour les publications antérieures de cette Société, la table placée à la fin du présent fascicule.

VI. — S. I. M. Revue musicale mensuelle publiée par la Société internationale de musique (section de Paris). 6e année, 1910. (Paris, 1910, petit in-4°, 748 p.)

41247. Marcel (Henry). — L'iconographie d'Haydn, *fig.*, p. 17 à 33.

41248. Wyzeva (T. de) et Saint-Foix (G. de). — Une sonate oubliée de Joseph Haydn, p. 34 à 44.

41249. Greilsamer (Lucien). — Le baryton du prince Esterhazy, *fig.*, p. 45 à 56.

41250. Ritter (William). — Haydn et la musique populaire slave, p. 57 à 68.

41251. Tandler (Julius). — Le crâne d'Haydn, *fig.*, p. 69 à 74.

41252. Lyon (Gustave). — Une lettre d'Haydn à Ignace Pleyel, *facs.*, p. 75 à 77.

41253. Anonyme. — Haydn et le Conservatoire de Paris, *facs.*, p. 78.

41254. Rolland (Romain). — Les origines du style classique dans la musique allemande du xviii° siècle, p. 81 à 99.

41255. Hérold (F.). — Souvenirs inédits de Ferdinand Hérold. Un musicien français à Vienne en 1815, p. 100 à 111, et 156 à 170.

41256. Bertha (A. de). — Lettres de Moritz Hauptmann, p. 145 à 155.

41257. Malherbe (Ch.). — Édouard Colonne († 1910), p. 217 à 220.

41258. Quittard (H.). — Le théorbe comme instrument d'accompagnement, *fig.* et *pl.*, p. 221 à 237, et 362 à 384.

41259. Rolland (Romain). — Les plagiats de Haendel, p. 283 à 297, et 419 à 443.

41260. Masson (Paul-Marie). — Deux chansons bachiques de Rameau, p. 298 à 308.

41261. Landowska (Wanda). — Clavecin ou piano dans l'exécution des œuvres de Bach ? p. 309 à 322.

41262. Anonyme. — J.-B. Weckerlin, *fac.*, p. 385.

41263. Boschot (Adolphe). — La *Damnation de Faust* et la presse en 1846, p. 452 à 462.

41264. Heller (S.). — Mémoires inédits de Stephen Heller, p. 531, 608, et 685.

41265. Brenet (Michel). — Sur l'origine du *crescendo*, p. 564 à 570.

41266. Luirat (F.). — Quelques erreurs sur Cabezon (1510 † 1566), *pl.*, p. 604 à 607.

41267. Dwelshauvers (Dʳ). — Un document sur la musique belge [Liége], p. 648 à 661.

41268. Versepuy (Marius). — La bourrée d'Auvergne, *fig.*, p. 671 à 684.

SEINE. — PARIS.

SOCIÉTÉ DE LINGUISTIQUE.

Voir, pour les publications de cette Société antérieures à 1901, la table récapitulative de notre *Bibliographie générale;* et pour ses publications postérieures, la table placée à la fin du présent fascicule.

41269. Erkoot (A.). — Les éléments dialectaux du vocabulaire latin (Paris, 1909, in-8°, 247 p.)

[Collection linguistique, t. III.]

XV. — Bulletin de la Société de linguistique de Paris, n° 56. XV. (Paris, 1908, in-8°, civ p.)

XVI. — Bulletin de la Société de linguistique de Paris. XVI. (Paris, 1909-1910, in-8°, cdlvi p.)

41270. Charencey (Cᵗᵉ de). — Origine du nom de Pérou, p. ccix à ccxii.

41271. Charencey (Cᵗᵉ de). — Quelques étymologies euskariennes, p. cdxxii à cdxxix.

SEINE. — PARIS.

SOCIÉTÉ MÉDICO-HISTORIQUE.

Cette Société a été fondée à Paris le 2 mars 1908, dans le but moins d'étudier l'histoire proprement dite de la médecine, que l'histoire générale, la littérature et les arts envisagés dans leurs rapports avec la médecine. Le tome I du *Bulletin* de la Société, contenant les travaux pour les années 1909-1910, a paru en 1910.

I. — Bulletin de la Société médico-historique, 1909-1910. (Paris, s. d., in-8°, 271 p.)

41272. Ravaut (Dʳ). — Napoléon était-il malade à Waterloo ? p. 25 à 43.

41273. Cabanès (Dʳ). — Du concours que peut prêter la médecine à l'histoire, p. 45 à 59.

41274. Monét (André). — Les limites de la critique médico-psychologique dans le domaine littéraire, p. 60 à 67.

41275. Meige (Henry). — Les fous dans l'art, p. 68 à 74.

41276. Noury (D' P.). — L'alimentation des accouchées dans l'art, p. 76 à 82.

41277. Cabanès (D'). — Louis XI jugé par l'histoire, expliqué par la médecine, p. 83 à 94.

41278. Bougon (D'). — La grippe fébrile de Napoléon I⁰ᶜ à la Moscowa, p. 97 à 115.

41279. Brunon (D'). — Comment est morte Agnès Sorel, p. 116 à 127.

41280. Lombard (D' André). — Les philosophes, les artistes et les médecins, p. 130 à 135.

41281. Monéry (André). — Le rôle des névroses dans le *Triomphe de la mort* de Gabriele d'Annunzio, p. 136 à 161.

41282. Pluyette (D' E.). — L'accouchement de Myrrha, p. 164 à 181.

41283. Cabanès (D'). — La dernière maladie de Napoléon I⁰ᶜ; quelle a pu en être la cause? Pouvait-on la guérir? p. 184 à 192.

41284. Régis (D' L.). — Le dromomanie de Jean-Jacques Rousseau, p. 197 à 212.

41285. Monéry (André). — Le rôle des névroses dans l'*Enfant de la volupté* de Gabriele d'Annunzio, p. 214 à 226.

41286. Rayarit (D' Gabriel). — La neurasthénie de Murat en Espagne en 1808, p. 232 à 245.

41287. Semelaigne (D' René). — Comment est mort Daubenton, p. 246 à 250.

41288. Lombard (D' André). — Henriette d'Angleterre a-t-elle succombé naturellement? p. 253 à 268.

SEINE. — PARIS.

SOCIÉTÉ PHILOLOGIQUE.

Voir, pour les publications de cette Société antérieures à 1901, la table récapitulative de notre *Bibliographie générale*; et pour ses publications postérieures, la table placée à la fin du présent fascicule.

XXIX-XXXI. — Actes de la Société philologique, organe de l'OEuvre de Saint-Jérôme, t. XXIX[-XXXI] 1ᵉʳ[-3ᵉ] de la 3ᵉ série, année 1903[-1907], 3 vol. in-8°.

41289. Doulcet (Mᵍʳ). — Dictionnaire italien-bulgare-français. 3 vol. in-8°.

IV. — **L'Année linguistique**, publiée sous les auspices de la Société de philologie (organe de l'OEuvre de Saint-Jérôme), t. IV, 1908-1910. (Paris, 1912, in-16, 245 p.)

41290. Basmadjian (K. J.). — La linguistique arménienne, p. 7 à 12.

41291. Guidi (Ignazio). — Langue et littérature éthiopiennes, p. 13 à 58.

41292. Guérin (H.). — L'étude des langues égyptiennes et copte particulièrement de 1890 à 1910, p. 59 à 104.

41293. Vinson (Julien). — Les langues Kol ou Mundjâ, p. 105 à 115.

41294. Rivet (P.). — Les familles linguistiques du nord-ouest de l'Amérique du Sud, p. 117 à 154.

41295. Vinson (Julien). — Les langues artificielles, de Gulliver à l'Esperanto, p. 155 à 211.

SEINE. — PARIS.

SOCIÉTÉ PRÉHISTORIQUE DE FRANCE.

Voir, pour les publications antérieures de cette Société, la table placée à la fin du présent fascicule.

VII. — Bulletin de la Société préhistorique de France, t. VII, 7ᵉ année, 1910. (Paris, 1910, in-8°, 684 p.)

41296. Paniagua (A. de). — Marteaux en pierre de Scandinavie, p. 39.

41297. Martin (Dʳ Henri). — Fragment d'omoplate de bovidé avec traits gravés intentionnels trouvé dans le moustérien supérieur de la Quina (Charente), *fig.*, p. 40.

41298. Divers. — La tortue totem à l'époque du bronze et à l'époque néolithique, p. 42, 89, 140, 258, 312, 366, 497, et 558.

41299. Viré (Armand). — Rapport de la Commission d'étude des enceintes préhistoriques et fortifications anhistoriques. *fig.*, p. 45, 92, 161, 211, 271, 322, 387, 510, 568, et 646.

41300. Clastrier (S.). — Pierre molaire à rainures du Grand-Arbois (Bouches-du-Rhône), *fig.*, p. 61 à 80.

41301. Divers. — Presses et moulins primitifs, *fig.*, p. 86 à 88, et 376.

41302. Baudouin (Dʳ Marcel). — Les gravures sur rochers du Grand Chiron de Chauvitelières à l'île d'Yeu (Vendée), *fig.*, p. 100 à 121.

41303. Dumas (Ulysse). — Des temps intermédiaires entre la pierre polie et l'époque romaine, *fig.*, p. 122 à 136, et 186 à 200.

41304. Divers. — Le mot *chiron*, p. 141, 207, 263, 311, 368, 412, 444, 497, 553, et 636.

41305. Dubalen. — Les cristaux de quartz d'une station solutréenne (Landes), p. 143.

41306. Divers. — Sur les presses et moulins à huile primitifs, *fig.*, p. 144 à 149, 209, et 509.

41307. Divers. — A propos des cupules, *fig.*, p. 149 à 152.

41308. Vuarnet (E.). — La caverne des fées des Cervens (Haute-Savoie), p. 154.

41309. Hue (Edmond). — Pseudo-hachettes en micaschiste, p. 155 à 158.

41310. Anonyme. — Découverte de sépultures à Vallauris (Alpes-Maritimes), *fig.*, p. 159.

41311. Patte (Étienne). — Le polissoir d'Ormoy-Villers (Oise), *fig.*, p. 179 à 181.

41312. Reynier. — Les grès taillés de la Vignette, cⁿᵉ de Villiers-sous-Greez (Seine-et-Marne), p. 182 à 185.

41313. Divers. — Note sur l'emploi du mot « totémisme », p. 205.

41314. Camus (Paul). — Recherches sur les origines des populations de la Gaule occidentale à l'époque des dolmens, p. 226 à 233.

41315. Jullien (Dʳ J.) — Fouille d'un abri sous roche à Vernon (Ardèche), *fig.*, p. 233 à 236.

41316. Imbert (Martial). — Alignement de Château-Chervix (Haute-Vienne), *fig.*, p. 237 à 239.

41317. Vauvillé (O.). — Instruments variés de l'époque dite chelléenne d'un dépôt quaternaire de Mont-Notre-Dame (Aisne), p. 240 à 244.

41318. Cloutrier. — Les fouilles de Lion-en-Sullias (Loiret) exécutées en octobre 1867, *fig.*, p. 245 à 248.

41319. Delort (J.-B). — A propos des vases trouvés à Chastel-sur-Murat, p. 254.

41320. Reynier. — Trouvaille d'un lampion gaulois près d'une station néolithique [à Villers-lès-Rigault, Seine-et-Marne], p. 255.

41321. Givenchy (P. de). — Hache douteuse de bronze et outil faux en silex, p. 256.

41322. Borand. — Découverte à Nan-sous-Thil (Côte-d'Or), p. 262.

41323. Baudouin (Dʳ M.). — Le polissage de l'os par l'usure, à l'époque moustérienne, p. 262.

41324. Jacquot (L.). — Le fer de solipède du mont Rachaix, à Grenoble, p. 265.

41325. Divers. — Sur l'époque d'origine des fers de chevaux, p. 266.

41326. Patte (Étienne). — Pseudo-percuteurs et enclumes, p. 280.

41327. Giraux (Louis). — Nouvelles constatations sur des os utilisés du moustérien et du solutréen, *fig.*, p. 281.

41328. Reynier (Ph.). — Broyeurs et meules préhistoriques, p. 284.

41329. Cousset (Arthur). — Découverte de puits d'extraction de silex à Lamecourt, canton de Clermont (Oise), *fig.*, p. 287 à 290.

41330. Jullien (Dʳ). — La détermination chronologique des tessons de poteries, p. 291.

41331. Vauvillé (O.). — Pièces pa olithiques de Limé et de Paars (Aisne), p. 293 à 297.

41332. Vauvillé (O.). — Pièces paléolithiques de Ciry-Salsogne (Aisne), p. 297.

41333. Martin (D' Henri). — La percussion osseuse et les esquilles qui en dérivent, *fig.*, p. 299 à 304.

41334. Divers. — Le chien en préhistoire, p. 314, 372, 409, 498, et 556.

41335. Reynier. — La station chelléenne de Vaires (Seine-et-Marne), p. 318.

41336. Poutiatine (Prince P.-A.). — Os incisés trouvés dans une station lacustre en Russie [lac Bologoïe], *fig.*, p. 319 à 321.

41337. Ferton (Ch.). — Bonifacio à l'époque de la Grèce antique, *fig.*, p. 329 à 333.

41338. Ferton (Ch.) — Une œuvre d'art antique, Corse, p. 334.

41339. Dublange (A.). — Note préliminaire sur les alluvions pléistocènes de la vallée de la Dordogne, *fig.*, p. 336 à 352.

41340. Jacquot (L.). — Roches à cupules et à écuelles de l'arrondissement de Tizi-Ouzou, *fig.*, p. 353 à 358.

41341. Imbert (Martial). — Sur la chronologie des époques préhistoriques, p. 358 à 360.

41342. Crova (Mme). — Trois haches de pierre polie trouvées aux environs de Dakar, *fig.*, p. 379.

41343. Boutanquoi. — Haches polies et superstitions. Deux cas observés dans l'Oise, p. 380.

41344. Cousset. — Trouvailles néolithiques à Breuillet (Charente-Inférieure), p. 381.

41345. Reynier (Ph.). — Découverte d'un fond de cabane et de sépultures néolithiques à Lizy-sur-Ourcq (Seine-et-Marne), p. 382 à 384.

41346. Hébert (Marcel). — Les ossements de Grenelle et de Clichy, p. 384 à 386.

41347. Martin (D' Henri). — Astragale humain du moustérien moyen de la Quina, *pl.*, p. 391 à 397.

41348. Ballet (D'). — Quelques mots au sujet des mégalithes encore peu connus, *fig.*, p. 397 à 400.

41349. Giraux (L.). — Billot en phalange de bœuf à trois faces de la Quina (Charente), *fig.*, p. 401 à 403.

41350. Camus (Paul). — Note sur l'origine de la hache polie, p. 403 à 405.

41351. Vauvillé (O.). — Haches néolithiques du Soissonnais; fragment de hache polie de Pommiers, p. 406 à 408.

41352. Coutil (L.). — Le menhir, la pierre de l'Agour, à Saint-Nicolas d'Altez (Eure), p. 411.

41353. Godillot (Louis). — Les polissoirs néolithiques de la Vienne et de l'Indre, p. 413.

41354. Masfrand (A.). — Sépultures à incinérations [Saint-Sulpice-les-Feuilles], *fig.*, p. 415.

41355. Gobert (D' E.). — Balles polyédriques à facettes convexes du paléolithique nord-africain, *fig.*, p. 417 à 419.

41356. Mallet (Auguste). — Contribution à l'étude des

pétroglyphes et de leur signification dans la région des grès de Fontainebleau, p. 420 à 440.

41357. Hébert (Marcel). — Le chien en préhistoire, chiens totems et chiens sacrés, p. 441 à 443.

41358. Baudet (Pol). — Étude des haches polies du département de l'Aisne, p. 443 à 444.

41359. Cousset (Arthur). — La mosaïque de Paterre, à Chaillevette (Charente-Inférieure), p. 445 à 447.

41360. Baudouin (Marcel). — Épiphyses inférieures d'humérus d'équidés préparées pour servir de billots, trouvées au Crot du Charnier, à Solutré, p. 448 à 450.

41361. Reynier (Ph.). — Découvertes de fonds de cabanes à Ocquerre, p. 451 à 452.

41362. Gobert (E.). — L'évolution du capsien, *fig.*, p. 453, et 595 à 604.

41363. Levistre. — De l'authenticité de pierres à bassins du Centre de la France, *fig.*, p. 454 à 461.

41364. Givenchy (Paul de). — Mensuration de haches polies, et haches polies à tranchant varié, *fig.* et *pl.*, p. 462 à 471.

41365. Hue (Edmond). — A propos de l'origine de la hache polie, p. 472 à 476.

41366. Baudouin (Marcel). — Le menhir et le dolmen détruits de Pierre-Levée-du-Centre à l'île d'Yeu (Vendée), *fig.*, p. 477 à 488.

41367. Guebhard (A.). — La préhistoire au dehors, p. 502 à 506.

41368. Leconiat (Victor). — Découverte dans les Côtes-du-Nord, p. 506 à 508.

41369. Roland. — Les grottes néolithiques de Villevenard (Marne), *fig.*, p. 521 à 525.

41370. Baudouin (Marcel). — La nécropole à puits funéraires gallo-romains de Néris-les-Bains, p. 526 à 534.

41371. Aymar (Alphonse). — Découverte d'une petite idole de l'âge de la pierre polie à Lezoux (Puy-de-Dôme), *fig.*, p. 535 à 540.

41372. Collaye (Adrien). — Découvertes préhistoriques récentes dans les Ardennes, p. 560.

41373. Raymond (D' Paul). — La poterie préhistorique et les déviations de l'aiguille aimantée, p. 565 à 567.

41374. Coutil (L.). — Les casques de Bernières d'Ailly (Calvados), *fig.* et 2 *pl.*, p. 579 à 588.

41375. Poulain (Georges). — Sur un poinçon en os trouvé près de Vernon (Eure), *fig.*, p. 589.

41376. Le Quertier (P.). — Découvertes à Carteret (Manche) et dans les environs, p. 591 à 594.

41377. Coutil (L.). — Ébauches et instruments néolithiques à formes anormales trouvés dans le département de l'Eure, *fig.*, p. 639.

41378. Coutil (L.). — Armes de l'âge du bronze trouvées dans le département de la Seine-Inférieure, *fig.*, p. 641 à 643.

41379. Crova (Mme B.). — Hache polie portant des sculptures par érosion, 2 *pl.*, p. 661.

41380. Benoist (J.). — Contes [Pas-de-Calais], aperçu géographique, géologique et préhistorique, *fig.*, p. 665 à 674.

V. — Congrès préhistorique de France.
Compte rendu de la 5ᵉ session. Beauvais, 1909.
(Paris, 1910, in-8°, 771 p.)

41381. Commont (V.). — A propos d'éolithes, *fig.*, p. 67 à 77.

41382. Aveneau de La Grancière. — L'industrie acheuléenne dans le centre du Morbihan. Le paléolithique inférieur en Bretagne-Armorique, p. 78 à 81.

41383. Commont (V.). — Industrie des graviers inférieurs de la haute terrasse de Saint-Acheul, *fig.*, p. 82 à 90.

41384. Denoyelle (L.). — Le préhistorique de la ballastière de Rochy-Condé, Bailleul-sur-Thérain (Oise), *fig.*, 5 *pl.*, p. 91 à 100.

41385. Fouju (G.). — Présentation d'un coup-de-poing acheuléen et de racloirs moustériens recueillis aux environs de Beauvais, p. 101.

41386. Romain (Georges). — La station sous-marine dans la plage du Havre et les galets et éclats de silex travaillés par la mer sur le littoral de la Seine-Inférieure, *fig.*, p. 103 à 114.

41387. Commont (V.). — L'industrie moustérienne dans la région du nord de la France, *fig.*, p. 115 à 157.

41388. Deydier (Marc) et Lazard (Frédéric). — La Baume des Peyrards (Vaucluse), atelier paléolithique, *fig.*, 3 *pl.*, p. 158 à 187.

41389. Coutil (L.). — Cavernes aven et abris de la vallée de la Seine, près les Andelys (Eure), *fig.*, p. 188 à 197.

41390. Thiot (L.). — La faune paléolithique du département de l'Oise, p. 198.

41391. Rutot. — Nouvelles découvertes paléontologiques en Belgique, p. 200 à 202.

41392. Mary (Albert et Alexandre). — Essai sur les rapports de l'évolution hydrographique quaternaire et de la chorologie humaine aux environs de Beauvais (Oise), *fig.*, p. 203 à 214.

41393. Peabody (Charles). — Un voyage de reconnaissance dans l'extrême-ouest de l'État de Texas (États-Unis), *fig.*, p. 215 à 220.

41394. Thiot (L.). — Les silex faux de Beauvais, p. 221 à 234.

41395. Martin (Henri). — A propos de la poterie paléolithique dans la station de Beauregard, près de Nemours (Seine-et-Marne), *pl.*, p. 235 à 239.

41396. Patte (V.). — La préhistoire à Sérifontaine (Oise), p. 240 à 249.

41397. Debruge (A.). — La station préhistorique de Canneville près Creil (Oise), p. 250 à 253.

41398. Martin (Henri) et Hue (Edmond). — L'horizon de Jablines [Seine-et-Marne], contribution à l'étude du néolithique, *fig.*, p. 254 à 270.

41399. Muller (H.). — Découverte d'une station néolithique au moulin de Bozel (Savoie), *fig.*, p. 271.

41400. Robert (A.). — Armes et outils préhistoriques de la commune mixte de Maadid, département de Constantine (Algérie), *fig.*, p. 273 à 280.

41401. Guébhard (Paul). — Stations préhistoriques au Fouta Dialon, p. 281 à 289.

41402. Doigneau (A.). — Contribution à l'étude de l'industrie lithique des gisements tunisiens, *fig.*, p. 290 à 296.

41403. Rustafjaell (Robert de). — Résumé sommaire de l'âge de la pierre en Égypte. Civilisation et arts depuis les temps les plus reculés jusqu'à la fin de la Royauté moyenne, *carte*, p. 297 à 322.

[Traduit par M. Oscar Schmidt.]

41404. Courty (G.). — A propos des cavités circulaires ayant servi d'habitat à l'époque préhistorique en Beauce, p. 323 à 325.

41405. Plessier (L.). — Un dernier mot sur les silex de Fournival (Oise), *fig.*, p. 326 à 330.

41406. Plessier (L.). — Obliquité de l'emmanchement direct dans les haches polies, *fig.*, p. 331 à 341.

41407. Pagès-Allary. — De la valeur chronologique et déterminative des tessons de poterie dans les fouilles préhistoriques, *fig.*, p. 342 à 349.

41408. Tabariès de Grandsaignes. — Le préhistorique et particulièrement le dolménique dans la commune de Labbeville (Seine-et-Oise), p. 350 à 358.

41409. Baudouin (Marcel). — Recherche et découverte scientifiques, fouille et restauration de l'allée couverte de Crampoisic, en Saint-Mayeux (Côte-du-Nord), *fig.* et *pl.*, p. 359 à 385.

41410. Delage (Franck). — Dolmen inédit de La Villedieu, Magnac-Bourg (Haute-Vienne), *fig.*, p. 386 à 392.

41411. Viné (Armand). — Fouilles de M. André Niederlander dans les dolmens et tumulus de la gare de Rocamadour (Lot), p. 393 à 399.

41412. Hue (Edmond). — Les mégalithes de Bois-Rosier à Vergisson (Saône-et-Loire), *fig.*, p. 400 à 407.

41413. Gidon (Dʳ F.). — Menhirs-signaux péri-dolméniques et menhirs-signaux juxta-itinéraires. Le territoire avoisinant les sépultures dolméniques était-il taboué? p. 408 à 412.

41414. Levis (A.-L.). — Sur quelques monuments mégalithiques de l'Irlande, *fig.*, p. 413 à 421.

41415. Gidon (Dʳ F.). — Sur quelques variations du culte des cupules. Les cupules gallo-romaines d'Arles, p. 422 à 429.

41416. Girardot (Louis-Abel). — Recherches sur les palafittes du Jura occidental et spécialement sur la cité lacustre de Chalain, *fig.* et *pl.*, p. 430 à 462.

41417. Hue (Edmond). — Les canidés des palafittes du Jura français, *fig.*, p. 463 à 543.

41418. Muller (H.). — L'âge du cuivre dans les Alpes françaises. Sépultures de Fontaine-le-Puits (Savoie), *fig.*, p. 544 à 550.

41419. Morin-Jean (Alexis). — Présentation d'un vase en bronze, trouvé dans le département de l'Oise [à Compiègne]; explication de sa patine; diverses altérations des bronzes préhistoriques, p. 551 à 556.

41420. Baudouin (Marcel) et Lacouloumère (G.). — Découverte de quatre nouveaux puits funéraires (n°ˢ XXVIII à XXXI) dans la nécropole gallo-romaine de Troussepoil au Bernard (Vendée), *fig.* et 3 *pl.*, p. 557 à 585.

41421. Anne (T.-J.). — Les relations de la Suède et de l'Orient pendant l'âge des Vikings, *fig.*, p. 586 à 592.

41422. Coutil (L.). — Les monnaies des Bellovaques et leur dispersion dans l'Eure et la Seine-Inférieure, p. 593 à 598.

41423. Coutil (L.). — Essai d'inventaire des mottes et enceintes du département de l'Orne, *fig.*, p. 599 à 620.

41424. Atgier (Dʳ). — L'île de Ré et côtes voisines aux temps préhistoriques, protohistoriques et à l'époque gallo-romaine, *fig.*, p. 621 à 645.

41425. Muller (H.). — Résumé sur les récentes découvertes préhistoriques dans les Alpes depuis 1907, p. 646 à 650.

41426. Pagès-Allary. — Du côté pratique de la préhistoire par l'association du touriste au préhistorien, p. 651 à 653.

41427. Cotte (Ch.). — Les fouilles préhistoriques et le droit, p. 654 à 662.

41428. Anonyme. — Excursion aux dolmens à trous et aux puits d'extraction de silex. Trye-Château, Boury, Champignolles, *fig.*, p. 689 à 734.

41429. Anonyme. — Excursion de la ballastière de Bailleul et de la briqueterie de Sainte-Geneviève. Camp de Froidmont; dolmen de Villers Saint-Sépulcre, etc., *fig.*, p. 734 à 757.

SEINE. — PARIS.

SOCIÉTÉ DE REPRODUCTION DES DESSINS DE MAÎTRES.

Cette Société, fondée en 1908, publie un recueil annuel de planches accompagnées d'un texte explicatif; elle a en outre fait paraître une collection de reproductions de croquis de Gabriel de Saint-Aubin dont les deux premiers volumes ont été édités en 1909 et 1910.

41430. Divers. — Société de reproduction de dessins de maîtres, 1909. 1ʳᵉ année. (Paris, 1909, gr. in-fol., 24 *pl.*, avec texte.)

41431. Divers. — Société de reproduction de dessins de maîtres, 1910, 2ᵉ année. (Paris, 1910, gr. in-fol., 24 *pl.*, avec texte).

41432. Dacier (Émile). — Catalogues de ventes et livrets de salon illustrés par Gabriel de Saint-Aubin (Paris, 1909-1910, in-8°).

[T. I. 1. Catalogue de la collection Crozat (1755); 2. Livret du Salon de 1769 (1909, 91 p., 98 *pl.*). — T. II. 3. Catalogue de la vente A. Du Barry (1774); 4. Livret du Salon de 1777 (1910, in-8°, 63 p., 112 *pl.*)]

SEINE. — PARIS.

SOCIÉTÉ «LA SABRETACHE».

Voir, pour les publications de ·cette Société antérieures à 1901, la table récapitulative de notre *Bibliographie générale;* et pour ses publications postérieures, la table placée à la fin du présent fascicule.

XIX. — **Carnet de la Sabretache**, revue militaire rétrospective publiée mensuellement par la Société la Sabretache, 2ᵉ série, IXᵉ vol. (Paris, 1910, in-8°, 795 p.)

41433. Minart (Le commandant). — Lettres écrites pendant la campagne de Crimée par les frères Charles, Alfred et Édouard Minart, *portr.*, p. 1, 81, 145, 225, 257, 353, et 417. — Suite de XVIII, p. 801.

41434. Bagès (Commandant G.). — Lettres et souvenirs du commandant François Franconin [1788 † 1857], p. 17, 97, et 161. — Suite de XVIII, p. 721, et 785.

41435. Martin (Commandant Emmanuel). — Le journal intime du général de division de cavalerie Desvaux (1810-1884), *facs.*, 6 *pl.*, p. 33, 65, 129, 193, et 289. — Suite de XVII, p. 577, 640, 721; XVIII, p. 1, 65, 129, 225, 579, 641, 705, et 769.

41436. Noailles (Vᵗᵉ de). — Le colonel d'Angély (1735 † 1808), p. 177 à 191.

41437. Juster (Capitaine). — Jeu d'échecs militaire, *pl.*, p. 191.

41438. Depréaux (Albert). — Un portrait d'officier de vélites napolitains [J. Petetin] (1809), *pl. en coul.*, p. 241 à 244, et 306.

41439. Burat (E.). — La *Carte du militaire de France* de Lemau de La Jaisse [1730], *facs.*, p. 245 à 250.

41440. Lecoq (Henri). — Un épisode de la guerre d'Espagne en 1813, *portr.*, p. 251 à 255.

41441. Cottreau (G.). — Belsunce-Dragons (1779), *pl. en coul.*, p. 300.

41442. Tastes (Dʳ de). — Visite de Napoléon Iᵉʳ à la poudrerie d'Essonne en 1805, p. 301.

41443. Cottreau (G.). — Copie de la lettre adressée au Roi, le 26 juillet 1826 par le maréchal de Bellune, p. 305.

41444. Ribeiro Arthur (Général). — Marche tactique de la 2ᵉ compagnie des mousquetaires du Roi, orchestration de M. Yosé P. Biscaya, chef de musique du régiment d'infanterie portugaise n° 14, p. 307 à 311.

41445. Durieux (Joseph). — Le lieutenant Muller en Espagne, d'après un certificat des officiers du 4ᵉ régiment suisse (3ᵉ bataillon), p. 312 à 314.

41446. Marmottan (Paul). — Frais de poste et de mission alloués en 1812 aux officiers expédiés par Napoléon Iᵉʳ, p. 315 à 320.

41447. Fonjaudran (Étienne de) et Martin (Commandant Emm.). — Ma vie militaire, par le commandant de Lauthonnye (1789 † 1860), *fig.*, *pl.* et *facs.*, p. 321, 401, 449, 593, 673, et 705.

41448. Cottreau (G.). — Officier du 3ᵉ régiment suisse au service de France, tenue de route (Premier Empire), *pl. en coul.*, p. 369.

41449. Philip (Colonel de) et Mahon (Commandant). — La surprise de Vieux-Brisach (10 novembre 1704), p. 371 à 377.

41450. Bottet (Capitaine M.). — Les lieutenants de nosseigneurs les maréchaux de France, juges au tribunal du Point d'Honneur, *pl.*, p. 378 à 382.

41451. Depréaux (Albert). — Le 2ᵉ régiment de Gardes d'honneur pendant le blocus de Mayence (1813-1814), *portr.*, p. 385, 465, et 529.

41452. Cottreau (G.). — Esterhazy-Hussards (1779), *pl. en coul.*, p. 430.

41453. Diesbach (Cᵗᵉ Charles de). — Prise du Trocadéro (31 août 1823). Lettre du comte Romain de Diesbach de Belleroche, capitaine au 7ᵉ régiment d'infanterie de la garde royale (1ᵉʳ suisse), *portr.*, p. 431 à 434.

41454. Derrécagaix (Général). — Le lieutenant-colonel d'état-major Cassaigne [† 1855], *portr.*, p. 435 à 442.

41455. Barthes (Capitaine de frégate P.). — Règlement concernant le recrutement de la musique du corps royal de Marine en 1782, p. 443 à 448.

41456. Ribeiro Arthur (Général). — Uniforme de l'infanterie portugaise (1809-1814), *pl. en coul. sans texte.*

41457. Fromont (C. de). — Journal historique de la division de grenadiers d'Oudinot, recueilli par J. Dumas, docteur en médecine et chirurgien-major du bataillon d'élite du 28ᵉ régiment d'infanterie légère Grande Armée, 5ᵉ corps, années 1805 et 1806, p. 481 à 496, et 545 à 566.

41458. Marochetti. — En-tête de brevet de sous-lieutenant piémontais en l'an ix, *pl. sans texte.*

41459. Bourgoing (B°⁰ Pierre de). — Rôle de la Garde impériale à la bataille de Solférino, *pl.*, p. 497 à 510.

41460. Rebora (Général). — Au sujet de la plaque de schako d'artillerie (Premier Empire), *fig.*, p. 511.

41461. Anonyme. — Certificat relatif à des fournitures délivrées à un ancien brigadier d'Esterhazy-Hussards, *facs.*, p. 512.

41462. Loy (Lieutenant L.). — Souvenirs du cavalier Charles-Henri Lejeune, du 11° régiment de chasseurs à cheval (1805-1810), p. 513 à 527.

41463. Cottreau (G.). — Le comte Dorsenne [1778 † 1812], *portr. en couleur*, p. 528.

41464. Cottreau (G.). — Les frères Faucher, *portr.*, p. 541 à 543.

41465. Ponet (L.). — La famille valaisanne de Courten au service de la France, *portr.*, p. 567 à 575.

41466. Brun (André). — Le général Coffinières de Nordeck (1811 † 1887), 2 *portr.*, p. 577, 641, et 721.

41467. Pinet (G.). — Le colonel Charles Langlois [1789 † 1870], peintre de panoramas militaires, *fig.*, 2 *pl.*, p. 609 à 626.

41468. Goulard (D' Roger). — Notice sur le recrutement d'un soldat de la milice royale à Soignolles-en-Brie, en 1702, p. 627 à 629.

41469. Cottreau. — Régiment de Commissaire général de la cavalerie, 1779, *pl. en couleur*, p. 629.

41470. Durieux (Joseph). — La médaille des Invalides, p. 630 à 635.

41471. Martins (Commandant Emm.). — Monuments commémoratifs de la campagne de 1814, p. 636 à 640, et 763 à 765.

41472. Anonyme. — Projet de l'étendard de la Liberté à l'imitation de celui des Romains, présenté et dédié à M. le marquis de La Fayette par La Neuville, *pl. sans texte.*

41473. Martin (Commandant Emm.). — Rabelais stratégiste. Mémoire du colonel Ed. de La Barre-Duparcq, p. 689 à 702.

41474. Cottreau (G.). — Hussard de Bercheny (1779), *pl. en coul.*, p. 702.

41475. Dupuy (Ernest) et Martin (Commandant Emm.). — Lettres de Saint-Cyr et de campagne du colonel Sauret (1791 † 1871) et de son fils le capitaine Sauret (1826 † 1855), p. 737 à 752.

41476. Allart de Mesgrigny (Mme). — Le baron de Mesgrigny (1778 † 1849), *fig.* et *portr. en coul.*, p. 753.

41477. Cottreau (G.). — Le baron de Cambefort, colonel du régiment du Cap (1786-1792), *portr.*, p. 755.

41478. Bottet (Capitaine M.). — Bandoulière de gendarme écossais, *fig.*, p. 756 à 758.

41479. Maspero. — Inscription de la division Desaix gravée sur un pylône du temple de l'île de Philae, *pl. sans texte.*

41480. Pauniat (Commandant de). — Lettre du général Desaix au général Belliard du 12 thermidor an vii (30 juillet 1799), *facs.*, p. 759.

SEINE. — PARIS.

SOCIÉTÉ DE SAINT-JEAN.

Voir, pour les publications de ce Comité antérieures à 1901, la table récapitulative de notre *Bibliographie générale*; et pour ses publications postérieures, la table placée à la fin du présent fascicule.

XVII. — **Notes d'art et d'archéologie**, revue de la Société de Saint-Jean. 17° année, 1905. (Paris, [1905], gr. in-8°, 239 p.)

41481. Douillard. — A.-Charles-Henri Michel, p. 1 à 2.

41482. Anonyme. — Les lettres de Marie-Charles Dulac, p. 3, 25, 59. — Suite de XVI, p. 49, 73, 105, 121, 145, 173, et 217.

41483. Hallays (André). — Une visite dans les églises de Paris, p. 49, 89, et 113.

41484. Müller (Le chanoine Eugène). — Deux statuettes de l'Annonciation à Ailonne, *fig.*, p. 57 à 59.

41485. Pernin (Antoine Sainte-Marie). — Une exposition rétrospective à Lyon, p. 73 à 88.

41486. Keller (Alfred). — Écouen, son château et son église, p. 97 à 106.

41487. Berthelé (Jos.). — Mélanges critiques de bibliographie campanaire, p. 170 à 180, 197 à 202; et XVIII, p. 4.

[Diocèse de Limoges, Angoulême.]

41488. Anonyme. — Alexis Douillard [1835 † 1905], p. 193 à 196.

XVIII. — Notes d'art et d'archéologie, revue de la Société de Saint-Jean. 18ᵉ année, 1906. (Paris, s. d., in-8°, 240 p.)

41489. Bouillet (A.). — L'abbaye de Royaumont, p. 2, 33, et 51.

[41487.] Berthelé (Joseph). — Mélanges critiques de bibliographie campanaire, p. 4.

41490. Muntz (Eugène). — Les tapisseries du cardinal Wolsey et l'Histoire de Judith de la cathédrale de Sens, *fig.*, p. 97 à 115.

41491. Bosschère (Jean de). — Sculptures anciennes à Anvers, p. 194 à 212.

XIX. — Notes d'art et d'archéologie, revue de la Société de Saint-Jean. 19ᵉ année, 1907, (Paris, s. d., in-8°, 240 p.)

41492. Pidoux. — La Sainte-Chapelle de Dôle (1609-1614), p. 28 à 33.

41493. Croquez (Albert). — Saint-Arthemius de Zevecote, p. 34 à 36, et 50 à 53.

41494. Augé de Lassus. — Manet au Louvre, p. 76 à 87.

41495. Berthelé (Jos.). — Essai de catalogue des cloches du xiiiᵉ siècle encore existantes, p. 99 à 107.

41496. Belville (Eugène). — Marcel Rouillard (1859 † 1907), *fig.*, p. 218 à 223.

41497. Régnier (L.). — Bibliographie des travaux de M. l'abbé Bouillet, p. 223 ; et XX, p. 29 à 34.

XX. — Notes d'art et d'archéologie, revue de la Société de Saint-Jean. 20ᵉ année, 1908. (Paris, s. d., in-8°, 240 p.)

41498. Mascarel (Arnold). — Les Primitifs italiens, p. 1, 26, et 50.

[41497.] Régnier (L.). — Bibliographie des travaux de M. l'abbé Bouillet, p. 29 à 34.

41499. Schurr (Alexandre). — Les reliques de la Couronne de Pologne du Trésor de Notre-Dame de Paris, p. 77 à 81, et 105 à 106.

41500. Bauer (Jean). — Sainte-Marguerite d'Epfig (Alsace), p. 101 à 104, et 131 à 135.

41501. Paschoud (Louise). — L'influence de Martin Schongauer et d'Albert Durer sur les artistes suisses de la fin du xvᵉ et du commencement du xviᵉ siècle, p. 145, 169, et 193.

XXI. — Revue mensuelle de la Société de Saint-Jean. Notes d'art et d'archéologie, 21ᵉ année, 1909. (Paris, s. d., gr. in-8°, 188 p.)

41502. Augé de Lassus (L.). — Jacques Wagrez, p. 9 à 12.

41503. Anonyme. — Un essai d'inventaire des richesses d'art religieux en France [en 1875], p. 33 à 40.

41504. Pidoux (P.-A.). — Notes liturgico-archéologiques sur la garde de la Sainte Réserve eucharistique depuis les origines de l'Eglise, *fig.*, p. 51, 141, et 158.

41505. A. M. — Les portraits de Jeanne d'Arc, *fig.*, *pl.*, p. 78 à 81.

41506. Cochin (H.). — Un peintre dominicain au xixᵉ siècle, le R. P. Hyacinthe Besson, 2 *pl.*, p. 106, 123, et 137.

41507. Denis (Maurice). — Quelques notes d'histoire et d'esthétique sur l'Image de piété, 2 *pl.*, p. 171 à 176.

41508. E. G. — Charles Bordes († 1909), p. 176 à 178.

XXII. — Revue mensuelle de la Société de Saint-Jean. Notes d'art et d'archéologie, 22ᵉ année, 1910. (Paris, s. d., in-8°, 168 p.)

41509. Loisel (L'abbé). — Saint Bernard fut-il l'adversaire résolu du mouvement artistique au xiiiᵉ siècle, p. 13 à 16, et 26 à 28.

41510. Bernard (Émile). — Églises menacées, *fig.*, p 71 à 77.

[Arthonnay (Yonne), *fig.*, Melisey, *fig.*]

41511. Chirol (Pierre). — L'église d'Eu, p. 120 à 127.

SEINE. — PARIS.

SOCIÉTÉ DE STATISTIQUE.

Voir, pour les publications de cette Société antérieures à 1901, la table récapitulative de notre *Bibliographie générale*; et pour ses publications postérieures, la table placée à la fin du présent fascicule.

La Société, à l'occasion de son cinquantenaire, a fait paraître l'ouvrage indiqué ci-après sous le n° 41512; elle a en outre publié en 1911 une table générale de son *Journal* de 1860 à 1910 (voir notre n° 41526).

41512. Divers. — Société de statistique de Paris. La Société de statistique. Notes sur Paris. A l'occasion du cinquantenaire de la Société et de la XII° session de l'Institut international de statistique. (Nancy, 1909, in-8°, LXVI-220 p.)

XLIV-XLV. — Journal de la Société de statistique de Paris, t. XLV, 1904. (Paris, 1904, gr. in-8°, 436 p.)

XLVI. — Journal de la Société de statistique de Paris, t. XLVI, 1905. (Paris, 1905, gr. in-8°, 432 p.)

41513. Levasseur (Émile). — M. Clément Juglar, p. 125.

XLVII. — Journal de la Société de statistique de Paris, t. XLVII, 1906. (Paris, 1906, gr. in-8°, 428 p.)

41514. Fontaine (Arthur) et Roulleau (G.). — M. Pierre des Essars († 1906), p. 53 à 56.

XLVIII. — Journal de la Société de statistique de Paris, t. XLVIII, 1907. (Paris, 1907, gr. in-8°, 428 p.)

41515. Anonyme. — Mouvement de la population de Paris par paroisses en 1671, p. 18 à 20.
41516. Limousin (Ch.-M.). — Statistique de la franc-maçonnerie, p. 208 à 220.

XLIX. — Journal de la Société de statistique de Paris, t. XLIX, 1908. (Paris, 1908, gr. in-8°, 436 p.)

41517. Bleklov (S.). — A. I. Tchouprow († 1908), p. 161.

L. — Journal de la Société de statistique de Paris, t. L, 1909. (Paris, 1909, gr. in-8°, 580 p.)

41518. A. de F. [Foville (A. de)]. — Ch. Th. von Inama-Sternegg [1843 † 1908], p. 20.
41519. Levasseur (E.). — M. Carroll D. Wright (1840 † 1909), p. 135.
41520. Levasseur (E.). — Statistique des batailles et des pertes causées par la guerre depuis trois siècles, p. 224 à 236.
41521. March (L.). — Le développement des institutions d'assistance publique en France depuis le milieu du siècle dernier, p. 236 à 250.

LI. — Journal de la Société de statistique de Paris, t. LI, 1910. (Paris, 1910, gr. in-8°, 500 p.)

41522. Schelle (G.). — Note sur la statistique en France au milieu du XVIII° siècle, p. 6 à 10.
41523. Bellom (Maurice). — Émile Cheysson, p. 107.
41524. March (Lucien). — Von Juraschek, p. 235.
41525. Bertillon (D' J.). — D' Guttstadt, p. 378.

41526. Salefranque (Léon). — Journal de la Société de statistique de Paris. Table alphabétique et analytique des matières contenues dans la collection du Journal du 1er juillet 1860 au 31 décembre 1910 (t. I à LI), et Liste alphabétique des auteurs avec l'indication de leurs principaux articles. (Paris, 1911, gr. in-8°, 87 p.)

SEINE. — PARIS.

SOCIÉTÉ DES TEXTES FRANÇAIS MODERNES.

Voir, pour les publications antérieures de cette Société, la table placée à la fin du présent fascicule.

41527. CHAMARD (Henri). — Joachim Du Bellay. OEuvres poétiques II. — Recueil de sonnets. Édition critique. (Paris, 1910, in-16, xiv-300 p.)

[Le tome I a paru en 1908.]

41528. BONNEFON (Paul). — Correspondance de Jean-Baptiste Rousseau et de Brossette, publiée d'après les originaux, avec une introduction, des notes et un index. T. I. 1715-1729. (Paris, 1910, in-16, xv-308 p.)

41529. GAIFFE (Félix). — Thomas Sebillet. Art poétique français, édition critique avec une introduction et des notes. (Paris, 1910, in-16, xxvi-226 p.)

41530. MERLANT (Joachim). — E. de Senancour. Rêveries sur la nature primitive de l'homme, édition critique, t. I. (Paris, 1910, in-16, xiv-255 p.)

SEINE. — PARIS.

SOCIÉTÉ DES TRADITIONS POPULAIRES.

Voir, pour les publications de cette Société antérieures à 1900, la table récapitulative de notre *Bibliographie générale;* et pour ses publications postérieures, la table placée à la fin du présent fascicule.

XXV. — Société des traditions populaires... Revue des traditions populaires..., t. XXV, 25ᵉ année. (Paris, 1910, in-8°, 476 p.)

41531. COSQUIN (Emmanuel). — Étude de folklore comparé. Le conte de *La Chaudière bouillante* et *La feinte maladresse* dans l'Inde et hors de l'Inde, p. 1, 65, 126, et 207.

41532. BASSET (René). — Les taches de la lune, p. 18 à 20, et 416.

41533. MACLER (F.). — Quatre contes chaldéens, p. 20 à 31. — Suite de XXIII, p. 327; et XXIV, p. 24.

41534. NIPPGEN (J.). — Notes sur quelques croyances, superstitions, coutumes religieuses, etc., des nègres de l'Afrique orientale, p. 31 à 37.

41535. DIVERS. — Les empreintes merveilleuses, p. 38, et 187.

[EDMONT (E.). Menhir de l'Écluse; Les pieds de saint Vaast; Le pas de saint Martin. — ZELTNER (F. DE). Au Soudan. — BASSET (R.). Soudan oriental.]

41536. LA CHESNAYE (Jehan DE). — Mimologismes vendéens, p. 39 à 42.

41537. NIPPGEN (J.) et BASSET (R.). — La chanson de Bricou, p. 43 à 46, et 250 à 251.

41538. DIVERS. — Coutumes de mariage, p. 46, et 408.

[DESCAMPS (Aug.). L'arbre des épousailles, p. 56. — SEBILLOT (P.). Le saut de la rivière, p. 408.]

41539. BOURCHENIN (Daniel). — Chansons qu'on chante en Béarn, p. 47 à 50.

41540. EDMONT (Ed.). — Les redevances féodales, p. 50

41541. HAROU (Alfred). — Le folklore d'un coin de la Famenne (provinces de Namur et du Luxembourg), p. 51 à 58.

41542. ROBERT (Achille). — Poésie arabe sur une discussion entre une femme arabe et une femme chaouïa de la région d'Aïn-Mlila (Constantine), p. 58 à 60.

41543. BASSET (René). — Le rêve du trésor sur le pont, version arabe, p. 86 à 88. — Cf. XIII, p. 193.

41544. NIPPGEN (J.). — Contes des Ten'a [Alaska], p. 88, 174, 219, et 280.

41545. Philipot (E.). — Deux fêtes archaïques à Avesnes en 1814, p. 101 à 103.

41546. Divers. — Les météores, p. 103, 172, 416, et 443.

[Basset (R.). Comètes, p. 103; l'arc-en-ciel, p. 416, 443. — Edmont (E.). Comètes, éclipses, trabes, p. 172.]

41547. Lédieu (Alcius). — Origine du culte rendu à quelques saints en Picardie, p. 104.

41548. Laurent (Pierre). — Sorcellerie contemporaine, p. 105.

41549. P. S. [Sébillot (P.)]. — D'Arbois de Jubainville [† 1910], p. 106.

41550. Saintyves (P.), Harou (Alfred). — Ceintures magiques et processions enveloppantes, p. 113 à 123, et 294.

41551. Basset (René). — Contes et légendes de la Grèce ancienne, p. 123 à 126, et 289 à 293. — Suite de XI, p. 643; XII, p. 607, 656; XIII, p. 273, 599, 663; XVI, p. 24, 199, 369, 501, 559, 663; XVII, p. 279, 411, 507; XVIII, p. 1, 240, 533; XIX, p. 111, 165; XX, p. 83, 141; XXI, p. 78, 172, 225, 448; XXII, p. 9, 99, 258; XXIII, p. 164; et XXIV, p. 48.

41552. Basset (René). — Le bâton qui reverdit [légende du Maroc], p. 141.

41553. Bonnet (Marie). — Traditions orales des vallées vaudoises du Piémont, p. 142, 193, 252, 295, 350, 396, et 444.

41554. Bourgeois (Henri). — La légende de Suur-Töll, le géant d'Oesel [Esthonie], p. 154 à 172.

41555. Divers. — Contes et légendes de Basse-Bretagne, p. 185, 271, 318, 372, et 410. — Cf.

41556. Basset (René). — Contes et légendes arabes, p. 209 à 215, et 458. — Suite de XI, p. 502; XII, p. 65, 243, 337, 400, 477, 633, 668; XIII, p. 217, 476, 569, 617; XIV, 54, 118, 165, 213, 285, 350, 438, 480, 627, 704; XV, p. 22, 105, 143, 190, 281, 353, 459, 526, 606, 665; XVI, p. 37, 108, 165, 240, 395, 457, 583, 652; XVII, p. 34, 91, 148, 480; 606; XVIII, p. 136, 213, 347; XIX, p. 120, 250, 311, 422; XX, p. 267; XXI, p. 188, 273, 389, 440; XXII, p. 69, 215; XXIII, p. 74, 227, 373; et XXIV, p. 1, 107, 189, 257, et 353.

41557. Harou (Alfred), Filleul-Pétigny. — Mythologie et folklore de l'enfance, p. 216 à 218, et 456.

41558. Harou (Alfred). — Les pourquoi, p. 228.

41559. Cock (A. de). — Les statues qu'on ne peut déplacer. Variantes wallonnes du Hainaut, p. 229 à 235.

41560. Divers. — Légendes et superstitions préhistoriques, p. 234, 311, et 419.

[Bordj-Menaiel, Tanger, Landes, Gers.]

41561. Divers. — Traditions et superstitions de la Haute-Bretagne, p. 235, 312, 376, et 422.

41562. Saintyves (P.). — L'apparition miraculeuse des eaux, p. 241 à 249.

41563. Basset (René). — Les villes englouties, p. 275, et 394.

[Athènes et Éleusis au bord du lac Copaïs; châteaux de Wittichenau, de Kosel et de Zaugenberg (Lusace), p. 275. — Lac Issyk-Koul (Sibérie); le château fondu près La Châtre, p. 394.]

41564. Harou (Alfred). — Les mines et les mineurs, p. 277.

41565. Mazeret (Ludovic) et P. S. [Sébillot (P.)]. — Coutumes de la Saint-Jean, p. 277, 313, et 362.

41566. Edmont (Ed.). — Anciennes coutumes du pays d'Artois, p. 278.

41567. Divers. — Petites légendes chrétiennes, p. 282, et 409.

[Harou (A.). Jésus enterré sur le littoral belge, p. 282. — Kerbeuzec (H. de). Chapelle de saint Budoc à Landrieux, chapelle de saint Caradeuc à Langas, église de Vildé-Bidon, p. 409.]

41568. P. S. [Sébillot (P.)]. — Madame Destriché [† 1910]; Alfred Nutt [† 1910], p. 282.

41569. Divers. — Rites et usages funéraires, p. 310.

41570. Mazeret (Ludovic). — Les chasses fantastiques, p. 313.

41571. Joseph (Gaston). — Contes de la Côte d'Ivoire, p. 314, et 439.

41572. Mazeret (Ludovic). — Notes sur la sorcellerie en Gascogne, p. 316 à 318.

41573. Nippgen (J.). — Contes kalmouks, p. 324.

41574. Sébillot (Paul). — Bourgault-Ducoudray, p. 226.

41575. Beauquier (Charles). — La cuisine populaire de Franche-Comté, p. 333 à 346.

41576. Mazeret (Ludovic) et Kerbeuzec (H. de). — Pèlerins et pèlerinages, p. 346 à 349.

[Landes; fontaine de Sainte-Raffine à Aureillan, fontaines de Sainte-Anne, Saint-Magloire, à Langolen.]

41577. Duine (F.). — Les esprits forts à la campagne, p. 349.

41578. Harou (Alfred). — Les inventions modernes, p. 358.

[La photographie et les amoureux; horloges, aérostats.]

41579. Frison (Joseph). — Traditions et superstitions de la Basse-Bretagne, p. 359.

41580. P. S. [Sébillot (P.)]. — Charivaris et brimades p. 360.

41581. Harou (Alfred) et Mazeret (Ludovic). — Médecine superstitieuse, p. 361.

41582. Vaugeois (Marie-Edmée). — Proverbes et dictons du pays nantais, p. 363 à 371.

41583. Dunsky (Otton). — Les formules de conjuration tchèques comparées aux formules des autres nations, p. 381 à 393.

41584. Basset (René). — Les ongles, p. 408.

41585. Mazeret (Ludovic). — Légendes sur l'origine de l'homme. Origine de la femme dans les Landes, p. 417.

41586. Laurent (Pierre). — L'évolution du costume. Le costume breton au commencement du xix* siècle, p. 418.

41587. P. S. [Sébillot (P.)]. — Poésies sur des thèmes populaires, p. 420.

41588. P. S. [Sébillot (P.)] et Hanou (Alfred). — La mer et les eaux, p. 423.

41589. Gaudefroy-Demombynes. — Les cérémonies du mariage à Wargla [Ouargla], p. 429 à 438.

41590. Basset (René). — La fraternisation par le sang, p. 438.

41591. La Chesnaye (Jehan de). — Croyances et superstitions de Noël, p. 441.

41592. Hanou (Alfred). — Les cimetières, p. 459.

41593. Huet (G.). — Coutumes superstitieuses de la Saint-Jean au haut moyen âge, p. 461 à 465.

41594. Filippi (Julie). — Contes de l'île de Corse, p. 466 à 468.

SEINE. — PARIS.

SOCIÉTÉ ARCHÉOLOGIQUE, HISTORIQUE ET ARTISTIQUE «LE VIEUX PAPIER».

Voir, pour les publications antérieures de cette Société, la table placée à la fin du présent fascicule.

VIII. — Bulletin de la Société archéologique, historique et artistique le Vieux Papier, t. VIII, 1er semestre 1910. (Paris, 1910, gr. in-8°, 396 p.)

41595. Jarry (Paul). — Vieux Paris, vieux papiers, *fig.*, et 3 *pl.*, p. 2 à 16.

41596. Wiggishoff (J.-C.). — La gravure et les livres illustrés, des origines à Louis XIV, *fig.*, p. 17 à 26, et 97 à 116.

41597. Van Heurck (Em.) et Boekenoogen (G.-J.). — L'imagerie populaire [flamande], *fig.*, p. 27 à 44.

41598. Tausin (Henri). — Les ex-libris de Laurent de Lionne, *fig.*, p. 45 à 52.

41599. Barthélemy (A.). — Barthélemy et Vivarez il y a cent cinquante ans [ordre de baptême, Montpellier 1752], p. 53.

41600. L'Esprit (A.). — Essai de classement des culs-de-lampe et frontispices, *fig.*, p. 54 à 58.

41601. Vivarez (H.). — A propos d'un usage mondain [registre mortuaire], p. 59 à 62.

41602. Flobert (Paul) et Henry-André. — Ex-libris, p. 63, et 67 ; et IX, *fig.* et *pl.*, p. 67, et 285.

41603. Pellisson (Jules). — Instituteur primaire nommé par un évêque [à Saint-Geniès, diocèse de Périgueux, 1828], p. 78.

[41666.] Monmarché (Marcel). — Images de piété espagnoles, 2 *pl.*, p. 80.

41604. Dujardin (Victor). — Un cachet de grand comédien [F. Lemaître] en 1845, *facs.*, p. 81.

[41645.] Devaux (A.). — Papiers et parchemins timbrés de France, *fig.*, p. 82, 249, et 363.

[41646.] Delpy (A.). — Essai d'une bibliographie spéciale des livres perdus, ou connus à l'état d'exemplaire unique, p. 92, 265, et 374.

41605. Daymard (Dr). — Les vieux chants populaires de France, *fig.*, p. 119 à 129.

41606. Chamboissier (L.). — Les oraisons funèbres, *fig.*, p. 131 à 139.

41607. Voisin (Dr Henri). — Documents sur Napoléon Ier et sa famille, *fig.*, p. 148 à 167 ; IX, *fig.*, p. 117 à 127.

41608. Dujardin (Victor). — Le livre de raison commencé en 1568 par Jacques Pouille, et continué jusqu'à nos jours par ses descendants de la famille Bocquet, p. 168 à 174.

41609. Cisternes (R. de). — Le portrait de Gérard Honthorst par Philippe de Champaigne, p. 179.

41610. Cottreau (G.). — La compagnie des Gardes de la porte du Roi, *facs.*, p. 181 à 186.

41611. Wiggishoff (J.-C.). — Les mémoires pour servir à l'histoire de la maison de Brandebourg (éd. de 1750), p. 187.

41612. Dujardin (Marius). — Comment classer et conserver les vieux papiers de famille? p. 188 à 193.

41613. Creste (G.). — A propos du passage du grand Saint-Bernard par l'armée française en 1800, 2 *pl.*, p. 194 à 202. — Cf. n° 41652.

41614. Jarry (Paul). — Paul-Nicolas Menière, contribution à l'histoire des orfèvres parisiens, p. 203 à 210.

41615. Vivarez (Henry). — Les palmarès [des Maisons d'éducation] de la Légion d'honneur, p. 211 à 214.

41616. Taurin. — Une feuille sensitive [réclame commerciale anglaise, vers 1815], p. 215.

41617. Chamboissier (Léon). — Les lettres de cachet, *facs.*, p. 217 à 227.

41618. Pellisson (Jules). — Souvenirs mortuaires, *fig.*, p. 228 à 231.

41619. Daymard (Dr). — Un menu comme on en voit peu [Tonkin], *fig.*, p. 232.

41620. Dupuy (Paul). — Deux billets mortuaires p. 236.

[Ctesse de Lannoy Clervaux († 1820), Marguerite Talon Vve Raudot († 1674).]

41621. Cochon (J.). — Les plaintes du papier, vieux souvenir classique, *fig.*, p. 238 à 241.

41622. Vivarez (Henry). — Les palmarès du Collège des Bons-Enfants à Reims, *fig.*, p. 242 à 245.

41623. Bridoux (G.). — Un registre de fabrique [Ableiges] au xviii° siècle, p. 246 à 248.

41624. Pellisson (Jules). — Sur l'imagerie populaire à Périgueux, *fig.*, p. 276.

41625. Pellisson (Jules). — L'entrée du papier à Toulouse en 1786, p. 277.

41626. Vivarez (Henry). — Foires du temps passé, *fig.*, p. 281 à 297.

41627. Vivarez (Henry). — Devins, sorciers, magiciens d'autrefois et d'aujourd'hui, *fig.*, p. 308 à 325.

41628. Pellisson (Jules). — Notes et documents sur les passeports, *fig.*, p. 326 à 341.

41629. Rolland (Antonin). — Mariage militaire en 1810 [Hautes-Alpes], p. 342 à 345.

41630. Cochon (J.). — La bibliothèque et les ex-libris de Lalande. Un livre rare légué à l'Académie des Sciences détourné, p. 346 à 349.

41631. Comtesse (Dr Alfred). — Le *Cisio Janus*, p. 350 à 352.

41632. Jarry (Paul). — A propos des omnibus, p. 353 à 358.

41633. Clermont-Tonnerre (Bon T. de). — Avis de décès du roi Louis XV, p. 359.

41634. Chamboissier (L.). — L'origine des cartes postales, p. 361. — Cf. n° 41657.

41635. Comtesse (A.). — Certificat de contentement [Neuchâtel (Suisse), 1763], p. 384.

41636. Pellisson (Jules). — La plus petite paroisse de Paris : Sainte-Marine en la Cité, *fig.*, p. 386.

41637. Pellisson (Jules). — Une distribution de prix à Saint-Brieuc sous le premier Empire, p. 387.

IX. — Bulletin de la Société archéologique, historique et artistique le Vieux Papier, t. IX, 2° semestre 1910, (Paris, 1910, gr. in-8°, 348 p.)

41638. Perrot (Victor). — Un vieux canard : *Le pourtraict véritable de la bataille donnée entre Paris et Sainct-Denis, le 10 novembre 1567, par Jean Le Maistre, commenté par Théodore Agrippa d'Aubigné* (1616), *fig.* et *pl.*, p. 3 à 15.

41639. Flobert (Paul). — La gloire en bouteilles, causerie sur les étiquettes de vins et de liqueurs, p. 16 à 23.

41640. Févelat (Edmond). — Vieux papiers et souvenirs d'un combattant de Crimée, *pl.*, p. 25 à 34.

41641. Esquieu (L.). — L'armée d'autrefois. Le racolage et les racoleurs, *fig.*, 4 *pl.*, p. 35, 139, et 245.

41642. Cisternes (R. de). — Les charlatans, p. 53 à 57.

41643. Pellisson (Jules). — Sur le télégraphe aérien, p. 58 à 60.

41644. Vivarez (Henry). — Silhouettes et physionotraces, p. 61 à 66.

[41602.] Flobert (Paul) et Henry-André. — Nos ex-libris, *fig.* et *pl.*, p. 67, et 285.

41645. Devaux (A.). — Papiers et parchemins timbrés de France, p. 83, 188, 323. — Suite de III, p. 234, 290, 379; IV, p. 40, 129, 202, 306, 377, 458; V, p. 59, 231, 303, 458; VI, p. 54, 138, 232, 311, 395, 464; VII, p. 56, 134, 220, 299, 364, 442; VIII, p. 82, 249, et 363.

41646. Delpy (A.). — Essai d'une bibliographie spéciale des livres perdus, ignorés ou connus à l'état d'exemplaire unique, p. 93, 198, 333. — Suite de I, p. 322, 381, 455, 500; II, p. 31, 94, 157, 220, 272, 323, 378, 438, 505, 565, 625, 681; III, p. 43, 119, 179, 263, 321, 404; IV, p. 66, 141, 238, 315, 399, 477; V, p. 69, 146, 326, 481; VI, p. 68, 149, 244, 325, 405, 476; VII, p. 68, 146, 228, 314, 384, 454; VIII, p. 92, 265, et 374.

41647. Vivarez (H.). — Deux curiosités postales, p. 101 à 103.

41648. Flobert. — L'illustration des cartes de visite et des cartes d'adresse, *fig.*, p. 105 à 109.

41649. Huot (Léon). — Des monitoires, p. 110 à 116, et 302 à 310.

[41607.] Voisin (Dr Henri). — Documents sur Napoléon 1er et son entourage, *fig.*, p. 117 à 127.

41650. L'Esprit (A.). — Les prospectus. Contribution à l'histoire de la réclame à Paris, *fig.*, p. 128 à 135, et 311 à 317.

41651. Pellisson (Jules). — Layetiers, coffretiers, emballeurs, p. 136 à 138.

41652. Comtesse (Dr Alfred). — A propos du passage du Grand Saint-Bernard par l'armée française en 1800, p. 155 à 160. — Cf. n° 41613.

41653. Quenaidit (Commandant). — Le premier timbre régimentaire français, p. 161.

41654. Nicolaï (Alexandre). — La carte à jouer en Guyenne, *fig.* et *pl.*, p. 163 à 174. — Suite de VII, p. 22, 204, 288, 359.

41655. Vivarez (Henry). — A propos du télégraphe aérien, p. 175 à 178.

41656. Pellisson (Jules). — Une loterie de charité à 30 francs le billet, p. 179 à 182.

41657. Quinet (F.-A.). — Sur l'origine des cartes postales, p. 183 à 184. — Cf. n° 41634.

41658. Jarry (Paul). — L'hôtel Renaissance de la rue d'Antin, p. 185 à 187.

41659. Pellisson (Jules). — Une pièce funéraire de colportage [translation du corps du maréchal Bertrand, 1847], *facs.*, p. 209.

41660. Pelisson (Jules). — Une lettre de Sully-Prudhomme, p. 211.

41661. Quinet (F.-A.). — L'instruction primaire au xviii° siècle dans un village de Franche-Comté [Montmirey-le-Château], p. 213.

41662. Pellisson (Jules). — Le 3° bataillon de la Charente. Extraits du journal d'un volontaire (1792-1794), *fig.*, p. 217 à 234.

41663. Quenaidit (Commandant). — Prix et attestation de prix, *facs.*, p. 237 à 239.

41664. Vivarez (Henry). — Sur un lot de vieilles ordonnances de police, p. 240 à 244.

41665. Jarry (Paul). — Les pierres qui tombent. La rue Basse-du-Rempart, p. 261 à 263.

41666. Monmarché (Marcel). — Images de piété espagnoles, 6 *pl.*, p. 264. — Suite de VII, p. 428; et VIII, p. 80.

41667. Pellisson (Jules). — Une affiche de théâtre sous la Restauration, *fig.*, p. 266.

41668. Quenaidit (Commandant). — Réponse d'un élève sorcier qui ne croit guère au diable, p. 268 à 284.

41669. Pellisson (Jules). — Vieux papier de tapisserie, p. 299.

41670. Vivarez (Henry). — Deux services municipaux au milieu du xviii° siècle. Les voitures et l'éclairage publics à Nancy, p. 318 à 322.

41671. Vivarez (Henry). — A propos de la mort de Henri IV, p. 341 à 343.

41672. Pellisson (Jules). — Sur les écoles chrétiennes du diocèse de Périgueux, *fig.*, p. 343.

41673. Anonyme. — Un billet de service funèbre [à la mémoire de Louis XVI et de Marie-Antoinette à Dunkerque, 1814], *facs.*, p. 344.

SEINE. — PARIS.

UNION DES ARTS DÉCORATIFS.

Voir, pour les publications de cette Société antérieures à 1901, la table récapitulative de notre *Bibliographie générale;* et pour ses publications postérieures, la table placée à la fin du présent fascicule.

41674. Metman (Louis) et Brière (Gaston). — Le Musée des arts décoratifs, Palais du Louvre, Pavillon de Marsan, publié sous la direction de M. Louis Metman. (Paris, s. d., in-fol.)

[Le Bois, par Louis Metman, Gaston Brière, 2 vol. 112 p., *pl.*, et 16 p., *pl.* — Le Métal. I. Le Fer, par Louis Metman, H. Le Secq des Tournelles, 44 p. 130 *pl.*; II. Le Bronze, le cuivre, l'étain, le plomb, par Louis Metman, J.-L. Vaudoyer, 22 p., 80 *pl.*, et 20 p., 86 *pl.*]

SEINE-ET-MARNE. — BRIE-COMTE-ROBERT.

SOCIÉTÉ D'HISTOIRE ET D'ARCHÉOLOGIE DE BRIE-COMTE-ROBERT, MORMANT-TOURNANT ET LA VALLÉE DE L'YÈRES.

Les tomes I et II du *Bulletin* de cette Société sont analysés dans notre *Bibliographie annuelle*, t. II, fasc. 1, p. 140, et t. III, fasc. 1, p. 161.

III. — **Bulletin et Compte rendu des travaux de la Société d'histoire et d'archéologie de Brie-Comte-Robert, Mormant-Tournan et la vallée de l'Yères, t. III.** (Brie-Comte-Robert, 1908-1910, in-4°, xx-204 p.)

41675. Blondeau (E.). — Château de Passy (c^ne de Chevry-Cossigny), *fig.*, p. 1 à 4.

41676. Mottheau (Ch.). — Ravages des guerres. Destruction du fief du four de Brie-Comte-Robert [xv° s.], p. 4.

41677. Leroy (G.). — Autour de Melun : Vert-Saint-Denis, Pouilly-le-Fort, Éprunes, Réau, p. 6 à 8.

41678. G. L. [Leroy (G.)]. — Notice sur Combs-la-Ville, p. 8 à 11.

41679. E. B. [Blondeau (E.)]. — Ferolles-Attilly, *fig.*, p. 11 à 13.

41680. Mottheau (Ch.). — Le tour de la vallée de l'Yerres, p. 14, 32, 47, 62, 86, 94, 163, 180, et 201.

> [Villeneuve-Saint-Georges, Crosne, Yerres, la Grange du Meilieu, les Camaldules, l'Abbaye, Brunoy, Mandres, Périgny, Varennes-Jarcy, Combs-la-Ville, Vaux-la-Reine, Quincy-sous-Senart, Jarcy, Boussy-Saint-Antoine.]

41681. Crèvecoeur (Lionel de). — La Jonchère et Sous-carrière, c^{ne} de Lesigny, *fig.*, p. 15 à 17, et 33 à 38.

41682. Blondeau (E.). — Les fortifications de Champeaux, *fig*, p. 17 à 20.

41683. Mottheau (Ch.). — Des haches en pierre, p. 20 à 22.

41684. Anonyme. — Gabriel Leroy (1834 † 1909), p. 22.

41685. Drouin (Georges). — Origine du nom de Férolles, p. 23.

41686. Blondeau (E.). — Les remparts de Crécy, *fig.*, p. 24 à 32.

41687. Mottheau (Ch.). — Le pont de Boussy, récit légendaire, *fig.*, p. 38 à 40.

41688. Leroy (G.) et Paillard (H.). — Melun dans le passé, p. 40, 67, 112, 135, 149.

41689. Drouin (G.). — Notice historique sur le château de la Barre à Férolles, p. 49 à 54.

41690. Blondeau (E.). — Recherches sur les uniformes des compagnies d'arquebusiers de Seine-et-Marne, *fig.* et 4 *pl.*, p. 55, 77, 95, 121, 137, 153, et 193.

41691. Morel (René). — Les dictons des compagnies de l'arquebuse, p. 65 à 67.

41692. L. C. — Excursion à Fontainebleau et à Moret, *fig.*, p. 69 à 75.

41693. Morel (René). — Récits et légendes de la Brie. La poule noire de Samuel Bernard, comte de Coubert, p. 75 à 77.

41694. Drouin (Georges). — Jehan de Brie, l'Art du berger au moyen âge, p. 83 à 86, et 98 à 100.

41695. Sénéchal (Gaston). — Note sur les noms portés par les habitants de Combs-la-Ville au ixe siècle, p. 89 à 94.

41696. Rayon (E.). — Un héros de Waterloo. Le général Jacquinot (Melun, 1772-Metz, 1848), p. 101 à 104.

41697. Morel (René). — G. Leroy et sa légende du Pendu reconnaissant, p. 105 à 108.

41698. Blondeau (E.). — Le château de Mauny, *fig.*, p. 108 à 111.

41699. Goulard (Dr R.). — Notice historique sur Suisnes, *fig.*, p. 114 à 120.

41700. Rayon (E.). — Un acte du roi Philippe Ier concernant Combs-la-Ville, p. 123 à 129.

41701. Drouin (G.). — Le général Jeanningros (1816 † 1902), *portr.*, p. 130 à 131.

41702. Lecomte (Maurice). — Note sur l'hôtel-Dieu de Brie-Comte-Robert à la fin de l'ancien Régime, p. 131 à 135.

41703. Goulard (Dr R.). — Monographie historique de Servon (Seine-et-Marne), *fig.*, p. 143, 164, et 185.

41704. Morel (René). — Récits et légendes de la Brie. Sous la Terreur. La vengeance d'un régisseur infidèle, p. 157 à 159.

41705. Drouin (G.). — Le dernier seigneur de Brie-Comte-Robert, de Chevry, de Lesigny, de Férolles, d'Aubervilliers et autres lieux : le duc de Penthièvre (1725 † 1793), *portr.*, p. 160, 182, et 197.

41706. Anonyme. — Une fête civique à Provins (19 août 1793), p. 169.

41707. Blondeau (E.). — Recherches sur les drapeaux de Seine-et-Marne, 4 *pl.*, p. 170 à 176.

41708. Morel (René). — Promenades historiques, archéologiques et pittoresques dans les cantons de l'arrondissement de Melun, p. 177 à 179.

> [Mormant.]

41709. R. G. — Un marchand droguiste ambulant [Pierre René] au xviiie siècle, p. 202 à 204.

SEINE-ET-MARNE. — FONTAINEBLEAU.

SOCIÉTÉ HISTORIQUE ET ARCHÉOLOGIQUE DU GÂTINAIS.

Voir, pour les publications de cette Société antérieures à 1901, la table récapitulative de notre *Bibliographie générale;* et pour ses publications postérieures, la table placée à la fin du présent fascicule.

XXVIII. — **Annales de la Société historique et archéologique du Gâtinais, t. XXVIII.** (Fontainebleau, 1910, in-8°, xix-368 p.)

41710. LEFÈVRE (L.-Eug.). — Le parement d'autel de la comtesse d'Étampes au trésor de Sens (xiv° s.). Étude comparative avec la peinture historique du Palais royal d'Étampes, *fig.*, et *pl.*, p. 1 à 44.

41711. STEIN (Henri). — Le sculpteur Gois et sa statue du chancelier de L'Hopital, p. 45 à 50.

41712. ROY (Maurice). — Quelques hôtels de Fontainebleau au xvi° siècle, p. 51 à 74.

41713. BAFFOY (A.). — Château-Landon. Les derniers jours de l'abbaye Saint-Séverin, p. 75 à 151.

41714. ANDRÉ (Louis). — Un polissoir à Buno-Bonnevaux, p. 152.

41715. MARTELLIÈRE (P.). — Une sépulture mérovingienne à Boigneville, p. 153.

41716. BERNOIS (L'abbé C.). — Histoire de Lorris, p. 161 à 306.

41717. STEIN (Henri). — Quelques lettres inédites du Primatice, p. 307 à 325.

41718. DENIZET (D'). — Une nuit dans les prisons de Château-Landon en 1648, p. 326 à 333.

41719. STEIN (Henri). — Documents inédits sur le prieuré de Villemoutiers et la vicomté de Fessard, [xi°-xiv° s.], p. 334 à 358.

SEINE-ET-MARNE. — MEAUX.

COMITÉ D'HISTOIRE ET D'ARCHÉOLOGIE DU DIOCÈSE DE MEAUX.

Voir, pour les publications de ce Comité antérieures à 1901, le tome VI de notre *Bibliographie générale;* et pour ses publications postérieures, la table placée à la fin du présent fascicule.

IV. — **Bulletin d'histoire et d'archéologie du diocèse de Meaux, t. IV.** (Meaux, 1904-1908, in-8°, 380 p.)

41720. VERNON (A.). — L'église Saint-Denis de Coulommiers d'après les anciens comptes de la marguillerie, p. 7 à 26.

41721. CARRIÈRE (Victor). — La paroisse et l'église de Melz-sur-Seine, p. 33 à 72.

41722. L. R. — Le schisme en France à la fin du xviii° siècle, p. 73 à 76.

41723. LECOMTE (Maurice). — Supplément à la chronologie des évêques de Meaux, p. 77 à 79.

41724. CHAPPELLET (Auguste). — Annet-sur-Marne au point de vue religieux de 1791 à 1795, p. 80 à 89.

41725. LECOMTE (Maurice). — La vie religieuse de la paroisse Saint-Ayoul de Provins à la fin du xvii° siècle, p. 90 à 98.

41726. CARRIÈRE (Victor). — Les Établissements religieux de Melz-sur-Seine, p. 99 à 140.

41727. STEIN (Henri). — Les comptes de l'église de Montereau-sur-le-Jard (1571-1578), p. 141 à 146.

41728. STEIN (Henri). — La chapelle des Piquelot à Lizy-sur-Ourcq [1348], p. 157.

41729. LECOMTE (Maurice). — Un correspondant briard d'André Duchesne. Constantin oratorien (?), p. 159 à 167.

41730. LECOMTE (Maurice). — L'église de Saint-Germainles-Couilly en 1768, p. 168 à 171.

41731. STEIN (Henri). — Notice sur le cartulaire du prieuré de la Maison-Dieu en Brie, p. 172 à 176.

41732. LECOMTE (Maurice). — Sur deux anciennes

chartes relatives aux Trinitaires de Cerfroid (1212-1219), p. 177 à 189.

41733. LECOMTE (Maurice). — Note sur la reconstruction de l'église de Villiers-sur-Morin au XVIII° siècle, p. 190 à 191.

41734. LECOMTE (Maurice). — Note sur la tentative de réformation de l'abbaye de Lagny en 1231-1234, p. 192.

41735. LECOMTE (Maurice). — Notes de glyptique et de sigillographie Seine-et-Marnaises, p. 194 à 196.

41736. CARRIÈRE (V.). — Cartulaire des Templiers de Provins, p. 202 à 378.

SEINE-ET-MARNE. — MEAUX.

SOCIÉTÉ LITTÉRAIRE ET HISTORIQUE DE LA BRIE.

Voir, pour les publications de cette Société antérieures à 1901, le tome VI de notre *Bibliographie générale*; et pour ses publications postérieures, la table placée à la fin du présent fascicule.

IV. — Bulletin de la Société littéraire et historique de la Brie..., t. IV, fasc. 3-5.

41737. GASSIES (G.). — 41° congrès des Sociétés savantes tenu à Bordeaux en avril 1903. (Meaux, 1904, in-8°, 16 p., *pl.*)

41738. HUSSON (G.). — 70° congrès archéologique de France tenu à Poitiers en juin 1903. (Meaux, 1905, in-8°, 22 p., *pl.*)

41739. MELAYE (Albert). — La forêt de Montgé en 1778. (Meaux, 1907, in-8°, 14 p., *pl., carte.*)

SEINE-ET-MARNE. — PROVINS.

SOCIÉTÉ D'HISTOIRE ET D'ARCHÉOLOGIE DE L'ARRONDISSEMENT DE PROVINS.

Voir, pour les publications de cette Société antérieures à 1901, la table récapitulative de notre *Bibliographie générale*; et pour ses publications postérieures, la table placée à la fin du présent fascicule.

Le sommaire du *Bulletin* de cette Société de 1901 à 1910, tel qu'il est présenté ci-dessous, correspond à une collection complète, en dépit de toutes les irrégularités de tomaison et de pagination qu'il fait apparaître.

41740. CHAUVET (Ernest). — Nangis, recherches historiques. (Provins, 1910, in-8, VI-157 p., *portr., pl.*)

Bulletin de la Société d'histoire et d'archéologie de Provins, t. V, n° 1, février 1901. (Provins, s. d., in-8°, 8 p.)

41741. BUISSON (G.). — Notes sur le cimetière gaulois de Montigny-Lencoup (III°-II° s. avant J.-C.), *fig.*, p. 4 à 8.

Bulletin de la Société d'histoire et d'archéologie de Provins, t. VI, n° 2[-5] 1901 [-1902]. (Provins, s. d., in-8°, 57 p.)

41742. MARIN (Ad.). — Notice historique sur Vieux-Champagne, *fig., pl.*, p. 1 à 57.

Bulletin de la Société d'histoire et d'archéologie de Provins, t. VI, n° 6, septembre

1902 [et t. VI, n° 7, novembre 1902, et t. VII,
n°˙ 8 à 11, janvier à novembre 1903, t. VIII,
n°˙ 12, 12 *bis* et 13, février à août 1904].
(Provins, s. d., in-8°, 162 p.)

[22 p. de table ont paru avec le fascicule de janvier 1905.]

41743. Bonno (L'abbé). — Histoire de l'abbaye de la
Forêt de Jouy-le-Châtel, p. 1 à 162 et 22 pages de
table non ch.

**Bulletin de la Société d'histoire et d'archéo-
logie de Provins**, t. II, n° 1, janvier 1905.
(Provins, s. d., in-8°, 24 p.)

41744. Rogeron (L.). — La léproserie de Close-Barbe,
p. 1 à 24.

**Bulletin de la Société d'histoire et d'archéo-
logie de Provins**, t. II, n° 2, septembre 1905
[t. II, n° 3, novembre 1905, et t. III, n° 1,
février 1906 à t. III, n° 5, novembre 1906, et
t. IV, n° 1, janvier 1907 à t. IV, n° 3, avril
1907, et t. V, n° 1, mai 1908 à t. V, n° 2,
août 1908]. (Provins, s. d., in-8°, 210 p.)

41745. Ditsch (E.). — Guide itinéraire descriptif, historique et archéologique de Provins, de ses monuments
et curiosités, p. 1 à 185.

[Excursions aux environs de Provins, p. 165 à 185.]

41746. Anonyme. — La rose de Provins [son histoire],
p. 186 à 188.
41747. Anonyme. — Rues de Provins, p. 189 à 210.

**Bulletin de la Société d'histoire et d'archéo-
logie de Provins**, t. V, n° 3, novembre 1908.
(Provins, s. d., in-8°, 22 p.)

41748. Rogeron (L.). — Les vieilles enseignes de Provins, p. 1 à 22.

**Bulletin de la Société d'histoire et d'archéo-
logie de Provins**, t. VI, n° 1[-3] février
1909[-décembre 1909]. (Provins, s. d., in-8°,
16, 12 et 7 p.)

N° 1.

41749. Antheaume. — Notes sur la famille Le Goux et
Bernard de Champigny, p. 3 à 6.
41750. Anonyme. — Anne Victoire de Clermont-Montglas,
miraculée de Port-Royal, p. 7 à 11.
41751. Chauvet. — Un baptême mouvementé [à Nangis
en 1691], p. 12 à 16.

N° 2.

41752. Rogeron (L.). — Les plaques historiques, *fig.*,
p. 6 à 10.

[Château de Villegagnon; maison de Victor Garnier à Provins.]

41753. Rogeron. — Statuette gauloise et clef de bronze
trouvées à Sainte-Colombe, *pl.*, p. 11.

**Bulletin de la Société d'histoire et d'archéo-
logie de l'arrondissement de Provins**,
t. VII, année 1910. (Provins, s. d., in-8°,
16 p.)

41754. Gallois (G.). — Un poète oublié [Hector de
Saint-Maur, 1808 † 1879], p. 5 à 9.

SEINE-ET-OISE. — CORBEIL.

SOCIÉTÉ HISTORIQUE ET ARCHÉOLOGIQUE DE CORBEIL, D'ÉTAMPES ET DU HUREPOIX.

Voir, pour les publications de cette Société antérieures à 1901, la table récapitulative de notre *Bibliographie générale;* et pour ses publications postérieures, la table placée à la fin du présent fascicule.

IX. — Mémoires de la Société historique et archéologique de Corbeil, d'Étampes et du Hurepoix, t. IX.

41755. Coquelle (P.). — Album des objets mobiliers artistiques classés de Seine-et-Oise, t. I. (Paris, 1910, in-8°, viii-24 p., 96 *pl.*)

XVI. — Bulletin de la Société historique et archéologique de Corbeil, d'Étampes et du Hurepoix, 16° année 1910. (Corbeil, 1910, in-8°, xxiii-160 p.)

41756. A. D. [Dufour (A.).]. — Le Dr Paul Boucher (1841 † 1909), *portr.*, p. 1 à 3.
41757. A. D. [Dufour (A.).] — Un manuscrit de l'abbé Guiot [cantons du district de Corbeil, 1790], *pl.*, p. 8 à 56, et 77 à 132.

41758. A. D. [Dufour (A.).]. — La poudrerie d'Essonnes et l'explosion du 27 octobre 1788, p. 57 à 60.
41759. Dufour (A.). — Les portes de Corbeil, p. 61 à 64.
41760. Cochin (Claude). — Un épisode de la légation du cardinal Chigi en France (1664), p. 133 à 137.
41761. Legrand (Maxime). — Hachette en amphibole trouvée au Mesnil-Voisin, Bouray (S.-et-O.), *fig.*, p. 138 à 142.
41762. Anonyme. — Bibliographie (1910-1911), p. 143 à 149.
41763. Anonyme. — Ville de Corbeil. État nominatif des rues, places, quais et ruelles de la ville de Corbeil avec l'indication du nombre des cartouches portant inscription des lieux, exécutés par le sieur Hadancourt, soumissionnaire, sous la surveillance du sieur Lobgeois, ingénieur délégué par M. le maire de Corbeil (1821), p. 156 à 159.

SEINE-ET-OISE. — PONTOISE.

SOCIÉTÉ HISTORIQUE ET ARCHÉOLOGIQUE DE L'ARRONDISSEMENT DE PONTOISE ET DU VEXIN.

Voir, pour les publications de cette Société antérieures à 1901; la table récapitulative de notre *Bibliographie générale;* et pour ses publications postérieures, la table placée à la fin du présent fascicule.

La Société du Vexin fait figurer sur la liste de ses publications un certain nombre d'opuscules qui ne sont que des tirages à part d'articles publiés par ses membres dans des recueils divers, pour la plupart déjà organes d'autres Sociétés savantes; nous ne retiendrons pas ici les brochures ayant cette origine, seuls les ouvrages suivants, parus récemment, doivent être considérés comme publiés directement par la Société.

41764. Depoin (Joseph). — Cartulaire de l'abbaye de Saint-Martin de Pontoise, 5° fascicule. (Pontoise, 1909, in-4°, p. 451 à 494.)
[Les fasc. 1 à 4 ont paru de 1895 à 1904.]

41765. Depoin (J.). — L.-D.-C. Guériteau. Opuscules biographiques. Vie de Jean Coqueret. Vie du Dr André Duval. Vie de Robert Guériteau. (Pontoise, 1909, in-8°, ii-151 p., *portr.*)

41766. Mallet (Ernest). — Les élections du bailliage secondaire de Pontoise en 1789. (Pontoise, 1909, in-8°, 422 p.)

XXIX. — **Mémoires de la Société historique et archéologique de l'arrondissement de Pontoise et du Vexin, t. XXIX. (Pontoise, 1909[-1910], in-8°, 179 p.)**

41767. Depoin (J.). — Louis Aigoin, *portr.*, p. 33 à 39.

41768. Régnier (Louis). — Dons faits par Charles VII, Louis XI et Charles VIII pour la reconstruction des églises de Notre-Dame de Pontoise, Notre-Dame de Montfort et Notre-Dame de Cléry, *pl.*, p. 49 à 67.

41769. Coquelle (P.). — Le prieuré grandmontain de Montcient-Fontaine, près Sailly (Seine-et-Oise), 4 *pl.*, p. 69 à 96.

41770. Rey (Aug.). — Le château de la Briche et la Belle Gabrielle, *pl.*, p. 117 à 131.

41771. Anonyme. — Excursion à Mantes, Fontenay-Saint-Père et Vétheuil, p. 133 à 135.

41772. Régnier (Louis). — L'église de Vetheuil, 4 *pl.*, p. 137 à 174; XXX, 5 *pl.*, p. 33 à 70.

41773. Aubert (Victor) et Depoin (J.). — Pierre criobolique découverte à Herbeville *pl.*, p. 175.

41774. Aubert (Victor). — Le cloître de Saint-Évroul de Maule, *pl.*, p. 177.

XXX. — **Mémoires de la Société historique et archéologique de l'arrondissement de Pontoise et du Vexin, t. XXX. (Pontoise, 1910, in-8°, 237 p.)**

41775. Depoin (J.). — Le chanoine Charles Pillon [† 1910], p. 23.

41776. Le Rouxe (Victor). — Arsène Sarazin [1824 † 1910], p. 25 à 27.

41777. Grave (E.). — Robert Gériteau [† 1644], p. 29 à 32.

[41772.] Régnier (Louis). — L'église de Vetheuil, 5 *pl.*, p. 33 à 70.

41778. Grave (E.). — Jean-Baptiste Massieu, curé de Cergy, évêque constitutionnel de Beauvais, conventionnel, *portr.*, p. 71 à 98.

41779. Depoin (J.). — Une affaire d'honneur au xvii° siècle. Le duel de Gui de Chaumont et du brave Gauville, p. 105 à 111.

41780. Pierrox (Le chanoine). — Jeanne Séguier, en religion Jeanne de Jésus, carmélite à Pontoise [1596 † 1675], p. 113 à 235.

SEINE-ET-OISE. — RAMBOUILLET.

SOCIÉTÉ ARCHÉOLOGIQUE DE RAMBOUILLET.

Voir, pour les publications de cette Société antérieures à 1901, la table récapitulative de notre *Bibliographie générale;* et pour ses publications postérieures, la table placée à la fin du présent fascicule.

XXI. — **Mémoires de la Société archéologique de Rambouillet... Série in-8°, t. XXI. (Versailles, 1910, in-8°, 621 p.)**

41781. Rhein (André). — La seigneurie de Montfort en Iveline depuis son origine jusqu'à son union au duché de Bretagne (x°-xiv° s.), *fig.*, p. 1 à 363.

41782. Beauffils (P.). — Épigraphie de l'église de Chatignonville, *fig.*, p. 364 à 373.

41783. Anonyme. — Montfort-l'Amaury. Le onzième pardon d'Anne de Bretagne le 23 mai 1909. Le corsaire Cornic, Élisa Mercœur, les *Martyrs* de Chateaubriand, p. 374 à 404.

41784. Lorin (F.). — Notice sur le comte de Dion [1823 † 1909], *fig.*, p. 405 à 438.

41785. Lorin (F.). — La Société archéologique de Rambouillet à Rochefort-en-Yvelines, *fig.*, p. 439 à 466.

41786. Lorin (F.). — Historique sommaire de Rochefort-en-Yvelines et de ses possesseurs du xi° siècle au xx° siècle, p. 467 à 482.

41787. Durand (Roger). — Famille Dallonville ou d'Allonville, *fig.*, p. 483 à 498.

41788. Guyot (Joseph). — Les fêtes du centenaire du poète Regnard à Dourdan, p. 501 à 597.

SEINE-ET-OISE. — VERSAILLES.

COMITÉ DE RECHERCHE ET PUBLICATION DES DOCUMENTS RELATIFS À LA VIE ÉCONOMIQUE DE LA RÉVOLUTION.

Voir, pour les publications antérieures de ce Comité, la table placée à la fin du présent fascicule.

IV. — Département de Seine-et-Oise. Recherche et publication de documents relatifs à la vie économique de la Révolution. Comité départemental de Seine-et-Oise. Bulletin de 1909-1910. (Versailles, 1910, in-8°, 109 p.)

41789. Couärd (E.). — Ormoy-en-Brie. Une communauté d'habitants lilliputienne à la veille de la Révolution, *plan*, p. 27 à 43.

41790. Gatin (L.-A.). — Orage du 13 juillet 1788, p. 44 à 51.

41791. Defresne (A.). — L'avocat Linguét à Marnes-la-Coquette (de 1791 à 1793), p. 52 à 78.

41792. Raulet (Lucien). — Le partage des biens communaux de Vaux-sur-Seine (1794-1795), p. 79 à 108.

SEINE-ET-OISE. — VERSAILLES.

COMMISSION DES ANTIQUITÉS ET DES ARTS.

Voir, pour les publications de cette Commission antérieures à 1901, la table récapitulative de notre *Bibliographie générale;* et pour ses publications postérieures, la table placée à la fin du présent fascicule.

41793. Coquelle (P.). — Publication de la Commission de sauvegarde des OEuvres d'art existant dans les édifices religieux du département de Seine-et-Oise. Album des objets mobiliers artistiques classés de Seine-et-Oise d'après les photographies de MM. Martin-Sabon, P. Coquelle, le baron Burthe d'Annelet et Bourdier. Précédé d'une introduction par M. Alf. Paisant et d'un texte explicatif par M. P. Coquelle. (Paris, 1910, in-8°, viii-24 p., 96 *pl.*)

XXX. — Département de Seine-et-Oise.

Commission des antiquités et des arts..., XXX° vol. (Versailles, 1910, in-8°, 135 p.)

41794. Ponsin. — Étymologie du nom d'Enghien, p. 25 à 27.

41795. Depoin — Aupec [le Pecq] aux xii° et xiii° siècles d'après des sources inédites, p. 75 à 100.

41796. Grave (E.). — Madame Campan à Mantes, p. 101 à 118.

41797. Coquelle (P.). — La pierre de Maule (Seine-et-Oise), p. 119 à 129.

41798. Depoin (J.). — Les pierres à cuvettes de Maule et d'Herbeville, *pl.*, p. 131 à 134.

SEINE-ET-OISE. — VERSAILLES.

SOCIÉTÉ DES SCIENCES MORALES DE SEINE-ET-OISE.

Voir, pour les publications de cette Société antérieures à 1901, la table récapitulative de notre *Bibliographie générale;* et pour ses publications postérieures, la table placée à la fin du présent fascicule.

XII. — Revue de l'histoire de Versailles et de Seine-et-Oise, année 1910. (Versailles, 1910, in-8°, 319 p.)

41799. Rey (Auguste). — Le mariage de Sedaine, *pl.,* p. 5 à 15.

41800. Fravaton (M.). — Le château de Beauregard, *fig.,* p. 16 à 45.

41801. Godart. — L'École centrale de Seine-et-Oise, p. 46, 131, 201, et 281. — Suite de XI, p. 204, et 285.

41802. Hardy (J.). — Rodolphe Kreutzer, sa jeunesse à Versailles (1766-1789), p. 55 à 80. — Suite et fin de XI, p. 257.

41803. Pinson (P.). — Le péage sur les ponts de Meulan depuis le xvii° siècle jusqu'à la suppression en 1839, p. 81 à 106.

41804. Duhaut (H.). — Le Lycée de Versailles (1815-1860), p. 107, 210 et 303. — Suite de XI, p. 162, 228, et 307.

41805. Trinquand (L.). — Un document inédit sur Rodolphe Kreutzer (1778-1779), 2 *pl.,* p. 153 à 160.

41806. Masson (Frédéric). — Trianon sous Napoléon, p. 161 à 184.

41807. Tambour (E.). — L'abbé Guillemeteau, p. 185 à 200.

41808. Chouet (H.). — Le temporel de la maison royale de Saint-Cyr (de 1686 à 1730), p. 241 à 280.

SEINE-INFÉRIEURE. — LE HAVRE.

SOCIÉTÉ HAVRAISE D'ÉTUDES DIVERSES.

Voir, pour les publications de cette Société antérieures à 1901, la table récapitulative de notre *Bibliographie générale;* et pour ses publications postérieures, la table placée à la fin du présent fascicule.

LVII. — Recueil des publications de la Société havraise d'études diverses de la 77° année, 1910. (Le Havre, 1910, in-8°, 217 p.)

41809. Barrey (Philippe). — La représentation commerciale havraise au xviii° siècle, p. 17 à 76, et 93 à 148.

41810. Martin (Alphonse). — Étude de mœurs (xv° s.), p. 157 à 194.

[Les Normands pendant la domination anglaise.]

41811. Martin (Alphonse). — Notice nécrologique sur M. Biochet [† 1910], p. 195 à 200.

SEINE-INFÉRIEURE. — ROUEN.

ACADÉMIE DES SCIENCES, BELLES-LETTRES ET ARTS DE ROUEN.

Voir, pour les publications de cette Académie antérieures à 1901, la table récapitulative de notre *Bibliographie générale;* et pour ses publications postérieures, la table placée à la fin du présent fascicule.

CXII. — Précis analytique des travaux de l'Académie des sciences, belles-lettres et arts de Rouen pendant l'année 1909-1910. (Rouen, 1911, in-8°, 701 p.)

41812. VALIN (Lucien). — Rerherches sur les origines de la commune de Rouen, p. 9 à 42.

41813. BEAUREPAIRE (DE). — Léopold Delisle, p. 43 à 59.

41814. PAULME (Henri). — Un jeune poète rouennais moderne. Albert Thomas (1873 † 1907), *portr.*, p. 109 à 135.

41815. HUE (D* François). — Notes sur la communauté des chirurgiens de Rouen, p. 149 à 167.

41816. BEAUREPAIRE (Georges DE). — Notes sur l'hôtel-Dieu et les anciens hôpitaux de Rouen, p. 169 à 191.

41817. LAYER (E.). — De Tizi-Ouzou à Beni-Mengallet, *fig.*, p. 193 à 235.

41818. MERRY DELABOST (D*). — Souvenirs épars à propos de deux anciens chirurgiens de l'hôtel-Dieu [Lecat et Laumonier], 2 *portr.*, p. 237 à 278.

41819. MERRY DELABOST (D*). — Notice sur M. le D* Albert Giraud p. 325 à 343.

41820. LECAPLAIN. — Notice sur M. Canonville-Deslys [1846 † 1910], p. 345 à 353.

41821. MONTIER (Edward). — Note sur M. André Suchetel [1849 † 1910], p. 355 à 369.

41822. CHANDON. — Les fêtes symboliques du Directoire à Rouen, p. 385 à 416.

41823. BEAUREPAIRE (Georges DE). — Fécamp pendant la Révolution (1792-1795), p. 417 à 442.

41824. LOTH (M** Julien). — La mission de M. de Salamon dans le diocèse de Rouen en 1801-1802, p. 443 à 470.

41825. CHANOINE DAVRANCHES. — La Ligue et ses libelles, p. 471 à 570.

41826. FRÈRE (Samuel). — Le paysagiste Albert Lebourg, p. 571 à 609.

41827. MONTIER (Edward). — Messire Pierre Cauchon aux fêtes de Jeanne d'Arc, p. 665 à 675.

41828. LECAPLAIN. — Notice sur M. Wallon (Paul-Henri), p. 681 à 686.

SEINE-INFÉRIEURE. — ROUEN.

LES AMIS DES MONUMENTS ROUENNAIS.

Voir, pour les publications de cette Société antérieures à 1901, la table récapitulative de notre *Bibliographie générale;* et pour ses publications postérieures, la table placée à la fin du présent fascicule.

XII. — Les Amis des monuments rouennais, Bulletin, année 1909. (Rouen, 1910, in-fol., 220 p.)

41829. JOUEN (Chanoine). — Souvenirs normands en Italie, *fig.* et *pl.*, p. 33 à 40.

41830. VESLY (Léon DE). — Le manoir de Bedane, *fig.*, p. 41 à 49.

41831. LAQOERRIÈRE (A.). — L'aître Saint-Maclou et les anciens charniers, *fig.*, p. 51 à 58.

41832. CHIROL (Pierre). — L'hôtel de la Première Présidence, rue Saint-Lô, p. 59 à 77.

41833. Allinne (M.). — Les priants du tombeau des cardinaux d'Amboise à la cathédrale de Rouen, 2 *pl.*, *fig.*, p. 79 à 94.

41834. Rigondet (G.). — Le vieux puits de la cour intérieure de l'hôtel du Cygne, place Beauvoisine à Rouen, *fig.*, p. 95 à 97.

41835. Gavé (Geo). — Le château de Clères, p. 99 à 104.

41836. Quenedey (Capitaine Raymond). — L'hôtel de la Houssaye, *fig.* et *pl.*, p. 105 à 138.

41837. Vesly (Léon de). — Inventaires du mobilier d'art des édifices religieux. Églises Saint-Maclou et Saint-Ouen de Rouen, 2 *pl.*, p. 139 à 154.

41838. Auné (Raoul). — Chronique artistique et monumentale, p. 155 à 185.

[Le portail de la cathédrale, *pl.*; la tour Saint-Romain, *fig.*; le Bureau des finances; la porte des Sociétés savantes; fontaine du Gros Horloge; le Corneille du lycée; vieilles maisons rue Saint-Denis, *fig.*, rue Blanche, *pl.*, rue de l'Épicerie, rue Bouvreuil. — J. Adeline (1845 † 1909); E. Parmentier (1837 † 1909).]

41839. Fortin (Charles). — Note sur Paul Baudry (1825 † 1909), p. 187 à 190.

SEINE-INFÉRIEURE. — ROUEN.

COMITÉ DE RECHERCHES DES DOCUMENTS ÉCONOMIQUES DE LA RÉVOLUTION.

Voir, pour un volume précédemment publié par ce Comité, le tome III, fasc. II, p. 170, de notre *Bibliographie annuelle.*

41840. Romain (C.). — Cahiers de doléances des paroisses du bailliage de Cany, secondaire du bailliage de Caux (1789). (Rouen, 1909, in-8°, 176 p.)

SEINE-INFÉRIEURE. — ROUEN.

SOCIÉTÉ DES BIBLIOPHILES NORMANDS.

Voir, pour les publications de cette Société antérieures à 1901, la table récapitulative de notre *Bibliographie générale*; et pour ses publications postérieures, la table placée à la fin du présent fascicule.

41841. Panel (Dʳ G.). — Thomas Le Forestier. Traité de la Peste, publié avec une introductiom, analyse et notes. (Rouen, 1909, petit in-4°, LXXXIV, et cah. a-g.)

41842. Le Verdier (P.). — Charles du Lis. Recueil d'inscription et poésies en l'honneur de la Pucelle d'Orléans, précédé d'une introduction. (Rouen, 1910, petit in-4°, XXXII-124 p.)

XCI. — Société des Bibliophiles normands.
91ᵉ assemblée générale, 25 juin 1909. (S. l. n. d., petit in-4°, 16 p.)

41843. Le Verdier (Paul). — Discours, p. 4.
[M. Paul Baudry.]

XCIV. — Société des Bibliophiles normands. 92ᵉ assemblée générale, 27 juin 1910. (S. l. n. d., petit in-4°, 23 p.)

41844. Le Verdier (Paul). — Discours, p. 5 à 16.
[La Bibliothèque de Remy Le Bas de Fresne.]

SEINE-INFÉRIEURE. — ROUEN.

SOCIÉTÉ DE L'HISTOIRE DE NORMANDIE.

Voir, pour les publications de cette Société antérieures à 1901, la table récapitulative de notre *Bibliographie générale;* et pour ses publications postérieures, la table placée à la fin du présent fascicule.

41845. ROMIEN (Lucien). — Lettres et chevauchées du Bureau des finances de Caen sous Henri IV, avec introduction, notes et tables. (Rouen, 1910, in-8°, xxv-332 p.)

41846. PRÉVOST (G.-A.). — Armorial général de France. Édit de novembre 1696. Généralité de Rouen, publié d'après le manuscrit de la Bibliothèque nationale, avec introduction, notes et tables. (Rouen, 1910, 2 vol. in-8°, LII-411 et 409 p.)

SEINE-INFÉRIEURE. — ROUEN.

SOCIÉTÉ D'ÉMULATION DU COMMERCE ET DE L'INDUSTRIE
DE LA SEINE-INFÉRIEURE.

Voir, pour les publications de cette Société antérieures à 1901, la table récapitulative de notre *Bibliographie générale;* et pour ses publications postérieures, la table placée à la fin du présent fascicule.

LXIX. — Bulletin de la Société libre d'émulation du commerce et de l'industrie de la Seine-Inférieure... Exercice 1909. (Rouen, 1910, in-8°, 398 p.)

41847. VESLY (Léon DE). — Notes archéologiques, p. 189 à 196.

[Enseigne de la Barge, ancienne maison rue du Grand-Pont à Rouen, *pl.;* le calvaire de Saint-Martin, Bellencombre, *pl.*]

41848. VESLY (Léon DE). — Exploration archéologique du plateau de Boos, *fig.* et *pl.*, p. 197 à 227.

41849. COULON (Raimond). — Essai de reconstitution des dodécaèdres creux, ajourés et perlés attribués à l'époque gallo-romaine; leur origine, leur destination, 2 *pl.*, p. 229 à 282.

41850. POUSSIER (Alfred). — Extrait d'un manuscrit de J.-B. Gabriel Le Chandelier [monnoyeur pour le Roy], (Rouen, 1791-1794), p. 283 à 368.

SEINE-INFÉRIEURE. — ROUEN.

SOCIÉTÉ ROUENNAISE DES BIBLIOPHILES.

Voir, pour les publications de cette Société antérieures à 1901, la table récapitulative de notre *Bibliographie générale*; et pour ses publications postérieures, la table placée à la fin du présent fascicule.

41851. HELOT (Dr René). — Lettre de Michel Estard sur les eaux minérales de Saint-Paul. (Rouen, 1909, petit in-4°, XLVII-80-IV p., *pl.* et *plan.*)

41852. GUIBON (Henri). — Mémoire historique concernant l'hôtel-Dieu de Dieppe au XVII° siècle. (Rouen, 1910, petit in-4°, IX-36 p.)

Compte rendu de la séance de l'Assemblée générale, du 25 juin 1909. (S. l. n. d. [Rouen, 1909], petit in-4°, 8 p.)

Compte rendu de la séance de l'Assemblée générale, du 8 juin 1910. (S. l. n. d. [Rouen, 1910], petit in-4°, 11 p.)

41853. PELAY (Édouard). — Discours p. 2 à 10.
[H. Guibon (1858 † 1910); L. Barbe (1838 † 1910); E.-L. Rouctte (1849 † 1910).]

SEINE-INFÉRIEURE. — ROUEN.

SOCIÉTÉ NORMANDE DE GÉOGRAPHIE.

Voir, pour les publications de cette Société antérieures à 1901, la table récapitulative de notre *Bibliographie générale*; et pour ses publications postérieures, la table placée à la fin du présent fascicule.

XXXII. — Société normande de géographie. Bulletin de l'année 1910, t. XXXII. (Rouen, 1910, in-4°, XXVIII-244 p.)

41854. PÉLADAN (J.). — Ce que j'ai vu aux bords du Nil, ce qui reste de la plus ancienne civilisation, p. 1 à 13.

41855. QUENEDEY (Capitaine Raymond). — Note sur l'agglomération de Charlanne près de la Bourboule (Puy-de-Dôme), *fig.* et *carte*, 2 *pl.*, p. 14 à 24.

41856. TOUTAIN (Jean). — Excursion aux îles Sorlingues, *fig.*, p. 25 à 30.

41857. LABBÉ (Paul). — A travers la Serbie, p. 53 à 76.

41858. FUNCK-BRENTANO. — La vision romantique. Voyages de Victor Hugo dans les Alpes et de Gavarni dans les Pyrénées, p. 77 à 91.

41859. HARVEN (Melle Hélène DE). — Les derniers Peaux-Rouges, p. 92 à 107.

41860. DEMANGEON (Albert). — Impressions d'Irlande, p. 117 à 133.

41861. HALOT. — L'île Formose, p. 177 à 201.

41862. LEFÈVRE-PONTALIS (E.). — L'architecture monastique au moyen âge en France et en Espagne, p. 202 à 216.

SÈVRES (DEUX-). — NIORT.

SOCIÉTÉ HISTORIQUE ET SCIENTIFIQUE DES DEUX-SÈVRES.

Voir, pour les publications de cette Société antérieures à 1901, la table récapitulative de notre *Bibliographie générale;* et pour ses publications postérieures, la table placée à la fin du présent fascicule.

VI. — Société historique et scientifique des Deux-Sèvres. Procès-verbaux, mémoires, notes et documents, 6ᵉ année, 1910. (Niort, 1910, in-8°, XL-351 p.)

41863. Baty (E.). — Étude historique sur Ménigoute, 4 *pl.*, p. 3 à 99.

41864. Saint-Marc (C. de). — Origines scytho-taifales de la *tanistry* ou succession de frère à frère en Poitou, et de la légende de Mélusine (IVᵉ s.), *pl.*, p. 101 à 200.

41865. Pétiet (René) — Le comte de Sainte-Hermine, maire de Niort, député des Deux-Sèvres, pair de France [† 1850], *portr.*, p. 235 à 278.

41866. Breuillac (Émile).—Louis Germain, p. 311 à 316.

41867. Saint-Marc (C. de). — Un gentilhomme à bec-de-corbin du XVIᵉ siècle. Sculpture au musée de l'ancien hôtel de ville de Niort, *fig.*, p. 317 à 320.

41868. Galteaux (Paul). — Pierre tombale de Goderan, évêque de Saintes, abbé de Maillezais (XIᵉ s.), *fig.*, p. 321 à 331.

41869. Gabillaud (N.). — La maison noble d'Aubert [près de Moulins, Deux-Sèvres] et ses anciens possesseurs, p. 333 à 336.

41870. Gabillaud (N.). — Le balnéaire de la station gallo-romaine de la Barbinière, cⁿᵉ de Moulins (Deux-Sèvres), *fig.*, p. 337 à 347.

41871. Gelin (H.). — Le motteron de la Tranchée, p. 350.

SOMME. — AMIENS.

ACADÉMIE DES SCIENCES, DES LETTRES ET DES ARTS D'AMIENS.

Voir, pour les publications de cette Académie antérieures à 1901, la table récapitulative de notre *Bibliographie générale;* et pour ses publications postérieures, la table placée à la fin du présent fascicule.

LVII. — Mémoires de l'Académie des sciences, des lettres et arts d'Amiens, t. LVII. Année 1910. (Amiens, 1911, in-8°, 293 p.)

41872. Blanchard (Alexandre). — Notice sur M. Ernest Prarond [1821 † 1909], p. 1 à 6.

41873. Matifas (Gustave). — La municipalité d'Amiens et François Suleau (1789-1790), p. 29 à 69.

41874. Bloquel. — Souvenirs du Palais [Cour d'Amiens], p. 99 à 118.

41875. Moynier de Villepoix (R.). — Un chapitre de l'histoire de Centule au XVᵉ siècle, p. 119 à 126.

41876. Le Sueur (L'abbé). — La Condamine d'après ses papiers inédits, p. 126 à 229. — Suite de LVI, p. 1 à 229.

41877. Moynier de Villepoix. — Discours à l'inauguration du monument Prarond, 3 *pl.*, p. 230 à 235.

SOMME. — AMIENS.

LES ROSATI PICARDS.

Les Rosati Picards, fondés à Amiens en 1894, publient depuis 1903, en fascicules isolés et numérotés, les conférences faites périodiquement sous ses auspices. La plupart des sujets traités dans ces réunions touchent à l'histoire, à l'art, à l'archéologie ou au folk-lore.

I. — Conférences des Rosati picards. Tradition, art, littérature. Amiens, I. (Amiens, [1903], in-12, 30 p.)

41878. LEDIEU (Alcius). — Les Fabliaux dans la tradition, p. 1 à 30.

II. — Conférences des Rosati picards... II. (Amiens [1903], in-12, 22 p.)

III. — Conférences des Rosati picards... III. (Amiens [1903], in 12, 23 p.)

41879. FLORISOONE (Charles). — Puvis de Chavannes, p. 1 à 23.

IV. — Conférences des Rosati picards... IV. (Amiens [1903], in-12, 23 p.)

41880. DELASSUS (René). — Les industries d'art, p. 1 à 23.

V. — Conférences des Rosati picards... V. (Amiens [1903], in-12, 23 p.)

VI. — Conférences des Rosati picards... VI. (Amiens [1903], in-12, 30 p.)

41881. NIQUET (E.). — Les anciennes sociétés musicales d'Amiens, p. 1 à 30.

VII. — Conférences des Rosati picards... VII. (Amiens [1904], in-12, 29 p.)

41882. BOULANGER (Joseph). — Le jeu de la Choule, p. 1 à 29.

VIII. — Conférences des Rosati picards... VIII. (Amiens [1904], in-12, 23 p.)

IX. — Conférences des Rosati picards... IX. (Amiens [1904], in-12, 31 p.)

41883. GARET (Maurice). — Hector Crinon [poète picard, 1807 † 1870], p. 1 à 31.

X. — Conférences des Rosati picards... X. (Amiens [1904], in-12, 29 p.)

41884. PONCHON (A.). — Les Contre-sorts, contribution à l'étude des usages superstitieux en Picardie, p. 1 à 29.

XI. — Conférences des Rosati picards... XI. (Amiens [1904], in-12, 40 p.)

41885. ANONYME. — La Rederie et les redeux, concours de définitions picardes, p. 1 à 40.

[Préface de M. Octave TROBEL.]

XII. — Conférences des Rosati picards... XII. (Amiens [1904], in-12, 32 p.)

XIII. — Conférences des Rosati picards... XIII. (Amiens, [1905], in-12, 34 p.)

41886. GOUDALLIER (Léon). — Amiens et sa cathédrale vus par Ruskin d'après *The Bible of Amiens*, p. 1 à 33.

XIV. — **Conférences des Rosati picards...** XIV. (Amiens [1905], in-12, 32 p.)

41887. Schitte (Ernest). — Topographie et iconographie amiénoise, p. 1 à 32.

XV. — **Conférences des Rosati picards...** XV. (Amiens [1905], in-12, 39 p.)

XVI. — **Conférences des Rosati picards...** XVI. (Amiens [1905], in-12, 52 p.)

41888. Quignon (G.-Hector). — La dentelle de Chantilly et la question dentellière, *fig.*, 4 *pl.*, p. 1 à 51.

XVII. — **Conférences des Rosati picards...** XVII. (Amiens [1905], in-12, 44 p.)

41889. Thomas (J.). — Les fontaines et les puits publics de l'ancien Amiens, p. 1 à 43.

XVIII. — **Conférences des Rosati picards...** XVIII. (Amiens [1905], in-12, 43 p.)

41890. Ledieu (Alcius). — Contribution au traditionnisme picard. Baptêmes, mariages, enterrements, p. 1 à LI.

XIX. — **Conférences des Rosati picards...** XIX. (Amiens [1905], in-12, 28 p.)

41891. Fleury (Élie). — La Tour et Fel, 2 *portr.*, p. 1 à 28.

[Le pastelliste La Tour et la chanteuse Marie Fel.]

XX. — **Conférences des Rosati picards...** XX. (Amiens [1905], in-12, 24 p.)

41892. Brandicourt (Virgile). — L'Amiénois Delambre et la mesure du mètre, *fig.*, p. 1 à 24.

XXI. — **Conférences des Rosati picards...** XXI. (Amiens [1906], in-12, 19 p.)

41893. Rostand (André). — Noyon, 6 *pl.*, p. 1 à 18.

XXII. — **Conférences des Rosati picards...** XXII. (Amiens [1906], in-12, 47 p.)

41894. Durand (Georges). — L'architecture religieuse et civile en Picardie, p. 1 à 45.

XXIII. — **Conférences des Rosati picards...** XXIII. (Amiens [1906], in-12, 40 p.)

XXIV. — **Conférences des Rosati picards...** XXIV. (Amiens [1906], in-12, 40 p.)

41895. Florisoone (Ch.). — Les frères Lenain, peintres laonnais (1588-1677), 4 *pl.*, p. 1 à 40.

XXV. — **Conférences des Rosati picards...** XXV. (Amiens [1906], in-12, 28 p.)

41896. Dubois (Alain). — Un romancier romantique amiénois, Édouard Cassagnaux, p. 1 à 28.

XXVI. — **Conférences des Rosati picards...** XXVI. (Amiens [1906], in-12, 40 p.)

41897. Ponchon (A.). — Les vieilles pierres de la Somme, 4 *pl.*, p. 1 à 40.

[Dolmens, menhirs, polissoirs et pierres à empreintes.]

XXVII. — **Conférences des Rosati picards...** XXVII. (Amiens [1904], in-12, 44 p.)

41898. Rostand (André). — Remparts anciens de Picardie, 6 *pl.*, p. 1 à 43.

XXVIII. — **Conférences des Rosati picards...** XXVIII. (Amiens [1907], in-12, 52 p.)

41899. Lamy (Charles). — La garde nationale d'Amiens (1789-1871), p. 1 à 52.

XXIX. — **Conférences des Rosati picards...** XXIX. (Amiens [1907], in-12, 35 p.)

41900. Quignon (G.-Hector). — Un historien picard de la quatrième croisade, Robert de Clari, *facs.*, p. 1 à 35.

XXX. — **Conférences des Rosati picards...**
XXX. (Amiens [1908], in-12°, 27 p.)

———

XXXI. — **Conférences des Rosati picards...**
XXXI. (Amiens [1908], in-12, 35 p.)

41901. Divers. — Compte rendu de la fête du samedi 15 février 1908 en l'honneur de M. Jules Boquet, 9 *pl.*, p. 1 à 33.

———

XXXII. — **Conférences des Rosati picards...**
XXXII. (Amiens [1908], in-12, 39 p.)

41902. Thomas (J.). — L'éclairage des rues d'Amiens à travers les âges, p. 1 à 38.

———

XXXIII. — **Conférences des Rosati picards...**
XXXIII. (Amiens [1908], in-12, 36 p.)

41903. Percheval (Maurice). — La tradition gothique dans l'imagerie populaire. Les images éditées à Amiens, 4 *pl.*, p. 1 à 35.

———

XXXIV. — **Conférences des Rosati picards...**
XXXIV. (Amiens [1908], in-12, 43 p.)

41904. Jourdain (V.). — Le Livre noir [règlements et ordonnances] de la ville d'Amiens, *pl.*, p. 1 à 42.

———

XXXV. — **Conférences des Rosati picards...**
XXXV. (Amiens [1908], in-12, 44 p.)

41905. Rostand (André). — En Laonnais, *fig.*, 4 *pl.*, p. 1 à 43.

———

XXXVI. — **Conférences des Rosati picards...**
XXXVI. (Amiens [1908], in-12, 40 p.)

41906. Hachette (Alfred). — Le Marais [à Paris] et Alphonse Daudet, *pl.*, p. 1 à 40.

———

XXXVII. — **Conférences des Rosati picards...**
XXXVII. (Amiens [1909], in-12, 28 p.)

XXXVIII. — **Conférences des Rosati picards...**
XXXVIII. (Amiens [1909], in-12, 36 p.)

41907. Loy (Léon). — Les journaux de route de quelques soldats picards du temps de l'épopée, *pl.*, p. 1 à 36.

———

XXXIX. — **Conférences des Rosati picards...**
XXXIX. (Amiens [1909], in-12, 28 p.)

41908. Durand (Georges). — Imagiers et sculpteurs en Picardie, 12 *pl.*, p. 1 à 28.

———

XL. — **Conférences des Rosati picards...**
XL. (Amiens [1909], in-12, 35 p.)

41909. Blanchard (Alexandre). — L'Amiénois Choderlos de Laclos, p. 1 à 34.

———

XLI. — **Conférences des Rosati picards...**
XLI. (Amiens [1909], in-12, 52 p.)

41910. Ponchon (A.). — A l'Veille! La veillée vers 1850, contribution à l'étude des traditions populaires de l'Amiénois, p. 1 à 51.

———

XLII. — **Conférences des Rosati picards...**
XLII. (Amiens [1909], in-12.)

41911. Dubois (Pierre). — Musée d'ethnographie populaire : Honfleur, Reims, Strasbourg, p. 1.

———

XLIII. — **Conférences des Rosati picards...**
XLIII. (Amiens [1910], in-12, 36 p.)

———

XLIV. — **Conférences des Rosati picards...**
XLIV. (Amiens [1910], in-12, 20 p.)

41912. Jourdain (V.). — Les spectacles populaires à l'entrée du légat d'Angleterre à Amiens (4 août 1527), 3 *pl.*, p. 1 à 20.

XLV. — Conférences des Rosati picards...
XLV. (Amiens [1910], in-12, 27 p.)

41913. Hénen (E.). — Morceaux choisis de patois picard des xvii⁰ et xviii⁰ siècles, p. i à 25.

XLVI. — Conférences des Rosati picards...
XLVI. (Amiens [1910], in-12, 52 p.)

41914. Loÿ (Lieutenant Léon). — Garnison d'Amiens au début de la Révolution (1789-1791), p. 1 à 52.

XLVII. — Conférences des Rosati picards...
XLVII. (Amiens [1910], in-12, 64 p.)

41915. Rostand (André). — Les descriptions anciennes de la cathédrale d'Amiens, 4 pl., p. 1 à 64.

XLVIII. — Conférences des Rosati picards...
XLVIII. (Amiens [1910], in-12, 42 p.)

41916. Quignon (G.-Hector). — L'album de dessins et la langue de Villard de Honnecourt, architecte picard du xiii⁰ siècle, 4 pl., p. 1 à 42.

SOMME. — AMIENS.

SOCIÉTÉ DES AMIS DES ARTS DE LA SOMME.

La Société des Amis des arts de la Somme, fondée en 1835, n'avait jusqu'à ce jour manifesté son existence que par l'organisation d'expositions artistiques. En 1910, elle a commencé de faire paraître des *Mémoires*.

I. — **Mémoires de la Société des Amis des arts du département de la Somme, 1910.** (Amiens, 1910, in-8°, iv-223 p.)

41917. Antoine (Henry). — La Société des Amis des arts du département de la Somme depuis sa fondation jusqu'à nos jours, notice historique, p. 1 à 47.
41918. Flat (Paul). — Le génie de Gustave Moreau, *fig.*, p. 57 à 81.
41919. Boquet (Jules). — La collection Lavalard [au Musée de Picardie], *fig.*, p. 82 à 85.

41920. Peugniez. — La fleur dans l'art, *fig.*, p. 86 à 119.
41921. Marcel (Pierre). — Les peintres italiens en France au xvi⁰ siècle, p. 120 à 140.
41922. Anonyme. — Acquisitions du Musée de Picardie, p. 151 à 153.
41923. Anonyme. — Tranformation de la Halle au Blé à Amiens, *fig.*, l'église d'Herly, *fig.*, p. 173 à 175.
41924. Anonyme. — Nécrologie, p. 203 à 208.

[A. Catoire, P. Delefortrie (1843 † 1909); E. Delignières; Pierre de Coninck (1828 † 1909).]

SOMME. — AMIENS.

SOCIÉTÉ DES ANTIQUAIRES DE PICARDIE.

Voir, pour les publications de cette Société antérieures à 1901, la table récapitulative de notre *Bibliographie générale;* et pour ses publications postérieures, la table placée à la fin du présent fascicule.

41925. Anonyme. — Dictionnaire historique et archéologique de la Picardie. I. Arrondissement d'Amiens, cantons d'Amiens, Boves et Conty. (Amiens, 1909, in-8°, 437 p., 3 *cartes*.)

[Société des antiquaires de Picardie. Fondation Ledieu.]

41926. Josse (H.), Calonne (A. de), Brunel (Cl.). — Histoire de la ville de Corbie, des origines à 1400, par Dom Grenier. (Amiens, 1910, in-4°, 560 p.)

[Société des antiquaires de Picardie. Fondation Henri Debray. Documents inédits sur l'abbaye, le comté et la ville de Corbie, I.]

41927. Divers. — Société des antiquaires de Picardie. Fondation Edmond Soyez. La Picardie historique et monumentale. (Amiens, in-fol., *pl.*)

[T. II. Arrondissement de Montdidier, cantons de Montdidier, Rosières, Aillye-sur-Noye, Moreuil et Roye (1901-1903). — T. III-IV. Arrondissement d'Abbeville, ville d'Abbeville; cantons d'Abbeville, Saint-Valery-sur-Somme, Nouvion, Hallencourt, Rue, Ault, Gamaches, Crécy. Moyenneville, Ailly-le-Haut-Clocher; ville et abbaye de Saint-Riquier (1904-1911), 266 p., *pl.* — Le tome I, ville et arrondissement d'Amiens, a paru de 1893 à 1899.]

41928. Anonyme. — Société des antiquaires de Picardie. Album archéologique [t. II], 14°[-17°] fascicule. (Amiens, 1905-1909, in-fol.)

[Le tome I, formé par les fascicules 1 à 13, a paru de 1886 à 1898. — Les fascicules 14 à 16 portent en sous-titre : *La Picardie à l'exposition des primitifs français.* — Chaque planche est accompagnée d'un texte explicatif en regard.
La Cène (xv° s.), *pl.*; l'Ascension (xv° s.), la Vierge et l'Enfant Jésus (xvi° s.), la Pentecôte (xv° s.), Saint Honoré (xvi° s.), Saint Jean-Baptiste (xvi° s.), Saint Hugues, évêque de Lincoln (xvi° s.), 7 *pl.* — Portrait présumé de Louis XI, peinture sur bois, par Colin d'Amiens [?] (xv° s.), *pl.*; portrait d'un chanoine présenté par saint Jérôme, peinture sur bois (vers 1500), *pl.*; le Crucifiement (xv° s.), la Sainte Famille (vers 1500), Jésus au milieu des Docteurs (xv° s.), peinture sur bois, 3 *pl.* — Adoration des mages, Nativité de Saint Jean-Baptiste; *Ecce Agnus Dei*, martyre d'Élie, miniatures des mss. ars. 661-662 (xv° s.), 4 *pl.* — Cadre de Rumaisnil (xvi° s.), *pl.*; portrait présumé de Jean de Halluin, abbé du Gard, peinture sur bois (xvi° s.), *pl.*; tracé d'une miniature, dessin attribué à Jean Mielot (xv° s.), 8 *pl.*:].

XIV. — Mémoires de la Société des Antiquaires de Picardie. Documents inédits concernant la province, t. XIV.

41929. Roux (J.) et Soyez. — Cartulaire du chapitre de la cathédrale d'Amiens, t. I. (Amiens, 1905, in-4°, ix-506 p.)

XXXVI. — Mémoires de la Société des Antiquaires de Picardie, 4° série, t. VI. (Amiens, 1910, in-8°, 689 p.)

41930. Demailly (A.). — Inventaire d'une série inédite de monnaies des évêques des Innocents, papes des sots, enseignes, médailles et autres petits monuments de plomb trouvés en Picardie, principalement à Amiens, *fig.*, p. 1 à 170.

41931. Calonne (A. de). — Le journal de François-Joseph Le Clerc, chevalier, seigneur de Bussy (1708-1728), p. 171 à 325.

41932. Héren (E.). — Histoire du grès et de la gresserie en Picardie, et particulièrement dans le département de la Somme, *fig.* et 2 *cartes*, p. 325 à 642.

XXIV. — Bulletins de la Société des Antiquaires de Picardie, t. XXIV, 1909-1910. (Amiens, 1911, in-8°, 555 p.)

41933. Boutray (De). — Cachet de Pierre Capron (xv° s.), *fig.*, p. 13.

41934. Schytte (E.). — Feu d'artifice tiré à Amiens en 1749, *pl.*, p. 15.

41935. Bouvier (L'abbé). — Une station préhistorique à Bertangles, 6 *pl.*, p. 21 à 28.

41936. Mantel (L'abbé). — Théodéric ou Thierry, évêque d'Amiens (1145-1164), p. 29 à 43.

41937. Guyencourt. — Un bijou trouvé à Amiens [médaillon de cristal de roche avec figurine d'or, xvi° s.], *pl.*, p. 44 à 47.

41938. Guerlin. — Sceau d'Antoine de Ligny (xv° s.), *fig.*, p. 57.

41939. Ledieu. — Projet de Nicolas Blasset pour son bas-relief de l'Annonciation à la cathédrale, p. 65.

41940. Thorel (Oct.). — Les *Ecce Homo* des anciens puits publics à Amiens, *fig.*, p. 67 à 94.

41941. Gardon (L'abbé). — Journal d'un voyage en Normandie, Picardie, France et Champagne [par Ant. Morel, de Bar-le-Duc] (1677), p. 95 à 103.

41942. Francqueville (A. de). — Notes sur quelques colombiers de Picardie, *fig.* et 6 *pl.*, p. 129 à 191.

41943. Héren (E.). — Aperçu sur quelques ouvrages en patois picard (xvii°-xviii° s.), p. 192 à 213.

41944. Thorel (Oct.). — *Calceolus mysticus* ou *pharmaceuticus*, p. 247 à 256.

[Souvenir de pèlerinage à Saint-Jacques de Compostelle ?]

41945. Boinet (Amédée). — Notes sur deux lettres (1562-1566) et un portrait d'Antoine de Créquy, évêque d'Amiens, *portr.*, p. 257 à 265.

41946. Beaurain (G.). — Essai sur la vie de château en Picardie sous l'ancien Régime, p. 279 à 321.

41947. Poisieux (De). — Pierre de Févin, chroniqueur artésien du xv° siècle, p. 322 à 333.

41948. Boinet (Amédée). — Notice sur deux livres d'heures à l'usage d'Amiens, appartenant au musée Fitz-William de Cambridge, et sur un manuscrit à miniatures d'origine picarde conservé à la Bibliothèque royale de la Haye, 5 *pl.*, p. 334 à 343.

41949. Thorel (Oct.). — Un claveau en rébus de l'ancien château de l'Épinoy, 2 *pl.*, p. 352 à 361.

41950. Beaurain (G.). — Note sur les vieilles caves d'Hornoy, *fig.*, p. 362 à 372.

41951. Francqueville (A. de). — Deux clochettes du xvi° et du xvii° siècle, 2 *pl.*, p. 373 à 377.

[Sonnette de Fouencamps, *pl.*; clochette de Merville-au-Bois, *pl.*]

41952. Hackspill. — Fragment d'un vitrail du xvi° siècle provenant de l'église Saint-Denis d'Airaines, *pl.*, p. 378 à 380.

41953. Thorel (Oct.). — A propos d'une statuette ancienne [de saint Adrien, xvᵉ s.], trouvée à Oisemont
(Somme), *pl.*, p. 381 à 387.

41954. Milvor. — Pierre tombale d'Antoine Caverois,
échevin de Doullens († 1700), p. 397.

41955. Thorel (Oct.). — Légendes, traditions et propos populaires sur la cathédrale d'Amiens, *fig.*, *pl.*,
p. 416 à 493.

41956. Brandicourt (Virgile). — Vieux lutrins picards,
7 *pl.*, p. 511 à 537.

SOMME. — SAINT-VALERY.

SOCIÉTÉ D'HISTOIRE ET D'ARCHÉOLOGIE DE VIMEU.

Voir, pour le tome I du *Bulletin* de cette Société, notre *Bibliographie annuelle*, t. II, fasc. III, p. 195.

41957. Huguet (Adrien). — Histoire d'une ville picarde.
Saint-Valery, de la Ligue à la Révolution. (Saint-Valery, 1909, 2 vol. in-8°, xxvii-1274 p., *fig.*, 17 *pl.*)

II. — Bulletin mensuel de la Société d'histoire et d'archéologie du Vimeu, t. II,
années 1908-1910. (Saint-Valery-sur-Somme,
s. d., in-8°, 416 p.)

41958. Couplet-Beaucourt. — Le peintre Charles Du-
chaussoy († 1822), p. 3.

41959. Ledieu (Alcius). — Démolition du château de
Pont-Remy en 1433, p. 6, 18, et 34.

41960. Joubaire (Georges). — Le capitaine Ricot (1749-
1780), p. 12 à 15.

41961. Du Castel (Paul). — Le chapitre et les chanoines de Noyelles-sur-Mer, p. 26, 39, et 50.

41962. Huguet (Adrien). — Quelques points contro-
versés de l'histoire de Saint-Valery, p. 52, 72, 91,
122, 202, 216, 248, 370, 387, et 403.

41963. Ledieu (Alcius). — Jean Mielot, de Gueschard
(xvᵉ s.), p. 67 à 71.

41964. Ledieu (Alcius). — Fragment du compte de la
sénéchaussée de Ponthieu en 1466, p. 82 à 90.

41965. Brunel (Clovis). — Inventaire analytique du
fonds de l'abbaye de Saint-Valery aux archives départementales. Table des noms de personnes et de lieux,
p. 99 à 106. — Suite de I, p. 273, 295, 315, 347,
380, 393, 410, et 420.

41966. Ledieu (Alcius). — Lettres de Jean Ricot et de
Louis Perrée concernant le port de Saint-Valery
(1793), p. 113 à 114.

41967. Devisme (Georges). — Fondation pour le mariage d'une jeune fille pauvre à Ault, Saint-Valery et
Cayeux [1579], p. 118, 134, 197, 222, 237, 251,
323, 338, et 358.

41968. Gaudefroy (Léon). — L'édit de Henri II sur les
déclarations de grossesse et son application dans le Vimeu, p. 129 à 134.

41969. Huguet (Adrien). — M. Maurice Percheval
[† 1908], p. 143 à 144.

41970. Mopin (A.). — M. Théophile Denis, p. 147
à 149.

41971. Durand (Georges). — Un navire à la côte du
Marquenterre en 1521, p. 149, 161, 185, et 207.

41972. Ledieu (Alcius). — Sentence d'exclusion prononcée par l'échevinage d'Eu (août 1474), p. 177
à 185.

41973. Lomier (Dʳ). — Lettre sur l'étendard de Guillaume le Conquérant, p. 193.

41974. Couplet-Beaucourt. — Note sur Sébastien-Ch. Leroux, ingénieur, p. 195.

41975. Acoulon (Gomer). — Les serrures en bois,
p. 218.

41976. Toubon (Marius). — Une tradition populaire du
Vimeu : les toucheurs contre la rage, à Nibas, p. 220
à 222.

41977. Joubaire (Georges). — M. Ernest Gellé, *portr.*,
p. 225.

41978. Ledieu (Alcius). — Un accident du travail à Abbeville au xvᵉ siècle, p. 228 à 231.

41979. Rodière (Roger). — Analyse de titres concernant
des biens à Nibas et Wailly-lez-Nibas, en Vimeu,
p. 231, 242, 282, et 296.

41980. Potez (Henri). — Saint-Valery dans la littérature française, p. 265 à 271.

41981. Ledieu (Alcius). — M. Ernest Prarond [1821
† 1909], *portr.*, p. 277 à 279, et 301 à 310.

41982. Couplet-Beaucourt. — Note sur François-Benoît
Blavet, p. 281.

41983. Toubon (Marius). — Les premiers abbés de
Saint-Valery, p. 298 à 300.

41984. Valicourt (De). — Étymologie du mot *Escarbotin*,
p. 314.

41985. Caillet (Louis). — Document relatif au projet de descente en Angleterre en 1387, p. 315.

41986. Caillet (Louis). — Chevauchées de Hamon Beleknamp, trésorier et général des finances, entreprises en Normandie et en Picardie sur l'ordre du duc de Bedford en 1423, p. 316 à 323.

41987. Tételin (L'abbé). — Note sur un gaufrier conservé à Aigneville, p. 329.

41988. Ancuald (D'). — L'Étang ou l'Esten, paroisse de Saint-Blimont, p. 333, et 345.

41989. Du Castel (Paul). — M. Le Vasseur, doyen du chapitre de Noyon, natif de Vismes-en-Vimeu [1571 † 1638], p. 335 à 338.

41990. Lomier (D'). — Note sur la descendance de l'amiral Violette, p. 347 à 349.

41991. Lomier (D'). — Boucher de Perthes et Bonaparte, p. 349, et 363.

41992. Ledieu (Alcius). — Un antimilitariste à Abbeville au xv° siècle, p. 349, 368, et 384.

41993. Huguet (Adrien). — Les ouvrages souterrains de la porte de Bas à Saint-Valery, p. 355 à 358.

41994. Lomier (D'). — Le port de Saint-Valery fait des préparatifs pour le transport des troupes en Angleterre (1779), p. 366 à 368.

41995. Tételin (L'abbé). — Note sur une table d'autel en grès découverte à Aigneville, p. 378 à 380.

41996. Lomier (D'). — Charte du cardinal de Bourbon (1518), p. 381 à 383.

41997. Joubaire (Georges). — M. Auguste de Dancourt († 1910), p. 391.

41998. Huguet (Adrien). — Lettre du capitaine de vaisseau Violette [1756 † 1836], p. 394 à 396.

41999. Ledieu (Alcius). — Un banquet offert par l'échevinage d'Abbeville en 1417, p. 396 à 402, et 409 à 410.

TARN. — ALBI.

SOCIÉTÉ DES SCIENCES, ARTS ET BELLES-LETTRES DU TARN.

Voir, pour les publications de cette Société antérieures à 1901, la table récapitulative de notre *Bibliographie générale*; et pour ses publications postérieures, la table placée à la fin du présent fascicule.

XXVII. — Revue historique, scientifique et littéraire du département du Tarn (ancien pays d'Albigeois)..., publiée sous la direction de M. Jules Jolibois, et sous le patronage de la Société des sciences, arts et belles-lettres du Tarn. 35° année, 27° vol., 2° série, 19° année. (Albi, 1910, in-8°, 436 p.)

42000. Gleizes. — Contribution à l'historique des bataillons de volontaires du Tarn (1791-1793), p. 1 à 34.

42001. Dumons (G.). — Les réfugiés du pays castrais, p. 35, 153, 232, et 342.

42002. Portal (Ch.). — Une imitation de l'horloge de Strasbourg par un Tarnais [Salvi Sieurac], p. 49 à 62.

42003. Thomas (L'abbé Émile). — Le monastère de Saint-Pierre de la Salvetat près de Montdragon, p. 63, 170, 252, et 353.

42004. Blay de Gaïx (B°° de). — Conflit de juridiction entre le Parlement de Toulouse et la Cour des comptes de Montpellier au sujet de la séparation des territoires de Castres et de Lagarrigue [xvi°-xvii° s.], p. 73 à 89, et 209 à 231.

42005. Vidal (Aug.). — Les vicomtes et la vicomté de Paulin, *carte*, p. 90, 186, 274, et 385. — Suite de XXIV, p. 125, 269, 353; XXV, p. 45, 102, 180, 298, 339; XXVI, p. 26, 114, 272, et 335.

42006. Marty (Émile). — Archives des notaires de Rabastens [xvi°-xvii° s.], p. 108, 178, 294, et 367. — Suite de XXV, p. 106, 202, 312, 370; XXVI, p. 37, 146, 233, 287, et 347.

42007. Bécus. — Monnaies des xiii°, xiv° et xv° siècles découvertes aux environs d'Albi, p. 123 à 124.

42008. Bécus. — Monnaies romaines trouvées à Albi et aux environs, p. 198 à 199, et 402.

42009. Blay de Gaïx (B°° de). — Récit des tentatives faites vers le milieu du xvi° siècle par noble Antoine de Pelapol, de Valdurenque, pour se rendre indépendant du seigneur de Gaix, p. 209 à 231.

42010. Bécus (E.). — Inventaire ou répertoire raisonné des titres et papiers qui sont dans les archives du château de Trévien (1774), p. 267 à 273.

42011. Bécus. — Monnaies des xvi° et xvii° siècles trouvées à Orban, p. 313, et 303.

42012. Bourdès (Colonel de). — Notes du notaire Jean Guérin, de Puycelsi (1569-1594), p. 314 à 321.

42013. Vidal (Aug.). — Douze comptes consulaires d'Albi du xiv° siècle. Introduction, p. 329 à 341.

TARN-ET-GARONNE. — MONTAUBAN.

ACADÉMIE DES SCIENCES, BELLES-LETTRES ET ARTS DE TARN-ET-GARONNE.

Voir, pour les publications de cette Académie antérieures à 1901, la table récapitulative de notre *Bibliographie générale;* et pour ses publications postérieures, la table placée à la fin du présent fascicule.

XXXIII. — **Recueil de l'Académie des sciences, belles-lettres et arts de Tarn-et-Garonne, 2ᵉ série, t. XXIV, année 1908.** (Montauban, 1909, in-8°, xvi-175 p.)

42014. Ducassé (Emmanuel). — Étude sur l'œuvre d'Émile Pouvillon, p. 17 à 44.

42015. Cucuat (L.). — Comment le Dauphiné fut réuni à la France. Coup d'œil sur l'histoire du Dauphiné et du dernier dauphin viennois Humbert II, p. 97 à 113.

42016. Forestié (Édouard). — Une famille irlandaise [les d'Olier] recluse à Montauban pendant la Terreur, p. 115 à 153.

XXXIV. — **Recueil de l'Académie des sciences, belles-lettres et arts de Tarn-et-Garonne, 2ᵉ série, t. XXV, année 1909.** (Montauban, 1910, in-8°, 92 p.)

XXXV. — **Recueil de l'Académie des sciences, belles-lettres et arts de Tarn-et-Garonne, 2ᵉ série, t. XXVI, année 1910.** (Montauban, 1911, in-8°, 111 p.)

42017. Bourchenin (Daniel). — Discours prononcé au centenaire de Mary-Lafon, p. 33 à 40.

42018. Guilhem (L'abbé P.). — Notes sur l'histoire de l'Académie de Montauban [1777-1789], p. 41 à 58.

42019. Wabnitz (Auguste). — Un psautier judéo-chrétien du Iᵉʳ siècle, p. 59 à 75.

TARN-ET-GARONNE. — MONTAUBAN.

SOCIÉTÉ ARCHÉOLOGIQUE DE TARN-ET-GARONNE.

Voir, pour les publications de cette Société antérieures à 1901, la table récapitulative de notre *Bibliographie générale;* et pour ses publications postérieures, la table placée à la fin du présent fascicule.

Le tome XXXVII du *Bulletin* contient une table des tomes I à XXXVI. (Voir notre n° 42020.)

XXXVII. — **Société archéologique de Tarn-et-Garonne [t. XXXVII].** Tables méthodique et alphabétique des XXXVI tomes du Bulletin archéologique, historique et artistique 1869-1909. (Montauban, 1909, in-8°, 239 p.)

42020. France (Henry de). — Tables, p. 1 à 239.

XXXVIII. — **Bulletin archéologique historique et artistique de la Société archéologique de Tarn-et-Garonne, t. XXXVIII. Année 1910.** (Montauban, 1910, in-8°, 444 p.)

42021. Dubois-Godin. — Des causes de la réforme de la magistrature sous Louis XV et de ses conséquences, p. 21 à 46.

42022. Laguèze-Fossat. — Un épisode de l'histoire de Moissac pendant la Révolution. Levée de 40,000 hommes. Quatre condamnations à mort, p. 47 à 56.

42023. Galabert (L'abbé Firmin). — Deux enquêtes à Espanel en 1505, p. 57 à 67.

42024. Taillefer (L'abbé Barthélemy). — La communauté de Puycornet en 1758, p. 68 à 79.

42025. Forestié (Édouard). — Les lettres de décès à Montauban depuis le xviiᵉ siècle, *fig.* et *pl.*, p. 81 à 96.

42026. Fontanié. — Légendes et contes populaires, p. 99 à 109, et 121 à 128.

42027. Mathet (Léopold). — Légendes [du Quercy], p. 113 à 120.

42028. Galabert (L'abbé Firmin). — Soudards et gentilshommes, p. 129 à 136.

42029. Forestié (Édouard). — Français Escard [1836 † 1909], *portr.*, p. 137 à 143.

42030. Cazaubon (Dʳ de). — Excursion à Toulouse, 6 *pl.*, p. 146 à 155.

42031. Forestié (Édouard). — La tour Lhautier ou de l'horloge [à Montauban], *pl.*, p. 158 à 177.

42032. Bourdès (Colonel de). — Coutumes de Montbartier, p. 178 à 190.

42033. Pottier (Fernand). — Vezins et Reyniès. Épisode des guerres religieuses du xviᵉ siècle, p. 191 à 197.

42034. Boé (Dʳ). — Médaille toulousaine de proxénète juré trouvée à Castelsarrasin, p. 200.

42035. Pottier (Fernand). — Voie romaine reliant la province devenue le Languedoc au pays des Cadurques, p. 210.

42036. Latouche (R.). — Notes sur la formation du département de Tarn-et-Garonne, p. 213 à 231.

42037. Gironde (Cᵗᵉ de). — Albert Besnard, décorateur, p. 232 à 240.

42038. Alaret. — Râpes à tabac portant devises et noms, 4 *pl.*, p. 241 à 248.

42039. Enlart (C.). — Le monument funéraire de Guillaume Du Cos de la-Hire au Musée civique de Gênes [xviᵉ s.], *pl.*, p. 249 à 257.

42040. France (Henry de). — Note sur le commerce de Montauban, p. 258 à 268.

[Inventaire de Jean Preissac, peintre à Montauban (1600).]

42041. Donat (Jean). — Une société politique et littéraire à Saint-Antonin [Tarn-et-Garonne] au xviiiᵉ siècle, p. 269 à 286.

42042. Galabert (Firmin). — Deux lettres d'Honoré de Savoie, gouverneur de Guyenne, concernant la garde du château d'Espanel et le château de Lastours (1572-1573), p. 287 à 290.

42043. Divers. — Voyage en Angleterre et en Belgique, p. 313 à 410.

42044. Gironde (Cᵗᵉ de). — Exposition Ingres, p. 411 à 420.

42045. Bourdès (Colonel de). — Sur les coutumes de Campsas, p. 423.

VAR. — TOULON.

ACADÉMIE DU VAR.

Voir, pour les publications de cette Académie antérieures à 1901, la table récapitulative de notre *Bibliographie générale;* et pour ses publications postérieures, la table placée à la fin du présent fascicule.

LX. — Bulletin de l'Académie du Var, 77ᵉ année, 1909. (Toulon [1910], in-8°, xxiv-183 p.)

42046. Louvet (Capitaine). — La chronologie chinoise, introduction à l'histoire de la Chine, p. 97 à 114.

42047. Bonnaud (Louis) et Bottin (Casimir). — Les villages gallo-romains aux environs de Toulon, *cartes*, 2 *pl.*, p. 149 à 178.

LXI. — Bulletin de l'Académie du Var, 78ᵉ année, 1910. (Toulon, 1910, in-8°, xx-117 p.)

42048. Molmenti (P.) et Mantovani (D.). — Les îles de la lagune vénitienne, p. 9 à 45. — Suite de LVIII, p. 53.

[San Michele, Murano, Mazzorbo-Burano, Torcello, Saint-Erasme, les Vignole, Saint-François-du-Désert. — Traduit par le commandant Pailhès.]

42049. Régnault (Dʳ Jules). — L'École de médecine navale de Toulon, notice historique, p. 57 à 108.

42050. Paul (Alexandre). — La chanson populaire provençale, p. 109 à 116.

VAUCLUSE. — AVIGNON.

ACADÉMIE DE VAUCLUSE.

Voir, pour les publications de cette Académie antérieures à 1901, la table récapitulative de notre *Bibliographie générale;* et pour ses publications postérieures, la table placée à la fin du présent fascicule.

XXIX. — **Mémoires de l'Académie de Vaucluse,** 2ᵉ série, t. X, année 1910. (Avignon, 1910, in-8°, xxxvi-304 p.)

42051. Girard (J.). — Un marchand avignonnais au xivᵉ siècle [Jean Teisseire], p. 1 à 32.

42052. Colombe (Dʳ). — La fenêtre de l'Indulgence au Palais des Papes d'Avignon, p. 33 à 40.

42053. Pansier (Dʳ P.). — Les rues d'Avignon au moyen âge, p. 41, 147, et 209.

42054. Mouzin (Alexis). — Deux légendes d'Heraklès en Provence, p. 81 à 84.

42055. Gérin-Ricard (Henry de). — Stèles énigmatiques d'Orgon et de Trets, *fig.,* p. 85 à 89.

42056. Duprat (E.). — Notes d'archéologie avignonnaise. Les mosaïques antiques d'Avignon, p. 91 à 114.

42057. Colombe (Dʳ). — Les prisons du Palais des Papes à l'époque des massacres de la Glacière [1791], *pl.,* p. 115 à 146.

42058. Vissac (Bᵒⁿ Marc de). — Le lieutenant général marquis de Rochechouart. Troisième réunion d'Avignon et du Comtat à la France (1768-1776), p. 245 à 275.

42059. Belleudy (Jules). — Antoine Grivolas, paysagiste et peintre de fleurs [1843 † 1902], p. 291 à 304.

VENDÉE. — LA ROCHE-SUR-YON.

SOCIÉTÉ D'ÉMULATION DE LA VENDÉE.

Voir, pour les publications de cette Société antérieures à 1901, la table récapitulative de notre *Bibliographie générale;* et pour ses publications postérieures, la table placée à la fin du présent fascicule.

LIV. — **Annuaire de la Société d'émulation de la Vendée.** Bulletin périodique, 1910, 57ᵉ année, 5ᵉ série, vol. 10. (La Roche-sur-Yon, 1910, in-8°, 284 p.)

42060. Mignen (Dʳ G.). — Chartes du prieuré de Saint-Lienne, p. 3 à 43, et 141 à 194. — Suite de LIII, p. 213.

42061. Loquet (G.). — Le marais de Saint-Jean-des-Monts, ses brigands, les avatars d'une princesse royale [Anne-Marie de Condé, ex-princesse de Victor] dans ces parages (1796-1802), p. 45 à 98.

42062. Veillet (Alph.). — Notice sur la commune de Sainte-Christine, p. 99 à 104.

42063. Robert (E.). — Note d'archéologie préhistorique sur la découverte d'une pièce chelléenne en Vendée et ses relations avec la géologie et la topographie, *pl.,* p. 105 à 135.

42064. E. G. — Notice sur la vie de M. Gabriel Barbaud [1847 † 1910], p. 138 à 140.

42065. Troussier (L.). — Adresses des Noirmoutrins aux Pouvoirs publics depuis la Révolution jusqu'à nos jours, p. 195 à 206.

42066. Poiraud [Jehan de La Chesnaye]. — Bêtes et gens de Vendée, p. 211 à 248.

42067. Baudouin (Dʳ Marcel). — Découverte de substructions d'un monument du moyen âge sur le monticule nord-ouest des Tabernaudes à l'île d'Yeu (Vendée), *carte et 3 pl.,* p. 249 à 273.

VIENNE. — POITIERS.

SOCIÉTÉ ACADÉMIQUE D'AGRICULTURE,
BELLES-LETTRES, SCIENCES ET ARTS DE POITIERS.

Voir, pour les publications de cette Société antérieures à 1901, la table récapitulative de notre *Bibliographie générale;* et pour ses publications postérieures, la table placée à la fin du présent fascicule.

LXIII. — Bulletin de la Société académique d'agriculture, belles-lettres, sciences et arts de Poitiers, année 1902. (Poitiers, 1902, 192 p.)

LXIV. — Bulletin de la Société académique d'agriculture, belles-lettres, sciences et arts de Poitiers, année 1903. (Poitiers, 1903, in-8°, 128 p.)

LXV. — Bulletin de la Société académique d'agriculture, belles-lettres, sciences et arts de Poitiers, année 1904. (Poitiers, 1904, in-8°, 128 p.)

LXVI. — Bulletin de la Société académique d'agriculture, belles-lettres, sciences et arts de Poitiers, année 1905. (Poitiers, 1905, in-8°, 132 p.)

LXVII. — Bulletin de la Société académique d'agriculture, belles-lettres, sciences et arts de Poitiers, année 1906. (Poitiers, 1906, in-8°, 188 p.)

LXVIII. — Bulletin de la Société académique d'agriculture, belles-lettres, sciences et arts de Poitiers, année 1907. (Poitiers, 1907, in-8°, 116 p.)

LXIX. — Bulletin de la Société académique d'agriculture, belles-lettres, sciences et arts de Poitiers, année 1908. (Poitiers, 1908, in-8°, 100 p.)

LXX. — Bulletin de la Société académique d'agriculture, belles-lettres, sciences et arts de Poitiers, année 1909. (Poitiers, 1909, in-8°.)

LXXI. — Bulletin de la Société académique d'agriculture, belles-lettres, sciences et arts de Poitiers, année 1910. (Poitiers, 1910, in-8°, 302 p.)

42068. Rouchette (Capitaine E.). — Conférence sur la Tunisie, *carte,* p. 44 à 80.

42069. Ménieux (S.). — Des manifestations d'art à Poitiers au xix° siècle, p. 123 à 181.

VIENNE. — POITIERS.

SOCIÉTÉ DES ANTIQUAIRES DE L'OUEST.

Voir, pour les publications de cette Société antérieures à 1901, la table récapitulative de notre *Bibliographie générale;* et pour ses publications postérieures, la table placée à la fin du présent fascicule.

LXXIII. — Mémoires de la Société des Antiquaires de l'Ouest, t. III, 3ᵉ série, année 1909. (Poitiers, 1910, in-8°, LXXX-433 p.)

42070. RAMBAUD (P.). — Le rôle des femmes au point de vue de l'Assistance publique à Poitiers, p. XIX à LII.

42071. RICHARD (Alfred). — Un diplomate poitevin du XVIᵉ siècle. Charles de Danzay, ambassadeur de France en Danemark, p. 1 à 241.

42072. GAUFFRETEAU (L'abbé E.). — Notes historiques sur Magné (Vienne), *pl.*, p. 243 à 351.

42073. RAMBAUD (P.). — Le prieuré des bénédictines de Sainte-Croix aux Sables-d'Olonne, p. 353 à 431.

VIENNE. — POITIERS.

SOCIÉTÉ DES ARCHIVES HISTORIQUES DU POITOU.

Voir, pour les publications de cette Société antérieures à 1901, la table récapitulative de notre *Bibliographie générale;* et pour ses publications postérieures, la table placée à la fin du présent fascicule.

XXIX. — Archives historiques du Poitou, t. XXIX. (Poitiers, 1910, in-8°, VI-XLVIII-623 p.)

42074. MONSABERT (D. P. DE). — Chartes et documents pour servir à l'histoire de l'abbaye de Charroux. (Poitiers, 1910, in-8°, XLVIII-623 p.)

VIENNE (HAUTE-). — BELLAC.

SOCIÉTÉ ARCHÉOLOGIQUE DE BELLAC.

Voir, pour les publications de cette Société, le tome III, fasc. I, p. 181, et fasc. II, p. 179, de notre *Bibliographie annuelle.*

V. — Bulletin de la Société archéologique de Bellac. Le Dolmen Club. (Bellac, 1910, in-8°, 120 p.)

42075. ANONYME. — Siège de Bellac en 1591, p. 3 à 13. — Suite de IV, p. 83.

42076. LAFAY (A.). — Le château de Montaigut, p. 16.

42077. MALLEBAY-VACQUEUR (Paul). — Les privilèges de Bellac et la taille de Saint-Luc, p. 17 à 21.

42078. CALCAT. — Dolmens de La Borderie et de Lalue, commune de Berneuil, *pl.*, p. 21 à 23.

42079. C. [Calcat.] — Folklore [Le sel conjurant le mauvais œil au Cluzeau, c^{ne} de Droux], p. 24.

42080. Calcat. — Anne de Beaujeu [retrait féodal de la seigneurie de Chantoliers, 1506], p. 25.

42081. Gobillot (D^r). — Le préhistorique dans l'arrondissement de Montmorillon et spécialement dans le canton de La Trimouille, pl., p. 32 à 40.

42082. Calcat. — Vase funéraire à libations [à Bussière-Boffy], p. 40.

42083. Tournois (G.) et Imbert (Martial). — Dolmens et mégalithes divers [Palestine, Japon], fig., 3 pl., p. 42 à 53, et 94 à 106.

42084. Tournois (G.). — Origines préhistoriques des poitevins d'après les légendes des bardes et druides

irlandais recueillies par l'historien Keating (1570-1644), p. 68 à 72.

42085. Gobillot (D^r). — Contribution à l'étude du néolithique montmorillonnais, p. 73 à 80.

42086. C. [Calcat]. — Folklore. Les dévotions qui se font à Vieillefont, p. 81.

42087. C. [Calcat]. — Procession de neuf lieues le lundi de la Pentecôte à Magnac-Laval, en l'honneur de saint Maximin, p. 82.

42088. Calcat. — Céramique. Carreaux vernissés [provenant de l'hôtel d'Artois à Paris], p. 92.

42089. Calcat. — Thiat. La Coste au Chapt, fig., pl., p. 107 à 111.

42090. Anonyme. — La Souterraine [1789], p. 112.

VIENNE (HAUTE-). — LIMOGES.

SOCIÉTÉ ARCHÉOLOGIQUE ET HISTORIQUE DU LIMOUSIN.

Voir, pour les publications de cette Société antérieures à 1901, la table récapitulative de notre *Bibliographie générale*; et pour ses publications postérieures, la table placée à la fin du présent fascicule.

LIX. — Bulletin de la Société archéologique et historique du Limousin, t. LIX. (Limoges, 1909[-1910], in-8°, 707 p.)

42091. Delage (Franck). — Archéologie préhistorique. fig., p. 5 à 13.

[Dolmen de La Villedieu, fig., p. 5. — Haches néolithiques, fig., p. 8.]

[43117.] Lecler (A.). — Histoire de l'abbaye de Grandmont, fig., p. 14 à 66, et 366 à 404.

42092. Demartial (André). — Achat d'une charge de secrétaire du Roi par Jacques Petiniaud de Beaupeyrat en 1779, p. 67 à 74.

42093. Boulaud (Joseph). — Le Livre de raison de Grégoire Benoist de Lostende, trésorier de France au bureau des Finances de Limoges (1677-1754), tableau, p. 75 à 129.

42094. Ducourtieux (Paul). — Méreau des Aumônes Sainte-Croix de Limoges [xvie siècle], fig. et pl., p. 130 à 134.

42095. Ducourtieux (Paul). — Monnaies du moyen âge découvertes en Limousin, p. 135 à 139.

42096. Lenoux (Alfred). — Le meurtre de l'abbé Chabrol (1792), p. 140 à 170.

42097. Anonyme. — Documents divers, p. 171 à 173.

[Rente sur une maison à Limoges (1254). Contrat de Hugues Barbou pour l'impression du bréviaire de Limoges (1575).]

42098. Anonyme. — Un vol à la cathédrale de Limoges en 1553, p. 174 à 178.

42099. Jouhanneaud (Camille). — Lettres de l'intendant d'Aguesseau [1666-1669], p. 178 à 182.

42100. Boulaud (Joseph). — Acte de cheptel de deux vaches par M. Baillot d'Étivaux (11 juin 1773), p. 182 à 184.

42101. Jouhanneaud (Camille). — L'abbé Drapeyron de David [1749 † 1832], p. 184 à 187.

42102. Jouhanneaud (Camille). — Excursion archéologique à Tulle, fig., p. 188 à 198.

42103. Ducourtieux (Paul). — M. Gustave Clément-Simon [1833 † 1909], p. 199 à 204.

42104. Guibert (Louis). — Tableau historique et topographique de Limoges, p. 205 à 236.

42105. Delage (Franck). — Mélanges d'archéologie limousine, p. 337 à 365.

[Dolmen de Renoix (la Croisille), fig., p. 337.—Urne funéraire trouvée à Châteauneuf-la-Forêt, fig., p. 351. — Découvertes sur l'emplacement d'*Augustoritum*, p. 353. — Chapiteau et fûts de colonne ornés, trouvés à Limoges, pl., p. 356.]

42106. Demartial (André). — Les émaux peints. Les primitifs de l'école de Monvaerni, 7 pl., p. 405 à 435.

42107. Boulaud (Joseph). — Les deux mariages de la

marquise de Mirabeau née de Vassan (1738-1743), *fig.*, et *pl.*, p. 436 à 487.

42108. DROUAULT (Roger). — Le régiment de Limoges offert par la ville à Louis XIV (1689-1699), p. 488 à 539.

42109. LECLER (A.). — La vérité sur le meurtre de Pierre Bermondet, seigneur du Boucheron [1513], *fig.*, p. 540 à 574. — Cf. n° 42125.

42110. LEROUX (Alfred). — Les archives départementales communales et hospitalières et la bibliothèque départementale de la Haute-Vienne de 1898 à 1908, p. 575 à 594. — Cf. XLVII, p. 51.

42111. ANONYME. — Hommage à M. le chanoine Lecler [et bibliographie de ses travaux], *portr.*, p. 595 à 612.

42112. DUCOURTIEUX (Paul). — Ernest Rupin [1845 † 1908], p. 613 à 614.

42113. DEMARTIAL (André). — Chronique de l'orfèvrerie et de l'émaillerie, p. 615 à 620.

42114. ANONYME. — Chronique bibliographique, année 1909, p. 667 à 674,

---

LX. — Bulletin de la Société archéologique et historique du Limousin, t. LX. (Limoges, 1910, in-8°, 682 p.)

42115. MAURAT-BALLANGE (Albert). — Une commune de la Haute-Vienne pendant la période révolutionnaire [Vauiry] (1790-1795), p. 5 à 63.

42116. LEROUX (Alfred). — La légende de saint Martial dans la littérature et l'art anciens, 3 *pl.*, p. 64 à 85, et 353 à 366.

43117. LECLERC (Chanoine A.). — Histoire de l'abbaye de Grandmont, *fig.*, p. 86 à 162, et 371 à 452. — Suite et fin de LVII, p. 129, 413; LVIII, p. 44 et 431; et LIX, p. 14 et 366.

42118. DELAGE (Franck). — Marc-Antoine de Muret, poète français, p. 163 à 190.

42119. BOULAUD (Joseph). — Les armoiries de Jean Vidaud du Dognon, lieutenant particulier au siège présidial de Limoges et lieutenant-général d'épée du Limousin avec notice biographique (1649 † 1710), *fig.*, p. 191 à 257.

42120. PETIT (A.). — François de Rincon, abbé de Bénévent (1540-1552), et ses tentatives de réforme, p. 258 à 280.

42121. FAGE (René). — Les calamités publiques en Limousin. Inondations, tempêtes, grands hivers, sécheresses, famines et épidémies [VIIe-XVIIIe s.], p. 281 à 310.

42122. LOUTCHISKY (L.). — La propriété paysanne en France à la veille de la Révolution, principalement en Limousin, p. 311 à 352.

42123. JOUHANNEAUD (Charles). — La crosse de saint Martial, p. 367 à 370.

42124. DIVERS. — François Alluaud (1778 † 1866), *portr.*, p. 453 à 508.

[Notices par MM. C. JOUHANNEAUD, Camille BENOIST, Paul Ducourtieux, Prosper DIDIER, Louis LACROCQ, André DEMARTIAL.]

42125. FAGE (René). — Un nouveau document sur le meurtre de Pierre Bermondet, seigneur du Boucheron, p. 509 à 512. — Cf. n° 42109.

42126. CAILLET (Louis). — Lettres patentes des commissaires députés par le roi en faveur de l'église réformée de Limoges (31 décembre 1611), p. 513 à 518.

42127. BOULAUD (Joseph). — Les escroqueries de Saint-Junien et l'évêché de Limoges en 1450, p. 518 à 526.

42128. CAILLET (Louis). — Mandement de Charles VII relatif à deux procès entre les moines de Nouaillé et ceux de Saint-Jouin de Marnes (12 mai 1431), p. 526 à 529.

42129. ANONYME. — Documents sur la Souterraine, p. 530 à 532.

42130. LEROUX (Alfred). — Extraits de chroniques bordelaises concernant le Limousin, p. 533 à 536.

42131. DEMARTIAL (André). — Lettre adressée par M. Landry, garde national à l'un de ses amis M. Francez, relatant le meurtre de l'abbé Chabrol (1792), p. 536 à 538.

42132. DEMARTIAL (André). — Chronique de l'orfèvrerie et de l'émaillerie anciennes de Limoges en 1910, 3 *pl.*, p. 559 à 579.

VIENNE (HAUTE-). — LIMOGES.

SOCIÉTÉ DES ARCHIVES HISTORIQUES DU LIMOUSIN.

Voir, pour les publications de cette Société antérieures à 1901, la table récapitulative de notre *Bibliographie générale;* et pour ses publications postérieures, la table placée à la fin du présent fascicule.

XI. — Société des archives historiques du Limousin. 1re série. Archives anciennes, t. XI.

42133. Lecler (Le chanoine A.). — Vie du R. P. Charles Frémon, réformateur de l'ordre de Grandmont et premier vicaire général de religieux réformés du même ordre, par J.-B. Rochias. (Limoges, 1910, in-8°, 432 p.)

VOSGES. — ÉPINAL.

COMITÉ DÉPARTEMENTAL POUR LA RECHERCHE ET LA PUBLICATION DES DOCUMENTS ÉCONOMIQUES DE LA RÉVOLUTION FRANÇAISE.

Les deux premiers volumes du *Bulletin* de ce Comité sont analysés dans notre *Bibliographie annuelle,* t. III, fasc. 1, p. 183, et 11, p. 181.

III. — La Révolution dans les Vosges, revue d'histoire moderne. Bulletin du Comité départemental des Vosges pour la recherche et la publication des documents économiques de la Révolution française 2e[*lis.* 3e] année. (Épinal, [1909-]1910, in-8°, 258 p.)

42134. Schwab (Léon). — L'instruction publique dans les Vosges pendant la Révolution, p. 1 à 21.

42135. Bernardin (Léon). — Les eaux de Plombières à l'époque révolutionnaire, p. 22, 177, et 245.

42136. Martin (E.). — État économique de la commune de Saint-Rémy (Vosges), p. 38 à 48.

42137. Anonyme. — Discours prononcé au Temple de la Raison à Épinal [20 germinal an 11], p. 49 à 56.

42138. L. S. [Schwab (Léon)]. — Un recueil de belles actions civiques en l'an vii, p. 56 à 59.

42139. C. L. [Lemasson (C.).] — Le blé et le pain à Bruyères (1789-an 11), extraits des registres de délibération de la municipalité, p. 60 à 62.

42140. Philippe (André). — Les bataillons agricoles des Vosges aux lignes de Wissembourg (septembre 1793), p. 65 à 97.

42141. Schwab (Léon). — La fin du chapitre Sainte-Menne de Poussay, p. 98 à 110.

42142. Boudet (Paul). — Les sources de l'histoire du département des Vosges de 1789 à 1800 aux Archives nationales, p. 111 à 124. — Suite de II, p. 67, 49, et 236.

42143. Najean (Henry). — La révolte girondine et le département des Vosges, p. 125 à 127.

42144. Schwab (Léon). — Le partage des communaux dans les Vosges, p. 129 à 148, et 228 à 244.

42145. E. (Capitaine). — Les volontaires nationaux des Vosges pendant la Révolution, *pl.,* p. 149 à 176, et 193 à 206.

42146. L. B. [Bernardin (Léon)]. — M. Henry Bardy [†-1909], p. 189 à 191.

42147. Philippe (André). — Une période critique de la vie de François (de Neufchâteau). Les premières représentations de *Paméla* [au théâtre de la Nation] (1er août-2 septembre 1793) et la détention de François (de Neufchâteau) [3 septembre 1793-5 août 1794], p. 207 à 227.

42148. Anonyme. — Une fête patriotique à Charmes en l'an 11, p. 253 à 255.

VOSGES. — ÉPINAL.

SOCIÉTÉ D'ÉMULATION DU DÉPARTEMENT DES VOSGES.

Voir, pour les publications de cette Société antérieures à 1901, la table récapitulative de notre *Bibliographie générale;* et pour ses publications postérieures, la table placée à la fin du présent fascicule.

XLIX. — **Annales de la Société d'émulation du département des Vosges,** 86° année. (Épinal, 1910, in-8°, CIII-491 p.)

42149. OLIVIER (C.). — Bains-les-Bains, p. 1 à 448. — Suite de XLVIII, p. 103.

VOSGES. — SAINT-DIÉ.

SOCIÉTÉ PHILOMATHIQUE VOSGIENNE.

Voir, pour les publications de cette Société antérieures à 1901, la table récapitulative de notre *Bibliographie générale;* et pour ses publications postérieures, la table placée à la fin du présent fascicule.

XXXV. — **Bulletin de la Société philomathique vosgienne,** 35° année, 1909-1910. (Saint-Dié, 1910, in-8°, 256 p.)

42150. PFISTER (Chr.). — Description de Lunéville, de Nancy et de la cour de Lorraine en 1731 [par J.-G. Keyssler], 2 *pl.,* p. 5 à 38.

42151. LHÔTE (Le chanoine E.). — Jean-Claude Sommier, archevêque de Césarée et grand prévôt de Saint-Dié [1661 † 1737], *portr.,* p. 39 à 115.

42152. HINGRE (Le chanoine). — Vocabulaire complet du patois de la Bresse, p. 117 à 160. — Suite de XII,

p. 143; XXVII, p. 297; XXIX, p. 5; XXX, p. 13; XXXI, p. 293; XXXII, p. 5; XXXIII, p. 115.

42153. ANONYME. — Un vitrail du XVI° siècle [à Saint-Dié] et la confrérie de Saint-Sébastien, *pl.,* p. 161 à 165.

42154. ANONYME. — La miniature du graduel de la Bibliothèque de Saint-Dié représentant les travaux des mines de La Croix, 2 *pl.,* p. 167 à 191.

42155. ANONYME. — Notice nécrologique sur M. Henry Bardy [1829 † 1909], p. 209 à 215, 228 à 234.

42156. BARDY (Henri). — Récit des événements qui se passèrent à Saint-Dié les 1°, 2 et 3 septembre 1793, p. 216 à 227.

YONNE. — AUXERRE.

SOCIÉTÉ DES SCIENCES HISTORIQUES ET NATURELLES DE L'YONNE.

Voir, pour les publications de cette Société antérieures à 1901, la table récapitulative de notre *Bibliographie générale*; et pour ses publications postérieures, la table placée à la fin du présent fascicule.

LXIII. — **Bulletin de la Société des sciences historiques et naturelles de l'Yonne, année 1909, 63ᵉ vol., 13ᵉ de la 4ᵉ série.** (Auxerre, 1910, in-8°, 267-429-LXXXIV p.)

Sciences historiques.

42157. Porée (Ch.). — La formation du département de l'Yonne en 1790, *carte*, p. 5 à 196.
42158. Chastellux (Cᵗᵉ de). — Quelques notes pour servir à l'histoire de Migé, p. 197 à 224.
42159. Cestre. — Le plan d'études de dom Rosman, principal du collège d'Auxerre, p. 225 à 249.
42160. Hermelin (Camille). — Saint-Florentin et Pontigny, p. 251 à 258.

Sciences naturelles.

42161. Parat (L'abbé A.). — Les grottes du bassin de l'Yonne, *pl.*, p. 291 à 344.
42162. Hure (Augusta). — Association dans la vallée senonaise de l'Yonne des vestiges de l'âge de pierre à ceux des époques gauloise et gallo-romaine, p. 351 à 376.

Procès-verbaux.

42163. Lasnier. — Éloge de MM. J. Folliot et A. Raoul († 1909), p. LVIII.

LXIV. — **Bulletin de la Société des sciences historiques et naturelles de l'Yonne, 1910, 64ᵉ vol., 14ᵉ de la 4ᵉ série** (Auxerre, 1911, in-8°, 373-173-CII p.)

Sciences historiques.

42164. Petit (Ernest). — La statue de sainte Catherine à l'hôpital de Tonnerre, *pl.*, p. 5 à 7.

42165. Laloire (L'abbé S.). — Notes historiques sur Arthonnay, p. 9 à 64.
42166. Vallet (Léon). — Notes et souvenirs d'un instituteur sur les événements de 1870 à Jouy, p. 65 à 78.
42167. Cestre. — Le collège d'Auxerre de 1790 à 1796, p. 79 à 183.
42168. Roché (Dʳ Louis). — Notes et souvenirs de L.-F. Bourry, maître en chirurgie, premier maire de Pont-sur-Yonne, p. 185 à 203.
42169. Villetard (L'abbé H.). — A propos de la fête des fous au moyen âge, p. 205 à 228.
42170. Parat (L'abbé A.). — Jeanne d'Arc dans les pays de l'Yonne, p. 229 à 297.
42171. Rossigneux (André). — Une étape de Napoléon Iᵉʳ. Auxerre, 17-19 mars 1815, p. 299 à 373.

Sciences naturelles.

42172. David (Jules). — Deux mémoires de Pasumot relatifs à l'altitude d'Auxerre, p. 111 à 120.

Procès-verbaux.

42173. Humbert — M. le vétérinaire principal Philippe Thomas († 1910), p. XXI à XXVIII.
42174. Lasnier. — M. V. Manifacier († 1910), p. XXXVII à XXXIX.
42175. Roché (Dʳ L.). — Le monument de Fontenoy, p. LX à LXVII.
42176. Martineau Des Chesney et Cestre. — Discours prononcés aux obsèques de M. Dehertog († 1910), p. LXIX à LXXI.
42177. Lasnier. — Discours prononcé aux obsèques de M. Demay († 1910), p. LXXI.
42178. Hure (Mˡˡᵉ A.). — La statuette grecque d'Auxerre, p. LXXIII.

YONNE. — AVALLON.

SOCIÉTÉ D'ÉTUDES D'AVALLON.

Voir, pour les publications de cette Société antérieures à 1901, la table récapitulative de notre *Bibliographie générale;* et pour ses publications postérieures, la table placée à la fin du présent fascicule.

XXXV. — Bulletin de la Société d'études d'Avallon, 50° et 51° années, 1909. (Avallon, 1910, in-8°, 299 p.)

42179. Villetard (L'abbé H.). — Deux manuscrits liturgiques conservés à Avallon, p. 15 à 3o.

[Missel piénier de Langres (1419); psautier hymnaire du xiiie siècle.]

42180. Pissier (L'abbé A.). — Recherches sur l'histoire de Tharoiseau, seigneurie, paroisse, village, *fig.*, p. 35 à 147.

42181. Anonyme. — Jacques et Antoine-Denis Raudot, 8° et 9° intendants de la Nouvelle France, p. 149 à 152.

42182. Petit (Ernest). — Lettres de rois et reines adressées aux seigneurs et dames de Ragny dans l'Avallonnais [1584-1617], p. 159 à 170.

[Suivi d'extraits d'un registre de dépenses faites à Ragny sous Henri IV.]

42183. Parat (L'abbé). — Le cimetière barbare de Vaux-Donjon, 6 *pl.*, p. 171 à 260.

42184. Poulaine (L'abbé). — La vie villageoise à Voutenay pendant la Révolution et l'Empire, p. 261 à 289.

YONNE. — SENS.

SOCIÉTÉ ARCHÉOLOGIQUE DE SENS.

Voir, pour les publications de cette Société antérieures à 1901, la table récapitulative de notre *Bibliographie générale;* et pour ses publications postérieures, la table placée à la fin du présent fascicule.

XXV. — Bulletin de la Société archéologique de Sens, t. XXV, année 1910. (Sens, 1910, in-8°, 150-LXVI p.)

42185. Chartraire (L'abbé E.). — Les droits et prérogatives des archevêques de Sens dans la chapelle du château de Fontainebleau, p. 1 à 22.

42186. Chartraire (L'abbé E.). — Deux projets de reconstruction du grand portail de la cathédrale de Sens au xviiie siècle, 2 *pl.*, p. 23 à 45.

42187. Roy (Maurice). — Jehan Cousin père, sculpteur. La statue de l'amiral Chabot et le jubé de la chapelle de Pagny, p. 46 à 57.

42188. Perrin (Joseph). — L'hôtel de la Vernade au xvie siècle [à Sens], d'après un document inédit, p. 58 à 70.

42189. Traynel (Octave de). — Mémoires de Bertin, p. 71 à 115.

42190. Perrin (Joseph). — Deux sceaux gallo-romains trouvés dans l'Yonne, *pl.*, p. 127 à 134.

42191. Moreau (Dr R.). — Liste des fragments de colonnes et de pilastres du musée gallo-romain, p. 143 à 150.

42192. Perrin (Joseph). — Le commandant Jos. Lagrange († 1909), p. v à vii.

42193. Chartraire (L'abbé). — Statue du xvie siècle, bois polychromé, dans l'église paroissiale Saint-Maurice de Sens, *pl.*, p. xxii.

42194. Perrin (Joseph). — Ch.-L. Rousseau († 1909), p. xxix.

42195. Perrin (Joseph). — Sépultures antiques à Saint-Denis-lez-Sens, p. xxxi à xxxiii.

ALGÉRIE. — ALGER.

COMITÉ DU VIEIL ALGER.

Le *Comité du Vieil-Alger* fondé en 1905 a commencé de faire paraître en 1910 un recueil dont les deux premiers volumes sont analysés ci-dessous.

I. — Feuillets d'El-Djezair (Alger, 1910, in-8°, 85 p.)

42196. Klein (H.). — Le Comité du vieil Alger [1905-1910], *fig.*, *pl.*, p. 1 à 83.

[Historique du Comité, compte rendu des excursions et conférences de 1906 à 1910.]

II. — Feuillets d'El-Djezair [II]. (Alger, 1910, in-8°, 85 p.)

42197. Klein (H.). — Le vieil Alger et l'occupation militaire française, 7 *pl.*, p. 1 à 85.

ALGÉRIE. — ALGER.

SOCIÉTÉ DE GÉOGRAPHIE D'ALGER ET DE L'AFRIQUE DU NORD.

Voir, pour les publications de cette Société antérieures à 1901, la table récapitulative de notre *Bibliographie générale;* et pour ses publications postérieures, la table placée à la fin du présent fascicule.

XV. — Bulletin de la Société de géographie d'Alger et de l'Afrique du Nord, 13° année, 1910, t. XV. (Alger, 1910, in-8°, LXXXVI-505 p.)

42198. Legrand (D'). — Événements militaires sous Casablanca et dans la Chaouïa, p. 1 à 17.

42199. Brives (A.). — Conférence sur le Maroc, *fig.*, p. 18 à 38.

42200. Bernard (Général). — Montagnes d'Algérie : Mouzaïa, Aurès, Djurdjura, p. 39 à 61.

42201. Barbedette (F.). — La Chine méridionale, p. 84 à 102.

42202. J. G. — Notes sur la Guinée française, *carte*, p. 111 à 131.

42203. Mercadier (Lieutenant Maurice). — De l'Atlan-tique au Tchad et au Borkou, mission Tilho, p. 132 à 166.

42204. Desparmet (J.). — L'œuvre de la France en Algérie jugée par les indigènes, p. 167 à 186, et 417 à 436.

42205. Douin (G.). — Notes sur la Crète, p. 195 à 205.

42206. Douin (G.). — Visite à Baalbeck, notes sur Beyrouth et sur le Liban, p. 206 à 235.

42207. Azan (Capitaine Paul). — Le combat de Sidi Daoud près Casablanca (18 février 1908), p. 251 à 275.

42208. Vialar (B°° de). — Les Beni-Messaoud, p. 276 à 319.

42209. Sagonds (Lieutenant). — Casablanca, monographie de la Chaouïa, 2 *cartes*, p. 320 à 394.

42210. Jardel (Eugène). — La Cochinchine, Saïgon et Cholon, p. 395 à 410, et 484 à 500.

ALGÉRIE. — ALGER.

SOCIÉTÉ HISTORIQUE ALGÉRIENNE.

Voir, pour les publications de cette Société antérieures à 1901, la table récapitulative de notre *Bibliographie générale;* et pour ses publications postérieures, la table placée à la fin du présent fascicule.

LIV. — **Revue africaine,** publiée par la Société historique algérienne, 54ᵉ année. (Alger, 1910, in-8°, 441 p.)

42211. Martino (Pierre). — Les descriptions de Fromentin, avec le texte critique d'une rédaction inédite du début de l'*Année dans le Sahel,* p. 5 à 61, et 343 à 392.

42212. Yver (G.). — Documents sur la guerre franco-marocaine de 1844, p. 62 à 83.

42213. Biarnay. — Étude sur les Bet'-t'ioua du Viel-Arzeu, p. 97, 301, et 405.

42214. Ben Cheneb (M.). — Poème en l'honneur du Prophète, p. 182 à 190.

42215. Laperrine. — Noms donnés par les Touareg Ahaggar aux diverses années de 1860 à 1874, p. 191 à 194. — Cf. LIII, p. 193.

42216. Lacroix (N.). — Notes sur les cachets et les sceaux chez les musulmans. Les cachets des gouverneurs généraux de l'Algérie, 2 *pl.,* p. 201 à 224.

42217. Esquer (G.). — Les débuts de Yusuf à l'armée d'Afrique d'après des documents inédits (1830-1838), p. 225 à 300.

42218. Joly (A.). — Ruines et vestiges anciens dans les provinces d'Alger et d'Oran, p. 393 à 404.

ALGÉRIE. — BÔNE.

ACADÉMIE D'HIPPONE.

Voir, pour les publications de cette Académie antérieures à 1901, la table récapitulative de notre *Bibliographie générale;* et pour ses publications postérieures, le tome I, fasc. II, p. 23, de notre *Bibliographie annuelle.*

XXXI. — **Bulletin de l'Académie d'Hippone** (1910), nouvelle série, n° 1. (Bône, 1910, gr. in-8°, xx-55 p.)

42219. Peyret (Dʳ). — Notice sur Auguste-Alexandre Papier [† 1909], *portr.,* p. 1 à 3.

42220. Leroy (L'abbé). — Hippone (ancienne propriété Chévillot), *fig.,* p. 7 à 10.

42221. Brudo. — Bône en 1830, p. 11 à 18.

42222. Gouvion (Edmond). — Hippone. Les nouvelles fouilles. Intéressantes découvertes, *fig.,* p. 19 à 25.

42223. Sauter. — Contribution à l'étude de la minéralogie et de la métallurgie des anciens, p. 27 à 31.

42224. R. D. — Notice sur quelques découvertes récentes [à Bône], *fig.,* p. 33 à 35.

ALGÉRIE. — CONSTANTINE.

SOCIÉTÉ ARCHÉOLOGIQUE DE CONSTANTINE.

Voir, pour les publications de cette Société antérieures à 1901, la table récapitulative de notre *Bibliographie générale;* et pour ses publications postérieures, la table placée à la fin du présent fascicule.

XLIII. — **Recueil des notices et mémoires de la Société archéologique du département de Constantine,** 12° volume de la 4° série, 43° volume de la collection, année 1909. (Constantine, 1910, in-8°, xvi-308 p.)

42225. MARTIN (Jean). — Une inscription de Mdaourouch, p. 1 à 8.

42226. JACQUOT (L.). — Les haciendas romaines, mémoire pour servir à l'étude des ouvrages défensifs de l'époque romaine dans la région de Sétif, 3 *pl.*, p. 9 à 22.

42227. MAITROT (Lieutenant). — Essais d'ethnographie. Arabes et Auvergnats, p. 23 à 89.

42228. HINGLAIS (U.). — La source d'Aïn-el-Ksar, près de Rouffach, *pl.*, p. 91 à 92.

42229. HINGLAIS (U.). — Le crucifix de Clairfontaine, *pl.*, p. 93 à 95.

42230. ROBERT (Achille). — La Kalaa des Beni-Hammad (Maadid), 3 *pl.*, p. 97 à 100.

42231. JOLEAUD (L.) et JOLY (A.). — Ruines et vestiges anciens relevés dans la province de Constantine, *pl.*, p. 101 à 160.

42232. ROBERT (Achille.). — Étude ethnographique sur la population indigène de la commune mixte d'Aïn-M'lila. Discussion entre une femme arabe et une femme chaouïa, p. 161 à 175.

42233. ROBERT (Achille). — Tête de faune en bronze; poignée de glaive romain, 2 *pl.*, p. 177.

42234. ROBERT (Achille). — Pierre tumulaire trouvée entre Navarin et Belláa, *fig.*, p. 179.

42235. POUSSET (Capitaine Ed.). — Notes sur les ruines du *Municipium Aelium Choba*, p. 181 à 192.

42236. CARTON (D^r). — Travaux antiques d'irrigation et de culture dans la région du Djebel Ouk, p. 193 à 224.

42237. ANONYME. — Stations préhistoriques des environs de Tebessa, p. 225 à 232.

42238. MAGUELONNE (J.). — Monographie géographique et historique de la tribu du Hodna oriental, p. 233 à 253.

42239. VEL (Auguste). — Quelques inscriptions de l'année 1909, *fig.*, p. 255 à 266.

[Constantine, Rouffach, Khenchela.]

42240. DEBRUGE. — Catalogue des objets préhistoriques renfermés dans les vitrines du Musée de Constantine, p. 267 à 288.

42241. MAGUELONNE (J.). — Chronique archéologique, p. 289 à 304.

[Constantine, Tocqueville, Khenchela, Mila, Kalaa des Beni-Hammad, Guelma, Djemila, Lambèse, Sétif, Timgad.]

42242. MAGUELONNE (J.). — M. Ch. Desjardins [† 1910], p. 305.

ALGÉRIE. — ORAN.

SOCIÉTÉ DE GÉOGRAPHIE ET D'ARCHÉOLOGIE D'ORAN.

Voir, pour les publications de cette Société antérieures à 1901, la table récapitulative de notre *Bibliographie générale;* et pour ses publications postérieures, la table placée à la fin du présent fascicule.

Une table des publications de la Société de 1898 à 1907 a paru en 1910. (Voir notre n° 42243.)

42243. ENGEL. — Société de géographie et d'archéologie de la province d'Oran. Journal des travaux de la Société. Table générale, 2° partie, 1898-1907 (par Engel). (Oran, 1910, in-8°, 83 p.)

XXX. — **Société de géographie et d'archéologie de la province d'Oran...,** t. XXX, 1910. (Oran, 1910, in-8°, 613 p.)

42244. DOUTTÉ (Edmond). — A Rabat, chez Abdelaziz, notes prises en 1907, p. 21 à 68.

42245. Bernard (Lieutenant). — Les routes vers la Moulouya, *carte*, p. 69 à 76.

42246. Barbin. (A.). — Fouilles des abris préhistoriques de la Mouillah, près Marnia, 2 *pl.*, p. 77 à 90.

42247. Griguer (Jules). — Les Taybia [secte musulmane], *pl.*, p. 91 à 98.

42248. Griguer (Jules). — Un diplôme de Khalifa chez les Qadiria, *pl.*, p. 99 à 101.

42249. J. G. [Griguer (J.).] — Nécrologie, p. 162.

[E. Castanié; E. Cayla, E. Girod, commandant Lacroix, commandant Ondedieu.]

42250. Bel (Alfred). — Les Almoravides, les Almohades, p. 165 à 182.

42251. Gognalons. — Un ksar berbère de la Saoura Igli et ses habitants, *carte*, p. 183 à 203.

42252. Bernard (M.). — Notes sur l'oued Gheris et ses affluents, p. 348 à 373.

42253. Oustry (M.). — Notes sur le haut Ziz, p. 374 à 401.

42254. Mougin (Capitaine). — Résumé de nos rapports avec les représentants du Maghzen et les populations de la zone frontière orano-marocaine depuis vingt ans, p. 402 à 408.

42255. Doumergue (F.). — Contributions au préhistorique de la province d'Oran, *pl.*, p. 409 à 428.

42256. Gaquière (Lieutenant). — Les Beni-Bou-Zeggou, *carte*, p. 491 à 515.

42257. Voinot (Capitaine L.). — Les tumuli d'Oudjda, 2 *pl.*, p. 516 à 528.

42258. Lecocq (André). — Le Maroc occidental, p. 529 à 575.

TUNISIE. — SOUSSE.

SOCIÉTÉ ARCHÉOLOGIQUE DE SOUSSE.

Voir, pour les publications antérieures de cette Société, la table placée à la fin du présent fascicule.

VII. — **Bulletin de la Société archéologique de Sousse**, 7ᵉ année, 1909. (Sousse, 1910-1911, in-8°, 140 p.)

42259. Pallary (Paul). — Silex trouvés à Redeyef, p. 14.

42260. Montaut. — Inscriptions romaines trouvées au Kef et aux environs, p. 15 à 18.

42261. Bizet (Cl.). — M. Gabriel Robert († 1907), p. 19.

42262. Carton (Dʳ). — Les nécropoles de Gurza, *fig.*, 2 *pl.*, p. 20 à 43.

42263. Salle (L.). — Cillium (Colonia Cillitana, Kasrin), p. 44 à 48.

42264. Debruge (A.). — Les dolmens de Salluste, *fig.* et *pl.*, p. 49 à 52.

42265. Leynaud (L'abbé A.-F.). — Les catacombes d'Hadrumète. Cinquième campagne de fouilles, *fig.*, p. 53 à 62, et 123 à 130. — Suite de VI, p. 89, et 138.

42266. Anonyme. — De Thélepte à Feriana, p. 63 à 68.

42267. Fleury (Lieutenant). — Les silex africains, terminologie et classification préhistoriques applicables dans l'Afrique du Nord, p. 71 à 86.

42268. Vercoutre (Dʳ A.-T.). — Note sur quelques noms anciens de Sousse, p. 87.

42269. Carton (Dʳ). — Note sur une tombe romaine honorée par les modernes africains [à Sidi Balbouzi], 2 *pl.*, p. 89 à 97.

42270. Hannezo (G.). — La religion musulmane à Sousse et légendes arabes, p. 98 à 101.

42271. Gadrat (P.-L.). — A l'amphithéâtre d'El-Djem, *fig.*, p. 102 à 118.

42272. Carton (Dʳ). — Note sur quelques collections privées de Sousse, *fig.*, *pl.*, p. 119 à 122.

42273. Dubiez (A.). — Monnaies romaines trouvées à Thélepte et environs, p. 132.

TUNISIE. — TUNIS.

INSTITUT DE CARTHAGE
(ASSOCIATION TUNISIENNE DES LETTRES, SCIENCES ET ARTS).

Voir, pour les publications de cet Institut antérieures à 1901, la table récapitulative de notre *Bibliographie générale;* et pour ses publications postérieures, la table placée à la fin du présent fascicule.

XVII. — **Revue tunisienne** fondée en 1894 par l'Institut de Carthage (Association tunisienne des lettres, sciences et arts), 17ᵉ année, 1910. (Tunis, 1910, in-8°, 546 p.)

42274. GENDRE (Capitaine F.). — La région des Ksour du Sud-Oranais, *carte* et *fig.*, p. 18, 118, 213, 322, 374, et 522. — Suite de XVI, p. 441.

42275. WINKLER (A.). — Frontière méridionale ou Limes de l'Afrique propre (Tunisie et Algérie), p. 37 à 47. — Cf. XVI, p. 471.

42276. DELATTRE (Le P. A.-L.). — Inscriptions chrétiennes de Carthage (1906-1907), p. 48, 158, 226, 429. — Suite de XIV, p. 405, 536; XV, p. 37, 169, 225, 348, 435, 521; et XVI, p. 33, 227, 394, et 500.

42277. POINSSOT (L.). — Les inscriptions [romaines] de Thugga, textes privés, p. 56, 150, 231, 330, et 420. — Suite de XIV, p. 333, 462, 548; XV, p. 28, 160, 232, 358, 428, 533; et XVI, p. 42, 138, 233, 403, et 490.

42278. VASSEL (Eusèbe). — Philippe Thomas [1843 † 1910], *portr.*, p. 93 à 99.

42279. WINKLER (A.). — La frontière entre la Tripolitaine et l'Afrique propre à l'époque romaine (Tunisie sud et Tripolitaine), p. 100. — Cf. XVI, p. 471.

42280. BERTHOLON. — Essai sur la religion des Libyens, *fig.*, p. 135 à 149. — Suite de XV, p. 480; et XVI, p. 27, 131, 320, 432, et 477.

42281. DELVAL (Commandant). — La frontière tuniso-tripolitaine, p. 189 à 197.

42282. ROUX. — Les ruines des environs de Redeyef et de Moularès (Sud Tunisien), *fig.*, p. 198 à 206.

42283. VASSEL (Eusèbe). — Sur un passage de Pline l'Ancien [la superstition des éloges porte malheur], p. 207.

42284. CARTON (Dᵣ). — Fouilles exécutées en 1909 dans l'amphithéâtre d'El-Djem, p. 208.

42285. MENOUILLARD. — Gabès rivale de Biskra, p. 210 à 212.

42286. VASSEL (Eusèbe). — Le préhistorique africain, p. 240.

42287. CARTON (Dᵣ). — Chronique archéologique nord-africaine (1908-1909), *fig.*, p. 242, 336, et 438.

42288. MONCHICOURT (Ch.). — Mœurs indigènes. La fête de l'Achoura, p. 278 à 301.

42289. MENOUILLARD. — Mœurs et coutumes indigènes. Pratiques pour solliciter la pluie, p. 302 à 305.

42290. NICOLAS (Louis) et LÉVY (Isaac). — Essai d'une figuration rationnelle des lettres et signes de la langue arabe reproduits en caractères latins, p. 306, 409, et 510.

42291. BURSAUX. — L'oasis d'El-Guettar, ses ressources, sa décadence, *fig.*, p. 364 à 373.

42292. DIVERS. — Les eaux de Korbous, p. 389 à 408.

[Source thermo-minérale d'Aïn-Kebira et Aïn-Chefa à Korbous, depuis l'antiquité.]

42293. VASSEL (Eusèbe). — Les deux inscriptions puniques de Tanesmat, *fig.*, p. 451 à 467.

42294. CARTON (Dᵣ L.). — Un voyage en Barbarie au xviiiᵉ siècle, p. 468 à 481.

42295. WINKLER (A.). — Afrique. Illustrations de la Table de Peutinger, les vignettes et autres renseignements, p. 482 à 496.

MADAGASCAR. — TANANARIVE.

ACADÉMIE MALGACHE.

8° Z. 18815

L'Académie malgache a été fondée par arrêté du général Galliéni, le 23 janvier 1902. Le but de cette institution est l'étude approfondie, méthodique et raisonnée de la linguistique, de l'ethnologie et de la sociologie malgaches, ainsi que la conservation des documents et objets présentant un intérêt archéologique. L'Académie placée sous la protection et le haut contrôle du gouverneur général comprend des membres titulaires au nombre de douze, des membres sociétaires au nombre de trente, et des membres correspondants.

L'Académie publie depuis 1902 un *Bulletin* trimestriel qui forme un volume chaque année.

Nous rappelons, en ce qui concerne Madagascar, qu'il existe une autre association ayant fait de l'histoire de l'île l'objet de ses études, le *Comité de Madagascar,* dont le siège est à Paris. (Voir *supra,* p. 140 et à la table.)

I. — **Bulletin trimestriel de l'Académie malgache,** fondée le 23 janvier 1902 par arrêté du Gouverneur général. Philologie, ethnographie, histoire, croyances, traditions, légendes, institutions politiques et sociales, lois et coutumes. Vol. I, 1902. (Tananarive, 1902, in-8°, 216 p.)

42296. Julien (G.). — Les réformes de 1889. L'autonomie de fokon'olona et les règlements des gouverneurs de l'Imérina, p. 23 à 46.

42297. Cadet (Le P.). — Des langues auxquelles le malgache peut être comparé, p. 47 à 49.

42298. Jakobsen (D.). — Note sur Andriamaro, idole célèbre chez les Mahafaly, p. 50 à 52.

42299. Malzac (P.). — Dernières recommandations d'Andrianampoinimerina (1810), traduit d'un manuscrit du P. Cattet, p. 67 à 76.

42300. Julien (G.). — Notes étymologiques sur les mots *vola* et *volana,* p. 77 à 79.

43301. Vernier (Fred.). — Hova et Maoris. Étude comparée de philologie et d'ethnographie, p. 80 à 82.

42302. Chazel (André). — Note sur un passage du *Tantara sy Fomban-drazana* (Histoires et coutumes des ancêtres), p. 83 à 86.

42303. Malzac (V.). — Étude sur les suffixes malgaches, p. 103 à 107.

42304. Mondain (G.). — Un chapitre d'une étude sur les idées religieuses des Malgaches avant l'arrivée du christianisme, p. 108 à 124.

42305. Cadet (Le P.). — Pages oubliées [Dictionnaire malgache-français du P. Callet], p. 125, 197; II, p. 39, 115, 197, 271: et III, p. 37, 161, 261 et 319.

42306. Julien (G.). — Influence de la langue malgache dans la dénomination des localités à l'île de la Réunion, p. 163 à 185.

42307. Raphael (F.). — De l'orthographe malgache, p. 186 à 196.

II. — **Bulletin trimestriel de l'Académie malgache...** Vol. II, 1903. (Tananarive, 1903, in-8°, 295 p.)

42308. Baron (R.). — Kabary malgache, notes pour l'explication des quatre premiers kabary dans le livre intitulé *Malagasy kabary,* p. 20 à 24, et 169 à 171.

42309. Malzac (V.). — Notes sur les particules *n', n-, m-, ny, i,* p. 25 à 31.

42310. Mondain (G.). — Quelques idées sur les idoles malgaches, p. 31 à 38.

[42305.] Cadet (Le P.). — Pages oubliées. Nouveau dictionnaire malgache-français par le P. Callet, p. 39, 115, 197, et 271.

42311. Caussèque (P.). — Règle de l'apostrophe et du trait d'union, p. 63 à 66.

42312. Jully (Ant.). — Mission en Extrême-Orient. Compte rendu de la partie philologique, ethnographique et historique de cette mission, p. 67 à 85.

42313. Raybaud. — De l'étymologie du mot *mbay,* p. 87 à 89.

42314. Sibree (J.) et Jully (A.). — Le voyage de Tananarive en 1817, manuscrits de James Hastie, p. 91, 173, et 241. — Cf. n° 42319.

42315. Cadet (A.). — Réformes orthographiques, p. 151 à 167.

42316. Raphael (Fr.). — Quelques règles d'orthographe malgache, p. 237 à 239.

III. — Bulletin trimestriel de l'Académie malgache... Vol. III, 1904. (Tananarive, 1904, in-8°, 331 p.)

42317. BOUDILLON (Auguste). — Notes sur le droit éminent du souverain à Madagascar, p. 9 à 14.

42318. ANONYME. — Règles de la prononciation malgache et orthographe tirée de ces règles, p. 15.

42319. SIBREE (I.) et JULLY (A.). — Journal de James Hastie pendant un voyage à Madagascar du 14 novembre 1817 au 26 mars 1818, p. 17 à 36. — Cf. n° 42314.

[42305.] CADET (Le P.). — Pages oubliées. Nouveau dictionnaire malgache-français par le P. Callet, p. 37, 161, 261, et 319.

42320. MALZAC (V.). — Orthographe malgache, p. 73 à 86.

42321. THOMAS (P.). — Les noms de nombre. Notes de philologie comparée, p. 95 à 103.

42322. STANDING (H.-J.). — Les fady malgaches [superstitions], p. 105 à 159, et 195 à 259.

[Traduit par A. JULLY.]

42323. JULLY (A.). — Le manuscrit de Chapelier [1803-1805], p. 289 à 291.

42324. JULLY (A.). — Madagascar, 1818, Théop. Frappaz, p. 295.

42325. MONDAIN (G.). — Notes sur Rafantaka, un des anciens sampy royaux, *pl.*, p. 311 à 317.

IV. — Bulletin de l'Académie malgache... Vol. IV, années 1905-1906 (Tananarive, 1906-1907, in-8°, 118 p., p. 333 à 365, 8 p.)

[Ce volume comprend le *Bulletin* proprement dit de 1905-1906, formant 118 pages, paru en 1907 avec la mention t. *IV, 1re partie*, les *Procès-verbaux des séances de 1905*, parus en 1906 avec la mention t. *IV, 2e partie*, mais paginés par erreur à la suite du tome III, et enfin un fascicule de 8 pages pour les *Procès-verbaux des séances de 1906*.]

42326. JULLY. — Communication sur les lettres adressées par Chapelier en mission à Madagascar au citoyen préfet de l'ile de France (de décembre 1803 à mai 1805), extraites des archives de Port-Louis, p. 3 à 45.

42327. MONDAIN (G.). — Notes sur la condition sociale de la femme hova, p. 55 à 76.

42328. AUJAS (L.). — Notes sur l'histoire des Betsimisaraka (extraits), p. 87 à 96.

42329. ELLE (Bjorn). — Note sur les tribus de la province de Farafangana, *carte*, p. 97 à 103.

42330. ELLE (Bjorn). — Remarques sur le dialecte tesaka (ou taisaka), p. 105.

42331. MONDAIN (G.). — Note sur le préfixe personnel malgache i, p. 107.

42332. DEMORTIÈRE. — Note au sujet des *Jiny* (reliques royales) des rois du Fiherenana (province de Tulear), p. 117.

V. — Bulletin de l'Académie malgache... Année 1907, vol. V. (Tananarive, 1908, in-8°, 117 p.)

42333. GAMON (A.). — Le code de Ranavalona Ire (1828), p. 3 à 22.

42334. AUJAS (L.). — De l'institution de Zazalava en droit malgache, p. 23 à 28.

42335. AUJAS (L.). — Esquisse d'une réforme de la législation coutumière malgache des successions dévolues *ab intestat*, p. 29 à 35.

42336. MOUNEYRES (Capitaine L.). — Sur les poids malgaches, p. 37 à 50.

42337. RAPHAEL (Le F.). — Notes sur la langue malgache, p. 51 à 54.

42338. DANDOUAU. — Manala-falitry ou Manala-Dika [exorcisme], p. 55 à 60.

42339. DANDOUAU. — Ny Famohazan' ny Sikidy (région d'Analalava) [exorcisme], *pl.*, p. 61 à 72.

42340. MONDAIN (G.). — Notes sur l'idole Rabehaza et sur quelques autres sampy malgaches, p. 73 à 88.

42341. MONDAIN (G.). — Notes sur le rôle religieux de la femme hova d'autrefois (complément à l'étude sur le rôle social de la femme hova), p. 89 à 94.

42342. VILLETTE (Dr Th.). — Anciennes coutumes malgaches, p. 95 à 99.

42343. MONDAIN (G.). — Note sur un manuscrit arabico-malgache, p. 109 à 111.

42344. FONTOYNONT (Dr). — Dr Lacaze († 1907), p. 113.

42345. MOUNEYRES (Capitaine). — Rev. Baron († 1907), p. 115.

VI. — Bulletin de l'Académie malgache... Année 1908, vol. VI. (Tananarive, 1909, in-8°, 215 p.)

42346. THOMAS (Le P.). — L'origine des noms des mois à Madagascar, notes de philologie comparée, *tableau*, p. 17 à 36.

42347. BERTHIER (Hugues). — Des participes passifs à suffixe, p. 37 à 53.

42348. BERTHIER (Hugues). — Réformes orthographiques, p. 55 à 57.

42349. ANONYME. — Une convention de fokon'olona, à Tananarive (1884), p. 59 à 72.

42350. DANDOUAU (A.). — Le Fatidra (serment du sang), région d'Analalava, p. 73 à 80.

42351. DANDOUAU (A.). — Jeux malgaches, jeu du Katra, *fig.*, p. 81 à 97.

42352. MONDAIN (G.). — Un kabary inédit en usage dans l'Imerina du Sud, p. 99 à 114.

42353. Russillon (H.). — Le sikidy malgache, 2 pl.,
p. 115 à 162.

42354. Anonyme. — Mœurs et coutumes, région d'Analalava, p. 163 à 175.

42355. Rajohnson (Henri). — Étude sur les Antanosy et
les Antandroy, p. 177 à 196.

42356. Chazel (André). — Notes complémentaires sur le
pays Androy, p. 192 à 202.

42357. Anonyme. — M. Jully († 1907), p. 211 à 213.

VII. — Bulletin de l'Académie malgache...
Année 1909, vol. VII. (Tananarive, 1910,
in-8°, 194 p.)

42358. Froberville (L. de). — Copie d'un manuscrit
de A. Coppalle, p. 3 à 46.

[Voyage dans l'intérieur de Madagascar et à la capitale du roi
Radame pendant les années 1825 et 1826.]

42359. Fontoynont (Dr). — La légende de Kimosy, p. 51
à 59.

42360. Aujas (L.). — Étude sur les dommages-intérêts
en droit malgache, p. 65 à 73.

42361. Chazel (André). — Note sur la forme relative du
verbe en malgache, p. 75 à 90. — Cf. n° 42362.

42362. Cadet (Le P.). — Examen critique de la théorie
précédente, p. 91 à 100. — Cf. n° 42361.

42363. Fontoynont (G.). — Lettres de Chapelier copiées
sur les originaux existant aux archives de Port-Louis,
p. 101 à 121.

42364. Mondain (G.). — Danses malgaches, p. 123
à 128.

42365. Anonyme. — De quelques exemples relatifs aux
tabous du chef, tirés des Tantara ny Aneriana, p. 129
à 139.

42366. Dubois (Le P.). — Essai de dictionnaire betsileo,
p. 141 à 162.

42367. Jensenius (Pasteur O.). — Dictionnaire bara-
hova, p. 163 à 194.

INDO-CHINE. — HANOÏ.

ÉCOLE FRANÇAISE D'EXTRÊME-ORIENT.

Voir, pour les publications antérieures de cet Institut, la table placée à la fin du présent fascicule.

**X. — Bulletin de l'École française d'Ex-
trême-Orient,** t. X, 1910. (Hanoï, 1910,
gr. in-8°, 762 p.)

42368. Deloustal. — La justice dans l'ancien Annam,
traduction et commentaire du Code des Lê, p. 1, 349,
et 461. — Suite de VIII, p. 177; et IX, p. 91, 471,
et 765.

42369. Cadière (L.). — Monographie de la semi-voyelle
labiale en annamite et en sino-annamite, p. 61 à 93,
et 287 à 327. — Suite de VIII, p. 93, 382; et IX,
p. 51, 315, 533, et 681.

42370. Maspéro (H.). — Le songe et l'ambassade de
l'empereur Ming, étude critique des sources, p. 95
à 130.

42371. Kemlin (M.-J.). — Rites agraires des Reungao,
p. 131 à 158. — Suite de IX, p. 493.

42372. Maybon (Charles-B.). — Une factorerie anglaise
au Tonkin au xvii° siècle (1672-1697), p. 159 à 204.

42373. Parmentier (H.). — Les bas-reliefs de Banteai-
Chmar, fig., p. 205 à 222.

42374. Maspéro (H.). — Communautés et moines boud-
dhistes chinois aux ii° et iii° siècles, p. 222 à 232.

42375. Przyluski (J.). — Les rites du Đồng thổ, contribution à l'étude du culte du dieu du sol au Tonkin,
p. 339 à 347.

42376. Bonifacy (Commandant A.). — Les génies thé-
riomorphes du xã de Hương-thượng, fig., p. 393
à 401.

42377. Pouchat (J.). — Superstitions annamites relatives aux plantes et aux animaux, p. 401 à 408, et
585 à 611.

42378. Maybon (Ch.-B.). — Note sur les travaux bibliographiques concernant l'Indo-Chine française, p. 409
à 421.

42379. Kemlin. — Les songes et leur interprétation chez
les Reungao, p. 507 à 538.

42380. Maspéro (H.). — Le protectorat général d'Annam
sous les T'ang, essai de géographie historique, pl.,
p. 539 à 584, et 665 à 682.

42381. Bonifacy (Lieutenant-Colonel). — Les génies du
Temple de Thèlc. p. 683 à 694.

INDO-CHINE. — SAÏGON.

SOCIÉTÉ DES ÉTUDES INDO-CHINOISES.

Voir, pour les publications de cette Société antérieures à 1901, la table récapitulative de notre *Bibliographie générale*; et pour ses publications postérieures, la table placée à la fin du présent fascicule.

42382. ANONYME. — Géographie physique, économique et historique de la Cochinchine, fasc. XII. (Saigon, 1907, in-8°.)

[XIII. Province de Phu quioc.]

42383. ANONYME. — Géographie physique, économique et historique du Cambodge, fasc. I-III. (Saigon, 1907-1908, in-8°.)

[I. Province de Pursat. — II. Province de Kompang Cham. — III. Province de Kratie.]

XXV. — **Bulletin de la Société des études indo-chinoises de Saigon, n° 54. 1er semestre [1908]. (Saigon, 1908, in-8°, 203 p.)**

[Le fasc. 53 n'existe pas, ce numéro a été attribué après coup au n° 52.]

42384. ANONYME. — La vie d'un Annamite. Croyances diverses, p. 5 à 52.

42385. Doc PHU SON. — La piété filiale. Préceptes de la morale confucéenne, p. 61 à 156.

42386. MARX (Jules-Adrien). — Les premières larmes du Bouddha. Légende cambodgienne, p. 157 à 159.

XXVI. — **Bulletin de la Société des études indo-chinoises de Saigon, n° 55. 2e semestre 1908. (Saigon, 1908, in-8°, 111 p.)**

42387. DURRWELL (George). — La famille annamite et le culte des ancêtres, p. 1 à 16.

42388. ANONYME. — Monographie du béribéri par le Dr Jacob Bontius, médecin de Batavia, 1629. Édition des frères Ludovic et Daniel Elzevir à Amsterdam (1658), p. 17 à 22. — Cf. n° 42396.

42389. PÉTILLOT. — Monographie du centre administratif de Dong-Trieu, province de Hai-Duong (Tonkin), p. 43 à 87.

XXVII. — **Bulletin de la Société des études indo-chinoies de Saigon, n° 56. 1er semestre 1909. (Saigon, 1909, in-8°, 91 p.)**

42390. COMBANAIRE (A.). — Exploration scientifique et monographie des régions françaises du golfe de Siam, carte, p. 1 à 30.

42391. DURRWELL (George). — Une visite à Ong-Yêm. Le champ d'essai et la colonie pénitentiaire, notes et impressions cochinchinoises, p. 31 à 44.

42392. CULTRU. — L'occupation de la Cochinchine, p. 45 à 61.

XXVIII. — **Bulletin de la Société des études indo-chinoises de Saigon, n° 57. 2e semestre 1909. (Saigon, 1910, in-8°, 167 p.)**

42393. COMBANAIRE (A.). — Étude sur les peuples préhistoriques du grand lac du Cambodge et de la régio d'Angkor, p. 1 à 28.

42394. FARAUT (F.-G.). — Étude sur la vérification des dates des inscriptions des monuments khmers, p. 29 à 90; et XXIX (fasc. 58), p. 45 à 138.

42395. LECLÈRE (Adhémard). — Les Sâauch, p. 91 à 114.

42396. LEGRAS. — Monographie du béribéri par le Dr Jacob Bontius, médecin de Batavia en 1629. Édition des frères Ludovic et Daniel Elzévir à Amsterdam [traduction française], p. 115 à 121. — Cf. n° 42388.

42397. JARILLON (Pasteur). — Comment voyager au Japon, p. 123 à 136.

XXIX. — **Bulletin de la Société des études indo-chinoises de Saigon, n° 58. 1er semestre 1910. (Saigon, 1910, in-8°, 160 p.)**

42398. ANONYME. — Monographie de la province de Thudaumot, p. 13 à 44.

[42394.] FARAUT (G.). — Vérification des dates des inscriptions des monuments khmers, p. 45 à 138.

XXX. — Bulletin de la Société des études indo-chinoises de Saigon, n° 59. 2° semestre 1910. (Saigon, 1911, in-8°, 199 p.)

42399. Ganesco (Fernand). — Notice sur le tourisme en Indo-Chine, p. 5 à 16.

42400. Leclère (Adhémard). — Le Sdach Kan, p. 17 à 55.

42401. Babé (Lieutenant). — Le *Tam-tu-Kinh*, livre des phrases de trois caractères, p. 57 à 131.

42402. Nguyen-Van Hai. — Biographie de Chau-van-Tiêp, général de Gia-long, p. 133 à 139.

42403. Faraut (F.-G.). — Étude sur la vérification des dates des inscriptions siamoises traduites par le P. Schmitt publiées par la mission Pavie, p. 141 à 177.

INSTITUTS FRANÇAIS À L'ÉTRANGER.

ÉGYPTE. — LE CAIRE.

INSTITUT ÉGYPTIEN.

Voir, pour les publications de cet Institut antérieures à 1901, la table récapitulative de notre *Bibliographie générale;* et pour ses publications postérieures, la table placée à la fin du présent fascicule.

XLIV. — Bulletin de l'Institut égyptien, 5° série, t. III. Année 1909. (Alexandrie, 1910, in-8°, 181 p.)

42404. Canivet (R.-G.). — L'imprimerie de l'expédition d'Égypte. Les journaux et les procès-verbaux de l'Institut (1798-1801), p. 1 à 22.

42405. Daressy (G.). — L'âge du sphinx. Les fosses à mortier de la grande Pyramide, p. 35 à 38.

42406. Rebours (J.-B.). — Aperçu historique sur la musique byzantine, p. 51 à 58.

42407. Galante (Abraham). — De l'influence phonétique et tonique hellénique sur la phonétique et la tonique hébraïques, p. 68 à 73.

42408. Bonola Bey (F.). — Note sur l'origine de l'imprimerie arabe en Europe, p. 74 à 80. — Cf. n° 42409.

42409. Geiss. — Observations à la suite de la note de Bonola Bey, p. 81 à 84. — Cf. n° 42408.

42410. Artin Pacha (Yacoub). — Un bol compotier en cuivre blasonné du xv° siècle, p. 90 à 96.

42411. Artin Pacha (Yacoub). — Quatrième et cinquième tableaux italiens blasonnés aux armes de l'Égypte du xv° siècle, 7 pl., p. 97 à 100.

42412. Artin Pacha (Yacoub). — Lettres inédites du Dr Perron à M. J. Mohl [1836-1854], p. 137 à 152.

ÉGYPTE. — LE CAIRE.

INSTITUT FRANÇAIS D'ARCHÉOLOGIE ORIENTALE.

Pour les publications antérieures de cet Institut, voir la table placée à la fin du présent fascicule.

42413. Loret (Victor). — L'inscription d'Ahmès, fils d'Abana, publiée avec notes et glossaires. (Le Caire, 1910, in-4°, II-24 p.)

[Publications de l'Institut français d'archéologie orientale. Bibliothèque d'étude. III.]

XIII. — Mémoires publiés par les membres de l'Institut français d'archéologie orientale du Caire. XIII. (Le Caire, 1911, gr. in-4°.)

42414. Chassinat (E.). — Fouilles à Baouit, fasc. 1. (Le Caire, 1911, in-fol., 110 pl.)

XVI. — Mémoires publiés par les membres de l'Institut français d'archéologie orientale du Caire. XVI. (Le Caire, 1910, gr. in-4°.)

42415. Chassinat (E.). — Le Mammisi d'Edfou, fasc. I. (Le Caire, 1910, gr. in-4°, p. 1 à 208, 52 pl.).

XVIII. — Mémoires publiés par les membres de l'Institut français d'archéologie orientale du Caire. XVIII. (Le Caire, 1910, gr. in-4°.)

42416. Gauthier (Henri). — Le Livre des rois d'Égypte. Recueil de titres et protocoles royaux. II. De la xiiiᵉ dynastie à la fin de la xviiᵉ dynastie. (Le Caire, 1910-1912, gr. in-4°, 429 p.)

[Le tome I forme le tome XVII des *Mémoires*.]

XXIII. — Mémoires publiés par les membres de l'Institut français d'archéologie orientale du Caire. XXIII. (Le Caire, 1911, gr. in-4°).

42417. Chassinat (E.). — Le quatrième livre des entretiens et épitres de Shenouti. (Le Caire, 1911, gr. in-4°, 211 p., 2 pl.).

XXIV. — Mémoires publiés par les membres de l'Institut français d'archéologie orientale du Caire. XXIV. (Le Caire, 1911, gr. in-4°.)

42418. Chassinat (E.), Palanque (C.). — Une campagne de fouilles dans la nécropole d'Assiout. (Le Caire, 1911, gr. in-4°, 240 p., pl.)

XXVIII. — Mémoires publiés par les membres de l'Institut français d'archéologie orientale du Caire. (Le Caire, 1910, gr. in-4°.)

42419. Massignon (Louis). — Mission en Mésopotamie, 1907-1908, t. I. Relevés archéologiques. (Le Caire, 1910, gr. in-4°, VII-75 p., 63 pl.)

XXIX. — Mémoires publiés par les membres de l'Institut français d'archéologie orientale du Caire. (Le Caire, 1910, gr. in-4°.)

42420. Van Berchem (Max) et Halil Edhem. — Matériaux pour un *Corpus inscriptionum arabicarum*, 3ᵉ partie. Asie Mineure, 1ᵉʳ fasc. (Le Caire, 1910, gr. in-4°, VIII-110 p., 45 pl.)

[La 2ᵉ partie forme le tome XXV des *Mémoires*.]

VII. — Bulletin de l'Institut français d'archéologie orientale, publié sous la direction de M. E. Chassinat,... t. VII. (Le Caire, 1910, in-4°, 181 p.)

42421. HERZ BEY (Max). — Armes et armures arabes, 8 pl., p. 1 à 14.

42422. COUYAT (Jules). — La route de Myos-Hormos et les carrières de porphyre rouge. Notes pour servir à l'histoire du Désert arabique et de la mer Rouge, 3 pl., p. 15 à 33.

42423. COUYAT (Jules). — Sur la nature et le gisement de la pierre des statues de Khephren du Musée égyptien du Caire, p. 35 à 39.

42424. MONTET (Pierre). —Les scènes de boucherie dans les tombes de l'Ancien Empire, fig., p. 41 à 65.

42425. COUYAT (Jules). — Remarques sur l'origine égyptienne des roches employées dans les monuments dalmates de Spalato et de Salone, p. 67 à 70.

42426. PIÉRON (Henri). — Les chambres secrètes du Mammisi de Dendéra, fig., p. 71 à 76.

42427. MASSIGNON (Louis). — Les medresehs de Bagdâd, 3 pl., p. 77 à 86.

42428. JÉQUIER (Gustave). — Le sanctuaire primitif d'Amon, fig., p. 87.

42429. JÉQUIER (Gustave). —Note sur deux hiéroglyphes, fig., p. 89 à 96.

42430. MASPÉRO (Jean). — Étude sur les papyrus d'Aphrodité, p. 97 à 152.

42431. PALANQUE (Charles) et CHASSINAT (E.). — Un scarabée au nom de Kashta, fig., p. 153.

42432. CHASSINAT (Émile). — Quelques cônes funéraires inédits, p. 155 à 163.

42433. CHASSINAT (Émile). — Une nouvelle monnaie à légende hiéroglyphique, fig., p. 165 à 167.

42434. CHASSINAT (Émile). — Une statuette d'Aménôthès III, 3 pl., p. 169 à 172.

42435. MASPÉRO (Jean). — Deux vases de bronze arabes du xv° siècle, p. 173 à 175.

42436. E. C. [CHASSINAT (E.).] — Charles Palanque [† 1910], p. 177.

GRÈCE. — ATHÈNES.

ÉCOLE FRANÇAISE D'ATHÈNES.

Voir, pour les publications de cette École antérieures à 1901, la table récapitulative de notre *Bibliographie générale;* et pour ses publications postérieures, la table placée à la fin du présent fascicule.

XXXIV. — École française d'Athènes. Bulletin de correspondance hellénique. Δελτίον ἑλληνικῆς ἀλληλογραφίας, 34° année, 1910. (Paris, 1910, in-8°, 552 p.)

42437. SOTIRIADIS (Georgos). — Τὸ πεδίον τῆς ἐν Σελλασίᾳ μάχης (222 πρὸ Χριστοῦ) [Le champ de bataille de Sellasie (222 avant J.-C.)], 3 pl., p. 5 à 57. — Cf. n° 42458.

42438. DUGAS (Charles). — La campagne d'Agésilas en Asie Mineure (395), Xénophon et l'anonyme d'Oxyrhynchos, carte, p. 58 à 95.

42439. MILLET (Gabriel). — Les iconoclastes et la croix, à propos d'une inscription de Cappadoce, pl., p. 96 à 109.

42440. ROUSSEL (P.). — Ἡ τετράγωνος, note sur deux inscriptions de Delos (B. C. H. VIII, p. 126; XI, p. 269, n° 33), p. 110 à 115.

42441. DUGAS (Charles). — Sur l'himation d'Alkiménès de Sybaris, p. 116 à 121.

42442. DÜRRBACH (F.) et SCHULHOF (E.). — Fouilles de Délos exécutées aux frais de M. le duc de Loubat.

Inscriptions financières (1904 et 1905), p. 122 à 186 et 5 ff. h. t.

42443. KARO (G.). — En marge de quelques textes delphiques, fig., 2 pl., p. 187 à 221. — Suite de XXXIII, p. 201.

42444. BOURGUET (Émile). — La base des rois d'Argos à Delphes, fig., pl., p. 222 à 230.

42445. BOURGUET (Émile). — Inscription de Delphes, p. 231.

42446. DUGAS (Charles). — Fragment de bas-relief du Musée du Louvre, pl., p. 233 à 241.

42447. HATZFELD (Jean). — Inscriptions de Rhodes, p. 242 à 248.

42448. REINACH (A.-J.). — Delphes et les Bastarnes, pl., p. 249 à 330, et 549.

42449. VOLLGRAFF (Wilhelm). — Inscription d'Argos, pl., p. 331 à 354.

42450. ROUSSEL (P.) et HATZFELD (J.). — Fouilles de Delos exécutées aux frais de M. le duc de Loubat. Inscriptions (1905-1908), fig., p. 355 à 423. — Suite de XXXIII, p. 472.

42451. Roussel (P.). — Note sur une inscription de Délos (B. C. H. XVI, p. 157, n° 9 *bis*), p. 425.

42452. Chaviaras (Nicélas). — Ἐπιγραφαὶ Κνιδίας χερσονήσου [Inscriptions de la presqu'île de Cnide], p. 425 à 428.

42453. Reinach (Théodore). — Note sur une inscription de Délos en l'honneur de Laodice (Philadelphe), princesse du Pont, p. 429 à 432.

42454. Reinach (A.-J.). — La frise du monument de Paul Émile à Delphes, *fig.*, p. 433 à 468.

42455. Dugas (Charles). — Sarcophages de Clazomène, 2 *pl.*, p. 469 à 477.

42456. Leroux (G.). — Le guerrier de Délos, *fig.* et 2 *pl.*, p. 478 à 500.

42457. Courby (F.). — Sur quelques termes d'architecture qui se rencontrent dans des inscriptions de Délos, p. 501 à 507.

42458. Kromayer (J.). — Sellasia, p. 508 à 537. — Cf. n° 42437.

42459. Picard (Ch.). — Le sculpteur Agasias d'Éphèse à Délos, *fig.* et 2 *pl.*, p. 538.

**BIBLIOTHÈQUE DES ÉCOLES FRANÇAISES
D'ATHÈNES ET DE ROME.**

Série in-4°.

42460. Fabre (Paul), Duchesne (L.). — Le «Liber censuum» de l'église romaine, t. I-II. (Paris, 1905-1910, in-fol.)

42461. Auvray (L.). — Les registres de Grégoire IX publiés ou analysés d'après les manuscrits originaux, t. II-III. (Paris, 1907-1910, in-4°, 1292 col., 2 p. et 616 col.)

[Le tome I a paru en 1896.]

42462. Mollat. — Jean XXII. Lettres communes analysées d'après les registres dits d'Avignon et du Vatican, t. IV-V. (Paris, 1909-1910, in-4°, 351 et 468 p.)

[Les tomes I à III ont paru de 1904 à 1906.]

42463. Ardillon (E.) et Convert (H.). — Carte archéologique de l'île de Delos (1893-1894). (Paris, 1902, in-4°, 15 p. et *carte.*)

[Bibliothèque des Écoles françaises d'Athènes et de Rome. Appendice I.]

42464. Divers. — École française d'Athènes. Fouilles de Delphes exécutées par ordre du Gouvernement français et publiées sous la direction de M. Théophile Homolle. (Paris, 1907-1913, in-fol.)

[III. Épigraphie, fasc. 1, par E. Bourguet; fasc. 2 par G. Colin. — IV. Monuments figurés, sculpture, fasc. 1-2, par Th. Homolle. — V. Monuments figurés, petits bronzes, terres cuites, antiquités diverses, par Perdrizet (1908).]

42465. Divers. — Exploration archéologique de Délos faite par l'École française d'Athènes sous les auspices du Ministère de l'Instruction publique et aux frais de M. le duc de Loubat, et publiée sous la direction de Théophile Homolle et Maurice Holleaux. (Paris, 1909-1912, in-fol., 5 *fasc.*)

[1. Introduction. Carte de l'île de Délos, avec un commentaire explicatif par André Bellot (1909, 441 p., *fig.*, *tableaux*). — 2. La salle hypostyle par Gabriel Leroux, avec la collaboration de Henry Convert et Albert Gabriel (1909, 76 p., *pl.*). — 3. Introduction (*suite*). Cartographie de l'île de Délos, par L. Gallois (1910, 108 p., *cartes*, *pl.*). — 4 [1]. Description physique, par Cayeux (1911). — 5. Le Portique d'Antigone ou du Nord-Est et les constructions voisines, par F. Courby (1912, 126 p., *fig.*, *pl.*]

Série in-8°.

**CIII. — Bibliothèque des Écoles françaises
d'Athènes et de Rome. Fasc. 103.**

42466. Celien (Léonce). — Les dataires du xv° siècle et les origines de la Daterie apostolique. (Paris, 1910, in-8°, 11-175 p.)

ITALIE. — ROME.

ÉCOLE FRANÇAISE DE ROME.

Voir, pour les publications de cette École antérieures à 1901, la table récapitulative de notre *Bibliographie générale;* et pour ses publications postérieures, la table placée à la fin du présent fascicule.

XXX. — École française de Rome. Mélanges d'archéologie et d'histoire, 30° année. 1910. (Paris, s. d., in-8°, 475 p.)

42467. Romier (Lucien). — Les guerres de Henri II et le traité du Cateau-Cambrésis (1554-1559), p. 3 à 50.

[Diarii d'Emmanuel Philibert, duc de Savoie.]

42468. Mercati (G.). — Indici di mss. greci del card. N. Ridolfi, p. 51 à 55.

42469. Hautecœur (L.). — La vente de la collection Mattei et les origines du Musée Pio-Clémentin, p. 57 à 75.
42470. Chatelain (Louis). — Le culte de Silvain en Afrique et l'inscription de la plaine du Sers (Tunisie), *pl.*, p. 77 à 97.
42471. Picard (Charles). — A propos de deux coupes du Vatican et d'un fragment du Musée Kircher. Vases peints de technique grecque à inscriptions latines, *fig.*, 2 *pl.*, p. 99 à 116.
42472. Boüard (A. de). — Sur un article inédit d'anciens statuts de Rome, p. 117 à 128.
42473. Michel (Robert). — La défense d'Avignon sous Urbain V et Grégoire XI, p. 129 à 154.
42474. Frère (Henri). — Recherches sur les sources de la Pharsale. Le siège de Brindes, p. 155 à 191.
42475. Romier (Lucien). — Les Vaudois et le Parlement français de Turin, p. 193 à 207.

42476. Boüard (A. de). — Le fonds des notaires d'Orange à la Bibliothèque du Vatican, p. 209 à 256.
42477. Anziani (D.). — Démonologie étrusque, *fig*, p. 257 à 277.
42478. Duchesne (L.). — Le recueil épigraphique de Cambridge, p. 279 à 311.
42479. Fedele (Pietro). — L'Exultet de Velletri, 5 *pl.*, p. 313 à 320.
42480. Boüard (A. de). — Les *conservatores* et *judices* de la basilique de Saint-Pierre de Rome, p. 321 à 372.
42481. Anziani (D.). — Cosa-Portus Cosanus, Portus-Herculis-Succosa-Orbetello dans l'antiquité, *pl.*, p. 373 à 395.
42482. Carcopino (Jérôme). — Ostiensia, *fig.*, *pl.*, p. 397 à 446. — Suite de XXIX, p. 341.
42483. Petrella (E.-D.). — Ricerche per la storia della minuscola romana, p. 447 à 474.

MAROC. — TANGER.

MISSION SCIENTIFIQUE DU MAROC.

Voir, pour les publications antérieures de cette Mission, la table placée à la fin du présent fascicule.

XVI. — Archives marocaines, publication de la Mission scientifique du Maroc, vol. XVI. (Paris, 1910, in-8°, xlvii-628 p.)

42484. Aman (Émile). — Al-Fakhrî, histoire des dynasties musulmanes depuis la mort de Mahomet jusqu'à la chute du khalifat 'Abbasside de Baghdâdz (11-656 de l'hégire = 632-1258 de J.-C.), avec des prolégomènes sur les principes du gouvernement par Ibn At Tiqtaqâ. (Paris, 1910, in-8°, xlvii-628 p.)

X. — Revue du Monde musulman, publiée par la Mission scientifique du Maroc, t. X, 1910. (Paris, s. d., in-8°, 707 p.)

42485. Modi (J.-J.). — A Mahomedan view of comets, p. 1 à 46.
42486. Bouvat (L.). — L'évolution moderne des langues musulmanes, p. 47 à 69.

42487. Ibrahimof. — Les Circassiens de Maïkop, p. 70 à 81.
42488. D. M. — Les Musulmans de l'Inde, p. 82 à 90.
42489. Le Chatelier (A.). — Le Maroc berbère et les mines européennes, p. 145 à 209.
42490. Bonin (Charles-Eudes). — Les Mahométans du Kansou et leur dernière révolte, 4 *pl.*, p. 210 à 233.
42491. Nicolas (A.-L.-M.). — Le chéïkisme, p. 234, 509; XI, p. 78, 428; XII, p. 444.
42492. L. M. — Le Hadj Ali Bou Taleb [† 1909], p. 266.
42493. Anonyme. — Société marocaine d'archéologie, *fig.* et 4 *pl.*, p. 297 à 313.
[42523.] Vissière (A.). — Études sino-mahométanes, *fig.*, p. 313 à 356.
42494. Reby (J.). — L'enseignement des langues orientales en Russie, p. 357 à 380.
42495. Massignon (Louis). — Le molinisme d'Ahmad Badawî Naqqâsh, p. 381 à 385.

42496. Paquignon (Paul). — Note sur la responsabilité du maître ouvrier en droit musulman, p. 386 à 389.

42497. Aboubekr Abdesselam ben Choaïb. — La Qibla [direction des Musulmans pour faire la prière], p. 390 à 393.

42498. Slousch (N.). — L'Empire des Berghouata et les origines de Blad-es-Siba, p. 394 à 400.

42499. Slousch (N.). — Les Madjous (Russes, Normands et Slaves en Espagne et au Maroc), p. 401 à 406.

42500. Menant (D.). — Les Bohoras de Guzarate, p. 465 à 493. — Cf. n° 42525.

42501. Slousch (N.). — Le Caucase, l'Arménie et l'Azerbeidjan d'après les auteurs arabes, slaves et juifs, p. 494; XI, p. 54, 260; et XII, p. 262.

42502. Amar (Émile). — La grande Moudawwana, p. 524 à 532.

42503. Ibrahimoff. — Chamyl, le héros du Caucase, jugé par les siens, p. 533 à 541.

42504. Ibrahimoff. — Le mariage chez les Musulmans du Caucase, p. 542 à 549.

XI. — Revue du Monde musulman, publiée par la Mission scientifique du Maroc, t. XI, 1910. (Paris, s. d., in-8°, 520 p.)

42505. Lepage (Capitaine). — Biographie du Seyid Edjell Omar Chams Ed-Din, introducteur de l'Islam au Yunnan, p. 1 à 31.

42506. Delafosse (Maurice). — L'état actuel de l'Islam dans l'Afrique Occidentale française, p. 32 à 53.

[42501.] Schlousch (N.). — Le Caucase, l'Arménie et l'Azerbeidjan d'après les auteurs arabes, slaves et juifs, p. 54, et 260.

42507. Vinson (Julien). — La presse autonomiste antianglaise dans l'Inde, p. 66 à 77.

[42491.] Nicolas (A.-L.-M.). — Le chéïkhisme, p. 78, et 428.

42508. Aminoff (Moulla). — Le groupe musulman de Karatchaï, p. 94 à 96.

42509. Ibrahimoff. — Les noms ethniques actuels des divers peuples du Caucase, p. 97 à 99.

42510. Ibrahimoff. — Hadji-Mourat, le Naïb de Chamyl, p. 100 à 104.

42511. Delafosse (Maurice). — Le clergé musulman de l'Afrique occidentale, p. 177 à 206.

42512. Bonin (Charles-Eudes). — La conquête du Petit-Tibet, p. 207 à 231.

42513. Sicard. — L'organisation des Zaër, p. 232 à 257.

42514. Z. M. — Les Musulmans de Lithuanie, p. 287 à 291.

42515. M. — Le chérif Zahar Si El-Hadj Kaddour [† 1910], p. 323 à 325.

42516. Lepage (Capitaine). — Soumission des tribus musulmanes du Turkestan par la Chine (1757-1759), p. 345 à 386. — Cf. n° 42517.

42517. Vissière (A.). — Trois lettres de l'empereur K'ien-long au khan du Badakchan, p. 387 à 395. — Cf. n° 42516.

42518. Michaux-Bellaire (Ed.). — L'impôt de la Naïba et la loi musulmane au Maroc, p. 396 à 404.

42519. Delafosse (Maurice). — Coutumes et fêtes matrimoniales chez les Musulmans du Soudan occidental, p. 405 à 421.

42520. Michaux-Bellaire (Ed.). — L'esclavage au Maroc, p. 422 à 427.

42521. Ibrahimoff. — Dans le Lazistan turc, p. 451 à 457.

XII. — Revue du Monde musulman, publiée par la Mission scientifique du Maroc, t. XII, 1910. (Paris, s. d., in-8°, 758 p.)

42522. Le Chatelier (A.). — Politique musulmane, cartes, fig., 22 pl., p. 1 à 165.

42523. Vissière (A.). — Études sino-mahométanes, fig., p. 168 à 193. — Suite de VIII, p. 343; et X, p. 313 à 356.

[III. Stèles de la chambre funéraire du Seyyid Edjell et ses temples commémoratifs à Yun-nan-fou, fig., X, p. 313. — IV. Travaux d'hydraulique du Seyyid Edjell au Yun-Nan, XII, p. 168.]

42524. Hamet (Ismaël). — Littérature arabe saharienne, p. 191 à 213, et 380 à 405.

42525. Menant (D.). — Les Khodjas du Guzarate, p. 214 à 232, et 406 à 424. — Cf. n° 42500.

42526. Péretié (A.). — Aperçu historique de l'occupation portugaise au Maroc, p. 233 à 257.

42527. Delafosse (Maurice). — Les noms des noirs musulmans du Soudan occidental, p. 257 à 261.

[42501.] Schlousch (N.). — Le Caucase, l'Arménie et l'Azerbeidjan d'après les auteurs arabes, slaves et juifs, p. 262.

42528. Cour (A.). — Le cheikh El-Hadj Mohammed ben Bou Ziyan, fondateur de la confrérie de Ziyania et ses successeurs. Notes extraites d'un manuscrit de la zaouïa de Qenadsa, p. 359 à 379, et 571 à 590.

42529. Cirilli (Gustave). — Du régime de la propriété en Turquie, p. 429 à 435.

42530. Gaden (Commandant H.). — Les salines d'Aoulil, p. 436 à 443.

[42491.] Nicolas (A.-L.-M.). — Le chéïkhisme, p. 444.

42531. L. M. — La question du voile [des femmes musulmanes], p. 463 à 478.

42532. Le Chatelier (A.). — Les études islamiques

cours d'ouverture au Collège de France, p. 519 à 529.

42533. L. B. — Trois maîtres des études musulmanes, 3 *portr.*, p. 530 à 552.

[Martin Hartmann, *portr.* — Les études musulmanes en Allemagne, par M. Hartmann. — Christian Snouck Hurgronje, *portr.* — L'enseignement supérieur aux Indes nérelandaises, par Ant. Cabaton. — Edward G. Browne, *portr.*]

42534. L. M. — De Jamal-Oud-Din au Zahawi, p. 561 à 570.

42535. Ghilan. — Assassinat de Nasr ed-Dine Chah Kadjar, *pl.*, p. 591 à 615.

42536. Pavlovitch (Michel). — La situation agraire en Perse à la veille de la Révolution, p. 616 à 625.

42537. S. R. — Turkestan russe, *carte* et 4 *pl.*, p. 635 à 663.

PERSE.

DÉLÉGATION EN PERSE.

I. — Ministère de l'Instruction publique. Délégation en Perse. Mémoires publiés sous la direction de M. J. de Morgan, délégué général, t. I. (Paris, 1900, gr. in-4°, VI-202 p.)

42538. Morgan (J. de), Jéquier (E.), Lampre (G.). — Recherches archéologiques, 1re série. Fouilles à Suse en 1897-1898 et 1898-1899, *fig.*, 22 *pl.*, p. I à VI et 1 à 202. — Cf. nos 42541, 42542.

II. — Ministère de l'Instruction publique. Délégation en Perse. Mémoires publiés sous la direction de M. J. de Morgan, ... t. II. (Paris, 1900, gr. in-4°, XVI-135 p.)

42539. Scheil (Le P. V.). — Textes élamites sémitiques, 24 *pl.*, p. I à XVI, 1 à 135; IV, 20 *pl.*, p. 1 à 200; VI, 24 *pl.*, p. 1 à 130; X, *fig.*, 13 *pl.*, p. 1 à 99.

III. — Ministère de l'Instruction publique. Délégation en Perse. Mémoires publiés sous la direction de M. J. de Morgan, ... t. III. (Paris, 1901, gr. in-4°, VIII-146 p.)

42540. Scheil (Le P. V.). — Textes élamites anzanites, 33 *pl.*, p. I à VIII, 1 à 146; V, 17 *pl.*, p. I à XXIII, 1 à 116; IX, *fig.*, 4 *pl.*, p. I à V, 1 à 231; XI, *fig.*, *pl.*, p. 1 à 124.

IV. — Ministère de l'Instruction publique. Délégation en Perse. Mémoires publiés sous la direction de M. J. de Mogran, ... t. IV. (Paris, 1902, gr. in-4°, 200 p.)

[42539.] Scheil (Le P. V.). — Textes élamites sémitiques, 2e série, 20 *pl.*, p. 1 à 200.

V. — Ministère de l'Instruction publique. Délégation en Perse. Mémoires publiés sous la direction de M. J. de Morgan, ... t. V. (Paris, 1904, gr. in-4°, XXIII-116 p.)

[42540.] Scheil (Le P. V.). — Textes élamites anzanites, 2e série, 17 *pl.*, p. I à XXIII, 1 à 116.

VI. — Ministère de l'Instruction publique. Délégation en Perse. Mémoires publiés sous la direction de M. J. de Morgan, ... t. VI. (Paris, 1905, gr. in-4°, 130 p.)

[42539.] Scheil (Le P. V.). — Textes élamites sémitiques, 3e série, 24 *pl.*, p. 1 à 130.

VII. — Ministère de l'Instruction publique. Délégation en Perse. Mémoires publiés sous la direction de M. J. de Morgan, ... t. VII. (Paris, 1905, gr. in-4°, III-214 p.)

42541. Divers. — Recherches archéologiques, 2e série, 30 *pl.*, p. I à III, 1 à 214. — Cf. n° 42538.

[Morgan (J. de). État des travaux à Suse en 1904, p. 1. — Jéquier (G.). Fouilles de Suse de 1899 à 1902, 6 *pl.*, p. 9. — Morgan (J. de). Trouvaille du masque d'argent, 4 *pl.*, p. 48. — Morgan (J. de). Trouvaille de la colonne de briques, 13 *pl.*, p. 49. — Mecquenem (R. de). Offrandes de fondation du temple de Chouchinak, p. 61. — Mecquenem (R. de). Trouvaille de la statuette d'or, 2 *pl.*, p. 181. — Morgan (J. de) Koudourrous, 3 *pl.*, p. 187. — Haussoullier (B.). Offrande à Apollon Didyméen, *pl.*, p. 155. — Graadt van Roggen (D. L.). Anciens travaux hydrauliques en Susiane, *pl.*, p. 166.]

VIII. — **Ministère de l'Instruction publique.**
Délégation en Perse. Mémoires publiés sous
la direction de M. J. de Morgan, ... t. VIII.
(Paris, 1905, gr. in-4°, vii-347 p.)

42542. Divers. — Recherches archéologiques, 3ᵉ série,
fig., 20 *pl.*, p. i à vii et 1 à 327. — Cf. n° 42538.

[Jéquier (G.). Cachets et cylindres archaïques, *pl.*, p. 1. —
Morgan (J. de). Découverte d'une sépulture achéménide à Suse,
5 *pl.*, p. 29. — Gautier (J.-E.), Lampre (G.). Fouilles de
Moussian, *pl.*, p. 59. — Jouannin (A.). Les tumuli de Bahrein,
p. 149. — Lampre (G.). La représentation du lion à Suse, 2 *pl.*,
p. 159. — Allotte de La Fuye. Monnaies de l'Élymaïde, 5 *pl.*,
p. 177. — Lampre (G.). Statue de la reine Napir-Asou, 2 *pl.*,
p. 245. — Morgan (H. de). Recherches au Talyche persan en
1901, 4 *pl.*, p. 251.]

IX. — **Ministère de l'Instruction publique.**
Délégation en Perse. Mémoires publiés sous
la direction de M. J. de Morgan, ... t. IX.
(Paris, 1907, gr. in-4°, v-231 p.)

[42540.] Scheil (Le P. V.). — Textes élamites-anzanites,
3ᵉ série, *fig.*, 4 *pl.*, p. i à v, et 1 à 231.

————

X. — **Ministère de l'Instruction publique.**
Délégation en Perse. Mémoires publiés sous
la direction de M. J. de Morgan, ... t. X.
(Paris, 1908, gr. in-4°, 99 p.)

[42539.] Scheil (Le P. V.). — Textes élamites-sémi-
tiques, 4ᵉ série, *fig.*, 13 *pl.*, p. 1 à 99.

ADDITIONS.

GARD. — ALAIS.

SOCIÉTÉ SCIENTIFIQUE ET LITTÉRAIRE D'ALAIS.

Voir, pour les publications de cette Société antérieures à 1901, la table récapitulative de notre *Bibliographie générale;* et pour ses publications postérieures, la table placée à la fin du présent fascicule.

VII. — Mémoires et comptes rendus de la Société scientifique et littéraire d'Alais. Revue cévenole, années 1908, 1909 et 1910. (Alais, 1911, in-8°, 164 p.)

42543. Haon (Gabriel). — Le centenaire du Tribunal de commerce d'Alais, p. 65 à 74.

42544. Reboul (J.). — L'entomologiste Henri Fabre et son œuvre, p. 75 à 100.

42545. Alizon (Jules). — Communication sur le pont d'Arc et ses environs, p. 115 à 119.

ORNE. — FLERS.

SOCIÉTÉ DU PAYS BAS-NORMAND.

Cette Société, fondée en 1908 à Flers, publie un Bulletin trimestriel qui forme un volume chaque année.

I. — Le Pays Bas-Normand. Flers, Domfront et environs. Société historique, archéologique, littéraire, artistique et scientifique. Revue trimestrielle. (Flers, 1909, in-8°, 286 p.)

42546. Marcère (Ed. de). — Une commune normande pendant la Révolution et l'Empire. (La Ferrière-aux-Étangs (1789-1816), 2 *pl.*, p. 5, 57, 121, et 201.

42547. Surville (A.). — Le château de Flers, *fig.*, *carte*, p. 16, 85, 153, 234; et II, p. 69.

42548. Hamard (L'abbé). — L'âge de la pierre taillée, *fig.*, p. 25 à 32.

42549. Verel (Ch.). — Silhouettes normandes, p. 80, 271; et III, p. 294.

[Eugénie Violetta, p. 80. — Alphonse Hayot, p. 271. — J. Perrière, P. Hervieux, III, p. 294.]

42550. Lelièvre (Auguste). — L'industrie de Flers à ses débuts. La Chambre consultative, le Conseil des Prud'hommes, p. 107 à 113, et 224 à 229.

42551. Romain (J.). — L'élixir de vendémiaire. Un bouilleur de cru au xviiie siècle [à Mantilly], p. 174 à 183.

42552. Lemaitre (Alfred). — Le Bocage et le Passais, p. 184 à 197.

II. — Le Pays Bas-Normand..., 2ᵉ année, 1909. (Flers, 1909, in-8°, 359 p.)

42553. Fontaine (Albert). — Louis Berryer en Basse-Normandie, *fig.*, p. 34 à 47.

42554. Nobis (Charles). — Jumilly. Le château du Diable, ses seigneurs et sa légende, *fig.*, p. 48 à 68.

[42547.] Surville (A.). — Le château de Flers, p. 69 à 89.

42555. Marcère (Ed. de). — La bataille de Formigny et ses conséquences, p. 93, 195, et 279.

42556. Challemel (W.). — Tailleurs et cordonniers de Domfront, p. 110 à 118.

42557. Lafontaine (Albert). — Louis Berryer, maître de forge à Halouze, p. 119 à 142.

42558. Bidard-Huberdière (Dʳ). — Mémoires [souvenirs sur la Commune], p. 236, et 339; et III, p. 258.

42559. Nobis (Charles). — Au pays des dolmens [Saint-Bomer-les-Forges], *fig.*, p. 243 à 249.

42560. Nobis (Charles). — Fouilles au dolmen du Creux, *fig.*, p. 250 à 253.

42561. Lelièvre (Aug.). — Flers au xixᵉ siècle. Pendant la guerre (1870-71), *facs.*, p. 259 à 278; — Après la guerre (1874-1880), III, p. 361 à 381.

42562. Butet-Hamel. — Historique du Musée de Vire, p. 297 à 309.

42563. Surville (A.). — La légende de Montilly, *fig.*, p. 310 à 319.

42564. Hamard (L'abbé). — Saint-Bomer-les-Forges.

Le monument gaulois de la Mégraire, *fig.*, p. 348 à 356.

III. — Le Pays Bas-Normand..., 3ᵉ année. (Flers, 1910, in-8°, 403 p.)

42565. Marcère (Ed. de). — Barbey d'Aurevilly, p. 9, 105, et 205.

42566. Mousset (V.). — Monographie d'une commune. Habloville (Orne) et ses environs, p. 32 à 56.

42567. Lafontaine (Albert). — Louis Berryer traitant des forêts de Normandie, p. 64 à 79, et 132 à 144.

42568. Surville (A.). — Histoire féodale de Saint-Bomer, *fig.*, p. 80, 158, 217, et 324.

42569. Lemaître (P.). — Vire et la région viroise dans la dernière moitié du xivᵉ siècle, p. 87, 186, 241, et 305.

42570. Lechevrel (Joseph). — Chénedollé, p. 145 à 157.

[42558.] Bidard-Huberdière (Dʳ). — Mémoires, p. 258 à 270.

42571. Surville (A.). — Une brillante alliance (1593-1691), p. 271 à 293.

[Nicolas de Pellevé et Isabeau de Rohan.]

[42549.] Verel (Ch.). — Silhouettes normandes, p. 294.

[42561.] Lelièvre (Aug.). — Flers au xixᵉ siècle, après la guerre, 1874 à 1880, p. 361 à 381.

SEINE. — PARIS.

SOCIÉTÉ DES AMATEURS DE JOUETS ET JEUX ANCIENS.

Nous n'avons analysé ci-dessus, au point de vue purement historique et archéologique, que le tome I du recueil publié par cette Société en 1905-1906; on trouvera ci-dessous le sommaire des volumes parus de 1906 à 1910.

II. — Les jouets et jeux anciens. Bulletin illustré de la Société des amateurs de jouets et jeux anciens, 2ᵉ vol. (Paris, 1906-1907, in-8°, 171 p.)

42572. Warsage (Rodolphe de). — Le théâtre liégeois de marionnettes, *fig.*, p. 9 à 19.

42573. Kats. — Le diabolo [xviiiᵉ s.], *fig.*, p. 21 à 25.

42574. Forrer (Dʳ R.). — Poupée et tunique de poupée byzantine, *fig.*, p. 29 à 31.

42575. Vincent (Gaston). — Collection de M. Arthur Maury, *fig.*, p. 33 à 37.

[42581.] Claretie (Léo). — Les jouets et l'histoire, p. 39 à 42.

42576. Claretie (Léo). — La collection Launmonier, *fig.*, p. 57 à 65.

42577. Claretie (Léo). — Les Santons, p. 89 à 99.

42578. Claretie (Léo). — La collection Henry d'Allemagne, *pl.*, p. 127 à 138.

42579. Maury (Arthur). — Histoire du théâtre Séraphin, *fig.*, p. 143 à 147.

III. — L'Art et l'Enfant. Les jouets et jeux anciens. Bulletin illustré bimestriel. Société d'encouragement à l'éducation artistique de l'enfance et à l'industrie française du jouet, vol. III. (Paris, 1907-1908, in-8°, 166 p.)

42580. Rodocanachi (Emmanuel). — Les amusements des petites italiennes de la Renaissance, *fig.*, p. 11 à 15.

42581. Claretie (Léo). — Les jouets et l'histoire, *fig.*, p. 16 à 21. — Suite de I, p. 139, et 175; et II, p. 39.

42582. Anonyme. — Les jouets et la satire politique, *fig.*, p. 29 à 35.

42583. Vincent (Gaston). — Lulli et les théâtres de marionnettes, p. 36 à 39.

42584. Allemagne (Henry d'). — Les maisons de poupées, *fig.*, p. 62 à 66.

42585. Cats. — Les automates de Jaquet-Droz, *fig.*, p. 67 à 76.

42586. Mirame. — Le petit fort de Louis XIV enfant, *fig.*, p. 85.

42587. Du Roure de Paulin (B^on). — Le hochet du Roi de Rome, collection de Mme Salleron, *fig.*, p. 86.

42588. Prisse d'Avennes. — Jeux de dames et d'échecs dans l'ancienne Égypte, *fig.*, p. 88 à 93.

42589. Maspero (G.). — Jouets égyptiens, p. 93 à 97.

42590. Rodocanachi (E.). — La jeune fille italienne à l'époque de la Renaissance, *fig.*, p. 113 à 117.

42591. Prisse d'Avennes (E.). — La poupée dans l'antique Égypte, p. 140 à 142.

42592. Allemagne (Henry d'). — Histoire des corporations des jouets, *fig.*, p. 154; IV, *fig.*, p. 117; et V, *fig.* et *pl.*, p. 13.

IV. — Revue illustrée bimensuelle des Amateurs de jouets et jeux artistiques anciens. Société d'encouragement à l'éducation artistique de l'enfance, directeur M. Léo Claretie.

L'Art et l'Enfant, vol. IV. (Paris, 1908-1909, in-8°, 168 p.)

42593. Claretie (Léo). — Une crèche espagnole de Ramon Amadeu, *fig.*, p. 1 à 12.

42594. Clairval (V^tesse de). — Le jeu, p. 16 à 19; et V, *fig.*, p. 38 à 41.

42595. Nozerot (Noël). — Le centenaire de Guignol, *fig.*, p. 34 à 50.

42596. Buirette (L.). — Guignol et Gnafron, *fig.*, p. 51 à 53.

42597. Prisse d'Avennes (Émile). — Jouets et jeux de l'ancienne Égypte, *fig.*, p. 88 à 92.

42598. Hervier (Paul-Louis). — Les marionnettes de Nohant, *fig.*, p. 93 à 98.

42599. Anonyme. — Louis XIV et les marionnettes, p. 99 à 100.

42600. Claretie (Léo). — Les repos de Jésus, *fig.*, p. 113 à 116.

[42592.] Allemagne (Henry d'). — Histoire des corporations des jouets, *fig.*, p. 117 à 125.

42601. Hellé (André). — Les jouets et la caricature politique, *fig.*, p. 133.

42602. Rochefort (Cte de). — Une aventure de Brioché, p. 134 à 136.

V. — Revue illustrée bimestrielle des amateurs de jouets et jeux artistiques anciens... L'Art et l'Enfant, vol. V. (Paris, 1909-1910, in-8°, 168 p.)

[42592.] Allemagne (Henry d'). — Histoire des corporations des jouets, *fig.*, *pl.*, p. 13 à 21.

42603. Claretie (Léo). — La collection F.-R. Martin-Guelliot, *fig.*, p. 29 à 37.

[42594.] Clairval (V^tesse de). — Le jeu, *fig.*, p. 38 à 41.

42604. Ludus. — Hochets, grelots, sonnettes, *fig.*, p. 46 à 52.

42605. Chardonneret (L.). — Cartes instructives de M. d'Étienne de Jouy, de l'Académie française, Premier Empire, *fig.*, p. 57 à 62.

42606. Ferdar (E.-A.). — Le diabolo dans l'antiquité gréco-latine, *fig.*, p. 85 à 89.

42607. Lavent (Henri). — L'imagerie populaire, p. 100 à 103.

42608. Olivier (Paul). — Les jouets et l'histoire, *fig.*, p. 124 à 128.

SEINE. — PARIS.

SOCIÉTÉ D'HISTOIRE MODERNE.

Aux publications de cette Société précédemment indiquées il convient d'ajouter l'ouvrage suivant :

42609. Conard (P.). — La Constitution de Bayonne (1908), essai d'édition critique. (Paris, 1907, in-8°, 188 p.)
[Bibliothèque d'histoire moderne, vol. II, fasc. 4.]

SEINE-ET-OISE. — VERSAILLES.

SOCIÉTÉ DES SCIENCES MORALES DE SEINE-ET-OISE.

A la *Revue de l'histoire de Versailles* publiée par cette Société, il faut joindre les deux fascicules suivants :

I. — **Compte rendu des travaux de la Société des sciences morales, des lettres et des arts de Seine-et-Oise** pour les années académiques 1899-1900 et 1900-1901. Séances publiques annuelles des 16 novembre 1900 et 29 novembre 1901. Liste des membres de la Société au 30 juin 1902. Nécrologie. (Versailles, 1902, in-8°, LXIV p.)

[Supplément à la *Revue de l'histoire de Versailles et de Seine-et-Oise.*]

42610. Croiset (Maurice). — Domrémy, impressions d'un passant, p. IX à XX.
42611. Paisant (Alfred). — Du sentiment de l'art dans les démocraties, p. XL à L.

II. — **Compte rendu des travaux de la Société des sciences morales de Seine-et-Oise** pour les années académiques 1901-02, 1902-03 et 1903-04. Séances publiques annuelles des 28 novembre 1902, 1er décembre 1903 et 24 novembre 1904. Liste des membres de la Société au 1er mars 1905. Nécrologie. (Versailles, 1905, in-8°, LXVI p.)

[Supplément à la *Revue de l'histoire de Versailles et de Seine-et-Oise.*]

42612. Vantroys (L'abbé). — Quelques lettres inédites de Ducis sur la première édition de ses œuvres en 1813, p. VIII à XX.

TABLE DES MATIÈRES

CONTENUES

DANS LES TOMES I À III DE LA BIBLIOGRAPHIE ANNUELLE

DES

SOCIÉTÉS HISTORIQUES ET ARCHÉOLOGIQUES DE LA FRANCE

1901-1910.

Chacun des trois volumes comprend trois fascicules correspondant aux années :

1901-1902 (n⁰ˢ 1 à 3411); 1902-1903 (n⁰ˢ 3412 à 8638); et 1903-1904 (n⁰ˢ 8639 à 13991); 1904-1905 (n⁰ˢ 13992 à 18686); 1905-1906 (n⁰ˢ 18687 à 22990); et 1906-1907 (n⁰ˢ 22991 à 28018); 1907-1908 (n⁰ˢ 28019 à 32295); 1908-1909 (n⁰ˢ 32296 à 36719); et 1909-1910 (n⁰ˢ 36720 à 42612).

La présente table fait suite à celle qui termine notre *Bibliographie générale* et qui comprend toutes les publications des mêmes sociétés antérieures à 1901.

AISNE.

Château-Thierry. — Société historique et archéologique de Château-Thierry.

Annales. [Bibl. nat., 8° Lc²¹. 16 (5)],

vol. XXXVI (1901 [1902]).....	I	i	1
—— XXXVII (1902 [1903]).....	I	ii	2
—— XXXVIII (1903 [1904])....	I	iii	3
—— XXXIX (1904 [1905])	II	i	2
—— XL (1905 [1906])..........	II	ii	2
—— XLI (1906 [1907])........	II	iii	2
—— XLII (1907 [1908])........	III	i	2
—— XLIII (1908 [1909])........	III	ii	3
—— XLIV (1909 [1910])........	III	iii	3
Tables de 1864 à 1900 (1903).....	I	ii	2

Chauny. — Société académique de Chauny.

Bulletin [Bibl. nat., 8° Z. 10622],

vol. VII (1901)	I	iii	4

Laon. — Société académique de Laon.

Bulletin [Bibl. nat., 8° Z. 871],

vol. XXXI (1900-1904)........	II	i	3
—— XXXII (1905-1909)	III	ii	3
—— XXXIII (1910)............	III	iii	4
Table générale, 1843-1909 (1912)..	III	iii	4
Publications (1903)...............	I	ii	3

Saint-Quentin. — Société académique de Saint-Quentin.

Mémoires [Bibl. nat., S. 17832].

vol. XLIV (4ᵉ série, t. XV, 1901– 1904 [1907])...........	II	iii	3
Publications (1902)..............	I	ii	3
—— (1908-1910)................	III	iii	4

Soissons. — Société archéologique, historique et scientifique de Soissons.

Bulletin [Bibl. nat., 8° Lc²¹. 31],

vol. LI (3ᵉ série, t. XI, 1901– 1902 [1905])...........	II	i	4
—— LII (3ᵉ série, t. XII, 1903– 1904 [1907]).............	II	ii	3
—— LIII (3ᵉ série, t. XIII, 1905– 1906 [1907]).............	II	iii	4
—— LIV (3ᵉ série, t. XIV, 1907 [1909]).................	III	i	3
—— LV (3ᵉ série, t. XV, 1908 [1910])	III	ii	4
—— LVI-LVII (3ᵉ série, t. XVI-XVII, 1909-1910 [1912])......	III	iii	5

Vervins. — Société archéologique de Vervins.

La Thiérache [Bibl. nat., 4° Lc²¹. 55],

vol. XX (1901-1903)..........	I	iii	5
—— XXI (1904-1905 [1908])...	II	iii	5

Villers-Cotterets. — Société historique de Villers-Cotterets.

Bulletin [Bibl. nat., 8° Lc²¹. 163],

vol. I (1905).................	II	i	4
—— II (1906 [1907])..........	II	ii	4
—— III (1908)...............	III	i	4
—— IV (1909)...............	III	ii	5

ALLIER.

Moulins. — Société d'émulation et des beaux-arts du Bourbonnais.

Bulletin-Revue [Bibl. nat., 8° Z. 95],

vol. IX (1901)................	I	i	2
—— X (1902).................	I	ii	4
—— XI (1903).................	I	ii	5
—— XII (1904)................	I	iii	5
—— XIII (1905)...............	II	i	5
—— XIV (1906)	II	ii	5
—— XV (1907)................	II	iii	6
—— XVI (1908)...............	III	i	5
—— XVII (1909)..............	III	ii	6
—— XVIII (1910)..............	III	iii	6

ALPES (BASSES-).

Digne. — Société scientifique et littéraire des Basses-Alpes.

Annales des Basses-Alpes [Bibl. nat., 8° Z. 2535],

vol. X (1901-1902)............	I	ii	6
—— XI (1903-1904)...........	I	iii	6
—— XII (1905-1906)	II	ii	6
—— XIII (1907-1908)..........	III	i	6
—— XIV (1909-1910)..........	III	iii	7
Publication (1905).	II	ii	6

ALPES (HAUTES-).

Gap. — Société d'études des Hautes-Alpes.

Bulletin [Bibl. nat., 8° Z. 2391],

vol. XX (1901)................	I	i	3
—— XXI (1902)...............	I	ii	7
—— XXII (1903)..............	I	ii	7
—— XXIII (1904)	I	iii	7
—— XXIV (1905)	II	i	6

vol. XXV (1906)	II	ii	7
—— XXVI (1907)	II	iii	7
—— XXVII (1908)	III	i	6
—— XXVIII (1909)	III	ii	7
—— XXIX (1910)	III	iii	7

ALPES-MARITIMES.

Nice. — Academia Nissarda.

Nice historique [Bibl. nat., 4° Lc21. 132],

vol. VII–IX (1905–1907)	II	iii	7
—— X (1908)	III	i	7
—— XI–XII (1909–1910)	III	iii	8
Tables des t. I à X (1909)	III	iii	8

Nice. — Société des lettres, sciences et arts des Alpes-Maritimes.

Annales [Bibl. nat. Z. 28766],

vol. XVII (1901)	I	i	4
—— XVIII (1903)	I	ii	8
—— XIX (1905)	II	i	7
—— XX (1907)	II	iii	10
—— XXI (1909)	III	ii	7
—— XXII (1910)	III	iii	9
Publications (1905)	II	i	7

ARDENNES.

Sedan. — Société d'études ardennaises.

Revue d'Ardenne et d'Argonne [Bibl. nat., 8° Lc18. 447],

vol. VIII (1900–1901)	I	i	4
—— IX (1901–1902)	I	ii	9
—— X (1902–1903)	I	iii	7
—— XI (1903–1904)	I	iii	8
—— XII (1904–1905)	II	i	8
—— XIII (1905–1906)	II	ii	7
—— XIV (1906–1907)	II	iii	10
—— XV (1907–1908)	III	i	8
—— XVI (1908–1909)	III	ii	8
—— XVII (1909–1910)	III	iii	10

Publications [Bibl. nat., 8° Lk4. 2642],

vol. VII (1905)	II	iii	10

ARIÈGE

Foix et Saint-Girons. — Société ariégeoise des sciences, lettres et arts, et Société des études du Couserans.

Bulletin [Bibl. nat., 8° Z. 10641],

vol. VIII (1901–1902)	I	ii	10
—— IX (1903–1904)	I	iii	9
—— X (1905–1906)	II	ii	8
—— XI (1907–1908)	III	i	9

AUBE.

Troyes. — Société académique de l'Aube.

Mémoires [Bibl. nat., S. 17380],

vol. LXV (XXXVIII, 3e s., 1901)	I	i	5
—— LXVI (XXXIX, 3e s., 1902)	I	ii	11
—— LXVII (XL, 3e s., 1903)	I	iii	10
—— LXVIII (XLI, 3e s., 1904)	II	i	8
—— LXIX (XLII, 3e s., 1905)	II	i	9
—— LXX (XLIII, 3e s., 1906)	II	ii	9
—— LXXI (XLIV, 3e s., 1907)	II	iii	11
—— LXXII (XLV, 3e s., 1908)	III	i	10
—— LXXIII (XLVI, 3e s., 1909)	III	ii	9
—— LXXIV (XLVII, 3e s., 1910)	III	iii	11

Annuaire [Bibl. nat., 8° Lc30. 44],

vol. LXVI (1901, 75e année)	I	i	5
—— LXVII (1902, 76e année)	I	ii	11
—— LXVIII (1903, 77e année)	I	ii	11
—— LXIX (1904, 78e année)	I	iii	10
—— LXX (1905, 79e année)	II	i	9
—— LXXI (1906, 80e année)	II	ii	9
—— LXXII (1907, 81e année)	II	iii	11
—— LXXIII (1908, 82e année)	III	i	10
—— LXXIV (1909, 83e année)	III	ii	9
—— LXXV (1910, 84e année)	III	iii	11
Publications (1907)	II	iii	11

Troyes. — Société d'histoire départementale de la Révolution.

La Révolution dans l'Aube [Bibl. nat., 8° Lc20. 76],

vol. I (1908)	III	i	10
—— II (1909)	III	ii	10
—— III (1910)	III	iii	11

AUDE.

Carcassonne. — Société des arts et des sciences de Carcassonne.

Mémoires [Bibl. nat., 8° Z. 2690],

vol. X (1901–1904)	I	iii	11
—— XI (2e s., I, 1905)	II	i	9
—— XII (2e s., II, 1906)	II	ii	10
—— XIII (2e s., III, 1907)	II	iii	12
—— XIV (2e s., IV, 1908)	III	i	11
—— XV (2e s., V, 1909)	III	ii	10
—— XVI (2e s., VI, 1910)	III	iii	12
Publications (1902)	I	ii	12

Carcassonne. — Société des études scientifiques de l'Aude.

Bulletin [Bibl. nat., 8° S. 6742],

vol. XII (1901)	I	ii	12
—— XIII (1902)	I	ii	12

vol. XIV (1903)............... I III 11
—— XV (1904)............... II I 10
—— XVI (1905)............... II I 10
—— XVII (1906)............... II II 10
—— XVIII (1907)............... II III 12
—— XIX (1908)............... III I 12
—— XX-XXI (1909-1910)...... III III 12

NARBONNE. — Commission archéologique de Narbonne.

Bulletin [Bibl. nat., 8° Lc21. 61],
  vol. VI (1900-1901)........... I I 6
  —— VII (1902-1903).......... I I 12
  —— VIII (1904-1905)......... II I 10
  —— IX (1906-1907)........... II III 13
  —— X (1908-1909)........... III II 11

AVEYRON.

RODEZ. — Société des lettres, sciences et arts de l'Aveyron.

Procès-verbaux [Bibl. nat., Z. 28683],
  vol. XIX (1900-1903)......... I II 13
  —— XX (1903-1905)........... II II 11
  —— XXI (1906-1907)......... III I 12
  —— XXII (1908-1909)......... III III 13

Mémoires [Bibl. nat., Z. 28681],
  vol. XVI (1900-1905 [1906])... II I 11

Publications (1901-1903)........... I II 13
  —— (1907)................... II III 14

BOUCHES-DU-RHÔNE.

AIX. — Académie des sciences, agriculture, arts et belles-lettres d'Aix.

Séance publique [Bibl. nat., 8° Z. 1311],
  vol. LXXXI (1901)............ I I 7
  —— LXXXII (1902)............ I II 14
  —— LXXXIII (1903)............ I II 14
  —— LXXXIV (1904)............ I III 12
  —— LXXXV (1905)............ II I 12
  —— LXXXVI (1906)............ II II 11
  —— LXXXVII (1907)............ II III 14
  —— LXXXVIII (1908)........... III I 13

Mémoires [Bibl. nat., Z. 28350),
  vol. XVIII (1900 [1902])........ I II 14
  —— XIX (1908)............... III I 13

AIX. — Société d'études provençales.

Annales [Bibl. nat., 8° Lc19. 210],
  vol. I (1904)................. I III 12
  —— II (1905)................. II I 12
  —— III (1906)................. II II 12

vol. IV (1907)................ II III 14
—— V (1908)............... III I 13
—— VI (1909)............... III II 12
—— VII (1910)............... III III 13

Publications (1904-1905).......... II I 13
  —— (1907)................. II III 14
  —— (1909)................. III II 12

ARLES. — Société des amis du Vieil Arles.

Bulletin [Bibl. nat., 8° Lc21. 164],
  vol. I (1903-1904)............ I III 13
  —— II (1904-1905)............ II I 13
  —— III (1905-1906)............ II II 13
  —— IV (1906-1907)............ II III 15
  —— V-VI (1908-1909)......... III II 13
  —— VII (1910)............... III III 15

MARSEILLE. — Académie des sciences, lettres et beaux-arts de Marseille.

Mémoires [Bibl. nat., Z. 28359],
  vol. XXXII (1899-1901)........ I I 7
  —— XXXIII (1901-1903 [1904]). I III 14
  —— XXXIV (1904-1905 [1906]). II I 14
  —— XXXV (1906-1907 [1908]).. II III 16

MARSEILLE. — Congrès des Sociétés savantes de Provence.

Congrès [Bibl. nat., 8° Lc19. 215],
  vol. I (Marseille, 1906 [1907])... II III 16
  —— II (Arles, 1909 [1910])..... III III 14

MARSEILLE. — Société archéologique de Provence.

Bulletin [Bibl. nat., 8° Lc19. 213],
  vol. I (nos 1-3, 1904).......... II II 13
  —— I (nos 4-7, 1905-1906)..... II III 18
  —— I (nos 8-10, 1907)........ II III 18
  —— I (nos 11-12, 1908)....... III I 14
  —— II (nos 13-15, 1909-1910).. III III 16

MARSEILLE. — Société de géographie.

Bulletin [Bibl. nat., 8° G. 798],
  vol. XXV (1901)............... I I 7
  —— XXVI (1902)............... I II 15
  —— XXVII (1903)............... I III 15
  —— XXVIII (1904)............... II I 14
  —— XXIX-XXX (1905-1906).... II II 14
  —— XXXI-XXXIII (1907-1909).. III II 14
  —— XXXIV (1910)............. III III 16

MARSEILLE. — Société de statistique de Marseille.

Répertoire [Bibl. nat., 8° Lc21. 23],
  vol. XLV (1900-1903 [1901-
    1904])............... I III 15

vol. XLVI (1904-1905 [1905-1906])	III	I	15
—— XLVII (1906-1910 [1908-1911])	III	III	17

CALVADOS.

BAYEUX. — Société des sciences, arts et belles-lettres de Bayeux.

Bulletin [Bibl. nat., 8° Z. 13163],

vol. VI (1901)	I	I	8
—— VII (1902)	I	II	15
—— VIII (1904-1905)	II	I	15
—— IX (1907)	II	III	19
—— X (1908)	III	I	15
—— XI (1910)	III	III	17
Publications (1908)	III	I	15

CAEN. — Académie des sciences, arts et belles-lettres de Caen.

Mémoires [Bibl. nat., Z. 28470],

vol. LV (1901)	I	I	18
—— LVI (1902)	I	II	16
—— LVII (1903)	I	III	16
—— LVIII (1904)	I	III	16
—— LIX (1905)	II	I	15
—— LX (1906)	II	II	15
—— LXI (1907)	II	III	20
—— LXII (1908)	III	I	16
—— LXIII (1909)	III	II	15
—— LXIV (1910)	III	III	18

CAEN. — Association normande.

Annuaire [Bibl. nat., 8° Lc[19]. 22],

vol. LXVII (68e année, 1901)	I	I	9
—— LXVIII (69e année, 1902)	I	II	17
—— LXIX (70e année, 1903)	I	II	17
—— LXX (71e année, 1904)	I	III	17
—— LXXI (72e année, 1905)	II	I	16
—— LXXII (73e année, 1906)	II	II	15
—— LXXIII (74e année, 1907)	II	III	20
—— LXXIV (75e année, 1908)	III	I	16
—— LXXV (76e année, 1909)	III	II	15
—— LXXVI (77e année, 1910)	III	III	18

CAEN. — Société des Antiquaires de Normandie.

Bulletin [Bibl. nat., 8° Lc[19]. 13 *bis*],

vol. XXII (1900-1901)	I	II	18
—— XXIII (1903)	I	II	18
—— XXIV (1904)	I	III	17

CAEN. — Société française d'archéologie.

Bulletin monumental [Bibl. nat., 8° Lc[18]. 41],

vol. LXV (1901)	I	I	9
—— LXVI (1902)	I	II	19
—— LXVII (1903)	I	III	18
—— LXVIII (1904)	I	III	18
—— LXIX (1905)	II	I	16
—— LXX (1906)	II	II	16
—— LXXI (1907)	II	III	21
—— LXXII (1908)	III	I	17
—— LXXIII (1909)	III	II	16
—— LXXIV (1910)	III	III	19

Congrès archéologique [Bibl. nat., 8° Lc[18]. 44],

vol. LXVIII (Agen et Auch, 1901)	I	I	10
—— LXIX (Troyes et Provins, 1902)	I	II	19
—— LXX (Poitiers, 1903)	I	III	19
—— LXXI (Le Puy, 1904)	II	I	17
—— LXXII (Beauvais, 1905)	II	II	17
—— LXXIII (Carcassonne et Perpignan, 1906)	II	III	22
—— LXXIV (Avallon, 1907)	III	I	18
—— LXXV (Caen, 1908)	III	II	17
—— LXXVI (Avignon, 1909)	III	III	19

CAEN. — Société des beaux-arts de Caen.

Bulletin [Bibl. nat., V. 11849],

vol. X (1897-1903)	II	II	18
—— XI (1906-1910)	III	III	20

CAEN. — Société d'histoire du droit normand.

Bibliothèque d'histoire du droit normand [Bibl. nat., 8° F. 21205],

vol. I, 1re s. (1910)	III	III	21

FALAISE. — Société d'agriculture, d'industrie, des sciences et des arts de Falaise.

Mémoires [Bibl. nat., S. 17337],

vol. XL (1900-1901)	I	II	20
—— XLI (1901-1902)	I	II	20
—— XLII (1902-1903)	I	II	20

LISIEUX. — Société historique de Lisieux.

Bulletin [Bibl. nat., 8° Lc[21]. 190],

vol. XIII-XVI (1901-1907)	III	I	19
—— XVII (1909)	III	II	18
—— XVIII (1910)	III	III	21

CANTAL.

Aurillac. — Société des lettres, sciences et arts «la Haute-Auvergne.

Revue de la Haute-Auvergne [Bibl. nat., 8° Lc¹⁹. 173],

vol. III (1901)	I	ɪ	11
—— IV (1902)	I	ɪɪ	21
—— V (1903)	I	ɪɪɪ	20
—— VI (1904)	I	ɪɪɪ	20
—— VII (1905)	II	ɪ	18
—— VIII (1906)	II	ɪɪ	18
—— IX (1907)	II	ɪɪɪ	23
—— X (1908)	III	ɪ	20
—— XI (1909)	III	ɪɪ	18
—— XII (1910)	III	ɪɪɪ	21

CHARENTE.

Angoulême. — Société archéologique et historique de la Charente.

Bulletin et Mémoires [Bibl. nat., 8° Lc²⁰. 3],

vol. XLV (7ᵉ s., I, 1901)	I	ɪ	12*
—— XLVI (7ᵉ s., II, 1901–1902)	I	ɪɪ	21
—— XLVII (7ᵉ s., III, 1902–1903)	I	ɪɪ	22
—— XLVIII (7ᵉ s., IV, 1903–1904)	I	ɪɪɪ	21
—— XLIX (7ᵉ s., V, 1904–1905)	II	ɪ	19
—— L (7ᵉ s., VI, 1905–1906)	II	ɪɪ	19
—— LI (7ᵉ s., VII, 1906–1907)	II	ɪɪɪ	23
—— LII (7ᵉ s., VIII, 1907–1908)	III	ɪ	21
—— LIII (7ᵉ s., IX, 1908–1909)	III	ɪɪ	19

CHARENTE-INFÉRIEURE.

Rochefort. — Société de géographie de Rochefort.

Bulletin [Bibl. nat., 8° G. 1182],

vol. XXIII (1901)	I	ɪ	13
—— XXIV (1902)	I	ɪɪ	22
—— XXV (1903)	I	ɪɪɪ	22
—— XXVI (1904)	II	ɪ	19
—— XXVII (1905)	II	ɪ	20
—— XXVIII (1906)	II	ɪɪ	20
—— XXIX (1907)	II	ɪɪ	24
—— XXX (1908)	III	ɪ	22
—— XXXI (1909)	III	ɪɪ	20
—— XXXII (1910)	III	ɪɪɪ	22

Saintes. — Commission des arts et monuments historiques de la Charente-Inférieure et Société d'archéologie de Saintes.

Recueil [Bibl. nat., 8° Lc²⁰ 3 (4)],

vol. XV (1899–1901)	I	ɪ	3
—— XVI (1902–1904)	I	ɪɪɪ	22
—— XVII (1905–1907)	II	ɪɪɪ	25

Saintes. — Société des Archives historiques de la Saintonge et de l'Aunis.

Archives historiques [Bibl. nat., 8° Lk². 2780],

vol. XXX (1901)	I	ɪ	14
—— XXXI–XXXII (1902)	I	ɪɪ	23
—— XXXIII (1903)	I	ɪɪɪ	24
—— XXXIV (1904)	I	ɪɪɪ	24
—— XXXV (1905)	II	ɪ	20
—— XXXVI (1906)	II	ɪɪ	21
—— XXXVII (1907)	II	ɪɪɪ	26
—— XXXVIII (1908)	III	ɪ	23
—— XXXIX (1909)	III	ɪɪ	21
—— XL (1910)	III	ɪɪɪ	23

Bulletin... Revue... [Bibl. nat., 8° Lc¹⁹. 119],

vol. XXI (1901)	I	ɪ	14
—— XXII (1902)	I	ɪɪ	23
—— XXIII (1903)	I	ɪɪ	25
—— XXIV (1904)	I	ɪɪɪ	24
—— XXV (1905)	II	ɪ	20
—— XXVI (1906)	II	ɪɪ	21
—— XXVII (1907)	II	ɪɪɪ	26
—— XXVIII (1908)	III	ɪ	23
—— XXIX (1909)	III	ɪɪ	21
—— XXX (1910)	III	ɪɪɪ	23

Table générale (1908) | III | ɪ | 22 |

CHER.

Bourges. — Société des Antiquaires du Centre.

Mémoires [Bibl. nat., 8° Lc¹⁸. 219],

vol. XXV (1901 [1902])	I	ɪ	16
—— XXVI (1902 [1903])	I	ɪɪ	26
—— XXVII (1903 [1904])	I	ɪɪɪ	25
—— XXVIII (1904 [1905])	II	ɪ	21
—— XXIX (1905 [1906])	II	ɪ	22
—— XXX (1906 [1907])	II	ɪɪ	22
—— XXXI (1907–1908 [1909])	III	ɪ	23
—— XXXII (1909 [1910])	III	ɪɪɪ	24
Table des tomes XXI–XXX	III	ɪ	23

Bourges. — Société historique, littéraire et scientifique du Cher.

Mémoires [Bibl. nat., 8° Lc²⁰. 5 (4)],

vol. XXIV (4ᵉ s., XVI, 1901)	I	ɪ	16
—— XXV (4ᵉ s., XVII, 1902)	I	ɪɪ	27
—— XXVI (4ᵉ s., XVIII, 1903)	I	ɪɪ	27
—— XXVII (4ᵉ s., XIX, 1904)	I	ɪɪɪ	26
—— XXVIII (4ᵉ s., XX, 1905)	II	ɪ	22
—— XXIX (4ᵉ s., XXI, 1906–1907)	II	ɪɪɪ	27
—— XXX (4ᵉ s., XXII, 1908)	III	ɪ	24
—— XXXI (4ᵉ s., XXIII, 1909)	III	ɪɪ	22
—— XXXII (4ᵉ s., XXIV, 1910)	III	ɪɪɪ	25

CORRÈZE.

BRIVE. — Société scientifique, historique et archéologique de la Corrèze.

Bulletin [Bibl. nat., 8° Lc²⁰. 38],

vol. XXIII (1901)...............	I	i	17
—— XXIV (1902)...............	I	ii	27
—— XXV (1903)...............	I	iii	26
—— XXVI (1904)...............	I	iii	27
—— XXVII (1905)...............	II	i	23
—— XXVIII (1906)...............	II	ii	22
—— XXIX (1907)...............	II	iii	27
—— XXX (1908)...............	III	i	24
—— XXXI (1909)...............	III	ii	22
—— XXXII (1910)...............	III	iii	25

TULLE. — Société d'ethnographie et d'art populaire du Bas-Limousin.

Bulletin [Bibl. nat., 8° Lc¹⁹. 175],

vol. II (1901)...............	I	i	18
—— III (1902)...............	I	ii	28
—— IV (1903)...............	I	iii	27
—— V (1904)...............	I	iii	28

TULLE. — Société des lettres, sciences et arts de la Corrèze.

Bulletin [Bibl. nat., 8° Z. 1796],

vol. XXIII (1901)...............	I	i	18
—— XXIV (1902)...............	I	ii	28
—— XXV (1903)...............	I	iii	28
—— XXVI (1904)...............	I	iii	28
—— XXVII (1905)...............	II	i	23
—— XXVIII (1906)...............	II	ii	23
—— XXIX (1907)...............	II	iii	28
—— XXX (1908)...............	III	i	26
—— XXXI-XXXII (1909-1910)...	III	iii	26
Table, 1900-1910 (1911).........	III	iii	26

CORSE.

BASTIA. — Société des sciences historiques et naturelles de la Corse.

Bulletin [Bibl. nat., 8° Lc²⁰. 5 (6)],

fasc. 241-249 (1901 [1902]).....	I	i	19
—— 250-264 (1901-1902) [1902-1903]...............	I	ii	29
—— 266 (*sic*)-276 (1903)........	I	iii	29
—— 277-288 (1904 [1906]).....	II	i	28
—— 289-302 (1905-1906)......	II	ii	24
—— 303-307 (1906 [1909]).....	III	ii	23
—— 308-324 (1906-1907 [1910]).	III	iii	27

CÔTE-D'OR.

BEAUNE. — Société d'histoire, d'archéologie et de littérature de l'arrondissement de Beaune.

Mémoires [Bibl. nat., 8° Lc²¹. 57],

vol. XXVI (1901 [1902])........	I	ii	30
—— XXVII (1902 [1903]).......	I	ii	30
—— XXVIII (1903 [1904])......	I	iii	30
—— XXIX (1904 [1906])........	II	i	25
—— XXX (1905 [1907])........	II	iii	29
—— XXXI (1906-1907 [1908])..	III	i	26
—— XXXII (1908 [1909]).......	III	ii	23
—— XXXIII (1909 [1910])......	III	iii	27

DIJON. — Académie des sciences, arts et belles-lettres de Dijon.

Mémoires [Bibl. nat., R. 15007],

vol. LXXXIV (4ᵉ s., VIII, 1901-1902)...............	I	ii	31
—— LXXXV (4ᵉs., IX, 1903-1904).	I	iii	30
—— LXXXVI (4ᵉ s., X, 1905-1906)...............	III	ii	24
—— LXXXVII (4ᵉ s., XI, 1907-1910)...............	III	iii	28

DIJON. — Comité d'histoire et d'archéologie religieuse du diocèse de Dijon.

Bulletin [Bibl. nat., 8° Lc²². 87],

vol. XIX (1901)...............	I	i	20
—— XX (1902)...............	I	ii	31
—— XXI (1903)...............	I	iii	31
—— XXII (1904)...............	II	i	25
—— XXIII (1905)...............	II	ii	25
—— XXIV (1905 [*lire* 1906])...	II	iii	29

DIJON. — Commission des antiquités de la Côte-d'Or.

Mémoires [Bibl. nat., 4° Lc²⁰. 8],

vol. XIV (1901-1905).........	II	ii	25
—— XV (1906-1910).........	III	iii	29
Publications (1907)...............	II	iii	30

DIJON. — Société bourguignonne de géographie et d'histoire.

Mémoires [Bibl., nat., 8° G. 5012],

vol. XVII (1901)...............	I	ii	32
—— XVIII (1902)...............	I	ii	32
—— XIX (1903)...............	I	iii	32
—— XX (1904)...............	I	iii	32
—— XXI (1905)...............	II	i	26
—— XXII (1906)...............	II	ii	28

vol. XXIII (1907)............. II III 30
—— XXIV (1908).............. III I 27
—— XXV (1909).............. III II 24
—— XXVI (1910).............. III III 31

Publications (1901).............. I I 20
——(1903).................. I II 32

SEMUR. — Société des sciences historiques et naturelles de Semur-en-Auxois.

Bulletin [Bibl. nat., 8° Lc²¹. 28 *bis*],
vol. XXIX (1901).............. I I 21
—— XXX (1902–1903 [1904])... I III 32
—— XXXI (t. XXXIII, 1904).... II I 27
—— XXXII (t. XXXIV, 1905[1906]). II II 28
—— XXXIII (t. XXXV, 1906–1907). II III 31
—— XXXIV (XXXVI, 1908–1909
[1910]).................. III II 24

Pro Alesia [Bibl. nat., 8° Lc²¹. 180],
vol. I (1906–1907)............ II III 31
—— I (1907–1908)............ III I 28
—— I (1908–1909)............ III II 25
—— I (1909–1910)............ III III 32

CÔTES-DU-NORD.

SAINT-BRIEUC. — Association bretonne.

Bulletin archéologique [Bibl. nat., 8° Lc¹⁶. 4],
vol. XXXVI (3ᵉ série, t. XX,
42ᵉ congrès, Lannion, 1901
[1902])................. I I 22
—— XXXVII (3ᵉ série, t. XXI,
43ᵉ congrès, Redon, 1902
[1903])................. I II 33
—— XXXVIII (3ᵉ série, t. XXII,
44ᵉ congrès, la Roche-Bernard, 1903 [1904])...... I III 33
—— XXXIX (3ᵉ série, t. XXIII,
45ᵉ congrès, Châteaubriant,
1904 [1905])........... II I 27
—— XL (3ᵉ série, t. XXIV, 46ᵉ congrès, Concarneau, 1905
[1906])................ II II 29
—— XLI (3ᵉ série, t. XXV, 1907). II III 52
—— XLII (3ᵉ série, t. XXVI,
47ᵉ congrès, Lamballe, 1907
[1908])................ II III 52
—— XLIII (3ᵉ série, t. XXVII,
48ᵉ congrès, Fougères, 1908
[1909])................. III II 25
—— XLIV (3ᵉ série, t. XXVIII,
49ᵉ congrès, Ploermel, 1909
[1910])................. III III 33

SAINT-BRIEUC. — Société d'émulation des Côtes-du-Nord.

Bulletins et Mémoires [Bibl. nat., Z. 28756],
vol. XLIV (t. XXXIX, 1901)..... I I 22
—— XLV (t. XL, 1902)......... I II 34
—— XLVI (t. XLI, 1903)....... I II 34
—— XLVII (t. XLII, 1904)...... I III 34
—— XLVIII (t. XLIII, 1905[1906]). II I 28
—— XLIX (t. XLIV, 1906 [1907]). II II 30
—— L (t. XLV, 1907 [1908]).... II III 33
—— LI (t. XLVI, 1908 [1909]).. III I 29
—— LII (t. XLVII, 1909 [1910]). III II 26

CREUSE.

GUÉRET. — Société des sciences naturelles et archéologiques de la Creuse.

Mémoires [Bibl. nat., S. 17237],
vol. XIII (1901–1902).......... I II 34
—— XIV (1903–1904).......... I III 34
—— XV (1905–1906).......... II II 31
—— XVI (1907–1908).......... III I 29
—— XVII (1909–1910).......... III III 33

Table générale (1907)............ II III 33

DORDOGNE.

PÉRIGUEUX. — Société historique et archéologique du Périgord.

Bulletin [Bibl. nat., 8° Lc¹⁶. 28 (3)],
vol. XXVIII (1901)............ I I 23
—— XXIX (1902).............. I II 35
—— XXX (1903)............... I III 35
—— XXXI (1904)............... II I 28
—— XXXII (1905)............. II I 29
—— XXXIII (1906)............. II II 31
—— XXXIV (1907)............. II III 34
—— XXXV (1908).............. III I 30
—— XXXVI (1909)............. III II 26
—— XXXVII (1910)............ III III 34

Publication (1908).............. III II 26

DOUBS.

BESANÇON. — Académie des sciences, belles-lettres et arts de Besançon.

Procès-verbaux et Mémoires [Bibl. nat., Z. 30077],
vol. CL (1901 [1902])......... I I 24
—— CLI (1902 [1903])......... I II 36
—— CLII (1903 [1904])....... I III 36
—— CLIII (1904 [1905])....... II I 30

vol. CLIV (1905 [1906])........ II ɪ 31
—— CLV (1906)............... II ɪɪ 33
—— CLVI (1907).............. II ɪɪɪ 35
—— CLVII (1908 [1909])....... III ɪ 31
—— CLVIII (1909 [1910])...... III ɪɪ 28
—— CLIX (1910 [1911])........ III ɪɪɪ 35

Table générale, 1805-1900 (1901)... I ɪ 24

Mémoires et documents [Bibl. nat., 8° Lk². 761],
vol. XII (1910)............... III ɪɪɪ 36

BESANÇON. — Société d'émulation du Doubs.

Mémoires [Bibl. nat., 8° S. 302],
vol. LVII (7ᵉ s., VI, 1901 [1902]). I ɪ 25
—— LVIII (7ᵉ s., VII, 1902 [1903]). I ɪɪ 37
—— LIX (7ᵉ s., VIII, 1903-1904
[1905])................ I ɪɪɪ 37
—— LX (7ᵉ s., IX, 1905 [1906]). II ɪ 31
—— LXI (7ᵉ s., X, 1905 [1906]). II ɪɪ 33
—— LXII (8ᵉ s., I, 1906 [1907]). II ɪɪɪ 35
—— LXIII (8ᵉ s., II, 1907 [1908]). III ɪ 31
—— LXIV (8ᵉ s., III, 1908 [1909]). III ɪɪ 28
—— LXV (8ᵉ s., IV, 1909 [1910]). III ɪɪɪ 36

Table de la Société d'agriculture, 1789-1809 [1910].................. III ɪɪɪ 36

Table, 1841-1905 (1907)......... II ɪɪ 34

MONTBÉLIARD. — Société d'émulation de Montbéliard.

Mémoires [Bibl. nat., Z. 28679],
vol. XXXVI (*Bulletin* supplément
aux tomes XXVII et XXVIII,
1901).................. I ɪ 25
—— XXXVII (t. XXIX, 1902).... I ɪɪ 37
—— XXXVIII (t. XXX, 1903).... I ɪɪ 38
—— XXXIX (t. XXXI, 1904)..... I ɪɪɪ 37
—— XL (t. XXXII, 1905)........ II ɪ 32
—— XLI (t. XXXIII, 1906)...... II ɪɪ 34
—— XLII (t XXXIV, 1907)...... II ɪɪɪ 36
—— XLIII (t. XXXV, 1908)..... III ɪ 32
—— XLIV (t. XXXVI, 1909)..... III ɪɪ 29
—— XLV–XLVII (t. XXXVII–
XXXIX, 1910).......... III ɪɪɪ 37

DRÔME.

ROMANS. — Comité d'histoire ecclésiastique et d'archéologie religieuse des diocèses de Valence, Gap, Grenoble et Viviers.

Bulletin [Bibl. nat., 8° Lc²¹. 67],
vol. XXI (1901-1903)......... I ɪɪ 38

VALENCE. — Société d'archéologie et de statistique de la Drôme.

Bulletin [Bibl. nat., 8° Lc²⁰. 11 *bis*],
vol. XXXV (1901).............. I ɪ 26
—— XXXVI (1902)............. I ɪɪ 39
—— XXXVII (1903)............ I ɪɪ 39
—— XXXVIII (1904)........... I ɪɪɪ 38
—— XXXIX (1905)............. II ɪ 32
—— XL (1906)................ II ɪɪ 35
—— XLI (1907)............... II ɪɪɪ 37
—— XLII (1908).............. III ɪ 32
—— XLIII (1909)............. III ɪɪ 29
—— XLIV (1910).............. III ɪɪɪ 37

Publication (1901).............. I ɪ 26

EURE.

ÉVREUX. — Société libre d'agriculture, sciences, arts et belles-lettres de l'Eure.

Recueil [Bibl. nat., S. 17495],
vol. LIV (5ᵉ s., IX, 1901 [1902]). I ɪ 27
—— LV (5ᵉ sᵉ s., X, 1902 [1903]). I ɪɪ 40
—— LVI (6ᵉ s., I, 1903 [1904]).. I ɪɪɪ 39
—— LVII (6ᵉ s., II, 1904 [1905]). II ɪ 33
—— LVIII (6ᵉ s., III, 1905 [1906]). II ɪɪ 35
—— LIX (6ᵉ s., IV, 1906 [1907]). II ɪɪɪ 38
—— LX (6ᵉ s., V, 1907 [1908])... III ɪ 34
—— LXI (6ᵉ s., VI, 1908 [1909]). III ɪɪ 30
—— LXII (6ᵉ s., VII, 1909 [1910]). III ɪɪɪ 38

ÉVREUX. — Société des amis des arts de l'Eure.

Bulletin [Bibl. nat., 8° V. 22311],
vol. XVII (1901 [1902])........ I ɪ 27
—— XVIII (1902 [1903])....... I ɪɪ 41
—— XIX (1903 [1904])........ I ɪɪɪ 39
—— XX (1904 [1905])......... I ɪɪɪ 39
—— XXI (1905 [1906])........ II ɪ 33
—— XXII (1906 [1907])....... II ɪɪɪ 38
—— XXIII (1907 [1908])....... III ɪ 33
—— XXIV (1908 [1909]........ III ɪɪ 30
—— XXV (1909 [1910])........ III ɪɪɪ 38

Album artistique et archéologique [Bibl. nat., fol. Lj⁶. 462],
vol. II (1902)................. I ɪɪ 41
—— III (1907)................ II ɪɪɪ 38

ÉVREUX. — Société normande d'études préhistoriques.

Bulletin [Bibl. nat., 8° Lc¹⁹. 153],
vol. IX (1901 [1902]).......... I ɪ 150
—— X (1902 [1903])........... I ɪɪ 221
—— XI (1903 [1904])........... I ɪɪɪ 40
—— XII (1904 [1905])........... II ɪ 34

vol. XIII (1905 [1906])........ II ii 36
—— XIV (1906 [1907])......... II iii 39
—— XV (1907 [1908])......... III i 34
—— XVI (1908 [1909])........ III ii 31
—— XVII (1909 [1910])........ III iii 39

LOUVIERS. — Société d'études diverses de l'arrondissement de Louviers.

Bulletin [Bibl. nat., 8° Z. 4037],
vol. VI (1902 [1903]).......... I ii 41
—— VII (1903 [1904])......... I iii 40
—— VIII (1904 [1905])........ II iii 39
—— IX (1905 [1906]).......... II iii 40
—— X (1906 [1907]).......... II iii 40
—— XI (1907-1908 [1909])..... III i 35
—— XII (1909-1910 [1911]).... III iii 39

EURE-ET-LOIR.

CHARTRES. — Société archéologique d'Eure-et-Loir.

Procès-verbaux [Bibl. nat., 8° Lc²⁰. 13 (5)],
vol. X (1901)................. I i 28
—— XI (1905)................ II i 35
—— XII (1910)............... III ii 31
Mémoires [Bibl. nat., 8° Lc²⁰. 13 bis],
vol. XIII (1901-1904).......... II i 34
Cinquantenaire [Bibl. nat., 8° Lc²⁰. 80],
vol. I (1906 [1910])........... III iii 40

CHÂTEAUDUN. — Société dunoise.

Bulletin [Bibl. nat., 8° Lc¹⁹. 5 (11)],
vol. X (1901-1904)........... I iii 41
—— XI (1905-1908)........... III i 35
Publication (1902)............... I ii 42

FINISTÈRE.

BREST. — Société académique de Brest.

Bulletin [Bibl. nat., Z. 28743],
vol. XXXIV (2ᵉ série, t. XXVI,
    1900-1901)............. I i 29
—— XXXV (2ᵉ série, t. XXVII,
    1901-1902)............. I ii 42
—— XXXVI (2ᵉ série, t. XXVIII,
    1902-1903)............. I iii 41
—— XXXVII (2ᵉ série, t. XXIX,
    1903-1904)............. I iii 42
—— XXXVIII (2ᵉ série, t. XXX,
    1904-1905)............. II i 36
—— XXXIX (2ᵉ série, t. XXXI,
    1905-1906 [1907])...... II ii 37

vol. XL (2ᵉ série, t. XXXII, 1906-
    1907 [1908])........... II iii 40
—— XLI (2ᵉ série, t. XXXIII, 1907-
    1908 [1909])........... III i 36
—— XLII (2ᵉ série, XXXIV, 1909-
    1910 [1910])........... III iii 40
Table générale, 1858-1910 (1910).. III iii 40

QUIMPER. — Commission diocésaine d'architecture et d'archéologie du diocèse de Quimper et de Léon.

Bulletin [Bibl. nat., 8° Lc²¹. 147],
vol. I (1901)................. I ii 43
—— II (1902)................ I ii 43
—— III (1903)............... I iii 42
—— IV (1904)............... I iii 42
—— V (1905)................ II i 36
—— VI (1906)............... II ii 37
—— VII (1907).............. II iii 41
—— VIII (1908)............. III i 37
—— IX (1909).............. III ii 33
—— X (1910)............... III iii 41

QUIMPER. — Société archéologique du Finistère.

Bulletin [Bibl. nat., 8° Lc²⁰. 36],
vol. XXVIII (1901)............ I iii 43
—— XXIX (1902)............. I iii 43
—— XXX (1903).............. i iii 44
—— XXXI (1904)............. II i 37
—— XXXII (1905)............ II i 37
—— XXXIII (1906)........... II ii 38
—— XXXIV (1907)........... II iii 41
—— XXXV (1908)............ III i 37
—— XXXVI (1909)........... III ii 33
—— XXXVII (1910).......... III iii 41

GARD.

ALAIS. — Société scientifique et littéraire d'Alais.

Mémoires [Bibl. nat., 8° Z. 478],
vol. XXXII (1901)............. I ii 44
Revue cévenole [Bibl. nat., 8° Z. 478],
vol. I (fasc. 1-3, 1902)........ I ii 44
—— II (fasc. 4, 1903)......... I iii 45
—— III (1904)............... II i 38
—— IV (1905)............... II i 38
—— V (1906 [1907])......... II ii 38
—— VI (1907 [1908])........ II iii 42
—— VII (1908-1910 [1911]).... III iii 265

NÎMES. — Académie de Nîmes.

Mémoires [Bibl. nat., Z. 28502],
vol. LXV (7ᵉ s., XXIV, 1901).... I i 29
—— LXVI (7ᵉ s., XXV, 1902).... I ii 45

vol. XXVII (1908).............   III   ɪ   41
——— XXVIII (1909)............   III   ɪɪ   39
——— XXIX (1910).............   III   ɪɪɪ 45

Table de 1882 à 1902 (1903)......   I   ɪɪɪ 48

GERS.

Auch. — Société archéologique du Gers.

Bulletin [Bibl. nat., 4° Lc²⁰. 66],
vol. II (1901)..............   I   ɪɪ   50
——— III (1902)..............   I   ɪɪ   51
——— IV (1903)..............   I   ɪɪɪ 49
——— V (1904)...............   I   ɪɪɪ 49
——— VI (1905)..............   II   ɪ   42
——— VII (1906).............   II   ɪɪ   44
——— VIII (1907)............   II   ɪɪɪ 46
——— IX (1908)..............   III   ɪ   42
——— X (1909)...............   III   ɪɪ   39
——— XI (1910)..............   III   ɪɪɪ 45

Auch. — Société historique de Gascogne.

Archives historiques de la Gascogne [Bibl. nat.,
8° Lk². 3346],
2ᵉ s., t. VI (1903)..............   I   ɪɪ   54
——— VII (1904)..............   I   ɪɪɪ 53
——— VIII (1904).............   I   ɪɪɪ 53
——— IX (1905)..............   II   ɪ   43
——— X (1906)...............   II   ɪɪ   45
——— XI (1907)..............   II   ɪɪɪ 47
——— XII (1908).............   III   ɪ   43
——— XIII (1908)............   III   ɪ   43
——— XIV (1910).............   III   ɪɪɪ 46

Revue de Gascogne [Bibl. nat., 8° Lc²¹. 2 *ter.*]
vol. XLII (n. s., I, 1901)........   I   ɪ   34
——— XLIII (n. s., II, 1902)......   I   ɪɪ   52
——— XLIV (n. s., III, 1903).....   I   ɪɪɪ 51
——— XLV (n. s., IV, 1904).......   I   ɪɪɪ 52
——— XLVI (n. s., V, 1905).......   II   ɪ   43
——— XLVII (n. s., VI, 1906).....   II   ɪɪ   45
——— XLVIII (n. s., VII, 1907)....   II   ɪɪɪ 47
——— XLIX (n. s., VIII, 1908)....   III   ɪ   43
——— L (n. s., IX, 1909)........   III   ɪɪ   40
——— LI (n. s., X, 1910)........   III   ɪɪɪ 46

Table de 1860 à 1900 (1904)......   I   ɪɪɪ 50

GIRONDE.

Arcachon. — Société scientifique d'Arcachon.

Publication (1909)...............   III   ɪɪɪ 47

Bordeaux. — Académie des sciences, belles-lettres et arts
de Bordeaux.

Actes [Bibl. nat., Z. 28617],
vol. LXI (3ᵉ série, 63ᵉ année,
1901)................   I   ɪɪ   54
——— LXII (3ᵉ série, 64ᵉ année,
1902)................   I   ɪɪɪ 53
——— LXIII (3ᵉ série, 65ᵉ année,
1903)................   I   ɪɪɪ 53
——— LXIV (3ᵉ série, 66ᵉ année,
1904)................   II   ɪ   45
——— LXV (3ᵉ série, 67ᵉ année,
1905)................   II   ɪɪ   47
——— LXVI (3ᵉ série, 68ᵉ année.
1906)................   II   ɪɪɪ 49
——— LXVII (3ᵉ série, 69ᵉ année,
1907)................   III   ɪ   44
——— LXVIII–LXX (3ᵉ série, 70–
72ᵉ années, 1908–1910)..   III   ɪɪɪ 48

Bordeaux. — Société archéologique de Bordeaux.

Recueil [Bibl. nat., 8°-Lc²¹. 64],
vol. XXIII (1898–1902)........   I   ɪɪ   54
——— XXIV (1903)..............   I   ɪɪɪ 54
——— XXV (1904)..............   II   ɪ   45
——— XXVI (Table, 1906)........   II   ɪ   46
——— XXVII (1905)............   II   ɪ   46
——— XXVIII (1906)............   II   ɪɪɪ 49
——— XXIX (1907)..............   III   ɪ   45
——— XXX (1908)..............   III   ɪɪ   41
——— XXXI–XXXII (1909–1910)..   III   ɪɪɪ 49

Album [Bibl. nat., fol. Lj⁶. 580],
——— (1907)..................   III   ɪ   45

Bordeaux. — Société des Archives historiques de la Gironde.

Archives historiques [Bibl. nat., 4° Lk⁴. 425],
vol. XXXVI (1901)............   I   ɪ   35
——— XXXVII (1902)...........   I   ɪɪ   55
——— XXXVIII (1903)...........   I   ɪɪ   55
——— XXXIX (1904)............   II   ɪ   46
——— XL (1905)...............   II   ɪ   46
——— XLI (1906)..............   II   ɪɪ   47
——— XLII (1907).............   II   ɪɪɪ 50
——— XLIII (1908)............   III   ɪ   46
——— XLIV (1909).............   III   ɪɪ   42
——— XLV (1910)..............   III   ɪɪɪ 50

Bordeaux. — Société des bibliophiles de Guyenne.

Publications (1902)..............   I   ɪɪ   56

Bordeaux. — Société de géographie commerciale de Bordeaux.

Bulletin [Bibl. nat., 8° G. 299],
vol. XXVI (2ᵉ série, 24ᵉ année,
1901)................   I   ɪɪ   56

vol. XXVII (2ᵉ série, 25ᵉ année, 1902).................... I ɪɪ 57
—— XXVIII (2ᵉ série, 26ᵉ année, 1903).................... I ɪɪɪ 54
—— XXIX (2ᵉ série, 27ᵉ année, 1904).................... II ɪ 47
—— XXX (2ᵉ série, 28ᵉ année, 1905).................... II ɪ 47
—— XXXI (2ᵉ série, 29ᵉ année, 1906).................... II ɪɪ 48
—— XXXII (2ᵉ série, 30ᵉ année, 1907).................... II ɪɪɪ 51
—— XXXIII (2ᵉ série, 31ᵉ année, 1908).................... III ɪ 47
—— XXXIV-XXXV (2ᵉ série, 32ᵉ-33ᵉ années, 1909-1910).. III ɪɪɪ 51
Tables, 1874-1903 (1905)........ II ɪ 47
Congrès [Bibl. nat., 8° G. 1250],
—— (1907).................... III ɪɪɪ 183

Bᴏʀᴅᴇᴀᴜx. — Société philomathique de Bordeaux.

Revue philomathique de Bordeaux [Bibl. nat., 8° Z.4977],
vol. IV (1901)................ I ɪ 36
—— V (1902)................ I ɪɪ 57
—— VI (1903) .... I ɪɪɪ 55
—— VII (1904)................ II ɪ 48
—— VIII (1905)................ II ɪ 48
—— IX (1906) .... II ɪɪɪ 51
—— X (1907),................ II ɪɪɪ 52
—— XI (1908)................ III ɪ 47
—— XII (1909)................ III ɪɪ 43
—— XIII (1910)................ III ɪɪɪ 51
Centenaire [Bibl. nat., 8° Z. 17896],
—— (1909) .... III ɪɪɪ 43

Bᴏʀᴅᴇᴀᴜx. — Union des Sociétés d'histoire et d'archéologie du Sud-Ouest.

Congrès [Bibl. nat., 8° et 4° Lc¹⁸. 623],
vol. I (Bordeaux, 1907)........ II ɪɪɪ 50
—— II (Pau, 1908)............ III ɪɪ 43
—— III (Auch, 1910)............ III ɪɪɪ 45
Bulletin [Bibl. nat, 8° Lc¹⁸. 656],
vol. I-II (1909-1910)........... III ɪɪɪ 52

HÉRAULT.

Bᴇᴢɪᴇʀs. — Société archéologique et littéraire de Béziers.

Bulletin [Bibl. nat., 8° Lc²¹. 13],
vol. XXVIII (table, t. XXX, 1901) I ɪ 36
—— XXIX (3ᵉ série, t. IV, t.XXXI-XXXII, 1901-1902)..... I ɪɪ 58

vol. XXX (3ᵉ série, t. V, 1903-1904)................ I ɪɪɪ 56
—— XXXI (3ᵉ série, t. VI, 1905-1906)................ II ɪɪ 48
—— XXXII (3ᵉ série, t. VII, 1907-1908)................ III ɪ 48
—— XXXIII (3ᵉ série, t. VIII, t. XXXIX-XL, 1909-1910) III ɪɪɪ 52

Mᴏɴᴛᴘᴇʟʟɪᴇʀ. — Académie des sciences et lettres de Montpellier.

Mémoires, lettres [Bibl. nat., 4° Z. 162],
vol. 2ᵉ série, III (1900-1907).... II ɪɪɪ 52
—— 2ᵉ série, IV (1904)......... I ɪɪɪ 56
Publications (1901).............. I ɪɪ 58

Mᴏɴᴛᴘᴇʟʟɪᴇʀ. — Société archéologique de Montpellier.

Mémoires [Bibl. nat., 4° Lc²¹. 25],
vol. X (2ᵉ s., II, 1902)........ I ɪɪ 59
—— XI (2ᵉ s., III, 1903-1907).. II ɪɪɪ 53
Publications (1898-1910)........ III ɪɪɪ 53

Mᴏɴᴛᴘᴇʟʟɪᴇʀ. — Société pour l'étude des langues romanes.

Revue des langues romanes [Bibl. nat., 8° X. 417],
vol. XLIV (5ᵉ série, t. VI [lire IV], 1901)................ I ɪ 37
—— XLV (5ᵉ série, t. VII [lire V], 1902)................ I ɪɪ 59
—— XLVI (5ᵉ série, t. VI, 1903). I ɪɪ 60
—— XLVII (5ᵉ série, t. VII, 1904). I ɪɪɪ 56
—— XLVIII (5ᵉ série, t. VIII, 1905). II ɪ 49
—— XLIX (5ᵉ série, t. IX, 1906). II ɪɪ 49
—— L (5ᵉ série, t. X, 1907)..... II ɪɪɪ 54
—— LI (6ᵉ série, t. I, 1908)..... III ɪ 48
—— LII (6ᵉ série, t. II, 1909) ... III ɪɪ 44
—— LIII (6ᵉ série, t. III, 1910).. III ɪɪɪ 53
Publications [Bibl. nat., 8° Z. 662],
—— XV, 1ʳᵉ partie (1901)....... I ɪ 37
—— XVI-XVIII.............. » » »
—— XIX-XXI (1907) .... II ɪɪɪ 53
—— XXII (1908).............. III ɪ 48
—— XXIII (1909) .... III ɪɪ 44

Mᴏɴᴛᴘᴇʟʟɪᴇʀ. — Société languedocienne de géographie.

Bulletin [Bibl. nat., 8° G. 801],
vol. XXIV (1901)............... I ɪ 38
—— XXV (1902).............. I ɪɪ 60
—— XXVI (1903).............. I ɪɪɪ 57
—— XXVII (1904)............. I ɪɪɪ 57
—— XXVIII (1905)............. II ɪ 50
—— XXIX (1906).............. II ɪɪ 49
—— XXX (1907).............. II ɪɪɪ 54
—— XXXI (1908)............. III ɪ 46

vol. XXXII (1909) .... III ıı 45
—— XXXIII (1910)............. III ııı 54

Table des t. XXI–XXX (1898–1907)
  (1909)....................... III ıı 45
Géographie de l'Hérault [Bibl. nat.,
  8° Lk⁴. 2081], (s. d.).......... III ııı 54

ILLE-ET-VILAINE.

Rennes. — Société archéologique d'Ille-et-Vilaine.

Bulletins et Mémoires [Bibl. nat., 8° Lc²⁰. 19 (4)],
  vol. XXXI (1902).............. I   ı   38
  —— XXXII (1903)............. I   ıı 61
  —— XXXIII (1904)............ I   ııı 58
  —— XXXIV (1905)............ II ı   50
  —— XXXV (1906)............. II ıı 50
  —— XXXVI (1907)............ II ııı 55
  —— XXXVII (1907–1908) ...... II ııı 55
  —— XXXVIII (1908–1909)...... III ıı 45
  —— XXXIX (1909–1910)....... III ııı 54

Saint-Malo. — Société historique et archéologique de
Saint-Malo.

Annales [Bibl. nat., 8° Lc²¹. 150],
  vol. I (1900–1902)............ I   ıı 62
  —— II (1903–1904)........... I   ııı 58
  —— III (1905)............... II ı   51
  —— IV (1906)................ II ıı 51
  —— V (1907)................. II ııı 56
  —— VI (1908)................ III ı   50
  —— VII (1909)............... III ıı 46
  —— VIII (1910)............. III ııı 55

INDRE.

Chateauroux. — Société académique du Centre.

Bulletin [Bibl. nat., 8° Z. 4633],
  vol. VII (1901).............. I   ı   39
  —— VIII (1902).............. I   ıı 62
  —— IX (1903)............... I   ııı 59
  —— X (1904)................ II ı   51
  —— XI (1905)............... II ı   52
Revue du Berry et du Centre [Bibl. nat., 8° Lc¹⁹. 159],
  vol. XI–XV (1906–1910)....... III ııı 55

Chateauroux. — Société du Musée de Châteauroux.

Bulletin [Bibl. nat., 8° V. 25112],
  vol. III (1900–1903)........... III ııı 59
Recueil [Bibl. nat., 8° V. 25112],
  vol. IV, 1 (1904)............. III ııı 60

INDRE-ET-LOIRE.

Tours. — Société d'agriculture, sciences, arts et belles-
lettres d'Indre-et-Loire.

Annales [Bibl. nat., S. 17236],
  vol. LXXVIII (2ᵉ série, 140ᵉ année,
    t. LXXXI, 1901)........ I   ı   39
  —— LXXIX (2ᵉ série, 141ᵉ année,
    t. LXXXII, 1902)....... I   ıı 63
  —— LXXX (2ᵉ série, 142ᵉ année,
    t. LXXXIII, 1903)....... I   ıı 63
  —— LXXXI–LXXXVII (2ᵉ série,
    143ᵉ – 149ᵉ années, tomes
    LXXXIV–XC, 1904–1910). III ııı 60

Tours. — Société archéologique de Touraine.

Mémoires [Bibl. nat., 8° Lc¹⁹. 51],
  vol. XLII (1901).............. I   ı   40
  —— XLIII (1904)............. I   ııı 60
  —— XLIV (1905) .... II ı   52
  —— XLV (1906)........ ...... II ııı 56
  —— XLVI (1907)............. II ııı 56
  —— XLVII (1908)............ III ı   50
  —— XLVIII (1909)........... III ıı 46
  —— XLIX (1910) .... III ııı 61

Bulletin [Bibl. nat., 8° Lc¹⁹. 52 *bis*],
  vol. XIII (1901–1902)......... I   ıı 64
  —— XIV (1903–1904).......... I   ııı 60
  —— XV (1905–1906).......... II ıı 51
  —— XVI (1907–1908 [1907–
    1912])..... III, ı, 50 et III ııı 61
  —— XVII (2ᵉ série, t. I, 1909–
    1910)................. III ııı 61

ISÈRE.

Grenoble. — Académie delphinale.

Bulletin [Bibl. nat., 8° Z. 274],
  vol. XLIII (4ᵉ s., XV, 1901 [1902]). I   ı   40
  —— XLIV (4ᵉ s., XVI, 1902 [1903]). I   ıı 65
  —— XLV (4ᵉ s., XVII, 1903 [1904]). I   ııı 61
  —— XLVI (4ᵉ s., XVIII, 1904
    [1905])................. II ı   52
  —— XLVII (4ᵉ s., XIX, 1905
    [1906])................. II ı   53
  —— XLVIII (4ᵉ s., XX, 1906
    [1907])................. II ıı 52
  —— XLIX (5ᵉ s., I, 1907 [1908]). II ııı 57
  —— L (5ᵉ s., II, 1908 [1909])... III ıı 47
  —— LI (5ᵉ s., III, 1909 [1910]). III ııı 63
Table, 1886–1906 (1910)........ III ııı 63

GRENOBLE. — Société des Bibliophiles dauphinois.

Petite Revue des Bibliophiles dauphinois [Bibl. nat., 8° Q. 3571],
- vol. I (1905-1907)............ II III 57
- —— II (1908-1910)............ III III 63

GRENOBLE. — Société dauphinoise d'ethnologie et d'anthropologie.

Bulletin [Bibl. nat., 8° G. 7436],
- vol. VIII (1901)............... I II 66
- —— IX (1902)................. I II 66
- —— X (1903)................. II I 53
- —— XI (1904)................. II I 53
- —— XII (1905)............... II I 54
- —— XIII (1906 [1907])........ II II 53
- —— XIV (1907)............... II III 58
- —— XV (1908 [1910])........ III II 47
- —— XVI (1909 [1910])........ III III 64
- —— XVII (1910 [1911])........ III III 65

GRENOBLE. — Société de statistique, des sciences naturelles et des arts industriels de l'Isère.

Bulletin [Bibl. nat., S. 17350],
- vol. XXXII (4e série, t. VI, 1902). I II 67
- —— XXXIII (4e série, t. VII, 1904). I III 61
- —— XXXIV (4e série, t. VIII, 1905). II I 54
- —— XXXV (4e série, t. IX, 1906). II II 53
- —— XXXVI (4e série, t. X, 1908). III I 52
- —— XXXVII (4e série, t. XI, 1910). III III 65

GRENOBLE. — Société des touristes du Dauphiné.

Annuaire [Bibl. nat., 8° Lc28. 47 ter],
- vol. XXVII (2e série, t. VII, 1901) I II 67
- —— XXVIII (2e série, t. VIII, 1902) I II 67
- —— XXIX (2e série, t. IX, 1903). I III 62
- —— XXX-XXXIV (2e série, t. X-XIV, 1904-1908)........ III III 65

VIENNE. — Société des Amis de Vienne.

Bulletin [Bibl. nat., 8° Lc21. 159],
- fasc. 1-3 (1905-1907)......... II III 59
- —— 4 (1908).... .... III I 52
- —— 5-6 (1909-1910)......... III III 66
- *Publications* (1904-1907)......... II III 59
- —— (1910)................. III III 66

JURA.

LONS-LE-SAUNIER. — Société d'émulation du Jura.

Mémoires [Bibl. nat., Z. 28610],
- vol. LXIV (7e s., I, 1901)...... I I 41
- —— LXV (7e s., II, 1902)...... I II 68

- vol. LXVI (7e s., III, 1903-1904). I III 62
- —— LXVII (7e s., IV, 1905)..... II I 55
- —— LXVIII (7e s., V, 1906)..... II III 60
- —— LXIX (8e s., I, 1907)...... II III 60
- —— LXX (8e s., II, 1908)...... III I 52
- —— LXXI (8e s., III, 1909)..... III II 48
- —— LXXII (8e s., IV, 1910)..... III III 66
- *Publications* (1904)............. I III 62
- —— (1907)................. II III 59

POLIGNY. — Société d'agriculture, sciences et arts de Poligny.

Bulletin [Bibl. nat., Z. 28746],
- vol. XLII (1901)............... I I 41
- —— XLIII (1902)............. I II 68

LANDES.

DAX. — Société de Borda.

Bulletin [Bibl. nat., 8° Lc21. 63],
- vol. XXVI (1901)............... I I 42
- —— XXVII (1902)............. I II 69
- —— XXVIII (1903)............. I III 63
- —— XXIX (1904)............. I III 63
- —— XXX (1905)............... II I 55
- —— XXXI (1906)............. II II 54
- —— XXXII (1907)............. II III 60
- —— XXXIII (1908)............. III I 53
- —— XXXIV (1909)............. III II 48
- —— XXXV (1910)............. III III 67

LOIR-ET-CHER.

BLOIS. — Société des sciences et lettres de Loir-et-Cher.

Mémoires [Bibl. nat., 8° Z. 1456],
- vol. XV (1901)............... I I 42
- —— XVI (1902)............... I II 69
- —— XVII (1903)............. II II 54
- —— XVIII (1904)............. II II 54
- —— XIX (1909)............. III II 49
- —— XX (table, 1910)........ III III 67

VENDÔME. — Société archéologique du Vendômois.

Bulletin [Bibl. nat., 8° Lc19. 64],
- vol. XL (1901)............... I I 43
- —— XLI (1902)............... I II 70
- —— XLII (1903)............. I III 64
- —— XLIII (1904)............. I III 64
- —— XLIV (1905)............. II I 56
- —— XLV (1906)............... II II 55
- —— XLVI (1907)............. II III 61

vol. XLVII (1908).............   III   ı   53
—— XLVIII (1909)............   III   ıı   49
—— XLIX (1910)   III   ııı   68

LOIRE.

MONTBRISON. — La Diana.

Bulletin [Bibl. nat., 8° Lc¹⁹. 5 (14)],
  vol. XII (1901 [1902]).........   I   ı   43
  —— XIII (1902–1903 [1904])...   I   ııı   65
  —— XIV (1904–1905 [1906])...   II   ı   56
  —— XV (1906–1907 [1908])....   II   ııı   61
  —— XVI (1908–1909 [1910])....   III   ıı   50

RIVE-DE-GIER. — Société des sciences, lettres et arts de
Rive-de-Gier.

Bulletin,
  vol. I (1899–1902)............   I - ııı   66

SAINT-ÉTIENNE. — Société d'agriculture, industrie,
sciences, arts et belles-lettres de la Loire.

Annales [Bibl. nat., S. 17702],
  vol. XLV (2ᵉ s., XXI, 1901).....   I   ı   44
  —— XLVI (2ᵉ s., XXII, 1902)...   I   ıı   70
  —— XLVII (2ᵉ s., XXIII, 1903)...   I   ııı   66
  —— XLVIII (2ᵉ s., XXIV, 1904)..   I   ııı   66
  —— XLIX (2ᵉ s., XXV, 1905)...   II   ı   57
  —— L (2ᵉ s., XXVI, 1906)......   II   ıı   55
  —— LI–LIII (2ᵉ s., XXVII–XXIX,
      1907–1909)............   III   ııı   68

LOIRE (HAUTE-).

LE PUY. — Société agricole et scientifique de la Haute-
Loire.

Mémoires [Bibl. nat., 8° R. 1583],
  vol. XI (1899–1901 [1902]).....   I   ı   44
  —— XII (1902–1903 [1904])....   I   ııı   67
  —— XIII (1904–1905 [1906])...   II   ıı   56
  —— XIV (1905–1906 [1907])....   III   ı   54
  —— XV (1907–1908 [1909])....   III   ı   54

Publications (1903)..............   I   ııı   67

LE PUY. — Société d'agriculture, sciences, arts et commerce du Puy.

Bulletin [Bibl. nat., 8° R. 17710],
  vol. III (1901–1902)...........   I   ıı   71
  —— IV (1902–1903)...........   II   ı   58

LOIRE-INFÉRIEURE.

NANTES. — Société académique de Nantes et de la Loire-
Inférieure.

Annales [Bibl. nat., Z. 28592],
  vol. LXXII (8ᵉ s., II, 1901).....   I   ı   45
  —— LXXIII (8ᵉ s., III, 1902).....   I   ıı   72
  —— LXXIV (8ᵉ s., IV, 1903).....   I   ııı   68
  —— LXXV (8ᵉ s., V, 1904)......   I   ııı   68
  —— LXXVI (8ᵉ s., VI, 1905)....   II   ı   58
  —— LXXVII (8ᵉ s., VII, 1906)...   II   ıı   56
  —— LXXVIII (8ᵉ s., VIII, 1907)..   II   ııı   62
  —— LXXIX (8ᵉ s., IX, 1908)....   III   ı   55
  —— LXXX (8ᵉ s., X, 1909)......   III   ıı   51
  —— LXXXI (9ᵉ s., I, 1910).....   III   ııı   69

NANTES. — Société archéologique de Nantes et de la
Loire-Inférieure.

Bulletin [Bibl. nat., 8° Lc²¹. 27 (4)],
  vol. XL (t. XLII, 1901)........   I   ı   45
  —— XLI (t. XLIII, 1902).......   I   ıı   72
  —— XLII (t. XLIV, 1903).......   I   ııı   69
  —— XLIII (t. XLV, 1904).......   II   ı   59
  —— XLIV (t. XLVI, 1905)......   II   ı   59
  —— XLV (t. XLVII, 1906)......   II   ıı   57
  —— XLVI (t. XLVIII, 1907).....   II   ııı   63
  —— XLVII (t. XLIX, 1908).....   III   ı   55
  —— XLVIII (t. L, 1909).........   III   ıı   51
  —— XLIX (t. LI, 1910)........   III   ııı   69

NANTES. — Société des Bibliophiles bretons et de l'his-
toire de Bretagne. *Bulletin* 8° Lc¹⁹ 5ter
Archives de Bretagne [Bibl. nat., 4° Lk². 3359],
  vol. X (1901)................   I   ıı   73
  —— XI–XVI (1899–1909).......   III   ıı   52
Revue de Bretagne, de Vendée et d'Anjou [Bibl. nat.,
    8° Lc⁹. 58 *bis*],
  vol. XXV–XXVI (1901).........   I   ı   46
Publications (1907–1910).........   III   ııı   70

LOIRET.

ORLÉANS. — Académie de Sainte-Croix, d'Orléans.

Lectures et Mémoires [Bibl. nat., 8° Z. 442],
  vol. IX (1902)................   I   ıı   74
  —— X (1903–1904)............   I   ııı   69

ORLÉANS. — Société d'agriculture, sciences, belles-lettres
et arts d'Orléans.

Mémoires [Bibl. nat., Z. 28604],
  vol. XLIX (5ᵉ série, t. I, 70ᵉ vol.,
      1901)................   I   ı   47

vol. L (5ᵉ série, t. I [*lire* II], 72ᵉ vol.
    lire 71], 1902)..........   I   ii   74
—— LI (5ᵉ série, t. III, 72ᵉ vol.,
    1903).................   I   iii   70
—— LII (5ᵉ série, t. IV, 73ᵉ vol.,
    1904).................   I   iii   70
—— LIII (5ᵉ série, t. V, 74ᵉ vol.,
    1905).................   II   .i   60
—— LIV (5ᵉ série, t. VI, 75ᵉ vol.,
    1906)................   II   ii   57
—— LV (5ᵉ série, t. VII, 76ᵉ vol.,
    1907)................   II   iii   63
—— LVI (5ᵉ série, t. VIII, 1908).   III   i   56
—— LVII (5ᵉ série, t. IX, 1909)..   III   II   53
—— LVIII (5ᵉ série, t. X, 1910)..   III   iii   70

Orléans. —— Société archéologique et historique de l'Orléanais.

Bulletin [Bibl. nat., 8° Lc¹⁹. 27],
  vol. XII (nᵒˢ 162–173, 1898–
    1901)..................   I   i   47
—— XIII (nᵒˢ 174–180, 1902–
    1905).................   II   i   61
—— XIV (nᵒˢ 181–189, 1905–
    1907).................   II   iii   64
—— XV (nᵒˢ 190–198, 1908–
    1910).................   III   iii   70

Mémoires [Bibl. nat., 8° Lc¹⁹. 28],
  vol. XXVIII (1902)............   I   ii   75
—— XXIX (1905)..............   II   i   ·60
—— XXX (1906)...............   II   ii   58
—— XXXI (1907)..............   II   iii   64
—— XXXII (1908).............   III   i   57

LOT.

Cahors. —— Société des études littéraires, scientifiques et artistiques du Lot.

Bulletin [Bibl. nat., 8° Z. 1245],
  vol. XXVI (1901)...............   I   i   49
—— XXVII (1902).............   I   ii   76
—— XXVIII (1903)............   I   iii   70
—— XXIX (1904).............   I   iii   71
—— XXX (1905).............   II   i   62
—— XXXI (1906).............   II   ii   58
—— XXXII (1907)............   II   iii   66
—— XXXIII (1908)...........   III   i   57
—— XXXIV (1909)...........   III   ii   53
—— XXXV (1910)............   III   iii   72

LOT-ET-GARONNE.

Agen. —— Société d'agriculture, sciences et arts d'Agen.

Revue de l'Agenais [Bibl. nat., 8° Lc⁹. 10 (28)],
  vol. XXVIII (1901)............   I   ii   76
—— XXIX (1902).............   I   ii   77
—— XXX (1903).............   I   iii   71
—— XXXI (1904).............   II   i   62
—— XXXII (1905)............   II   i   63
—— XXXIII (1906)...........   II   ii   59
—— XXXIV (1907)...........   II   iii   66
—— XXXV (1908)............   III   i   58
—— XXXVI (1909)...........   III   ii   54
—— XXXVII (1910)..........   III   iii   72

Recueil des travaux [Bibl. nat., 8° S. 495],
  vol. XXIV (2ᵉ série, t. XV, 1908). III   ii   55

LOZÈRE.

Mende. —— Société d'agriculture, industrie, sciences et arts de la Lozère.

Bulletin [Bibl. nat., S. 17239],
  vol. LII (1901)...............   I   i   49
—— LIII (1902)...............   I   ii   78
—— LIV (1903)..............   I   iii   72
—— LV (1904)...............   I   iii   73
—— LVI (1905)..............   II   i   64
—— LVII (1906)..............   II   iii   67
—— LVIII (1907).............   II   iii   67
—— LIX (1908)..............   III   i   59
—— LX (1909)...............   III   ii   55

Chroniques et Mélanges [Bibl. nat., 8° S. 13740],
  vol. I (1903–1908)............   III   i   59

Archives Gévaudanaises [Bibl. nat., 8° Lk². 5559],
  vol. I (1906–1909)............   III   ii   55

Publications (1901–1902).........   I   i   49
—— (1901–1902).............   I   ii   78
—— (1903–1904)............   I   iii   73
—— (1903–1907)............   II   iii   67

MAINE-ET-LOIRE.

Angers. —— Société d'agriculture, sciences et arts d'Angers (ancienne Académie d'Angers).

Mémoires [Bibl. nat., 8° S. 239],
  vol. LVII (5ᵉ série, t. IV, 1901)..   I   i   50
—— LVIII (5ᵉ série, t. V, 1902)..   I   ii   79
—— LIX (5ᵉ série, t. VI, 1903)..   I   iii   73
—— LX (5ᵉ série, t. VII, 1904)..   I   iii   73
—— LXI (5ᵉ série, t. VIII, 1905).   II   .i   65

vol. LXII (5ᵉ série, t. IX, 1906). II ɪɪ 60
—— LXIII (5ᵉ série. t. X, 1907). II ɪɪɪ 68
—— LXIV (5ᵉ série, t. XI, 1908). III ɪ 60
—— LXV (5ᵉ série, t. XII, 1909). III ɪɪ 56
—— LXVI (5ᵉ série, t. XIII, 1910). III ɪɪɪ 73

Documents historiques sur l'Anjou [Bibl. nat.,
8° Lk². 4294],
vol. III–IV (1903).............. I ɪɪ 79
—— V (1908)................. III ɪ 61

Publications (1901–1903)......... I ɪɪɪ 73

Aɴɢᴇʀs. — Société d'études scientifiques d'Angers.

Bulletin [Bibl. nat., 8ᵉ R. 668],
vol. XXVII (1901 [1902])....... I ɪɪ 80
—— XXVIII (1902 [1903])...... I ɪɪ 80
—— XXIX (1903 [1904])....... II ɪ 65
—— XXX (1904 [1905])........ II ɪ 65
—— XXXI (1905 [1906])....... II ɪ 66
—— XXXII (1906 [1907])...... II ɪɪɪ 68
—— XXXIII (1907 [1908])...... II ɪɪɪ 69
—— XXXIV (1908 [1909])...... III ɪɪ 57
—— XXXV–XXXVI (1909–1910
[1910–1911])........... III ɪɪɪ 75

Aɴɢᴇʀs. — Société industrielle et agricole d'Angers.

Bulletin [Bibl. nat., 8° V. 238],
vol. LXIX (71ᵉ-72ᵉ années, 10–11ᵉ
de la 4ᵉ série, 1900–1901). I ɪ 50
—— LXX-LXXVIII (73ᵉ-81ᵉ années, 1902–1910)....... III ɪɪɪ 74

Cʜᴏʟᴇᴛ. — Société des sciences, lettres et beaux-arts
de Cholet.

Bulletin [Bibl. nat., 4° Z. 936],
vol. II (1907).............. III ɪɪ 57
—— III (1908)............... III ɪɪ 57
—— IV (1909)............... III ɪɪ 58

Sᴀᴜᴍᴜʀ. — Société des lettres, sciences et arts du Saumurois.

Société du Saumurois [Bibl. nat., 8° Z. 18439],
vol. I (1910)............... III ɪɪɪ 75

MANCHE.

Aᴠʀᴀɴᴄʜᴇs. — Société d'archéologie, de littérature,
sciences et arts d'Avranches et de Mortain.

Mémoires [Bibl. nat., 8° Lc²¹. 5]
vol. XV (1900–1902).......... I ɪɪ 81
Revue de l'Avranchin [Bibl. nat., 8° Lc²¹. 10 *ter*],
vol. X (1900–1901)........... I ɪ 51
—— XI (1902–1903).......... I ɪɪ 81

vol. XII (1904)............. II ɪ 66
—— XIII (1906–1907)......... II ɪɪɪ 69
—— XIV (1908)............. III ɪ 61
—— XV (1909)............. III ɪɪ 58

Cʜᴇʀʙᴏᴜʀɢ. — Société académique de Cherbourg.

Mémoires [Bibl. nat., 8° Z. 2660],
vol. XVII (1904–1905)........ II ɪ 67
—— XVIII (1910)............ III ɪɪɪ 76

Cʜᴇʀʙᴏᴜʀɢ. — Société artistique et industrielle de Cherbourg.

Bulletin [Bibl. nat., 8° V. 88],
fasc. 25–26 (1901–1902)....... I ɪɪ 81
—— 27 (1903).............. I ɪɪɪ 74
—— 28–31 (1904–1907)....... II ɪɪɪ 70

Gʀᴀɴᴠɪʟʟᴇ. — Société d'études historiques et économiques «le Pays de Granville».

Bulletin [Bibl. nat., 8° Lc²¹. 181],
vol. I–III (1905–1907)......... II ɪɪɪ 70
—— IV (1908)............... III ɪ 62
—— V–VI (1909–1910)........ III ɪɪɪ 76

Sᴀɪɴᴛ-Lô. — Société d'agriculture, d'archéologie et d'histoire naturelle de la Manche.

Notices [Bibl. nat., S. 17701],
vol. XIX (1901)............. I ɪ 51
—— XX (1902).............. I ɪɪ 82
—— XXI (1903)............. I ɪɪɪ 74
—— XXII (1904)............ I ɪɪɪ 75
—— XXIII (1905)............ II ɪ 67
—— XXIV (1906)............ II ɪɪ 60
—— XXV (1907)............. II ɪɪɪ 72
—— XXVI (1908)............ III ɪ 62
—— XXVII (1909)............ III ɪɪ 59
—— XXVIII (1910)........... III ɪɪɪ 77

Vᴀʟᴏɢɴᴇs. — Société archéologique, artistique, littéraire
et scientifique de Valognes.

Mémoires [Bibl. nat., 8ᵉ Lc²¹. 69],
vol. VI (1900–1903).......... I ɪɪ 82
—— VII (1903–1904)......... III ɪɪɪ 78
—— VIII (1905–1906)......... III ɪɪɪ 78

MARNE.

Cʜâʟᴏɴs-sᴜʀ-Mᴀʀɴᴇ. — Société d'agriculture, commerce,
sciences et arts de la Marne.

Mémoires [Bibl. nat., S. 17363],
vol. XLV (2ᵉ série, t. IV, 1900–
1901 [1902]).......... I ɪ 52

vol. XLVI (2° série, t. V, 1901-1902 [1903])............ I II 83
—— XLVII (2° série, t. VI, 1902-1903 [1904])............ I III 75
—— XLVIII (2° série, t. VII, 1903-1904 [1905])............ II I 68
—— XLIX (2° série, t. VIII, 1904-1905 [1906])............ II I 68
—— L (2° série, t. IX, 1905-1906 [1907]).............. II II 61
—— LI (2° série, t. X, 1906-1907 [1908]).............. II III 72
—— LII (2° série, t. XI, 1907-1908 [1909]).............. III I 63
—— LIII (2° série, t. XII, 1908-1909 [1910])........... III II 59
—— LIV (2° série, t. XIII, 1909-1910 [1911])............ III III 78
Table, des origines à 1904 (1904)... I III 75

REIMS. — Académie de Reims.

Travaux [Bibl. nat., Z. 28533],
vol. CIX (1900-1901, t. I [1901]). I I 52
—— CX (1900-1901, t. II [1902]). I I 52
—— CXI (1901-1902, t. I [1903]). I II 83
—— CXII (1901-1902, t. II [1903]). I II 84
—— CXIII (1902-1903, t. I [1903]). I III 76
—— CXIV (1902-1903, t. II [1904]). I III 76
—— CXV (1903-1904, t. I (1905]). I III 76
—— CXVI (1903-1904, t. II [1906]). II I 69
—— CXVII (1904-1905, t. I [1906]). II I 69
—— CXVIII (1904-1905, t. II [1907])................ II II 61
—— CXIX (1905-1906, t. I [1907]). II II 61
—— CXX (1905-1906, t. II [1907]). II III 73
—— CXXI (1906-1907, t. I [1907]). II III 73
—— CXXII (1906-1907, t. II [1910])................ III III 79
—— CXXIII (1907-1908, t. I [1908])................ III I 63
—— CXXIV (1907-1908, t. II [1909])................ III I 64
—— CXXV (1908-1909, t. I [1909]). III II 60
—— CXXVI (1908-1909, t. II [1910])................ III II 60
—— CXXVII (1909-1910, t. I [1910])................ III III 79
—— CXXVIII (1909-1910, t. II [1911])................ III III 79
Revue de Champagne [Bibl. nat., 8° Lc¹⁹. 220],
vol. I (1908-1910)............ III III 80

REIMS. — Société des Amis du Vieux-Reims.

Annuaire-Bulletin [Bibl. nat., 8° Lc²¹. 194],
vol. I (1910).................. III III 81
Publication (1909)............... III III 81

REIMS. — Société archéologique champenoise.

Bulletin [Bibl. nat., 8° Lc¹⁹. 224],
vol. I-IV (1907-1910)......... III III 81

VITRY-LE-FRANÇOIS. — Société des sciences et arts de Vitry-le-François.

Recueil [Bibl. nat., 8° Z. 366],
vol. XXI (1902)............... I II 84
—— XXII (1904).............. I III 76
—— XXIII (1904)............. I III 77
—— XXIV (1904-1905 [1906]).. II I 69
—— XXV (1906 [1908])........ II III 74
—— XXVI (1907 [1910])........ III I 64

MARNE (HAUTE-).

CHAUMONT. — Société d'histoire, d'archéologie et des beaux-arts de Chaumont.

Annales [Bibl. nat., 4° Lc²¹. 131],
vol. II (1900-1905)........... II I 69
—— III (1906-1910)........... III III 83

LANGRES. — Société historique et archéologique de Langres.

Bulletin [Bibl. nat., 8° Lc²¹ 18 (6)],
vol. IV (1893-1902).......... I II 85
—— V (1903-1907)............ II III 74
Mémoires [Bibl. nat., 4° Lc²¹ 18],
vol. III (1880-1901).......... I I 53

SAINT-DIZIER. — Société des lettres, des sciences et des arts de Saint-Dizier.

Mémoires [Bibl. nat., 8° Z. 2231],
vol. IX (1899-1903 [1904-1905]). II I 71
—— X (1906)................. II III 75
—— XI (1907-1908)........... III I 65
—— XII (1909-1910)......... III III 84
Publications (1903)............. I II 85

MAYENNE.

LAVAL. — Commission historique et archéologique de la Mayenne.

Bulletin [Bibl. nat., 8° Lc²⁰. 41],
vol. XXII (2° s., XVII, 1901)..... I I 53
—— XXIII (2° s., XVIII, 1902).... I II 86
—— XXIV (2° s., XIX, 1903)..... I III 78
—— XXV (2° s., XX, 1904)..... I III 78
—— XXVI (2° s., XXI, 1905).... II I 71
—— XXVII (2° s., XXII, 1906).... II II 62
—— XXVIII (2° s., XXIII, 1907).. II III 76

vol. XXIX (2ᵉ s., XXIV, 1908)..... III   ɪ   65
——— XXX (2ᵉ s., XXV, 1909)..... III   ɪɪ   61
——— XXXI (2ᵉ s., XXVI, 1910) ... III   ɪɪɪ   85

MEURTHE-ET-MOSELLE.

NANCY. — Académie de Stanislas.

Mémoires [Bibl. nat., Z. 28483],
  vol. LXIX (151ᵉ année, 5ᵉ série,
    t. XVIII, 1900–1901).... I   ɪ   54
——— LXX (152ᵉ année, 5ᵉ série,
    t. XIX, 1901–1902)...... I   ɪɪ   87
——— LXXI (153ᵉ année, 5ᵉ série,
    t. XX, 1902–1903)...... I   ɪɪ   87
——— LXXII (154ᵉ année, 6ᵉ série,
    t. I, 1903–1904)........ I   ɪɪɪ   79
——— LXXIII (155ᵉ année, 6ᵉ série,
    t. II, 1904–1905)....... II   ɪ   72
——— LXXIV (156ᵉ année, 6ᵉ série,
    t. III, 1905–1906)....... II   ɪɪ   63
——— LXXV (157ᵉ année, 6ᵉ série,
    t. IV, 1906–1907)....... II   ɪɪɪ   77
——— LXXXVI (158ᵉ année, 6ᵉ série,
    t. V, 1907–1908)....... III   ɪ   66
——— LXXXVII (159ᵉ année, 6ᵉ série,
    t. VI, 1908–1909)....... III   ɪɪ   62
——— LXXXVIII (160ᵉ année, 6ᵉ série,
    t. VII, 1909–1910)...... III   ɪɪɪ   86

NANCY. — Société d'archéologie lorraine et Musée historique lorrain.

Mémoires [Bibl. nat., 8° Lc¹⁹. 7],
  vol. LI (4ᵉ série, t. I, 1901)..... I   ɪ   55
——— LII (4ᵉ série, t. II, 1902).... I   ɪɪ   88
——— LIII (4ᵉ série, t. III, 1903).. I   ɪɪɪ   80
——— LIV (4ᵉ série, t. IV, 1904)... I   ɪɪɪ   80
——— LV (4ᵉ série, t. V, 1905)... II   ɪ   73
——— LVI (4ᵉ série, t. VI, 1906)... II   ɪɪ   63
——— LVII (4ᵉ série, t. VII, 1907). II   ɪɪɪ   77
——— LVIII (4ᵉ série, t. VIII, 1908). III   ɪ   67
——— LIX (4ᵉ série, t. IX, 1909)... III   ɪɪ   62
——— LX (4ᵉ série, t. X, 1910) ... III   ɪɪɪ   86

Bulletin [Bibl. nat., 8° Lc¹⁹. 11 bis],
  vol. L (1ʳᵉ année, 1901)........ I   ɪ   55
——— LI (2ᵉ année, 1902)........ I   ɪɪ   88
——— LII (3ᵉ année, 1903)....... I   ɪɪɪ   80
——— LIII (4ᵉ année, 1904)....... I   ɪɪɪ   81
——— LIV (5ᵉ année, 1905)....... II   ɪ   73
——— LV (6ᵉ année, 1906)....... II   ɪɪ   63
——— LVI (7ᵉ année, 1907)....... II   ɪɪɪ   77
——— LVII (8ᵉ année, 1908)...... III   ɪ   67
——— LVIII (9ᵉ année, 1909)..... III   ɪɪ   63
——— LIX (10ᵉ année, 1910)...... III   ɪɪɪ   86

NANCY. — Sociétés artistiques de l'Est.

Bulletin [Bibl. nat., 8° V. 11476],
  vol. VII–X (1901–1904)........ II   ɪ   74
——— XI–XVI (1905–1910)....... III   ɪɪɪ   88

NANCY. — Société de géographie de l'Est.

Bulletin [Bibl. nat., 8° G. 947],
  vol. XXII (1901)............... I   ɪɪ   89
——— XXIII (1902).............. I   ɪɪ   89
——— XXIV (1903).............. I   ɪɪɪ   82
——— XXV (1904)............... I   ɪɪɪ   82
——— XXVI (1905).............. II   ɪ   75
——— XXVII (1906.)............. II   ɪɪ   64
——— XXVIII (1907)............. III   ɪ   68
——— XXIX (1908).............. III   ɪ   68
——— XXX (1909)............... III   ɪɪ   64
——— XXXI (1910).............. III   ɪɪɪ   89

Congrès [Bibl. nat., 8° G. 1250],
——— (1901)................... I   ɪ   121

MEUSE.

BAR-LE-DUC. — Société des lettres, sciences et arts de Bar-le-Duc.

Mémoires [Bibl. nat., 8° Z. 93],
  vol. XXX (3ᵉ s., X, 1901)....... I   ɪ   56
——— XXXI (4ᵉ s., I, 1902)....... I   ɪɪ   90
——— XXXII (4ᵉ s., II, 1903)..... I   ɪɪɪ   82
——— XXXIII (4ᵉ s., III, 1904)..... I   ɪɪɪ   83
——— XXXIV (4ᵉ s., IV, 1905–1906). II   ɪɪ   65
——— XXXV (4ᵉ s., V, 1907)...... II   ɪɪɪ   79
——— XXXVI (4ᵉ s., VI, 1908)..... III   ɪ   69
——— XXXVII (4ᵉ s., VII, 1909).... III   ɪɪ   64
——— XXXVIII (4ᵉ s., VIII, 1910)... III   ɪɪɪ   89

MONTMÉDY. — Société des naturalistes et archéologues du nord de la Meuse.

Recueil [Bibl. nat., 8° S. 8369],
  vol. XIII (1901)................ I   ɪɪ   91
——— XIV (1902)................ I   ɪɪ   91
——— XV (1903)................. I   ɪɪɪ   84
——— XVI (1904)................ II   ɪ   75
——— XVII (1905)............... II   ɪ   75
——— XVIII (1906).............. II   ɪɪ   66
——— XIX (1907)................ II   ɪɪɪ   80
——— XX (1908)................. III   ɪ   70
——— XXI (1909)................ III   ɪɪ   65
——— XXII (1910)............... III   ɪɪɪ   90

Publications (1904)................ I   ɪɪɪ   84

VERDUN. — Société philomathique de Verdun.

Mémoires [Bibl. nat., Z. 28688],
  vol. XV (1901)................ I   ɪ   57

MORBIHAN.

Vannes. — Société polymathique du Morbihan.

Bulletin [Bibl. nat., 8° Lc²⁰. 19 *bis*],
vol. XLVII (1901)............. I ı 57
—— XLVIII (1902)............. I ıı 91
—— XLIX (1903)............. I ııı 84
—— L (1904)................ II ı 76
—— LI (1905)................ II ı 76
—— LII (1906)................ II ıı 66
—— LIII (1907)................ II ııı 80
—— LIV (1908)................ III ı 71
—— LV (1909)................ III ıı 66
—— LVI (1910)................ III ııı 91

MOSELLE.

Metz. — Académie de Metz.

Mémoires [Bibl. nat., 8° Z. 290],
vol. LXXXV (2ᵉ période, 81ᵉ année,
3ᵉ série, 29ᵉ année, 1899–
1900)................ I ıı 92
—— LXXXVI (2ᵉ période, 82ᵉ année,
3ᵉ série, 30ᵉ année, 1900–
1901)................ I ıı 92
—— LXXXVII (2ᵉ période, 83ᵉ année, 3ᵉ série, 31ᵉ année,
1901–1902)............ I ııı 85

Publications (1904)............... I ııı 85

Metz. — Société d'histoire et d'archéologie lorraine.

Annuaire (*Jahrbuch*) [Bibl. nat., 4° Lc²⁰. 63 (7)],
vol. XIII (1901)................ I ıı 93
—— XIV (1902)................ I ıı 94
—— XV (1903)................ I ııı 85
—— XVI (1904)................ I ııı 86
—— XVII (1905)................ II ı 77
—— XVIII (1906)............. II ıı 67
—— XIX (1907)................ II ııı 81
—— XX (1908)................ III ı 71
—— XXI–XXII (1909–1910)..... III ııı 91

Supplément (*Ergänzungsheft*) [Bibl. nat.,
4° Lc²⁰. 63 (7)],
vol. II (1907)................ II ııı 82
—— III (1910)................ III ııı 93

Documents (*Quellen*) [Bibl. nat., 4° Lk². 4839],
vol. I–II, IV (1901–1906)...... II ııı 82
—— V (1908)................ III ı 72
—— VI (1910)................ III ııı 93
—— IX (1908)................ III ı 72
—— XII (1909)................ III ııı 93

NIÈVRE.

Clamecy. —- Société scientifique et artistique de Clamecy.

Bulletin [Bibl. nat., 8° R. 3681],
vol. III (29ᵉ année, 1905)....... II ıı 68
—— IV (30ᵉ année, 1906)....... II ıı 68
—— V–VIII (31ᵉ–34ᵉ années, 1907–
1910)................ III ııı 93

Nevers. — Société académique du Nivernais.

Mémoires [Bibl. nat., 4° Z. 362],
vol. X (1902)................ I ıı 94
—— XI (1902)................ I ıı 95
—— XII (1903)................ I ııı 87
—— XIII (1904)................ I ııı 87
—— XIV (1905)................ II ı 78
—— XV (1906–1907)........... III ı 73

Nevers. — Société nivernaise des lettres, sciences et arts.

Bulletin [Bibl. nat., 8° Z. 86],
vol. XIX (3ᵉ série, t. IX, 1902). I ıı 95
—— XX (3ᵉ série, t. X, 1904). II ı 78
—— XXI (3ᵉ série, t. XI, 1906)... II ıı 69
—— XXII (3ᵉ série, t. XII, 1908). III ı 73
—— XXIII (3ᵉ série, t. XIII, 1910). III ııı 94

Table des tomes XI à XX (1907)..... II ııı 82

NORD.

Avesnes. — Société archéologique d'Avesnes.

Mémoires [Bibl. nat., 8° Lc²¹. 4 (4)],
vol. V (1875–1886 [1901])...... I ı 58
—— VI (1887–1895 [1903])..... I ııı 88
—— VII (1895–1901 [1907]).... II ııı 83
—— VIII (1902–1908 [1910]).... III ııı 95

Cambrai. — Société d'émulation de Cambrai.

Mémoires [Bibl. nat., Z. 28523],
vol. LXXIII (t. LVI, 1901 [1902]). I ıı 96
—— LXXIV (t. LVII, 1902 [1903]). I ııı 88
—— LXXV (t. LVIII, 1903 [1904]). I ııı 89
—— LXXVI (Centenaire, t. LIX,
1904 [1905])........... II ı 79
—— LXXVII (t. LX, 1905 [1906]). II ıı 69
—— LXXVIII (t. LXI, 1906 [1907]). II ııı 84
—— LXXIX (t. LXII, 1907 [1908]). II ııı 84
—— LXXX (t. LXIII, 1908 [1909]). III ıı 66
—— LXXXI (t. LXIV, 1909 [1910]). III ııı 96

Douai. — Société d'agriculture, sciences et arts du Nord.

Mémoires [Bibl. nat., S. 16656],
vol. XXXVIII (3ᵉ série, t. VIII,
1900–1902 [1904])...... I ııı 89

vol. XXXIX (3e série, t. IX, 1903–
    1904 [1910])........... III III 96
—— XL (3e série, t. X, 1905–
    1906 [1910])........... III III 96
—— XLI (3e série, t. XI) *n'a pas paru.*
—— XLII (3e série, t. XII, 1909–
    1910 [1910])........... III III 96

Douai. — Union géographique du nord de la France.

Bulletin [Bibl. nat., 8e G. 1042],
    vol. XXII (1901).............. I II 96
——XXIII (1902)............... I II 96
——XXIV–XXXI (1903–1910)... III III 97

Dunkerque. — Société dunkerquoise pour l'encouragement des sciences, des lettres et des arts.

Mémoires [Bibl. nat., Z. 28767],
    vol. XXXV (1901)............. I I 58
—— XXXVI (1902)............. I II 97
—— XXXVII (1903) .... I II 97
—— XXXVIII (1903)........... I III 90
—— XXXIX (1904)............. I III 90
—— XL (1904)................ II I 79
—— XLI (1905)............... II I 80
—— XLII (1905)............... II I 80
—— XLIII (1906)............. II II 70
—— XLIV (1906) .... II II 70
—— XLV (1907)............... II III 84
—— XLVI (1907) .... II III 85
—— XLVII (1908)............. III I 74
—— XLVIII (1908) .... III II 67
—— XLIX (1909)............. III II 67
—— L (1909) .... III II 67
—— LI (1910)................ III III 98

Congrès [Bibl. nat., 8e Lc18. 637],
    vol. I–III (1907–1909).......... III III 99

*Histoire de la Société et tables de 1853
à 1900* (1901)................ I I 59

Publications (1906)................ II III 84
—— (1906–1910)............... III III 98

Dunkerque. — Union Faulconnier.

Bulletin [Bibl. nat., 8e Lc21. 170],
    vol. IV–IX (1901–1906)........ II II 71
—— X–XI (1907–1908)......... III I 74
—— XII (1909)............... III II 68
—— XIII (1910) .... III III 100

Lille. — Comité flamand de France.

Annales [Bibl. nat., 8e Z. 576],
    vol. XXVI (1901–1902) .... I II 97
—— XXVII (1903–1904)........ I III 90
—— XXVIII (1906–1907)....... II III 85
—— XXIX (1908–1909)........ III II 68

Bulletin [Bibl. nat., 8e Z. 410],
    vol. III (1900–1905)............ II I 80

Tables, 1853–1904 (1905)........ II I 80

Lille. — Commission historique du Nord.

Bulletin [Bibl. nat., 4e Lc20. 20],
    vol. XXV (1901).............. I I 59
——XXVI (1904) .... I III 91
——XXVII (1909)............. III II 69

Publications (1908) .... III II 69

Lille. — Société d'études de la province de Cambrai.

Bulletin [Bibl. nat., 8e Lc21. 136],
    vol. II (1900–1901)........... I I 59
—— III (1901–1902)........... I II 98
—— IV (1902)................ I II 99
—— V (1903)................. I III 92
—— VI (1904)................ I III 93
—— VII (1905)................ II I 81
—— VIII (1906)............... II II 74
—— IX (1907)................ II III 85
—— X (1907)................ II III 86
—— XI–XII (1908)............. III I 76
—— XIII–XIV (1909)........... III II 70
—— XV (1910) .... III III 100

Mémoires [Bibl. nat., 8e Lc21. 136 bis],
    vol. VIII–IX (1903–1904)....... I III 92
—— X (1905)................ II I 81
—— XI (1906)................ II II 73
—— XII (1906)................ II II 73
—— XIII (1907)............... II III 85
—— XIV (1908)............... III I 76
—— XV (1909) .... III II 70
—— XVI–XVII (1910) .... III III 100

Annales [Bibl. nat., 8e Lc21. 136 ter],
    vol. I (1909) .... III II 70

Lille. — Société de géographie de Lille.

Bulletin [Bibl. nat., 8e G. 1326],
    vol. XXXV–XXXVI (1901) .... I I 61
—— XXXVII–XXXVIII (1902).... I II 100
—— XXXIX–XL (1903) .... I III 94
—— XLI–XLII (1904) .... II I 82
—— XLIII (1905) .... II I 83
—— XLIV (1905)............. II II 75
—— XLV–XLVI (1906)......... II II 75
—— XLVII–XLVIII (1907)...... II III 87
—— XLIX–L (1908)........... III I 77
—— LI–LII (1909) .... III II 71
—— LIII–LIV (1910) .... III III 101

Roubaix. — Société d'émulation de Roubaix.

Mémoires [Bibl. nat., 4° Z. 435],
vol. XXI (3° série, t. VII, 1900–
1901, et table [1902]).... I 1 61
—— XXII (4° série, t. I, 1902).. I 11 100
—— XXIII (4° série, t. II, 1903).. I 11 101
—— XXIV (4° série, t. III, 1904
[1905]).............. II 1 83
—— XXV (4° série, t. IV, 1905).. II 1 83
—— XXVI (4° série, t. V, 1906),. II 11 76
—— XXVII (4° série, t. VI, 1907) II 111 87
—— XXVIII (4° série, t. VII, 1909
[1910]) .... III 111 102

Valenciennes. — Société d'agriculture, sciences et arts de Valenciennes.

Revue [Bibl. nat., 8° S. 348],
vol. LI (53° année, 1901)....... III 1 62

OISE.

Beauvais. — Société académique d'archéologie, sciences et arts de l'Oise.

Compte rendu [Bibl. nat., 8° Lc²⁰. 20 (6)],
vol. XIX (1901).............. I 1 62
—— XX (1902).............. I 11 102
—— XXI (1903).............. I 111 94
—— XXII (1907)............. II 111 88
—— XXIII (1908)............. III 1 78
—— XXIV (1909)............. III 11 72

Mémoires [Bibl. nat., 8° Lc²⁰. 20 (4)],
vol. XVIII (1901–1903)......... I 11 101
—— XIX (1904–1906)......... II 11 76
—— XX (1907–1909)......... III 11 72

Publications [Bibl. nat., 4° Lk⁴. 2775],
——(1907)................. II 111 88
——(1909)................. III 11 72

Beauvais. — Société d'études historiques et scientifiques de l'Oise.

Bulletin [Bibl. nat., 8° Lc²⁰ 72],
vol. I (1905) .... II 11 77
—— II (1906)............. II 111 89
—— III (1907)............. II 111 89
—— IV (1908).............. III 1 78
—— V (1909)............. III 11 73
—— VI (1910)............. III 111 103

Publications [Bibl. nat., 8° Lk⁴. 2724],
vol. I (1907)................ II 111 89

Clermont. — Société archéologique et historique de Clermont.

Procès-verbaux [Bibl. nat., 8° Lc²¹. 154],
vol. I (1902)................ II 1 84
—— II (1903)................ II 1 84
—— III (1904)............... II 1 84
—— IV (1905)................ II 1 84

Bulletin [Bibl. nat., 8° Lc²¹. 154],
vol. V (1906 [1906–1907])...... II 11 78
—— VI (1907 [1908])........... II 111 90
—— VII (1908 [1909])......... III 11 74
—— VIII (1909 [1910])......... III 111 103

Mémoires [Bibl. nat., 8° Lc²¹. 173],
vol. I (1904)................ II 1 84

Compiègne. — Société historique de Compiègne.

Procès-verbaux [Bibl. nat., 8° Lc²¹. 16 (9)],
vol. XI (t. X, 1901 [1902])..... I 1 63
—— XII (t. XI, 1902 [1903]).... I 11 103
—— XIII (t. XII, 1903 [1904]).. I 111 96
—— XIV (t. XIII, 1904 [1905]).. I 111 96
—— XV (t. XIV, 1905 [1906])... II 1 85
—— XVI (t. XV, 1906 [1907])... II 11 79
—— XVII (t. XVI, 1907 [1908]). II 111 90
—— XVIII (t. XVII, 1908 [1909]) III 11 74
—— XIX (t. XVIII, 1909 [1910]). III 111 104

Bulletin [Bibl. nat., 8° Lc²¹. 16 (8)],
vol. X (1902)................ I 11 102
—— XI (1904)................ I 111 95
—— XII (1907)............... II 111 90
—— XIII (1910)............... III 111 104

Publications (1900–1902)......... I 11 102
——(1903)................... II 1 85
——(1904)................... I 111 95
——(1906)................... II 11 79
——(1909)................... III 11 74
——(1910)................... III 111 104

Noyon. — Comité archéologique et historique de Noyon.

Comptes rendus et Mémoires [Bibl. nat., 8° Lc²¹. 89],
vol. XVII (1901)............. I 1 64
—— XVIII (1903)............. I 11 103
—— XIX (1904)............. I 111 96
—— XX (1906)............. II 11 79
—— XXI (1908)............. III 1 79
—— XXII (1910)............. III 111 105

Tables, 1856–1900 (1901).......... I 1 64

Publications (1903) .... I 11 103
——(1905)................... II 1 85
——(1907)................... II 111 91
——(1909)................... III 111 105

SENLIS. — Comité archéologique de Senlis.

Comptes rendus et Mémoires [Bibl. nat., 8° Lc²¹. 28 (3)],
vol. XXXIII (4e série, t. IV, 1900-1901 [1902])... I 1 64
—— XXXIV (4e série, t. V, 1902 [1903])... I ii 104
—— XXXV (4e série, t. VI, 1903 [1904])... I iii 97
—— XXXVI (4e série, t. VII, 1904) II i 85
—— XXXVII (4e série, t. VIII, 1905 [1906])... II i 86
—— XXXVIII (4e série, t. IX, 1906 [1907])... II ii 79
—— XXXIX (4e série, t. X, 1907) II iii 91
—— XL (5e série, t. I, 1908)... III i 79
—— XLI (5e série, t. II, 1909-1910)... III iii 105

Tables, 1875-1902 (1904)... I iii 97

Publications (1910)... III iii 105

ORNE.

ALENÇON. — Les Amis des monuments ornais.

Bulletin [Bibl. nat., 8° Lc²⁰. 74],
vol. I (1901)... I ii 104
—— II (1902)... I ii 104
—— III (1903)... I iii 97
—— IV (1904)... II i 86

ALENÇON. — Société historique et archéologique de l'Orne.

Bulletin [Bibl. nat., 8° Lc²⁰. 48],
vol. XX (1901)... I 1 65
—— XXI (1902)... I ii 105
—— XXII (1903)... I iii 98
—— XXIII (1904)... I iii 99
—— XXIV (1905)... II i 86
—— XXV (1906)... II ii 80
—— XXVI (1907)... II iii 91
—— XXVII (1908)... III i 80
—— XXVIII (1909)... III ii 75
—— XXIX (1910)... III iii 106

Tables, 1882-1903 (1904)... I iii 98

Publications (1903-1908)... III ii 75

FLERS. — Société historique et archéologique, littéraire, artistique et scientifique.

Le Pays Bas-Normand [Bibl. nat., 8° Lc¹⁹. 228],
vol. I-III (1908-1910)... III iii 265

MORTAGNE. — Société percheronne d'histoire et d'archéologie.

Bulletin [Bibl. nat., 8° Lc¹⁹. 208],
vol. I (1901-1902)... I ii 106

vol. II (1902-1903)... I iii 99
—— III (1904)... II i 87
—— IV (1905)... II i 87
—— V (1906)... II ii 81
—— VI (1907)... II iii 92
—— VII (1908)... III i 81
—— VIII (1909)... III ii 76
—— IX (1910)... III iii 106

PAS-DE-CALAIS.

ARRAS. — Académie d'Arras.

Mémoires [Bibl. nat., Z. 28520],
vol. LXX (2e s., XXXII, 1901)... I 1 65
—— LXXI (2e s., XXXIII, 1902)... I ii 106
—— LXXII (2e s., XXXIV, 1903)... I ii 107
—— LXXIII (2e s, XXXV, 1904)... I iii 100
—— LXXIV (2e s, XXXVI, 1905)... II i 88
—— LXXV (2e s., XXXVII, 1906)... II ii 81
—— LXXVI (2e s., XXXVIII, 1907)... II iii 93
—— LXXVII (2e s., XXXIX, 1908)... III i 81
—— LXXVIII (2e s., XL, 1909)... III iii 76
—— LXXIX (2e s., XLI, 1910)... III iii 107

Congrès,
—— 1904 (1905)... II i 88

Publications (1902)... I ii 106

ARRAS. — Commission des monuments historiques du Pas-de-Calais.

Mémoires [Bibl. nat., 4° Lc²⁰. 21 (3.)],
vol. II (1899-1905)... II i 89
—— II (1908)... III iii 107

Bulletin [Bibl. nat., 4° Lc²⁰. 21 *bis*],
vol. II (1896-1901)... I i 66

Statistique monumentale [Bibl. nat., 4° Lj⁶. 130], III, 4 (1907)... III iii 107

Épigraphie du Pas-de-Calais [Bibl. nat., 4° Lj¹⁹. 19],
—— (1883-1911)... III iii 108

BOULOGNE-SUR-MER. — Société académique de Boulogne-sur-Mer.

Mémoires [Bibl. nat., 8° Z. 497 et 4° Z. 2148],
vol. XXI (1901)... I i 67
—— XXII (1903)... I ii 108
—— XXIII (1903)... I iii 100
—— XXIV (1906)... II ii 82
—— XXV (1906)... III iii 108
—— XXVI (1904)... III ii 77

Bulletin [Bibl. nat., 8° Z. 1214],
vol. VI (1900-1903)... I iii 100
—— VII (1904-1907)... II iii 93
—— VIII (1908-1909)... III ii 77

Saint-Omer. —Société des Antiquaires de la Morinie.

Bulletin [Bibl. nat., 8° Lc¹⁹. 12 *ter*],
vol. X (1897-1901)............   I   ɪ   67
——— XI (1902-1906)   II   ɪɪ   82

Mémoires [Bibl. nat., 8° Lc¹⁹. 12],
vol. XXVII (1901-1902)   I   ɪɪ   108
——— XXVIII (1906-1907)......   II   ɪɪɪ 95
——— XXIX (1908-1909).......   III   ɪɪ   78

Publications (1904)   I   ɪɪɪ 102
——— (1905).................   II   ɪ   90
——— (1907).................   II   ɪɪɪ 95

PUY-DE-DÔME.

Clermont-Ferrand. — Académie des sciences, belles-lettres et arts de Clermont-Ferrand.

Bulletin historique et scientifique de l'Auvergne [Bibl. nat., 8° Lc¹⁹. 120],
vol. XXI (1901)...............   I   ɪ   68
——— XXII (1902)..............   I   ɪɪ   109
——— XXXIII (1903)...........   I   ɪɪɪ 102
——— XXIV (1904)............   II   ɪ   90
——— XXV (1905).............   II   ɪɪ   84
——— XXVI (1906)............   II   ɪɪ   84
——— XXVII (1907)...........   II   ɪɪɪ 96
——— XXVIII (1908)...........   III   ɪ   82
——— XXIX (1909)............   III   ɪɪ   79
——— XXX (1910).............   III   ɪɪɪ 109

Mémoires [Bibl. nat., Z. 28581],
vol. LXXVI (2ᵉ série, t. XVI,
    1903)................   I   ɪɪ   109
——— LXXVII (2ᵉ série, t. XVII,
    1904)................   II   ɪ   90
——— LXXVIII (2ᵉ série, t. XVIII,
    1904)................   II   ɪ   90
——— LXXIX (2ᵉ série, t. XIX,
    1905)................   II   ɪɪɪ 95
——— LXXX et Table générale (2ᵉ sé-
    rie, t. XX, 1907)   II   ɪɪɪ 96
——— LXXXI (2ᵉ série, t. XXI,
    1909)................   III ɪɪ   79
——— LXXXII (2ᵉ série, t. XXII,
    1910)................   III ɪɪɪ 109

Clermont-Ferrand. — Société des Amis de l'Université de Clermont. (Société d'émulation de l'Auvergne.)

Revue d'Auvergne [Bibl. nat., 8° Lc¹⁹. 130],
vol. XVIII (1901)............   I   ɪ   69
——— XIX (1902).............   I   ɪɪ   109
——— XX (1903).............   I   ɪɪ   110
——— XXI (1904).............   I   ɪɪɪ 103
——— XXII (1905)............   II   ɪ   91

vol. XXIII (1906)............   II   ɪɪ   85
——— XXIV (1907)............   II   ɪɪɪ 96
——— XXV (1908).............   III ɪ   82
——— XXVI (1909)............   III ɪɪ   79
——— XXVII (1910)............   III ɪɪɪ 110

Mémoires [Bibl. nat., 8° Z. 17059],
vol. I (1905)................   II   ɪɪɪ 96
——— II (1910)...............   III ɪɪɪ 109

PYRÉNÉES (BASSES-).

Bayonne. — Société des sciences et arts de Bayonne.

Bulletin [Bibl. nat., 8° Z. 10878],
vol. XXIII (1901)............   I   ɪ   69
——— XXIV-XXVII (1902-1905)..   II   ɪ   91
——— XXVIII-XXXII (1906-1910).   III ɪɪɪ 110

Biarritz. — Société des sciences, lettres et arts «Biarritz-Association».

Bulletin [Bibl. nat., 8° Z. 4821],
vol. VI (1901)...............   I   ɪ   70
——— VII (1902)..............   I   ɪɪ   110
——— VIII (1903).............   II   ɪ   92
——— IX (1904)   II   ɪ   92
——— X (1905)   II   ɪ   92
——— XI (1906)...............   II   ɪɪ   86
——— XII-XV (1907-1910).......   III ɪɪɪ 111

Pau. — Société des sciences, lettres et arts de Pau.

Bulletin [Bibl. nat., 8° Z. 1326],
vol. XXXIII (2ᵉ s., XXIX, 1901).   I   ɪ   70
——— XXXIV (2ᵉ s., XXX, 1902)..   I   ɪɪ   111
——— XXXV (2ᵉ s., XXXI, 1903)..   I   ɪɪɪ 103
——— XXXVI (2ᵉ s., XXXII, 1904).   I   ɪɪɪ 104
——— XXXVII (2ᵉ s., XXXIII, 1905).   II   ɪ   93
——— XXXVIII (2ᵉ s., XXXIV, 1906).   II   ɪɪ   86
——— XXXIX (2ᵉ s., XXXV, 1907).   II   ɪɪɪ 97
——— XL (2ᵉ s., XXXVI, 1908)...   III ɪ   83
——— XLI (2ᵉ s., XXXVII, 1909)..   III ɪɪ   80
——— XLII (2ᵉ s., XXXVIII, 1910).   III ɪɪɪ 112

PYRÉNÉES (HAUTES-).

Bagnères-de-Bigorre. — Société Ramond.

Explorations pyrénéennes (Bibl. nat., 8° Lc¹⁸. 342],
vol. XXXVI (2ᵉ s., VI, 1901)...   I   ɪ   70
——— XXXVII (2ᵉ s., VII, 1902)..   I   ɪɪ   111
——— XXXVIII (2ᵉ s., VIII, 1903).   I   ɪɪɪ 104
——— XXXIX (2ᵉ s., IX, 1904)...   I   ɪɪɪ 104
——— XL (2ᵉ s., X, 1905).......   II   ɪ   93
——— XLI (3ᵉ s., I, 1906).......   II   ɪɪ   87

vol. XLII (3ᵉ s., II, 1907)	II	III	98
—— XLIII (3ᵉ s, III, 1908)	III	I	84
—— XLIV (3ᵉ s., IV, 1909)	III	II	80
—— XLV (3ᵉ s., V, 1910)	III	III	113

TARBES. — Société académique des Hautes-Pyrénées.

Bulletin local [Bibl. nat., Z. 28772],			
vol. V (1901–1904)	I	III	105

PYRÉNÉES-ORIENTALES.

PERPIGNAN. — Société agricole, scientifique et littéraire des Pyrénées-Orientales.

Bulletin [Bibl. nat., 8° Z. 733],			
vol. XLII (1901)	I	I	71
—— XLIII (1902)	I	II	112
—— XLIV (1903)	I	II	112
—— XLV (1903–1904)	I	III	105
—— XLVI (1905)	II	I	94
—— XLVII (1906)	II	II	87
—— XLVIII (1907)	II	III	98
—— XLIX (1908)	III	I	84
—— L (1909)	III	II	81
—— LI (1910)	III	III	113

PERPIGNAN. — Société d'études catalanes.

Revue catalane [Bibl. nat., 8° Z. 17410],			
vol. I (1907)	II	III	99
—— II (1908)	III	I	85
—— III (1909)	III	II	81
—— IV (1910)	III	III	114

RHIN (HAUT-)

BELFORT. — Société belfortaise d'émulation.

Bulletin [Bibl. nat., 8° Z. 2156],			
vol. XX (1901)	I	I	71
—— XXI (1902)	I	II	112
—— XXII (1903)	I	II	113
—— XXIII (1904)	I	III	106
—— XXIV (1905)	II	I	94
—— XXV (1906)	II	II	88
—— XXVI (1907)	II	III	99
—— XXVII (1908)	III	I	86
—— XXVIII (1909)	III	III	82
—— XXIX (1910)	III	III	115
Publications (1902)	I	II	112

MULHOUSE. — Société industrielle de Mulhouse.

Bulletin de la Société [Bibl. nat., 4° V. 675],			
vol. LXXI (1901)	I	I	72
—— LXXII (1902)	I	II	113

vol. LXXIII (1903)	I	III	106
—— LXXIV (1904)	I	III	106
—— LXXV (1905)	II	I	95
—— LXXVI (1906)	II	II	89
—— LXXVII (1907)	II	III	100
—— LXXVIII (1908)	III	II	83
—— LXXIX (1909)	III	II	83
—— LXXX (1910)	III	III	115
Bulletin du Musée [Bibl. nat., 4° Lc²¹. 71],			
vol. XXV (1901)	I	I	72
—— XXVI (1902)	I	III	107
—— XXVII (1903)	I	III	107
—— XXVIII (1904)	II	I	95
—— XXIX (1905)	II	I	95
—— XXX (1906)	II	II	88
—— XXXI (1907)	II	III	100
—— XXXII (1908)	III	II	83
—— XXXIII (1909)	III	III	115
Publications (1902)	I	II	113
—— (1906)	II	II	88

RHÔNE.

LYON. — Académie des sciences, belles-lettres et arts de de Lyon.

Mémoires, sciences et lettres [Bibl. nat., Z. 5163],			
vol. VI (1901)	I	I	72
—— VII (1903)	I	II	114
—— VIII (1905)	II	I	95
—— IX (1907)	II	III	100
—— X (1910)	III	III	116
Rapports [Bibl. nat., 4° Z. 1644],			
vol. I (1897–1901)	I	I	73
—— II (1902–1904)	II	III	101
—— III (1905–1908)	III	I	86

LYON. — Société d'agriculture, sciences et industrie de Lyon.

Annales [Bibl. nat., 4° S. 29],			
vol. LXV (7ᵉ série, t. IX, 1901).	I	I	73
—— LXVI (7ᵉ série, t. X, 1902).	III	III	116
—— LXVII-LXVIII (8ᵉ série, t. I-II, 1903–1904)	III	III	116
—— LXIX-LXXIII (1905–1909 [1906–1910])	III	III	116

LYON. — Société d'anthropologie de Lyon.

Bulletin [Bibl. nat., 8° G. 1292],			
vol. XX (1901 [1902])	I	I	74
—— XXI (1902)	I	II	114
—— XXII (1903)	I	III	107
—— XXIII (1904 [1905])	II	I	96

vol. XX (1908).............. III i 90
—— XXI (1909)............. III iii 123
—— XXII (1910)............. III iii 123

Macon. — Académie de Mâcon. Société des arts, sciences, belles-lettres et agriculture de Saône-et-Loire.

Annales [Bibl. nat., 8° Z. 154],
vol. XXXIII (3e s., VI, 1901).... I i 76
—— XXXIV (3e s., VII, 1902)... I ii 119
—— XXXV (3e s., VIII, 1903)... I iii 111
—— XXXVI (3e s., IX, 1904)... II i 99
—— XXXVII (3e s., X, *non paru*).
—— XXXVIII (3e s., XI, 1906).. II iii 107
—— XXXIX (3e s., XII, 1907)... II iii 108
—— XL (3e s., XIII, 1908)..... III i 91
—— XLI (3e s., XIV, 1909)..... III ii 87
—— XLII (3e s., XV, 1910, millénaire de Cluny)........ III iii 124

Tournus. — Société des Amis des arts de Tournus.

Bulletin [Bibl. nat., 8° V. 30459],
vol. VI 1907 (1908)........... III i 92
—— VII (1909).............. III ii 88
—— VIII (1910)............. III iii 125

Publications (1903-1904)........ III i 92

SARTHE.

La Flèche. — Société d'histoire, lettres, sciences et arts de la Flèche.

Annales fléchoises [Bibl. nat., 8° Lc[21]. 158],
vol. I-IV (1903-1904)........ I iii 112
—— V-VI (1905)............. II i 100
—— VII (1906).............. II ii 92
—— VIII (1907)............. II iii 108
—— IX (1908).............. III i 92
—— X (1909).............. III ii 88
—— XI (1910).............. III iii 125

Revue Henri IV [Bibl. nat., 8° Lc[21]. 158 bis],
vol. I (1905-1906).......... II ii 93

Le Mans. — Comité départemental de la Sarthe pour la recherche et la publication des documents économiques de la Révolution française.

Bulletin [Bibl. nat., 8° Lc[20]. 77],
vol. I (1905)............... II ii 94
—— II (1907).............. II iii 109
—— III-IV (1908-1909)....... III ii 89
—— V (1910).............. III iii 126

Le Mans. — Société d'agriculture, sciences et arts de la Sarthe.

Bulletin [Bibl. nat., 8° Z. 202],
vol. XXXVIII (2e série, t. XXX, 1901-1902)........... I ii 120
—— XXXIX (2e série, t. XXXI, 1903-1904)........... I iii 114
—— XL (2e série, t. XXXII, 1905-1906)........... II ii 95
—— XLI (2e série, t. XXXIII, 1907-1908)........... III i 93
—— XLII (2e série, t. XXXIV, 1909-1910)........... III iii 127
Table des tomes 1 à XL (1906)..... II ii 95

Le Mans. — Société des Archives historiques du Maine.

Archives historiques [Bibl. nat., 8° Lk[2]. 4690],
vol. II-III (1902)............. I ii 122
—— IV (1904).............. I iii 116
—— V-VI (1905)............. II i 102
—— VII (1906).............. II ii 96
—— VIII (1907)............. II iii 111
—— IX (1908).............. III i 95
—— X (1909).............. III ii 91

La Province du Maine [Bibl. nat., 8° Lc[19]. 156 bis],
vol. IX (1901)............... I i 77
—— X (1902).............. I ii 121
—— XI (1903).............. I iii 115
—— XII (1904).............. I iii 116
—— XIII (1905).............. II i 102
—— XIV (1906).............. II ii 95
—— XV (1907).............. II iii 110
—— XVI (1908).............. III i 94
—— XVII (1909).............. III ii 90
—— XVIII (1910)............. III iii 127

Publications (1905)............ II i 102
—— (1907)................ II iii 111

Le Mans. — Société historique et archéologique du Mans.

Revue historique et archéologique du Maine [Bibl. nat., 8° Lc[19]. 11 ter],
vol. XLIX-L (1901)........... I i 78
—— LI-LII (1902)........... I ii 122
—— LIII-LIV (1903)......... I iii 117
—— LV-LVI (1904)......... I iii 117
—— LVII-LVIII (1905)....... II i 103
—— LIX-LX (1906).......... II ii 96
—— LXI-LXII (1907)......... II iii 111
—— LXIII-LXIV (1908)....... III i 95
—— LXV-LXVI (1909)....... III ii 91
—— LXVII-LXVIII (1910)...... III iii 128

Table des tomes XXI–XL, 1887–1896
(1901).................... I ɪ 78
Table des tomes XLI à LX, 1897–1906
(1911).................... III ɪɪɪ 128

SAVOIE.

Cʜᴀᴍʙᴇ́ʀʏ. — Académie des sciences, belles-lettres et arts de Savoie.

Mémoires [Bibl. nat., Z. 28744],
  vol. XLV (4ᵉ série, t. IX, 1902). I ɪɪ 123
  —— XLVI (4ᵉ série, t. X, 1903). I ɪɪɪ 118
  —— XLVII (4ᵉ série, t. XI, 1909). III ɪɪ 92
Table, de 1825 à 1902 (1903).... I ɪɪ 124
La Savoie littéraire et scientifique [Bibl. nat., 8° Z. 18478],
  vol. I (1906–1907)........... III ɪɪ 92
  —— II (1908–1909).......... III ɪɪ 93

Cʜᴀᴍʙᴇ́ʀʏ. — Congrès des Sociétés savantes savoisiennes.

Congrès [Bibl. nat., 8° Lc¹⁹. 113],
  vol. XVI (Annecy, 1901 [1902]). I ɪ 79
  —— XVII (Aix-les-Bains, 1905
    [1906])............... III ɪɪɪ 129

Cʜᴀᴍʙᴇ́ʀʏ. — Société savoisienne d'histoire et d'archéologie.

Mémoires [Bibl. nat., 8° Lc¹⁹. 55],
  vol. XL (2ᵉ s., XV, 1901)...... I ɪ 79
  —— XLI (2ᵉ s., XVI, 1902)..... I ɪɪ 124
  —— XLII (2ᵉ s., XVII, 1903)... I ɪɪ 125
  —— XLIII (2ᵉ s., XVIII, 1905).. II ɪ 104
  —— XLIV (2ᵉ s., XIX, 1906).... II ɪɪ 97
  —— XLV (2ᵉ s., XX, 1907)..... II ɪɪɪ 112
  —— XLVI (2ᵉ s., XXI, 1908)... III ɪ 96
  —— XLVII (2ᵉ s., XXII, 1909).. III ɪɪ 93
  —— XLVIII–XLIX (2ᵉ s., t. XXIII
    et XXIV, 1910)......... III ɪɪɪ 130

Mᴏᴜᴛɪᴇʀs. — Académie de la Val d'Isère.

Mémoires [Bibl. nat., 8° Lc²¹. 58],
  vol. VII (1897–1902)......... II ɪ 104
  —— VIII (1903–1908)......... III ɪ 96
Recueil [Bibl. nat., 8° Lc²¹. 58],
  vol. I (1909)............... III ɪɪɪ 130

Sᴀɪɴᴛ-Jᴇᴀɴ-ᴅᴇ-Mᴀᴜʀɪᴇɴɴᴇ. — Société d'histoire et d'archéologie de Maurienne.

Travaux [Bibl. nat., 8° Lc¹⁹. 78],
  vol. XI (2ᵉ série, t. III, 1ʳᵉ partie,
    1901)............... I ɪ 81

vol. XII (2ᵉ série, t. III, 2ᵉ partie,
  1902)............... I ɪɪ 126
 —— XIII (2ᵉ série, t. IV, 1ʳᵉ partie,
  1904)............... II ɪ 105
 —— XIII (2ᵉ série, t. IV, 2ᵉ partie,
  1908)............... III ɪ 97

SAVOIE (HAUTE-).

Aɴɴᴇᴄʏ. — Académie Salésienne.

Mémoires [Bibl. nat., 8° Z. 1490],
  vol. XXIV (1901)........... I ɪ 82
  —— XXV (1902)............ I ɪɪ 126
  —— XXVI (1903)........... I ɪɪɪ 119
  —— XXVII (1904)........... I ɪɪɪ 119
  —— XXVIII (1905).......... II ɪ 106
  —— XXIX (1906)........... II ɪɪ 98
  —— XXX (1907)............ II ɪɪɪ 112
  —— XXXI (1908)........... III ɪ 98
  —— XXXII (1909).......... III ɪɪ 94
  —— XXXIII (1910).......... III ɪɪɪ 131

Aɴɴᴇᴄʏ. — Société florimontane d'Annecy.

Revue savoisienne [Bibl. nat., 8° Lc⁰ 124 (6)],
  vol. XLII (1901)............ I ɪ 82
  —— XLIII (1902)............ I ɪɪ 127
  —— XLIV (1903)............ I ɪɪ 127
  —— XLV (1904)............ I ɪɪɪ 119
  —— XLVI (1905)............ II ɪ 106
  —— XLVII (1906)............ II ɪɪ 98
  —— XLVIII (1907)............ II ɪɪɪ 113
  —— XLIX (1908)............ III ɪ 98
  —— L (1909)............... III ɪɪ 94
  —— LI (1910)............... III ɪɪɪ 131
Tables, de 1851 à 1900 (1903).... I ɪɪ 127
Publications (1902)............. I ɪɪ 127

Tʜᴏɴᴏɴ. — Académie Chablaisienne.

Mémoires [Bibl. nat., 8° Lc¹⁹. 136],
  vol. XV (1901)............. I ɪ 83
  —— XVI (1902)............ I ɪɪ 128
  —— XVII (1903)............ I ɪɪɪ 120
  —— XVIII (1904)........... II ɪ 107
  —— XIX (1905)............ II ɪ 107
  —— XX (1906)............. II ɪɪ 99
  —— XXI (1907)............ II ɪɪɪ 113
  —— XXII (1908)............ III ɪ 99
  —— XXIII (1909)........... III ɪɪ 95
  —— XXIV (1910)........... III ɪɪɪ 132

38

SEINE.

NEUILLY. — Commission historique et artistique de Neuilly.

Bulletin [Bibl. nat., 8° Lc²¹. 177],

vol. I (1903 [1904])	I	III	121
—— II (1904 [1905])	II	I	107
—— III (1905 [1906])	II	I	108
—— IV (1906 [1907])	II	III	114
—— V (1907 [1908])	II	III	115
—— VI (1908 [1909])	III	II	96
—— VII (1909 [1910])	III	III	133
Publications (1907)	III	III	114

PARIS. — Association française pour l'avancement des sciences.

Compte rendu [Bibl. nat., 8° R. 304],

vol. XXX (Ajaccio, 1901 [1902]).	I	I	83
—— XXXI (Montauban, 1902 [1903]).	I	II	129
—— XXXII (Angers, 1903 [1904]).	I	III	123
—— XXXIII (Grenoble, 1904 [1905]).	II	I	109
—— XXXIV (Cherbourg, 1905 [1906]).	II	I	110
—— XXXV (Lyon, 1906 [1907]).	II	II	100
—— XXXVI (Reims, 1907 [1908]).	II	III	116
—— XXXVII (Clermont-Ferrand, 1908 [1909]).	III	I	100
—— XXXVIII (Lille, 1909 [1910]).	III	III	133
—— XXXIX (Toulouse, 1910 [1911]).	III	III	135
Publications (1902)	I	II	129
—— (1904)	II	I	109
—— (1905)	II	I	109
—— (1906)	II	II	100
—— (1907)	II	III	116
—— (1908)	III	I	100
—— (1909)	III	II	96
—— (1910)	III	III	133

PARIS. — Association pour l'encouragement des études grecques.

Revue des études grecques [Bibl., nat., 8° X. 75],

vol. XIV (1901)	I	I	84
—— XV (1902)	I	II	128
—— XVI (1903)	I	III	121
—— XVII (1904)	I	III	122
—— XVIII (1905)	II	I	111
—— XIX (1906)	II	II	101
—— XX (1907)	II	III	117
—— XXI (1908)	III	I	101
—— XXII (1909)	III	II	97
—— XXIII (1910)	III	III	136

PARIS. — Association pour l'enseignement des sciences anthropologiques. (École d'anthropologie de Paris.)

Revue de l'École d'anthropologie de Paris [Bibl. nat., 8° G. 2428],

vol. XI (1901)	I	II	131
—— XII (1902)	I	II	131
—— XIII (1903)	I	III	124
—— XIV (1904)	I	III	125
—— XV (1905)	II	I	112
—— XVI (1906)	II	II	102
—— XVII (1907)	II	III	118
—— XVIII (1908)	III	I	101
—— XIX (1909)	III	II	97
—— XX (1910)	III	III	136
Table des tomes X à XX (1911)	III	III	137

PARIS. — Association franco-chinoise.

Bulletin [Bibl. nat., 8° O²n. 1432],

vol. I (1907–1909)	III	III	137

PARIS. — Association historique pour l'étude de l'Afrique du Nord.

Publications [Bibl. nat., 8° Lk⁸. 1896],

vol. III (1901)	I	I	85
—— IV (1903)	I	II	132
—— V (1906)	II	III	115

PARIS. — Club alpin français.

Bulletin [Bibl. nat., 8° Lc¹⁸. 280],

vol. XXX (1901)	I	I	85
—— XXXI–XXXIII-(1902–1904).	III	III	138

Annuaire [Bibl. nat., 8° Lc³⁷. 12],

vol. XXVIII (1901)	I	I	85
—— XXIX (1902)	I	II	133

La Montagne [Bibl. nat., 8° Lc¹⁸. 280],

vol. I–VI (1904–1910)	III	III	138
Publications (1901)	I	I	85

PARIS. — Comité de Madagascar.

Revue de Madagascar [Bibl. nat., 8° Lc¹². 227],

vol. III–XI (1901–1909)	III	III	140
Publications (1904–1905)	II	I	113
—— (1906–1907)	II	III	119
—— (1910)	III	III	140

PARIS. — Comité d'études de la Montagne Sainte-Geneviève.

Bulletin [Bibl. nat., 8° Lc²¹. 134],

vol. III (1899–1902)	I	II	133
—— IV (1903–1904)	II	I	118
—— V (1905–1908)	III	I	102

PARIS. — Commission des missions scientifiques et littéraires.

Nouvelles archives des missions [Bibl. nat., 8° Lc¹⁶.71 *bis*],

vol. X (1902)	I	II	141
—— XI (1903)	I	II	142
—— XII (1904)	I	III	137
—— XIII (1906)	II	II	109
—— XIV (1907)	II	III	125
—— XV (1908)	III	I	109
—— XVI (1908)	III	I	110
—— XVII (1909)	III	II	104
—— XVIII (1909-1910)	III	III	148

PARIS. — Commission de recherche et de publication de documents relatifs à la vie économique de la Révolution.

Bulletin [Bibl. nat., 8° Lc¹⁶. 605],

vol. I (1906)	II	II	110
—— II (1907)	II	III	126
—— III (1908)	III	I	111
—— IV (1909)	III	II	105
—— V (1910)	III	III	149

Publications [Bibl. nat., 8° La²². 791],

—— (1906)	II	II	110
—— (1907)	II	III	126
—— (1908)	III	I	110
—— (1909)	III	II	104
—— (1910)	III	III	149

PARIS. — Commission du Vieux-Paris.

Procès-verbaux [Bibl. nat., 4° Lc²¹. 165],

vol. IV (1901)	I	I	94
—— V (1902)	I	II	142
—— VI (1903)	I	III	138
—— VII (1904)	I	III	139
—— VIII (1905)	II	I	119
—— IX (1906)	II	II	111
—— X (1907)	II	III	127
—— XI (1908)	III	I	111
—— XII (1909)	III	II	105
—— XIII (1910)	III	III	150

PARIS. — Conseil héraldique de France.

Annuaire [Bibl. nat., 8° Lc³⁵. 27],

vol. XIV (1901)	I	I	95
—— XV (1902)	I	II	144
—— XVI (1903)	I	III	140
—— XVII (1904)	I	III	141
—— XVIII (1905)	II	I	120
—— XIX (1906)	II	II	112
—— XX (1907)	II	III	118
—— XXI (1908)	III	I	112
—— XXII (1909)	III	II	106
Publication (1909)	III	III	151

PARIS. — Institut de France.

Séance publique annuelle des cinq Académies [Bibl. nat., 4° Z. 1617],

vol. LXXXIV (1901)	I	I	96
—— LXXXV (1902)	I	II	144
—— LXXXVI (1903)	I	II	144
—— LXXXVII (1904)	I	III	141
—— LXXXVIII (1905)	II	I	121
—— LXXXIX (1906)	II	II	113
—— XC (1907)	II	III	129
—— XCI (1908)	III	I	113
—— XCII (1909)	III	II	107
—— XCIII (1910)	III	III	151

Journal des Savants [Bibl. nat., Z. 4075],

A partir de 1909, le *Journal des Savants* est publié par l'Académie des Inscriptions et belles-lettres.

—— (1901)	I	I	96
—— (1902)	I	II	145
vol. I (1903)	I	III	141
—— II (1904)	I	III	142
—— III (1905)	II	I	121
—— IV (1906)	II	II	113
—— V (1907)	II	III	129
—— VI (1908)	III	I	113
—— VII (1909)	III	II	111
—— VIII (1910)	III	III	154

Table du Journal des Savants, de 1859 à 1908

—— (1909)	III	II	111

Pièces diverses [Bibl. nat., 4° Z. 1617],

—— (1901)	I	I	96
—— (1902-1903)	I	II	145
—— (1904)	I	III	143
—— (1905)	II	I	122
—— (1907)	II	III	129
—— (1908)	III	I	113
—— (1909)	III	II	107
—— (1910)	III	III	151

PARIS. — Institut de France. — Académie française.

Séance publique annuelle [Bibl. nat., 4° Z. 1617],

vol. LXXI (1901)	I	I	97
—— LXXII (1902)	I	II	146
—— LXXIII (1903)	I	II	146
—— LXXIV (1904)	I	III	144
—— LXXV (1905)	II	I	122
—— LXXVI (1906)	II	II	114
—— LXXVII (1907)	II	III	130
—— LXXVIII (1908)	III	I	114
—— LXXIX (1909)	III	II	107
—— LXXX (1910)	III	III	152

Discours de réception [Bibl. nat., 4° Z. 1617],

—— (1901)	I	I	97
—— (1902-1903)	I	II	146

Fondation Piot :

Monuments et Mémoires [Bibl. nat., fol. Z. 647],
vol. VIII (1902)................ I — i — 103
—— IX (1902)................ I — ii — 152
—— X (1904)................ I — iii — 148
—— XI (1904) .... II — i — 124
—— XII (1905)................ II — i — 125
—— XIII (1906)................ II — iii — 133
—— XIV (1908)................ II — iii — 133
—— XV (1906)................ II — iii — 133
—— XVI (1909)................ III — ii — 112
—— XVII–XVIII (1909–1910)... III — iii — 155

Fondation Piot :

Publications diverses,
—— (1901–1902)............ I — i — 103
—— (1904)................ I — iii — 149
—— (1901–1905)............ II — i — 125
—— (1905–1906)............ II — ii — 118
—— (1908)................ III — i — 117

Paris. — Institut de France. — Académie des Sciences.

Mémoires [Bibl. nat., R. 3945],
vol. XLIX (1906)............ II — ii — 118
—— L (1908)................ III — i — 118
—— LI (1910)................ III — iii — 156

Comptes rendus [Bibl. nat., R. 3946],
vol. CXXXII–CXXXIII (1901)... I — i — 104
—— CXXXIV–CXXXV (1902)... I — ii — 153
—— CXXXVI–CXXXVII (1903).. I — ii — 153
—— CXXXVIII–CXXXIX (1904). I — iii — 150
—— CXL–CXLI (1905)........ II — i — 125
—— CXLII–CXLIII (1906)...... II — ii — 118
—— CXLIV–CXLV (1907)...... II — iii — 134
—— CXLVI–CXLIX (1908–1909). III — ii — 114
—— CL–CLI (1910)........... III — iii — 157

Procès-verbaux [Bibl. nat., fol. R. 539],
vol. I, 1795–1799 (1910)...... III — iii — 157

Séance publique annuelle [Bibl. nat., 4° Z. 1617],
—— (1901)................ I — i — 104
—— (1902–1903)............ I — ii — 152
—— (1904)................ I — iii — 149
—— (1905)................ II — i — 125
—— (1906)................ II — ii — 118
—— (1907)................ II — iii — 134
—— (1908)................ III — i — 118
—— (1909)................ III — ii — 113
—— (1910)................ III — iii — 156

Éloges funèbres [Bibl. nat., 4° Z. 1617],
vol. CCIV–CCVIII (1902)...... I — ii — 152
—— CCIX (1903)............ I — ii — 153
—— CCX–CCXI (1904)........ I — iii — 149
—— CCXII–CCXIII (1907) ..... II — iii — 134
—— CCXIV–CCXV (1908)...... III — i — 118
—— CCXVI–CCXVII (1910)..... III — iii — 157

Pièces diverses [Bibl. nat., 4° Z. 1617],
—— (1901)................ I — i — 104
—— (1903)................ I — ii — 153
—— (1907)................ II — iii — 134
—— (1909)................ III — ii — 114
—— (1910)................ III — iii — 157

Publications diverses (1901)....... I — i — 104

Paris. — Institut de France. — Académie des Beaux-arts.

Séance publique annuelle [Bibl. nat. 4° Z. 1617],
vol. XCV (1901)............ I — i — 104
—— XCVI (1902)............ I — ii — 154
—— XCVII (1903)............ I — ii — 154
—— XCVIII (1904)............ I — iii — 150
—— XCIX (1905) .... II — i — 126
—— C (1906)................ II — ii — 119
—— CI (1907)................ II — iii — 134
—— CII (1908)................ III — i — 118
—— CIII (1909)................ III — ii — 114
—— CIV (1910)................ III — iii — 157

Éloges funèbres [Bibl. nat., 4° Z. 1617],
vol. CLXII–CLXIII (1901)...... I — i — 104
—— CLXIV (1903)............ I — ii — 154
—— CLXV–CLXVI (1905)...... II — i — 126
—— CLXVII–CLXVIII (1906).... II — ii — 119
—— CLXIX (1908)........... III — i — 118
—— CLXX–CLXXI (1909)...... III — ii — 114
—— CLXXII–CLXXIII (1910)... III — iii — 157

Pièces diverses [Bibl. nat., 4° Z. 1617],
—— (1901)................ I — i — 105
—— (1903)................ I — ii — 154
—— (1904)................ I — iii — 150
—— (1905)................ II — i — 126
—— (1906)................ II — ii — 119
—— (1907)................ II — iii — 134
—— (1908)................ III — i — 119
—— (1909)................ III — ii — 114
—— (1910)................ III — iii — 157

Publications diverses (1901)....... I — i — 104
—— (1903)................ I — ii — 154
—— (1908)................ III — i — 119
—— (1909)................ III — ii — 114
—— (1910)................ III — iii — 157

Paris. — Institut de France. — Académie des Sciences morales et politiques.

Mémoires [Bibl. nat., R. 4273],
vol. XXIII (1902)............ I — ii — 154
—— XXIV (1904)............ II — i — 26
—— XXV (1907)............ II — iii — 135

Séances et travaux [Bibl. nat., 8° R. 88],
vol. CLV–CLVI (nouv. série,
t. LV–LVI, 1901)....... I — i — 105

vol. CLVII–CLVIII (nouv. série,
    t. LVII–LVIII, 1902)....   I   ii 155
—— CLIX–CLX (nouv. série,
    t. LIX–LX, 1903)......   I   ii 155
—— CLXI–CLXII (nouv. série,
    t. LXI–LXII, 1904).....   I   iii 150
—— CLXIII–CLXIV (nouv. série,
    t. LXIII–LXIV, 1905)....   II   i 127
—— CLXV–CLXVI (nouv. séric,
    t. LXV–LXVI, 1906)....   II   ii 120
—— CLXVII–CLXVIII (nouv. série,
    t. LXVII–LXVIII, 1907).   II   iii 135
—— CLXIX–CLXX (nouv. série,
    t. LXIX–LXX, 1908)....   III   i 119
—— CLXXI–CLXXII (nouv. série,
    t. LXXI–LXXII, 1909)...   III   ii 115
—— CLXXIII–CLXXIV (nouv. série,
    LXXIII–LXXIV, 1910)...   III   iii 158

Séance publique annuelle [Bibl. nat., 4° Z. 1617],
vol. LVI (1901).............   I   i 106
—— LVII (1902)...........   I   ii 156
—— LVIII (1903)...........   I   ii 156
—— LIX (1904).............   I   iii 151
—— LX (1905).............   II   i 126
—— LXI (1906).............   II   ii 119
—— LXII (1907)............   II   iii 136
—— LXIII (1908)...........   III   i 119
—— LXIV (1909)...........   III   ii 115
—— LXV (1910)............   III   iii 159

Éloges funèbres [Bibl. nat., 4° Z. 1617],
vol. LXXII–LXXV (1901)......   I   i 106
—— LXXVI–LXXVII (1903).....   I   ii 156
—— LXXVIII–LXXX (1906)....   II   ii 119
—— LXXXI–LXXXII (1907)....   II   iii 136
—— LXXXIII (1908).........   III   i 120
—— LXXXIV (1909).........   III   ii 116
—— LXXXV–LXXXVI (1910)...   III   iii 159

Pièces diverses [Bibl. nat., 4° Z. 1617],
—— (1901)................   I   i 106
—— (1902–1903)...........   I   ii 156
—— (1904)................   I   iii 151
—— (1905)................   II   i 128
—— (1906)................   II   ii 120
—— (1907)................   II   iii 136
—— (1907–1908)...........   III   i 120
—— (1909)................   III   ii 116
—— (1910)................   III   iii 159

Ordonnances des rois de France. Règne de François Ier
[Bibl. nat., 4° F. 490],
—— (1902)................   I   iii 151
—— (1905)................   II   i 128
—— (1907)................   III   iii 136

Paris. — Société nationale d'agriculture de France.

Mémoires [Bibl. nat., S. 17134],
vol. CX (t. CXXXIX, 1901).....   I   i 106
—— CXI–CXIII (t. CXL–CXLII,
    1903–1909)..........   III   iii 160

Paris. — Société des amateurs de jouets et jeux anciens.

Bulletin [Bibl. nat., 8° V. 15086],
vol. I (1905–1906)..........   III   iii 160
—— II–V (1906–1910)........   III   iii 266

Paris. — Société des Américanistes.

Journal [Bibl. nat., 4° P. 1001],
vol. III (1901)...............   I   i 107
—— IV (1903)...............   I   ii 157
—— V (1904)...............   I   iii 152
—— VI (n. s., I, 1904)........   I   iii 152
—— VII (n. s., II, 1905).......   II   i 128
—— VIII (n. s., III, 1906).....   II   ii 121
—— IX (n. s., IV, 1907).......   II   iii 137
—— X (n. s., V, 1908)........   III   i 120
—— XI (n. s., VI, 1909).......   III   ii 116
—— XII (n. s., VII, 1910).....   III   iii 161

Paris. — Société des Amis des livres.

Annuaire [Bibl. nat., 8° Q. 433],
vol. XXII (1901).............   I   i 107
—— XXIII (1902)............   I   ii 158
—— XXIV (1903)............   I   ii 158
—— XXV (1904)............   I   iii 152
—— XXVI (1905)............   II   i 129
—— XXVII (1906)...........   II   ii 122
—— XXVIII (1907)..........   II   iii 138
—— XXIX (1908)...........   III   ii 117
—— XXX (1909)............   III   ii 117
—— XXXI (1910)............   III   iii 161
Publications (1905).............   II   ii 122

Paris. — Société des Amis du Louvre.

Bulletin [Bibl. nat., 8° V. 13983],
vol. I–II (1897–1901)..........   III   ii 117
Annuaire [Bibl. nat., 8° V. 13983],
vol. III–X (1902–1909)........   III   ii 117
—— XI (1910)..............   III   iii 162
Donateurs du Louvre [Bibl. nat., 8° Ln[15]. 84],
—— (1902–1909)............   III   ii 118
—— (1910)................   III   iii 162

Paris. — Société des Amis des monuments parisiens.

Bulletin [Bibl. nat., 8° Lc[21]. 28 (9)].   I   i 107

Paris. — Société des Anciens textes français.

Bulletin [Bibl. nat., 8° Z. 392],

vol. XXVII (1901)	I	ii	158
—— XXVIII (1902)	I	ii	158
—— XXIX (1903)	I	iii	153
—— XXX (1904)	I	iii	153
—— XXXI (1905)	II	i	129
—— XXXII (1906)	II	ii	122
—— XXXIII (1907)	II	iii	138
—— XXXIV (1908)	III	i	121
—— XXXV (1909)	III	ii	119
—— XXXVI (1910)	III	iii	162

Publications [Bibl. nat., 8° Z. 74 et 4° Z. 422],

—— (1901)	I	i	108
—— (1901–1902)	I	ii	158
—— (1903–1904)	I	iii	153
—— (1904–1905)	II	i	129
—— (1906)	II	ii	122
—— (1906–1907)	II	iii	138
—— (1908)	III	i	121
—— (1909)	III	ii	119
—— (1910)	III	iii	162

Paris. — Société d'anthropologie.

Bulletins [Bibl. nat., 8° T46. 157],

vol. XLII (5e s., II, 1901)	I	i	109
—— XLIII (5e s., III, 1902)	I	ii	159
—— XLIV (5e s., IV, 1903)	I	iii	154
—— XLV (5e s., V, 1904)	I	iii	155
—— XLVI (5e s., VI, 1905)	II	i	129
—— XLVII (5e s., VII, 1906)	II	ii	123
—— XLVIII (5e s., VIII, 1907)	II	iii	139
—— XLIX (5e s., IX, 1908)	III	i	121
—— L (5e s., X, 1909)	III	ii	119
—— LI (6e s., I, 1910)	III	iii	163

Paris. — Société des Antiquaires de France.

Mémoires (Bibl. nat., 8° Lc18. 3],

vol. LX (6e série, t. X, 1899 [1901])	I	i	110
—— LXI (7e série, t. I, 1900 [1902])	I	ii	160
—— LXII (7e série, t. II, 1901 [1903])	I	ii	161
—— LXIII (7e série, t. III, 1902 [1904])	I	iii	156
—— LXIV (7e série, t. IV, 1903 [1905])	II	i	130
—— LXV (7e série, t. V, 1904–1905 [1906])	II	ii	124
—— LXVI (7e série, t. VI, 1906 [1907])	II	iii	140
—— LXVII (7e série, t. VII, 1907 [1908])	II	iii	140
—— LXVIII (7e série, t. VIII, 1908 [1909])	III	i	122
—— LXIX (7e série, t. IX, 1909 [1910])	III	ii	121
—— LXX (7e série, t. X, 1910 [1911])	III	iii	164

Bulletin (Bibl. nat., 8° Lc18. 10 *bis*],

vol. XLV (1901)	I	i	110
—— XLVI (1902)	I	ii	161
—— XLVII (1903)	I	ii	163
—— XLVIII (1904)	I	iii	156
—— XLIX (1905)	II	i	130
—— L (1906)	II	ii	124
—— LI (1907)	II	iii	140
—— LII (1908)	III	i	123
—— LIII (1909)	III	ii	121
—— LIV (1910)	III	iii	164

Mettensia [Bibl. nat., 8° Lk7. 31053],

vol. II (1898–1901)	I	i	112
—— III (1902)	I	ii	164
—— IV (1903–1905)	II	i	132
—— V (1908)	III	i	125
—— VI (1909)	III	ii	123

Centenaire, Compte rendu [Bibl. nat., 4° Lc18. 561],

—— (1904)	I	iii	158

Centenaire, Mémoires [Bibl. nat., 4° Z. 1631],

—— (1904)	I	iii	158

Paris. — Société centrale des Architectes.

L'Architecture [Bibl. nat., fol. V. 2271],

vol. XIV (1901)	I	i	112
—— XV (1902)	I	ii	165
—— XVI (1903)	I	iii	159
—— XVII–XVIII (1904–1905)	II	ii	127
—— XIX–XX (1906–1907)	II	iii	143
—— XXI–XXII (1908–1909)	III	ii	123
—— XXIII (1910)	III	iii	167

Paris. — Société Asiatique.

Journal asiatique [Bibl. nat., 8° O2. 385],

vol. CLVIII-CLIX (9e série, t. XVII-XVIII, 1901)	I	i	112
—— CLX–CLXI (9e série, t. XIX–XX, 1902)	I	ii	165
—— CLXII–CLXIII (10e série, t. I–II, 1903)	I	ii	166
—— CLXIV–CLXV (10e série, t. III–IV, 1904)	I	iii	160
—— CLXVI–CLXVII (10e série, t. V–VI, 1905)	II	i	132
—— CLXVIII–CLXIX (10e série, t. VII–VIII, 1906)	II	ii	128
—— CLXX – CLXXI (10e série, t. IX–X, 1907)	II	iii	144

vol. CLXXII-CLXXIII (10° série,
t. XI-XII, 1908)....... III 1 125
—— CLXXIV-CLXXV (10° série,
t. XIII-XIV, 1909)...... III 11 125
—— CLXXVI-CLXXVII (10° série,
t. XV-XVI, 1910)....... III 111 168

Publications (1910-1911)........ III 111 168

Paris. — Société française de bibliographie.

Publications.
—— (1907)................. II 111 145
—— (1908)................. III 1 127
—— (1910)................. III 111 169

Annuaire,
vol. I (1907)................ II 111 145

Paris. — Société bibliographique.

Polybiblion [Bibl. nat., 8° Q. 104],
vol. XCI-XCIII (1901)......... I 1 113
—— XCIV-XCVI (1902)........ 1 11 167
—— XCVII-XCIX (1903)....... I 11 168
—— C-CII (1904)........... 1 111 161
—— CIII-CV (1905).......... II 1 133
—— CVI-CVIII (1906)........ II 11 129
—— CIX-CXI (1907).......... II 111 145
—— CXII-CXIV (1908)........ III 1 126
—— CXV-CXVII (1909)........ III 11 126
—— CXVIII-CXX (1910)....... III 111 169

Bulletin [Bibl. nat., 8° Q. 77],
vol. XXXII-XLI (1901-1910)... III 111 170

Publications (1907)............. II 111 145

Paris. — Société des bibliophiles français.

Mélanges [Bibl. nat., Z. 54780],
vol. XII (1903) .... I 11 169

Publications (1901-1909)........ III 11 127
—— (1910)................. III 111 171

Paris. — Société des collectionneurs d'ex-libris.

Archives [Bibl. nat., fol. Q. 134],
vol. VIII (1901)............... I 1 114
—— IX (1902)............... I 11 169
—— X (1903)............... I 111 162
—— XI (1904)............... I 111 163
—— XII (1905).............. II 1 134
—— XIII (1906)............. II 11 130
—— XIV (1907) .... II 111 146
—— XV (1908).............. III 1 127
—— XVI (1909).............. III 11 127
—— XVII (1910).............. III 111 171

Paris. — Société académique de comptabilité.

Publication (1909)............. III 111 172

Paris. — Société de l'École des Chartes.

Bibliothèque de l'École des Chartes [Bibl. nat.,
8° Lc¹⁸. 78].
vol. LXII (1901)............. I 1 115
—— LXIII (1902)............ I 11 171
—— LXIV (1903)............ I 11 172
—— LXV (1904)............. I 111 164
—— LXVI (1905)............ II 1 136
—— LXVII (1906)............ II 11 131
—— LXVIII (1907)........... II 111 147
—— LXIX (1908)............ III 1 128
—— LXX (1909)............. III 11 128
—— LXXI (1910)............. III 111 173

Table des tomes I à LX (1903)..... I 11 171

Table des tomes LXI à LXX (1911). III 11 128

Mémoires et documents [Bibl. nat., 8° L⁴⁵. 69],
vol. V (1902)................ I 11 173
—— VI (1904)............... I 111 165
—— VII (1907)............... II 111 147
—— VIII (1908)............. III 1 129
—— IX (1910)............... III 111 174

Publications (1902) .... I 11 171

Paris. — Société de l'École des sciences politiques.

Annales des sciences politiques [Bibl. nat., 8° R. 7787],
vol. XVI (1901)............. I 11 173
—— XVII (1902)............. I 11 173
—— XVIII (1903)............ I 111 165
—— XIX (1904) .... I 111 165
—— XX (1905).............. II 1 137
—— XXI (1906)............. II 11 132
—— XXII (1907)............. II 111 147
—— XXIII (1908)............ III 1 129
—— XXIV (1909)............ III 11 129
—— XXV (1910)............. III 111 175

Paris. — Société d'économie sociale.

La Réforme sociale [Bibl. nat., 8° R. 4042],
vol. XLI-XLII (5° s., II, 1901).. I 1 117
—— XLIII-XLIV (5° s., III-IV,
1902)................. 1 11 174
—— XLV-XLVIII (5° s., V-VIII,
1903-1904)........... I 111 166
—— XLIX (5° s., IX, 1905).... II 1 138
—— L (5° s., X, 1905)........ II 11 133
—— LI (6° s., I, 1906)....... II 11 133
—— LII (6° s., II, 1906)...... II 111 149
—— LIII-LIV (6° s., III-IV, 1907). II 111 149
—— LV-LVIII (6° s., V-VIII,
1908-1909)........... III 11 130
—— LIX-LX (6° s., IX-X, 1910). III 111 175

39

Paris. — Société d'encouragement pour la propagation des livres d'art.

Publications (1902)............... I ii 174

Paris. — Société de l'enseignement supérieur.

Revue internationale de l'enseignement [Bibl. nat., 8° R. 4104],
 vol. XLI–XLII (1901).......... I i 117
 ——— XLIII–XLIV (1902)....... I ii 175
 ——— XLV–XLVI (1903)........ I iii 167
 ——— XLVII–XLVIII (1904),..... I iii 167
 ——— XLIX–L (1905).......... II i 138
 ——— LI–LII (1906)........... II ii 133
 ——— LIII–LIV (1907).......... II iii 149
 ——— LV–LVI (1908)........... III i 130
 ——— LVII–LVIII (1909)........ III ii 131
 ——— LIX–LX (1910).......... III iii 175

Paris. — Société d'ethnographie.

Mémoires [Bibl. nat., 8° G. 7870],
 vol. 2ᵉ série, II (1901)........ I i 118

Mémoires du Comité sinico-japonais,
 vol. XXII (3ᵉ série, t. II, 1901). I i 118

Bulletin [Bibl. nat., 8° G. 557],
 vol. XX (1901).............. II iii 151
 ——— XXI (1901–1902 [1903])... II iii 151
 ——— XXII (1903)............. II iii 152

Mémoires du Comité d'archéologie américaine,
 vol. XXII (1902)............. II iii 152

Paris. — Société des études historiques.

Revue des études historiques [Bibl. nat., 4° Lc¹⁸. 64],
 vol. LXXII (67ᵉ année, 1901)... I i 118
 ——— LXXIII (68ᵉ année, 1902).. I i 175
 ——— LXXIV (69ᵉ année, 1903).. I ii 176
 ——— LXXV (70ᵉ année, 1904)... I iii 168
 ——— LXXVI (1905)............ II i 139
 ——— LXXVII (1906)........... II ii 134
 ——— LXXVIII (1907).......... II iii 152
 ——— LXXIX (1908)........... III i 131
 ——— LXXX (1909)............ III ii 132
 ——— LXXXI (1910)........... III iii 176

Publications [Bibl. nat., 8° G. 7466],
 ——— (1905)................. II i 139
 ——— (1907)................. II iii 152
 ——— (1908)................. III i 131

Bibliographies critiques [Bibl. nat., 8° Q. 2776],
 ——— (1901)................. I i 119
 ——— (1902)................. I ii 176
 ——— (1904)................. I iii 168

Paris. — Société des études juives.

Revue des études juives [Bibl. nat., 8° H. 612],
 vol. XLII–XLIII (1901)........ I i 119
 ——— XLIV–XLV (1902)........ I ii 176
 ——— XLVI–XLVII (1903)....... I ii 177
 ——— XLVIII–XLIX (1904)...... I iii 168
 ——— L (1905)............... II i 139
 ——— LI–LII (1906)........... II ii 135
 ——— LIII–LIV (1907).......... II iii 153
 ——— LV–LVI (1908)........... III i 132
 ——— LVII–LVIII (1909)........ III ii 132
 ——— LIX–LX (1910).......... III iii 177

Table des tomes I à L (1910)...... III iii 177

Paris. — Société des études rabelaisiennes.

Revue des études rabelaisiennes [Bibl. nat., 8° Z. 16439],
 vol. I (1903)................. I iii 170
 ——— II (1904)............... I iii 170
 ——— III (1905).............. II i 140
 ——— IV (1906).............. II ii 136
 ——— V (1907)............... II iii 154
 ——— VI (1908).............. III i 133
 ——— VII (1909)............. III ii 134
 ——— VIII (1910)............. III iii 178

Publications (1904)............. I iii 170
 ——— (1905)................. II i 141
 ——— (1910)................. III iii 178

Paris. — Société des études robespierristes.

Annales révolutionnaires [Bibl. nat., 8° Lc¹⁸. 632],
 vol. I (1908)................. III i 134
 ——— II (1909)............... III ii 135
 ——— III (1910).............. III iii 179

Paris. — Société d'excursions scientifiques.

Bulletin [Bibl. nat., 8° G. 7880],
 vol. II (1901–1902 [1903]).... II i 141
 ——— III (1903–1904).......... II i 141
 ——— IV (1905–1906 [1907]).... II iii 155
 ——— V (1907–1908 [1909]).... III i 136
 ——— VI (1909–1910 [1911]).... III iii 180

Paris. — Société française des fouilles archéologiques.

Bulletin [Bibl. nat., 8° Lc¹⁸. 624],
 vol. I (1904–1906)............ II i 142
 ——— II (1907–1910).......... III iii 180

Publications [Bibl. nat., 4° G. 1085],
 ——— (1905)................. II i 142
 ——— (1907)................. II iii 156
 ——— (1909)................. III iii 180

Paris. — Société d'histoire diplomatique.

Revue d'histoire diplomatique [Bibl. nat., 8° G. 5924],

vol. XV (1901)	I	I	123
—— XVI (1902)	I	II	181
—— XVII (1903)	I	III	173
—— XVIII (1904)	I	III	174
—— XIX (1905)	II	I	145
—— XX (1906)	II	II	139
—— XXI (1907)	II	III	160
—— XXII (1908)	III	I	141
—— XXIII (1909)	III	II	139
—— XXIV (1910)	III	III	187

Publications (1905) | II | I | 145

Publications (1905)	II	I	145
—— (1906)	II	II	139
—— (1906)	II	III	160
—— (1909)	III	II	139

Paris. — Société de l'histoire de France.

Annuaire–Bulletin [Bibl. nat., 8° Lc¹⁸ 27 *bis*],

vol. XXXVIII (1901)	I	I	124
—— XXXIX (1902)	I	II	182
—— XL (1903)	I	III	175
—— XLI (1904)	I	III	175
—— XLII (1905)	II	I	146
—— XLIII (1906)	II	II	140
—— XLIV (1907)	II	III	161
—— XLV (1908)	III	I	142
—— XLVI (1909)	III	II	140
—— XLVII (1910)	III	III	188

Table, 1885–1910 (1911)	III	III	188

Publications,

—— (1901)	I	I	123
—— (1902–1903)	I	II	181
—— (1904)	I	III	175
—— (1905)	II	I	146
—— (1905–1906)	II	II	140
—— (1905–1907)	II	III	160
—— (1907–1908)	III	I	142
—— (1909)	III	II	140
—— (1910)	III	III	188

Paris. — Société d'histoire littéraire de la France,

Revue d'histoire littéraire [Bibl. nat., 8° Z. 13998],

vol. VIII (1901)	I	I	124
—— IX (1902)	I	II	182
—— X (1903)	I	II	183
—— XI (1904)	I	III	175
—— XII (1905)	II	I	147
—— XIII (1906)	II	II	140
—— XIV (1907)	II	III	161
—— XV (1908)	III	I	143
—— XVI (1909)	III	II	141
—— XVII (1910)	III	III	189

Paris. — Société d'histoire de la médecine.

Bulletin [Bibl. nat., 8° T⁴⁶. 391],

vol. I (1902)	I	III	176
—— II (1903)	I	III	177
—— III (1904)	II	I	148
—— IV (1905)	II	I	148
—— V (1906)	II	III	162
—— VI (1907)	II	III	163
—— VII (1908)	III	I	144
—— VIII (1909)	III	II	142
—— IX (1910)	III	III	190

Paris. — Société d'histoire moderne.

Publications (1903–1904)	I	III	178
—— (1905)	II	I	149
—— (1907)	II	III	164
—— (1910)	III	III	191

Bibliothèque d'histoire moderne [Bibl. nat., 8° G. 8202],

vol. I, 1–III (1904)	Iᵉ	III	179
—— I, IV (1905)	I	I	149
—— II, 1 (1905)	II	I	149
—— II, 2 (1906)	II	III	164
—— II, 3 (1908)	III	I	145
—— II, 4 (1907)	III	III	268
—— III, 1 (1907)	III	I	145
—— X–XI (1910)	III	III	191

Bulletin [Bibl. nat., 8° G. 3028],

—— I–II (1901–1910)	III	III	191

Paris. — Société de l'histoire de Paris et de l'Île-de-France.

Mémoires [Bibl. nat., 8° Lc²¹. 28 (5)],

vol. XXVIII (1901)	I	I	125
—— XXIX (1902)	I	II	184
—— XXX (1903)	I	III	184
—— XXXI (1904)	I	III	179
—— XXXII (1905)	II	I	149
—— XXXIII (1906)	II	II	142
—— XXXIV (1907)	II	III	164
—— XXXV (1908)	III	I	145
—— XXXVI (1909)	III	II	143
—— XXXVII (1910)	III	III	193

Bulletin [Bibl. nat., 8° Lc²¹. 28 (6)],

vol. XXVIII (1901)	I	I	125
—— XXIX (1902)	I	II	184
—— XXX (1903)	I	II	185
—— XXXI (1904)	I	III	179
—— XXXII (1905)	II	I	150
—— XXXIII (1906)	II	II	142
—— XXXIV (1907)	II	III	164
—— XXXV (1908)	III	I	145
—— XXXVI (1909)	III	II	143
—— XXXVII (1910)	III	III	193

PARIS. — Société historique d'Auteuil et de Passy.

Bulletin [Bibl. nat., 4° Lc²¹. 103];
  vol. IV (1901–1903)   I   III 185
  —— V (1905–1906)   II   III 172
  —— VI (1907–1909) . . . .   III II 152
Publications (1905) . . . .   II I 158

PARIS. — Société d'iconographie parisienne.

Bulletin [Bibl. nat., fol. Lc²¹. 183],
  vol. I–II (1908–1909) . . . .   III III 201

PARIS. — Société internationale de musique (section française).

Mercure musical [Bibl. nat., 8° V. 31828],
  vol. I–III (1905–1907) . . . .   II III 174
  —— IV (1908) . . . .   III I 151
  —— V (1909) . . . .   III II 154
  —— VI (1910) . . . .   III III 201
Publication (1907) . . . .   II III 173

PARIS. — Société de linguistique de Paris.

Mémoires [Bibl. nat., 8° X. 1134],
  vol. XII (1903) . . . .   I II 195
  —— XIII (1903–1905) . . . .   II I 158
  —— XIV (1906–1908) . . . .   III I 152
  —— XV (1908–1909) . . . .   III II 155
Bulletin [Bibl. nat., 8° X. 1708],
  vol. XI (1898–1901) . . . .   I I 131
  —— XII (1901–1903) . . . .   I III 188
  —— XIII (1903–1905) . . . .   II I 159
  —— XIV (1906–1907) . . . .   III II 155
  —— XV–XVI (1908–1910) . . . . .   III III 203
Collection linguistique [Bibl. nat., 8° X. 13341],
  vol. I–II (1908) . . . .   III I 153
  —— III (1909) . . . .   III III 202

PARIS. — Société médico-historique.

Bulletin [Bibl. nat., 4° T⁴⁶. 436],
  vol. I (1909–1910) . . . .   III III 203

PARIS. — Société philologique (OEuvre de Saint-Jérôme).

Actes [Bibl. nat., 8° X. 1425],
  vol. XXIX–XXXI (1903–1907) . .   III III 203
Bulletin [Bibl. nat., 8° Z. 11513],
  vol. III (1896–1905) . . . .   II I 159
L'Année linguistique [Bibl. nat., 8° X. 12506],
  vol. I (1901–1902) . . . .   I II 196
  —— II (1903–1904) . . . .   I III 188
  —— III (1905–1907) . . . .   III III 175
  —— IV (1908–1910) . . . .   III III 203

PARIS. — Société philotechnique.

Annuaire [Bibl. nat., 8° Z. 1245],
  vol. LX (1901) . . . .   I I 132
  —— LXI (1902) . . . .   I II 196
  —— LXII (1903) . . . .   I III 189
  —— LXIII (1904–1905) . . . .   II I 160

PARIS. — Société préhistorique de France.

Bulletin [Bibl. nat., 8° Lc¹⁸. 618],
  vol. I (1904) . . . .   II I 160
  —— II (1905) . . . .   II I 161
  —— III (1906) . . . .   II II 148
  —— IV (1907) . . . .   II III 176
  —— V (1908) . . . .   III I 153
  —— VI (1909) . . . .   III II 156
  —— VII (1910) . . . .   III III 204
Congrès préhistorique [Bibl. nat., 8° Lc¹⁸. 586],
  vol. I (Périgueux, 1905 [1906]).   II I 162
  —— II (Vannes, 1906 [1907]) . .   II II 149
  —— III (Autun, 1907 [1908]) . .   II III 178
  —— IV (Chambéry, 1908 [1909]).   III II 158
  —— V (Beauvais, 1909 [1910]).   III III 206
Publications (1906) . . . .   II II 148

PARIS. — Société de reproduction des dessins de maîtres.

Publications [Bibl. nat., Dép. des estampes].
  —— (1909–1910) . . . .   III III 207

PARIS. — Société «la Sabretache».

Carnet de la Sabretache [Bibl. nat., 8° Lc⁶. 62].
  vol. IX (1901) . . . .   I I 132
  —— X (1902) . . . .   I II 197
  —— XI (2ᵉ série, t. I, 1903) . . . .   I II 198
  —— XII (2ᵉ série, t. II, 1903) . .   I III 189
  —— XIII (2ᵉ série, t. III, 1904).   I III 190
  —— XIV (2ᵉ série, t. IV, 1905).   II I 164
  —— XV (2ᵉ série, t. V, 1906) . . .   II II 151
  —— XVI (2ᵉ série, t. VI, 1907) . .   II III 180
  —— XVII (2ᵉ série, t. VII, 1908).   III I 155
  —— XVIII (2ᵉ série, t. VIII, 1909).   III II 159
  —— XIX (2ᵉ série, t. IX, 1910).   III III 208
Table, 1893–1902 (1906) . . . .   II I 164

PARIS. — Société de Saint-Jean.

Notes d'art et d'archéologie [Bibl. nat., 8° V. 22062 et fol. V. 3371],
  vol. XIII (1901) . . . .   I I 134
  —— XIV (1902) . . . .   I II 200
  —— XV–XVI (1903–1904) . . . . .   I III 191
  —— XVII–XXII (1905–1910) . . .   III III 209

Panis. — Société de statistique de Paris.

Journal [Bibl. nat., 4° Lc¹⁷. 9],
vol. XLI (42° année, 1901)..... I i 134
—— XLII (43° année, 1902).... I ii 200
—— XLIII (44° année, 1903)... I iii 192
—— XLIV-LI (1904-1910)..... III iii 211

Table (1911).................. III iii 211

Publication (1909).............. III iii 211

Panis. — Société des textes français modernes.

Publications (1905)............. II i 165
——(1906-1907)............. II iii 182
——(1908)................. III i 157
——(1909)................. III ii 161
——(1910)................. III iii 212

Panis. — Société des Traditions populaires.

Revue des traditions populaires [Bibl. nat., 8° G. 5784],
vol. XVI (1901)............... I i 135
—— XVII (1902)............. I ii 201
—— XVIII (1903)............ I iii 192
—— XIX (1904).. .... I iii 196
—— XX (1905)............... II i 166
—— XXI (1906).............. II ii 152
—— XXII (1907)............. II iii 182
—— XXIII (1908)............ III i 157
—— XXIV (1909)............. III ii 162
—— XXV (1910)............. III iii 212

Panis. — Société «le Vieux Papier».

Bulletin [Bibl. nat., 4° Z. 1439],
vol. I (1900-1902)........... I ii 205
—— II (1903-1904)........... I iii 199
—— III (1905)............... II ii 155
—— IV (1906)............... II ii 156
—— V (1907)............... II iii 185
—— VI (1908)............... III i 160
—— VII (1909)............. III ii 184
—— VIII-IX (1910)........... III iii 214

Panis. — Union des arts décoratifs.

Publications (1905)............. II i 169
—— (s. d.).................. III iii 216

SEINE-ET-MARNE.

Brie-Comte-Robert. — Société d'histoire et d'archéologie de Brie-Comte-Robert.

Bulletin [Bibl. nat., fol. Lc²¹. 145],
vol. I (1898-1901)............ i 140
—— II (1902-1903)........... III i 161
—— III (1908-1910).......... III iii 216

Fontainebleau. — Société historique et archéologique du Gâtinais.

Annales [Bibl. nat., 8° Lc¹⁹. 126],
vol. XIX (1901).............. I i 141
—— XX (1902).............. I ii 207
—— XXI (1903)............. I ii 208
—— XXII (1904). .... I iii 202
—— XXIII (1905)............ II i 169
—— XXIV (1906)............. II ii 158
—— XXV (1907)............. II iii 187
—— XXVI (1908)............. III i 162
—— XXVII (1909)............ III ii 166
—— XXVIII (1910)........... III iii 218

Documents [Bibl. nat., 8° Lk². 3492],
vol. V (1904)............... I iii 202

Meaux. — Conférence d'histoire et d'archéologie du diocèse de Meaux.

Bulletin [Bibl. nat., 8° Lc²¹. 106],
vol. II (1899-1901)........... I i 142
—— III (1902-1904)........... I iii 203
—— IV (1904-1908)........... III iii 218

Meaux. — Société littéraire et historique de la Brie.

Bulletin [Bibl. nat., 8° Lc¹⁹. 145],
vol. III, fasc. 1-5 (1900-1903). I ii 208
—— III, fasc. 6 (1903) .... I iii 203
—— IV, fasc. 1-2 (1904)........ I iii 203
—— IV, fasc. 3-5 (1904-1907).. III iii 219

Melun. — Société d'archéologie, sciences, lettres et arts de Seine-et-Marne.

Bulletin [Bibl. nat., 8° Lc²⁰. 23 (6)],
vol. X Supplément (1906)....... II iii 187
—— XI. (1905-1906 [1907])... II iii 187
—— XII (1907-1908 [1909])... III i 163

Provins. — Société d'histoire et d'archéologie de Provins.

Bulletin [Bibl. nat., 8° Lc²¹. 118],
—— (1900-1910)............. III iii 219

Publication (1910).............. III iii 219

SEINE-ET-OISE.

Corbeil. — Société historique et archéologique de Corbeil, d'Étampes et du Hurepoix.

Mémoires [Bibl. nat., 8° Lc²¹. 115],
vol. III (1901)............... I i 143
—— IV (1904)............... I iii 204
—— V (1904)............... II i 170
—— VI (1907)............... II iii 188

vol. VII (1906).............. III   II   166
—— VIII (1909).............. III   II   166
——IX (1910)............... III   III   221

Bulletin [Bibl. nat., 8° Lc²¹. 119],
vol. VII (1901)............. I   I   143
—— VIII (1902)..:......... I   II   209
—— IX (1903).............. I   II   209
—— X (1904)............... I   III   204
——— XI (1905)............. II   I   170
—— XII (1906).............. II   II   158
—— XIII (1907)............. II   III   188
—— XIV (1908)............. III   I   164
——— XV (1909)............. III   II   167
—— XVI (1910)............. III   III   221

Conférence (1902 [1903])........ I   II   209

PONTOISE. — Société historique et archéologique de Pontoise et du Vexin.

Mémoires [Bibl. nat., 8° Lc²¹. 66],
vol. XXIII (1901)............ I   I   144
—— XXIV (1902)............ I   II   210
——— XXV (1903)............. I   III   204
——— XXVI (1904–1905)........ II   I   170
—— XXVII (1906–1907)....... II   III   189
—— XXVIII (1907–1908)...... III   I   164
—— XXIX (1909–1910)....... III   III   222
—— XXX (1910)............. III   III   222

Publications diverses (1900–1901)... I   I   144
——— (1904–1905)............ II   I   170
——— (1907)................. II   III   189
——— (1909)................. III   III   221

Conférences (1902 [1903])....... I   II   210

RAMBOUILLET. — Société archéologique de Rambouillet.

Mémoires [Bibl. nat., 8° Lc²¹. 56],
vol. XV (1900–1901).......... I   I   145
——— XVI (1902).............. I   II   211
—— XVII (1903)............. I   III   205
—— XVIII (1905)............ II   I   171
—— XIX (1906)............. II   II   159
—— XX (1908).............. III   I   165
—— XXI (1910)............. III   III   222

VERSAILLES. — Association artistique et littéraire.

Versailles illustré [Bibl. nat., fol. Lk⁷. 31002],
vol. V (1900–1901).......... I   I   145
——— VI (1901–1902).......... I   II   211
—— VII (1902–1903).:....... I   II   211
—— VIII (1903–1904)........ I   III   205
—— IX (1904–1905)......... II   I   171

VERSAILLES. — Comité de recherche et de publication des documents relatifs à l'histoire économique de la Révolution.

Procès-verbaux [Bibl. nat., 8° Lc²⁰. 71],
vol. I (1904–1906 [1907])..... II   II   159
——II (1908)............... III   I   165

Bulletin [Bibl. nat., 8 Lc²⁰. 71],
vol. III (1908–1909).......... III   II   167
—— IV (1909–1910)......... III   III   223

VERSAILLES. — Commission des antiquités et des arts de Seine-et-Oise.

Procès-verbaux [Bibl., nat., 8° V. 4621],
vol. XXI (1901)......../..... I   I   46
—— XXII (1902)......:...... I   II   212
—— XXIII (1903)............ I   II   212
—— XXIV (1904)............ I   III   206
—— XXV (1905)............. II   I   172
—— XXVI (2906)............. II   II   160
—— XXVII (1907)............ II   III   189
—— XXVIII (1908)........... III   I   166
—— XXIX (1909)............ III   II   167
—— XXX (1910)............. III   III   223

Table des volumes XI à XXI (1905). II   I   172

Publications (1904).............. II   I   172
——— (1909)................. III   II   167

VERSAILLES. — Conférence des Sociétés savantes de Seine-et-Oise.

Conférence [Bibl. nat., 8° Z. 15992],
vol. I (1902 [1903])......... I   II   213
——— II (1904)............... I   III   206
—— III (1906 [1907])........ II   II   160
—— IV (1908 [1909])........ III   I   166

Publications (1905–1906)........ II   I   173

VERSAILLES. — Société des sciences morales de Seine-et-Oise.

Revue de l'histoire de Versailles [Bibl. nat., 8° Lc²¹. 128],
vol. III (1901)............. I   I   146
—— IV (1902)............... I   II   213
—— V (1903)............... I   II   214
—— VI (1904)............... I   III   207
—— VII (1905)............. II   I   173
—— VIII (1906)............. II   II   161
—— IX (1907)............... II   III   190
—— X (1908)............... III   I   167
—— XI (1909)............... III   II   168
—— XII (1910)............. III   III   224

Compte rendu [Bibl. nat., 8° Lc²¹. 128 *bis*],
vol. I–II (1899–1904)........ III   III   268

SEINE-INFÉRIEURE.

Le Havre. — Société havraise d'études diverses.

Recueil [Bibl. nat., Z. 28489],

vol. XLVIII (1901)	I	I	147
—— XLIX (1902)	I	II	215
—— L (1903)	I	III	208
—— LI (1904)	II	I	174
—— LII (1905)	II	II	162
—— LIII (1906)	II	III	190
—— LIV (1907)	II	III	191
—— LV (1908)	III	I	168
—— LVI (1909)	III	II	169
—— LVII (1910)	III	III	224
Publications (1902-1903)	I	II	215

Rouen. — Académie des sciences, belles-lettres et arts de Rouen.

Précis [Bibl. nat., Z. 28485],

vol. CIII (1900-1901)	I	I	147
—— CIV (1901-1902)	I	II	215
—— CV (1902-1903)	I	II	216
—— CVI (1903-1904)	I	III	208
—— CVII (1904-1905)	II	I	174
—— CVIII (1905-1906)	II	II	162
—— CIX (1906-1907)	II	III	191
—— CX (1907-1908)	III	I	168
—— CXI (1908-1909)	III	II	169
—— CXII (1909-1910)	III	III	225

Rouen. — Les Amis des monuments rouennais.

Bulletin [Bibl. nat., 4° Lc21. 137],

vol. IV (1901 [1902])	I	I	148
—— V (1902 [1903])	I	II	216
—— VI (1903 [1904])	I	III	208
—— VII (1904 [1905])	II	I	175
—— VIII (1905 [1906])	II	I	175
—— IX (1906 [1907])	II	II	163
—— X (1907 [1908])	II	III	191
—— XI (1908 [1909])	III	I	169
—— XII (1909 [1910])	III	III	225

Rouen. — Assises scientifiques, littéraires et artistiques.

Assises [Bibl. nat., 8° Z. 13897],

vol. III (1903)	I	II	16
—— IV (1908)	III	II	170

Rouen. — Comité de recherches de documents économiques de la Révolution.

Publications [Bibl. nat., 8° La32. 791],

—— (1908)	III	II	170
—— (1909)	III	III	226

Rouen. — Commission des antiquités de la Seine-Inférieure.

Bulletin [Bibl. nat., 8° Lc20. 23 (13)],

vol. XII (1900-1902)	I	II	217
—— XIII (1903-1905)	II	I	176
—— XIV (1906-1908)	III	I	170

Rouen. — Société des Bibliophiles normands.

Assemblée générale [Bibl. nat., Rés. p. Z. 358],

vol. LXXV-LXXVI (1901)	I	I	149
—— LXXVII-LXXVIII (1902)	I	II	219
—— LXXIX-LXXXII (1903-1904)	I	III	209
—— LXXXIII-LXXXIV (1905)	II	I	178
—— LXXXV-LXXXVI (1906)	II	II	163
—— LXXXVII-LXXXVIII (1907)	II	III	192
—— LXXXIX-XC (1908)	III	I	172
—— XCI-XCII (1909-1910)	III	III	226

Publications [Bibl. nat., Rés. p.Z. 358],

vol. (1901)	I	I	149
—— (1902-1903)	I	II	219
—— (1904)	I	III	209
—— (1906)	II	II	163
—— (1907)	II	III	192
—— (1908)	III	I	172
—— (1909-1910)	III	III	226

Rouen. — Société rouennaise des Bibliophiles.

Publications [Bibl. nat., Rés. p.Z. 359],

—— (1901)	I	I	149
—— (1902)	I	II	220
—— (1904)	I	III	210
—— (1905-1906)	II	II	164
—— (1907)	II	III	192
—— (1908)	III	I	173
—— (1909-1910)	III	III	228

Compte rendu (Bibl. nat., Rés. p.Z. 359],

—— (1908)	III	I	173
—— (1909-1910)	III	III	228

Rouen. — Société libre d'émulation, du commerce et de l'industrie de la Seine-Inférieure.

Bulletin [Bibl. nat., Z. 28488],

vol. LXI (1900-1901)	I	I	149
—— LXII (1902 [1903])	I	II	220
—— LXIII (1903 [1904])	I	III	210
—— LXIV (1904 [1905])	II	I	178
—— LXV (1905 [1906])	II	I	178
—— LXVI (1906 [1907])	II	II	164
—— LXVII (1907 [1908])	II	III	193
—— LXVIII (1908 [1909])	III	I	173
—— LXIX (1909 [1910])	III	III	227
Publication (1908)	III	I	173

Rouen. — Société de l'histoire de Normandie.

Bulletin [Bibl. nat., 8° Lc¹⁹. 26 (8)],
vol. IX (1900–1904) .... I iii 211
—— X (1905–1909) .... III ii 171

Mélanges [Bibl. nat., 8° Lk². 3891],
vol. V (1898) [1901]) .... I i 150
—— VI (1906) .... II ii 165
—— VII (1907) .... II iii 193

Publications (1901) .... I i 150
—— (1902–1903) .... I ii 221
—— (1904) .... I iii 212
—— (1905) .... II i 179
—— (1905) .... II ii 164
—— (1907) .... II iii 193
—— (1907–1908) .... III i 172
—— (1910) .... III iii 227

Rouen. — Société normande de géographie.

Bulletin [Bibl. nat., 4° G. 128],
vol. XXIII (1901) .... I ii 222
—— XXIV (1902) .... I ii 222
—— XXV (1903) .... I iii 212
—— XXVI (1904) .... I iii 212
—— XXVII (1905) .... II i 179
—— XXVIII (1906) .... II ii 165
—— XXIX (1907) .... II iii 194
—— XXX (1908) .... III i 174
—— XXXI (1909) .... III ii 172
—— XXXII (1910) .... III iii 228

SÈVRES (DEUX-).

Niort. — Société historique et scientifique des Deux-Sèvres.

Procès-verbaux, Mémoires et documents [Bibl. nat., 8° Lc²⁰. 69],
vol. I (1905) .... II i 180
—— II (1906) .... II ii 166
—— III (1907) .... II iii 194
—— IV (1908) .... III ii 173
—— V (1909) .... III ii 173
—— VI (1910) .... III iii 229

SOMME.

Abbeville. — Société d'émulation d'Abbeville.

Mémoires [Bibl. nat., 8° Z. 1060],
vol. XX (4° série, t. IV, 1901) .. I i 151
—— XXI (4° série, t. V, 1906) ... II ii 166
—— XXII (4° série, t. VI, 1909). III ii 174

Mémoires [Bibl. nat., 4° Z. 942],
—— IV (1902) .... I ii 223

Bulletin [Bibl. nat., 8°.Z. 1061],
vol. V (1900–1902) .... I ii 223
—— VI (1903–1905) .... II i 181
—— VII (1906–1908) .... III i 174

Table, 1797-1904 (1905) .... II i 181

Amiens. — Académie d'Amiens.

Mémoires [Bibl. nat. Z. 28619],
vol. XLVIII (1901 [1902]) ...... I i 151
—— XLIX (1902 [1903]) .... I ii 224
—— L (1903 [1904]) .... I iii 213
—— LI (1904 [1905]) .... II i 182
—— LII (1905 [1906]) .... II i 182
—— LIII (1906 [1907]) .... II ii 167
—— LIV (1907 [1908]) .... II iii 195
—— LV (1908 [1909]) .... III i 175
—— LVI (1909 [1910]) .... III ii 175
—— LVII (1910 [1911]) .... III iii 229

Amiens. — Les Rosatis picards.

Conférences [Bibl. nat., 8° Z. 16537],
vol. I–XLVIII (1903–1910) ..... III iii 230

Amiens. — Société des Amis des arts de la Somme.

Mémoires [Bibl. nat., 8° V. 34823],
—— I (1910) .... III iii 233

Amiens. — Société des Antiquaires de Picardie.

Mémoires [Bibl. nat., 8° Lc¹⁹. 30],
vol. XXXIV (4° série, t. IV, 1903). I ii 224
—— XXXV (4° série, t. V, 1908). III i 176
—— XXXVI (4° série, t. VI, 1910). III iii 234

Mémoires [Bibl. nat., 4° Lc¹⁹. 33],
vol. XIV (1905) .... III iii 234
—— XV (1904) .... I iii 213
—— XVI (1907) .... II iii 195
—— XVII (1908) .... III i 175

Bulletin [Bibl. nat., 8° Lc¹⁹. 34].
vol. XXI (1901–1903) .... I iii 213
—— XXII (1904–1906) .... II ii 167
—— XXIII (1907–1908) .... III i 176
—— XXIV (1909–1910) .... III iii 234

Picardie historique et monumentale. [Bibl. nat., fol. Lk². 4422],
vol. II–IV (1901–1911) .... III iii 234

Album archéologique (Bibl. nat., fol. Lc¹⁹. 33 *bis*],
vol. II. 14°–17° fasc. (1905-1909). III iii 234

Publications,
—— (1901) .... I i 152
—— (1903) .... I ii 224
—— (1909–1910) .... III iii 233

SAINT-VALERY-SUR-SOMME. — Société d'histoire et d'archéologie du Vimeu.

Bulletin [Bibl. nat., 8° Lc¹⁹. 216],
vol. I (1905–1907)........... II III 195
——— II (1908–1910).......... III III 235
Publications.................. III III 235

TARN.

ALBI. — Société des sciences, arts et belles-lettres du Tarn.

Revue historique du Tarn [Bibl. nat., 8° Lc¹⁹. 425 ter],
vol. XVIII (1901)............... I   I   152
——— XIX (1902).............. I   II   225
——— XX (1903).............. I   III   214
——— XXI (1904)............... I   III   215
——— XXII (1905)............. II   I   182
——— XXIII (1906)............. II   II   168
——— XXIV (1907)............. II   III   197
——— XXV (1908)............. III   I   176
——— XXVI (1909)............ III   II   175
——— XXVII (1910)........... III   III   236
Table (1905).................. II   I   182

Archives historiques de l'Albigeois [Bibl. nat.,
8° Lk². 4289],
vol. VII (1901)................ I   I   153
——— VIII (1905)............... II   I   183

TARN-ET-GARONNE.

MONTAUBAN. — Académie des sciences, belles-lettres et arts
de Tarn-et-Garonne.

Recueil [Bibl. nat., 8° Z. 607],
vol. XXVI (2ᵉ série, t. XVII,
1901)................. I   I   153
——— XXVII (2ᵉ série, t. XVIII,
1902)................. I   II   225
——— XXVIII (2ᵉ série, t. XIX,
1903)................. I   III   215
——— XXIX (2ᵉ série, t. XX, 1904
[1905])................ II   I   183
——— XXX (2ᵉ série, t. XXI, 1905
[1906])................ II   I   184
——— XXXI (2ᵉ série, t. XXII, 1906
[1907])................ II   III   198
——— XXXII (2ᵉ série, t. XXIII,
1907 [1908])........... II   III   198
——— XXXIII (2ᵉ série, t. XXIV,
1908 [1909])........... III   III   237
——— XXXIV (2ᵉ série, t. XXV
1909 [1910])........... III   III   237
——— XXXV (2ᵉ série, t. XXVI
1910 [1911])........... III   III   237

MONTAUBAN. — Société archéologique de Tarn-et-Garonne.

Bulletin [Bibl. nat., 8° Lc²⁰. 25 (7)],
vol. XXIX (1901)............. I   I   154
——— XXX (1902)............. I   II   226
——— XXXI (1903)............. I   III   216
——— XXXII (1904)............. I   III   216
——— XXXIII (1905)............ II   I   184
——— XXXIV (1906)............. II   II   169
——— XXXV (1907)............. II   III   198
——— XXXVI (1908)............ III   I   177
——— XXXVII (Tables, 1909).... III   III   237
——— XXXVIII (1910)........... III   III   237

VAR.

DRAGUIGNAN. — Société d'études scientifiques et archéologiques de Draguignan.

Bulletin [Bibl. nat., Z. 28680],
vol. XXIII (1900–1901)........ I   I   155
——— XXIV (1902–1903)....... I   III   217
——— XXV (1904–1905)........ II   II   170
——— XXVI (1906–1907)....... II   III   199
——— XXVII (1908–1909)....... III   II   176

TOULON. — Académie du Var.

Bulletin [Bibl. nat., Z. 28584],
vol. LII (1901)................ I   I   155
——— LIII (1902)............... I   II   227
——— LIV (1903)............... I   III   218
——— LV (1904)................ II   I   185
——— LVI (1905)............... II   I   185
——— LVII (1906)............... II   II   170
——— LVIII (1907)............. II   III   200
——— LIX (1908)............... III   I   178
——— LX (1909). III   III   238
——— LXI (1910)............... III   III   238

VAUCLUSE.

AVIGNON. — Académie de Vaucluse.

Mémoires [Bibl. nat., 4° Z. 205],
vol. XX (2ᵉ s., I, 1901)........ I   I   156
——— XXI (2ᵉ s., II, 1902)...... I   II   227
——— XXII (2ᵉ s., III, 1903)..... I   II   228
——— XXIII (2ᵉ s., IV, 1904)..... I   III   218
——— XXIV (2ᵉ s., V, 1905)...... II   I   185
——— XXV (2ᵉ s., VI, 1906)...... II   II   171
——— XXVI (2ᵉ s, VII,1907)..... II   III   200
——— XXVII (2ᵉ s., VIII, 1908)... III   I   178
——— XXVIII (2ᵉ s., IX, 1909)... III   II   176
——— XXIX (2ᵉ s., X, 1910)..... III   III   239

Table des Mémoires, 1882-1900 (1901). I ɪ 156

Documents [Bibl. nat., 8° Lk⁴. 2693],
vol. I (1907)................ II . ɪɪɪ 200

Centenaire de l'Académie [Bibl. nat., 8° Z. 15587],
——— (1901).................. II ɪ 156

Sixième centenaire de Pétrarque,
——— (1904).................. II ɪ 185

VENDÉE.

Lᴀ Rᴏᴄʜᴇ-sᴜʀ-Yᴏɴ. — Société d'émulation de la Vendée.

Annuaire [Bibl. nat., 8° Z. 90],
vol. XLV (5ᵉ série, t. I, 1901
[1902])................ I ɪ 156
——— XLVI (5ᵉ série, t. II, 1902
[1903])................ ɪ ɪɪ 228
——— XLVII (5ᵉ série, t. III, 1903
[1904])................ I ɪɪɪ 219
——— XLVIII (5ᵉ série, t. IV, 1904
[1905])................ II ɪ 186
——— XLIX (5ᵉ série, t. V, 1905
[1906])................ II ɪ 186
——— L (5ᵉ série, t. VI, 1906
[1907])................ II ɪɪ 171
——— LI (5ᵉ série, t. VII, 1907
[1908])................ II ɪɪɪ 201
——— LII (5ᵉ série, t. VIII, 1908). III ɪ 179
——— LIII (5ᵉ série, t. IX, 1909).. III ɪɪ 177
——— LIV (5ᵉ série, t. X, 1910).. III ɪɪɪ 239

VIENNE.

Pᴏɪᴛɪᴇʀs. — Société académique d'agriculture, belles-lettres, sciences et arts de Poitiers.

Bulletin [Bibl. nat., S. 17216],
vol. LXII (1901)................ I ɪ 157
——— LXIII-LXXI (1902-1910).. III ɪɪɪ 240

Pᴏɪᴛɪᴇʀs. — Société des Antiquaires de l'Ouest.

Mémoires [Bibl. nat., 8° Lc¹⁸. 100],
vol. LXV (2ᵉ série, t. XXV, 1901
[1902])................ I ɪ 157
——— LXVI (2ᵉ série, t. XXVI,
1902 [1903]).......... I ɪɪ 229
——— LXVII (2ᵉ série, t. XXVII,
1903 [1904]).......... I ɪɪɪ 219
——— LXVIII (2ᵉ série, t. XXVIII,
1904 [1905]).......... II ɪ 187
——— LXIX (2ᵉ série, t. XXIX,
1905 [1906]).......... II ɪ 187

vol. LXX (2ᵉ série, t. XXX, 1906
[1907])................ II ɪɪɪ 201
——— LXXI (3ᵉ série, t. I, 1907
[1908])................ II ɪɪɪ 201
——— LXXII (3ᵉ série, t. II, 1908
[1909])................ III ɪ 180
——— LXXIII (3ᵉ série, t. III, 1909
[1910])................ III ɪɪɪ 241

Bulletin [Bibl. nat., 8° Lc¹⁸. 101],
vol. XXIII (2ᵉ série, t. IX, 1901–
1903)................ I ɪɪ 229
——— XXIV (2ᵉ série, t. X, 1904–
1906)................ II ɪɪ 172
——— XXV (3ᵉ série, t. I, 1907–
1909)................ III ɪɪ 177

*Table des Bulletins et Mémoires, 1877-
1906* (1909)................ III ɪ 180

Pᴏɪᴛɪᴇʀs. — Société des Archives historiques du Poitou.

Archives historiques [Bibl. nat., 8° Lk². 2614],
vol. XXXI (1901)................ I ɪ 158
——— XXXII (1903)............ I ɪɪ 230
——— XXXIII (1904)............ I ɪɪɪ 220
——— XXXIV (1905)............ II ɪ 187
——— XXXV (1906)............ II ɪɪ 173
——— XXXVI (1907)............ II ɪɪɪ 202
——— XXXVII (1908)............ III ɪ 180
——— XXXVIII (1909)............ III ɪɪ 179
——— XXXIX (1910)............ III ɪɪɪ 241

VIENNE (HAUTE-).

Bᴇʟʟᴀᴄ. — Société archéologique de Bellac.

Bulletin [Bibl. nat., 8° Lc²¹. 211],
vol. I-III (1906-1908)........ III ɪ 181
——— IV (1909).............. III ɪɪ 179
——— V (1910).............. III ɪɪɪ 241

Lɪᴍᴏɢᴇs. — Société archéologique et historique du Limousin.

Bulletin [Bibl. nat., 8° Lc¹⁹. 6],
vol. L (Tables, 1901).......... I ɪ 158
——— LI (1902).............. I ɪɪ 231
——— LII (1903).............. I ɪɪ 231
——— LIII (1903).............. I ɪɪɪ 220
——— LIV (1904).............. II ɪ 188
——— LV (1905).............. II ɪɪ 173
——— LVI (1906).............. II ɪɪɪ 202
——— LVII (1907).............. II ɪɪɪ 203
——— LVIII (1908).............. III ɪɪ 180
——— LIX (1909).............. III ɪɪɪ 242
——— LX (1910).............. III ɪɪɪ 243

LIMOGES. — Société des Archives historiques du Limousin.

Archives anciennes [Bibl. nat., 8° Lk2. 3657],

vol. VIII (1902)	I	II	232
—— IX (1904)	I	III	221
—— X (1906)	II	II	175
—— XI (1910)	III	III	244

Archives modernes [Bibl. nat., 8° Lk2. 3657],

vol. VI (1903)	I	II	232
—— VII–VIII (1908)	III	I	182

ROCHECHOUART. — Société des Amis des sciences et arts de Rochechouart.

Bulletin [Bibl. nat., 8° R. 9924],

vol. XI (1901–1902)	I	II	232
—— XII (1902)	I	II	233
—— XIII (1903)	I	III	221
—— XIV (1904–1905)	II	I	189
—— XV (1906)	II	II	175
—— XVI (1907)	II	III	203
—— XVII (1908)	III	I	182
—— XVIII (1909)	III	II	181

VOSGES.

ÉPINAL. — Comité départemental pour la recherche et la publication des documents économiques de la Révolution.

Bulletin [Bibl. nat., 8° Lc20. 78],

vol. I (1908)	III	I	133
—— II (1908–1909)	III	II	181
—— III (1909–1910)	III	III	244

ÉPINAL. — Société d'émulation des Vosges.

Annales [Bibl. nat., Z. 28602],

vol. XL (1901)	I	I	159
—— XLI (1902)	I	II	233
—— XLII (1903)	I	II	233
—— XLIII (1904)	I	III	222
—— XLIV (1905)	II	I	189
—— XLV (1906)	II	II	176
—— XLVI (1907)	II	III	204
—— XLVII (1908)	III	I	183
—— XLVIII (1909)	III	II	182
—— XLIX (1910)	III	III	245

NEUFCHÂTEAU. — Société d'archéologie de Neufchâteau.

Bulletin [Bibl. nat., 8° Lc21. 178],

vol. I (1904–1906)	II	III	204

SAINT-DIÉ. — Société philomathique vosgienne.

Bulletin [Bibl. nat., 8° Z. 180],

vol. XXVI (1900–1901)	I	I	159

vol. XXVII (1901–1902)	I	II	234
—— XXVIII (1902–1903)	I	II	234
—— XXIX (1903–1904)	I	III	222
—— XXX (1904–1905)	II	I	190
—— XXXI (1905–1906)	II	II	176
—— XXXII (1906–1907)	II	III	205
—— XXXIII (1907–1908)	III	I	184
—— XXXIV (1908–1909)	III	II	182
—— XXXV (1909–1910)	III	III	245
Table, 1875–1905 (1907)	II	II	176

YONNE.

AUXERRE. — Société des sciences historiques et naturelles de l'Yonne.

Bulletin [Bibl. nat., 8° Lc20. 26],

vol. LV (4e série, t. V, 1901 [1902])	I	I	160
—— LVI (4e série, t. VI, 1902 [1903])	I	II	235
—— LVII (4e série, t. VI [lisez : VII], 1903 [1904])	I	III	223
—— LVIII (4e série, t. VIII, 1904 [1905])	II	I	190
—— LIX (4e série, t. IX, 1905 [1906])	II	II	177
—— LX (4e série, t. X, 1906 [1907])	II	III	205
—— LXI (4e série, t. XI, 1907 [1908])	II	III	206
—— LXII (4e série, t. XII, 1908 [1909])	III	II	183
—— LXIII (4e série, t. XIII, 1909 [1910])	III	III	246
—— LXIV (4e série, t. XIV, 1910 [1911])	III	III	246

AVALLON. — Société d'études d'Avallon.

Bulletin [Bibl. nat., Z. 28751],

vol. XXVIII (40e–42e années, 1899–1901)	I	I	160
—— XXIX (43e–44e années, 1902–1903 [1904])	I	III	223
—— XXX (45e année, 1904 [1905])	II	I	191
—— XXXI (46e année, 1905 [1906])	II	I	191
—— XXXII (47e année, 1906 [1907])	II	II	178
—— XXXIII (48e année, 1907 [1908])	II	III	206
—— XXXIV (49e année, 1908 [1909])	III	II	183
—— XXXV (50e–51e années, 1909 [1910])	III	III	247

SENS. — Société archéologique de Sens.

Bulletin [Bibl. nat., 8° Lc²¹. 29],
vol. XX ([1899-1902] 1903)... I II 235
—— XXI (1904)... II I 191
—— XXII (1906)... II II 178
—— XXIII (1908)... II III 207
—— XXIV (1909)... III II 184
—— XXV (1910)... III III 247
Publications (1901)... I I 161

ALGÉRIE.

ALGER. — Comité du Vieil Alger.

Feuillets d'El Djezaïr [Bibl. nat., 8° Lk⁶. 2168],
vol. I-II (1910)... III III 248

ALGER. — Société de géographie d'Alger.

Bulletin [Bibl. nat., 4° G. 794],
vol. V (1901)... I I 161
—— VI (1902)... I II 236
—— VII (1903)... I III 224
—— VIII (1904)... I III 224
—— IX (1905)... II I 192
—— [X-]XI (1906)... II II 179
—— XII (1907)... II III 207
—— XIII (1908)... III I 184
—— XIV (1909)... III II 184
—— XV (1910)... III III 248

ALGER. — Société historique algérienne.

Revue africaine [Bibl. nat., 8° Lc¹⁹. 53],
vol. XLV (1901)... I I 162
—— XLVI (1902)... I II 237
—— XLVII (1903)... I III 225
—— XLVIII (1904)... I III 225
—— XLIX (1905)... II I 193
—— L (1906)... II II 180
—— LI (1907)... II III 208
—— LII (1908)... III I 185
—— LIII (1909)... III II 185
—— LIV (1910)... III III 249
Mémoires [Bibl. nat., 8° O³. 1206],
vol. I... II II 180

BÔNE. — Académie d'Hippone.

Bulletin [Bibl. nat., 8° Z. 558],
vol. XXX (1899-1900 [1901])... I II 238
—— XXXI (nouv. série, I, 1910)... III III 249
Comptes rendus (1901-1902 [1903])... I II 238

CONSTANTINE. — Société archéologique de Constantine.

Recueil [Bibl. nat., 8° Lc²¹. 16 *ter*],
vol. XXXV (4° série, t. IV, 1901 [1902])... I I 162
—— XXXVI (cinquantenaire, 35° [lisez : 36°] vol., s. d.)... I II 238
—— XXXVII (4° série, t. VII [lisez: VI], 1903)... I III 226
—— XXXVIII (4° série, t. VII, 1904 [1905])... II I 194
—— XXXIX (4° série, t. VIII, 1905 [1906])... II I 194
—— XL (4° série, t. IX, 1906 [1907])... II II 181
—— XLI (4° série, t. X, 1907 [1908])... II III 209
—— XLII (4° série, t. XI, 1908 [1909])... III I 186
—— XLIII (4° série, t. XII, 1909 [1910])... III III 250

ORAN. — Société de géographie et d'archéologie de la province d'Oran.

Recueil [Bibl. nat., 8° G. 1198],
vol. XXI (1901)... I I 163
—— XXII (1902)... I II 239
—— XXIII (1903)... I III 227
—— XXIV (1904)... I III 227
—— XXV (1905)... II I 195
—— XXVI (1906)... II II 181
—— XXVII (1907)... II III 209
—— XXVIII (1908)... III I 186
—— XXIX (1909)... III II 186
—— XXX (1910)... III III 250
Table, 1898-1907 (1910)... III III 250

TUNISIE.

SOUSSE. — Société archéologique de Sousse.

Bulletin [Bibl. nat., 8° O³i. 647],
vol. I (1903)... I III 227
—— II (1904)... I III 228
—— III (1905)... II I 195
—— IV (1906)... II II 182
—— V (1907)... II III 210
—— VI (1908)... III I 187
—— VII (1909 [1910-1911])... III III 250

TUNIS. — Institut de Carthage (Association tunisienne des lettres, sciences et arts.)

Revue tunisienne [Bibl. nat., 8° Z. 4848],
vol. VIII (1901)... I I 163
—— IX (1902)... I II 239

vol. X (1903).............. I iii 229
—— XI (1904)............... I iii 229
—— XII (1905).............. II i 196
—— XIII (1906)............. II ii 183
—— XIV (1907)............. II iii 211
—— XV (1908)............. III i 187
- —— XVI (1909)............. III ii 187
—— XVII (1910)............. III iii 252

MADAGASCAR.

Tananarive. — Académie malgache.

Bulletin [Bibl. nat., 8° Z. 18815],
vol. I–VII (1902-1909)........ III iii 253

INDO-CHINE.

Hanoï. — École française d'Extrême-Orient.

Bulletin [Bibl. nat., 4° O². 1043],
vol. I (1901)................ I ii 240
—— II (1902)................ I ii 241
—— III (1903)............... I iii 230
—— IV (1904)............... I iii 231
—— V (1905)................ II i 197
—— VI (1906)............... II ii 184
—— VII (1907)............. II iii 211
—— VIII (1908)............. III i 188
—— IX (1909).............. III ii 187
—— X (1910)................ III iii 255

Publications [Bibl. nat., 4° Z. 1370 et gr. fol. Z. 294],
—— (1900-1902)............. I ii 240
—— (1904)................. I iii 230
—— (1905)................. II i 197
—— (1906)................. II i 184
—— (1907)................. II iii 211
—— (1908)................. III i 188
—— (1909)................. III ii 187

Saïgon. — Société des études indo-chinoises.

Bulletin [Bibl. nat., 8° Z. 10707],
vol. XIX (n°ˢ 41-42, 1901)..... I ii 242
—— XX (n°ˢ 43-44, 1902)..... I ii 242
—— XXI (n°ˢ 45-46, 1903).... I iii 232
—— XXII (n°ˢ 47-48, 1904).... I iii 232
—— XXIII (n°ˢ 49-50, 1905)... II i 198
—— XXIV (n°ˢ 51-52, 1906)... II ii 184
—— XXV-XXX (n°ˢ 53-59, 1908-
1910)................ III iii 256

Géographie de la Cochinchine :
vol. 1-5 (1901-1905)........ I iii 232
—— 6-12 (1903-1905)........ II i 198
—— 13 (1907)............... III iii 256

Géographie du Cambodge :
vol. 1-3 (1907-1908)........ III iii 256
Livre foncier (1904)............ II i 198

INSTITUTS FRANÇAIS À L'ÉTRANGER.

ÉGYPTE.

Le Caire. — Institut égyptien.

Bulletin [Bibl. nat., Z. 28741],
vol. XXXVI (4ᵉ série, t. II, 1901). I ii 244
—— XXXVII (4ᵉ série, t. III, 1902). I ii 244
—— XXXVIII (4ᵉ série, t. IV, 1903). I iii 233
—— XXXIX (4ᵉ série, t. V, 1904). II i 199
—— XL (4ᵉ série, t. VI, 1905).. II ii 185
—— XLI (4ᵉ série, t. VII, 1906). II ii 185
—— XLII (5ᵉ série, t. I, 1907).. II iii 213
—— XLIII (5ᵉ série, t. II, 1908). III i 190
—— XLIV (5ᵉ série, t. III, 1909). III iii 257

Le Caire. — Mission archéologique et Institut français
d'archéologie orientale.

Mémoires de la Mission [Bibl. nat., fol. O²a. 663],
vol. XIX (1903)............. I iii 233
Mémoires de l'Institut [Bibl. nat., fol. O²a. 663 *bis*],
vol. I–III (1902-1906)........ II iii 213
—— IV–V (*en préparation*).....
—— VI–X (1902-1904)......... I iii 234
—— XI (1909)................ III ii 189
—— XII (1904).............. I iii 234
—— XIII (1911)............. III iii 258
—— XIV–XV (1906-1907)...... II iii 214
—— XVI (1910).............. III iii 258
—— XVII (1908)............. III i 190
—— XVIII (1910)............ III iii 258
—— XIX–XXI (*en préparation*)..
—— XXII (1909)............. III ii 189
—— XXIII–XXIV (1911)....... III iii 258
—— XXV (1ᵉʳ fasc., 1909)...... III ii 189
—— XXVI (1908)............. III i 191
—— XXVII (*sous presse*)........
—— XXVIII–XXIX (1910)...... III iii 258

Bulletin de l'Institut [Bibl. nat, 4° O³a. 1052],
vol. I (1901)................ I ii 243
—— II (1902)................ I ii 243
—— III (1903).............. I iii 234
—— IV (1904).............. I iii 235
—— V (1906)................ II iii 214

vol. VI (1908)................ III   i   191
——— VII (1910)................ III   III   259
Bibliothèque d'étude [Bibl. nat., 4° O³a. 1262],
vol. I (1908)................ III   II   189
——— II (*sous presse*)............
——— III (1910)................ III   III   258

GRÈCE.

ATHÈNES. — École française d'Athènes.

Bulletin de correspondance hellénique. [Bibl. nat., 8° Z. 842],
vol. XXV (1901)................ I   II   245
——— XXVI (1902)................ I   III   235
——— XXVII (1903)............ I   III   235
——— XXVIII (1904)............ II   I   199
——— XXIX (1905)............ II   I   200
——— XXX (1906)............ II   II   186
——— XXXI (1907)............ II   III   214
——— XXXII (1908)............ III   I   191
——— XXXIII (1909)............ III   II   189
——— XXXIV (1910)............ III   III   259

Bibliothèque des Écoles françaises d'Athènes et de Rome, série in-8° [Bibl. nat., 8° Z. 1212],
vol. LXXXIV (1901)............ I   II   245
——— LXXXV (1902-1904)...... II   I   200
——— LXXXVI-LXXXVIII (1902-1903)................ I   II   246
——— LXXXIX-XCII (1904)..... I   III   236
——— XCIII-XCVI (1905)....... II   I   201
——— XCVII (1906)............ II   II   186
——— XCVIII-XCIX (1907)...... II   III   215
——— C-CI (1908)............. III   I   192
——— CII (1909)............... III   II   190
——— CIII (1910).............. III   III   260

Bibliothèque des Écoles françaises d'Athènes et de Rome, série in-fol. et in-4° [Bibl. nat., fol. Z. 1027 et 4° Z. 290],
——— (1901-1904)............ I   III   236
——— (1902-1906)............ II   II   186
——— (1905-1913)............ III   III   260

Histoire de l'École (1901)........ I   II   245

ITALIE.

ROME. — École française de Rome.

Mélanges d'archéologie et d'histoire [Bibl. nat., 4° G. 184],
vol. XXI (1901)................ I   II   246

vol. XXII (1902)................ I   II   247
——— XXIII (1903)............ I   III   237
——— XXIV (1904)............ I   III   237
——— XXV (1905)............ II   I   201
——— XXVI (1906)............ II   II   187
——— XXVII (1907)............ II   III   215
——— XXVIII (1908)........... III   I   192
——— XXIX (1909)............ III   II   190
——— XXX (1910).............. III   III   260

Bibliothèque des Écoles françaises d'Athènes et de Rome, Voir ci-dessus : GRÈCE, Athènes.

Publication (1904).............. I   III   237

ROME. — Saint-Louis des Français.

Annales de Saint-Louis des Français [Bibl. nat., 8° Z. 14850],
vol. V (1900-1901).......... I   II   247
——— VI (1901-1902).......... I   II   247
——— VII (1902-1903)......... I   II   248
——— VIII (1903-1904)......... I   III   238
——— IX (1904-1905).......... II   I   202
——— X (1905-1906)........... II   II   188

MAROC.

TANGER. — Mission scientifique du Maroc.

Archives marocaines [Bibl. nat., 8° O³j. 166],
vol. I (1904)................ I   III   239
——— II (1904)................ II   I   203
——— III-V (1905)............. II   I   203
——— VI-IX (1906)............ II   II   188
——— X-XI (1907)............ II   III   216
——— XII-XIV (1908-1909)..... III   I   193
——— XV (1909)................ III   II   191
——— XVI (1910)................ III   III   261

Revue du Monde musulman [Bibl. nat., 8° G. 8586],
vol. I-III (1907).............. II   III   216
——— IV-VI (1908)............ III   I   193
——— VII-IX (1909)............ III   II   191
——— X-XII (1910)............ III   III   261

PERSE.

Délégation en Perse.

Mémoires [Bibl. nat., fol. O²h. 517],
vol. I-X (1900-1908)......... III   III   263

BIBLIOGRAPHIE ANNUELLE

DES

TRAVAUX HISTORIQUES ET ARCHÉOLOGIQUES

PUBLIÉS

PAR LES SOCIÉTÉS SAVANTES DE LA FRANCE

DRESSÉE SOUS LES AUSPICES

DU MINISTÈRE DE L'INSTRUCTION PUBLIQUE

PAR

ROBERT DE LASTEYRIE

MEMBRE DE L'INSTITUT

AVEC LA COLLABORATION

D'ALEXANDRE VIDIER

INSPECTEUR GÉNÉRAL DES BIBLIOTHÈQUES ET DES ARCHIVES

1909-1910

PARIS

IMPRIMERIE NATIONALE

MDCCCCXIV

BIBLIOGRAPHIE ANNUELLE

DES

TRAVAUX HISTORIQUES ET ARCHÉOLOGIQUES

PUBLIÉS

PAR LES SOCIÉTÉS SAVANTES DE LA FRANCE

DRESSÉE SOUS LES AUSPICES

DU MINISTÈRE DE L'INSTRUCTION PUBLIQUE

PAR

ROBERT DE LASTEYRIE

MEMBRE DE L'INSTITUT

AVEC LA COLLABORATION

D'ALEXANDRE VIDIER

CONSERVATEUR ADJOINT À LA BIBLIOTHÈQUE NATIONALE

1908-1909

PARIS

IMPRIMERIE NATIONALE

MDCCCCXI

SE TROUVE À PARIS

À LA LIBRAIRIE ERNEST LEROUX

RUE BONAPARTE, N° 28

SE TROUVE À PARIS

À LA LIBRAIRIE ERNEST LEROUX

RUE BONAPARTE, N° 28

SE TROUVE À PARIS

À LA LIBRAIRIE ERNEST LEROUX

RUE BONAPARTE, N° 28